불교수행법 강의

如何修證佛法, 南懷瑾

Copyright ⓒ 老古文化事業公司, 1989

Korean translation copyright ⓒ Bookie Publishing House Inc., 2010
This Korean edition is published by arrangement with The Lao Ku
Culture Foundation Inc., Taipei, Republic of China.

불교수행법 강의

2010년 7월 10일 초판 1쇄 펴냄
2022년 1월 17일 초판 6쇄 펴냄

지은이 남회근
옮긴이 신원봉

펴낸곳 부키 (주)
펴낸이 박윤우
등록일 1992년 10월 2일
등록번호 제312-2012-000045호
주소 03785 서울 서대문구 신촌로3길 15 산성빌딩 6층
전화 02. 325. 0846
팩스 02. 3141. 4066
홈페이지 www.bookie.co.kr
이메일 webmaster@bookie.co.kr
제작대행 올인피앤비 bobys1nate.com
ISBN CODE 978-89-6051-088-3 04220
ISBN CODE 978-89-6051-039-5 (세트)

책값은 뒤표지에 있습니다.
잘못된 책은 구입하신 서점에서 바꿔 드립니다.

남회근 저작선 2

불교수행법 강의

남회근 지음 신원봉 옮김

부·키

일러두기

1. 중국 고유명사 표기와 관련하여 현행 맞춤법은 신해혁명 이전은 한자 발음대로, 그 이후는 중국어 원음대로 표기하도록 규정하고 있지만 이 책에서는 시대에 관계없이 인명, 지명 모두 한자음대로 표기하였다.
2. 본문에 있는 각주는 모두 옮긴이 주이다.
3. 이 책에서 좌선(坐禪)과 비슷한 뜻으로 쓰이는 '타좌(打坐)'라는 용어는 우리 말에는 없는 단어이나 원 의미를 살리기 위해 그대로 두었다.
4. 이 책에는 여러 경론(經論)이 등장하는데 저자가 경론 원문에서 직접 인용한 내용은 글씨를 작게 하여 인용문 처리를 하거나 큰따옴표로 묶어 구분하였다.

옮긴이 말

세상사가 그렇듯이 『불교수행법 강의』를 번역하는 일 역시 여러 인연의 산물이었다.

십 수 년 전, 지도교수의 친구 분과 중국 심양에서 같이 지낸 적이 있었다. 그분은 대만에서 유학 생활을 오래 했던 터라 중국 언어와 문화에 대해 전문가 못지않은 식견을 갖추고 있었다. 그런데 이분이 어디를 가나 늘 가지고 다니면서 읽다가 저녁에는 침대에 누워서도 보던 책이 한 권 있었다. 바로 남회근 선생의 『불교수행법 강의』였다. 그분 성함은 이제 가물가물하지만 나와 대화를 나누다가, "과연 한국에는 불교에 대해 이만큼 써낼 사람이 있을까요?" 하며 부러워하던 모습은 지금도 또렷하다. 어쩌면 『불교수행법 강의』를 한번 정독해 보리라 마음먹은 것은 그 말 때문이었으리라.

그 후 남회근 선생의 저술을 애독하던 원광대 조용헌 교수와 광화문 골목에서 소주잔을 기울일 기회가 있었다. 그때 조용헌 교수가 자신이 읽은 남회근 선생의 저술 중 백미라는 추천을 곁들이면서 『불교수행법 강의』를 한번 번역해 볼 생각이 없느냐는 제안을 했다. 돌아보면 그 만남이 『불교수행법 강의』를 번역하게 된 결정적 계기였던 것 같다.

『불교수행법 강의』는 일일이 언급하지는 못했지만 적지 않은 분들의 도움과 관심 속에서 세상에 나왔다. 이 책이 번역되어 나온 후 정독한 사람들은 한결같이 쉽지 않다고 말하면서도 그 속에 뭔가 있다는 느낌이 든다고 했다. 사실 이런 마음은 번역하는 내내 역자인 내가 가졌던 느낌과도 다르지 않다.

『불교수행법 강의』는 번역하기가 쉽지 않았다. 원문이 명확히 이해되지 않아 대충 옮겨 놓고 나면 영 개운치가 않았으니 번역을 해 본 사람이라면 이해할 터이다. 이런 불쾌감은 금방 잊을 수 있는 일이 아니어서 차라리 번역을 그만두어야겠다는 생각도 했다. 이 책의 번역 기간이 예상보다 길어졌던 것도 이런 사정 때문인데, 그러면서도 중도에 포기할 수 없었던 것은 분명 이 속에 뭔가가 있다는 확신이 들어서였다.

사람이 어떤 일을 반복해서 하다 보면 그 나름의 '감'이 생기기도 한다. 예를 들어 한 분야를 천착한 이라면 그 분야에 대해 앞에서 강의하는 사람이 과연 알고 말하는지 모르고 말하는지 대충 알아차릴 수 있다. 책을 읽을 때에도 그런 감이란 것이 있다. 글을 읽어 보면 자신이 무슨 말을 하는지 알고 썼는지 모르고 썼는지 대충 감이 온다. 좋은 책이 오랫동안 독자의 사랑을 받는 걸 보면 이 감이 독자 일반이 공유하는 상당히 보편적인 것일 수 있다는 생각이 든다. 역자는 남회근 선생의 책을 보면서 본인이 직접 체득하지 않고서는 이런 글을 쓸 수 없으리라는 확신이 들었다.

남회근 선생이 제시한 불교 수행의 길이 우리에게 신뢰감을 주는 이유는 철저히 경전에 바탕을 두고 있다는 것이다. 불법을 믿고 닦는다는 것은 부처님의 가르침을 믿고 따르는 것이므로 그동안 전해져 온 불교 경전을 떠나서는 말할 수 없다. 아울러 남회근 선생은 경전에 근거한 설명에서 벗어나지 않을 뿐 아니라 그 의미를 한층 구체적으로 설명해 주고 있다. 경전의 의미가 어렴풋하게 잡히던 것이 남회근 선생의 풍부하면서도 명쾌한 설명을 듣고 나면 보다 뚜렷이 이해되는 것이다. 절실한 체험 없이 어떻게 이런 설명이 가능하겠는가?

이번에 부키에서 『불교수행법 강의』를 새로 손보아 내게 되었다. 원래 여기저기에 흩어져 있던 남회근 선생의 저술을 한 군데로 모아 보고자 한 것이었는데 생각보다 많이 늦어졌다. 그동안 절판이 되어 책을 읽기 바라는 독자분들의 요청에 부응하지 못해 늘 미안했는데 늦었지만 그래도 번역 과정에서 놓친 것을 충분히 재검토하여 책의 완성도를 높일 수 있어서 다행이다. 지난번 『금강경 강의』를 펴낼 때에도 그랬지만 이번 『불교수행법 강의』를 다시 찍어내면서도 출판사에서 원고 전편을 치밀히 재검토했다. 부키 편집부에 깊은 감사를 드린다.

2010. 6.
장산 자락에서

차례

제1강

어떻게 이 강의가 시작되었나

먼저 이번에 강의를 하게 된 인연부터 말씀드리고자 합니다. 불법을 배우거나 선(禪), 또는 타좌(打坐)[1]를 배우는 사람이라면 이 기회에 가부좌를 하고 들으면 훨씬 더 좋을 것입니다. 공부가 얼마나 되었는지를 떠나서 먼저 두 다리부터 단련시키고 나서 말합시다. 그럼 방금 이야기한 이 강의의 인연에 대해 말하겠습니다. 올해 정월 오랜 친구인 소(蕭) 선생[2]이 저를 찾아왔는데 떠나면서 이렇게 묻는 것이었습니다. "석가모니부처님께선 열아홉에 출가하여 최후로 고개를 들어 새벽 별을 보고 도를 깨쳤는데, 부처님이 깨달은 것이 무엇이었을까?"

---

1 가부좌를 틀고 앉아 마음을 다스려 정(定)에 드는 것으로, 흔히 좌선(坐禪)이라고 한다.

2 여기서 소 선생이란 소천석(蕭天石, 1909~1986) 선생을 말한다. 소 선생은 남회근(南懷瑾) 선생과는 1942년 33세 때 처음 만나 2년 뒤 함께 고승 대덕을 참방하기도 했으며 이후 평생 동안 친밀한 관계를 유지했다. 소 선생은 불교에 조예가 깊었으며 도가 쪽에서도 일가를 이루었다. 1956년 48세 때 처음 출간하여 이후 20여 년간에 걸쳐 17집까지 발간한 『도장정화(道藏精華)』는 그가 남긴 많은 저작 중에서도 역작으로 꼽힌다.

다른 사람이 이렇게 물었다면 별로 대수롭지 않게 생각했겠지만, 오랫동안 불교를 연구해 온 소 선생이 이렇게 물었으니 분명 심상치 않은 문제였을 것입니다.

경전과 전기의 기록에 따르면 석가모니부처님은 태어날 때부터 일반인과 다른 자질을 갖추고 있었습니다. 과거에 수없이 많은 겁(劫)을 통해 쌓은 수행 덕에 이 세상에 태어나면서부터 각종 상서로운 모습을 갖출 수 있었습니다. 부처님은 왕위를 뿌리치고 출가하여 십이 년 동안 구도의 길을 걸었습니다. 여러분은 이 '십이 년'이란 기간에 주의해야 합니다. 대부분 그냥 지나쳐 버리고 말기 때문입니다.

현재 우리의 초점은 석가모니부처님께서 수행한 십이 년이란 기간에 있습니다. 당시 인도에는 각종 각파의 수행법이 있었는데, 이들 수행법은 석가모니부처님 이전부터 이미 있었던 것입니다. 지금 우리야 불법을 배우면서 동쪽으로 가서 이 선생을 만나고 서쪽으로 가서 저 선생을 찾으며 여기서 몇 마디 저기서 몇 마디 얻어듣곤 하지만, 석가모니부처님께서는 이렇게 산만하게 공부하지 않았습니다. 그는 매번 마음을 다해 배웠고 배워야 할 공부라면 모두 배워 익혔습니다. 그런 뒤에야 그것이 도(道)가 아니며 궁극적인 것이 아니라 여겼습니다. 스스로 눈 덮인 혹한의 산 위에서 육 년간이나 고행을 한 뒤에야 고행 또한 도가 아님을 알고 산을 내려왔습니다. 그 후 갠지스 강변 보리수 아래에서 타좌를 하고는 무상정등정각(無上正等正覺)[3]을 이루지 못하면 여기서 죽겠노라 발원하여 마침내 새벽 별을 보고 도를 깨쳤습니다.

사실 이 내용은 모두 알고 있겠지만 다시 한 번 말하는 것은 여러분의 주의를 환기시키기 위해서입니다. 바로 석가모니부처님께서 이 십이 년

---

3 아누다라삼먁삼보리(阿耨多羅三藐三菩提)를 의역한 것으로, 아누다라삼먁삼보리는 더 이상의 것이 없는 최고로 바르고 원만한 부처님의 마음 또는 지혜를 가리킨다.

동안 무엇을 했으며 또 어떻게 수행했는지를 알아야 한다는 것입니다. 우리는 석가모니부처님의 전기를 보면서 그가 무상정(無想定)[4]을 삼 년간 배운 뒤에 결국 그것이 도가 아님을 알고 버렸다는 사실만 알 뿐 십이 년간이나 성실하게 수행한 사실에 대해서는 소홀히 넘겨 버리고 맙니다.

먼저 한번 말해 봅시다. 무엇을 '무상정'이라 할까요? 이것은 인도의 고법(古法)으로 세계 어느 곳에나 다 있으며 바로 수도자들이 배워 이르고자 하는 망상이 없는 경지입니다.

우리가 타좌를 하면서 아무 생각도 일어나지 않게 할 수 있을까요? 절대 불가능합니다. 우스갯소리지만 다음과 같은 두 가지 경우라면 가능합니다. 하나는 아직 태어나지 않은 사람이고, 다른 하나는 이미 죽은 사람입니다. 이 두 경우를 제외하고는 그 어떤 사람도 도달할 수 없습니다. 얼마 전 벨기에 학생과 상(想), 불상(不想)의 문제를 토론하면서도 역시 석가모니부처님께서 삼 년간 무상정을 배운 후 그것이 도가 아님을 알고 버렸다는 말을 했습니다. 결코 닦아서 이루지 못한 것이 아니라 닦아 이룬 후에 버렸습니다. 도가 아니었기 때문입니다. 불경의 문자는 아주 간략해서 우리는 쉽게 그것을 간과해 버릴 수 있습니다.

불학의 '비상비비상정(非想非非想定)'은 참으로 아름다운 말입니다. 비상(非想)이란 우리의 습관적인 사상(思想)[5]의 경계가 아니며, 비비상(非非想)이란 사상이 아니라 억지로 표현해 보자면 일종의 영감(靈感)으로서 사상

---

4 모든 심상(心想)을 완전히 없앤 선정(禪定)으로, 이를 닦으면 무상천(無想天)에 태어난다고 하여 무상정이라 한다. 범부나 외도(外道)가 무상(無想)의 상태를 참된 깨달음으로 잘못 알고 닦는 선정이다.

5 여기서 말하는 사상은 우리가 흔히 문학 사상이니 철학 사상이니 할 때 사용하는 표현이 아니라 불교 전문 용어이다. 불교에서는 상(想)과 사(思)를 나누어 거친 것이나 뇌파가 빨리 뛰는 상태를 '상'이라 부르며, 잠이 들 듯 말 듯한 것으로 상이 없는 듯하면서도 사실은 아직 작용하고 있는 그런 미세한 상태를 '사'라고 말한다. 이에 대한 구체적인 설명은 제26강을 참조하기 바란다.

을 초월한 영감입니다. 요즘에는 초월명상이란 것도 있지만 사실 이것 역시 아직은 비비상이 아닙니다.

'비상비비상정(非想非非想定)'과 '무상정(無想定)'의 정(定)은 완전히 다릅니다.[6] 무상정은 사상(思想)을 완전히 없앤 것이지만, 비상(非想)은 사상이 없는 것이긴 해도 무상정처럼 아무것도 알지 못하는 것은 아닙니다. 비상비비상정은 지각도 영감도 없는 그런 공부가 아니라 당시에는 최고의 수련법으로 표방되던 것입니다. 석가모니부처님께서는 삼 년 동안 이런 경계에 도달했으나 무상정이 도가 아님을 알고 버렸습니다. 불경이나 전기에서 언급한 부처님의 수련 경과 중 이 두 부분 역시 아주 중요합니다.

왜 다른 수련에 대해서는 언급하지 않았을까요? 그것은 이 두 가지 수련 방법 자체가 세계의 수도 없이 많은 수련 방법을 모두 개괄할 수 있기 때문입니다. 그래서 석가모니부처님께서 수련한 기타의 방법에 대해서는 더 자세히 묘사할 필요가 없었던 것입니다. 석가모니부처님께서는 도를 배우기 이전에 이미 수학이나 무술 및 문학 등의 영역에서 최고의 경계에 도달해 있었습니다. 출가 후에는 다시 이 두 가지 최고의 법문을 배워 완성했지만 그것이 궁극의 도가 아니라고 생각했습니다. 사실 우리가 이런 경계에 이를 수만 있다면 손 하나 까딱하지 않고 날마다 앉아 있기만 해도 됩니다. 설사 도를 얻지 못했더라도 다른 사람들이 볼 때에는 도를 깨친 것 같으니 모두 제자가 되겠다고 귀의해 올 것입니다.(모두 웃음)

여러분이 유의해야 할 것은 석가모니부처님께서 이 두 가지 법문 역시 도가 아님을 알았을 때 당시로서는 더 이상의 스승을 찾을 수 없어서 혼자

---

6 비상비비상정은 삼십삼천(三十三天) 중 제일 꼭대기인 무색계(無色界)의 제사천(第四天)에 해당하는 선정(禪定)을 말한다. 이 선정은 지극히 고요하고 미묘한 것으로 이미 조잡한 상(想)이 없어졌기에 비상(非想)이라 했으며, 그렇긴 해도 미세한 상은 아직 남아 있기에 비비상(非非想)이라 했다. 이에 반해 무상정은 삼십삼천 중 제이십사천(第二十四天)인 무상천에 해당하는 것으로 외도에 속하는 선정이다.

설산으로 들어가 고행할 수밖에 없었다는 사실입니다. 그는 하루를 마른 과일 하나만 먹고 견뎠습니다. 당연히 배가 고팠겠지요. 아마도 사람의 몰골이 아니었을 것입니다. 그가 이렇게 고행을 한 것은 진리를 구하기 위해서였습니다. 그러나 육 년 후에는 고행 역시 도가 아님을 알고 곧 하산했습니다.

석가모니부처님께서 갠지스 강 유역에 도착했을 때 양 치는 여인이 그에게 질 좋은 치즈 하나를 공양했습니다. 이로써 부친이 파견하여 자신을 늘 따라다니던 다섯 명의 청년을 따돌릴 수 있었습니다. 이들은 석가모니부처님께서 더는 수행하지 않으리라 판단했던 것입니다. 이들이 바로 석가모니부처님께서 녹야원에서 제일 먼저 제도한 대제자들입니다.

당시 사람들은 석가모니부처님께서 도를 포기했다고 여겼습니다. 출가인이라면 마땅히 고행으로 수도해야 한다고 생각했기 때문입니다. 그랬기에 주위 사람들이 그를 떠난 것입니다. 그러나 여기서 우리가 주의해야 할 것이 있습니다! 바로 그가 영양을 섭취하고 체력을 회복한 후에야 비로소 별을 보고 깨달을 수 있었다는 사실입니다. 이 때문에 저는 늘 출가인들에게 권유합니다. 특히 건강과 영양에 주의해야 한다고요. 신체가 건강하지 못하면 도를 닦아도 성공할 수 없습니다. 이건 엄연한 사실입니다. 신체의 건강과 영양이 수도에 끼치는 영향은 우리 모두가 하나하나 연구해 보아야 합니다.

석가모니부처님께서는 영양을 섭취하여 체력을 회복하고 나서야 갠지스 강을 건너 보리수 아래까지 올 수 있었습니다. 당시 그로서는 더 이상 가르침을 청할 밝은 스승을 찾을 수 없었습니다. 자기 자신밖에 의지할 데가 없었습니다. 그래서 보리수 아래에 이르러 타좌하고서 발원했습니다.

이런 간단한 몇 구절은 자칫 소홀히 지나치기 쉽습니다. 언뜻 보면 다 이해한 것 같지만 깊이 체험할 수는 없습니다. 당시 부처님의 발원은 새로운 종교적 지평을 여는 장엄한 것이었습니다. 말하자면 이번에 도를 이루지 못하면 바로 이곳에서 목숨을 다하겠다는 맹세였습니다. 그의 구도(求道)는 이처럼 철저했습니다.

석가모니는 무엇을 깨달았을까

『석가여래응화사집(釋迦如來應化史集)』의 기록에 따르면 부처님은 엿새 동안에 먼저 사선팔정(四禪八定)을 얻고 다시 의생신(意生身)[7]을 얻었으며 마지막 하룻밤 사이에 육신통(六神通)을 얻었다고 합니다. 그리고 이레째 되던 날 새벽에 고개를 한번 들었을 때(주의하십시오! 석가모니부처님의 타좌는 우리처럼 그렇게 고지식하지 않았습니다. 우리야 감히 그러지 못하지만 석가모니부처님은 고개도 들었습니다. 아마 한 차례 휴식을 취할 생각이었겠지요) 하늘에 밝게 빛나는 별을 보고는 아누다라삼먁삼보리(阿耨多羅三藐三菩提)를 깨달았습니다. 조금 엉뚱한 이야기가 될지 모르지만 저는 이 대목에서 도연명(陶淵明)의 시가 생각납니다.

동쪽 담장 아래 국화를 꺾다가   采菊東籬下
고개 들어 유연히 남산을 본다   悠然見南山

이렇게 말하면 어떤 사람은 도연명 역시 도를 깨달았다고 생각할지 모르겠습니다.(모두 웃음)
지금까지 장황하게 말씀드린 내용이 바로 석가모니부처님이 도를 깨달

---

7 다른 말로 의성신(意成身) 또는 의성색신(意成色身)이라고도 하는데, 부모로부터 받은 몸이 아니라 초지(初地) 이상의 보살이 중생을 제도하기 위해 의(意)로써 만들어 낸 몸을 말한다.

기까지의 과정입니다. 이 이야기를 한 것은 물론 소 선생이 제기한 문제, 즉 석가모니부처님께서 새벽 별을 보고 깨달은 것이 무엇인지에 대해 설명하기 위해서였습니다.

여러분, 어떨까요? 일단 고개를 들어 도를 깨친 다음에는 이전의 여러 수련 과정이 모두 낭비에 지나지 않았으며 십이 년의 공부가 모두 헛수고에 불과했던 것일까요? 부처님이 도를 깨달았을 때에는 겨우 서른 살 전후였고 법을 전할 때에도 서른두 살 전후였습니다. 오히려 제자들이 대부분 그보다 나이가 많았습니다. 석가모니께서 어릴 적 받은 교육, 그리고 출가 후의 각종 수련과 고행이 과연 아무 의미도 없는 것이었을까요? 저는 당시 소 선생의 물음에 이렇게 대답했습니다. "그가 깨달은 것은 바로 연기의 본성은 공이라는 사실이지." 그랬더니 소 선생은, "그래, 그렇지!" 하고는 문을 열고 나갔습니다.

여러분은 주의했는지 모르겠지만 이건 아주 엄중한 문제입니다. 소 선생이 떠난 뒤 다시 이런 생각이 떠올랐습니다. 다른 사람이 물었다면 별문제가 아니었겠으나 소 선생이 물었으니 상당히 엄중한 문제일 것이라고요. 사실 그의 물음은 매우 깊은 것이었습니다. 석가모니부처님께서 깨달은 것은 "공의 본성은 연기요, 연기의 본성은 공이다〔性空緣起, 緣起性空〕"라는 사실이었는데, 이 간단한 이치가 왜 당시에는 그리도 어려웠을까요? 어떤 부분이 어려웠을까요? 부처님이 열아홉 살에 출가한 후 그렇게 오랫동안 수련하여 겨우 알게 된 이치를 현재 우리는 모두 알고 있으며 불경을 한번쯤 읽어 본 사람이라면 누구든 알고 있습니다. 그렇지 않습니까? 거기에 무슨 희귀한 것이 있기에 그걸 깨닫기만 하면 모든 것을 꿰뚫을 수 있다고 하니 도대체 왜 그럴까요? 부처님이 깨달은 이 이치가 옳다고 한다면 그 이전에 했던 공부에 대해서는 어떻게 말할 수 있을까요?

또 다른 문제입니다만 우리는 현재 부처님을 배우면서 불법에 접하자마자 곧 "자성은 본래 공이며, 공의 본성은 연기이다[自性本空, 性空緣起]"라는 사실을 알게 됩니다. 그러나 이 이치를 모두 알고서도 왜 그렇게 오랫동안 다시 수련해야 할까요? 이렇게 수련을 하고서도 우리는 왜 보살은커녕 초보적인 소승 나한에도 이르지 못할까요? 더욱이 탄식을 금할 수 없는 것은 우리 시대에는 반 개의 과위(果位)[8]를 증득한 사람조차 찾아보기 어렵다는 사실입니다.

소 선생이 떠나고 나서 이런 생각으로 마음이 편하지 않았습니다. 세계의 문화와 종교가 각양각색으로 다양하게 발전했는데도 사회는 더욱 혼란해지고 사상마저 혼돈에 빠져 갈피를 못 잡고 있으니 도대체 어찌된 일일까요? 작년 연말부터 올봄까지 외국으로 나간 학생들이 보내온 편지를 봐도 그렇습니다. 읽어 볼 자료도 많고 수도도 열심히 하며 뭐든 훌륭하게 해내지만 곳곳에 혼란이 깔려 있더라는 것입니다. 정말 어느 것 하나 혼란하지 않은 것이 없고 어느 사람 하나 혼란스럽지 않은 사람이 없는 것 같습니다. 이른바 난세입니다.

이 때문에 제 마음도 몹시 불안한데 거기에다 소 선생의 문제 제기까지 겹친 것입니다. 문제는 과연 어디에 있을까요? 주의하십시오! 우리가 부처님을 배우는 공부는 모두 인과(因果)가 전도되어 있습니다. 뭐라고 말해야 할까요? 원인을 결과로 잘못 안다고나 할까요? 그렇습니다. 우리 모두가 원인을 결과로 잘못 알고 있습니다. 우리는 자성은 본래 공이라느니 모든 것은 인연에 따른다느니 하는 것은 잘 알고 있지만 이것은 어디까지나 배워서 알게 된 이론에 불과하며 우리 것이 아닙니다. 이것은 석가모니부처님께서 그렇게 오랫동안 고행을 거친 후 제자들의 질문에 대한 대답으로, 우리는 그것이 기록되어 전해짐으로써 비로소 알게 된 것입니다. 실제

---

[8] 수행한 공덕으로 깨달음을 얻은 지위를 말한다.

로 우리 스스로가 이해한 것이 아니라 불경에서 말하는 증상연(增上緣)[9]일 뿐이며, 우리는 그저 부처님의 성과를 그대로 수용하고 있는 것입니다.

그렇다면 우리는 어떻게 해야 할까요? 대답은 간단합니다. 직접 수행의 길을 걸어야 합니다. 석가모니부처님과 마찬가지로 선정(禪定)의 길을 걸어야 하고, 진정한 수련의 길에서 스스로 연기성공(緣起性空)을 체득해야 합니다.

우리는 많은 이치를 알게 된 후 그것이 마치 자신의 성과인 것처럼 착각하곤 합니다. 특히 최근 몇 년간 타좌에 대해 말하는 것을 보면 도가든 밀종이든 입만 열면 전문 용어입니다. 그러나 그 모습을 지켜보면 이건 전혀 아닙니다. 공부가 되었는지 되지 않았는지, 실제로 얻은 것이 있는지 없는지는 한번 보기만 해도 금방 알 수 있습니다. 송대(宋代)의 대혜고선사(大慧杲禪師)[10]는 말합니다. "자네가 개오했는지 하지 않았는지는 거기 서 있는 것만 봐도 알아. 다시 무슨 말이 필요해?" 그런데도 요즘 사람들은 입으로 온갖 이치를 다 말합니다. 무슨 기경팔맥이니, 이리 통하고 저리 통한다느니 하며 온통 난리입니다. 그렇게 신체를 어지럽게 통하려 해서는 안 됩니다. 이게 제가 하고 싶은 말입니다. 이들은 모두 우리가 먼저 불경의 지식부터 배운 데에서 비롯된 것으로, 앞사람들이 수련한 성과를 가져다가 자

---

9 삼연(三緣)인 친연(親緣), 근연(近緣), 증상연(增上緣) 중 하나이다. 중생이 평생을 염불하면 그 죄업이 다하여 죽음에 이르러 부처님이 보살들과 함께 와서 맞아 가는 일을 말한다. 또는 다른 법을 일으키는 데 힘이 되는 연(緣)을 말한다.

10 1089~1163. 임제종의 승려 대혜종고(大慧宗杲)를 말하며 흔히 운문(雲門)이라고 부른다. 17세에 동산(東山) 혜운사(慧雲寺)의 혜제(慧齊) 문하에서 출가했으며 다음 해에 구족계를 받았다. 그 뒤 동산취미(洞山翠微), 담당문준(湛堂文準), 원오극근(圓悟克勤) 등의 선사를 참방했으며 선화(宣和) 연간에는 원오극근과 함께 개봉(開封)에 머물렀다. 깨달음을 얻은 후 원오극근의 법을 이었다. 그는 언변이 뛰어났으며 평상시에 공안선법(公案禪法)을 고취하는 데 전력을 다했다. 공안선법을 흔히 간화선(看話禪)이라 하는데, 간화선은 공안이나 화두를 고찰함으로써 깨달음을 얻고자 하는 선법이다. 만년에는 경산(徑山)에 머물렀는데 수천의 사람들이 늘 주위에 운집해 있었으며, 효종(孝宗)도 그에게 귀의하여 대혜선사라는 이름을 하사했다. 융흥(隆興) 원년 75세의 나이로 입적했다.

신의 성과로 삼으려는 것입니다. 다시 말해 결과를 원인으로 잘못 알며 원인을 결과로 잘못 알고 있는 것입니다.

석가모니부처님이 이론과 경험으로 전하는 방대한 가르침은 바로 생사 문제와 생명 문제에 대한 회의입니다. 부처님이 추구한 바는 '어떻게 인간의 삶을 완전히 이해할 것인가' 하는 것이었습니다. 이렇게 볼 때 소 선생이 지적한 것은 매우 중요하며, 또 그것이 바로 이 강의의 직접적인 동기입니다.

두 번째 동기는 강의통지서 위쪽에 기재되어 있듯 외국에서 돌아온 주문광, 이문, 도뢰 등의 학생들이 역시 이런 주제로 강의해 줄 것을 요청했기 때문입니다. 저는 한 가지 조건을 걸었습니다. 이 강의 내용을 중문과 영문으로 동시에 기록한다면 강의를 수락하겠다고요. 이전처럼 되어서는 안 됩니다. 이전에는 매번 강의 후 몇 년이 지나면 아무 결과도 없이 흐지부지되고 말았습니다. 이것이 두 번째 원인입니다.

세 번째는 이곳 주지께 감사드리기 위함입니다. 이곳에서 강의를 할 수 있게 해 주셨으니까요.

이제 다시 문제의 핵심으로 돌아가 봅시다. 주지하다시피 수증(修證) 공부를 말하면서 흔히 범하기 쉬운 착오는 앞사람의 수행 경험과 누적된 견지(見地)를 가져다가 원인을 결과로 잘못 파악해서 그것을 불학(佛學)으로 만들어 버리고 마는 것입니다. 이렇게 하면 결국 나는 나요, 불학은 불학일 뿐입니다. 양자가 이처럼 대립되면 수행은 아무 소용이 없습니다. 그래서 제가 늘 하는 말입니다만 수행의 방법과 불학의 함의는 완전히 다른 것입니다. 우리가 지금 가야 할 길은 부처님의 방법을 배울 준비를 하는 것입니다. 이것 역시 이번 강의를 개설한 원인 중 하나입니다.

참고 경전

오늘 강의를 시작했는데 앞으로 인용할 경전은 다음과 같습니다.

(1) 경부(經部)

『대반야경(大般若經)』

『대열반경(大涅槃經)』

『화엄경(華嚴經)』

『금강경(金剛經)』

『심경(心經)』

『유마힐경(維摩詰經)』

『능가경(楞伽經)』

『해심밀경(解深密經)』

『승만부인경(勝鬘夫人經)』

『대보적경(大寶積經)』

『법화경(法華經)』

『능엄경(楞嚴經)』

『원각경(圓覺經)』

(2) 율부(律部)

『사분율(四分律)』: 소승

『보살계(菩薩戒)』: 대승

(3) 논부(論部)

『현관장엄론(現觀莊嚴論)』

『대마하지관(大摩訶止觀)』

『종경록(宗鏡錄)』

『정속지월록(正續指月錄)』

『대지도론(大智度論)』

『밀종도차제론(密宗道次第論)』

『유가사지론(瑜伽師地論)』

『보리도차제광론(菩提道次第廣論)』

　부처님을 배우고 불법을 공부하고자 한다면 여기에서 열거한 경부와 율부 및 논부의 저술들을 적어도 사오 년 정도는 투자하여 비교적 깊이 이해할 수 있어야 합니다. 이 정도라면 충분합니다. 이 강의에서 다루는 내용도 이런 저술들을 벗어나지 않는데, 여러분이 그 내용을 스스로 터득할 수 있다면 더욱더 좋습니다. 어떤 사람은 그저 수련에만 전념하면 되지 경론을 꼭 읽어야 할 필요가 뭐 있느냐고 말합니다만 이는 대단히 잘못된 생각입니다. 이치에 밝지 못하면 관점이 바로 서지 않아서 바른 길로 들어설 수 없습니다. 달리 말하면 공부가 시원찮은 것은 이치에 통달하지 못했기 때문입니다.

　예를 들어 봅시다. 어떤 학생과 이런 이야기를 나눈 적이 있습니다. 그가 말했습니다. "요 이틀 사이 제 마음에 분명 뭔가 생긴 것 같은데 그게 뭘까요?" 그는 확실히 어떤 문제에 부딪쳤다고 느끼고 있었습니다. 그는 열심히 노력하는 학생이었습니다. 이런 현상은 사실 여러분에게도 모두 일어날 수 있습니다. 정말 문제인 것은 틀림없습니다. 그가 물었습니다. "제가 그걸 찾으려 하면 과연 찾을 수 있을까요?" 제가 대답했습니다. "당연히 못 찾을 거네. 그건 생리가 심리에 미친 영향일 뿐이야. 요 며칠 날씨가 좋지 않아서 아마도 감기에 걸린 게지." 이런 것이 이른바 부처님이 말하는 번뇌입니다. 찾으려 하면 할수록 더욱 찾기 어렵고 반대로 번뇌만 더 커질 뿐입니다. 저는 이렇게 말했습니다. "자네가 찾으려 하면 그건 이미 도망치고 없을 거야. '도둑이야!' 하고 소리쳐 봐야 마치 도둑놈처럼 이미 도망가고 없겠지. 마음속에 번뇌가 생기면 그냥 내버려 두게. 어차피 원인을 찾을 수 없을 테니까." 그는 결국 다른 생각으로 그 생각을 대신했습니다. 저는 그게 옳다고 했습니다.

그렇지만 이것은 보통 사람들의 수양 방법일 뿐입니다. 고명한 사람이라면 이렇게 하지 않습니다. 고명한 사람은 찾을 수 없다는 사실을 잘 압니다. 『금강경(金剛經)』에서도 말하지 않습니까? "오는 곳이 없고 가는 곳도 없다〔無所從來, 亦無所去〕"라고요. 그림자도 없이 다가와서는 흔적도 없이 사라집니다. 그것을 알았을 때에는 이미 사라지고 없습니다. 가장 좋은 방법은 그대로 내버려 두는 것입니다. 번뇌가 생겨날 때 그것을 억제하려하면 이런 불합리한 생각이 도리어 진짜 번뇌가 됩니다. 번뇌를 하나 더 덧붙인 격이 되고 맙니다.

해탈과 오도

지금 우리가 다루고 있는 것은 심리와 생리의 관계입니다. 작년 연말의 일입니다. 어떤 여자 거사 한 분이 중풍으로 입이 돌아갔는데, 그분은 신심이 있는데도 기가 통하지 못하여 그런 게 아니냐고 묻는 것이었습니다. 또 다른 어떤 거사 한 분은 오랫동안 계율을 지켜 왔는데 갑자기 눈이 보이지 않는다고 했습니다. 백내장이었습니다. 나중에 치료를 해서 좋아지긴 했지만 역시 기가 통하지 못해서 그랬던 게 아니냐고 물었습니다. 이는 최근의 일로서 우리 공부가 심신(心身) 모두와 연계되어 있음을 증명해 주는 것입니다. 여기에 대해서는 좀 더 상세히 검토할 필요가 있는데, 그렇게 하지 않으면 문제가 더욱 심각해질 수 있습니다. 수행 시 과연 어떤 것이 생리로부터 말미암은 영향이며 어떤 것이 심리로부터 말미암은 영향인지, 또 어떻게 심신 양 방면으로부터 해탈할 수 있는지 하는 것들은 반드시 짚고 넘어가야 할 문제입니다.

다른 예를 하나 들어 보겠습니다. 작년에 잘 알고 지내던 분이 세상을 떠났는데, 그분 역시 오랫동안 불법을 공부해 왔지만 해탈에 이르기가 어려워서 떠나고 싶을 때 훌쩍 떠나지 못했습니다. 떠나고 싶어도 실제로 떠날 수 없는 것은 무엇 때문일까요? 만약 진짜로 마음대로 떠날 수 있다면 마음과 몸을 분리시킬 수 있는 것이나 마찬가지입니다. 그러나 그것은 해탈이라 할 수는 있어도 오도(悟道)라 할 수는 없습니다. 앉거나 서서 죽는 것은 재가거사라도 할 수 있으며 심지어 수양이 깊은 학자라도 할 수 있습니다.

공부를 해 나가면 심신은 분명 분리할 수 있지만 그것은 해탈일 뿐이지 반드시 오도와 관련 있는 것은 아닙니다. 공부가 좌탈입망(坐脫立亡)의 경지에 이른다는 것이 절대 쉬운 일은 아니나 도를 깨닫는 것에 비하면 훨씬 용이합니다. 과거에는 이런 방법을 비밀로 해서 말하지 않으려 했지만 사실은 불경에 모두 포함되어 있습니다. 불법의 팔만사천 법문을 너무 상세히 설명하다 보면 후유증이 생길 수 있습니다. 사람들이 이 법문을 배워서 한번 시험해 보고자 하는 폐단이 따를 수 있기 때문입니다. 어떤 사람은 이것으로 자살이나 도피를 시도할 수도 있을 것입니다. 이 때문에 대승(大乘)과 밀승(密乘)에서는 계율로써 엄격히 금지했습니다. 과학적 연구의 측면에서 말한다면 육체와 정신이 어떻게 분리되는지 알 수 있을 것입니다.

만약 우리 스스로에 의지해 수련한다면 몇 십 년을 수련해서 과연 그 언저리에 도달할 수 있을지는 모르겠습니다만 이건 또 다른 문제입니다.

견지, 수증, 행원

이제 우리가 살펴보아야 할 중점은 견지(見地)와 수증(修證) 그리고 행원(行願) 세 가지입니다.

무엇이 견지(見地)일까요? 선종의 전문 용어로 말하면 견지란 곧 견도(見道)입니다. 견도 이후에는 어떻게 수증할까요? 예를 들면 여러분은 모두 "연기성공, 성공연기(緣起性空, 性空緣起)"임을 알고 있는데, 이것을 알고 난 다음 과연 어떻게 실증할 수 있을까요? 수십 년 전 제가 막 불법 공부를 시작할 당시에 유명한 심리학 교수 한 분이 있었는데, 그분이 이렇게 말했던 것이 기억납니다. 불학은 이론은 아주 탁월하지만 아쉽게도 그걸 증명할 길이 없다고요. 불학에서는 일체유심(一切唯心)을 말합니다. 그러나 지금 황금 거위를 만들어서 황금 알을 낳게 해 보라고 하면 이론상으로는 마땅히 만들어 낼 수 있지만 실제로는 그럴 수 없습니다. 견지란 바로 이론(理)입니다. 행원과 수증은 현실(事)로서 불학 용어로는 '사상(事相)'이며, 선종에서는 공용(功用)이라 표현합니다. 보통 공부라고 하는 것입니다.

여러분은 불법을 배우면서 먼저 정(定)을 말합니다. 과연 정에 이를 수 있을까요? 그보다는 우선 가부좌를 할 수 있는지부터 물어봅시다. 가부좌는 정(定)이 아닙니다. 정을 연습하는 가장 기본적인 자세일 뿐입니다. 가부좌도 할 수 없다면 더 말해 봐야 무슨 소용이 있겠습니까? 이론은 이르렀어도 현실이 뒤따르지 않으면 소용이 없습니다. 마찬가지로 현실은 이르렀어도 행원이 뒤따르지 않으면 소용이 없습니다.

먼저 이 세 가지를 확실하고도 분명히 검토해 보기로 합시다. 수증은 선정(禪定)과 분리될 수 없는 것으로 수증을 말하자면 앞에서 언급한 경, 율, 논이 모두 그 속에 포함됩니다. 이 점은 아주 중요합니다.

'정(定)'은 처음에는 '선나(禪那)'라 했는데 산스크리트 어를 음역한 말입니다. 이후 『대학(大學)』의, "알고 멈춘 뒤에야 정이 있다(知止而後定)"라는 구절에서 '정'의 개념을 따와 '선정(禪定)'이라 했던 것입니다. 후기에 번역된 불경에서는 '선나'라는 말이 그 함의를 제대로 표현할 수 없다고 생각하여 '사유수(思維修)'라는 새로운 용어를 쓰기도 했습니다. 그런데 후에 다시 이 용어를 심리적인 것으로 오해하게 됨에 따라 현장법사(玄奘法師)가 새로 번역하면서 '정려(靜慮)'라는 용어를 사용했습니다. 그러나 정려든 정이든 모두 『대학』으로부터 나온 것입니다. 사실 이 명사는 정의를 내리기가 무척 어렵습니다. 그래서 미륵보살 일파에서는 아예 이런 용어를 쓰지 않고 그냥 '유가(瑜珈)'라 부른 것입니다. 나중에 유가는 이 계열의 공부를 하는 사람을 일컫는 용어로도 사용되었는데, 이로써 유가가 이 계열의 공부를 총칭하는 용어로 불리게 되었습니다.

인도에서 유가(瑜伽)와 유가(瑜珈)는 본래 하나의 것에 대한 두 측면의 정의였습니다. 예를 들어 『유가사지론(瑜伽師地論)』의 '유가사(瑜伽師)'는 수행에 성공한 사람을 가리키며, '지(地)'는 순차적인 경지를, '논(論)'은 논술을 말하니 결국 책의 제목은 '수행의 한 단계 한 단계 경계에 대한 토론'이라는 뜻입니다. 불법의 모든 경, 율, 논은 우리에게 수증의 방법을 일러 주고 있습니다만 우리는 아직 그건 그거고 나는 나라는 식으로 원리와 현실을 아우르지 못합니다. 더욱이 마음과 몸이 합일되지 않아 머리로는 이치를 알지만 그것을 현실에 적용하지 못하니 이것이 바로 수증 공부의 문제입니다.

우리는 수증의 세 가지 요소로 보통 견(見), 수(修), 행(行)을 말합니다.

견도(見道), 즉 도를 보려면 반드시 대지혜가 있어야 합니다. 견도란 곧 대지혜요, 크나큰 복덕입니다. 진정한 대복덕은 곧 대지혜요, 따라서 대지혜가 있는 사람은 대복덕이 있습니다. 지혜가 계발되지 않는 것은 복덕이 없기 때문입니다. 그렇다면 대지혜와 복덕은 어디에서 올까요? '행'으로부터 옵니다. 이런 까닭에 견, 수, 행 삼자는 삼위일체로서 어느 하나라도 부족하면 안 됩니다.

이제 큰 문제에 봉착하게 되었는데, 그것은 수(修)를 말하다 보면 곧 정(定)과 연계된다는 사실입니다. 내국인이든 외국인이든 종교적으로 수행 공부에 일가견이 있는 사람이라면 모두 정을 닦습니다. 그러나 정을 닦는 데 있어 흔히 범하는 큰 착오가 있는데, 그것은 정을 아무것도 알지 못하는 상태라고 생각한다는 점입니다. 이는 "마땅히 머무르는 바 없이 그 마음이 생긴다[應無所住而生其心]"라는 사실과 서로 배치됩니다. 이것이 첫 번째입니다.

다음으로 엄중한 것은, 요즘 사람들은 너무 신비주의적 경향에 치우쳐 있다는 사실입니다. 영감이니 신통이니 육감이니 초월명상이니 하는 각종 신비스러운 이름을 여기에다 덧붙입니다. 이는 중대한 잘못입니다. 신통과 정신병은 쌍둥이라는 것을 알아야 합니다. 털끝만큼의 차이로 인해 엄청나게 다른 결과가 초래될 수 있으니 대단히 심각한 문제가 아닐 수 없습니다.

인과가 전도되었다

다시 앞으로 돌아갑시다. 무엇을 정(定)이라 할까요? 이 점은 분명히 알아 두어야 합니다. 불교의 수증 방법 중 핵심적인 기초는 사선팔정(四禪八

定)입니다. 그러나 불법이 곧 정인 것은 아닙니다. 정은 공통의 방법일 뿐입니다. 그렇다고 불법이 정을 떠나 있는 것도 아닙니다. 역대 고승들의 전기를 보면 공부가 정에 이른 비구와 비구니는 무척 많았습니다. 심지어 어릴 적 이름이 기노(寄奴)였던 송(宋)의 고조(高祖) 유유(劉裕), 그리고 양(梁)의 무제(武帝)나 수(隋)의 문제(文帝) 등 남북조의 황제들조차 불교와 깊은 관련이 있었습니다.

부처님은 우리에게 이미 수증의 길을 일러 주었는데 우리는 단지 듣기만 하고서 마치 스스로 증험한 것인 양 착각합니다. 이것이 바로 "원인을 결과로, 결과를 원인으로 잘못 안다[倒因爲果, 倒果爲因]"라는 것입니다. 기경팔맥(奇經八脈)이니 삼맥칠륜(三脈七輪)[11]이니 하는 것, 혹은 이 관(關)을 통하고 저 관을 통한다는 것, 혹은 기맥(氣脈)을 타통한다는 것 등은 모두가 진정한 선정(禪定)이 아닙니다. 왜 그럴까요? 기맥과 관련한 것은 모두 생리적인 감각에 지배되기 때문입니다. 생리적 감각 상황을 도(道)라고 하면 그건 착각일 뿐입니다. 이런 도라면 유물(唯物)의 것이지 유심(唯心)이 아닙니다. 신체가 존재하기에 기맥의 변화가 나타나는 것입니다. 만약 신체가 존재하지 않는다면 어떻게 기맥의 변화가 나타날 수 있겠습니까? 기맥의 변화는 신체로부터 말미암는 것으로, 생리적이요 물질적인 것입니다. 그렇다면 도는 물질적인 것과 전혀 관계가 없는 것일까요? 이것 또한 엄중한 문제입니다.

도는 유물적인 것이 아니라 유심적인 것이라고요? 그렇다면 여러분이 과연 신체 이외에 다른 뭔가로 그걸 보여 줄 수 있습니까? 뭔가 구체적으로 보여 주는 것은 그만두더라도 한 사흘 입정(入定) 상태에 들 수만 있어도 괜찮습니다. 그런 모습을 보여 주는 것만으로도 꽤나 훌륭해 보일 것입

---

11 삼맥칠륜의 구체적인 내용에 대해서는 제10강을 참조하기 바란다.

니다. 그러나 여러분이 입정에 들었다 하더라도 과연 이 사대(四大)의 신체가 여러분 자신과 분리되었다고 할 수 있을까요? 그래서 제가 조금 전에 견지, 수증, 행원 삼자는 각각 모두를 포괄하는 삼위일체로서 똑같이 중요하다고 한 것입니다.

사가행

　진정한 수증을 위해서는 『능가경(楞伽經)』, 『유가사지론』, 『현관장엄론(現觀莊嚴論)』 등이 특히 중요합니다. 만약 의생신(意生身)을 성취하지 못하면 수행은 성공할 수 없으며, 모든 수행 공부가 사가행(四加行)의 초보적 단계에 머물고 맙니다. 사가행이란 바로 난(煖), 정(頂), 인(忍), 세제일법(世第一法)으로 불학을 논하는 사람은 모두 이에 대해 잘 알고 있습니다. '가행(加行)'이란 공장에서 만드는 가공품이나 가공법과도 같습니다. 사과나한(四果羅漢)이나 십지보살(十地菩薩), 또는 십지(十地) 공부 중 매 단계가 모두 사가행을 벗어날 수 없습니다. 달리 말하면 초선(初禪)에는 초선의 사가행이 있고 이선(二禪)에는 이선의 사가행이 있다는 것입니다. 불학에서는 사가행을 매우 중시합니다. 『현관장엄론』에서도 미륵보살이 언급하고 있고 『유가사지론』에서도 제기하고 있습니다. 만약 가행의 공부가 없다면 아무리 연구가 훌륭해도 이론에 그칠 뿐 그 어떤 것도 실증할 수 없을 것입니다.

　사가행의 교리는 난, 정, 인, 세제일법으로 당연히 그 나름의 해석이 있고 또 매우 합리적입니다. 사가행에는 한 단계 한 단계마다 각 단계에 해당하는 공부가 있습니다. 부처님을 배우거나 도를 공부하는 사람은 걸핏하면 생리적 변화나 기맥의 문제를 거론합니다만 도가적 표준에서 보더라도 저는 아직 기경팔맥을 통한 사람을 보지 못했습니다. 설사 통했다 하더라도 도를 이루었다고는 할 수 없습니다. 사가행의 초보적 단계인 난법(煖法)에서는 아직 기맥을 통하는 데에는 이를 수 없습니다.

진정으로 기맥을 통한 이후의 경계는 어떠할까요? 가부좌를 하고 앉아 있으면 비단 그만두어야겠다는 생각이 들지 않을 뿐 아니라 온몸이 부드러워지고 허공과 하나가 된 듯 가볍고 상쾌하기가 비할 데 없습니다. 진정으로 기맥을 통한 뒤에야 비로소 신체에 내재된 빛이 나타납니다. 주위에 빛이 없어도 신체 내부에서 빛이 납니다. 보통 사람은 눈을 감기만 하면 앞이 캄캄해지는데, 이것이 이른바 무명(無明)입니다.

그러나 이 한 조각의 광명을 대광명의 경계라고 생각해서는 안 됩니다. 아직은 어림도 없습니다. 유상(有相)의 빛일 뿐입니다. 단지 여러분에게 말씀드릴 수 있는 것은 이 빛이 발생한 이후에야 비로소 졸화(拙火, 영력 또는 영능이라고도 함)가 생겨날 수 있다는 사실입니다. 우리가 지니고 있는 자성(自性)의 본래 능력과 우리의 신체는 마치 물속의 짠맛이나 염료와도 같습니다. 여기 맑은 물 한 컵에 소금을 집어넣고 숟가락으로 저었다고 합시다. 물은 당연히 짤 것입니다. 이 짠물 속에서 소금을 찾아낼 수 있을까요? 마찬가지로 물속에다 물감을 풀었을 때에도 그 안에서 물감을 찾아내는 것은 불가능합니다. 이와 같은 이치로서 우리 생명 자성의 영능(靈能)도 신체와 분리하기 어렵습니다. 설사 분리할 수 있다 하더라도 그것으로 도를 깨달았다고는 할 수 없으며 단지 수증 공부일 뿐입니다. 영능이 발동한 뒤에야 비로소 사가행의 난법에 도달할 수 있습니다.

수행이 난법에 도달한 사람은 나이를 불문하고 어린애처럼 온몸이 유연하고 부드럽습니다. 물론 이것이 도(道)는 아니며 그리 신기할 것도 없는 생명 본래의 능력일 뿐입니다. 문제는 우리가 어떻게 난법의 단계에 이를 수 있는가 하는 것입니다. 이 문제에 대해서는 교리상의 해석이 모두 같지는 않은데, 우리는 사상(事相)으로 그것을 해석해 보고자 합니다.

정법(頂法)은 결코 정수리가 개화(開花)되는 것이 아니라 허공과 일체가 되는 것입니다. 바로 장자가 말한, "천지의 정신과 서로 왕래한다[與天地精神相往來]"라는 것입니다. 이렇게 되어야 비로소 정법에 도달했다고 할 수 있습니다. 먼저 난법에 이른 다음에야 정법에 도달할 수 있으며, 수행이 정법의 단계에 이른 것이 바로 초선입니다. 초선에는 초선의 가행이 있고 이선에는 이선의 가행이 있습니다. 물론 삼선과 사선도 마찬가지입니다. 정법에 이른 뒤에야 비로소 인법에 도달할 수 있습니다.

무엇을 인법(忍法)이라 할까요? 일체를 모두 끊어 버린 것입니다. 망상이 끊어지고 세간을 벗어나서 초연히 홀로 섭니다. 그러나 아직 완전히 공(空)에 이른 것은 아니며 단지 일체를 끊어 버렸을 뿐입니다. 세속적 생각과 번뇌가 모두 끊어진 경계에 이르더라도 아직은 세속의 최고 경계일 뿐 그것을 벗어난 것이 아닙니다. 여기서 한 걸음 더 나아가야 비로소 세제일법에 도달할 수 있습니다.

수행이 세제일법(世第一法)에 도달했을 때에야 비로소 진정한 인간이 되었다고 할 수 있습니다. 장자가 말한 이른바 '진인(眞人)'입니다. 달리 말하면 장자가 보기에는 도를 얻지 못한 사람은 진정한 인간이 아니었습니다. 그러나 수행이 여기에 이르렀다 해도 이것 역시 세제일법일 뿐 아직은 세속을 초월한 것이 아닙니다.

그렇다면 세속을 초월하는 길은 어떻게 해야 가능할까요? 어떤 단계의 수증 공부도 사가행을 떠날 수 없습니다. 정토(淨土)든 지관(止觀)이든 밀종이든 다 마찬가지로 모두가 사가행을 성취하고 선정에 이른 이후에야 비로소 세속을 초월하는 법을 말할 수 있습니다. 이것 역시 수증 공부의 순서요 차례입니다.

지금까지 말한 내용은 견지, 수증, 행원에 관한 것이었습니다. 먼저 견지가 있어야 하는데, 견지가 있은 뒤에야 어떻게 수도하고 행원할 것인지를 말할 수 있습니다. 방금 우리는 방향을 돌려서 주로 정(定)의 문제만을 검토했는데, 정의 실제적 이치에 대해 말한 내용은 여전히 초보적인 것으로 이후 한 단계 한 단계 상세히 살펴보고자 합니다. 수증 과정에서 여러분은 반드시 사가행의 이치를 주의해야 합니다.

제2강

위경이라는 주장에 대한 변론

강의 내용을 꼭 기록하도록 하십시오. 제가 일일이 보고 나서 고칠 곳은 고치고 비평할 곳은 비평하겠습니다. 기록을 하는 것은 제일 먼저 자신을 채찍질하기 위해서입니다. 쓰기 싫을수록 더 써야 합니다. 부지런히 써 나가면 자신의 잘못된 습관도 하나하나 고칠 수 있습니다. 쓰기 싫다는 것은 문제가 있습니다. 자신의 것이 쓸 만한 가치가 없다고 생각한다면 그건 지나친 겸손이요, 반대로 쓸 필요가 없다고 생각한다면 그건 지나친 오만입니다. 저는 여러분에게 기록할 것을 권합니다. 특히 젊은 사람일수록 쓰기는 좋은 수양 방법입니다. 동시에 일기도 쓰고 자신이 생각했던 것도 기록하십시오. 제일 좋은 방법은 아예 노트를 두 권 준비하여 돌려가면서 한 권은 제출하고 한 권은 계속 기록해 나가는 것입니다.

여러분에게 특히 당부하고 싶은 것은 강의 도중에 인용되는 불경의 원문이나 제가 설명하는 내용을 심지(心地)상에서 체험할 수 있어야 한다는 점입니다. 절대로 불경과 선생의 설명, 그리고 자신이 따로 놀아서는 안 됩니다. 그렇게 하면 아무것도 얻을 수 없습니다. 또 하나 주의해야 할 점은 강의를 들으면서 동시에 타좌를 하지 말라는 것입니다. 선정(禪定) 공부를 하면서 한편으로 필기도 하고 강의도 똑똑히 들을 수 있다면 이 사람은 이미 어느 정도 기초가 확립된 사람입니다. 그렇지만 보통의 경우라면 마음을 둘로 나누어 쓸 수 없습니다. 정(定) 공부가 어느 정도 된 사람이라면 딱히 선정이 아니더라도 마음을 열 군데로, 심지어는 백 군데로도 나누어 사용할 수 있습니다. "자성이 본래 스스로 구족하고 있는 줄 어찌 기대했으리오[何期自性, 本自具足]"라고 한 육조(六祖)의 말도 바로 이를 뜻합니다. 실제로 이건 어렵지 않습니다. 육근(六根)은 확실히 나누어 사용할 수 있습니다. 그러나 아직 이 정도로 공부가 되어 있지 않다면 성실히 마음을 다하여 강의를 들으십시오.

앞에서 수증법문(修證法門)의 사상(事相)과 사가행(四加行)에 대해 살펴보았는데, 많은 사람들이 한결같이 말하기를 처음 들어서 그런지 어리벙벙하고 뭐가 뭔지 잘 모르겠다고 하는 것이었습니다. 사실 원래 계획대로라면 제대로 길을 잡는 데만 해도 한두 달은 넘게 걸립니다. 오늘은 원래의 강의 순서를 바꿔『능엄경(楞嚴經)』강의에서부터 시작해 볼까 합니다.

먼저『능엄경』에서 제시한 수증 공부에 대해 여러분께 말씀드리려 하는데, 아마도 곧 체험할 수 있으리라 생각합니다. 어떤 사람은『능엄경』,『원각경(圓覺經)』,『대승기신론(大乘起信論)』,『사십이장경(四十二章經)』 등이 모두 위경(僞經)이라고 주장하는데, 이 점에 대해 학계에 있는 분이나 불학을 연구하는 사람이라면 특히 주의할 필요가 있습니다. 이런 주장은 고증학적 관점으로부터 나온 것으로, 이로 인해 불학계에서도 적지 않은 사람들이 이들 경전은 근본적으로 읽을 만한 가치가 없다고 여기는 것 같습니다. 그러나 저는 감히 이렇게 말합니다. 서생(書生)의 견해는 논할 만한 가치가 없다고요.

이제 이런 관점이 나타나게 된 원인부터 간략히 살펴보겠습니다. 중국 문화는 청조(淸朝)에 이르러 한학이 흥기하면서 의리(義理), 사장(辭章), 고거(考據), 기문(記聞)으로 학문 영역이 나누어졌습니다. 동양 문화의 관점에서 본다면 서양의 이른바 '철학'은 의리에 포함된다고 볼 수 있고, 반대로 서양의 관점에서 본다면 '의리'가 철학 속에 포함될 것입니다. 처지가 다르면 생각도 달라지게 마련입니다. 당나라의 시(詩)나 송나라의 사(詞)는 모두 사장(辭章)에 속하는 것인데 시대마다 독특한 색깔이 있었습니다. 예를 들면 당나라는 시(詩), 송나라는 사(詞), 원나라는 희곡(曲), 명나라는 소설, 청나라는 대련(對聯)이 주류를 이루었습니다.

청나라 유학자들은 사장에 대해서는 언급하지 않고 의리만 부각했는데, 이는 송나라 때부터 이학(理學)이 일어나기 시작하여 입만 열면 심성(心性)과 성명(性命)만 말해 왔기 때문입니다. 청조에 이르러 유학자들은 성명학(性命學)에 강한 반감을 가져 결국 좀 더 실제적인 고증학(考證學)으로 향하게 되었습니다. 이른바 '한학(漢學)'이라 일컫는 것입니다. 요즘 외국인은 중국의 모든 학문이 한학인 줄 알고 있는데, 사실 이런 관점은 근본적으로 잘못된 것입니다. 여기에 동조하여 우리조차도 자신의 학문을 한학이라 부르고 있으니 정말 웃기는 일입니다.

고거(考據)란 고증을 말하는 것으로 일종의 과학적 형식일 뿐입니다. 앞서 언급한 경전들이 위경이라는 주장도 고거에 근거한 것으로 대표적인 주창자가 양계초(梁啓超)였습니다. 양계초는 불학을 피상적으로 이해한 인물로, 그는 한마디로 불학의 전문가가 아니었습니다. 그의 주장은 이들 경전의 문장력이 너무 뛰어나서 도저히 인도인의 저술로 볼 수 없으니 결국 중국인이 위조했다는 것입니다. 그러나 저는 내용으로 보아 이들 경전은 절대로 위경이 아니라고 생각합니다. 오히려 양계초가 사용한 고증의 방법에 문제가 있다고 봅니다.

『능엄경』의 밀인

이제 『능엄경』에 관련된 두 번째 문제에 대해 살펴보기로 하겠습니다. 이 경전은 "대불정여래밀인수증요의제보살만행수능엄경(大佛頂如來密因修證了義諸菩薩萬行首楞嚴經)"이라는 말로 시작되는데, 수행의 큰 비밀을 그 속에 포함하고 있다는 뜻입니다. 하지만 이 말 외에 수증의 진정한 밀인(密因)은 어디에서도 찾아볼 수 없습니다. 그럼에도 불구하고 지난 수십 년 동안 저는 『능엄경』을 제대로 연구한 사람을 만나 보지 못했고, 진정으로 『능엄경』의 수증 방법을 찾아낸 이도 보지 못했습니다. 실제로 이 경전에는 범부에서 부처님에 이르기까지의 수증 과정이 모두 나와 있어서 문자를 해독할 수 있는 사람이라면 한번 보면 곧 알 수 있습니다. 그렇지만 많은 사람들이 미려한 문장에만 눈이 팔려 도리어 내용을 보지 못합니다.

『능엄경』 속에는 중요한 점이 하나 있는데, 바로 수증 방법의 큰 비밀이 들어 있다는 것입니다. 실제로 견지, 수증, 행원이라는 이 세 가지는 하나라도 빠져서는 안 됩니다. 진정으로 견지가 있다면 수증을 이룰 수 있고, 진정으로 수증을 이룰 수 있다면 행원 역시 반드시 이룰 수 있습니다. 여기에서는 한 치의 부족함도 허용되지 않습니다.

저의 말은 하늘에서 비가 내리듯 어떤 특정인을 대상으로 하지 않으니 여기 있는 어떤 사람도 그 나름의 몫을 얻을 수 있습니다. 여러분이 과연 몫을 챙길 수 있느냐 없느냐 하는 것은 순전히 자신에게 달려 있습니다. 이 경전 속에는 견지, 수증, 행원이 모두 들어 있습니다. 우리 함께 하나하나 찾아보도록 합시다.

마음과 연

『능엄경』은 "칠처징심, 팔환변견(七處徵心, 八還辨見)"으로 시작합니다. 부처님은 아난(阿難)과 대화하면서 마음은 과연 어디에 있는지 묻습니다. 마음은 안에도 밖에도 중간에도 있지 않다는 등의 일곱 측면을 검토한 끝에 부처님은 아난에게 마음이 어디 있는지를 일러 줍니다.

『능엄경』권 1에 기록된 내용은 다음과 같습니다.

부처님이 아난에게 말했다. '일체 중생은 무시 이래 갖가지 전도를 범하여 업의 종자가 마치 악차취[12]처럼 되었다. 뭇 수행자가 무상의 보리를 얻지 못하고 따로 성문이나 연각을 이루거나 외도의 제천마왕이나 마도의 무리가 되고 마는 것은 모두 두 가지 근본을 모르고 자기 마음대로 수도를 하기 때문이다. 이는 마치 모래를 삶아 맛있는 음식을 만들고자 하는 것과도 같아 아무리 많은 시간을 들여도 결국 실패할 뿐이다.' 부처님이 다시 말했다. '아난아! 두 가지 근본이란 이런 것이다. 하나는 삶과 죽음이 시작되는 근본으로서 지금의 너 자신이나 뭇 중생이 반연심[13]을 자성이라 생각하는 것이다. 다른 하나는 시작도 없는 보리열반의 청정한 본체로서 지금 너 자신의 밝은 마음의 본체이며, 뭇 연들을 만들 수 있고 또 그 연으로부터 떠날 수 있는 것이다. 그런데도 뭇 중생은 온종일 행하면서도 이런 밝은 마음의 본체를 자각하지 못하여 잘못된 다른 길로 접어든다'〔佛告阿難, 一切衆生, 從無始來, 種種顚倒, 業種自然, 如惡叉聚. 諸修行人, 不能得成無上菩提, 乃至別成聲聞緣

---

12 악차란 인도에서 자라는 나무 이름으로, 이 나무는 가지 하나에 열매가 셋씩 모여 달리며 또 땅에 떨어진 후에도 열매가 한 군데에 많이 몰려 있어서 '악차취(惡叉聚)', 즉 악차처럼 모여 있다고 표현했다. 흔히 혹(惑)·업(業)·고(苦) 삼자가 서로 연계되어 있음을 비유하며, 숫자가 많다는 것을 비유하기도 한다.

13 마음이 하나의 대상에 집착되어 있는 것을 말한다.

覺, 及成外道諸天魔王及魔眷屬, 皆由不知二種根本, 錯亂修習. 猶如煮沙, 欲成嘉饌, 縱經塵劫, 終不能得. 云何二種, 阿難, 一者, 無始生死根本, 則汝今者, 與諸衆生, 用攀緣心, 爲自性者. 二者, 無始菩提涅槃, 元淸淨體, 則汝今者, 識精元明, 能生諸緣, 緣所遺者. 由諸衆生, 遺此本明, 雖終日行, 而不自覺, 枉入諸趣〕.

왜 우리는 명심견성(明心見性)할 수 없을까요? 부처님의 설명은 이렇습니다. 한없이 오래전부터 우리의 생명에는 반연심(攀緣心)이란 것이 있어서 한 생각이 끝나면 또 한 생각이 계속 이어져 왔다는 것입니다. 따라서 우리의 생각은 한순간도 정지됨이 없이 꿈속에까지도 이어지게 되는데, 이것이 바로 반연심입니다.

일반인은 이 반연심을 '마음'이라 잘못 알고 있습니다. 서양의 철학자 데카르트가, "나는 생각한다. 그러므로 나는 존재한다"라고 한 말도 바로 이것입니다. 생각하기 때문에 존재한다는 것은 보통 사람들의 사고방식으로서 그릇된 견해입니다. 생각한다는 것은 본래의 '마음'과 거리가 먼 것입니다. 그렇다면 어떻게 해야 옳을까요?

"시작도 없는 보리열반의 청정한 본체〔無始菩提涅槃, 元淸淨體〕." 부처님은 우리의 마음이란 하나의 현상으로서 본체로부터 일어나는 작용이라고 말합니다. 생명 본래의 마음, 본래의 능력이 곧 보리(菩提)로서 일명 본체라고도 하는데, 이것이 드러난 현상은 여러 단계로 나뉘어 있고 또 전파와도 같이 파동을 그립니다. 여러분은 이런 현상을 붙들고 그런 것에서 본체를 파악하려 해서는 안 됩니다.

"지금 너 자신의 밝은 마음의 본체이며, 뭇 연을 만들 수 있고 또 그 연으로부터 떠날 수 있는 것이다〔則汝今者, 識精元明, 能生諸緣, 緣所遺者〕." 식정원명(識精元明)의 '식'이란 유식(唯識)의 식이며 '정'이란 진정한 정신을 의미하는 것으로, 식정원명은 원래부터 영험하고 밝은 어떤 것을 말합니다. 바로 여러분이 지각하고 감각할 수 있도록 하는 영험하고 밝은 어떤 것입니다. 이것은 과연 무엇일까요? "뭇 연을 만들 수 있다〔能生諸緣〕"라는 것은, 이것이 내면에서 움직이면 우리의 생각도 움직여 곧 외면의 작용으로 나타날 수 있다는 말입니다.

연(緣)이란 무엇일까요? 지금 제가 하고 있는 말이 연이고, 또 저의 소리가 여러분의 귀에 들리는 것도 연입니다. 저는 지금 한마디 한마디를 이어가며 말하고 있고 여러분은 이 한마디 한마디를 들으면서 생각하고 있는데, 이것이 바로 반연(攀緣)입니다.

지금 여기에는 많은 사람들이 앉아 있어서 더울 것입니다. 여러분 내면의 식정원명(識精元明)이 외부의 열기에 감응함으로써 마음속으로 덥고 답답하게 느끼는 것입니다. 열(熱)이라는 연(緣)이 감각을 발생시킨 것입니다. 뭇 연을 만들 수 있다는 말은 바로 이런 것입니다.

"연으로부터 떠날 수 있는 것〔緣所遺者〕"이란 선종에서 말하는 "모든 연을 놓아 버리는〔萬緣放下〕" 것과도 같습니다. 외부의 연을 모두 버리고 나서 그래도 남아 있다면 그것은 더 이상 버릴 수 없는 것입니다. 예를 들어 봅시다. 여기 앉아 있으면 두 다리와 허리가 불편할 것입니다. 이것이 바로 연입니다. 무슨 연일까요? 신체의 연이지요. 신체에 나타나는 반응으로 '여러분 자신'과는 무관합니다. 여러분 자신은 신체가 불편하고 다리가 저린 것을 알지만 그것은 이미 다리에도 있지 않고 허리에도 있지 않습니다. 모든 연을 다 버리고 나서 남은 나머지, 즉 연으로부터 떠날 수 있는 것이라는 연소유자(緣所遺者) 바로 이 네 글자입니다. 이것이 바로 모두 버리고 난 뒤에도 남아 있는 본래 그것입니다.

"그런데도 뭇 중생은 온종일 행하면서도 이런 밝은 마음의 본체를 자각하지 못하여 잘못된 다른 길로 접어든다〔由諸衆生, 遺此本明, 雖終日行, 而不自覺, 枉入諸趣〕." 일체의 것은 모두 이것이 변화되어 나왔습니다. 그러므로 중생이 전도되어 만연(萬緣)을 좇아감으로써 육도(六道) 중에서 윤회하고 생사의 수렁 속에 빠져드는 것입니다. 이는 드러난 면으로 아직은 밀법(密法)이 아니며 그 이면에 대해서는 아직 말하지 않았습니다.

여러분, 어떤가요? 타좌를 막 시작하려고 가부좌를 하는 순간 정말 좋지 않습니까? 그러나 조금 지나면 그렇게 좋은 느낌이 별로 없을 것입니다. 왜 그럴까요? 시간이 지나면 자기가 타좌를 하고 있는데도 신체나 기(氣)가 제대로 움직이지 않는다고 생각하기 때문입니다. 막 타좌를 시작할 때에는 모든 연(緣)을 다 떨쳐 버리고 아무것에도 관여하지 않는다는 그런 맛이 느껴지지만 시간이 지나면서 차츰 달라집니다. 온갖 것들이 다 생각납니다.

도를 이루어야 한다거나 자세가 단정해야 한다거나 망념을 가져서는 안된다거나 하는 망상들이 끊이지 않습니다. 망상이 일어나면 그걸 없애려고 하지만 망상이 사라진 뒤에는 다른 망상이 꼬리를 잇게 마련입니다. 부질없는 짓입니다.

사실 외부의 연을 그대로 놓아 버리고 나서 그래도 남아 있는 그것이 동요되지 않는다면 연으로부터 떠날 수 있습니다. 부처님은 이처럼 직설적으로 우리에게 가르쳐 주고 있습니다. 만약 이것을 착각하면 곧 잘못된 길로 접어들어 육도 중에서 윤회할 수밖에 없습니다.

이제 "팔환변견(八還辨見)"에 대해 살펴보기로 합시다.

'견(見)'이란 무엇일까요? 이와 관련하여 우리 일반인이 타좌를 시작하자마자 나타나는 현상은 어떤 것일까요? 여기에 대해 『능엄경』에서는 이렇게 말합니다.

생리적 반응과 심리적 망상이 뒤섞여 스스로의 환상을 자신의 몸뚱이라 생각하며, 외부의 연이 쌓여 안으로부터 동요됨으로써 생각이 바깥으로 어지럽게 치달으니, 그저 혼란할 뿐인데도 그것을 심성이라 생각한다(色雜妄想, 想相爲身, 聚緣內搖, 趣外奔逸, 昏擾擾相, 以爲心性).

부처님은 일체 중생이 모두 마음을 찾지 못하고 있다고 말합니다. 왜 그럴까요? 생리적 반응과 심리적 망상이 교호 작용을 일으키는 하나의 환상을 자신의 몸이라 생각하기 때문입니다. 이를테면 우리의 신체 속에 또 하나의 몸뚱이를 갖는 것으로, 당연히 자신의 생각이 만들어 낸 것입니다. 방금 어떤 학생이 원래 몸이 좀 좋지 않았는데 바깥에서 한 차례 뛰었더니 좋아졌다고 했는데, 심리 작용이란 바로 이런 것입니다. 여기서도 망상으로부터 형성된 몸뚱이가 생겼는데, 그것은 곧 자신의 사(思)와 상(想) 자체로서 이 색신(色身) 내부에 있는 또 하나의 몸뚱이입니다. 우리의 사(思)와 상(想)이 외부의 어떤 연과 결합됨으로써 우리 신체 속의 또 다른 몸뚱이로 변한 것입니다.

"외부의 연이 쌓여 안으로부터 동요된다(聚緣內搖)"라는 것은, 외부의 연인 생각이나 정서 등 모든 것이 모여 있다가 우리가 타좌하려고 하면 마치 빙빙 도는 통 속에서 솜사탕 부풀어 오르듯 그렇게 마음을 더욱 어지럽히는 것입니다.

생각이 바깥으로 어지럽게 치달다 보면 눈을 감아도 머리가 혼란할 뿐인데, 이렇게 어지러운 상태에서 몇 시간 앉아 있는 것을 참선이라 하고 이런 마음을 심성이라 여긴다는 것입니다. 그리고 이런 중대한 착오를 범하고도 여전히 자신이 지금 도를 닦고 있고 또 자신의 마음이 바로 이 신체상에 있다고 생각한다는 것입니다. 마음이 정말로 신체상에 있다면 죽은 뒤에는 과연 어떻게 찾아낼 수 있을까요?

부처님은 이런 이야기를 아주 또렷이 말합니다.

색신과 밖으로는 산하와 허공, 대지가 모두 묘명 진심 가운데 있음을 모른다[不知色身, 外洎山河虛空大地, 咸是妙明眞心中物].

부처님은 말합니다. "아난아! 타좌 시 눈을 감고 있든 뜨고 있든 아무 상관이 없다. 그리고 신체를 지키려 할 필요도 없다. 너희는 신체를 중심으로 삼아 모든 우주 공간으로 확대해 나가면 우주 전체가 모두 네 마음속에 있다는 사실을 잘 모르고 있다. 그렇다면 이 몸뚱이는 무엇인가? 망상이 만든 허상일 뿐이다!" 이것이 바로 견지입니다.

이곳에는 수행도 오래하고 공부도 썩 훌륭한 분들이 계시겠지만, 어떤가요? 여러분은 타좌를 할 때 신체에 집착하지 않는가요? 만약 집착하지 않는다면 견지가 이미 산하와 허공 및 대지가 모두 묘명 진심 가운데 있는 경계에 이른 것일까요?

예를 들면 맑고도 광활한 대양을 버리고 한 점의 부유물을 마치 바다 전체처럼 생각하는 것이다[譬如澄淸百千大海, 棄之, 唯認一浮漚體, 目爲全潮, 窮盡瀛渤].

부처님은 우리 중생의 본체가 태평양과 비교도 안 될 만큼 큰 바다라고 말합니다. 거기서 우리의 몸뚱이는 하나의 점에 불과합니다. 그런데도 우리는 큰 것을 포기하고 작은 점에만 집착하여 그것을 자신의 생명이라고 생각합니다. 우리는 모두 이 작은 점에만 집착함으로써 외부의 연(緣)이 쌓여 안으로부터 동요되어 마치 솜사탕처럼 굴리면 굴릴수록 망념은 더욱 더 커집니다. 선종의 운문조사(雲門祖師)는, "하늘과 땅 사이 우주 가운데 보물이 하나 있어 형산[14] 속에 숨어 있다[乾坤之內, 宇宙之間, 中有一寶, 祕在形山]"라고 했습니다. 사실 산하와 허공 및 대지를 모두 포용하는 묘명 진심은 우리의 신체상에서 색신이나 기타 업력(業力)에 뒤덮여 있으니 그것을 찾아내어야만 합니다. 지금 『능엄경』의 내용을 설명하고 있습니다만 여러분 모두 이해할 수 있겠습니까? "바깥이 텅 비어 있는 것 같은[外如虛空]" 경험을 실제로 해 보셨는지요? 공부를 하려면 실제로 증험해 보아야만 합니다.

필기하면서 한편으로 제 말을 들으십시오. 주의해야 합니다. 육근(六根)을 사용하면서도 청정한 마음을 계속 유지할 수 있어야 비로소 선(禪)을 배웠다고 할 수 있습니다. 미국이나 일본의 선종에서는, '물오리가 날아왔다가 날아가는 것이 선과 무슨 상관이 있는가?'라는 것을 화두로 삼아 전문적으로 참구한다고 합니다. 이것은 그저 교육 방법상 하나의 우연한 기지(機智)일 뿐입니다. 마치 혜명(惠明)이 육조에게, "선생님, 오조(五祖)께서 선생님께 무슨 비밀을 말씀하시지 않던가요?" 하고 물은 것과도 같습니다. 이 물음에 대해 육조는, "비밀이라 할 게 뭐 있나. 비밀은 여기 나에게 있기보다 거기 자네에게 있네" 하고 대답합니다. 이 말이 바로 큰 비밀입니다.

칠처징심

『능엄경』에서 부처님은 안팎의 일곱 곳 어디에도 마음이 있지 않다고 말합니다. 부처님은 자신의 본심을 확대시켜 나가면 온 허공이 모두 마음속에 들어올 수 있다고 합니다. 바꾸어 말하면 안팎의 일곱 곳 모두가 마음이라는 것입니다. 이해되지요? 이것이 바로 여래의 밀인(密因)입니다. 안

---

14 형산(形山)은 일반적으로 육신을 가리키는 것으로 보나 또 다른 설로는 우리 몸속에 숨어 있는 심성(心性)이나 일심(一心)이라 해석하기도 한다. 따라서 여기에 언급한 운문조사의 말도 두 가지로 해석할 수 있다. 하나는 우리 몸속에 보물이 숨어 있다는 것이요, 다른 하나는 우리의 심성 속에 보물이 숨어 있다는 것이다. 역자가 보기에는 후자의 의미가 더 포괄적인 듯하다.

퍄 일곱 곳이 모두 마음이라면 이는 어떤 마음일까요? 이는 마음의 작용 〔用〕으로서 본체〔體〕가 아닙니다. 작용을 일으킬 때에는 색신(色身)인 보신 (報身)의 작용이지만 본체로 돌아가서는 바로 법신(法身)의 청정입니다.

운문이 말했습니다. "하늘과 땅 사이 우주 가운데 보물이 하나 있어 형 산 속에 숨어 있다. 등을 들고 불전으로 향할 수는 있지만 어찌 산문을 등 위에 얹을 수 있으랴?〔乾坤之內, 宇宙之間, 中有一寶, 祕在形山. 拈燈籠向佛殿裏, 將山門來燈籠上, 作麼生〕" 이것이 선사의 설법입니다. 어지럽게 이건 저것이 고 저건 이것이다 하고 늘어놓지만 둘러보니 아무도 알아듣지 못한 것 같 습니다. 그러니 자신이 다시 "사물을 좇아 뜻이 바뀐다〔遂物意移〕"라고 말 하고, 다시 "구름이 일어나니 번개가 친다〔雲起雷興〕"라고 말할 수밖에 없 습니다.

동양의 문화는 문장을 떠나서는 말하기가 어려우므로 비록 출가인이라 도 먼저 문학적 토대를 갖출 필요가 있습니다. 운문은, 참으로 애석하도 다, 내가 한마디 꺼내자마자 너희들 마음이 그냥 바깥으로만 치닫는구나 하는 의도로 말합니다. 바로 『능엄경』에서 말한 "취외분일(趣外奔逸)"의 뜻 입니다. 운문은 이렇게 말한 후에 여러 사람들을 보니 이해한 사람이 없음 을 알고 "운기뇌홍(雲起雷興)"이라고 말했습니다. 운문은 사람들이 대답하 지 못하는 것을 보고 어쩔 수 없이 그들을 대신하여 말한 것입니다.

다시 설두선사(雪竇禪師)[15]의 말을 인용해 봅시다. 그는, "내가 보물을 하 나 가지고 있는데 속에 있어서 꺼낼 수도 없고 떼어 놓을 수도 없다〔我有一 寶, 就在裏頭, 抓不出來, 分不開〕"라고 하고는 이런 시를 지었습니다.

---

15 980~1052. 운문종의 승려로 자는 은지(隱之), 호는 명각(明覺)이다. 설두중현(雪竇重顯)이라
고도 하는데, 중현은 이름이고 설두는 거주지인 산 이름을 딴 것이다. 부모를 여의고 어렸을
때 출가하여 처음에는 성도(成都) 보안원(普安院)의 인선(仁銑)과 지문광조(智門光祚)에게 배
웠다. 지문광조의 법을 이어받아 소주(蘇州) 취봉사(翠峰寺)와 항주(杭州) 영은사(靈隱寺)에서

보라 보라 보라	看看看
오래된 물가 언덕, 누가 낚싯대를 드리우고 있는가	古岸何人把釣竿
구름은 뭉게뭉게	雲冉冉
물은 넘실넘실	水漫漫
달빛 가득한 갈대꽃 그대 스스로 보게	明月蘆花君自看

보십시오! 바깥이 아니라 자신의 내면을 보십시오! 어떤 사람이 오래된 물가 언덕 위에 서서 우리를 언덕 위로 낚아 올리려 하지만 우리가 걸려들지 않으니 방법이 없습니다. 선(禪)의 경계란 온갖 연(緣)을 그대로 놓아 버리는 것입니다. 마음과 몸을 다 놓아 버린 이후의 어떤 것입니다. 달빛 아래에서는 갈대꽃도 희고 달빛도 흽니다. 희고 희니 모두가 하얗습니다. 이 속에서 우리 스스로 찾아내어야 합니다.

임제선사(臨濟禪師)의 상당설법(上堂說法)[16]은 이렇습니다. "붉은 고깃덩이 위에 무위진인이 한 명 있어 늘 너희들 얼굴을 통해 출입하니 아직 확인하지 못한 자는 살펴보고 보아라!〔赤肉團上, 有一無位眞人, 常從汝等面門出入, 未證據者看看〕" 대충 너희들 중에서 이 무위진인을 찾지 못한 자나 이해하지 못한 자는 한번 꺼내어 살펴보아라 하는 뜻입니다. 당시 어떤 출가인이 일어서서 말했습니다. "무위진인이 어떤 사람인가요?〔如何是無位眞人〕" 임제선사가 그 말을 듣더니 자리에서 내려와 출가인을 붙들고 말합니다. "말해, 말해 봐!" 그가 막 뭔가 말하려 하자 임제선사가 손을 놓고 탄식합니다. "무위진인이 무슨 마른 똥 막대기냐?〔無位眞人是甚麼乾矢橛〕" 이렇게 말하고는 곧 방장실로 되돌아갑니다. 이것을 상당법어라 합니다. 선종의

살았으나 만년의 31년간은 설두산 자성사(資聖寺)에서 활약하였다. 시문(詩文)이 뛰어나며 『설두칠부집(雪竇七部集)』이라는 저술이 알려져 있다.
16 선종의 장로나 주지가 법당의 강단에 올라가서 설법하는 것을 말한다.

공안(公案)은 마치 텔레비전 연속극 보듯 온 마음과 몸을 몰입해서 보아야 합니다. 절대 건성으로 넘겨서는 안 됩니다.

팔환변견

팔환변견(八還辨見)에서도 여전히 견지를 말하다가 『능엄경』 후반에서 비로소 수증 공부의 방법에 대해 언급합니다. 부처님은 최고의 비밀을 숨김없이 말합니다. 그러나 우리는 매일 『능엄경』을 끼고 다니면서도 제대로 이해하지 못하여 바른 수행의 길에 오르지 못하니 참으로 애석한 일이며, 부처님의 은혜를 저버리는 일이기도 합니다.

이제 팔환변견의 구체적인 예를 하나 들어 보기로 합시다. 『능엄경』 권 2에 나오는 이야기입니다.

'이제 대왕께 생멸하지 않는 성을 보여 드리리다. 대왕께서는 몇 살 때 갠지스 강을 보았소?' 왕이 대답했다. '제가 세 살 되던 해에 어머니께서 저를 데리고 기파천을 뵈러 가면서 그 강을 지나게 되었는데, 그때 그것이 갠지스 강이라는 것을 알았습니다.' 부처님이 말했다. '대왕께서 말한 것처럼 스무 살 때에는 열 살 때보다 나이를 먹었으며, 그 후 예순에 이르기까지도 하루가 다르게 변했을 것이오. 대왕께서 세 살 때 갠지스 강을 보고 다시 열셋에 그 강을 보니 어떻던가요?' 왕이 대답했다. '세 살 때와 조금도 다르지 않을뿐더러 지금 예순둘에 이르기까지도 다른 것이 없습니다.' 부처님이 말했다. '대왕께서 지금 백발이 성성하고 얼굴도 주름살투성이이니 어릴 때에 비해 늙었음은 두말할 필요 없을 것이오. 그렇다면 지금 갠지스 강을 보는 것도 이전 어릴 때 보던 것과 차이가 있는가요?' 왕이 대답했다. '그렇지 않습니다, 세존이시여.' 부처님이 말했다. '대왕 얼굴에는 비록 주름이 졌지만 갠지스 강을 보는 것은 이전과 차이가 없으니 볼 수 있는 능력에는 일찍이 주름이 진 적이 없었소이다. 주름이 지는 것은 변하는 것이요, 주름이 지지 않는 것은 변하지 않는 것이외다. 변하는 것은 멸하는 것이나 변하지 않는 것은 원래 생멸이 없는 것이라오'〔我今示汝不生滅性. 大王汝年幾時見恒河水? 王言, 我生三歲, 慈母携我謁耆婆天, 經過此流, 爾時即知是恒河水. 佛言, 大王如汝所說, 二十之時, 衰於十歲, 乃至六十, 日月歲時, 念念遷變, 則汝三歲見此河時, 至年十三, 其水云何. 王言, 如三歲時, 宛然無異, 乃至於今, 年六十二, 亦無有異. 佛言, 汝今自傷髮白面皺, 其面必定皺於童年, 則汝今時, 觀此恒河, 與昔童時觀河之見, 有童耄不? 王言, 不也, 世尊. 佛言, 大王汝面雖皺, 而此見精, 性未曾皺, 皺者爲變, 不皺非變, 變者受滅, 彼不變者, 元無生滅〕.

하루는 바사닉(波斯匿) 왕이 부처님께 말했습니다. "그렇게 쉬운 것이군요. 그렇지만 저는 마음이 불생불멸한다는 데 대해 다소 의문을 가지고 있습니다." 부처님이 물었습니다. "대왕께서는 몇 살 때 갠지스 강을 보았나요?" 왕이 대답했습니다. "어릴 때 어머니와 함께 지나가면서 보았습니다." 부처님이 물었습니다. "그때 몇 살이었지요?" "세 살이었습니다." "지금은 몇 살인가요?" "예순두 살입니다." "지금 대왕의 눈은 이미 침침해졌지만 다시 갠지스 강을 지나면서 강물을 바라볼 수는 있겠지요?" "물론 볼 수 있지요." 부처님이 말했습니다. "대왕의 나이에는 노쇠, 생멸, 사망이 있지만 무얼 볼 수 있는 원래의 능력은 나이와는 무관하게 변함이 없소." 잠잘 때 비록 눈을 감고 있더라도 안식(眼識)은 여전히 활동하고 있으며 무얼 볼 수 있는 능력은 변하지 않습니다. 이 구절과 관련하여 저는 다음과 같은 시 한 수를 지었습니다.

생사는 끝이 없어 이별의 한은 깊고	生死無端別恨深
물결은 흘러가면 이제 다시 오지만	浪花流到去來今
백발 되어 강을 바라보는 마음은	白頭霧裏觀河見
여전히 어릴 때 건너던 마음이로다	猶是童年過後心

　사람은 나면 죽고 죽으면 다시 태어납니다. 인류에게 가장 두려운 것이 바로 이 삶과 죽음입니다. 우리는 살다가 죽고 죽어서 다시 태(胎) 속으로 들어갑니다. 분단생사(分段生死)[17]는 마치 흐르는 물과도 같이 영원히 정지함이 없이 생멸을 거듭합니다. 이 시는 바사닉 왕의 이야기를 인용한 것입니다. 나이가 많아지면 무얼 보려 해도 눈이 침침하지만 볼 수 있는 원래의 능력에는 차이가 없습니다. 옛날 어릴 때와 조금도 다름이 없습니다.

　"돌려줄 수 있는 것은 자연 그대 것이 아니니, 돌려줄 데가 없다면 그대 것이 아니고 누구 것이겠는가?〔諸可還者, 自然非汝, 不汝還者, 非汝而誰〕" 볼 수 있는 능력은 시신경으로 되돌려 주고 광명은 태양으로 되돌려 줄 수 있습니다. 돌려줄 수 있는 일체의 것을 다 돌려주고 난 다음 더 이상 돌려줄 데가 없이 남는 것, 이것이 바로 '자기 자신'이 아니고 무엇이겠습니까?

　당연히 여러분은 부처님이 무아(無我)를 말씀하시지 않았느냐고 반문할 수 있습니다. 그렇습니다. 그러나 부처님이 말한 무아는 무사대(無四大), 무가아(無假我)의 뜻으로 자성(自性)의 나를 던져 버린 것은 아니었습니다. 천목례선사(天目禮禪師)는 다음과 같은 오도시(悟道詩)를 남겼습니다.

돌려줄 데 없으니 다시 누구 것이랴	不汝還兮復是誰
떨어진 꽃 가득한 물가에 낚싯대 드리우니	殘紅落滿釣魚磯

---

17 업인(業因)에 따라 몸과 목숨 따위의 길고 짧음이 있는 범부의 생사를 이른다.

해 지고 바람 불어도 쓸어 내는 사람 없어   日斜風動無人掃

제비가 입에 물고 물가를 난다   燕子銜將水際飛

  꽃이 땅에 떨어지니 본래의 자리로 되돌아간 것입니다. 마치 타좌 시 망상이 생겨도 그대로 내버려 두는 것과 같으니 망상인 것을 알 때 망상은 사라집니다. 일부러 의식할 필요도 없습니다. 바로 이런 경계입니다. "떨어진 꽃 가득한 물가에 낚싯대 드리우니〔殘紅落滿釣魚磯〕." 당시의 자연 경관이 한 폭의 그림처럼 묘사됩니다. 우리의 심경처럼 그렇게 자연스럽게, 그리고 천천히 가라앉습니다. 태양이 기울고 바람이 살짝 입니다. 아직도 남아 있는 경미한 망념과 같습니다. "쓸어 내는 사람 없어〔無人掃〕." 상관할 것이 없습니다. 빗자루로 쓸어 낼 필요 없이 그대로 두면 됩니다. "제비가 입에 물고 물가를 난다〔燕子銜將水際飛〕." 약간의 망념은 전혀 상관하지 않습니다. 저는 이 구절 밑에다 "깊고도 깊으니 무상의 주요, 무등등의 주(呪)로다!〔嘖! 嘖! 是無上呪, 無等等呪〕"라는 구절을 덧붙여 보았습니다. 사실 이것은 시가 아닙니다. 여러분이 이 한 수를 이해했다면 이미 어느 정도 깨달은 것입니다.

  우리는 지금 팔환변견을 해석해 보았고 명심견성의 일면에 대해서도 이해했습니다. 더 이상 되돌려 줄 수 없는 것, 그것이 바로 내 것입니다. 그렇지 않습니까? 여기서 저는 문제를 하나 제기하고자 합니다. 석가모니부처님께서 오신다면 저는 반드시 한번 물어볼 겁니다. "부처님, 더는 버릴 수 없는 것이 나라고 그렇게 강조하셨으나 저의 이 육체는 존재해야 하지 않을까요? 육체가 없어진다면 그걸 어디에다 되돌릴 수 있을까요? 아직도 저는 찾아내지 못했습니다." 비록 마음속에 진정한 공(空)을 얻었더라도 공부를 해서 오고 가는 길을 찾지 못하면, 일 년 내내 정(定)에 머물 수 있더라도 아무 소용이 없습니다. 이것 역시 비밀입니다.

오십 종 음마

현재 여러분 중 수행이 잘된 사람은 자신의 진보에 만족할지도 모르겠으나 사실 이것은 자신의 몸인 고깃덩이에 의지한 것입니다. 육체가 썩어 없어지면 어디로 갈까요? 어떻게 가야 할까요? 나에게 보물이 하나 있어 형산 속에 숨어 있습니다. 어떻게 뛰쳐나올까요? 또 어떻게 뛰어들어 갈까요? 어떻게 그것을 찾아낼까요?『능엄경』은 앞부분에서 먼저 견지를 말하고 난 다음 계속해서 수증의 비밀을 남김없이 알려 주고 있습니다.

이런 공부의 비밀은 모두 경전의 뒷부분 한두 권에서 다 말하고 있는데, 사실 이 내용은 평상시에는 주의하지 못하고 넘어가 버리는 부분입니다. 그 중에서도 특히 오십 종 음마(陰魔)와 오음해탈(五陰解脫) 부분이 그렇습니다. 『심경(心經)』에서는, "오온이 모두 공임을 비추어 본다〔照見五蘊皆空〕"라고 했는데 오온(五蘊)이 어떻게 공일까요? 공부를 해서 공이 되도록 해야 합니다. 앞에서도 언급했지만 우리는 결과를 원인으로 잘못 생각합니다. 불학의 결과를 가져다가 자기 것으로 삼는다는 말입니다. 이제는 다시 돌이켜 원인을 결과로 삼아 스스로 증험해야 합니다. 이야기가 오십 종 음마에 이르렀으니 말입니다만 여러분은 반드시 책을 읽어야 합니다. 책을 읽지 않는 것은 자만(自慢)으로서 계율을 범하는 것입니다.

색음

여러 부처님과 보살이 여러분에게 법문을 전해 주는 것이 바로 법본(法本)입니다. 부처님은『능엄경』권 9 「색음구우(色陰區宇)」편에서 이렇게 말합니다.

그대가 도량[18]에 앉아 온갖 생각을 녹여 그 생각이 다한다면 모든 생각이 떨어져 나가서 일체가 뚜렷이 밝아지고, 동정에 좌우되지 않으며, 억망이 하나가 될 것이다. 이곳에 머물러 있다가 삼마제[19]에 들면 마치 눈 밝은 사람이 컴컴한 어둠에 처한 것 같아 진정한 본성은 묘하고 깨끗해도 마음은 빛을 발하지 못하니, 이것을 색음구우라 한다〔汝坐道場, 銷落諸念, 其念若盡, 則 諸離念, 一切精明, 動靜不移, 憶忘如一. 當住此處, 入三摩提, 如明目人, 處大幽暗, 精性 妙淨, 心未發光, 此則名爲色陰區宇〕.

이때는 모든 생각이 사라집니다. 일체의 것이 뚜렷해지고 동정(動靜)에 흔들리지 않게 됩니다. 잡념 하나 일어나지 않아 기억하고 잊어버림이 한결같은 "억망여일(憶忘如一)"의 단계에 이릅니다. 당연히 여기에서 삼마제(三摩提)로 들어가야 합니다. 그렇게 하면 마치 눈 밝은 사람이 컴컴한 곳으로 들어선 것 같아 어두움 속에서도 미미하나마 사물을 볼 수 있습니다. 이때 생명 본성의 경계는 깨끗하고도 미묘하지만 일반인의 심리는 매우 어지러워 눈을 감으면 온통 칠흑 같은 어둠뿐입니다. 만약 지금 어떤 사람이 온갖 생각이 녹아내려 동정에 흔들리지 않고 억망이 하나가 된 상태에 이르렀다면 정말 대단한 것인 양 으스댈지 몰라도 사실 이것 역시 일종의 경계일 뿐입니다.

어떤 경계일까요? 바로, "진정한 본성은 묘하고 깨끗해도 마음은 빛을 발하지 못하는〔精性妙淨, 心未發光〕" 경계로, 이것이 색음구우(色陰區宇)입니다. 이것은 이제 막 다른 상태로 바뀌려 하는 심리적 변화로서 그리 신기

---

18 부처나 보살이 도를 얻는 곳, 또는 도를 얻으려고 수행하는 곳을 말한다. 뜻이 바뀌어 불도를 수행하는 절이나 승려들이 모인 곳을 이르기도 한다.

19 잡념을 떠나서 오직 하나의 대상에 정신을 집중하는 경지로, 이 경지에서 바른 지혜를 얻고 대상을 올바르게 파악하게 된다. 달리 삼마지(三摩地) 또는 삼매(三昧)라고도 한다.

할 것도 없습니다. 달리 표현하면 우리가 타좌를 하면서 혹은 몇 년 몇 달, 혹은 며칠 몇 시간 동안 마음속이 텅 비어 버리는 것입니다. 이것은 생리적인 사대(四大)가 마치 눈먼 고양이 죽은 쥐 잡듯 우연히 조화를 이룸으로써 나타난 것으로 진정한 공부가 아닙니다. 조금 지나면 곧 사라져 버리기 때문입니다. 이런 것들이 모두 색음구우에 속합니다.

　이야기가 색음구우에 이르렀으니 하는 말입니다만 『신승전(神僧傳)』, 『신니전(神尼傳)』, 『불조역대통재(佛祖歷代通載)』 등 몇 권의 서적은 반드시 읽어 보아야 합니다. 이런 전기를 읽다 보면 도를 향한 성실한 마음이 계발될 수 있습니다. 또 한 권, 『감산대사연보(憨山大師年譜)』도 들 수 있습니다. 감산대사(憨山大師)[20]는 스물여덟 살 때부터 도처를 돌아다니며 공부했는데, 반산(盤山) 정상에 이르니 띠로 이은 움막이 하나 있었습니다. 그 안에서는 스님 한 명이 타좌를 하고 있었는데, 그는 감산이 들어와도 거들떠보지 않았습니다. 감산은 그 스님이 밥을 먹으면 따라 먹고 차를 마시면 따라 마셨습니다. 그 후부터 식사 시간이 되면 감산이 밥을 짓고 차 마실 시간이 되면 감산이 차를 끓였습니다. 그렇게 같이 먹고 마시고 나서 감산은 혼자서 수행에 정진했습니다. 이렇게 이레째가 되던 날 그 스님이 감산에게 말했습니다. "내가 이 암자에 삼십 년을 있는 동안 오늘에야 비로소 엇비슷한 친구를 만났구나."

　어느 날 저녁은 죽을 먹은 뒤 보통 때처럼 산정에서 향을 피우고 있는데 그 자리에 선 채로 입정(入定) 상태에 들어가게 되었습니다. 감산이 느끼기에 온 세상이 빛 속에 있는 듯한, 바로 온갖 생각이 녹아서 떨어지는[銷落諸

---

20 1546~1623. 명대의 승려. 속성은 채(蔡), 이름은 덕청(德淸)이며 자는 증인(澄印), 호는 감산(憨山)이다. 12세 때부터 보은사(報恩寺)에서 경전을 배우기 시작했고, 19세에 출가해서 구족계를 받았다. 산동(山東)의 해인사(海印寺)와 조계보림사(曹溪寶林寺) 등에 있으면서 선종을 크게 선양했고 염불과 간화두(看話頭)를 같이 닦을 것을 주창했다. 명대의 사대 고승으로 흔히 감산대사로 불리는 그는 희종(熹宗) 천계(天啓) 3년에 78세의 나이로 입적했다.

念) 경계였습니다. 그가 움막으로 들어서자 그 스님이 한번 힐끗 보더니 이렇게 말했습니다. "내 자네에게 일러 주지. 그게 바로 '색음구우'야. 자네가 도달한 경계는 그 정도에 지나지 않아. 이 노승은 여기서 삼십 년 동안 밤마다 수행이 그 경계에 있었지. 뭐 그리 신기할 게 있어? 젊은이, 그건 그렇게 어렵기도 하지만 또 그렇게 쉽기도 한 거야." 그 노승은 삼십 년을 밤마다 불도(佛道)를 닦으면서 몸과 마음을 모두 잊어버린 상태에 있었습니다. 여러분, 수행자라면 주의해야 합니다. 아직도 색음구우의 초반에 있어서 눈을 감아도 칠흑 같은 어둠뿐이라면 거기서 그냥 맹목적으로 수행하고 있는 것입니다.

만약 눈이 밝아지고 시방이 환히 열려 다시 어둡지 않다면, 이것을 색음진이라 한다〔若目明朗, 十方洞開, 無復幽暗, 名色陰盡〕.

한 줄기 빛이 나타나 벽과 산하대지를 모두 꿰뚫어 봅니다. 이때 절대로 신통력을 얻었다고 생각해서는 안 됩니다. 색음구우 속에는 열 종류의 다른 경계가 있는데 이들은 모두 마경(魔境)입니다. 여기에 대해서는 여러분 스스로 연구해 보기 바랍니다. 흔히 기맥을 수련한다느니 삼맥칠륜을 타통한다느니 상단전이 어떻고 하단전이 어떠니 하며 어지럽게 이야기하는데 이건 도대체 뭘 하자는 것일까요? 이는 모두 색음구우에 속하는 것일 뿐입니다. 여러분은 기맥을 타통하는 것이 곧 도를 이루는 것이라 생각합니까? 그건 기껏해야 색음진(色陰盡)에 도달한 것일 뿐입니다. 색음진의 단계에 도달할 수 있다면 신체는 정말 텅 비어 버릴 수 있지만 이것은 아직 지극히 초보적인 단계에 불과합니다. 부처님은 이 단계에 이르러서야 비로소 오랜 겁에 걸친 탁함을 벗어날 수 있다고 했는데, 이것도 오탁(五濁) 중의 한 층을 벗은 것에 지나지 않습니다. 이것으로 도를 이루었다고 할 수 있겠습니까?

부처님은 이어서 계속 말합니다.

그 말미암은 곳을 보면 견고망상을 그 근본으로 삼는다[觀其所由, 堅固妄想
以爲其本].

견고망상(堅固妄想)은 아직 망상에 불과합니다. 그것도 작은 망상이 아니
라 아주 큰 망상입니다. 우리가 지금 여기 앉아 있는 것은 작은 망상이나
이 경계는 몸과 마음을 모두 잊어버리는 것으로 진정 큰 망상입니다. 스스
로 망상이 아니라 여기기 때문에 참으로 견고한 큰 망상인 것입니다.

여기서 부처님은 우리에게 색음구우 중에 열 가지의 갈림길이 있다는
것을 일러 줍니다. 이 열 가지라는 것도 역시 큰 줄기입니다. 상세히 말하
자면 석 달이 걸려도 모자랄 지경이니 여러분 스스로 연구해 보기 바랍니
다. 이런 것들이 모두 견고망상인 색음(色陰) 경계입니다.

수음

저 선남자가 삼마제, 사마타[21]를 닦다가 색음이 다하면 여러 부처님의 마
음을 보게 될 것이니, 마치 밝은 거울 속에 그 모습이 나타나는 것 같다. 얻
은 바가 있는 듯해도 사용할 수 없어 마치 가위 눌린 사람처럼 손발이 멀쩡
하고 보고 듣는 것이 또렷한데도 마음이 외부의 삿된 것에 저촉되어 움직일
수 없으니, 이것을 수음구우라 한다[彼善男子, 修三摩提, 奢摩他中, 色陰盡者, 見
諸佛心, 如明鏡中, 顯現其像, 若有所得, 而未能用, 猶如魘人, 手足宛然, 見聞不惑, 心觸
客邪而不能動, 此則名爲受陰區宇].

이것은 수음구우(受陰區字)에 이르렀을 때의 상황을 서술한 것입니다.

어떤 사람은 항상 생각을 비우려 애쓰지만 이 상태가 오래 지속되면 신체가 굳어지는데, 선종에서는 이를 '고선(枯禪)'이라 부릅니다.

고목이 서 있는 바위 앞엔 갈림길이 많아   枯木巖前岔路多

행인이 여기에 이르러 모두 길을 잃는다   行人到此盡蹉跎

생각을 비우는 것만으로는 부족합니다. 그런 상태로 오래가면 몸과 마음이 경직될 뿐입니다. 백이면 백 모두 갈림길에서 길을 잃습니다. 옛사람의 이런 지적은 모두 본받아야 할 것으로 주의해서 보아 두어야 합니다.

이제 여러분도 이해했으리라 생각합니다. 반드시 거쳐야 할 과정이지만 두려워할 필요는 전혀 없습니다. 이때가 되어 감각의 영역에 도달한 것입니다. 여기에서 다시 더 나아가면 마치 어떤 물체가 신체를 내리누르는 듯하고, 밧줄에 꽁꽁 묶인 듯 몸을 움직일 수 없습니다. 온 힘을 다해야 간신히 자세를 한번 바꿀 수 있습니다. 마치 귀신이라도 있어 옆에서 붙들고 있는 것 같습니다. 그러나 이것은 사실 자신의 독영의식(獨影意識)일 뿐입니다. 귀신이 어디 있습니까? 모두 생리적인 불편함으로 유심(唯心)이 만들어 낸 것입니다. 귀신과는 아무 상관이 없습니다.

마치 귀신이 방해를 하다 그만두는 듯하여 마음이 몸을 떠나 자기 얼굴을 돌아다볼 수 있고 오고 가는 것이 자유로워 다시는 방해를 받지 않으니, 이것을 수음진이라 한다[若魔咎歇, 其心離身, 返觀其面, 去住自由, 無復留礙, 名受陰盡].

---

21 불도를 닦기 위해 잡념을 버리고 정신을 하나의 대상에 집중하는 것을 이른다.

이때 자세를 바꾸면 자신이 자기 몸을 떠나는 것을 느낍니다. 도가에서는 이것을 음신(陰身)이 뜬다고 하는데 그렇게 대단할 것도 없습니다. 제칠식(第七識)과 제팔식(第八識)은 아직도 육체를 떠날 수 없고 난(煖), 수(壽), 식(識) 모두가 아직 육체에 남아 있기 때문에 자신이 여전히 숨 쉬는 것을 볼 수 있습니다.

이 사람은 능히 견탁을 초월한다[是人則能超越見濁].

이때의 견지는 이미 이전과 다릅니다. 무슨 대학자니 대사상가니 하는 사람들이 미칠 바가 아닙니다. 이른바 학문이니 사상이니 하는 것들은 사실 망상을 끌어모아 놓은 것에 불과합니다.

그 말미암은 곳을 보면 허명망상을 그 근본으로 삼는다[觀其所由, 虛明妄想以爲其本].

허명망상(虛明妄想) 역시 망상이나 색음의 견고망상은 아닙니다. 이때는 몸과 마음이 분리될 수 있고 망상이 마치 거품처럼 공허하게 변하기도 합니다.

허명망상 역시 큰 망상으로 사실 오음(五陰)은 모두 큰 망상입니다. 수음구우(受陰區宇) 내에서 이것을 뚜렷이 알지 못하면 다음에는 열 종류의 큰 마경이 기다리고 있습니다. 신통과 정신병은 쌍둥이입니다. 경계가 펼쳐질 때 좋은 쪽으로만 해석해서는 안 됩니다. 여러분은 『금강경』의 구절, "무릇 모든 상은 다 허망하니 만약 모든 상이 상이 아님을 본다면 여래를 보리라[凡所有相, 皆是虛妄, 若見諸相非相, 卽見如來]"라는 것을 염두에 두어야 합니다. 개의치 말아야 하며 자기가 도를 얻었다고 생각하지도 말아야 합니다. 그래야만 나아갈 수 있습니다. 만약 자신의 공부가 이미 훌륭하며 그것을 곧 도라 생각한다면 아수라도(阿修羅道), 즉 마도(魔道)에 떨어지고 맙니다.

부처님과 마귀, 지옥과 천당, 중생과 부처님은 단지 한 생각의 차이가 있거나 또는 차이가 없으며, 하나의 선을 사이에 둔 것이거나 또는 이런 구별조차도 없는 것입니다. 범부에서 부처에 이르기까지 모두가 반야지혜에 의지하고 있습니다. 이치가 뚜렷이 이해되지 않으면 부처님의 경험에 의지해야 합니다. 『능엄경』의 오십 종 음마(陰魔) 속에는 거의 모든 공부의 경계와 모든 비밀이 낱낱이 드러나 있습니다. 사실 이 오십 종 마경은 잘 대응하기만 하면 이미 마경이 아닙니다. 말을 바꾸면 이 오십 종 마경은 모두 한 걸음 한 걸음 나아가면서 접하는 경계이며, 이 중 어떤 것은 반드시 겪어야 하는 경계입니다. 하지만 대응이 바르지 못하면 그것으로 끝장입니다. 엘리베이터를 타고 십여 층에 올라가려다 이 층에도 이르지 못하고 다시 내려오는 것과 같습니다. 이 점을 수행자는 특히 유의해야 합니다. 『능엄경』의 제목 앞에 "대불정여래밀인수증요의(大佛頂如來密因修證了義)"라는 글자가 포함되어 있는 것을 보아도 이 경전이 비밀스러운 곳을 명확히 드러내고 있음을 알 수 있습니다. 『금강경』에서 부처님은 말합니다. "수보리여! 여래는 참된 말을 하는 자이고, 알찬 말을 하는 자이며, 있는 그대로를 말하는 자이며, 허황한 말을 하지 않는 자이고, 다른 말을 하지 않는 자이다[須菩提! 如來是眞語者, 實語者, 如語者, 不誑語者, 不異語者]." 석가모니부처님께서는 우리를 기만하지 않습니다. 다만 우리 자신이 경전을 읽으면서 그의 밀인(密因)을 이해하지 못하고 또 그가 일러 주는 수증 방법에 통하지 못할 뿐입니다.

이상이 제2강의 강요(綱要)로서, 곧 수증에 이르는 강요이기도 합니다.

제3강

주화입마

　요 몇 차례의 강의는 마치 시장에 나가서 장을 보는 것과 같습니다. 장을 잘 보면 그만큼 재료를 충분히 확보하는 셈이지요. 여러분께 부탁드리고 싶은 점은 제 강의 내용을 이해한 뒤 스스로 증험해 보라는 것입니다. 늘 그래 왔지만 제 강의는 정해진 틀에 얽매이지 않고 상황에 따라 수시로 변합니다. 여러분 모두가 수행의 길에 오를 수 있기를 바랍니다.

　앞의 두 강의에서 핵심 내용은 견지, 수증, 행원이었습니다. 정(定)을 닦는 것은 수증의 한 부분에 불과합니다. 정은 세간의 법에서 모두 취하는 것으로 불법이든 외도(外道)든 모두 공유합니다. 불법의 독특한 점은 정에 있지 않고 혜(慧)에 있습니다. 여러분은 이 점을 주의해야 합니다. 정은 수행의 한 방법이지만 그렇다고 지혜를 닦는 것이 정과 무관하다는 뜻은 아닙니다. 외도에서도 모두 정에 이를 수 있는데 어찌 불도(佛道)에서 그것이 불가능하겠습니까? 석가모니부처님께서는, "부처는 일체의 지혜에 능통하며 만법의 근원에 투철하다〔佛能通一切智, 徹萬法原〕"라고 했습니다. 부처님은 일체의 법에 능통해서 천인(天人)의 스승입니다. 여러분이 불도를 배우고자 한다면 당연히 정에도 이를 수 있어야 합니다.

앞의 강의에서는 보통은 공부라고 부르는 수행 방면의 사상(事相)에 대하여 살펴보았습니다. 기억나십니까? 어떤 사람은 제 강의가 두서가 없어서 필기를 할 수 없다고 하지만 이건 정말 억울합니다. 저는 이미 말했던 것을 필요할 때 다시 언급하는 정도입니다. 이미 지난 것이라도 강의 내용의 전개상 필요하다면 되돌아갈 수도 있지요. 이럴 때 여러분은 필기를 하다가 중단할지 모르지만 사실 내용상으로는 그 나름의 조리가 있습니다.

앞의 두 차례 강의에서 사상(事相)으로부터 사가행(四加行)에 이르기까지 언급했는데, 여기에서 다시 돌아가 보기로 합시다. 지혜가 충분하지 못하면 '나'에 집착하기 때문에 불법도 마경이 될 수 있습니다. 예를 들면 오음(五陰), 즉 색음(色陰)·수음(受陰)·상음(想陰)·행음(行陰)·식음(識陰)의 경계도 모두 오십 종의 마경이 될 수 있습니다. 어떤 사람은 주화입마(走火入魔)라는 말만 들어도 당장 마경에 들 것처럼 겁을 내며 타좌를 그만두고 맙니다. 사실 '화(火)'니 '마(魔)'니 하는 것들이 어디서 온 것입니까? '마(魔)'란 '마(磨)' 자에서 온 것입니다. 근본적으로 마(魔)란 없습니다. 다른 모든 나라에서 이야기되고 있는 귀신이란 것도 사실 인간의 사고방식과 분리될 수 없는 하나의 관념입니다. 천당이니 신선이니 하는 것들도 그렇습니다. 우리 의식 속에 귀신이 있으면 귀신은 곧 나타납니다. "입을 열면 신기가 흩어지고, 마음이 움직이면 화공이 차가워진다[開口神氣散, 意動火工寒]"고 합니다. 주화입마란 심리상의 착각으로서 스스로 만든 것입니다. 스스로 자신을 '연마하는[磨]' 것일 뿐입니다. 세상에는 아무 일이 없는데도 어리석은 사람들이 스스로 걱정거리를 만드는 것입니다.

주화입마란 무협소설에서 흔히 쓰는 말인데 왜 여기서 언급하게 되었을까요? 우리가 살펴보고 있는 오음의 경계 때문입니다. 오음에는 각각 열 종류의 마경(魔境)이 있습니다. 사실 열 종류에 그치는 것은 아닙니다. 부처님은 단지 큰 줄거리만을 언급하고 있습니다. 지금의 사회나 인류의 심리, 문화의 발전 같은 것도 모두 마경이지만 단지 뚜렷이 인식하지 못하고 있을 뿐입니다. 그 이유는 두 가지입니다. 하나는 불경 자체가 너무 오래되어 불법이 그 속에 갇혀 버린 탓이고, 다른 하나는 사회가 너무 현대화되어 분명히 판단하기 어렵기 때문입니다. 대자대비한 석가모니부처님께서는 이미 모든 것을 다 말하고 있습니다. 이 오십 종 음마(陰魔)에 대해서는 자세한 설명을 생략하겠습니다. 말을 꺼내기 시작하면 이것만 설명하는 데에도 몇 달은 족히 걸리기 때문입니다.

앞에서 색음 경계를 소개하면서 그것이 "견고망상을 그 근본으로 삼는다〔堅固妄想以爲其本〕"고 했습니다. 부처님의 망상에 대한 분석은 아주 명쾌합니다. '견고망상'이란 무엇일까요? 여러분, 정신병원에 가 본 적 있습니까? 정신병의 원인은 주로 아주 견고해서 깨뜨리기 힘든 병적 심리인데, 바로 견고망상의 일종입니다. 범위를 확장해서 말하면 색음 경계는 모두 견고망상에 속한다고 할 수 있습니다. 따라서 견고망상을 벗어나려면 반드시 색음이 다해야만〔色陰盡〕 합니다.

수음진

이제 수음이 다한〔受陰盡〕 후에 나타나는 경계에 대해 다시 한 번 살펴보기로 합시다.

저 선남자가 삼마제를 닦아 수음이 다하면 비록 번뇌인 누는 남아 있어도 마치 새장을 떠난 새처럼 마음이 몸을 떠나니 이미 성취를 얻을 수 있다. 범부의 몸으로부터 위로 보살의 육십성위를 거쳐 의생신을 얻으니 어디로 가도 걸림이 없다〔彼善男子, 修三摩提, 受陰盡者, 雖未漏盡, 心離其形, 如鳥出籠, 已能成就. 從是凡身, 上歷菩薩六十聖位, 得意生身, 隨往無礙〕.

타좌를 시작할 때에는 편안하다가 얼마 지나지 않아 다리가 저린 것도 모두 수음(受陰) 때문입니다. 이런 감각 상태를 벗어난 것이 바로 수음진(受陰盡)입니다. '다한다〔盡〕'고 해서 결코 죽은 사람처럼 되는 것은 아니며, 무척 상쾌하고 편안하여 마치 우주 공간과 합일되는 듯한 느낌을 갖게 됩니다. 저로서도 이렇게밖에는 표현할 수가 없는데, 직접 체험해 보기 전에는 이해하기 힘들 것입니다.

수음이 다한 후에는 비록 아직 누진(漏盡)에 이르지는 못했지만 마치 새가 새장을 떠나듯 마음이 육체를 떠날 수 있어서 보살의 '의생신(意生身)' 단계에 이를 수 있습니다. 여러분은 이 말을 듣고 망상을 일으키지 마십시오. 예를 들어 이 단계에 이르면 미국 갈 일이 있어도 비행기표를 살 필요가 없겠다고 생각하는 것 말입니다. 가고 싶으면 곧 갈 수 있으니까요. 그렇지만 여러분은 다른 사람을 볼 수 있어도 다른 사람은 여러분을 못 볼 겁니다.(모두 웃음)

상음

예를 들어 어떤 사람이 자면서 잠꼬대를 하는데 그 사람은 비록 알지 못해도 말이 또렷하고 조리가 있어서 깨어 있는 사람들이 알아듣는 것과 같으니, 이것을 상음구우라 한다〔譬如有人, 熟寐寤言, 是人雖則無別所知, 其言已成音韻倫次, 令不寐者, 咸悟其語, 此則名爲想陰區宇〕.

상음구우(想陰區宇)의 경계에 이르면 마치 꿈속에서 이야기하듯 합니다. 이야기할 때에는 아주 또렷하고 조리가 있지만 이야기하고 나서는 곧 잊어버리고 맙니다. 그러니 반드시 옆에 있던 사람에게 물어보아야 당시 이야기했던 내용을 정확히 알 수 있습니다. 부처님은, 사람의 마음이 몸을 떠날 수는 있지만 그렇게 하면 자기 자신의 주인이 될 수 없다고 비유합니다. 마치 꿈속에서 말하는 것처럼 자신이 이해한 것 같기도 하고 이해하지 못한 것 같기도 합니다. 이 경계는 아직까지도 사고 작용의 범위에 속합니다. 즉 의식의 경계를 벗어나지 못한 것으로 상음(想陰)의 범위에 속합니다. 달리 말하면 우리의 망념이 아직까지 움직이고 있다는 것입니다. 단지 부처님이 이런 말은 하지 않았을 뿐입니다. 다음으로 이어집니다.

움직이던 생각이 없어지고 떠돌던 상념이 사라져 밝게 깨달은 마음에 티끌이 제거된 듯 생사의 수레바퀴 전체를 원만히 비추니, 이것을 상음진이라 한다. 이 사람은 능히 번뇌탁을 벗어날 수 있으며, 그 말미암은 곳을 보면 융통망상을 그 근본으로 삼는다〔若動念盡, 浮想銷除, 於覺明心, 如去塵垢, 一倫生死, 首尾圓照, 名想陰盡. 是人則能超越煩惱濁, 觀其所由, 融通妄想以爲其本〕.

상음의 경계를 초월하면 한 점의 티끌조차 끼지 않은 밝은 깨달음의 심성을 느낄 수 있습니다. 마음속에 어떤 생각도 움직이지 않고 뜬생각 잡생각도 모두 사라져 밝게 깨달은 마음에 먼지 하나 없이 깨끗이 느껴질 때, 이때에야 비로소 생사에 대해 말할 수 있습니다. 인간에게 최대의 문제는 바로 죽음에 대한 두려움입니다. 우리는 어디로부터 왔는지 모르며, 또 죽어서 어디로 가는지는 더욱 모릅니다. 생사의 전도(前途)에 대해서는 그저 망망할 뿐입니다. 사람은 어두워지면 귀신을 두려워한다지만 사실은 귀신이 아니라 아무것도 모르는 상태를 두려워하는 것입니다. 귀신이 무엇인지 안다면 두려워하지 않을 것입니다.

상음이 다하면〔想陰盡〕 삶이 어디로부터 오는지, 그리고 죽어서 어디로 가는지 모두 알게 됩니다. 소승 나한은 분단생사(分段生死)를 끝낼 수 있습니다. 무엇이 우리의 '분단생사'일까요? 온갖 번뇌나 선(善)·불선(不善) 등의 업(業), 또 번뇌장(煩惱障)[22]에 감응하여 얻게 된 삼계(三界) 육도(六道)의 과보가 그것입니다. 이런 과보에는 여러 단계〔分段〕의 차이가 있어서 분단생사라 합니다. 견혹(見惑)과 사혹(思惑)을 지닌 범부는 모두 이 분단생사 속에 있습니다.

육도윤회(六道輪廻) 역시 우리의 분단생사입니다. 나한은 분단생사를 끝낼 수 있지만 아직 구경(究竟)이 아닙니다. 변역생사(變易生死)[23]를 끝내지 못했기에 분단생사의 종료는 사실상 휴가를 신청한 정도에 불과합니다. 여기서 말하는 '변역생사'란 여러 무루(無漏)의 선업(善業)과 소지장(所知障)[24]에 의해 감응하는 경계 바깥의 정토 극과(極果)로서, 번뇌로부터 초월한 아라한 이상 성자의 생사를 말합니다. 변역생사를 끝낼 수 있는 것은 보살 경계에 이르러서야 비로소 가능합니다. 여러분이 다음에 다시 오고 싶지 않다고 해도 그게 그리 쉬운 일은 아닙니다. 아라한이라고 해도 단지 장기 휴가를 낼 수 있을 정도입니다.

이때가 되면 상념이 더 이상 움직이지 않습니다. 그렇지만 그 뒤에 이어지는 "떠돌던 상념이 사라진다〔浮想銷除〕"라는 구절을 주의해야 합니다. 선(禪)을 공부하는 사람들은 이 경계에 이르면 곧 그것이 궁극적인 것인 양 생각합니다. 선종이 쉽게 소승 경계에 떨어지고 마는 것도 바로 공(空)

---

22 중생의 몸과 마음을 번거롭게 하여 열반에 이르지 못하게 하는 것을 말한다.

23 보살이 삼계의 윤회를 떠난 뒤 성불하기까지 그 원력에 의하여 현세에 나타나서 일부러 받는 생사. 미계(迷界)와 오계(悟界)의 경계를 지나가는 상태를 가리킨다.

24 사물의 참모습을 바로 알지 못하게 하는 장애로서 탐진치(貪瞋癡) 등의 번뇌를 말한다.

을 도(道)라 생각하기 때문입니다. 우리는 말로는 대승을 논하지만 이것은 사실 지극히 어려운 일입니다. 대승은 행원을 위주로 하며 견지와 수증을 보조로 하는데, 행원이 어찌 그리 호락호락한 것이겠습니까? 정말 어렵습니다.

공부가 여기에 이르렀어도 아직은 '융통(融通)'에 지나지 않습니다. 번뇌가 제거되려면 망념이 또 다른 경계에 이르러야만 합니다. 아직은 단지 떠돌던 망상이 융화되는 데 불과한 것으로, 망상의 작용을 벗어날 수는 없습니다. 부처님의 설명은 아주 명쾌합니다. 아직은 여전히 사(思)와 상(想)의 범위에 속합니다.

저 선남자가 삼마제를 닦아 상음이 다하면, 이 사람은 평시에 몽상이 소멸되어 자나 깨나 한결같고, 밝고 고요하기가 푸른 하늘 같아 더 이상 거칠고 무겁고 티끌같이 부질없는 이전의 일들이 없다. 세간의 대지와 산하를 보면 마치 거울같이 맑아 다가와도 집착이 되지 않고 지나가도 흔적이 없어 텅 빈 듯 응한다. 그물같이 촘촘한 습기를 벗어나 오직 정진[25]만이 있어 생멸의 근원이 이로부터 드러난다. 온갖 시방의 십이중생을 보아도 그 종류가 다 드러나 비록 각각의 명이 어디로부터 왔는지는 알지 못해도 생명의 기반이 동일함을 보니, 마치 아지랑이처럼 맑게 아른거리는 것이 떠도는 근진[26]의 구경의 추혈이니, 이것을 행음구우라 한다[彼善男子, 修三摩提, 想陰盡者, 是人平常夢想銷滅, 寤寐恒一, 覺明虛靜, 猶如晴空, 無復麤重前塵影事. 觀諸世間大地山河, 如鏡鑑明, 來無所黏, 過無蹤跡, 虛受照應. 了罔陳習, 唯一精眞, 生滅根元, 從此披

---

25 맑고 깨끗한 진여(眞如)의 본성을 가리켜 정진(精眞)이라 한다.

26 오근(五根)과 오진(五塵)을 아울러 가리키는 말. 오근은 바깥 세상을 인식하는 다섯 가지 감각기관 또는 그런 다섯 가지 기능으로 안근(眼根), 이근(耳根), 비근(鼻根), 설근(舌根), 신근(身根)이다. 오진은 오식(五識)으로 깨닫는 다섯 가지 대상으로 빛, 소리, 냄새, 맛, 촉감이다.

露. 見諸十方十二衆生, 畢殫其類, 雖未通其各命由緒, 見同生基, 猶如野馬, 熠熠淸擾, 爲浮根塵究竟樞穴, 此則名爲行陰區宇].

색수상행식(色受想行識)의 오음과 오십 종 경계는 불경의 이치대로 말한다면 수천 종에까지 확대될 수 있습니다. 이렇게 본다면 일반인의 심리란 모두 비정상적이라 할 수 있지요. 비정상이라는 말이 듣기 좋지 않아 일반인을 '전도중생(顚倒衆生)'이라 표현하는 것입니다.

상음이 다하면 그 신통은 대단합니다. 먼저 꼽을 수 있는 것이 숙명통(宿命通)입니다. 이전에 대륙에 한 스님이 있었는데 그는 늘 오로지 한 생각에 전념하여 물리세계에까지 영향을 미칠 수 있었습니다. 그는 저더러 귀의하라고 했지만 저는 그러지 않았습니다. 신통은 계율로써 금하는 것으로 장난 삼아 해서는 안 되기 때문입니다. 계율을 어길 때에는 벌을 받아야 합니다. 나중에 그는 어깻죽지가 부서질 정도로 심하게 매를 맞고 산문을 쫓겨났습니다. 왜 이렇게 엄할까요? 여기에는 그 나름의 이치가 있습니다.

상음이 다한다는 것은 무얼 말할까요? 『심경』에서는 이것을 "무명도 없고, 무명이 다함도 없다(無無明, 亦無無明盡)"라고 표현하고 있습니다. 무명은 어디로 갔을까요? 전화(轉化)되었습니다. 유식(唯識)에서 말하지 않습니까? 식(識)이 전화되어 지혜를 이룬다고요. 사실 아무리 설명해 봐야 소용이 없으니 도리어 후세 사람들에게 해만 끼칠 뿐입니다. 그러나 설명하지 않고 그대로 두어도 역시 해를 미칩니다. 이 때문에 부처님은, "말할 수 없도다! 말할 수 없도다![不可說! 不可說!]"라고만 했습니다. 제일 좋은 방법은 역시 입 다물고 말하지 않는 것입니다. 너무 어렵기 때문입니다.

앞에서 살펴본 것은 모두 상음(想陰)의 범위였습니다. 여러분에게 하나의 비밀, 바로 여래의 밀인(密因)을 말씀드리겠습니다. 오음의 중심은 '상(想)'입니다. '상(想)'과 '사(思)'는 유식학에서도 오변행(五遍行)[27]에 속하는 것으로 가장 중요합니다. 그러니 불경을 융회관통하겠다고 삼장십이부(三藏十二部)를 펼쳐 놓고 한 부 한 부 파고들어 가다 보면 도무지 거기서 빠져나올 수가 없습니다. 만약 빠져나올 수 있다면 "이런 것에 지나지 않았구나!"라고 할 것입니다. 그러나 빠져나올 수 있는 사람은 뭔가 다를 것입니다. 이건 한담입니다. 지금 여러분에게 말하고 있는 것은 상음이 다한다는 것이 바로 이런 경계라는 사실입니다.

행음

여기서 한 걸음 더 나아가면 행음(行陰)의 경계가 나타납니다. 상음이 다한 후에는 평상시의 몽상은 소멸됩니다. 『심경』에서는, "전도 몽상을 멀리 떠나 구경의 열반에 든다〔遠離顚倒夢想, 究竟涅槃〕"라고 표현하고 있는데, 이는 『능엄경』 중의 "몽상이 소멸된다〔夢想銷滅〕"라는 구절과 비슷한 데가 있으나 사실 서로 다른 비유입니다. 『심경』은 실상(實相)을 말한 것이고 『능엄경』은 수증(修證)을 말한 것으로, 주제가 다르기 때문에 함부로 말해서는 안 됩니다.

몽상이 소멸된다는 것은 무얼 말할까요? 예를 들어 "성인은 꿈이 없고, 어리석은 자도 꿈이 없다〔聖人無夢, 愚人無夢〕"고 하는데, 여기서 잠잘 때 꿈을 꾸니 마니 하는 것은 잠시 접어 두기로 합시다. 대부분의 경우 잠이 깨면 꿈을 잊어버리기 때문입니다. 그러나 선(禪)을 배우는 사람이라고 해서 과연 망상이 없고, 말을 하거나 일을 하면서도 "사물이 다가오면 응하고 지나가면 흔적을 남기지 않는〔物來則應, 過去不留〕" 그런 평정한 상태에 도

---

27 일체의 마음에 수반되는 다섯 가지 심리 작용으로 촉(觸), 작의(作意), 수(受), 상(想), 사(思)를 말한다.

달할 수 있을까요? 불가능합니다! 진정으로 상음이 다한 자만이 비로소 몽상이 소멸되어 자나 깨나 한결같은 상태에 이를 수 있습니다. 자나 깨나 늘 같다면 이미 도달한 것일까요? 아닙니다. 아직 반에도 이르지 못했습니다. 정말 도달했다면 자면서도 아주 편안하며, 자기가 코 고는 소리까지 모두 들을 수 있습니다. 그리고 한 시간을 자도 일곱 시간쯤 잔 것과 차이가 없습니다. 또 하나 재미있는 것은 자신이 잠들어 있다는 사실을 스스로 또렷이 안다는 점입니다. 마음속에 거칠고 무거운 것이 남아 있지 않으니 얼마나 사랑스럽습니까? 이전에 감산대사가 반산(盤山) 꼭대기에서 온통 빛에 휩싸여 있었을 때에도 이 경지에 비하면 아직도 거리가 멉니다.

세간의 대지와 산하를 보면 마치 거울같이 맑아 다가와도 집착이 되지 않고 지나가도 흔적이 없어 텅 빈 듯 응한다. 그물같이 촘촘한 습기를 벗어나 오직 정진만이 있어 생멸의 근원이 이로부터 드러난다〔觀諸世間大地山河, 如鏡鑑明, 來無所黏, 過無蹤跡, 虛受照應. 了罔陳習, 唯一精眞. 生滅根元, 從此披露〕.

수행자가 이 경계에 도달하면 세간의 온갖 것들을 아주 뚜렷이 볼 수 있습니다. 마치 커다란 둥근 거울 속에서 이들 일체를 보는 것과 같습니다. 바로, "그때 사람이 눈앞의 한 떨기 꽃 보기를 마치 꿈속처럼 한다〔時人看眼前一枝花, 如夢中相似〕"라는 어떤 선사의 말과 같습니다. 그러므로 책만 읽은 사람이, 이런 식의 경전만 읽은 사람이 어떻게 이해할 수 있겠습니까? 이는 공부의 경계를 말하는 것으로, 마치 등불이 모든 것을 비추듯 사물이 다가오면 응하고 지나가면 흔적을 남기지 않는 경계입니다. 서로 교감이 되어 대답을 하고 나면 그것으로 끝나고 이내 사라져 버립니다. "그물같이 촘촘한 습기를 벗어나〔了罔陳習〕." 세상의 모든 일을 헛된 환상으로 보아 다가오면 응하지만 지나가고 나면 아무것도 남기지 않습니다. 화를 내기도 하지만 화를 내고 나서는 아무것도 남기지 않습니다. 여러분이 옳지 않다면 여러분을 나무랄 것입니다. 그러나 아무것도 남기지 않습니다. 작은 일도 마음속으로 재고 따지고 하는 범부와는 다릅니다.

이때는 과거의 습관 역시 모두 바뀌며 오직 자신의 생명 속에 있는 하나를 보게 됩니다. 그것이 뭘까요? "하늘과 땅 사이 우주 가운데 보물이 하나 있어 형산 속에 숨어 있다〔乾坤之內, 宇宙之間, 中有一寶, 祕在形山〕"라고 했습니다. 진짜 무언가가 존재합니다. 공부가 무르익으면 분명 생명 속의 무언가가 몸으로 되돌아오는 것을 느끼는데, 그것은 영혼도 아니고 물질도 아닌 절대의 유심(唯心)입니다. 그것은 만사 만물을 모두 만들 수 있는 것으로, 바로 부대사(傅大士)[28]의 다음 게송과 같습니다.

천지에 앞서 한 물건이 있으니	有物先天地
형체도 없이 본래 고요하다	無形本寂寥
만물의 주인이 될 수 있어	能爲萬象主
계절이 변화해도 시들지 않는다	不逐四時凋

이것이 오면 뭐든 하고 싶은 대로 되며 심경을 마음대로 제어할 수 있습니다. 『능엄경』에서는 이것을 뭐라 묘사하기가 어려워 그냥 '정진(精眞)'이

---

28 497~569. 남조(南朝) 양대(梁代)의 승려. 자는 현풍(玄風) 호는 선혜(善慧)이며, 선혜대사(善慧大士)·어행대사(魚行大士)·쌍림대사(雙林大士) 등으로도 불린다. 그가 일찍이 마을 사람과 같이 고기를 잡았는데 언제나 망태기에 고기가 가득했다. 물속 깊이 들어가면서는 "죽을 사람은 죽고 살 사람은 살지" 하고 말해 당시 사람들이 바보라 여겼다. 16세에 결혼해 두 아들을 두었고, 24세에 기수(沂水)에서 고기를 잡다가 달마대사(達磨大師)를 만났다. 그 후 어구를 버리고 오상현(烏傷縣)에 들어가서 나무 밑에 암자를 지어 놓고는 스스로 '쌍림수(雙林樹) 아래에서 해탈할 선혜대사(善慧大士)'란 이름을 내걸고 자칭 도솔천으로부터 와서 설법을 한다고 했다. 낮에는 일상생활을 하고 밤에는 수행을 했는데, 그렇게 7년간 고행한 후 스스로 수능엄정(首楞嚴定)을 얻었다고 했다. 그는 유가와 도가 전적에도 통달하여 제자들이 모여들기 시작했는데 모두 수련에 매진하여 신명을 아끼지 않았다. 진(陳) 태건(太建) 원년, 73세의 나이로 제자들을 모아 놓고 한 차례 경계한 후 가부좌 자세로 입적했다.

라고만 표현했습니다. 이 정(精)은 물론 생리상의 정인 정충(精蟲)이 아닙니다. 생리상의 정충이나 난자는 모두 이것으로부터 변화되어 나왔으며 세포나 신경도 모두 이것에서 비롯된 것입니다. 그러니 이 경계에 도달하지 않았다면 정(定)을 닦는다는 말은 아예 꺼내지 않는 것이 좋습니다.

그러나 여기에 이르렀다고 해도 아직 시작에 불과합니다. 불도(佛道)는 과학적인 것이어서 하나에 하나를 더하면 둘이 되는 것과 같습니다. 이 하나에도 아직 도달하지 못했다면 큰소리치지 마십시오. 불경의 이 부분이 아직 이해되지 않는다면 공부가 여기에 이르러야 비로소 이해될 수 있습니다.

백장선사(百丈禪師)[29]는 이렇게 말합니다. "신령스러운 빛이 홀로 비추어 근진으로부터 멀리 벗어나니 진상[30]이 그대로 드러난다. 문자에 구애받지 않고 헛된 연을 떨쳐 버리니 바로 여여한 부처이다〔靈光獨耀, 迥脫根塵, 體露眞常. 不拘文字, 但離妄緣, 卽如如佛〕." 이것이 바로 정진(精眞)입니다. 그러나 우리가 선종을 연구할 때 일반적으로 말하는 '이것'을 찾았다거나 '그것'을 보았다고 하는 것은 부처를 말하는 것이 아니라 단지 부처로 들어가는 길을 알게 되었다는 말일 뿐입니다. 비록 『능엄경』에서 "텅 빈 듯 응하며, 그물같이 촘촘한 습기를 벗어나 오직 정진만이 있는〔虛受照應, 了罔陳習, 唯一精眞〕" 상태에서 "생멸의 근원이 이로부터 드러난다〔生滅根元, 從此披露〕"라고 했지만 아직 성불은 아닙니다. 실제로는 상음이 다한 것으로, 아직 망상입니다.

---

29 720~814. 당대의 승려. 어릴 때부터 절에서 놀기를 좋아했으며, 20세에 혜조(慧照)를 따라 출가하여 후에 남악(南嶽)의 법조율사(法朝律師)에게서 구족계를 받았다. 이후 남강(南康)에서 법을 펴던 마조도일(馬祖道一)을 만나 불법을 배웠으며 마침내 그의 인가를 받은 뒤 백장산(百丈山)에 선원을 세우고 청규(淸規)를 제정하여 수행에 힘쓰도록 했다. 그는 농사를 지으면서 선을 수행하게 했는데, 항상 "하루 일하지 않으면 하루를 먹지 마라〔一日不作, 一日不食〕"라고 강조했다고 한다. 원화(元和) 9년 95세의 나이로 입적했다.

30 진실함이 상주하는 여래가 얻은 법을 말한다.

상음이 다한 후 행음(行陰)의 경계로 들어갑니다.

　온갖 시방의 십이중생을 보아도 그 종류가 다 드러나 비록 각각의 명이 어디로부터 왔는지는 알지 못해도 생명의 기반이 동일함을 보니, 마치 아지랑이처럼 맑게 아른거리는 것이 떠도는 근진의 구경의 추혈이니, 이것을 행음구우라 한다〔見諸十方十二衆生, 畢殫其類, 雖未通其各命由緒, 見同生基, 猶如野馬, 熠熠清擾, 爲浮根塵究竟樞穴, 此則名爲行陰區宇〕.

　여기서 우리는 다양한 유형의 생명이 있음을 알 수 있는데, 생명은 모두 열두 가지 유형이 있습니다.(또는 간단히 열 종의 다른 생명이라고도 하는데 태생胎生, 습생濕生, 난생卵生, 화생化生, 유색有色, 무색無色, 유상有想, 무상無想, 비유상非有想, 비무상非無想이 그것입니다.) 이 경계에 이르면 모든 생명의 종류를 또렷이 볼 수 있습니다. 동시에 우리 생명의 원동력, 다시 말해 업력의 근본인 무언가가 움직이는 것을 볼 수 있습니다. 유물론적으로 표현한다면 다양한 형태를 이루는 기본 구성 요소인 원자를 보는 것과 같습니다. 마음과 물질이 결합된 생기(生基)는 마치 전파처럼 파동을 그립니다.

　최근 신문 지상에서 무성생식에 대해 다룬 적이 있는데, 어떤 사람이 저더러 그게 정말 가능한지 묻더군요. 저는 가능하다고 했습니다. 이론상으로는 가능해도 과학적으로 과연 실현해 낼 수 있을지는 아직 모릅니다. 외국에서 얼마 전에 돌아온 학생 한 명은 그런 것에 넘어가서는 안 된다고 하더군요. 속임수로 돈을 뜯어 내려고 그랬다는 것입니다. 사실 그것을 실현할 수 있을지는 자신도 확신하지 못하고 있다고 했습니다.

　불학에서는 욕계천(欲界天)의 생명은 양성(兩性)의 정욕에 의지한다고 말합니다. 욕계(欲界)나 색계(色界), 무색계(無色界)의 생명을 막론하고 그 속에는 뭔가가 꿈틀대고 있습니다. 그것은 "아지랑이 같은〔猶如野馬〕" 것으로, 여기서 '야마(野馬)'란 달리는 말을 뜻하는 것이 아닙니다. 장자는 말합니다. "야마는 티끌 같은 것으로, 살아 있는 것들이 호흡으로 내뿜는 것이다(野馬也, 塵埃也, 生物之以息相吹也)"라고요. 마치 어른거리는 태양의 빛과도 같습니다. 우리의 업보신(業報身), 즉 우리의 생명은 모두 공동의 생기(生基)로부터 온 것입니다. "습습(熠熠)"이란 눈에 보이는 빛이 아니라 투태(投胎) 시 번쩍하는 것으로, 바로 중음신(中陰身)[31]과 행음(行陰) 경계에서 나타나는 현상입니다. 정력(定力)이 있는 사람이라면 어떤 때 눈앞에서 그림자 같은 것이 번뜩이는 모습을 볼 수 있을 것입니다. 바로 중음신이 태(胎)로 들어가는 모습입니다. 당연히 여러분을 찾고 있는 것이 아니라 그냥 지나가는 길일 뿐이어서 아주 빨리 스쳐가 버립니다.

"청요(清擾)"란 맑고 고요한 경계 중에 나타나는 약간의 소란스러운 움직임입니다. 그리고 "부근진(浮根塵)"이란 눈을 비빌 때 보이는 별빛 같은 것입니다. 이것은 생리적인 자극으로 인해 나타나는 환상으로, 이런 현상에 아무 생각 없이 빠져드는 것은 어리석은 일입니다.

"구경의 추혈(究竟樞穴)." 행음 경계를 닦고 있는 수행자가 여기에 이르면 바로 '행음'입니다. 타좌를 하지 않아도 정(定) 가운데 있으며, 그 속에서 모든 생명이 온 근원을 또렷이 알 수 있습니다. 자기 생명의 동력, 즉 마음과 물질이 결합된 그 동력에 대해서도 뚜렷이 알 수 있습니다. 이 경계를 행음구우(行陰區宇)라 하는데, 여기서 '행(行)'이란 움직임을 의미합니다. 『역경(易經)』에서는 "하늘의 움직임은 강건하니 군자는 이것으로 쉬지 않고 스스로를 강건하게 한다(天行健, 君子以自强不息)"라고 했는데, 여기서의 '행'은 변함없는 우주의 움직임을 말합니다. 동양 문화는 이처럼 활발합니다. 어느 것 하나 움직이지 않는 것이 없지요. 움직이지 않으면 우주

---

31 사람이 죽고 난 뒤부터 다시 태어나는 사이로, 육신이 없는 식신(識身)의 상태를 말한다.

는 곧 궤멸되고 맙니다. 어떤 사람은 타좌를 정적인 것이라 말하지만 입정에 드는 것은 거대한 움직임입니다. 행음구우에 도달하면 한 줄기 생명의 동력을 뚜렷이 볼 수 있습니다.

만약 이 깨끗한 가운데 어른거리는 원래의 본성이 원래의 깨끗한 곳으로 들어가 원래의 습기를 맑게 하면 마치 파도가 잦아들듯 깨끗한 물로 변하니, 이것을 행음진이라 한다[若此淸擾熠熠元性, 性入元澄, 一澄元習, 如波瀾滅, 化爲澄水, 名行陰盡].

출렁거리는 작용이 일어나지 않을 때 우주는 원래의 고요함 속으로 되돌아가며, 또 이 고요함을 초월합니다. 마치 깨끗한 물이 출렁거리지 않게 된 것에 비유하여 이렇게 묘사한 것입니다.

밤은 고요한데 삼만 리 바다에 파도가 일고   夜靜海濤三萬里
달은 밝은데 정처 없는 길에 바람만 높다   月明飛錫下天風

이 시는 수행 과정을 기록한 것입니다. 이렇게 기록을 남겨 놓으니 볼 만하지요. 이처럼 출가인은 문화의 습득에도 힘써야 합니다.

태호에 굽이굽이 이는 삼만 육천의 물결   太湖三萬六千頃
달은 파도 속에서 누굴 향해 이야기할까   月在波心說向誰

역시 같은 경계로서 행음이 다한 경계입니다. 부처님은 우리에게 한 걸음 한 걸음, 한 과정 한 과정씩 차례로 해설합니다. 차례를 뛰어넘는 일은 없습니다. 『능엄경』에서 이렇게 말합니다. "이치는 단번에 깨쳐 깨달음을 타고 함께 녹이지만, 일이란 한꺼번에 제거되는 것이 아니니 차례를 밟아 하나하나 해소한다〔理則頓悟, 乘悟併銷, 事非頓除, 因次第盡〕." 우리가 뛰어넘을 방법은 없습니다. 수행이 여기에 이르면 중생의 탁함을 초월할 수 있으며 생사의 근본을 해탈할 수 있습니다.

그 말미암은 곳을 보면 유은망상을 그 근본으로 삼는다〔觀其所由, 幽隱妄想 以爲其本〕.

유은망상(幽隱妄想) 역시 대망상이나 이런 대망상이 옳지 않다는 말은 하지 않았습니다. 주의하십시오! 이것이 바로 '밀인수증(密因修證)'입니다. 이 경전의 제목을 염두에 두고 있어야 합니다. 비밀이 그 속에 있습니다. 부처님은 결코 이 망상이 잘못되었다고 말하지 않습니다. 그렇지만 부처님은 다음과 같은 사실을 우리에게 뚜렷이 알려 줍니다. 즉 망상이 견고망상으로 변한 것이 색음 경계이고, 허명망상으로 변한 것이 수음 경계이며, 융통망상으로 변한 것이 상음 경계이며, 유은망상으로 변한 것이 행음 경계라는 사실입니다. 그렇다면 변하지 않는 그것은 어디에 있을까요?

석가모니부처님의 불학은 참으로 대형 사전을 보는 것 같습니다. 사용한 글자나 말 하나하나가 모두 훌륭합니다. 유은망상이란 망상을 일으켜 또 다른 상태로 들어선 것을 가리킵니다. 유은(幽隱)은 깊고 먼 것입니다. 무한히 깊어지면 그 깊이가 '은(隱)'에 이르러 알 수 없는 어떤 의념(意念)의 작용을 일으킵니다.

보십시오! 망상은 견고 작용으로부터 허명 작용, 융통 작용을 거쳐 유은 작용까지 일으키게 합니다. 그러므로 불경을 연구할 때에는 특히 주의해야 합니다.

식음

저 선남자가 삼마제를 닦아 행음이 다하면 모든 세간의 성품이 그윽하고 맑게 요동쳐 마치 생의 기미가 분리되듯 갑자기 떨어져 나간다. 미세한 끈인 보특가라[32]의 업을 갚는 깊은 맥이 감응하여 끊어진다. 열반의 하늘에서 크게 깨달으려 하니 마치 닭이 마지막 홰를 우는 것 같아 동방을 돌아보니 이미 정진의 기색이 있다. 육근이 텅 비고 고요하여 다시는 바깥으로 치달지 아니하며, 안팎이 담담하고 밝아 더 이상 들어갈 데가 없는 곳으로 들어간다. 시방 열두 종류의 수명의 유래에 깊이 통달하고 그 말미암은 근원을 살펴 모든 종류를 부르지 않고도 시방세계에 이미 동일함을 획득하여 정진의 기색이 침몰하지 않고 은밀한 비밀을 드러내니, 이것을 식음구우라 한다

〔彼善男子, 修三摩提, 行陰盡者, 諸世間性, 幽淸擾動, 同分生機, 倏然墮裂. 沈細綱紐, 補特伽羅, 酬業深脈, 感應懸絶. 於涅槃天, 將大明悟, 如鷄後鳴, 瞻顧東方, 已有精色. 六根虛靜, 無復馳逸, 內外湛明, 入無所入. 深達十方十二種類, 受命元由, 觀由執元, 諸類不召, 於十方界, 已獲其同, 精色不沈, 發現幽祕, 此則名爲識陰區宇〕.

이것이 바로 유식(唯識)의 경계입니다. 실제로 오음 역시 유식이 변한 것이며, 모두가 유식으로부터 나온 것입니다. 그러나 『능엄경』에서 이 오음의 작용을 해석하는 관점은 유식 법상(法相)의 설명과는 그 방향이 다릅니다. 여러분은 이 둘을 모두 참고할 필요가 있으며 그래야만 비로소 융회관통할 수 있습니다.

행음 경계에서 식음 경계로 전화하는 과정은, 양이 극에 이르러 음이 생

---

32 산스크리트 어를 음역한 것으로 부특가라(富特伽羅) · 불가라(佛伽羅) · 복가라(福伽羅)라고도 하며, 의역하여 인(人) · 중생(衆生) · 삭취취(數取趣) · 중수자(衆數者)라고도 한다. 윤회의 주체를 가리키는 말이다.

기듯 행음이 다한 뒤 다시 한 걸음 더 나아가 식음 경계로 접어듭니다. 행음 경계 역시 열 종류의 마경이 있으나 식음에 이르러서는 더 이상 이를 '마(魔)'라 부르지 않고 '외도(外道)'라 부릅니다.

무엇이 외도일까요? 불법에서는 사과나한(四果羅漢), 성문(聲聞), 연각(緣覺) 등은 아직 보리도과(菩提道果)를 투철히 증득하지 못했으므로 모두 외도로 칩니다. 이는 물론 부처님의 말씀을 근거로 한 것입니다. 그러므로 대사상가나 대철학자들도 성불하지 못합니다. 이들은 수없이 많은 생애를 모두 사상의 천착에 허비했으며 앞으로도 그럴 것이니 수많은 겁이 지나서야 비로소 이 단계를 벗어날 수 있습니다. 부처님은 물론 이것이 잘못되었다고 말하지는 않습니다. 다만 그들을 불쌍히 여길 따름입니다. 그들은 사상이니 학식이니 하는 것에 갇혀 영원히 그 속에서 맴돌 뿐이지만 그렇다고 아래쪽 삼계(三界)[33]로 떨어지지는 않습니다. 바로 『능엄경』에서, "상에만 골몰하면 날아오르고, 정에만 치우치면 아래로 떨어진다[純想卽飛, 純情卽墮]"라고 한 것과 같습니다. 사상(思想)에 몰두하는 사람은 위로 향해 가지만 정욕에 이끌리는 사람은 아래로 떨어지고 맙니다.

자주 하는 말입니다만 지식인들 중에는 너무 생각에만 골몰하여 부부생활이나 가정생활을 제대로 못하는 사람이 많습니다. 불경에는 정(情)이 얼마, 상(想)이 얼마면 각각 어디에 떨어져 산다는 구절이 나옵니다. 이렇게 보면 동물이나 식물도 모두 나름대로 집착을 하고 있다고 볼 수 있습니다.

행음이 다하면 정말로 이 우주세계와 완전히 끊어질 수 있을까요?

보특가라(補特伽羅, 이전에는 인人 또는 중생衆生이라 번역했는데 지금은 삭취취數取趣라 번역합니다. 육도 중에서 부단히 생사의 윤회를 거듭한다는 뜻입니다) 단계에 있을 때에는 인과응보에 따라 와서는 빚을 갚습니다. 그러다가 행음이

---

33 아래쪽 삼계란 지옥도·축생도·아귀도인 삼악도(三惡道)를 말한다.

다하면 중음신의 중점이 어디에 있는지 모두 알게 되어 일반인이라면 단번에 빨려 들어갈 한 줄기의 힘에도 빨려 들지 않습니다. 이처럼 행음이 다하면 이 생사 윤회의 과정에 장기 휴가를 낼 수가 있습니다.

어떤 사람은 타좌를 시작한 지 얼마 되지도 않아 못 견뎌 합니다. 다리가 저리지도 않은데 더 앉아 있기 어려워하고 시계를 보러 일어나기도 합니다. 행음의 작용은 오래 앉아 있으면 반드시 움직이게 하는 것이며, 혹은 다리가 저리지 않은데도 마음이 움직이게 하는 것입니다. 믿지 못하겠으면 직접 확인해 보십시오. 참선하는 사람에게는 곳곳이 모두 화두입니다. 왜 여섯 시에 일어나는 사람은 매일 여섯 시에 어김없이 일어날까요? 그의 신경이 그 시간에 집착하고 있기 때문입니다. 이런 일상생활 자체가 모두 학문이자 화두입니다. 부처님은 일체의 지혜에 능통하며 만법의 근원에 대하여 알고 있습니다. 한 가지 일도 이해하지 못하는 것이 없고 어떤 일이든 모호한 데가 없습니다.

이 경계에 이르면 감응을 시켜 빨아들이는 흡인력이 끊어지나 아직 생사의 완전한 주인이 되지는 못합니다. 어떤 이는 주인이, 어떤 이는 반 정도 주인이 되기도 합니다. 어떤 이는 태(胎) 속에 들어갈 때까지도 정신이 또렷하나 그 후 의식을 잃기도 하며, 어떤 이는 태 속에서는 정신이 또렷하나 그곳을 나오면서 기억을 잃는 경우도 있습니다. 제가 이전에 알던 사람은 태 속에 있을 때뿐 아니라 나와서도 들어갈 때와 나올 때의 상황을 어느 정도 기억하고 있었습니다. 바로 이런 이치입니다.

이 경계에 이르면 감응이 단절되어 열반의 하늘에서 크게 깨달아 이제 막 대철대오(大徹大悟)하려 합니다. 마치 먼동이 틀 무렵에 한 점의 서광이 떠오르는 것과 같습니다. 이때 몸과 마음의 육근(六根)은 청정해져 더 이상 바깥으로 치닫지 않으며, 더 이상 들어갈 데가 없는 경계로 진입합니다. 바로 『능엄경』에서 관세음보살이 말한, "관조하는 흐름에 들어 대상을 벗어나고, 대상과 흐름에 들어갔다는 것까지 고요해진다〔入流亡所, 所入既寂〕"라는 이근원통법문(耳根圓通法門)입니다. 이때가 되면 심신이 모두 통하고 열두 종류 중생 생명의 근본을 훤히 살필 수 있어서 다시 태 속으로 들어가지 않고 자성 본래의 상태에 머물 수 있으니, 바로 앞에서 말한 부대사의 다음 게송과 같습니다.

천지에 앞서 한 물건이 있으니	有物先天地
형체도 없이 본래 고요하다	無形本寂寥
만물의 주인이 될 수 있어	能爲萬象主
계절이 변화해도 시들지 않는다	不逐四時凋

이것이 바로 생명으로부터 해탈한 상태로서 식음구우(識陰區宇)로 진입한 것입니다.

제4강

물가의 늙은 학

앞에서 수증의 사상(事相)을 설명하면서 『능엄경』의 오십 종 음마(陰魔)
가 모두 수행 과정에서 나타나는 현상임을 살펴보았습니다. 그렇지만 오
음의 해탈에 대해서는 아직 설명을 다 하지 못했습니다. 지난번 강의 때
마지막으로 식음(識陰)까지 이야기했습니다.

이제 먼저 요점부터 제시하고자 합니다. 우리의 이번 강의의 중점은 수
증에 있습니다. 아직 본격적으로 시작한 것은 아니고 단지 그것과 관련된
자료에 대해 설명하고 있는 중입니다. 그렇지만 주의해야 할 것은 강의를
들을 때 내용을 명확히 이해해야 한다는 점입니다. 강단에 서 본 적이 있
는 사람은 알겠지만 똑같이 강의를 들은 학생이라도 이해의 정도는 제각
기 다릅니다. 시험을 쳐 보면 어떤 학생은 전혀 반대로 이해한 경우도 있
습니다. 특히 강의 내용이 불법(佛法)에 관한 것이라면 더욱 정신을 집중하
여 그 내용을 정확히 이해하도록 노력해야 합니다.

불경에 나오는 이야기 하나를 예로 들어 보겠습니다. 아난존자는 석가

모니부처님께서 돌아가신 뒤 십여 년을 더 살았는데, 나이가 들면서 그의 모습은 형인 석가모니부처님과 아주 흡사해졌습니다. 과거 대륙의 비구니들은 반드시 아난존자에게 공양을 드리곤 했는데, 여성의 출가 문제에 대해 석가모니부처님께서 대답하지 않자 아난이 집요하게 주장했기 때문입니다. 그에 대해 부처님은, "네가 좋은 일을 한 덕에 불교가 오백 년은 앞당겨 없어지겠구나" 하며 꾸짖었습니다. 아난은 예전에 그의 이모를 대신하여 출가를 요구한 적이 있었는데, 이 때문에 후세 사람들은 아난을 환희존자(歡喜尊者)라 부릅니다.

아난존자가 살아 있을 당시 부처님의 제자였던 한 법사가 있었습니다. 부처님에게서 직접 배우기도 한 부처님의 재전(再傳) 제자였습니다. 그는 제자들에게 불법을 가르쳤는데, 이것이 한 번 전해지고 두 번 전해지자 어떤 사람은 부처님이 그렇게 말했다고 했습니다. 하루는 아난존자가 죽림으로 들어가자, "백 살을 살면서도 물가의 늙은 학을 보지 못하면 하루를 살더라도 그것을 보는 것만 못하다(若人生百歲, 不見水老鶴, 不如生一日, 而能得見之)"라는 게송이 귀에 들려왔습니다. 아난존자가 듣고서 깜짝 놀라며 도대체 누구에게서 배운 것인지 물었습니다. 제자들은 모두 자기 사부한테 배웠다고 했습니다. 아난존자가 그들에게 부처님의 뜻은, "백 살을 살면서도 생멸법을 풀지 못하면 하루를 살더라도 그것을 풀어 벗어나는 것만 못하다(若人生百歲, 不解生滅法, 不如生一日, 而得解了之)"라는 것이라고 말했습니다. 입으로 전해지는 과정에서 발음의 착오로 인해 '불견수로학(不見水老鶴)'으로 변해 버린 것입니다. 아난이 바로잡아 주자 제자들이 돌아가서 자기네 사부한테 알렸습니다. 그러자 그 사부는 말했습니다. "아난존자의 말을 곧이곧대로 들어선 안 돼. 그분은 이미 늙어서 정신이 오락가락해. 내가 기억하고 있는 것이 맞아." 이렇게 되고 보니 아난존자도 달리 어찌할 방법이 없었습니다. 다행히 당시 성숙대사(聖宿大士)라는 사람이 있어서 다음과 같은 게송을 지었습니다.

저들이 외우는 게송은

실로 부처님의 뜻이 아니니

이제 환희존자를 만나

알 수 있게 되었도다

彼者念諷偈

實非諸佛意

今遇歡喜尊

而可依了之

이 게송에서 아난의 설법이 옳고 다른 설법은 틀렸다고 함으로써 비로소 잘잘못을 가릴 수 있었습니다.

부처님이 열반한 지 얼마 되지도 않아 불법이 이 정도로 변질된 것입니다. 부처님이 입적한 후 백 년이 지나자 계율과 교법에 대한 관점의 차이로 상좌부(上座部)와 대중부(大衆部) 두 파로 나누어지고, 사백 년이 지나자 이것이 다시 이십 부로 갈라졌습니다. 부처님이 친히 가르친 제자가 이럴진대 하물며 지금의 우리는 어떻겠습니까?

불법을 들을 때에는 잘못 이해하지 않도록 주의를 기울여야 합니다. '생멸법(生滅法)'이 '수로학(水老鶴)'으로 변질된다면 이건 정말 뚱딴지 같은 이야기입니다.

식음

이제 계속해서 식음구우(識陰區宇)에 대해 살펴보도록 합시다. 사실 오음의 범위는 모두 다 넓지만 식음의 범위는 좋은 경계, 겉으로 드러난 경계만 말해도 아주 넓습니다. 이는 진정한 수행의 길로 들어선 사람이라면 누구든 거쳐야 할 과정으로, 진정한 수행의 길은 거의 고정되어 있습니다.

만약 여러 종류에서 이미 동일함을 얻었다면 육문이 녹아 합쳐서 열리니 귀로 보고 눈으로 듣고 갈마들며 사용해도 청정하다〔若於群召, 已獲同中, 銷磨六門, 合開成就, 見聞通隣, 互用淸淨〕.

일체 생멸의 근원에 대한 것은 행음구우(行陰區宇)의 범위에 속하며, 이점에 대해서는 이미 상세히 언급한 바 있습니다. 여기서 말하는 육문(六門)이란 육근(六根), 즉 안(眼)·이(耳)·비(鼻)·설(舌)·신(身)·의(意)를 말합니다. 우리 일반 사람들은 눈이 없으면 보지 못하고 귀가 없으면 듣지 못합니다. 왜 그럴까요? 오래전부터 지속되어 온 생명의 업력 때문으로, 바로 우리 생명이 무한히 이런 감각 기관에 의지해 왔습니다. 만약 진정으로 수행에 성취를 얻어 식음(識陰)으로부터 벗어나는 단계에 이르렀다면 이런 생리 작용에 더는 의지할 필요가 없습니다. "육문이 녹아〔銷磨六門〕." 성취를 얻은 자는 육근의 기능에 더 이상 제한이나 장애를 받지 않습니다. "합쳐서 열리니 귀로 보고 눈으로 듣고〔合開成就, 見聞通隣〕." 눈을 귀로, 귀를 눈으로 사용할 수 있습니다. 이상하게 들리더라도 사실 전혀 이상할 것이 없습니다. 이것은 성취를 이룬 사람뿐 아니라 경우에 따라서는 보통 사람도 해낼 수 있습니다.

한 가지 예를 들어 봅시다. 우리가 앞만 보고 있을 때라도 뒤에 사람이 지나가면 고개를 돌려 보지 않아도 알 수 있습니다. 눈을 사용할 필요도 없지요. 요즘은 사람들이 제육감(第六感)을 자주 말하는데 모두 이 범위에 속합니다. 이것은 보통 사람이라도 약간은 체험할 수 있지만 합쳐서 열리는 경계는 이보다 훨씬 대단합니다. 그다음에 이어지는, "귀로 보고 눈으로 듣고 갈마들며 사용해도 청정하다〔見聞通隣, 互用淸淨〕"라는 구절은, 육근을 상호 병용하면서도 번거롭지 않고 도리어 아주 청정하다는 것을 말합니다. 우리는 늘 출가인은 육근이 청정하다고 하는데, 이 말도 바로 여기서 나온 것입니다. 육근이 청정하다는 것은 소리를 듣지 못하는 것이 아니라 그것이 좋든 나쁘든 선하든 악하든 옳든 그르든 간에 어떤 소리를 들어도 한결같이 마음이 청정하다는 뜻입니다. 이런 청정에 대해서는 나중에 다시 살펴보기로 하겠습니다.

> 시방세계뿐 아니라 몸과 마음까지도 마치 유리로 만든 것처럼 안팎이 투명하게 보이니, 이것을 식음진이라 한다〔十方世界, 及與身心, 如吠琉璃, 內外明徹, 名識陰盡〕.

식음으로부터 벗어나 한 걸음 더 나아가면 어떤 경계에 이를까요? 이때가 되면 전 우주와 개인의 생리나 심리 등 모든 것이 혼연일체를 이루어 마치 유리로 된 구(球)처럼 안팎이 투명하여 아무 장애 없이 빛이 통과합니다. 이 경계에 이르러서야 비로소 식음으로부터 해탈했다고 할 수 있습니다.

식음으로부터 해탈하는 것은 정말 멋진 일이지만 우리가 쉽게 따라갈 수 있는 영역이 아니며, 상상조차 하기 힘든 경계입니다. 지금 먼저 이론부터 투철히 이해해 놓으면 수행 공부가 좀 더 쉬울 것입니다. 부처님은 말합니다. 이 경계에 도달하면 "이 사람은 능히 명탁을 초월할 수 있다〔是人則能超越命濁〕"라고 합니다. 삼계(三界)의 명근(命根)을 다할 수 있어 삼계를 벗어날 수 있다는 것입니다. 주의해야 할 것은 식음이 다한 후에야 비로소 명탁(命濁)을 초월할 수 있다는 사실입니다. 그다음에 이어지는 부처님의 결론 또한 특별히 주의해야 합니다.

> 그 말미암은 곳을 보면 망상허무라는 전도망상을 그 근본으로 삼는다〔觀其所由, 罔象虛無, 顚倒妄想以爲其本〕.

식음 경계로부터 식음이 다해 명탁을 초월하는 이 과정을 자세히 연구해 보면 이것 역시 망상의 작용으로서 아직 일념으로부터 벗어나지 못했습니다. 타좌를 배우는 사람들은 모두 망상을 싫어하여 어떻게 하면 그것을 떨쳐 버릴 수 있을지 생각합니다. 그러나 여러분, 보십시오! 오음 경계로부터 해탈하는 것도 바로 망상에 의지함으로써 가능한 것이 아닙니까? 여러분은 지금 부처님을 배우고 선(禪)을 배우고 있는 사람들입니다. 여러분이 무얼 배우건 여러분의 머릿속에 오락가락하는 것이 있는데, 그것이 바로 일념입니다. 그렇지만 이것은 단지 일념이 부상(浮想)한 것, 즉 위로 떠오른 것일 뿐입니다. 아직은 망상의식의 진정한 뿌리가 아닙니다. 이 때문에 부처님은 『능엄경』의 시작 부분에서 아난에게, "비록 일체의 견문과 지각을 멸해 안으로 그윽이 한가로움을 지키더라도 여전히 법진의 분별영사가 되고 만다[縱滅一切見聞覺知, 內守幽閑, 猶爲法塵分別影事]"라고 말했습니다.

또 말하기를, "비록 구차제정[34]을 이루었다 할지라도 번뇌를 다한 아라한과는 얻을 수 없다[現前雖成九次第定, 不得漏盡成阿羅漢果]"라고 했습니다. 부처님은 너희는 불법 배우는 것을 일체의 견문과 지각을 없애고 청정한 곳에 머무는 것이라 생각하지만 그것은 여전히 의식 상태에 있을 뿐이라고 말합니다.

'법진(法塵)'이란 바로 의식입니다. 왜 그럴까요? 예를 들어 여러분이 불법에는 어떠어떠한 경계가 있다고 들으면 여러분의 잠재의식은 이미 거기에 중독됩니다. 이 때문에 여러분이 정좌를 시작해서 그 경계에 이르면 때

---

34 차례로 이어지는 아홉 단계의 정(定)을 말하며 달리 무간선(無間禪)이라고도 한다. 색계의 사선(四禪)과 무색계의 사처(四處) 및 멸수상정(滅受想定)을 가리킨다. 구체적으로는 초선차제정(初禪次第定), 이선차제정(二禪次第定), 삼선차제정(三禪次第定), 사선차제정(四禪次第定), 공처차제정(空處次第定), 식처차제정(識處次第定), 무소유처차제정(無所有處次第定), 비상비비상처차제정(非想非非想處次第定), 멸수상차제정(滅受想次第定)이 그것이다.

론 진짜가 아니라 여러분의 의식 속에 있던 경계가 나타나기도 하는 것입니다. 이는 그냥 들어 본 비유에 불과합니다. 심지어 여러분이 구차제정(九次第定)을 증득했다 하더라도 과위를 얻을 수 없는데, 하물며 법진의 영사(影事)는 어떻겠습니까?

'법진의 분별영사(分別影事)'란 삼중의 녹화 영상입니다. 예를 들어 제가 지금 강의하고 있는 것을 녹화한다면 이것은 이중의 녹화이고, 이것을 다시 녹화한다면 삼중, 사중의 녹화 영상이 됩니다. 이들은 모두 제가 현재 강의하고 있는 진정한 모습이 아닙니다. 이와 같은 경계에 도달하는 것 역시 대망상이지만 그럼에도 불구하고 이것은 바른 길입니다. 부처님은 우리에게 말합니다. 여기에 바르지 못한 길, 즉 외도가 있다고요. 오십 종 음마 중에서 최후의 식음을 외도라 합니다. 나한, 성문, 연각이 모두 외도의 견해입니다. 부처님은 이것을 망상허무(罔象虛無)라 했는데, 전도망상(顚倒妄想)으로부터 온 것이라 합니다.

'망상'이란 말은 『장자(莊子)』에서 나온 것입니다. 망상은 실제의 것이 아니라 공허한 환상으로 영상(影像)과 같은 것입니다. 하지만 너무도 또렷한 영상이어서 『능엄경』에서는 망상허무를 전도망상의 앞에다 배치했습니다. 확실히 잘 안배한 것입니다.

오음과 그 영역

여러분, 보십시오! 일념이 이처럼 어렵습니다. 오음(五陰)이 곧 일념입니다. 어떤 때 우리는 자신의 마음이 청정하고 몸과 마음 안팎이 모두 청정하여 이 경계에 도달할 수 있다고 느낍니다. 심리적으로 안정된 데다 생리적인 도움도 반쯤은 있어야 비로소 이 경계에 도달할 수 있습니다. 이 경계는 몸과 마음이 서로 영향을 끼치기 때문에 아직 색음 경계에 속합니다. 이 속에서는 자칫 길을 잘못 들어서면 많은 문제가 생깁니다. 예를 들어 이때 기맥상에ㅡ엄격히 말하면 기맥이라기보다 신경 계통이라 하는 것이 좋습니다ㅡ평상시와 다른, 아직 한 번도 경험하지 못한 고요한 경계가 돌연 나타나면서 새로운 변화가 전개될 수 있습니다. 특히 기맥이 후뇌 부분을 통과할 때에는 귀에서 어떤 소리가 들립니다. 눈에 이르면 눈에 문제가 생기고 치아에 이르면 치아에 문제가 생깁니다. 각 부위에 이를 때마다 모두 문제가 발생합니다. 이 문제를 미리 잘 파악하고 있다면 그에 따라 증험해서 들어갈 것이고, 이 관건을 제대로 파악하지 못하고 있다면 주화입마(走火入魔)가 될 수 있습니다. 사실 '화(火)'란 것도 없고 '마(魔)' 역시 없습니다. 이런 것들은 심리적인 환상이 만들어 낸 착각입니다. 그리고 여러분이 청정이라 생각한 것도 역시 청정이 아니며, 광명이라 생각한 것 역시 광명이 아닙니다.

『능엄경』의 마지막 부분에서 점수(漸修) 공부의 순서에 대해 언급하고 있는데 설명이 아주 명쾌합니다. 돈오(頓悟)란 점수와 다른 것이 아닙니다. 우리가 평소 『능엄경』을 보면서는 그냥 대충대충 훑고 지나가지만 그 속에서 오묘한 부분을 한번 찾아보십시오! 보석은 흙 속에 묻혀 있습니다. 여러분 스스로 한번 찾아보십시오! 오십 종 경계 속에 숨어 있습니다. 처음부터 끝까지 지혜를 다하여 철저히 읽어 본 다음에야 진정으로 이해할 수 있을 것입니다. 제가 지금 여러분에게 말하고 있는 것은 제 나름대로 수십 년의 시간을 들여서 겨우 얻어 낸 밀인(密因)입니다. 한번 찾아보십시오. 옛사람들 중에도 이렇게 진지하게 말해 준 사람은 없습니다. 그러니 쉽게 얻었다고 등한시해서는 안 됩니다.

다음은 하나의 총론입니다.

너희는 발원하여 여래의 도를 붙들고, 장차 이 법문이 내가 멸도한 후 말세에 전해져 널리 중생으로 하여금 그 뜻을 깨달아 알게 하여 마도에 빠져 스스로 죄를 짓지 않도록 하라[汝等存心, 秉如來道, 將此法門, 於我滅後, 傳示末世, 普令衆生, 覺了斯義, 無令見魔, 自作沈孽].

부처님은 출가 제자들에게 반드시 발원을 해야 한다고 분부합니다. "존심(存心)"이란 곧 발원(發願)으로서, 유가에서는 존심이라 하지만 불가에서는 발원이라 합니다. 그 의미는 입지(立志), 즉 뜻을 세우는 것입니다. 부처님은, 내가 죽은 후 이 법문을 수행자들에게 전하여 일체 중생으로 하여금 그 이치를 알 수 있도록 하라고 말합니다. "마도에 빠져 스스로 죄를 짓지 않도록 하라[無令見魔, 自作沈孽]." 일체의 관념, 일체의 수행상 착오는 바로 '견(見)'의 문제로, 견해가 잘못된 것이 곧 '견탁(見濁)'입니다. 우리 이 세계를 오탁악세(五濁惡世)로 보는 설법도 있는데, 견탁도 바로 이 오탁(五濁) 중의 하나입니다. 세상의 의견이란 너무도 많습니다. 전쟁만 하더라도 의견의 차이로 시작된 것이고, 사람들의 번뇌란 모두 의견으로부터 나옵니다. 내가 옳고 네가 그르다고 하는 데에서부터 말썽이 생깁니다. 개인의 견해에 집착하면 마도에 빠지게 됩니다. 부처님이 말한 "스스로 죄를 짓는다[自作沈孽]"의 '얼(孽)'은 업(業)을 뜻하는 것이 아니라 분명히 자신이 저지른 잘못을 뜻합니다.

편안하게 보호하고 불쌍히 여겨 구원하며, 삿된 연을 잦아들게 하고, 그 몸과 마음이 부처의 지견에 들게 하여, 처음부터 성취하여 잘못된 길로 들어서지 않도록 하라[保綏哀救, 銷息邪緣, 令其身心入佛知見, 從始成就, 不遭岐路].

그러므로 여러분은 수행의 길을 다른 사람들에게 알려 그들이 길을 잘못 들어서지 않도록 해야 합니다.

정진은 한없이 밝고, 본각은 원만하고 깨끗하다[精眞妙明, 本覺圓淨].

'정진(精眞)'이란 본성, 즉 생명 본래의 어떤 것을 말합니다. 『능엄경』에서는 진여(眞如)니 법계(法界)니 법성(法性)이니 여래장(如來藏)이니 하는 학술 용어를 사용하지 않고 간단히 이렇게 분명하게 표현합니다. 경전마다 모두 그 중점이 있는데 『능엄경』은 수증에 치우쳐 있으므로 보다 명확한 '정진'이란 용어를 사용했습니다. 불가에서는 '본성'을 '본각(本覺)' 또는 '시각(始覺)'이라 합니다. 무엇을 깨달을까요? 바깥에 따로 존재하는 어떤 것이 아니라 바로 '본각'을 깨닫는 것입니다. 다시 말해 우리에게 존재하는 본래의 것을 깨닫는다는 뜻으로, 그것은 본디 청정합니다.

생사에 머물지 않고 온갖 티끌과 허공에도 머물지 않으니, 모두 망상에서 생겨난 것이기 때문이다[非留死生, 及諸塵垢, 乃至虛空, 皆因妄想之所生起].

여기서는 "생사에 머물지 않는다[非留死生]"라는 구절에 주의해야 합니다. 이것은 생사가 없다는 뜻이 아니라 생(生)이 있긴 하지만 머물지도 않고 방해를 받지도 않으며 더럽지도 않고 깨끗하지도 않아 생사에 아무 거리낌이 없다는 말입니다. 이 때문에 장졸(張拙)[35]이 마침내, "열반과 생사

---

[35] 오대(五代)에서 송나라 초기의 인물로 생몰 연대는 미상이다. 일찍이 수재(秀才, 송나라 초기의 과거 시험 이름) 시험에 합격했다. 선월대사(禪月大師)의 지시로 경제선사(慶諸禪師, 805~888)를 배알하고는 인가를 받아 그의 법을 이었다. 장졸이 경제를 만나서 나눈 대화가 다음과 같이 전해진다.

경제: 수재(秀才)는 이름이 뭔고?(수재는 과거 시험에 합격한 이를 가리킴)
장졸: 성은 장(張)이요 이름은 졸(拙)입니다.

가 모두 공화로다[涅槃生死等空華]"하며 깨달은 것입니다. 비단 생사만이
공화(空華)일 뿐 아니라 열반 역시 공화입니다. 여러분이 열반을 어떤 하나
의 사건이라 생각한다면 열반은 곧 생사입니다. 바꾸어 말하면 여러분이
생사가 본래 가공의 것임을 증득했다면 생사는 곧 열반이라는 말입니다.
"비류사생(非留死生)"의 '류(留)'자는 참으로 절묘하게 사용되었는데, '비
(非)'자 역시 다른 글자로 바꿀 수 없습니다.

젊은 출가인 여러분, 유의해야 합니다! 미래의 불교는 여러분이 짊어져
야 합니다. 그러나 문학에 대한 소양도 없이 어찌 짊어질 수 있겠습니까?
당송(唐宋) 이전의 고승들은 참으로 뛰어났으며, 시사가부(詩詞歌賦)까지도
모두 수준급이었습니다. 그들은 할 수 있었지만 여러분은 할 수 없습니다.
이 때문에 당시에는 황제에서부터 잡상인에 이르기까지 고승을 존경하지
않는 사람이 없었던 것입니다. 그렇지만 지금은 출가인이 할 수 없는 것을
재가인이 할 수 있고, 또 출가인이 할 수 있는 것은 재가인도 모두 할 수
있으니 과연 문제가 아니겠습니까? 저는 여러분 곁에서 출가인이 이 짐을
짊어지겠다고 발원하기를 격려하고 있습니다. 여러분, 한번 보십시오!
『능엄경』의 번역에는 한 글자도 허투루 쓴 것이 없습니다. 비류사생에서도
비단 '류(留)'자뿐 아니라 '비(非)'자까지도 얼마나 많은 신경을 쓴 것인
지 알 수 있습니다.

경제: 교묘한[巧] 것을 찾아도 얻을 수 없더니 졸렬한[拙] 것이 어디로부터 왔노?
장졸이 이 말을 듣고 활연히 깨닫고는 게송을 읊었다.

고요한 빛이 강가의 모래까지 두루 비추니	光明寂照遍河沙
범인과 성인의 신령스러움은 다름이 없다	凡聖含靈共我家
일념도 일어나지 않으니 전체가 드러나고	一念不生全體現
육근이 비로소 진동하여 구름에 가려진다	六根纔動被雲遮
번뇌를 제거해도 병만 키우고 무겁게 하니	斷除煩惱重增病
진여를 좇는 것 역시 삿된 것이다	趣向眞如亦是邪
세상의 연을 따르나 걸림이 없으니	隨順世緣無罣礙
열반과 생사가 모두 공화로다	涅槃生死等空華

이 『능엄경』은 반자밀제법사(般刺密帝法師)가 가지고 왔습니다. 당시 인도에서는 불서(佛書)를 외국으로 유출시키는 것을 금지했는데, 이를 위반하면 사형에 처할 만큼 엄했습니다. 전하는 바에 따르면 법사는 자신의 옆구리를 절개하여 그 속에 이 경전을 넣고 꿰맨 후에야 중국에 들어올 수 있었다고 합니다. 우리는 경전을 읽으면서도 당시의 이 어려웠던 상황을 소홀히 합니다. 불교에서는 이런 예언이 전해집니다. 이 경전은 가장 나중에 중국에 전해지며 말법(末法) 시대에 이르러 가장 먼저 훼손당할 것이라고요. 말법 시대가 도래하여 어떤 사람이 이 경전을 가짜라고 공격하기 시작했습니다. 후세 사람들은 그 학자의 논조를 듣고 이 경전을 읽으려 하지 않았습니다. 사실 그 학자는 불법을 공부한 사람이 아니었습니다. 어떤 공부도 수증도 없었던 사람입니다.

망상은 원래 공이다

부처님은 이어서 다시 신신당부합니다. "이 원래의 본각 묘명인 진정이 망념으로 인해 여러 기세간을 생기게 했다(斯元本覺妙明眞精, 妄以發生諸器世間)." 대단히 엄중한 문제입니다. 이것은 과학의 영역에 속하는 것으로 『능엄경』 권 4에서 부루나(富樓那)가 부처님께 질문한 문제이기도 합니다. 즉 본성은 원래 청정하고 원만하고 밝다고 했는데 어째서 이 물리세계가 형성되었느냐는 것입니다. 권 4에서 토론하는 문제는 바로 이 지구가 어떻게 해서 생겨나게 되었는가 하는 것입니다. 우리가 타좌를 하고 있으면 왜 단전이 따뜻해질까요? 비밀은 여기에도 있습니다. 부처님은 비밀을 밝히는데, 이 때문에 『능엄경』 스스로 '밀인수증(密因修證)'이라 했습니다. 부처님의 비밀은 그 속에 있습니다. 그러나 근본적으로 비밀이란 없습니다.

"하늘과 땅 사이 우주 가운데 보물이 하나 있어 형산 속에 숨어 있다〔乾坤
之內, 宇宙之間, 中有一寶, 祕在形山〕"라고 했으니 비밀은 바로 여러분 속에
있습니다.

『법화경(法華經)』역시 이 점에 대해 언급하고 있습니다. 일체 중생의 본
각 묘명(本覺妙明)이 망상으로 인해 기세간을 낳게 되었다고요. 기세계(器
世界)란 곧 물리세계입니다. 진정한 불법은 순수하게 유심의 것으로 물리
세계란 마음의 작용으로 인해 변화된 부수적인 현상일 뿐입니다. 이 때문
에 부처님은, "마치 연약달다처럼 머리를 그림자로 착각한다〔如演若達多,
迷頭認影〕"라고 했습니다.

석가모니부처님 시대에 연약달다(演若達多)라는 사람이 있었는데 아주
잘생긴 사람이었습니다. 하루는 아침에 일어나 거울을 들여다보더니,
'어! 내 머리 어디 갔지?'라고 했습니다. 거울 속을 들여다보면 머리가 있
긴 하지만 과연 어느 누가 자신의 진정한 머리 모습을 보았을까요? 그 누
가 자신의 본래 면목을 보았을까요? 거울 속의 모습은 좌우가 바뀌어 진
정한 자기 모습이 아닙니다. 연약달다는 날마다 미친 듯이 자신을 찾아다
녔습니다. 이 이야기는 정말 잘 묘사하고 있습니다. 그렇습니다! 우리들의
진짜 머리는 사라져 버렸습니다. 지금 있는 것은 모두 거울 속의 그림자입
니다. 모두가 삼중의 환영(幻影)입니다.

일반인은 타좌를 할 때 모두 망상을 제거하려 하지만 불경을 한번 통독
하고 나면 더 이상 망상을 제거하려 들지 않을 것입니다. 망상은 원래 뿌
리가 없습니다. 타좌를 하면서 망상을 제거하려는 것은 사서 고생하는 일
입니다. 망상은 원래 공허한 것입니다. 예를 들어 망상이 일어날 때 '이런!
망상이 생겼구나' 하고 생각하며 떨쳐 버리고자 마음먹는 순간 망상은 사
라집니다. 망상은 뿌리가 없습니다. 그래서 『금강경』에서는, "여래란 오는
곳도 없고 가는 곳도 없어 이를 여래라 한다〔如來者, 無所從來, 亦無所去, 是名

如來)"라고 하여 망상이 뿌리가 없다는 것을 분명히 말하고 있습니다. 망상이 본래 인(因)도 아니고 과(果)도 아니라면 그것을 두려워할 필요가 있을까요? 여러분, 자신 있다면 삼박 사일을 잠도 자지 않고 오로지 망상만 한번 해 보십시오. 이런 사람이 있다면 제가 큰절을 올리겠습니다. 혹시 정신병자라면 가능할지도 모르겠습니다. 그러나 그 경우라 하더라도 시종 한 가지 망상만을 할 수는 없을 것입니다. 망상 역시 파동입니다. 하나가 지나가면 다시 하나가 밀려옵니다. 그러니 우리가 어떻게 망상을 없앨 수 있겠습니까?

　　망상 속에서 인연의 성이 세워진다〔於妄想中, 立因緣性〕.

　　망상은 외부의 타자 때문에 일어나는 것으로 자신에게는 그 본래의 인(因)이 없습니다. 유식에서는 이것을 가리켜 '의타기성(依他起性)'이라 하는데, 의식과 외계가 서로 대립됨으로써 생겨난다는 말입니다. 그러나 여러분이 자기 자신이 바로 외계라는 사실을 모르고 있습니다. 제육식(第六識)의 관점에서 본다면 전오식(前五識)이 곧 외계입니다. 예를 들어 사대 역시 외계이니 망상이란 외계의 변화로부터 야기된 의식의 반응인 것입니다. 제팔식인 아뢰야식의 관점에서 말한다면 사대나 분별의식 자체가 원래 외계의 것입니다. 여기에 대해서는 주의를 요합니다. 전 세계의 유식 연구자들을 보면 『역경』 연구의 양상과 비슷합니다. 『역경』을 연구하는 사람은 예나 지금이나 모두 팔괘 속에 빠져 영원히 헤어나지 못하고 있습니다. 무슨 팔팔 육십사괘니 각종 그림판이니 숫자니 하며 온종일 들여다보지만 이런 것들은 가지고 노는 데에는 좋을지 몰라도 제대로 사용하려 들면 사용할 수가 없습니다. 불학 역시 마찬가지입니다. 수증을 구하지 않으면 영원히 여기서 벗어날 수 없습니다. 온갖 명사나 개념에 갇혀 버리면 불학이 사상으로 변질되고 맙니다. 이렇게 사상으로 다루다 보면 하루 종일 가지고 놀아야 자신의 몸과 마음에 전혀 도움이 되지 않습니다. 이 점을 특히 유의해야 합니다.

많은 사람들이 "망상은 원래 원인이 없어 망상 속에서 인연의 성이 세워진다(妄元無因, 於妄想中, 立因緣性)"라는 구절을 잘 이해하지 못하여 "인연에 미혹된 것을 자연이라 부른다(迷因緣者, 稱爲自然)"라고 생각합니다. 여기에서 '자연'이란 중국 문화에서의 자연이 아니라 인도의 자연철학에서 말하는 자연입니다. 그 자연은 하나의 이념이 형성한 이론적인 체계입니다. 따라서 우리는 인도 자연철학의 자연을 노자의 자연과 혼동해서는 안 됩니다. 중국뿐만 아니라 외국의 많은 저작들이 인도철학사를 논하면서 이런 잘못된 관점으로부터 시작합니다. 이는 장님이 장님을 끌고 쓰레기 더미 속으로 더불어 들어가는 것과도 같습니다. 그리고 옛 대사들 중 노자를 비평하는 저술을 남긴 사람도 있는데, 이것 역시 잘못되었습니다. 노자의 자연을 인도 자연철학에서 말하는 자연의 개념과 혼동하고 있기 때문입니다.

부처님은 우리에게 말합니다. "저 허공의 본성도 실제로 환상으로 생긴 것이요, 인연의 자연도 모두가 중생의 망심으로 헤아린 것이다(彼虛空性, 猶實幻生, 因緣自然, 皆是衆生妄心計度)." 부처님은, 전 우주로 보면 우주 공간 역시 영원히 존재하는 것이 아니라고 말합니다. 『능엄경』의 앞부분에서 석가모니부처님은 일찍이 말했습니다. "마땅히 알아야 한다. 허공이 그대 마음속에 생겨난 것은 마치 구름 한 조각이 푸른 하늘에 떠 있는 것과 같다(當知虛空生汝心內, 猶如片雲點太淸裏)." 우주 공간은 이처럼 보잘것없는 것이며, 전 우주 또한 환상에 의해 생겨난 것입니다. 달리 말하면 우주는 칠대(七大)[36]의 범위에 속합니다. 우주는 물리적인 것으로 유심적인 심성에 부속되는 하나의 현상입니다. 하물며 인연에 의해 생겨난 우리 같은 존재는 어떻겠습니까? 우리는 우주 물질세계 중에서도 지면을 기어 다니는 벌레 같은 존재에 지나지 않습니다. 인류라는 말은 우리 머릿속에서 만들어 낸 것으로 의지할 만한 것이 못 됩니다. 이해가 됩니까? 한마디로 말하면 까마득한 우주 공간도 하나의 환상의 경계일 뿐입니다. 하물며 우리의 이런 학문은 말할 필요도 없습니다. 우주 속의 지구에서, 지구 속의 세계에서, 세계 속에서도 지면을 기어 다니는 벌레 같은 존재를 인류라 하니 인류의 머릿속에서 구성된 학문이란 그저 환상에 불과한 것입니다. 이 때문에 모두가 중생의 망심으로 헤아린 것이라고 했습니다. 듣기 좋게 말하면 추리이겠지만 나쁘게 말하면 추측이나 짐작일 뿐입니다.

아난아! 망념이 일어나는 곳을 알면 망념의 인연을 설명하겠지만 만약 망념이 원래 없는 것이라면 망념의 인연을 말하는 것도 원래 있을 수 없다〔阿難! 知妄所起, 說妄因緣, 若妄元無, 說妄因緣, 元無所有〕.

여기서 안다고 하는 이 '지(知)'에 주의해야 합니다. 망상이 일어나는 곳을 안다고 하는 것은, 머릿속에 그만큼 더 집착을 불러일으켜 망상이 인연에 의해 생겨난다고 말하게 됩니다. 그러나 망상 자체가 본래 공(空)임을 뚜렷이 알게 된다면 망상의 인연을 말하는 것은 불가능합니다. 원래가 공입니다!

"하물며 자연에서 유추된 것임을 모르겠는가?〔何況不知, 推自然者〕" 더욱이 이들 생명의 심리적 근원이 자연으로부터 왔다고 여기는 데 대해서는 더더욱 말할 필요 없습니다.

"그러므로 여래는 오음의 원래 인이 마찬가지로 망상임을 너에게 밝히

---

36 우주의 모든 것을 생성해 내는 일곱 가지 요소로서 지대(地大), 수대(水大), 화대(火大), 풍대(風大), 공대(空大), 견대(見大), 식대(識大)를 말한다.

고자 한다〔是故如來與汝發明, 五陰本因, 同是妄想〕." 그래서 부처님은, 내가 앞에서 말한 바 있지만 색수상행식(色受想行識)이라는 우리의 이 오음이 작용으로 드러날 때에는 각기 서로 다름이 있으나 비록 오음이 다르더라도 이들이 모두 대망상이라는 것은 마찬가지라고 말합니다.

부처님은 이어서 오음의 망상에 대해 하나하나 해설한 후 결론을 내립니다. "이 다섯 종의 수음이 다섯 종의 망상이 된다〔是五受陰, 五妄想成〕." 이 다섯 종 감각의 음경(陰境)이 바로 다섯 종의 망상을 형성합니다. "네가 이제 인계의 얕고 깊음을 알고자 한다면〔汝今欲知因界淺深〕." 즉 네가 그들의 구성 요소와 범위를 알고 싶다면 이제 내가 말해 주겠다는 것입니다.

오음의 첫째는 색음(色陰)입니다.

> 오직 색과 공만이 색의 변제[37]이다〔唯色與空, 是色邊際〕.

'형태〔形〕'나 '모습〔相〕'으로 드러나는 것이 바로 색(色)입니다. 색으로 드러나는 것과 상대되는 것은 바로 색이 사라지는 것으로, 일종의 공(空)입니다. 이 공은 물리세계의 공이거나 혹은 심리적인 개념상의 공이기 때문에 엄격히 말하면 일종의 '모습'으로 곧 공의 상(相)입니다. 그러므로 여전히 색음의 범위에 속합니다. 바로 오직 색과 공만이 색의 변제(邊際)라는 이치입니다.

> 오직 촉과 이만이 수의 변제이다〔唯觸及離, 是受邊際〕.

예를 들어 우리가 두 손을 붙이거나 떼는 것이 바로 수음(受陰) 범위의

---

37 시간이나 공간 등에서 그 이상이 없는 한계를 말한다.

양대 현상입니다. 이는 물론 대원칙을 말한 것입니다. 예를 들어 어떤 사람이 친구와 헤어지면서 매우 마음 아파한다면 그것은 이런 촉(觸)이 아니라 '상(想)'이 구성한 촉입니다. 이들 오음은 첩첩이 뒤엉켜 있어서 마치 오행(五行)에서처럼 착종(錯綜)으로 엉켜 복잡합니다. 목(木)은 토(土)를 극(剋)하고, 토(土)는 수(水)를 극하며, 수(水)는 화(火)를 극하고, 화(火)는 금(金)을 극하며, 금(金)은 목(木)을 극합니다. 이렇게 복잡한 관계 속에서 몸과 마음은 서로 지극히 큰 영향을 미칩니다.

오직 기와 망만이 상의 변제이다〔唯記與忘, 是想邊際〕.

상음(想陰)의 범위 속에는 기억하거나 잊어버리는 두 가지 형태의 작용이 나타납니다. 잊어버리는 것은 곧 어떤 일이 생각나지 않는 것인데, 이는 '상(想)'의 세상 속에서 뭔가 모호하고 기억이 나지 않는 것이므로 '기(記)'와 마찬가지로 상음의 범위에 속합니다. 기억하거나〔記〕 잊어버리는〔忘〕 것은 상대적인 두 가지 현상입니다.

오직 멸과 생이 행의 변제이다〔唯滅與生, 是行邊際〕.

행음(行陰)의 범위 속에는 '생(生)'과 '멸(滅)'이라는 두 가지 상대적 작용이 나타납니다.

맑음으로 들어가 맑음과 합하는 것이 식으로 돌아가는 변제이다〔湛入合湛, 歸識邊際〕.

이 부분은 해석하기가 무척 어렵습니다. '담(湛)'은 맑은 것으로, 심경이 맑디맑게 되어 텅 빈 듯한 것이 바로 처음에 나오는 이 담(湛)이라는 글자입니다. '입(入)'은 자성의 본체인 아무것도 없는 맑고 깨끗한 경계로 들어가는 것으로, 곧 "맑음으로 들어가 맑음과 합하는(湛入合湛)" 것입니다. 이것은 바로 제팔식인 여래장의 범주입니다.

이 오음의 근원은 중첩해서 일어난다(此五陰元, 重疊生起).

오음의 근원(根元)은 마치 오행에서처럼 번거롭고 복잡합니다. 다섯 요소 간의 영향은 서로 인과가 되기 때문입니다. 불경 속에 『오온론(五蘊論)』이란 논서가 있지만 의미가 선명하지 못합니다. 인도의 십이인연(十二因緣)도 십이시진(十二時辰)에 근거해서 나온 것으로, 우리가 말하는 자(子)·축(丑)·인(寅)·묘(卯)·진(辰)·사(巳)·오(午)·미(未)·신(申)·유(酉)·술(戌)·해(亥)와 같습니다. 무명(無明)이 바로 자이며 행(行)은 축이라는 식으로 연계되는데 한번 전문적으로 연구해 볼 만한 분야입니다. 이전에 대륙의 큰 절에서는 주지가 제자를 받아들일 때 달마일장금(達磨一掌金)을 이용하여 몇 년 몇 월 몇 일생인지를 보아 출가할 수 있는지, 아니면 불교와 인연이 없는지를 판단했습니다. 잘 맞는다고요? 불법은 일체가 유심입니다. 그래서 대선사나 대주지들은 이런 것들을 사용하지 않았습니다.

생은 식으로부터 생기고, 멸은 색으로부터 제거된다(生因識有, 滅從色除).

범부의 생멸(生滅)을 말할 때에는 색이 사라지는 것을 사망이라 하지만, 도를 닦는 데 있어서 멸은 색으로부터 제거되는 것입니다. 먼저 신체상에서 방법을 강구한다는 말입니다. 만약 신체적 장애를 제거하지 못하고 오음을 벗어나지 못한다면 해 봐야 무슨 소용이 있겠습니까? 눈 감고 앉아서 타좌해 봐야 신체 속에서 지지고 볶고 하는 것입니다. 여기가 불편하다 느니 저기가 편안해졌다느니, 혹은 이쪽이 통하지 않는다느니 저쪽이 통한다느니 하며 온통 신체 타령입니다. 그래서 선종의 어떤 조사는 나무랍니다. 눈 감고 깜깜한 산굴 속에 처박혀 밥 벌어먹고 있다고요.

　　이치는 단번에 깨쳐 깨달음을 타고 함께 녹이지만, 일이란 한꺼번에 제거되는 것이 아니니 차례를 밟아 하나하나 해소한다〔理則頓悟, 乘悟倂銷, 事非頓除, 因次第盡〕.

　　오음으로부터의 해탈은 한 걸음 한 걸음 행해야 하는 것으로 과학적인 일입니다. 이 원칙은 어길 수 없습니다. 물론 행음으로부터 혹은 식음으로부터도 해탈을 시도할 수는 있으니 절차가 고정되어 있는 것은 아닙니다. 돈오(頓悟)는 견지를 말하며 점수(漸修)는 수증을 말합니다. 견지가 진정으로 이르렀다면 수행의 사상(事相)도 반드시 도달하게 마련입니다. 이야기가 다시 돌아가지만 진정으로 견지에 도달해야만 수행이 제대로 됩니다.
　　이 경전의 중점은 수증에 있습니다. 앞의 칠처징심(七處徵心)과 팔환변견(八還辨見)은 견지를 말한 것이고 그 뒤부터는 모두 점수에 대해 말했는데, 모두 실제적인 수증 방법입니다. 사실 점수는 돈오와 분리되지 않고, 돈오 또한 점수와 따로 떼어 생각할 수 없습니다.
　　저는 일련의 계획을 구상하고 있는데, 이를테면 초보적인 타좌부터 시작하여 계속 수행을 해 나가 해탈에 이르도록 하는 그런 계통적 과정을 생각하고 있습니다. 지금은 아직 자료를 수집하는 단계입니다.
　　부처님은 신통(神通)을 반대했지만 설법 시 몇 차례 신통을 드러내기도 했습니다. 첫 번째는 아난에게 문제가 생겼을 때였는데 부처님은 문수보살에게 빨리 가서 구하라고 분부합니다. 『능엄경』에서는 석가모니부처님께서 가부좌를 하고 앉자 다음과 같은 모습을 띠었다고 말합니다. "정수리에서 온갖 보물을 무색케 할 밝은 빛이 쏟아지고, 빛 속에서 이파리가 천 개나 되는 보석 연꽃이 생겨나며, 부처님의 화신이 결가부좌를 하고 나타나더니 신주를 읊으며 문수사리로 하여금 가서 주문으로 구하도록 했다〔頂放百寶無畏光明, 光中生出千葉寶蓮, 有佛化身結跏趺坐, 宣說神呪, 敕文殊師利將呪往護〕."

왜 부처님이 스스로 가지 않았을까요? 혹은 신통을 드러내어 두 손을 쭉 뻗어 아난을 붙들고 오지 않았을까요? 이들 모두가 화두입니다. 두 번째는 얼굴로부터 빛을 내뿜었고, 세 번째는 가슴의 만(卍) 자로부터 빛을 내뿜었으며, 네 번째는 오체(五體)로부터, 다섯 번째는 머리카락으로부터 빛을 내뿜었습니다. 매번 빛을 내뿜을 때마다 부위가 달랐습니다. 왜 그랬을까요? 이들 모두가 연구 대상입니다.

어떤 경전은 아주 특이합니다. 『법화경』은 온통 이야기만 늘어놓고 있는데 이야기 속에서 아무것도 찾을 수가 없습니다. 그 중 첫 이야기는 이렇습니다. 부처님이 자리에 오르자 강당 안이 썰렁해집니다. 부처님이 입도 열기 전에 오천의 비구가 자리를 뜬 것입니다. 왜 그랬을까요? 이처럼 도처가 문제입니다. 사람들은 그 속에 녹아 있는 철학 사상을 들먹이며 정말 대단하다고들 말합니다.

저는 『능엄대의금석(楞嚴大義今釋)』을 쓰면서 지옥과 천당에 관한 내용을 생략했습니다. 요즘 사람들이 이런 것을 믿지 않기 때문입니다. 그렇지만 실제로 그 속에도 큰 학문이 있습니다. 왜 사람이 축생으로 변할까요? 읽고 나서 저는 모골이 송연해졌습니다. 한 생각, 감정 하나가 조금만 잘못 움직여도 그 인과가 금방 나타나는 것을 저는 최근 수십 년간 수도 없이 보았기 때문입니다. 시대가 달라지니 인과도 더욱 빨라집니다. 이런 부분은 수행에서 대단히 중요합니다. 여러분은 가장 이해하기 어려운 내용으로 칠처징심과 팔환변견을 듭니다. 그러나 이 부분은 문학상의 수사에 지나지 않는 것으로 오히려 이해하기가 쉽습니다. 진정한 학문은 가장 쉬워 보이는 부분에 있으며 그것이 가장 어려운 부분이기도 합니다.

사대로부터의 해탈

이제 칠대(七大)인 지수화풍공견식(地水火風空見識)에 대해 살펴보겠는데, 여기서는 신체와 관련 있는 사대 부분에 대해서만 언급하고자 합니다. 현대인은 타좌를 하면서도 가장 좋아하는 것이 기맥입니다. 삼맥칠륜에 빠져 오로지 신체상에서만 놀려고 합니다. 주의하십시오! 그것은 기껏해야 색음 경계일 뿐입니다. 이 속에서 오락가락하다 보면 온갖 것이 다 있어서 일단 빠져들면 머리가 혼미해지고 방향을 잃어버립니다.

이치를 명확히 이해한다면 지수화풍의 사대가 구경(究竟)이 아님을 알게 될 것입니다. 사대는 한 생각으로부터 생겨납니다. 오늘 '염두(念頭)'에 대해 말했습니다만 우리는 심리적인 생각이 염두라는 것만 알지 사대 역시 염두라는 것은 알지 못합니다. 『능엄경』에서는 이런 내용을 이미 다 지적하고 있습니다.

다음은 현장법사의 『팔식규구송(八識規矩頌)』 중 「아뢰야식송(阿賴耶識頌)」 2입니다.

넓고 넓은 삼장 다함이 없고	浩浩三藏不可窮
못이 깊어 일곱 파도 바람이 되니	淵深七浪境爲風
훈습을 받은 종자를 지녀서 근신기 되어	受熏持種根身器
앞서거니 뒤서거니 주인공 노릇 한다	去後來先作主公

'근, 신, 기'에서 근(根)은 육근, 신(身)은 육체, 기(器)는 물질세계를 가리키는데, 이들은 모두 일념이 변화되어 생깁니다. 이 일념이란 바로 업력으로서 생각이 바뀌면 업력 또한 바뀝니다. 선종에서는 마음을 깨치고자 하는데, 마음이란 곧 일념으로서 오음이자 팔식(八識)입니다. 닦는다는 것은 바로 이것을 닦는 것이지 단지 제육식만을 닦는 것이 아닙니다. 제육식은 한 생각 한 생각 다가와서는 한 생각 한 생각 사라집니다. 그러므로 한 생각 속에서 제칠식을 깨칠 수 없고 제팔식을 깨칠 수 없다면 그게 무슨 선(禪)이겠습니까!

우리는 평상시 그저 의식이 깨끗하고 밝아졌으면 하고 바라지만 그것은 제육식의 한 부분에 지나지 않는 것으로 아직도 거리가 멉니다. 임종에 이르러 사대(四大)가 흩어지려 할 때면 평상시에 얻은 청정함이나 공부는 전혀 쓸모가 없습니다. 제육식만으로는 아무 작용도 일으킬 수 없기 때문입니다. 막 태어났을 때 제육식은 분별력이 없습니다. 나이 들어 정신이 흐려졌을 때 역시 제육식은 쓸모가 없습니다. 그러나 제칠식과 제팔식은 여전히 작용하고 있습니다. 이 점을 알아야 합니다. 죽음에 임박했을 때 옆에서 염불을 해 보라고 권하면 마음대로 잘하지 못합니다. 잘될 수가 없습니다. 그렇다면 대화는 어떻게 계속할 수 있을까요? 제육식이 흩어지고 있는 중이라 아직 일부분이 작용하고 있기 때문입니다. 그러니 한 생각 속에서 제칠식과 제팔식을 깨치지 못한다면 배워 봐야 그게 무슨 선(禪)이며, 깨쳐 봐야 그게 무슨 생각이겠습니까!

제칠식과 제팔식을 깨칠 수 있다면 지수화풍의 사대는 어디에 있을까요? 먼저 화대(火大)부터 말하겠습니다.『능엄경』에서 말합니다.

화의 본성은 진공이요 공의 본성은 진화이니, 청정한 본체가 법계에 두루 퍼며 중생의 마음을 따라 지량에 응하고 업에 따라 드러난다. 세간에서는 무지하여 혹은 인연이라 하고 혹은 자연적인 것이라고도 하나 이는 모두 식심으로서 분별하여 헤아린 것이니, 언설은 있어도 도무지 실제의 뜻이 없다〔性火眞空, 性空眞火, 淸淨本然, 周遍法界, 隨衆生心, 應所知量, 循業發現. 世間無知, 惑爲因緣, 及自然性, 皆是識心, 分別計度, 但有言說, 都無實義〕.

공성(空性)을 보아 낸 것이 바로, "화의 본성은 진공이요 공의 본성은 진화〔性火眞空, 性空眞火〕"입니다. 스승 중의 스승인 석가모니부처님께서 수많은 보배를 우리에게 가르쳐 주었지만 우리가 도통 알지 못하고 있습니다. 많은 사람들은 타좌 시 신체가 따뜻해지면 졸화(拙火)[38]가 일어났다고 생각하는데 그럴 때 한번 세밀히 검사해 보십시오. 아마도 병적 현상일 것입니다. 사가행(四加行)에서의 난(煖)은 부드러움과 결합되어 나타나며, 난을 얻고 나면 노인도 다시 젊어집니다. 공성을 보아 내었다면 어찌 단전에 열이 나는 데 그치겠습니까? 공성을 보아 내었다면 원하는 것은 뭐든 다 이룰 수 있습니다.

어떤 사람은 타좌 시 호흡을 듣거나 셉니다. 그러나 풍의 본성은 진공(眞空)이요 공의 본성은 진풍(眞風)입니다. 호흡은 풍대(風大)로서 생멸법입니다. 이것으로 신체를 다스리는 일이 소용없는 것은 아니지만 도를 깨치는 데에는 아무 도움이 되지 않습니다. 진정한 오도(悟道)는 바로, 풍의 본성은 진공이요 공의 본성은 진풍임을 아는 것입니다.

물리세계는 모두가 현상으로서 불, 기류, 전기 등으로 전화될 수 있으며, 이들 현상의 배후에 숨어 있는 본체의 작용은 청정하여 법계에 가득 차 있습니다. 그것은 심물일원(心物一元)으로서 심리가 도달하는 곳에는

---

38 밀종의 수정(修定) 방법 중 하나로서 기공(氣功)에서처럼 연기(練氣), 맥(脈), 명점(明點) 등의 생리 작용을 단련시켜 허기와 한기를 막는 방법이다. 밀륵일파(密勒日巴)가 이 방법으로 성취를 얻었다고 전해진다.

물리도 도달하며 물리가 도달하는 곳에는 심리도 도달합니다. 이 둘은 모두 중요해 경중(輕重)의 구별이 없습니다.

"중생의 마음을 따라 지량에 응하고[隨衆生心, 應所知量]." 모두가 여러분이 만들어 낸 것입니다. 공부를 하면서 신체의 어느 부위가 뜨거워지면 기맥이 통한 것이라 생각하지만 이것은 사실 망상입니다. 듣기 좋게 말해서 수련이지 실제로는 망상을 닦는 것입니다. 이것은 도(道)가 아닙니다. 도는 중생의 마음을 따라 감응합니다. 여러분이 이쪽을 향해 추구하면 그쪽으로 발전합니다. 그래서 "업에 따라 드러난다[循業發現]"라고 했습니다. 여러분의 업력에 따라 방향을 바꾸게 되니 여기서 사용한 '드러난다'는 표현은 아주 훌륭합니다. 본래 있던 것이니 '발명(發明)'도 아니요 '창조(創造)'도 아닙니다.

이런 것들을 뚜렷이 알고 난 뒤에야 제대로 수행을 할 수 있습니다. 이 밖에도 요점이 많지만 한 번에 다 말할 수 없으니 다음에 다시 살펴보기로 합시다. 이제 『법화경』으로 돌아가겠습니다.

염화시중의 미소

요즘은 수증을 논하면서, 특히 선종의 경우 『법화경』과 『능엄경』 두 경전을 말합니다. 『법화경』은 『능엄경』보다 일찍 전해졌는데, 남북조 동진(東晉) 시대에 이미 전해졌습니다. 이 경전이 중국 문화에 끼친 영향은 막대하여 문학에서든 어디서든 『법화경』의 흔적은 곳곳에서 쉽게 찾을 수 있습니다. 지자대사(智者大師)[39]와 그 제자가 천태종을 세웠는데, 이들이 종지로 삼

---

39 538~597. 수대(隋代)의 승려로 천태종을 창시했다. 속성은 진(陳)이며 자는 덕안(德安)인데, 천태대사(天台大師)라고도 불리나 원래 법명은 지의(智顗)이다. 7세 때부터 절에 가기를 좋아

은 것이 바로 『법화경』이었습니다. 과거 반주삼매(般舟三昧)[40]를 배우던 많은 고승들은 모두 『법화경』의 방법을 따라 수행했습니다. 사실 이 경전은 참으로 어렵지만 그렇기에 진정한 일승(一乘)의 불법이라 할 수 있습니다.

예전에 몇 차례의 선칠(禪七)[41] 집회에서는 모두 석가모니부처님께서 왜 꽃을 집어 들었는지, 가섭존자(迦葉尊者)가 왜 미소를 지었는지에 대해서만 이야기했습니다. 저는 작년에 폐관(閉關)[42] 수행을 하던 중 어떤 생각이 들어 시 한 수를 지었는데, 출가하려고 하는 잘 아는 친구한테 답장을 대신해서 그것을 보냈습니다.

선은 집어 든 꽃을 보고 웃는 데서 왔으니   禪自拈花一笑來

영산의 꽃술이 영대에 그득하다   靈山花蕊滿靈臺

정토의 화엄세계가 어떠한지   如何淨土華嚴界

또 꽃 피었다 하니 가서 부처님 만나 보세   又道花開見佛回

부처님이 영산회에 계실 때 천인(天人)이 공양한 꽃은 대단히 많아 영대(靈臺)를 가득 채웠습니다. 한 가지 아주 이상한 일은 불교가 줄곧 꽃과 관계가 있다는 사실입니다. 저는 그 친구에게 다시 화두 하나를 주었습니다.

하여 승려들이 구두로 가르쳐 주는 「보문품(普門品)」 한 편을 외웠다고 한다. 18세에 과원사(果願寺)에서 출가했으며 오래지 않아 혜광(慧曠)을 따라 율장(律藏)을 배웠다. 그 후 태현산(太賢山)에 들어가 『법화경』, 『무량의경(無量義經)』, 『보현관제경』을 읽었으며 20일 만에 그 뜻을 통달했다고 한다. 진(陳) 천가(天嘉) 원년(560)에는 광주(光州) 대소산(大蘇山)으로 들어가 혜사(慧思)를 만났으며, 그곳에 거처하면서 천태종 교관(敎觀)의 기초를 확립했다. 천태종은 『법화경』의 정신에다 용수(龍樹)의 학설을 결합하여 독특한 형식으로 체계화한 종파로, 그의 저술 중 『법화현의(法華玄義)』, 『법화문구(法華文句)』, 『마하지관(摩訶止觀)』은 세칭 천태종의 삼대 저술로 꼽힌다.

40 7일 또는 90일간의 기간을 정하고 몸, 입, 뜻의 세 가지 업(業)으로 마음을 가다듬어 바르고 온전하게 하는 것을 말한다. 이것을 닦으면 눈앞에서 모든 부처를 만나 교화를 받는다고 한다.

망상을 하지 마라, 의심하고 의심할지니	莫妄想, 費疑猜
두타가 한번 가면 머리 비어 돌아온다	頭陀一去首空迴
동풍에 천 그루 나무 꽃이 피니	東風正放花千樹
모두 남화를 향해 깨친 후 피어난다	盡向南華覺後開

『법화경』을 언급하면서 왜 꽃을 집어 들었을까요? 왜 미소를 지었을까요? 꽃을 보면 화두가 곧 생겨납니다. 꽃을 이해한다면 아마 어떻게 수행해야 하는지 알게 될 것입니다. 종자 하나가 어떻게 꽃을 피웁니까? 결과는 어떻습니까?

부처님이 『법화경』을 설하다

『법화경』은 곧 『묘법연화경(妙法蓮華經)』으로서 『장자』와 마찬가지로 온통 우화와 이야기인데, 특히 경전의 공덕에 대해 언급한 것이 많습니다. 인도의 문화는 한 구절의 말도 무척이나 길게 쓰곤 하지만 참을성 있게 잘 읽어 보면 매 구절마다 모두 이치가 담겨 있습니다. 『법화경』은 도처가 화두이며, 모두 진정한 수행 공부를 말하고 있습니다.

---

41 심지(心地)를 밝게 깨치도록 하기 위해 특별히 선당(禪堂) 내에서 7일간의 기간을 정해 참선에만 매진하는 것을 말한다.

42 문을 닫아걸고 손님을 받지 않으며 은거한 채 수행하는 것을 말한다. 특히 선승(禪僧)이 사람을 만나지 않고 전심전력으로 선(禪) 수행에 몰두하는 것을 가리킨다. 불교계에서는 폐관의 기풍이 유행하여 선종 외에 다른 각 종파에서도 폐관이 수용되었는데, 예를 들어 정토종에서는 폐정토관(閉淨土關), 화엄종에서는 폐화엄관(閉華嚴關)이란 말이 생겨나기도 했다. 폐관 시에 머무는 방을 관방(關房)이라 하며, 폐관을 하는 자는 관방에서 경전을 읽고 연구하거나 혹은 수행을 하기도 하는데 그 기간은 수개월에서 수년까지 개인의 목표에 따라 달라진다. 관방을 나서지 않는 것을 원칙으로 하여 보통 관방 바깥에 사람이 지키고 있다가 음식 등 기타의 것을 해결할 수 있도록 돕는다.

『법화경』권 1 「서품(序品)」제1은 '동방현서(東方現瑞)'입니다. 부처님이 빛을 뿜고 땅이 흔들리자 제자들은 이번에는 큰 법을 전할 것이라 생각합니다. 그런데 오천의 비구들은 도리어 자리를 떠납니다. 선생이 정신이 이상해져서 요사스러운 도로 들어섰다고 생각한 것입니다. 아미타불은 서방에 있는데도 『법화경』에서는 오직 동방으로부터만 빛을 뿜습니다. 바로 동방현서(東方現瑞)입니다. 이 경전은 온통 이야기이며, 하나하나의 이야기가 모두 화두입니다. 부처님의 제자 중 지혜 제일의 사리불(舍利佛)이 일어나서 법을 묻습니다.

부처님은 그렇게 강한 빛을 뿜어내며 큰 판을 벌여 놓고는 도리어, "그만두게, 그만둬! 내 법은 너무 불가사의해 다시 말하지 않겠네〔算了! 算了! 我的法太不可思議, 不再講〕"라고 하면서 오천의 비구가 자리를 뜨는 것을 지켜보고 있습니다. 『법화경』권 1 「방편품(方便品)」제2에서는 이렇게 말합니다. "그만두게, 그만둬! 내 법은 오묘하여 생각하기 어려우니 증상만[43] 의 자들이 들어 봐야 믿지 않을 걸세〔止! 止! 我法妙難思, 諸增上慢者, 聞必不敬信〕." 사람은 모두 오만한 마음이 있어서 부처님을 배우는 사람은 스스로 부처님을 이해했다고 생각합니다. 천상천하 유아독존하는 것은 부처님이지 여러분이 아닙니다. 부처님은 증상만(增上慢)에 빠져 있는 사람들은 내가 말하고자 하는 설법을 결코 믿지 않을 것이라고 말합니다.

이 법은 생각하고 분별한다고 이해할 수 있는 것이 아니며, 오직 여러 부처만이 알 수 있다〔是法非思量分別之所能解, 唯有諸佛乃能知之〕.

---

43 사만(四慢)의 하나로서 최상의 교법과 깨달음을 얻지 못했는데도 이미 얻은 것처럼 교만하게 우쭐대는 것을 이른다. 사만으로는 이 밖에도 비하만, 사만, 아만이 있다. 비하만(卑下慢)은 남보다 훨씬 못하면서도 스스로 조금 못하다고 생각하는 것이며, 사만(邪慢)은 덕이 없는 사람이 덕이 있다고 생각하는 교만한 마음이며, 아만(我慢)은 스스로를 높여 잘난 체하고 남을 업신여기는 마음이다.

주의하십시오! 이것은 견지를 말하고 있습니다. 부처님을 배우는 우리는 특히 지견(知見)을 바르게 가져야 합니다. 불법은 사고에 의지하는 것이 아닙니다. 부처님은 여기서 말합니다. 진정한 불법은 사고나 분별력으로 해석하여 얻을 수 있는 것이 아니라고요. 그 아래 구절은 아주 엄중합니다. 우리 역시 헛 배웠으니 "오직 여러 부처만이 능히 알 수 있는〔唯有諸佛乃能知之〕"것입니다. 진정한 불법은 부처님의 경계에 이르러야 비로소 알 수 있다는 말입니다. 오천의 비구가 자리를 뜬 것도 이상하지 않습니다. 부처님이 되어야 비로소 이해할 수 있다고 하니 우리가 꼭 배워야 할 필요가 있겠습니까?

왜 그런가? 여러 부처와 세존은 오직 일대사인연[44]으로 세상에 출현하기 때문이다〔所以者何? 諸佛世尊, 唯以一大事因緣故出現於世〕.

부처님은 일체의 부처가 세간에 출현하는 것은 오직 하나의 일을 위해서인데, 이 일을 대사인연(大事因緣)이라 한다고 말합니다. 부처님은 불법에 단지 일승(一乘)의 도만 있다고 말합니다. 하나밖에 없으니 그것을 알면 곧 성불한다는 것입니다.

여러 부처와 세존은 중생으로 하여금 부처의 지견을 열어 청정을 얻도록 하기 위해 세상에 출현한다. 중생에게 부처의 지견을 보여 주기 위해 세상에 출현한다. 중생으로 하여금 부처의 지견을 깨치도록 하기 위해 세상에 출현한다. 중생으로 하여금 부처의 지견에 들 수 있도록 하기 위해 세상에 출현한다〔諸佛世尊, 欲令衆生開佛知見使得淸淨故, 出現於世. 欲示衆生佛之知見故,

---

[44] 중생을 제도하기 위해 부처가 인연을 맺어 세상에 나타나서 교화하는 것을 가리킨다.

出現於世. 欲令衆生悟佛知見故, 出現於世. 欲令衆生入佛知見故, 出現於世].

주의하십시오! 부처의 지견을 열게 하고, 부처의 지견을 보여 주며, 부처의 지견을 깨치게 하고, 부처의 지견에 들어가도록 합니다. 깨친다는 것은 도를 깨친다는 말이요, 들어간다는 것은 증험에 들어간다는 뜻입니다. 『법화경』은 바로 열고〔開〕 보여 주고〔示〕 깨치고〔悟〕 들어갈〔入〕 수 있도록 해서 최후로 도를 증득시키고자 합니다.

여기 있는 사람은 지엽이 없고 오직 진실한 자들만 있다〔此衆無枝葉, 唯有諸眞實〕.

오천의 비구가 떠나니 껍데기는 모두 다 가 버렸습니다. 남아 있는 사람은 모두 마음이 청정하며 자격을 갖춘 선택된 사람들입니다.

내가 비록 열반을 말하더라도 그것 역시 진정으로 멸하는 것은 아니다〔我雖說涅槃, 是亦非眞滅〕.

어떤 열반도 한번 가고 나면 다시 오지 않는 단견(斷見)[45]이 아닙니다. 무엇이 열반일까요? 일종의 현상입니다. "모든 법은 본성으로부터 나오니 항상 스스로 적멸의 상을 갖는다〔諸法從本來, 常自寂滅相〕." 주의하십시오! 『법화경』은 방금 본성에 대해 언급했습니다. 여러분은 어디서 찾아야 할지 깨쳐야 합니다. '모든 법〔諸法〕'이란 일체의 것을 지칭합니다. 정신적인 것과 물질적인 것을 포함한 세계의 사상(事相)은 모두 생멸하며 변화무쌍합

---

45 칠견(七見)의 하나. 세상만사가 무상하듯 사람도 한번 죽으면 몸과 마음이 모두 없어져 무(無)로 돌아간다는 그릇된 견해이다.

니다. 변하기 전이든 변한 후든, 혹은 변하는 과정에 있든 모두가 본래 열반 속에 있습니다. 본래 적멸이요, 청정입니다. 먼저 이것을 이해해야 합니다. 이것이 바로 참선입니다. 그래서 선종에서는 늘 이 한 구절을 언급하곤 합니다.

"불자는 도를 행할 뿐이니 내세에 몸을 얻어 부처가 된다〔佛子行道已, 來世得作佛〕." 우리가 지금 행원과 수증을 행하면 내생에서 성불합니다. 주의하십시오! 이것은 부처님이 소승의 제자 중 지혜 제일의 사리불에게 말한 것입니다.

"부처의 종자는 연으로부터 생겨나니 이 때문에 일승을 설한다〔佛種從緣起, 是故說一乘〕." 삼승(三乘)은 없고 오직 일승(一乘)만이 있습니다. 일승이란 무엇일까요?

"이 법은 법위에 머물지만 세간의 모습을 항상 띠고 있다〔是法住法位, 世間相常住〕." 이 구절을 앞에서 살펴본, "모든 법은 본래부터 항상 스스로 적멸의 상을 갖는다〔諸法從本來, 常自寂滅相〕"라는 구절과 연결시키면 멋들어진 한 수의 대련(對聯)이 됩니다. 언뜻 보기만 해도 대강을 파악할 수 있습니다. 부처님은 보리(菩提)는 어디에 있는지 묻고 나서 바로 여기에 있다고 말합니다. 지옥이나 천당에 가더라도 역시 지옥이나 천당에 있을 것입니다. 우리가 마도(魔道)나 육도윤회(六道輪廻) 가운데 있더라도 역시 우리를 따라갈 것입니다. 제법은 모두 본래의 자리에 머물면서도 늘 세간의 모습을 띠고 있습니다. 이것이 본체의 작용입니다. 현상은 어떨까요? 현상도 항상 세간의 모습을 띠고 있습니다. 세간의 모든 현상은 바로 보리의 현상이요, 모든 작용은 바로 보리의 작용입니다.

"도량에서 스스로 알고 나면 스승은 방편으로 설한다〔於道場知已, 導師方便說〕." 성불한다면 자신이 앉아 있는 그 자리가 깨달음에 이르는 자신의 도량(道場)입니다. 이것을 알고 난 뒤에는 방편(方便)의 설법을 행할 수 있습니다. 어떻게 말하든 모두 방편입니다.

『법화경』의 중점이 다시 등장했습니다. 부처님은 자비로워서 제1품과 제2품에서도 우리에게 중점을 일러 주었습니다. 소승에 대해 행한 설법이기에 혹 그들의 지혜가 부족할까 봐 이렇게 명확히 일러 주는 것입니다.

다음의 내용은 대승보살에게 설법한 것으로 이야기만으로 이해하도록 합시다. "제일의 적멸을 알면 그 방편의 힘으로 비록 여러 도를 보이더라도 실제로는 모두 불승이다(知第一寂滅, 以方便力故, 雖示種種道, 其實爲佛乘]." 도를 이루고 깨달은 사람이라면 어떻게 이야기해도 다 옳습니다. 세제일법(世第一法)으로부터 열반적멸(涅槃寂滅)의 경계에 이르기까지 철저히 깨쳤기 때문입니다. 그러므로 부처님은 말합니다. 그들이 설법할 때 비록 각종 수행법문을 소개하더라도 어떤 때에는 소승을 어떤 때에는 대승을 말하더라도 사실은 모두 방편일 뿐이라고요.

그러므로 부처님은 『열반경(涅槃經)』에서 말합니다. 내가 사십구 년간을 설법했지만 한 글자도 말하지 않았다고요. 왜 말하지 않았을까요? 모든 법은 본래부터 스스로 적멸의 상을 갖기 때문입니다. 형이상의 본체로 말하면 모두가 방편일 뿐입니다. 따라서 비록 여러 법문을 보여 주더라도 모두가 방편인 것이니, 이른바 세간법이 바로 불법입니다.

『법화경』에서 이렇게 말했고 『유마경(維摩經)』에서도 이렇게 말했습니다. 『법화경』의 마지막에서 말합니다. "일체 생산을 위한 일이 모두 실상과 서로 위배되지 않는다[一切治生産業, 皆與實相, 不相違背]." 일체의 생활이 모두 불사(佛事)입니다. 출가인은 주의해야 합니다! 제가 재가인 편을 드는 것이 아닙니다. 『법화경』에서 말하고 있지 않습니까? 일체 생산을 위한 일이 모두 실상과 서로 위배되지 않는다고요. 결코 재가(在家)와 출가(出家)의 구별이 없으며, 출세(出世)와 입세(入世)의 구별도 없습니다. 단지 하나의 법문이 있을 뿐입니다.

다음번에 이어서 계속 강의하겠습니다. 여러분, 주의하십시오. 이 강의는 여전히 견지, 수증, 행원을 향해 진행되고 있습니다. 지금은 『법화경』중 견지와 견성(見性) 방면의 내용을 살펴보고 있어서 수증에 대해서는 아직 말하지 않았습니다. 수증은 이후 다시 언급할 것입니다.

제5강

『법화경』과 『장자』의 우화

제가 폐관 중에 있을 때 친구가 편지를 보냈는데, 저는 왕양명(王陽明)의 시(詩) 두 수로써 답을 대신했습니다.

듣기론 옮긴 곳이 산속 깊이 있다 하여	見說新居止隔山
가마 타고 새벽에 나가 밤늦게야 돌아온다	肩輿曉出暮堭還
공을 안 지 오래되어 울타리도 헐었거늘	知公久已藩籬散
무슨 일로 산골에서 여태까지 폐관인고	何事深村尙閉關
흥이 나면 뭇 산을 건너 찾아 나서나	乘興相尋涉萬山
작은 배는 이내 다시 문으로 돌아온다	扁舟亦復及門還
몸의 병이 마음의 병 되어서는 안 되니	莫將身病爲心病
무관한 듯해도 도리어 관련이 있도다	可是無關却有關

"몸의 병이 마음의 병 되어서는 안 되니 무관한 듯해도 도리어 관련이 있도다[莫將身病爲心病, 可是無關却有關]"라는 구절은 참으로 뛰어납니다. 너에게 양보하지 않은 것이 없는데도 나를 보려 하지 않는다는 질책의 느낌이 그 속에 깔려 있기 때문입니다.

이번 강의는 어떻게 불법을 수증할 것인지가 중점입니다. 따라서 불학이나 보통의 불법을 강의하는 것이 아니라 부처님을 따라 수증하는 방법을 강의하고자 합니다. 우리의 핵심은 이미 제시한 것처럼 견지, 수증, 행원의 삼위일체입니다. 이 세 가지 강요로써 모든 불경을 읽을 수 있습니다. 공부가 제 궤도에 오르지 못하는 것은 견지가 바르지 않기 때문이며, 견지가 바르지 않은 것은 이치가 잘못되었고 행원이 도달하지 못하며 공덕이 원만하지 못하기 때문입니다. 견지가 왜 도달하지 못할까요? 수증이 도달하지 못하고 행원이 원만하지 못하기 때문입니다. 행원이 왜 도달하지 못할까요? 공덕이 왜 원만하지 못할까요? 견지와 수증에 문제가 있기 때문입니다. 이 삼자는 삼위일체로서 나눌 수 없습니다.

이후 우리는 시간을 내어 타좌 자세에 대해 살펴볼 것입니다. 방금 여러분이 앉아 있는 것을 보았는데 자세에 문제가 많습니다. 바깥으로 보이는 자세도 잘못되었는데 하물며 내면의 자세는 어떻겠습니까?

『법화경』과 『능엄경』은 선종의 양대 경전입니다. 그러나 오늘 강의는 결코 선종에 한정되지 않으며 선종의 방법을 좇지도 않을 것입니다. 우리가 부처님을 배우기 위해서는 마땅히 먼저 수증에 유리한 방법을 선택해야 합니다. 선(禪)이니 선이 아니니 하는 문호에 대한 편견을 가져서는 안 되며, 선이야말로 지고 무상의 것이라거나 어떤 종파가 으뜸이라는 생각도 해서는 안 됩니다. 종파가 나누어진 것은 방법 때문으로 기본적인 것은 다르지 않습니다.

『법화경』은 『장자』와 마찬가지로 우화(寓話)를 담은 책입니다. 요즘 사람들은『장자』가 허무맹랑한 소리만 한다고 생각하지만 이건 잘못되었습니다. 우화란 빗대어 하는 말입니다. 마치 계집종을 때림으로써 아가씨를 욕보이는 것처럼 뚜렷한 대상이 있으니 그냥 아무렇게나 하는 이야기가 아닙니다. 최근 백여 년간 번역된 서양의 아동문학이나 소설 중 많은 부분이 일본에서 번역되어 전해진 것들입니다. 예를 들어 '철학'이라는 용어만 해도 일본에서 번역되어 들어왔습니다. 이렇게 해서 서양에서 들어온 공상소설들이『장자』의 '우화'란 표현을 차용하게 되었는데, 젊은이들은 먼저『이솝우화』를 읽고 난 다음『장자』를 읽다 보니 똑같은 우화여서 서양의 공상소설과 같은 것으로 여기게 되었습니다. 이것 역시 인과가 전도되었습니다.

『법화경』은 우화에 우화가 이어져 다른 것은 거의 찾아볼 수 없을 정도입니다. 그러나 주의해야 합니다! 이 책이 남북조 이래 중국 문화에 끼친 영향은 지대합니다.『신승전』이나『신니전』에 나오는 고승들의 수행법은『법화경』과 밀접한 관계가 있으며, 선종과도 적지 않은 연관이 있습니다.

오천의 비구가 자리를 뜨다

『법화경』「서품」에는 가장 중요한 것을 앞에다 배치해 두었습니다. 부처님의 이번 강연은 색다릅니다. 빛이 뿜어 나오고 땅이 뒤흔들려 고명한 제자들은 부처님이 이번에 큰 법을 설할 것임을 압니다. 그러나 오천의 비구들은 과거 부처님과 함께 오래 지냈음에도 도리어 자리를 떠나 버립니다. 들을 필요가 없다는 것입니다. 오늘 말할 내용은 보나마나 틀렸고 과거에 했던 말이 옳다는 것입니다. 부처님이 과거에 말했던 바는 미혹을 끊어 참됨을 증득하고 번뇌와 망상을 제거하여 진여자성(眞如自性)을 증득하는 것입니다. 이는 바로 소승불법으로 이른바 사성제나 십이인연 등의 법문으로 나한과(羅漢果)를 증득하는 것입니다. 그런데 부처님은 오늘 이것과는 다른 설법을 하려고 합니다. 이 때문에 오천의 비구와 비구니들이 자리를 떠나 버렸습니다. 달리 말하면 이들은 소승도에 떨어져 단지 공(空)만 알 뿐 묘유(妙有)나 연기(緣起)의 법문을 몰랐던 것입니다. 불경에서는 이들을 '초아패종(焦芽敗種)'이라고 부르는데, 불에 타서 싹을 틔울 수 없는 종자라는 뜻입니다. 이렇게 오천의 제자가 자리를 떠날 때 부처님은 묵묵히 그들을 내버려 두었습니다. 그들이 떠나고 나자 부처님이 말합니다. "여기 있는 사람은 지엽이 없고 오직 진실한 자들만 있다〔此衆無枝葉, 唯有諸眞實〕." 이 말은 여기 남은 사람은 대법(大法)을 감당할 수 있다는 뜻입니다.

제1품은 '동방현서(東方現瑞)'인데, 이건 제가 붙인 이름입니다. 원래 번역에서는 품(品)을 따로 나누지 않았습니다.(불경에서는 품品이라 부르며 보통 책에서는 장章이라 합니다.) 예를 들어 『금강경』 32품도 소명태자(昭明太子)가 나눈 것입니다. 불경에서 어떤 법문을 말할 때 때로는 서방(西方)을 언급하기도 합니다. 예를 들어 정토종에서는 반드시 서방을 말합니다. 그런데 『법화경』에서는 '동방현서(東方現瑞)'라고 합니다. 이유가 뭘까요? 역시 하나의 화두입니다. 화두가 뭔가요? 이런 것이 바로 화두입니다.

화두를 참구한다고요? 착각해서는 안 됩니다. 사소한 문제를 들고 온종일 되뇌는 것을 화두 참구라 여겨서는 안 됩니다. 이건 웃기는 이야기입니다. 불경 자체가 큰 화두입니다. 왜 동방에서 상서로운 것이 나타난다고 했을까요? 열반의 경계를 말할 때에는 비로소 서방에서 상서로운 것이 나타납니다. 『역경』을 연구하는 사람은 이런 방위의 이치에 대해 좀 더 주의해야 하는데 우연이 아니라 서로 다 관련이 있습니다.

"이 법은 법위에 머물지만 세간의 모습을 항상 띠고 있다〔是法住法位, 世間相常住〕"라고 했습니다. 이 때문에 오천의 비구가 자리를 뜨지 않을 수 없었으니 더 이상 듣고 있을 수 없었던 것입니다. 이들 비구는 출가해서 전문적으로 도(道)만 닦았는데, 부처님은 진정한 불법이 세간에도 있고 출세간에도 있다고 말합니다. "이 법은 법위에 머문다[是法住法位]"는 이 법은 도(道)에 합일하여 본래부터 존재한다는 뜻이고, "세간의 모습을 항상 띠고 있다[世間相常住]"는 영원히 도에 합일하는 것이나 꼭 세간을 떠나야만 이룰 수 있는 것은 아니라는 뜻입니다.

분단생사와 변역생사

『법화경』권2 「비유품(譬喩品)」제3에서 사리불이 게송을 설합니다.

세존께서 내 마음을 아시고	世尊知我心
삿됨을 없애고 열반을 설하셨다	撥邪說涅槃
나는 삿된 견해를 다 없애	我悉除邪見
공의 법을 증득하고서	於空法得證
스스로 생각하기를	爾時心自謂
멸도에 이르렀다 했는데	得至於滅度
지금에서야 자각했으니	而今乃自覺
그것은 진실한 멸도가 아니었다	非是實滅度

먼저 사리불이 부처님께 말합니다. "제가 틀렸습니다. 세존께서는 저를 잘 알고 계십니다. 당시 저는 일체의 사념(邪念)과 망념을 깨끗이 제거하고는 그것이 바로 열반이라 생각했습니다." 소승에서는 여기에 이르면 확실히 열반의 최고 경계입니다. 소승불법이라고 얕봐서는 안 됩니다. 대승불

법도 소승불법을 기초로 삼습니다. 우리가 수증을 말하면서 이 첫 단계에
도 이르지 못한다면 말이 되지 않습니다. 사리불은 이 경계에 도달한 후
다시 나아감으로써 그것이 잘못되었음을 알았습니다.

사리불이 말합니다. "저는 수행 과정에서 사념을 완전히 정지시켜 공
(空)의 경계에 도달했습니다." 우리는 늘 사대가 모두 공이라고 말하지만
그것은 단지 이론일 뿐입니다. 배가 고플 때에는 사대가 모두 공임을 잘
알면서도 배고픔이 줄어들지 않습니다. 사대가 다 공이며 추운 것도 공이
지만 그렇다고 추울 때 따뜻해지는 것은 아닙니다. 이론상으로는 추위의
본성은 원래 공이요, 공의 본성은 원래 추위라 할 수 있지만 옷을 껴입지
않으면 참을 수가 없습니다. 왜 그럴까요? 불법은 그저 이론만을 말하는
것이 아닙니다. 그래서 사리불이 보고합니다. 당시 그는 그 공의 경계를
실제로 얻고서 자신이 이미 도를 얻어 열반의 경계인 부처의 과위에 도달
했다고 여겼습니다. 그러나 그것은 진정한 대열반의 증득이 아니었으니
이제야 틀렸음을 알았다는 것입니다.

여러분은 공(空) 또한 열반이라 부르며, 그것이 나한의 경계라는 것을 알
고 있습니다. 온갖 연(緣)을 다 놓아 버려 한 생각도 일어나지 않는 절대 공
의 경계를 '유여의열반(有餘依涅槃)'이라 하는데, 이것은 최고의 과위가 아
닙니다. 이른바 '과위(果位)'란 현대어로 말하면 효과나 성과 같은 것입니
다. 왜 '유여의(有餘依)'라 했을까요? 비록 온갖 연을 다 놓아 버려 한 생각
도 일어나지 않지만 업력의 뿌리에 있는 생각, 즉 온갖 연의 종자가 되는
생각은 여전히 사라지지 않았기 때문입니다. 그저 터져 나오지 않고 있을
뿐입니다. 그러다가 다른 인연의 자극을 받으면 폭발하는데 종자의 습기
(習氣)가 그대로 존재하기 때문입니다. 그러므로 최고의 나한 경계라 하더
라도 분단생사는 벗어날 수 있으나 변역생사를 완전히 벗어날 수는 없습
니다. 엄격히 말하면 분단생사조차도 벗어날 수 없으며 생사의 과정에서

장기 휴가를 얻은 것일 뿐입니다. 팔만사천 대겁 동안이나 정(定)의 경계에 머물러 있더라도 우리가 볼 때에나 그렇지 그 자신의 경험에서 보면 단지 손가락 한 번 튕기는 시간에 지나지 않습니다.

손가락 한 번 튕기는 사이에 팔만사천 겁이 지나다

여러분도 이런 경험이 있는지 모르겠는데, 몇 시간 동안 정(定)에 들었다가 깨어났는데도 단지 눈을 한 번 감았다 뜬 듯 몇 분처럼 느껴지는 때가 있습니다. 실제로는 몇 시간이 지나갔는데, 시간은 이처럼 상대적입니다. 팔만사천 대겁도 손가락 한 번 튕기는 사이입니다.

감산대사는 서른 살 때 묘봉선사(妙峰禪師)와 함께 오대산에 올라가 움막에서 지낸 적이 있습니다. 온 산이 눈과 얼음으로 뒤덮이고 주위가 고요하여 수행하기에는 그만이었습니다. 나중에 날씨가 풀려 얼음이 녹자 계곡으로 물이 흐르기 시작했는데 그 소리가 천둥이 치는 듯했습니다. 감산대사가 정좌 중에 이 소리를 들으니 마치 천군만마가 출병하듯 소란스럽기 그지없었습니다. 그래서 묘봉선사에게 물었더니 선사가 이렇게 말했습니다. "경계는 마음에서 생기니 바깥에서 들어오는 것이 아니다[境自心生, 非從外來]." 옛사람이 말하기를, "삼십 년간 물소리를 듣고도 의근이 동요되지 않으면 관음의 원통함을 증득한다[三十年聞水聲不轉意根, 當證觀音圓通]"라고 했습니다.

이 말을 듣고 감산은 날마다 나무다리 위에 혼자 앉아 있었습니다. 하루는 다리 위에 앉아 있다가 홀연 자신을 잃어버렸습니다. 아무 소리도 들리지 않았습니다. 그 뒤부터 비로소 흐름이 끊어지는 곳으로 들어갈 수 있어서 마음이 전혀 동요되지 않았습니다. 소리도 전혀 들리지 않아서 다시는 소리에 방해받지 않게 되었습니다.

　한번은 제자인 평양 태수 호공(胡公)의 집에서 감산이 잠시 쉬어야겠다고 말하고는 자리에 앉았더니 그 길로 줄곧 닷새나 앉아 있었습니다. 집안의 하인들이 소리를 질러도 그를 깨울 수가 없었는데, 닷새 후 다른 제자가 와서 경쇠를 두드리자 그제서야 깨어났습니다. 그렇지만 자신이 어디에 있는지도 몰랐습니다. 이것 역시 화두로서 무기(無記)입니다. 조금 지나서야 비로소 감산은 자신이 어디 있는지 알았습니다.

　감산대사는 바로 이런 경계에 있었지만 아직 구경이 아니었습니다. 그래서 스스로 말했습니다.

가시덤불 속에서 발을 옮기기는 쉬워도	荊棘叢中下足易
달 밝은 주렴 밑에서 몸을 돌리기는 어렵다	月明簾下轉身難

이것 역시 선(禪)의 노선을 걷는 것입니다. 무엇이 가시덤불일까요? 마음이 어지럽고 온통 망상투성이인 상태입니다. 몸이 가시덤불 속에 있어서 도처에서 찔러 대지만 그렇게 어렵지는 않습니다. 감산대사는 말합니다. 마음이 아무리 어지러워도 이들은 모두 놓아 버릴 수 있다고요. 물론 대단히 어렵긴 해도 가장 어려운 것은 아닙니다. 그러면 제일 어려운 것은 무엇일까요? 공부가 어느 정도에 이르면 마음속이 맑고 밝으면서 텅 비게 되는데, 왕왕 바로 이런 것이 아닌가 하고 생각하지만 사실 이는 소승의 과위에 지나지 않습니다. 사리불이 말한 것이 바로 이 경계입니다. 이때가 되면 여기서 다른 단계로 다시 나아가는 것이 대단히 어렵습니다.

　감산대사의 연보를 한번 살펴볼 필요가 있습니다. 특히 출가한 사람이라면 더 그렇습니다. 다른 사람의 수행 경험을 명확히 알게 되면 스스로를 계발할 수 있습니다. 당연히 이 대사는 학문에도 뛰어나고 불학에도 깊었으며 수행도 훌륭하여 좋지 않은 데가 없었습니다. 그는 유가의 『대학』 외에도 『중용(中庸)』, 『노자(老子)』, 『장자』를 주해했으며 기문둔갑이나 풍수지리, 음양팔괘, 사주 등 통하지 못한 데가 없었습니다. 일개 승려의 몸으로 당대를 뒤흔들었던 것도 이상한 일이 아니었습니다. 이 부분은 사리불이 말한 것과 관련이 있어 잠깐 말해 본 것입니다.

『법화경』의 「서품」 속에는 참구해야 할 화두가 많습니다. 어떻게 제자들이 부처님께서 입을 열기도 전에 들을 것이 없다는 사실을 알았을까요? 이것을 보면 오천의 비구도 결코 평범한 경지가 아님을 알 수 있습니다. 그들은 한번 보고 곧 상황이 심상치 않음을 알았습니다. 자신들은 출세간의 길을 간다고 생각했기에 공(空) 이외의 다른 것은 듣고 싶지 않았던 것입니다. 선견지명이 있었다고나 할까요? 앞에서 언급한 부처님의 말씀은 모두 오천의 비구가 자리를 뜨고 난 뒤에 행해진 것입니다.

「비유품」: 불타는 집과 수레 세 대

제3 「비유품」에 대해서는 이번 강의를 위해 편의상 '화택삼차지유(火宅三車之喩)'라는 이름을 붙여 보고자 합니다. 삼계(三界)는 불타는 집과 같습니다. 세상이 온통 불이 나서 타 들어가고 있는데도 중생은 아직도 그곳에서 즐겁다고 생각하며 살아가고 있습니다. 부처님은 말합니다. 아들인 이 중생이 도무지 불타는 집에서 나가려 하지 않으니 어쩔 수 없어서 "세 수레가 있다(有三車)"라고 말했다는 것입니다. 삼거(三車)란 삼승(三乘)의 도(道)로서 성문도, 연각도, 보살도를 말합니다. 부처님은 이렇듯 중생을 자식처럼 사랑하지만 아무도 말을 듣지 않습니다. 그러니 방법이 없습니다. 어떻게든 구슬려서 끌어낼 수밖에 없습니다. 중생을 끌어내어 세 수레에

타게 하는 것입니다. 설마하니 수레가 도중에 납치당해 지옥으로 끌려갈 일이야 없지 않겠습니까?(모두 웃음)

이들 중생은 모두 내 자식이니 똑같이 큰 수레를 내어 줄 것이며, 어느 한 사람만 멸도를 얻도록 하지는 않겠다〔是諸衆生, 皆是吾子, 等與大乘, 不令有人, 獨得滅度〕.

부처님은 말합니다. 나는 일체 중생 사랑하기를 부모가 자식 사랑하듯 한다. 나는 어느 한 사람만 제도할 수는 없다. 그래서 평등하게 대승도를 내어 줄 것이니 설사 내게 잘못한다고 해도 돌보지 않을 수 없다. 마치 커다란 수레처럼 좋은 것 나쁜 것 가리지 않고 모조리 태울 것이다.

모두 여래의 멸도로써 그들을 멸도하리라〔皆以如來滅度, 而滅度之〕.

문제에 이르렀습니다. 이 구절은 여래의 멸도법문(滅度法門)으로써 실제로 여래와 동일한 열반의 경계를 얻게 하겠다는 것입니다. 왜 세간의 멸도로써 그들을 멸도하겠다고 하지 않았을까요? 이것은 조심스럽게 선택해서 사용한 단어입니다. 여래란 부처님의 본체로서, 바로 형이상인 법신(法身)의 경계에 도달한 존재입니다.

삼계를 벗어나는 이들 중생에게 부처의 오락물인 선정과 해탈을 빠짐없이 주리라〔是諸衆生, 脫三界者, 悉與諸佛, 禪定解脫等, 娛樂之具〕.

부처님은 중생이 능히 욕계·색계·무색계인 삼계의 불타는 집을 벗어날 수 있다면 이들에게 내가 무슨 즐거움을 주겠는가, 선정과 해탈을 줘야지

하고 말합니다. 달리 말하면 부처님께서 설한 법문은 모두 방편으로서 아이들이 재미있게 놀도록 하기 위한 놀잇감이라는 것입니다. 그러므로 선정이나 해탈은 결코 열반이나 보리의 과위가 아니라 단지 가행(加行)일 뿐입니다.

모두가 일상이자 일종으로 성인이 칭찬하는 바이니, 능히 깨끗하고 오묘한 제일의 즐거움을 생겨나게 할 수 있다〔皆是一相一種, 聖所稱歎, 能生淨妙第一之樂〕.

마지막의 최고 원칙은 모두 '일상(一相)'인 여래실상(如來實相)이며, '일종(一種)'인 불종(佛種)입니다. 바로 이 법문은 과거와 미래의 일체 성현이 칭찬한 것입니다. 비록 여기서 놀잇감으로 비유하긴 했지만 착각해서는 안 됩니다. 이 놀잇감은 우리 것이 아닙니다. 어떤 공덕이 있고 어떤 효과가 있을까요? 깨끗하고 오묘한 제일의 즐거움을 생겨나게 합니다. 이것은 인간 세상의 제일 쾌락으로서 깨끗하고 미묘하나 아직은 궁극적인 것이 아닙니다.

부처님은 말합니다. "일체 중생은 모두 내 자식이다〔一切衆生, 皆是吾子〕." 부처님은 일체 중생 사랑하기를 자식 사랑하듯 합니다.

세속의 즐거움에 빠져 지혜의 마음 없으니 삼계에 편안함이 없어 마치 불타는 집과 같다〔深著世樂, 無有慧心, 三界無安, 猶如火宅〕.

일체 중생은 세간의 짧고 허망한 쾌락에 탐닉하며 지혜가 없습니다. 사람이 삼계 속에 사는 것은 마치 불타는 집 속에서 고통받고 있는 것과 같으니 하루, 한 시간, 일 초가 모두 고통입니다.

이제 이 삼계는 모두 내 것이고 그 속의 중생은 모두 내 자식인데, 이제 이곳에 환난 겪는 자 많으니 나 한 사람만이 구원할 수 있다[今此三界, 皆是我有, 其中衆生, 悉是吾子, 而今此處, 多諸患難, 唯我一人, 能爲救護].

또 화두가 나왔습니다. 부처님은 무아(無我)를 말했는데, 여기서는 다시 유아(有我)를 말합니다. 막 태어났을 때에도 천상천하 유아독존(天上天下唯我獨尊)이라 하며 유아를 말했습니다. 열반에 임박해서 부처님은 평상시에 이야기하던 무상(無常), 고(苦), 공(空), 무아(無我)가 방편의 법이었다고 말하면서 궁극의 이치는 상(常), 낙(樂), 아(我), 정(淨)이라고 했습니다. 『법화경』의 이곳에서도 역시 '아(我)'를 제시합니다만 이것 역시 설법의 방편입니다. 부처님은 "삼계가 모두 자신에게 속한다[三界都屬於我]"고 말합니다. 바로 이것이 화두가 아니겠습니까? 왜 그럴까요? 그다음 구절에서는 "그 속의 중생은 모두 내 자식이다[其中衆生, 悉是吾子]"라고 하며 대자비(大慈悲)를 말합니다. 부처님은 왜 이 법문을 이야기하고 있는지 말합니다. 세상이 모두 고통이고, 이 고통은 나 이외에 구할 사람이 없기 때문입니다. 여기서 '나'란 무엇일까요? 화두입니다. 주의해야 합니다!

부처님은 이렇게 말합니다. 나는 일찍이 열반을 증득하고 공을 증득하면 생사를 벗어날 수 있다고 말했다. 나는 이제 법화회(法華會)[46]에서 솔직히 그대들에게 말하는데 그런 일은 없다. 무엇을 멸(滅)이라 하는가? 멸 또한 옳지 않다. 이 법은 법위에 머물지만 늘 세간의 모습을 띠고 있다. 영원히 바로 여기에 존재하고 있다. 이게 무슨 이치일까요? 화두가 아니겠습니까? 여기까지는 아직 견지의 범위입니다. 아직까지는 견지를 정리하고 있는 중입니다. 견지가 정리되고 나면 다시 어떻게 공부해야 할지에 대해

---

46 『법화경』을 강설하는 법회를 말한다.

살펴보겠습니다.

이번 강의에 참고할 불학 경전에 대해서는 이미 말씀드렸으니 여러분 스스로 준비해 주었으면 합니다. 이번 강의는 여러분 일생의 수지(修持)를 위한 것이니 학문을 위해서든 수행을 위해서든 대단히 중요합니다.

온갖 고통과 속박으로부터 벗어나니 이것을 일러 해탈을 얻었다고 한다 〔離諸苦縛, 名得解脫〕.

소승의 법을 닦는 다섯 과정은 계(戒), 정(定), 혜(慧), 해탈(解脫), 해탈지견(解脫知見)입니다. 본래 불법을 배우는 것은 해탈을 구하기 위함입니다. 왜 해탈을 구할까요? 고통이 있기 때문입니다.

이 사람은 어디에서 해탈을 얻는가. 허망함을 떠나기만 해도 그것을 해탈이라 한다〔是人於何, 而得解脫, 但離虛妄, 名爲解脫〕.

일체의 허망함을 벗어나면 곧 해탈을 얻습니다. 이제 문제에 이르렀습니다. 보통 사람은 허망이 바로 망념이며 망념을 제거하면 곧바로 해탈을 얻는다고 생각합니다. 『능엄경』에서 명백히 말합니다. 오음은 모두 허망한 것으로 이 모두로부터 벗어나야 한다고요. 그러므로 대아라한이 열반에 들 때에는 몸을 재로 만들어 지혜를 없애 버립니다. 불경에서는, 대아라한이 세상을 떠나려 할 때에는 몸을 재로 만들어 지혜를 없애고 입으로 삼매의 진화(眞火)를 토해 낸다고 말합니다. 바로 자신이 불을 놓아 한 덩어리 빛이 되었다가 신체가 사라지게 한다는 말입니다. 이것은 거짓이 아니며 실제로 도달할 수 있습니다. 우리가 이르지 못하는 것은 당연한 말이지만 수행이 없기 때문입니다. 대아라한은 능히 지수화풍의 작용을 일으킬 수 있어서 한 생각만으로도 이들 작용을 일으킬 수 있습니다. 이처럼 자재로운 것이 바로 대아라한의 경계입니다.

우리는 '허망'이라는 두 글자가 망념을 가리키는 것이라 생각해서는 안 됩니다. 우리의 심신 일체와 물리세계까지도 모두 허망이라 할 수 있습니다. 허망함을 떠나기만 해도 그것을 일러 해탈이라고 하지만, 설사 이 해탈의 경계에 이르렀다고 해도 단지 소승의 극과(極果)에 지나지 않습니다.

실제로는 아직 일체의 해탈을 얻지 못했다[其實未得, 一切解脫].

비록 여기에 이르렀다고 해도 아직 완전히 해탈한 것이 아닙니다. 선종에는 이런 공안이 있습니다. 어떤 대선사가 스스로 대철대오(大徹大悟)했다고 생각했는데 사부가 열반에 들면서 그에게 의발(衣鉢)을 전수하지 않고 멀리 있는 사제를 일부러 불러다가 법위(法位)를 잇게 했습니다. 이 대선사는 심기가 불편했는데 사제도 그것을 알고 사부를 화장할 때 그를 불렀습니다. 사제가 정중히 물었습니다. "사형은 스스로 깨달았다고 생각하지요? 이제 만약 제가 사형을 스승님과 함께 화장한다면 두 분은 어디에서 만날까요?" 대선사가 언짢은 듯 말했습니다. "자넨 나를 믿지 않는구면. 자네가 향 한 개를 피운다면 그 향이 다 타기도 전에 나는 가 버릴 수 있다네." 달리 말해 그는 가고 싶으면 가고 오고 싶으면 올 수 있다는 말입니다. 사제는 못 들은 척 불을 붙여 사부의 시신을 태웠습니다. 그러자 대선사 역시 가부좌를 하고는 떠날 준비를 했습니다. 스스로 사부와 만날 수 있음을 보여 준 것입니다. 이것을 '좌탈입망(坐脫立亡)'이라 합니다. 비록 이 정도에 이르렀다고 해도 아직 깨달은 것이 아닙니다! 사제가 대선사의 열반한 신체 곁으로 다가와 손바닥을 한 번 치고는 말했습니다. "사형! 좌탈입망이 없진 않으나 사부의 뜻은 꿈에도 보지 못했소." 가고 싶을 때 갈 수 있는 공부는 확실히 되었습니다. 그러나 불법의 진정한 이치는 꿈속에서조차도 얻지 못했다는 것입니다.

부처님이 말씀하시기를 이 사람은 아직 진실한 멸도를 얻지 못했으니 이 사람이 아직 무상의 도를 얻지 못한 때문이다[佛說是人, 未實滅度, 斯人未得, 無上道故].

진정으로 열반의 과위에 이르지 못했고, 아직 아누다라삼먁삼보리를 얻지 못했습니다.

내 마음은 이 사람으로 하여금 멸도에 이르게 하고자 하지 않았다[我意不欲, 令至滅度].

부처님의 이 말은 묘한 데가 있습니다. 부처님은, 이 사람은 왜 이렇게도 어리석은가, 사실 나는 너무 어리석어서 그를 가르치고 싶지 않다고 말합니다. 부처님이 왜 이렇게 소심해졌을까요? 부처님의 대답은 정말 이상합니다.

나는 법왕인지라 법에는 자재롭다[我爲法王, 於法自在].

이 말은, 나는 법왕으로서 삼계 중에서는 내가 원하면 뭐든 할 수 있다는 것입니다. 이게 무슨 말일까요? 이는 정말로 사람으로 하여금 탐진치만(貪瞋癡慢)을 불러일으키게 할 수 있다는 것입니다. 그러나 실제로는 그렇지 않습니다. 부처님은 대자대비한 마음을 지니고 있습니다. 이는 임제(臨濟)의 몽둥이와도 같은 것으로, 일부러 사람을 자극하고 일부러 가르치지 않음으로써 스스로 반성하고 참회하며 겸허할 수 있는지를 보는 것입니다. 이것은 부처님의 교육법입니다만 사실 틀린 말도 아닙니다.

중생을 편안하게 하기 위해 세상에 출현했다[安穩衆生, 故現於世].

부처님은, 나는 중생을 제도하기 위해 이 세간에 왔는데 왜 가르치지 않으려 하겠는가? 내가 가르치지 않는 것은 스스로 받아들일 수 없기 때문이며, 스스로 법기(法器)가 아니기 때문이라고 말합니다.

여기서 마무리 짓겠는데 이것 역시 하나의 화두입니다. 제가 이미 해석하긴 했지만 여러분 스스로 한번 참구해 보십시오.

「신해품」

제4 「신해품(信解品)」입니다. 여러분, 주의하십시오. 그냥 믿기만 해도 도를 얻을 수 있습니다. 그러나 미신이 아니라 진정한 신앙이어야 합니다. 진리를 믿으면 득도할 수 있으니 이 사실을 단적으로 보여 주는 사람이 가섭존자입니다. 바로 선종에서 개조(開祖)로 삼는 사람으로, 사리불과는 다릅니다.

가섭존자는 두타(頭陀) 제일인자입니다. 출가인은 두타행을 부지런히 닦으며, 두타행은 계율을 따릅니다. 소승의 계율로는 비구계와 비구니계가 있는데 두타행에 치중하고 있습니다. 여러분 스스로 연구해 보기 바랍니다. 두타행의 법규에 따르면 우리가 여기 앉아 있는 것도 계율을 범한 것입니다. 무언가를 음미하고 즐기는 듯한 분위기가 있기 때문입니다. 두타는 한 나무 밑에서 사흘을 지낼 수 없습니다. 미련이 남을까 봐 그렇습니다. 그리고 누더기 옷을 입습니다. 쓰레기 더미 속에서 주운 다 떨어진 천을 깨끗이 씻어서 새로 만든 옷입니다.

이제 두타 제일인자인 가섭존자가 일어나서 보고합니다.

우리는 속으로 멸한 것에 스스로 만족하여 그것만을 행할 뿐 더는 다른 것을 하지 않습니다. 우리가 이제 청정한 불국토에 대해 들었지만 중생을 교화함에 도무지 즐거움을 느끼지 못합니다〔我等內滅, 自謂爲足, 唯了此事, 更無餘事, 我等若聞, 淨佛國土, 敎化衆生, 都無欣樂〕.

가섭존자는 아주 직설적으로 소승의 경계를 보고합니다. 그는, 우리는 부처님과 함께 수행하여 '내멸(內滅)'에 이르렀습니다. 타좌를 하면 내면에 망상이 없어 한 생각도 일어나지 않으니 이것이 바로 도(道)라 여겼다고 말합니다. 멸(滅)이란 일체의 번뇌를 없애는 것으로, 여기에 이른 것을 구경이라 생각했다는 것입니다. 이미 궁극의 경지에 이르렀기에 다른 것에는 더 이상 신경 쓰지 않았습니다. 청정한 불국토라는 대승의 경계에 이르러서는, 주의해야 합니다! 하나의 삼천대천세계를 하나의 불국토라 합니다. 백 명이나 천 명을 교화시키는 것이 아니라 삼천대천세계의 모든 중생을 교화시켜 빠짐없이 극락정토에 귀의케 하려는 것으로, 이것을 일러 청정한 불국토라 합니다. 대승보살은 바로 이 길을 따릅니다. 이 얼마나 어려운 일입니까? 저도 앞서 몇 차례 강의를 하면서 '왜 이렇게 사서 고생을 해야 하나' 하고 생각한 적이 있습니다. 그렇지만 청정한 불국토에 비한다면 정말 아무것도 아닙니다. 가섭존자 등은 대승도에 대해 들었습니다. 중생을 교화하여 불국토를 청정하게 한다는 말을 듣고는, "어휴! 그만두고 말지. 그걸 어떻게 해?" 하며 조금도 기뻐하지 않았습니다.

왜 그런가 하면 일체의 법은 모두 텅 비고 고요하여 생겨나지도 사라지지도 않고 크지도 작지도 않으며 번뇌도 행함도 없으니 이렇게 사유하면 기쁨과 즐거움이 생기지 않습니다[所以者何, 一切諸法, 皆悉空寂, 無生無滅, 無大無小, 無漏無爲, 如是思惟, 不生喜樂].

가섭존자가 한 말은 틀리지 않습니다. 바로 부처님께서 가르친 내용이 아닙니까? 세상 일체의 것은 모두가 무상(無常)·고(苦)·공(空)·무아(無我)이며, 본래 생겨나지도 사라지지도 않고 본래 크지도 작지도 않으며, 본래 번뇌도 행함도 없으니 기왕에 이렇다면 하필 중생을 제도할 필요가 뭐 있느냐는 것입니다. 그렇게 하는 것 자체가 유위(有爲)가 아니냐는 말입니다.
제가 강의하는 내용은 불법에 대한 것이지 사람에 대한 것이 아닙니다. 이전에 어떤 학생이 물었던 적이 있습니다. "선생님은 선을 배운 분이 아닙니까? 그런데 왜 동서정화협회(東西精華協會) 같은 것을 만들어야 하나요?" 제가 그 학생에게 물었습니다. "자네는 선을 배운 사람이라면 어떻게 해야 한다고 생각하나?" 그는 한산(寒山) 같아야 한다고 대답했습니다. 한산이 표방한 것은 또 다른 길입니다. 불교에서는 그것을 '시법(示法)'이라 부르는데, 법을 보여 준다는 뜻입니다. 한산대사는 다음과 같은 시를 썼습니다.

한가로이 고승을 찾아가니 　　　　　　閑自訪高僧

안개 낀 산이 만 겹이나 쌓였고 　　　　煙山萬萬層

스승께서 친히 돌아갈 길 가르쳐 주니 　師親指歸路

달이 둥근 등처럼 걸렸도다 　　　　　　月掛一輪燈

한산의 시는 제가 아주 익숙합니다. 마치 『홍루몽(紅樓夢)』처럼 그렇게 익숙합니다. 한산을 말하니 바로 『홍루몽』이 생각납니다. 왜 그럴까요? 화두입니다. 저는 당시 그 학생에게 웃기만 했습니다. 말하고 싶지 않았습니다. 이런 사람은 자리를 뜬 오천의 비구와 같은 사람입니다. 저는 그런 어리석은 사람과 대화하기가 귀찮았습니다.

우리는 기나긴 밤을 부처님의 지혜에 탐내지도 집착하지도 않고 다시 바라지도 않으며 법에 자처하는 것을 구경으로 여겼습니다〔我等長夜, 於佛智慧, 無貪無著, 無復志願, 而自於法, 謂是究竟〕.

가섭존자가 자책합니다. 스스로 진보를 구하지 않아 마치 어두운 밤에 사방을 더듬듯 하면서도 이미 불법의 구경에 이르렀다고 생각했다는 것입니다.

우리는 기나긴 밤을 공의 법을 닦아 삼계의 고뇌로부터 해탈을 얻어 최후의 몸인 유여열반에 머물렀습니다〔我等長夜, 修習空法, 得脫三界, 苦惱之患, 住最後身, 有餘涅槃〕.

그는, 우리는 정말 그릇이 작았습니다. 마치 한밤중에 사방을 끝없이 더듬는 것으로 공(空)의 경계에 이르렀다고 생각했으며, 삼계를 벗어나 오행(五行) 속에 있는 것이 아니라 여겼다고 말합니다. 그러나 주의해야 합니다! 가섭존자는 자격이 있지만 우리는 이렇게 말할 자격이 없습니다. 우리야 그저 불학을 이해하는 정도일 뿐 진정으로 수행해 보지 못했기 때문입니다. 가섭존자는 '최후신(最後身)'에 이르렀습니다. 그의 육신은 이제 분단생사를 떠나 변역생사로 들어갔습니다.

무엇을 변역생사라 할까요? 화신(化身)의 경계입니다. 그렇지만 부처님의 화신은 아닙니다. 나한의 경계는 최후신에 머무는 것으로, 떠날 때에는 똑같은 몇 마디를 남기는데 내용이 아주 통쾌합니다. "세간에 기나긴 작별을 고하노니, 내 삶이 이미 다해 지은 업이 모두 해소되고 수행도 끝났으니 다시는 후생의 몸을 받지 않으리!〔長揖世間, 我生已盡, 所作已辦, 梵行已立, 不受後有〕" 덕(德)을 이루고 공(功)을 세웠으며 말한 것을 이루고 명예를 얻었습니다. 그렇지만 이것은 소승의 극과로서 구경의 열반이 아닙니다. 유여의열반(有餘依涅槃)입니다.

왜 이 부분을 「신해품」이라 했을까요? 무엇을 성문(聲聞)이라 할까요? 스스로는 깨치지 못하여 전적으로 스승의 교화에 의지하는 자입니다. 우리는 모두 성문입니다. 온종일 말해 봐야 모두가 부처님의 성과입니다. 진정으로 불법을 믿는다는 것은 바로 부처님의 성과를 믿는 것입니다. 계속 이어집니다.

부처님은 역시 이처럼 희유한 일을 드러내시어 소승을 즐기는 자에게 방편의 힘으로써 그 마음을 조복시켜서 마침내 대승의 지혜를 가르치시니 우리는 오늘 미증유의 것을 얻고 이전에 기대하지 못했던 것을 오늘 스스로 얻어 마치 저 가난한 아들이 한량없는 보물을 얻은 듯합니다〔佛亦如是, 現希有事, 知樂小者, 以方便力, 調伏其心, 乃教大智, 吾等今日, 得未曾有, 非先所望, 而今自得, 如彼窮子, 得無量寶〕.

앞부분은 가섭존자가 석가모니부처님께 드린 참회의 말입니다. 소승을 즐기는 자에게 방편의 힘으로써 그 마음을 조복시키는 희유한 일을 부처님이 해냈다는 전고(典故)가 여기에 있습니다. 사람들이 소승을 사랑하고 작은 길을 걷기 좋아하는 것을 알고는 달리 방법이 없었습니다. 먼저 임시 방편으로 사탕 하나를 주어 빨아 먹게 했습니다. 그러고는 이제 뺨을 한

대 때리면서 그게 틀렸다고 말합니다. 대지혜의 성취를 배워야 한다는 것입니다. 이제 우리는 알게 되어 기쁘기 그지없습니다. 의외의 것을 얻으니 이전에 기대하지 못했던 것입니다. 이제 부처님 주머니가 바닥난 줄 알았는데 그 속에 뭐가 또 있을 줄은 정말 몰랐습니다. 주의해야 합니다! 부처님은 이미 꺼내 주었는데 우리는 어떻게 받아야 할까요? 법보(法寶)는 부처님 주머니에 있지 않습니다. 모두 우리가 있는 여기에 있습니다. 바로, "하늘과 땅 사이 우주 가운데 보물이 하나 있어 형산 속에 숨어 있다〔乾坤之內, 宇宙之間, 中有一寶, 祕在形山〕"입니다. 그러니 가난한 아들이 뜻하지 않게 큰돈을 번 것처럼 얼마나 기쁜지 모릅니다.

『법화경』의 이 몇 부분은 모두가 화두입니다. 『법화경』에서는 이름도 쟁쟁한 두 제자가 법을 청하는 주인공인데, 대법(大法)을 설해 주기를 청합니다. 한 명은 지혜 제일의 제자요, 다른 한 명은 두타 제일의 제자입니다. 이 두 사람은 이미 소승 극과(極果)의 경계에 이르렀습니다.

그렇지만 사리불존자의 품(品)은 가섭존자의 이 품과 이름이 다릅니다. 「신해품」은 믿는다는 뜻입니다. 왜 이렇게 안배했을까요? 역시 중요한 문제입니다. 먼저 힌트를 드리자면 부처님은 대승의 길도 여전히 소승을 토대로 해야 한다고 생각했습니다. 성공(性空) 이후에 연기(緣起)를 말하라는 것입니다. 성공에도 이르지 못했다면 더 이상 말할 필요가 없습니다.

「약초유품」

이어지는 내용은 3권의 제5품인 「약초유품(藥草喩品)」인데, 이 품은 아주 묘한 데가 있습니다. 부처님은 말합니다. "내 설법은 비가 내리는 것 같아 대지와 산하에 있는 초목이 모두 약이다〔我的說法像下雨一樣, 大地山河上面這

些草木都是藥〕." 이 얼마나 큰 문제입니까? 『지월록(指月錄)』권 2에는 약초와 관련된 이야기가 실려 있습니다.

문수보살이 하루는 선재동자에게 약을 캐어 오라고 하면서 말했다. '약이 되는 것을 캐어 오너라.' 선재동자가 보니 대지에 널려 있는 것이 약 아닌 것이 없었다. 그래서 돌아와서 말했다. '약이 아닌 것이 없습니다.' 문수보살이 말했다. '약이 되는 것을 캐어 오너라.' 선재동자가 마침내 지상에 있는 풀 한 포기를 뽑아서 문수보살에게 드렸다. 문수보살이 그 풀을 대중에게 보이며 말했다. '이 약은 사람을 살릴 수도 있고 죽일 수도 있다'〔文殊菩薩一日令善財采藥曰, 是藥者采將來. 善財遍觀大地, 無不是藥. 却來白曰, 無有不是藥者. 殊曰, 是藥者采將來. 善財遂于地上拈一莖草, 度與文殊. 殊接得示衆曰, 此藥能殺人, 亦能活人〕.

문수보살이 선재동자에게 약을 캐어 오라고 하자 선재동자가 땅에 앉아 풀 한 포기를 뽑아서 사부에게 갖다 줍니다. 왜 그랬을까요? 선재동자는 대지의 초목 중 약이 아닌 것이 없다고 말합니다.

부처님은 이 「약초유품」에서 무얼 말하려 한 것일까요? 사람의 신체는 살로 되어 있지 쇠로 되어 있지 않으므로 약을 먹지 않으면 안 됩니다. 전신이 온통 병투성이기 때문입니다. 많은 사람들이 말합니다. 수행을 했다면 공부로 병을 쫓아 버려야 하지 않느냐고요. 물론 그럴 수 있습니다. 그러나 수십 년을 공부해서 겨우 병이나 쫓아낸다면 이 수십 년은 수도(修道)가 아니라 수병(修病)이라 해야 합니다. 이게 과연 수지가 맞는 일이겠습니까? 그러므로 약을 중시하지 않으면 안 됩니다. 이것은 유형의 약입니다. 무형의 약 또한 도처에 깔려 있습니다. 온갖 법문이 모두 약입니다.

이 품이 끝나고 돌연 「수기품(授記品)」이 이어지는데, 부처님은 한 사람

한 사람에게 수기(授記)를 내리며 크게 인정을 베풉니다. 부처님은 소승의 여러 대제자들을 불러 놓고 머리를 어루만지며 말합니다. "그대는 몇백 년 후 성불하여 무슨 부처가 되리라! 그대는 몇백 겁 이후 성불하여 무슨 부처가 되리라!" 결국 하나하나 모두 성불합니다. 여러분은 이제껏 자신도 성불할 수 있다는 사실을 생각해 보지 못했을 것입니다. 그런데 이게 무슨 꿍꿍이속일까요? 소승의 대중에게만 수기를 내릴 뿐 대승의 보살들에게는 손도 내밀지 않습니다. 이게 무슨 뜻일까요? 역시 큰 화두입니다.

여기에 이르러 끝이 나는데, 이 경전은 이런 식입니다. 떠들썩하기만 하지 불법이라고는 한마디도 말하지 않습니다. 『능엄경』이나 『화엄경(華嚴經)』 같지가 않습니다. 논리적인 유식의 경전과도 다릅니다. 『법화경』은 이치를 말하지 않고 한 차례 떠들썩하게 수기만 내리고 마니 어떻게 계속 더 읽어 내려갈 수 있겠습니까? 소승의 부분은 여기까지 와서 끝납니다. 소승의 부분을 다 말하고 나서 수기를 내리기 시작하니 이 속에도 큰 화두가 있습니다.

「화성유품」

그런 뒤에 「화성유품(化城喩品)」이라는 일막이 이어집니다. 변화되어 나타난 도시, 대단히 기묘한 화성(化城)입니다. 이것은 대승의 방법으로, 화성의 주인공은 대통지승불(大通智勝佛)입니다. 이 부처님은 아주 재미있습니다. 그에게는 열여섯 명의 왕자가 있었는데 모두 성불했습니다. 아미타불 역시 그의 왕자이며, 석가모니부처님은 가장 어린 열여섯 번째 왕자입니다. 대통지승불은 원래 국왕이었는데 후에 열여섯 명의 왕자를 모두 이끌고 출가하여 전부 다 성불했습니다.

사람이 대통지승불같이 될 수만 있다면 더 이상 바랄 게 없을 것입니다. 세속의 법으로도 몸은 국왕이요, 복록과 장수 등 갖추지 못한 것이 없습니다. 열여섯 명의 왕자도 하나같이 훌륭하여 세간의 복보야 더 누릴 것이 없습니다. 출가해서는 모두 성불했으니 제가 볼 때 이 사람 팔자는 팔자(八字)가 아니라 십자(十字)라 해야 할 것 같습니다.

이것이 부처님이 『법화경』 권 3 「화성유품」 제7에서 말한 고사인데, 우리를 수억 겁 이전으로 끌고 올라갑니다. 부처님은 말합니다. 내가 이 연로하신 왕 밑에 있을 때 사바국토에서 아누다라삼먁삼보리를 이루리라는 것은 이미 정해진 일이었다고요. 이게 무슨 이치일까요? 바로 숙인(宿因), 즉 삼세인과(三世因果)를 말합니다.

내가 멸도한 후 다시 어떤 제자는 이 경전을 듣지 못해 보살이 행할 바를 알지도 깨닫지도 못할 것이다〔我滅度後, 復有弟子不聞是經, 不知不覺菩薩所行〕.

장래에 내가 열반한 후 어떤 제자는 이 경전을 믿지 못하며 이 법본(法本)을 알지도 못하여 무엇을 대승보살의 행원(行願)이라 하는지, 어떻게 행해야 하는지 도무지 모를 것이라는 말입니다. "보살이 행할 바를 알지도 깨닫지도 못할 것이다〔不知不覺菩薩所行〕"라는 구절은 아주 중요합니다. 우리가 많은 경전을 연구하고 수많은 대승 경전을 보았다고 해서 보살행을 이해했다고 생각해서는 안 됩니다. 사실 여기에 큰 문제가 있습니다. 이후 우리가 행원에 대해 살펴볼 때 한번 자세히 검토해 보기로 하겠습니다.

자신이 얻은 공덕으로 인해 멸도의 상념이 생겨나 당연히 열반에 들 것이라 생각하리라〔自於所得功德, 生滅度想, 當入涅槃〕.

부처님은, 장래에 내가 멸도한 후 어떤 제자는 제대로 알지도 못하면서 오만하기까지 하여 자신이 얻은 조그만 공덕으로 인해 열반을 증득할 것이라 착각한다고 말합니다. 마치 달마조사(達磨祖師)가 양 무제(武帝)한테, "인천의 작은 과요, 유루[47]의 인이다[人天小果, 有漏之因]"라고 말한 것과 같습니다. 수만 금의 보시를 하고서 자신이 공덕을 쌓았다고 생각하나 사실은 작고도 작은 일입니다.

내가 다른 국토에서 부처가 된다면 또 다른 이름을 갖게 되리라[我於餘國作佛, 更有異名].

내가 이 세계에서 멸도한 후 다른 국토에 이르러 거기에서도 성불한다면 당연히 석가모니부처가 아닌 다른 이름으로 불릴 것이라는 말입니다. 이들 이름은 『화엄경』에서 이미 언급하고 있습니다. 석가모니부처님을 상방(上方) 세계에서는 어떻게 부르고 또 다른 곳에서는 어떻게 부른다는 등 그 이름이 불가사의할 정도로 많습니다. 그러므로 열반하면 사라져 없어진다고 생각해서는 안 됩니다.

이 사람이 비록 멸도의 상념이 생겨 열반에 들더라도, 그 국토에서 부처의 지혜를 구한다면 이 경전을 듣게 되리라[是人雖生滅度之想, 入於涅槃, 而於彼土求佛智慧, 得聞是經].

다시 말해 내 제자들이 이 이치를 이해하여 열반을 증득하더라도 이 세계를 떠나 다른 국토에 왕생하여 거기에서 대승도를 구하면 여전히 『법화

---

47 번뇌에 얽매여 깨달음을 얻지 못한 범부의 경지를 말한다.

경』의 이치를 들을 기회가 있으리라는 것입니다.

이 이야기를 다 끝내고 나서 부처님은 중요한 문제 하나를 제기합니다. 이 문제는 선종에서도 늘 제기되는 것인데, 석가모니부처님께서 이전에 부친인 대통지승불 밑에 있을 때 타좌를 하며 선을 배웠다는 것입니다.

대통지승불은 십겁을 도량에 앉아 있었지만 불법이 드러나지 않아 불도를 이룰 수 없었다〔大通智勝佛, 十劫坐道場, 佛法不現前, 不得成佛道〕.

대통지승불의 수행이 얼마나 고달팠겠습니까? 입정에 들어 하루 이틀이 아니라 십소겁(十小劫)이나 움직이지도 않고 앉아 있었으니 그 공부에 뭐가 더 필요했겠습니까? 수정(修定) 공부와 정력(定力)이 여기에 이르렀어도 아직은 도를 깨쳤다고 할 수 없습니다. 보리가 드러나지 않고 깨달음을 얻지 못하면 성불할 수 없습니다.

불법은 정(定)을 떠나지 않으며 타좌는 더더욱 떠나지 않습니다. 그렇지만 오랜 겁 동안 입정에 들어 있다고 해서 반드시 유용한 것은 아닙니다. 이 구절은 『법화경』의 유명한 게송 중 하나입니다. 젊은이 여러분, 함부로 장좌불와(長坐不臥)를 배워서는 안 됩니다. 그냥 앉아 있다고 좋을 게 뭐가 있겠습니까? 장좌불와가 무슨 소용이 있겠습니까? 불법이 드러나지 않으면 불도(佛道)를 이룰 수 없습니다. 주의해야 합니다. 함부로 하다가 신체를 상하게 해서는 안 됩니다. 비록 대지에 있는 모든 것이 약이라지만 제대로 사용하지 못하면 더 엉망이 되고 맙니다.

제6강

『법화경』과 한산

앞에서 우연히 한산대사에 대해 말씀드린 바 있는데, 사실 한산대사는 『법화경』과 천태종 모두와 밀접한 관계가 있습니다. 현재 한산의 시(詩)가 대단히 유행하고 있는데, 어떤 사람의 고증에 따르면 그에게는 형님 한 분과 형수가 있었다고 합니다. 그런데 형수가 그를 야박하게 핍박하여 어쩔 수 없이 출가하게 되었다고 합니다. 듣기로는 이런 고증이 한산의 시를 근거로 했다고 합니다만 한산의 시에 처(妻)에 대한 언급이 나온다고 해서 그가 결혼한 적이 있다고 말할 수 있을까요? 이런 이야기는 근거 없는 것으로 그냥 우스갯소리에 지나지 않습니다.

『법화경』에는 오천의 비구가 자리를 뜨는 장면이 나오는데, 이는 그들이 소승의 노선을 걷고자 했기 때문입니다. 이들 비구의 노선이 바로 한산과 습득(拾得)[48]이 택했던 길입니다. 그런데 여기에는 문제가 한 가지 있긴 합

---

[48] 중국 당나라의 두 선승(禪僧). 지금까지 당나라(618~907) 초기 사람으로 알려져 왔으나 최근

니다. 대승보살도 때로는 소승의 비구들 속에서 그 화신(化身)을 드러낸다
는 사실입니다. 즉 소승의 비구들 중에도 대승보살의 화신이 있다는 말입
니다. 그렇지만 이런 사실을 확인할 방법은 없습니다.

중국의 시에는 비단 출가인의 시뿐 아니라 재가인의 시 속에도 때로는
불법이 내재되어 있습니다. 불교의 입장에서 본다면 시사(詩詞)라는 것도
모두 혜업(慧業)의 종자로서 세간 일체가 무상하고 부질없음을 탄식하는
것이기 때문입니다. 실연을 당하는 것은 바로 애정의 무상함을 말하는 것
으로『다화녀(茶花女)』나『홍루몽』과 같은 명저가 나왔습니다. 한산대사의
시는 무상함을 탄식한 것이 특히 많은데, 바로 소승의 노선을 걸었음을 알
수 있습니다. 우리는 단지 그의 시가 아름다운 것만 보았지 그의 '행(行)'
은 보지 않았는데, 이제 한번 찾아보기로 합시다.

옛날 한산이 습득에게 물었습니다. "세상 사람들이 저를 비방하고 기만
하고 욕하고 비웃고 얕보고 천시하고 싫어하고 속이니 어떻게 하면 될까
요?" 습득이 대답했습니다. "그냥 참고 양보하고 따르고 피하고 견디고
공경하며 개의치 말게. 그렇게 몇 년이 지난 뒤 어떤지 한번 보게나." 한산
과 습득의 훌륭한 점이 바로 여기에 있습니다.

한산이 물었습니다. "피할 수 있는 또 다른 방법이 있을까요?" 이에 습
득이 미륵보살의 게송으로 대답했습니다.

의 연구로는 실재 인물이라면 8세기경에 살았을 것으로 추정하고 있다. 행각승인 풍간(豊干)
과 함께 세 사람이 절강 천태산에 있는 국청사에 드나들며 남루한 모습으로 주방에 들어가 승
려들의 잔반(殘飯)을 먹었다고 하는데, 이들을 삼은(三隱) 또는 삼성(三聖)이라고 부른다. 이
는 여구윤(閭丘胤)의『삼은시집(三隱詩集)』「서문」에 나오는 이야기로, 이 여구윤 또한 가공의
인물이다.『삼은시집』(일명『한산시집寒山詩集』)은 한산의 시 314수를 중심으로 이 세 사람의
시를 모은 것인데, 작품 중에는 대중을 대상으로 한 교훈적인 시나 선(禪)의 게송을 닮은 것이
많으며 한산에 얽힌 전설을 노래한 것도 있다. 작품은 모두 오언고시이다. 한산과 습득에 대
한 전설은 송대에 선이 유행하면서 유포되어 자주 선화(禪畵)의 소재가 되었다.

이 늙은 것은 다 떨어진 옷을 입고	老拙穿破襖
그저 밥만으로도 배가 부르네	淡飯腹中飽
떨어진 것도 기우면 추위를 막기에 그만이며	補破好遮寒
만사에 연을 따를 뿐이라네	萬事隨緣了
어떤 이가 늙은 것을 욕하면	有人罵老拙
늙은 것은 그냥 그렇다 하고	老拙只說好
어떤 이가 늙은 것을 때리면	有人打老拙
늙은 것은 스스로 쓰러져 버리네	老拙自睡倒
내 얼굴에 침 뱉어도	涕唾在面上
절로 마르도록 내버려 두니	隨他自乾了
나도 기력을 아끼고	我也省力氣
그도 번뇌가 없네	他也無煩惱
이와 같은 바라밀은	者樣波羅蜜
바로 오묘함 속의 보배이며	便是妙中寶
이 소식을 안다면	若知者消息
어찌 도를 이루지 못할까 근심하리	何愁道不了

한산의 행(行)에는 비록 소승의 분위기가 남아 있지만 과연 우리가 이렇게 해낼 수 있을까요? 그러니 고개 숙여 절할 뿐입니다.

이는 철저한 소승의 길이니 여러분 스스로 한번 연구해 보기 바랍니다.

옷 속의 보물

앞에서, "대통지승불은 십겁을 도량에 앉아 있었지만 불법이 드러나지 않아 불도를 이룰 수 없었다〔大通智勝佛, 十劫坐道場, 佛法不現前, 不得成佛道〕"라는 내용을 살펴보았습니다. 석가모니부처님은 우리에게 옛 이야기 하나를 들려줍니다. 대통지승불은 그렇게 공부가 뛰어났는데도 도량(道場)에서 ─ 반드시 선당(禪堂)이거나 혹은 천태종의 관당(觀堂) 같은 것일 필요는 없으며, 그저 우리가 앉아 있는 바로 여기에서 일체가 청정할 수 있다면 그것이 바로 도량입니다 ─ 불법이 드러나지 않았다는 것은 무슨 말일까요? 또 불법이 드러난다는 것은 무얼 말할까요? 주의해야 합니다. 이것 역시 화두입니다. 넓은 의미로 말하면 화두란 곧 문제입니다. 여러분은 화두라 하면 '개에게도 불성(佛性)이 있는가?' 하는 것만 생각하는데 그래서는 안 됩니다. 그것은 작은 화두일 뿐입니다. 여기서 불법이 드러난다고하는 것이야말로 정말 큰 문제요 큰 화두입니다.

부처님은 말합니다. "나는 일체 중생 사랑하기를 내 자식과 같이 한다. 마치 예전에 대통지승불이 자신의 열여섯 왕자를 사랑하듯 그렇게 사랑한다. 그런데도 아이들이 말을 듣지 않고 자기 집안에 돈이 있는데도 싫다하고 바깥으로만 달려 나가려고 한다. 그러니 아버지는 어쩔 수 없이 아이들 모두의 옷 속에다 보물을 집어넣고 바늘로 기위서는 장차 가난해져 먹을 것조차 없을 때 스스로 발견할 수 있도록 하니, 이것이 바로 아버지의 자애이다〔我愛一切衆生, 就同愛我的兒子一樣, 等于當年大通智勝佛愛他的十六個王子一般. 但是孩子們不听話, 自己家裏有錢, 却不要, 只在外面亂跑. 父親只好在每個孩子的衣服裏頭, 縫了一顆寶珠, 等窮得沒飯吃時, 自己發現了, 也就發財了, 這是父親的慈愛〕."

이에 가섭존자가 말합니다. "부처님은 대자대비하시어 보물을 우리 옷속에 숨겨 두셨는데도 우리는 어리석기만 해서 알지를 못했습니다〔您大慈大悲, 把寶貝塞在我們的衣服裏頭, 我們却愚蠢得不知道〕." 바로 이것이 '가난한아이 옷 속의 보물〔貧子衣中珠〕'이라는 유명한 고사입니다. 어떤 사람이더라도 보물을 가지고 있지만 스스로 알지 못하여 거지가 되는 것입니다. 이것 역시 화두입니다.

무엇이 우리의 옷일까요? 우리의 육체, 바로 어머니께서 낳아 주신 몸뚱이가 우리의 옷입니다. 이것은 진짜가 아니지만 그 속에는 보물이 숨겨져 있습니다. 이 '옷 속의 보물〔衣中珠〕'은 어떻게 찾을 수 있을까요? 『법화경』 권 4 「오백제자수기품(五百弟子授記品)」 제8에서는 사람들에게 "안으로 보살행을 감추는〔內祕菩薩行〕" 것을 말하고 있습니다. 도가에서는 이를 "거짓된 것을 빌려 참된 것을 닦는다〔借假修眞〕"라고 말합니다. 이 옷이 없으면 우리는 참된 것을 찾을 방법이 없습니다. 내비지행(內祕之行), 내비보살행(內祕菩薩行)에서 '내비'가 바로 비밀 중의 비밀로서 자신의 내면에서 구하는 것입니다.

少 욕과 무욕

"밖으로는 성문으로 드러난다〔外現是聲聞〕." 성문(聲聞)은 늘 출가인의 모습으로 나타납니다. 성문의 심행(心行)은 "욕구를 줄이고 생사를 싫어하는〔少欲厭生死〕" 것입니다. 대승 제팔지(第八地) 이상의 보살이 부처의 경계에 도달하면 그때에서야 비로소 철저한 절대 무욕(無欲)에 이를 수 있습니다. 욕구를 줄이고 만족함을 아는 것은 두타행입니다. 그러므로 출가해서 성문을 닦는 수도자에 대해 과분한 요구를 해서는 안 됩니다. 이들에게는 욕구를 줄이는 것도 이미 어려운 일이며, 만족함을 아는 것은 더욱 어렵습니다. 욕구를 줄이고 만족함을 아는 것은 성문의 계율 중 하나입니다. 성문은 생사를 싫어해서 벗어나지만〔厭離生死〕 보살은 생사를 두려워하지 않습니다〔不畏生死〕. 따라서 욕구를 줄이고 생사를 싫어하는 것은 성문으로서 나한의 경계입니다. 바로 한산대사 같은 사람들이 걸었던 소승의 극과(極果)입니다.

"실로 저절로 불토를 깨끗이 한다〔實自淨佛土〕." 석가모니부처님이 계시는 이 사바세계는 범부와 성인이 동거하며 깨끗함도 있고 더러움도 있습니다. 그런데 부처님은, "내가 있는 이곳이 바로 불토이다〔我這裏就是佛土〕"라고 말합니다. 그럼에도 왜 전심전력으로 욕구를 줄이고 생사를 싫어하는 수증을 하고 난 뒤에야 비로소 깨끗한 불국토에 도달할 수 있다고 했을까요? 이것이 바로 내비지행인데, 왜 안으로 감춰야 할까요? 또 하나의 화두입니다.

불법과 황제

'가난한 아이 옷 속의 보물'이라는 고사는 동양 문화에 깊은 영향을 끼쳐 우리는 그 흔적을 여기저기서 자주 접할 수 있습니다. 예를 들어 이후주(李後主)는 자식이 죽었을 때 바로 이 고사를 인용합니다.

영원하리란 생각 지워 버리기 어려워	永念難消釋
홀로 쓰라림을 안고 탄식한다	孤懷痛自嗟
추적추적 내리는 비에 가을은 적막하고	雨深秋寂寞
시름이 깊어 가니 병은 더해 간다	愁劇病增加
숨이 끊어지기 전에야 생각하니	咽絶風前思
노안만 자꾸 흐려질 뿐	昏朦眼上花
부처님께선 응당 나를 생각하고 계시련만	空王應念我
가난한 자식은 자기 집을 잊어버렸다	貧子正迷家

이 시는 나라가 망하기 전에 쓴 것입니다. 이후주의 불학은 정말 훌륭합니다. 그는 불학에는 통달했지만 양 무제와 마찬가지로 정치는 별로였습니다. 주의해야 합니다. 불학은 불학이고 정치는 정치입니다.

문학은 수증과 밀접한 관계가 있습니다. 견지, 수증, 행원에 대해 말하자면 세간법이나 출세간법이나 모두 같습니다. 후에 선종이 유행하면서 사람을 평가할 때 먼저 '기식(器識)'을 보았는데 '기(器)'란 기량(器量)을 말하고, '식(識)'이란 멀리 내다보는 눈입니다. 어떤 일이든 멀리 내다보는 눈이 없으면 위대한 업적이 나오지 않습니다. 기와 식은 서로 밀접히 관련되어 있습니다. 기(器)는 곧 행원이요, 식(識)은 곧 견지입니다. 이후주의 이 시는 대단히 훌륭하지만 시름에 겨워하는 문인의 시로 황제답지는 못합니다.

당 태종(太宗)의 후손 중에는 승려가 된 사람이 여러 명 있습니다. 당나라 선종(宣宗)은 즉위하기 전에 사미승으로 있었는데, 무종(武宗)이 그를 죽이려 했기 때문입니다. 살 수 있는 방법은 승려가 되는 길밖에 없었습니다. 역사상 시호가 '선(宣)'인 황제는 모두 대단합니다. 주나라 선왕(宣王)이나 한나라 선제(宣帝), 당나라 선종 등이 그렇습니다.

당나라 선종은 참선에 통달했습니다. 그는 황벽선사(黃檗禪師)와 함께 백장(百丈) 밑에서 배웠는데, 황벽선사는 그가 황가(皇家)의 종실임을 알았지만 뭔가 잘못하면 서슴없이 몽둥이를 휘둘렀습니다. 두 사람은 그런 사이였습니다. 한번은 두 사람이 함께 산천 유람을 나섰는데 어느 폭포 가에 이르러 선종이 말했습니다. "우리 둘이 시 한 수 지어 봅시다! 사형이 먼저 앞의 두 구절을 지으면 내가 이어서 나머지 두 구절을 짓기로 합시다." 황벽이 두 구절을 지었습니다.

수많은 바위와 계곡이 수고로움을 마다하지 않아　千巖萬壑不辭勞
멀리 보니 이제야 높은 데에서 왔음을 알았도다　遠看方知出處高

사람이 시를 지을 때에는 무의식중에 자신의 견지가 드러납니다. 황벽은 나중에 한 시대의 대선사가 된 사람입니다. 당나라 선종은 그 뒤를 어떻게 이었을까요? 선종이 이었습니다.

계곡이 미끄러우니 어찌 머물 수 있으리　　　　溪潤豈能留得住
끝내 넓은 바다로 돌아가 파도가 되리라　　　　終歸大海作波濤

그러자 황벽이 그 자리에서 한 대 후려치며 말했습니다. "네 갈 길이나 가! 자넨 성불하기는 틀렸어." 선종이 이은 두 구절에는 황제의 기백이 있습니다. 그는 자신의 위치를 무의식중에 드러내고 만 것입니다. 머리 깎은 것도 잠시며 나를 붙들어 둘 수도 없으니 나는 마침내 큰 바다로 돌아가 파도가 되겠다는 것입니다. 선종은 당시 다른 좋은 시도 남겼습니다.

해와 달이 어깨 위로 지나고　　　　　　　　　日月都從肩上過
산하가 손바닥 안으로 보인다　　　　　　　　　山河盡向掌中看

참선을 통해 깨달은 경계를 묘사한 것인데 역시 황제의 기백이 있습니다. 이제 다시 『법화경』으로 돌아갑시다.

「수학무학인기품」

'가난한 아이 옷 속의 보물'이라는 이야기가 끝났지만 부처님은 결코 옷 속에 있는 보물을 어떻게 찾아야 하는지에 대해서는 말하지 않습니다. 이 것이 바로 안으로 보살행을 감추는 것입니다. 주의하십시오! 부모는 아이 몸속에 보물 하나를 남겼지만 아이가 찾아내지를 못합니다. 아버지는요? 이미 세상을 떠나서 더 이상 돌볼 수 없습니다. 이렇게 보면 『법화경』의 배열이 얼마나 뛰어난지 새삼 발견하게 됩니다.

이제 『법화경』 권 4 「수학무학인기품(授學無學人記品)」 제9입니다. 여기서 '학(學)'이란 바로 계정혜(戒定慧)를 닦아 배우는 것입니다. 예를 들면 초과와 이과, 삼과의 나한은 모두 학습 단계에 있는 자로서 당시의 아난 등이 그랬습니다. 사과나한에 이르러 공부가 원만해져 과위를 얻으면 이를 '무학(無學)'이라 했습니다. 부처님은 유학(有學)과 무학의 제자들을 모두 불러 자기 앞으로 모이게 하고는 하나하나 수기(授記)를 내리며 말합니다. "정법과 상법은 모두 동등한 것으로서 다름이 없다〔正法與像法, 悉等無有異〕." 불법은 진리로서 영원히 이 세계에 존재합니다. 부처님은 장래에 자신이 세상을 떠나면 정법은 사라지고 단지 방편의 설법인 불요의(不了義)[49]의 가르침만이 남을 것이라고 말합니다. 요의(了義)[50]의 가르침에는 정법 시대니 상법 시대니 말법 시대니 하는 것이 없습니다. 진리는 영원히 변함없이 존재합니다. 그렇지만 여러분 스스로 찾아내어야 합니다. 그러므로 무학도 성불할 수 있고 유학도 성불할 수 있습니다.

의사 중의 의사

이어서 「법사품(法師品)」 제10을 설합니다. 무릇 『법화경』의 정법(正法)을 선양하는 자라면 모두 대법사입니다. "일체의 생산을 위한 일이 모두 실상과 서로 위배되지 않는다〔一切治生産業, 皆與實相, 不相違背〕." 이것이 대

---

49 부처님이 설법할 때 실제의 뜻을 덮어 두고 알아듣기 쉽도록 방편을 써서 말하는 것을 이른다.
50 불법의 이치를 명백하고 완전하게 드러내는 것을 이른다.

승의 근본입니다. 이윽고 부처님은, 법사는 이 세상의 대약(大藥)이라고 말합니다. 이것 역시 화두입니다. 교리로 해석해 보자면 부처님은 의사 중의 의사입니다. 그렇습니다! 그러나 마음의 병은 고칠 수 있을지 몰라도 생리적인 병이라면 어떨까요? 현교(顯敎)의 석가모니부처님께서는 이에 대해 말하지 않습니다. 도리어 스스로 여러 차례 병든 모습을 보여 주곤 합니다. 열반에 들 때만 해도 그랬습니다. 부처님은 젊었을 때 설산에서 고행하면서 풍한(風寒)을 얻었는데 열반 시에 풍습(風濕)이 나타나서 등이 아픈 고통 속에서 입적했습니다. 부처님은 이미 죽어서 관 속에 누워 있지만 필요하다면 발을 꺼내어 우리에게 보여 줄 수도 있습니다.

부처님은 죽지 않을 수 있냐고요? 가능합니다! 아쉽게도 당시에 아난이 부처님을 만류하지 못했습니다. 부처님은 돌아가시기 전에 아난에게 물었습니다. "내가 갈 때가 되었구나. 하지만 나에겐 방법이 있어 영원히 이 세계에 몸을 남겨 머물 수도 있다. 네 생각엔 어느 쪽이 좋겠느냐?" 아난이 멍하니 대답하지 못했습니다. 조금 지나서 부처님이 아난에게 다시 말했습니다. "이제 가야 할 시간이다. 내가 세상에 몸을 남기는 것을 너는 어찌 생각하느냐?" 이렇게 세 차례나 아난에게 물었지만 아난은 그때마다 멍하니 대답을 못했습니다. 마침내 부처님이 어느 날 열반하겠다고 선포합니다. 그러자 아난은 엉엉 울기 시작했습니다. 부처님이 말합니다. "내가 너에게 세 차례나 물어도 네 마음에 마장(魔障)이 생겨 한 차례도 대답을 못하는구나." 부처님은 왜 열반하려 했을까요? 부처의 종자는 연기(緣起)를 따르는데 이 연이 닿지 않았기 때문입니다. 부처님은 말합니다. "그만두어라! 연이 이미 다했으니 어쩌랴. 갈 수밖에."

비록 부처님은 갔지만 그의 사대 제자는 세상에 몸을 남겼습니다. 첫째는 가섭존자입니다. 둘째는 빈두로존자(賓頭盧尊者)입니다. 지금도 청하기만 하면 여전히 빈두로존자는 모습을 나타냅니다. 그렇지만 그가 떠난 뒤에야 비로소 사람들은 왔다가 갔음을 압니다. 우리가 있는 여기에도 그가 와서 앉아 있을지 모릅니다! 부처님의 아들인 라홀라존자(羅睺羅尊者)가 셋째입니다. 다른 한 사람은 군도발탄존자(君屠鉢歎尊者)[51]입니다. 이들은 모두 부처님의 지시에 따라 세상에 머물게 되었는데, 그들은 이 사바세계에서 다양한 신분과 형태로 사람들을 교화하고 있습니다.

왜 이야기가 여기에 이르렀을까요? 바로 약왕보살(藥王菩薩)과 관련이 있기 때문입니다. 하지만 이 경전에서는 이것의 이치를 찾을 수 없습니다. 이 경전은 언뜻 보기엔 별것 아닌 듯해도 첩첩이 문제요 모두가 화두입니다.

부처님은 약이 어디에 있다고 말할까요?

만약 불도에 머물러 자연지[52]를 성취하고자 한다면 마땅히 법화경을 수지하는 자를 항상 부지런히 공양해야 한다〔若欲住佛道, 成就自然智, 常當勤供養, 受持法華者〕.

여래의 대법을 짊어지고자 한다면 근본지(根本智)[53]를 성취해야 합니다. 이는 본래의 것으로 자연스럽게 생겨난 것이지 다른 사람이 줄 수 있는 바가 아닙니다. 다시 말해 사람이면 누구나 갖추고 있다는 말입니다. 이것을 찾아내기 위해서는 자연지(自然智)를 성취해야 합니다. 어떻게 하면 성취할 수 있을까요? 항상 법화법문(法華法門)을 수지하는 사람을 공양해야 합니다. 또 법화(法華), 즉 꽃이 나왔습니다. 석가모니부처님께서는 왜 꽃을

---

51 인도인으로 군두파한(軍頭婆漢)이라고도 한다. 불법을 수호하기 위해 세상에 머물기로 한 사대 성문 중 한 명이나 경전에서 그의 이름은 드물게 보인다. 전하는 바에 따르면 아육왕(阿育王)의 손자인 불사미다라(弗沙彌多羅)가 왕으로 있을 때 불교를 탄압하고 여러 사탑을 파괴하자 오백 나한이 남산으로 올라가서 박해를 피했는데, 이때 군도발탄이 경전을 지니고 나옴으로써 마침내 후세에 전할 수 있게 되었다고 한다.
52 수행공(修行功)을 빌리지 아니하고 저절로 생겨난 지혜인 석가모니의 일체종지를 가리킨다.
53 모든 존재의 있는 그대로의 진실한 모습을 밝게 아는 지혜를 말한다.

집어 들었을까요? 가섭존자가 왜 미소를 지었을까요? 중요한 경전의 도처에서 꽃을 말하고 있습니다. 이게 무슨 이치일까요?

다보여래와 장상영

이 품이 끝나고 나서 『법화경』의 중점이 등장합니다. 바로 유명한 「견보탑품(見寶塔品)」입니다. 탑은 분묘(墳墓)이자 보고(寶庫)이기도 합니다. 석가모니부처님이 설법하고 계실 때 땅으로부터 보탑(寶塔) 하나가 솟아올랐습니다. 거기에는 부처님 한 분이 앉아 계셨는데, 과거 아주 오래전인 진점겁(塵點劫)⁵⁴ 전에 성불한 부처님이었습니다. 이 부처님을 다보여래(多寶如來)라 합니다.

다보여래께서 석가모니부처님께 손을 흔들자 돌연 문이 열렸습니다. 그러자 석가모니부처님께 들어오라고 하며 자신의 자리를 반쯤 내어주었습니다. 이것 역시 중대한 문제입니다! 두 분이 모두 부처님이기 때문에 자리를 반씩 나눈 것입니다. 그런 후 다른 방위의 보살들이 각처에서 모여들었습니다. 이 이야기는 단지 이론적인 측면에서 본다면 하나의 비유가 되겠지만 진정한 수증의 입장에서 말한다면 확실히 실제로 있는 일입니다.

다보여래는 화신불(化身佛)이자 보신불(報身佛)이라 할 수 있는데, 물론 법신불(法身佛)이라 해도 무방합니다. 또는 석가모니부처님을 그의 화신불로 보아도 무방합니다. 법신과 보신, 화신은 삼위일체입니다. 선종의 노선

---

54 진(塵)은 먼지이며, 겁(劫)은 무한히 긴 시간을 가리킨다. 진점겁은 기나긴 시간을 비유적으로 묘사한 말로서 간단히 진겁(塵劫)이라고도 한다. 예컨대 삼천대천세계를 갈아서 먼지로 만들어 그 먼지를 동쪽에서부터 천 개의 국토를 지나면서 한 알갱이씩 떨어뜨리고, 그 먼지가 다 떨어지면 다시 지금까지 지나왔던 모든 국토를 가루로 내어 그 가루 하나를 일겁으로 계산한 총량이 일진겁이다.

을 걷는 사람이라면 기껏해야 법신의 경계를 얻을 뿐입니다. 저는 대담하게 이렇게 말할 수 있습니다. 지난 일이천 년 이래로 선종의 그렇게 많은 사람들 중 삼신(三身)을 성취한 사람은 얼마 되지 않는데, 이는 선(禪)을 배우면 소승의 경계로 들어서기 쉽기 때문입니다. 법신의 청정함을 약간 얻고는 거기에 빠져 버린 사람이 숱하게 많은데 사리불도 바로 그런 이들 중 하나입니다. 그렇지만 달마조사가, "이치를 말하는 사람은 많지만 증득하려는 자는 적다[說理者多, 行證者少]"라고 말한 것처럼 지금은 증득하려는 것만으로도 훌륭합니다. 후세에는 이러한 이치를 말하는 사람조차 사라졌습니다. 진정으로 불법을 배우고자 한다면 이 품의 내용을 특별히 주의해야 합니다.

또 다른 이야기를 하나 해 드리겠습니다. 송조(宋朝)의 재상이었던 장상영(張商英)[55]은 불법을 배운 사람으로서 정치를 했으며 또 깨닫기도 했습니다. 장상영이 병으로 막 임종하려 하면서 자식과 사위들에게 말했습니다. "내 너희들에게 이르겠는데 『법화경』에서 말하는, 땅으로부터 다보여래의 보탑이 솟아올라 다보여래께서 석가모니부처님께 앉은 자리를 반쯤 내주셨다고 하는 이야기는 확실히 있었던 사실로서 이론적인 이야기가 아니

---

55 1043~1121. 북송대의 인물로 자는 천각(天覺), 호는 무진거사(無盡居士)이다. 어려서부터 몹시 총명하고 기억력이 좋았다고 한다. 처음에 통주주부(通州主簿)로 임용되었는데 하루는 절에 들어가 가지런히 꽂혀 있는 불경을 보고 성현인 공자의 책도 여기에는 미치지 못하겠다며 감탄하고는 불교를 논박하는 책을 쓰려고 했다. 그런데 뒤에 『유마경』을 읽고는 느낀 바가 있어 불법에 귀의하게 되었다. 신종(神宗) 때 왕안석(王安石)의 추천을 받고 조정에 들어가 상서우복야(尙書右僕射)가 되기도 했으나 얼마 후 귀양을 가게 된다. 일찍이 그는 오대산에 들러 문수상(文殊像)에 기도를 했는데 효험이 있었다. 그래서 문수상을 만들어 산사에 모셔 놓고는 공양을 하고 발원문도 지었는데 얼마 뒤 가뭄이 들어 산사로 들어가 기도를 하자 신기하게도 비가 내렸다. 이런 일이 세 번이나 거듭되자 조정에까지 알려지게 되었다. 이후 동림사(東林寺)의 상총선사(常總禪師)를 만나 인가를 받았으며, 다시 도솔사(兜率寺)의 종열선사(從悅禪師) 밑에서 불법을 닦았다. 소성(紹聖) 초년에는 부름을 받아 좌사간(左司諫)이 되었다. 대관(大觀) 4년(1110) 6월 가뭄이 계속되자 명을 받아 기우제를 지냈는데 저녁에 홀연 비가 내려 휘종(徽宗)이 크게 기뻐하며 상림(商霖)이란 두 글자를 하사했다. 선화(宣和) 4년 79세의 나이로 세상을 떠났다.

다." 이 말을 마치자 베개를 내던지며 다리를 쭉 뻗더니 그 길로 가 버렸습니다. 원래 그는 병이 들어 침상에 누워 있었습니다. 임종이 다가오자 누워서 가는 것이 싫어 베개를 아무렇게나 창가로 내던졌는데, 바로 그때 공중에서 천둥이 치더니 그는 가 버렸습니다. 그가 임종 시 가족들에게 남긴 말을 보면 그의 자식과 사위들도 모두 참선을 하고 있었음을 알 수 있습니다.

이른바 땅으로부터 솟아올랐다고 하는 이 '땅'이란 심지법문(心地法門)이 일정한 경계에 이르렀을 때 진공(眞空)에서 묘유(妙有)가 생겨나 자연스럽게 나타나는 것으로, 이 정도가 되어야 비로소 성취를 이루었다고 말할 수 있습니다. 즉 '이음매 없는 탑〔無縫之塔〕'을 닦아 이룬 것으로, 바로 『화엄경』의 미륵누각(彌勒樓閣)입니다. 보탑(寶塔)에는 문이 없는데, 바로 『능가경』에서 말하는 무문(無門)의 법문입니다. 이는 절대 이론적인 이야기가 아닙니다.

타좌 시 생각이 고요하여 안정되고 깨끗해지는 것은 제육식의 경계에 지나지 않는 것으로 초보 중의 초보일 뿐입니다. 심지법문 근처에도 아직 가 보지 못한 것입니다. 당나라 관휴화상(貫休和尙)[56]은 다음과 같은 시를 남겼습니다.

수행이 무심의 경지에 이르지 못하면　　　修行不到無心地

천 가지 만 가지가 물 따라 흘러가 버린다　　萬種千般逐水流

다시 두순학(杜荀鶴)의 시 한 수가 생각납니다. 여러분에게 시를 가르치

---

56 832~912. 중국 당말 오대의 승려. 속성은 강(姜)이며 자는 덕은(德隱) 호는 선월(禪月)이다. 17세 때 출가하여 하루에 『법화경』 천 자를 암송했다고 한다. 구족계를 받은 후 오(吳)나라와 월(越)나라 등을 유랑하며 『법화경』과 『대승기신론』을 전했다. 수묵화에 능하여 꿈에 십육나한(十六羅漢)을 보고 그 상(像)을 그렸는데, 매우 괴기한 모습을 하고 있는 이 나한을 '응몽나한(應夢羅漢)'이라 부른다.

고자 하는 것이 아닙니다. 그러나 시의 내면은 바로 선이요 불법이기도 하
므로 수증의 입장에서 우리를 채찍질하고자 하는 것입니다. 두순학은 당
말(唐末) 오대(五代)의 난세에 살았던 사람입니다. 그의 시는 이렇습니다.

> 이익의 문과 명예의 길에는 비를 피할 수 없어 　　利門名路雨無憑
> 백 년의 바람 앞에 선 호롱불 같으니 　　　　　　百歲風前短焰燈
> 단지 승려로서 마음을 깨치지 못함이 두려우니 　只恐爲僧心不了
> 깨친 것을 남김없이 승려에게 넘겨주는 것이다 　爲僧得了盡輸僧

여러분, 주의해야 합니다. 진정한 수행이란 진실하고 간절한 반성입니
다. 명예와 이익은 쉽게 떨쳐 버리기 어렵습니다. 아니, 제 말이 너무 완곡
한 것 같습니다. 쉽게 떨쳐 버리기 어려운 것이 아니라 떨어져 나가려 하
지 않습니다! 명예와 이익을 진정으로 떨쳐 버렸을 때에야 비로소 수증의
'행(行)'이 제 길로 들어설 수 있습니다. 이것이 제대로 되지 않는다면 그
다음이야 말해 무엇 하겠습니까?

용녀의 성불

이제 제12품 「제바달다품(提婆達多品)」으로 들어갑니다. 다보여래께서
석가모니부처님께 자리를 반쯤 양보한 후 주위가 떠들썩해지며 각 방위의
보살들이 모두 모여듭니다. 동방 국토의 부처님도 왔습니다. 이 국토의 수
좌(首座) 제자를 지적보살(智積菩薩)이라 부르는데, 지혜가 누적되었다는
뜻입니다. 석가모니부처님의 수좌 제자는 지혜 제일의 문수사리보살입니
다. 지적보살이 사바세계에 도착해서 보니 정말 개화라곤 되지 못하여 지

지리도 낙후하고 참담한 곳이었습니다. 그래서 그의 부처님께 말했습니다. "그냥 돌아가시지요!〔我們回去吧〕" 동방의 부처님이 말했습니다. "잠깐만! 그대는 아직 청정한 면을 보지 못했네. 이들의 정토를 보지 못했네〔慢点! 爾還沒有看到淸淨面, 沒有看到他們的淨土〕."

이때 문수사리보살이 용궁으로부터 나왔습니다. 양쪽에 늘어서 있던 보살들이 바라보니 과연 모습이 비범했습니다. 지적보살이 물었습니다. "많은 중생이 열심히 정진하여 이 경전을 수행한다면 속히 부처가 될 수 있을까요?〔頗有衆生, 勤加精進, 修行此經, 速得佛否〕" 그는, 이 고뇌에 찬 사바세계에서 중생이 과연 제대로 제도될 수 있을까요 하고 말한 것입니다. 이 말 뜻은 여기 있는 중생은 제도하기 아주 어렵지 않느냐는 것입니다.

문수사리가 대표로 나서서 대답합니다. "저는 방금 용궁으로부터 돌아오는 길인데 용왕에겐 공주가 있습니다. 나이는 겨우 여덟 살이나 근기가 예리하고 지혜로워 중생의 여러 근기나 그들이 행한 업에 대해 잘 알고 있었습니다〔年始八歲, 智慧利根, 善知衆生, 諸根行業〕." 겨우 여덟 살이나 대단히 지혜롭다는 이 구절을 주의해야 합니다! 용왕의 딸은 중생의 마음이 어떻게 움직이는지를 잘 알고 있었고, 모든 중생이 이전 여러 생애에서 행한 행위에 대해서도 모두 잘 알고 있었습니다. "그 아이는 이미 다라니를 얻었습니다〔得陀羅尼〕." 다시 말해 이미 총지(總持)[57]의 법문을 얻었다는 말로, 바로 요점을 파악했다는 뜻입니다.

"여러 부처님께서 말씀한 아주 깊고 비밀스러운 경전을 모두 수지할 수 있었습니다〔諸佛所說甚深祕藏, 悉能受持〕." 이것은 지혜 방면의 성취를 말합

---

57 산스크리트 어를 음역한 것이 '다라니'이고, 이것을 의역한 것이 '총지(總持)'이다. 이것은 수도 없이 많은 불법을 잊어버리지 않고 잘 갈무리할 수 있는 힘을 말한다. 달리 말하면 다라니 또는 총지는 일종의 기억술이라 할 수 있다. 즉 하나의 법 속에 일체의 법을 갈무리하고 하나의 문장 속에 일체의 문장을 갈무리하며 하나의 뜻 속에 일체의 뜻을 갈무리하여 이들로부터 일체의 법문을 잊어버리지 않고 연상해 내는 것이다. 보살은 다른 사람을 교화하는 데 중점을

니다. 공부 방면으로는, "깊이 선정에 들어 여러 법에 통달하고 찰나간에 보리심을 발하여 불퇴전을 얻는〔深入禪定, 了達諸法, 於刹那頃發菩提心, 得不退轉〕"정도에 이르렀습니다. 용왕의 딸은 당시 이미 돈오해서 제팔지인 불퇴전(不退轉)의 보살에 이르렀습니다. "말솜씨는 막힘이 없고 중생을 마치 어린아이처럼 자애롭게 생각했습니다〔辯才無礙, 慈念衆生猶如赤子〕." 이것은 보살 경계의 자비심입니다. "공덕을 두루 갖추었고, 생각하고 말하는 것이 미묘 광대하며, 자비롭고 겸허하고, 뜻이 온화하고 우아하여 능히 보리에 이를 수 있었습니다〔功德具足, 心念口演, 微妙廣大, 慈悲仁讓, 志意和雅, 能至菩提〕."

왜 제가 이 부분을 계속 인용하고 있을까요? 여러분에게 불법을 배우는 하나의 모범을 보여 주기 위해서입니다. 매 구절이 모두 견지, 수증, 행원을 그 속에 포괄하고 있습니다.

그러나 지적보살은 믿을 수 없었습니다. 불법에 따르면 여성은 성불할 수 없기 때문입니다. 여성은 오루(五漏)의 몸으로서 다섯 가지 장애가 있습니다. 첫째 범천왕이 될 수 없고, 둘째 제석이 될 수 없고, 셋째 마왕이 될 수 없고, 넷째 전륜성왕이 될 수 없고, 다섯째 부처의 몸이 될 수 없습니다〔一者不得作梵天王, 二者帝釋, 三者魔王, 四者轉輪聖王, 五者佛身〕. 그러자 문수보살은 제자인 용녀(龍女)를 부릅니다. "애야, 이리 오너라." 용녀는 다보여래와 석가모니부처님께 인사를 드린 후 자신이 가장 아끼는 구슬 하나를 바쳤습니다. 이전의 문학에서는 '여룡지주(驪龍之珠)'란 말이 있었습니다. 전하는 바에 따르면 용의 목구멍 속에는 구슬이 하나 있는데, 이것은 용의 명근(命根)이요 생명으로서 수련의 정화(精華)라고도 합니다. 용녀는

두기에 반드시 다라니를 얻어야만 했다. 이것을 얻어야만 대중 속에서 아무 두려움 없이 무한한 불법을 말할 수 있고, 동시에 자유자재로 설법할 수 있다. 다라니의 형식은 주문과도 유사해 후세에 이르러 다라니가 곧 주문을 말하는 것이라 혼동하기도 했다. 일반적으로는 자구(字句)의 길이로 양자를 구별하는데, 자구가 긴 것이 다라니이고 짧은 것이 진언(眞言)이다.

이런 엄청난 보물을 아낌없이 바쳐 두 부처님을 공양하려는 것입니다. 석가모니부처님께서 망설임 없이 받아들였습니다. 다른 사람의 공양이라면 받을까 말까 했을지 모릅니다. 용녀가 지적보살에게 말했습니다. "죄와 복의 상에 깊이 통달하여 시방을 널리 비춥니다〔深達罪福相, 遍照於十方〕." 뜻은 이렇습니다. 모든 사람의 죄상(罪相)과 복상(福相), 선상(善相), 악상(惡相) 등 각종 심성의 상황을 빠짐없이 뚜렷이 볼 수 있어서 지혜가 시방을 널리 비출 수 있다는 것입니다.

"미묘하고 청정한 법신에 삼십이상을 갖추었습니다〔微妙淨法身, 具相三十二〕." 사람이라면 누구나 본성 속에 삼십이상(三十二相)이 있고, 팔십종호(八十種好)가 있습니다. 사람은 모두가 부처이며, 본래 부처입니다. 그런데 왜 당신은 이런 핵심도 알지 못하면서 여기서 남녀의 차별상(差別相)을 말하고 있느냐는 것입니다.

"팔십종호로 인해 법신이 장엄합니다〔以八十種好, 用莊嚴法身〕." 『법화경』에서 말한 삼십이상과 팔십종호는 법신의 상이지 보신의 상이 아닙니다. 달리 말하면 용녀는 지적보살이 상에 집착하고 있음을 비판한 것입니다.

"천인이 우러러보고, 용신이 모두 공경하며, 일체 중생이 으뜸으로 받들지 않는 자가 없습니다. 또 듣기로는 보리를 이룬 것은 오직 부처님만이 알 수 있다고 했습니다〔天人所戴仰, 龍神咸恭敬, 一切衆生類, 無不宗奉者. 又聞成菩提, 唯佛當證知〕." 보리를 이루었는지 아닌지 당신이 어떻게 아느냐는 것입니다. 보리를 이루고 도를 깨달은 사람만이 알 수 있다는 말입니다.

"제가 듣기로는 대승의 가르침은 고통받는 중생을 제도하여 해탈시키는 데 있다고 했습니다〔我聞大乘教, 度脫苦衆生〕." 용녀는 말합니다. "저에게는 이런 공덕이 있어 제가 곧 부처입니다〔我有這個功德, 我就是佛〕." 그러자 석가모니부처님께서 용녀에게 수기(授記)를 내렸습니다. 용녀의 말이 끝나고 석가모니부처님께서 구슬을 거두자 용녀는 곧바로 남방의 무구세계(無垢

世界)에 몸을 드러내어 부처님이 되었습니다. 왜 동방도 서방도 북방도 아니고 왜 꼭 남방이어야 할까요? 남방은 밝고 청정한 세계이기 때문입니다. 불법에서 등장하는 방위와 숫자는 『역경』의 방위나 숫자와 마찬가지로 모두 기묘합니다. 대통지승불에겐 열여섯 명의 아들이 있었습니다. 열다섯 명도 아니고 열네 명도 아닙니다. 용녀는 어떻습니까? 여덟 살에 부처님이 되었고 2×8=16이니 열여섯 살이 되어서야 비로소 공덕이 원만해졌습니다.

용녀가 구슬을 바친 것 또한 하나의 큰 화두입니다. 이 부분이 끝나면서 『법화경』의 중점이 마무리됩니다. 우리는 지금 먼저 자료만을 검토하고 있는데, 구체적인 것은 이후 차차 살펴보기로 하겠습니다. 가장 핵심적인 것은 땅으로부터 솟아오른 다보여래의 보탑으로서, 시작도 없고 끝도 없이 영원히 존재한다는 것입니다. 그다음으로는 문수보살이 데리고 온 용녀가 구슬을 바치는 것으로, 입지성불(立地成佛)의 돈오법문입니다. 여성은 성불할 수 없다고 말하지 않습니다. 진정한 일승(一乘)의 불법에는 결코 남녀노소의 구별이 없습니다. 용녀가 여덟 살에 성불했다는 이야기도 바로 이것을 말합니다. 여기에 대해서는 『화엄경』에서도 언급하고 있습니다.

부처의 번뇌

이어지는 것은 「권지품(勸持品)」 제13과 「안락행품(安樂行品)」 제14입니다. 「안락행품」에서는 문수보살이 법을 청하는 주인공입니다. 「종지용출품(從地湧出品)」 제15는 석가모니부처님께서 타방(他方) 보살들의 오해, 즉 사바세계에는 정토가 없다고 하는 오해를 풀어 주기 위해 대보살들에게 땅으로부터 솟아오를 것을 지시하자 대보살들이 온 공간을 가득 채워서 타방 보살들이 넋을 잃고 바라보았다는 내용입니다. 원래 석가모니부처님께서는 이미 사바세계에서 그처럼 많은 보살들을 교화시켰으나 그것은 영토상에서가 아니라 심지(心地)상에서였습니다. 심지상에서는 모두가 부처입니다.

양방(兩方)의 보살이 만나고 부처님끼리 만나면서 인사는 모두, "세존께서는 병도 적고 고뇌도 적으며 안락하십니까?〔世尊, 少病少惱, 安樂行否〕"라는 것이었습니다. 부처님에겐 번뇌가 없었을까요? 사실 교화를 하다 보면 무척이나 번거로웠을 것입니다. 제가 하는 말이 아니라 불경에 모두 그렇게 기재되어 있습니다. 한번은 석가모니부처님께서 무리를 빠져나와 산속으로 들어갔는데 마침 거기서 코끼리 떼의 우두머리를 만났습니다. 원래 그의 뒤에는 큰 코끼리가 오백 마리나 뒤따르고 있었는데 한데 모이다 보니 싸움을 일삼아 소란스럽기 그지없었습니다. 우두머리 코끼리는 하도 골치가 아파 잠시 무리를 빠져나왔다가 석가모니부처님과 마주쳤던 것입니다. 석가모니부처님께서는 우두머리 코끼리를 쓰다듬으며 말했습니다. "내 심정도 너나 마찬가지다. 한 무더기나 줄줄이 따라다니니 번거로워 죽을 지경이지〔此時我同爾的心情是一樣的, 煩死了, 後面跟着一堆〕."

그러므로 부처가 되었다고 번뇌가 없을 것이라 생각해서는 안 됩니다. 보신(報身)이 여기에 있는 한 여전히 이 세계의 허다한 속박을 받을 수밖에 없습니다.

"안락하십니까?" "제도에 응하는 자들이 쉽게 가르침을 받아들입니까?" "세존을 피곤하게 하지 않습니까?" 이들은 모두 경험담입니다. 공자는 사람을 가르치면서 귀찮아하지 않았는데 확실히 성인이라 할 만했습니다. 사람을 가르친다는 것은 정말 귀찮은 일이어서 때론 살맛이 없을 때도 있습니다. 바로 신가헌(辛稼軒)의 다음 시와 같습니다.

| 이 몸 죽기는 참으로 쉬워도 | 此身遺世眞容易 |
| 세상 일 잊기란 정말 어렵다 | 欲世相忘却太難 |

이 역시 일종의 인생 마경(魔境)입니다.

그 뒤에 이어지는 「여래수량품(如來壽量品)」에서부터 관세음보살의 「보문품(普門品)」까지는 모두 『법화경』의 부속 문장입니다. 여러분 스스로 한번 연구해 보시기 바랍니다. 우리의 『법화경』 강의는 여기서 끝내기로 하겠습니다.

제7강

『증일아함경』과 십념법문

오늘은 사상(事相)의 중요 부분에 대해 살펴보겠는데, 바로 소승 경전인 『증일아함경(增一阿含經)』입니다. 이 경전을 택한 이유는 아주 많습니다만 중요한 한 가지만 들면 이렇습니다. 수당(隋唐) 이전에는 출가인이든 재가인이든 수행을 통해 성취를 얻은 사람이 대단히 많았습니다. 특히 출가인이 많았는데, 이런 사실은 『신승전』이나 『신니전』 등을 통해서도 알 수 있습니다. 그런데 당시만 하더라도 선종이나 밀종은 아직 중국에 들어오지 않았습니다. 부처님의 최초 설법에 의거한 경전은 소승 경전인 사아함경(四阿含經)[58]으로, 지금 불교에서는 이를 남전(南傳) 불교라 부릅니다.

『증일아함경』은 사아함경 가운데 한 부분으로 삼국(三國) 시기 동한(東漢) 때 중국에 들어왔습니다. 바로 중국과 인도의 학술 문화가 최고로 번

---

[58] 남쪽으로부터 들어와 한문으로 번역된 네 부의 아함경(阿含經)을 말한다. 즉 『잡아함경(雜阿含經)』, 『중아함경(中阿含經)』, 『장아함경(長阿含經)』, 『증일아함경』이 그것으로 원시불교의 근본 경전이다.

성했던 시기입니다. 당시 불교는 중국에서 막 파릇파릇 싹을 틔워 중국의 삼현학(三玄學)인 『역경』, 『노자』, 『장자』와 서로 융합되고 있던 시기입니다. 정치적으로는 남북조가 최고의 혼란기였지만 학술적으로는 이 시기를 앞뒤로 이삼백 년에 걸쳐 오래 지속된 아주 특수한 전환기였습니다.

당시에는 출가해서 과위를 증득한 사람이 무척 많았고, 누구도 기경팔맥을 말하지 않았지만 신통력을 얻은 사람도 숱하게 많았습니다. 여러분이 다 아는 불도징(佛圖澄)[59]만 해도 그렇습니다. 그는 저녁에 불경을 읽을 때면 명치 부근에 막아 두었던 솜뭉치를 빼내곤 했는데, 이렇게 하면 그 구멍으로부터 빛이 쏟아져 나왔습니다. 이따금 위장 안이 너무 더러워졌다고 느낄 때에는 강가로 가서 위를 꺼내어 깨끗이 씻고는 다시 집어넣었습니다. 또 배도(杯度)스님[60]은 강을 건널 때 버드나무 가지를 던져 놓고는 그것을 밟고 건너갔습니다. 당시의 수행은 대부분 아함경(阿含經)의 방법, 즉 '염(念)'의 방법을 따른 것이었습니다. 팔정도(八正道)의 표현을 빌리면 바로 정념(正念)입니다.

아함경에는 십념법문(十念法門)이 있습니다. 염(念)이란 무엇일까요? 일종의 심령(心靈)을 훈련시키는 방법으로 이를 위해 '염'의 방법을 채택한 것입니다.

---

59 232~348. 인도인으로 서진(西晉) 회제(懷帝) 4년(310), 그의 나이 79세 때 낙양(洛陽)에 도착했다. 신통력을 갖추었고 주술과 예언 등에 특이한 능력을 지녔다고 전한다. 그가 도착하던 당시 마침 영가(永嘉)의 난이 일어났는데 사람들이 도탄에 빠진 것을 보자 지팡이를 짚고 석륵(石勒)의 군대로 들어갔다. 거기서 설법을 하고 신통도 드러내자 석륵이 감복하여 흉포함이 줄어들었고 사람들에게 출가하여 승려가 되는 것을 허용했다. 석륵이 죽은 후 석호(石虎)가 자리를 이었는데 더욱 믿고 의지하여 모든 일을 먼저 그에게 자문을 받은 후 처리했다. 38년간 900여 개의 절을 지었으며 가르침을 받은 제자가 만여 명에 이르렀고 늘 그를 수행하는 제자만 해도 수백 명이나 되었다고 한다. 그 중에는 도안(道安)을 비롯해 진대(晉代)를 대표하는 고승들 대부분이 포함되어 있었다. 영화(永和) 4년 117세의 나이로 열반에 들었다.

60 ?~426. 진대(晉代)의 승려. 기주(冀州) 출신으로 본명은 미상이다. 항상 나무로 된 술잔을 타고 강을 건넜으므로 사람들이 배도화상(杯渡和尙) 또는 배도선사(杯渡禪師)라 불렀으며, 혹은

십념(十念)은 염불(念佛), 염법(念法), 염승(念僧), 염계(念戒), 염시(念施), 염천(念天), 염휴식(念休息), 염안반(念安般), 염신(念身), 염사(念死)입니다. 이 중 염안반의 '안반(安般)'을 어떤 사람은 '안나반나(安那般那)'라고도 부르는데, 바로 호흡과 식(息)을 염하는 것으로 현재 밀종과 도가에서 행하고 있는 연기법(煉氣法)입니다. 도가에서는 기맥을 말하는데 모두 염안반의 영향을 받은 것입니다. 이 십념은 일체의 수행 방법을 포괄합니다. 무릇 대승불법은 소승불법이 그 기초이므로 소승도 제대로 못한다면 대승은 말할 필요도 없습니다.

이와 같이 들었다. 그때 부처님께서는 사위국의 기수급고독원에 계셨다. 이때 세존께서는 여러 비구들에게 말씀하셨다. '마땅히 하나의 법을 수행하고, 마땅히 하나의 법을 널리 펼쳐야 한다. 이미 하나의 법을 수행했다면 명예를 얻고 큰 과보를 이루며 여러 선에 널리 도달할 것이다'〔聞如是. 一時佛在舍衛國祇樹給孤獨園. 爾時世尊告諸比丘, 當修行一法, 當廣布一法. 已修行一法, 便有名譽, 成大果報, 諸善普至〕.

단지 하나의 방법만을 잘 행해도 수행은 제대로 되며 일체의 선을 모두 이루고 감로의 맛을 느끼며 더없는 불법의 묘미를 얻게 됩니다. 무위처에

배도(杯度)라 부르기도 했다. 계율에 구애받지 않아 술도 마시고 고기도 먹었으나 신통력은 대단히 뛰어났다고 한다. 한때 그는 북방의 어느 집에 기숙하고 있었는데, 하루는 그 집에 있던 금으로 만든 상(像) 하나를 몰래 가지고 집을 나섰다. 주인이 그 사실을 알고는 말을 타고 뒤쫓았으나 아무리 채찍질을 해도 천천히 걸어가는 배도스님을 따라잡을 수 없었다. 그러다가 맹진하(孟津河)라는 강가에 이르자 배도스님은 나무로 된 술잔을 물에 띄우더니 그것을 타고 건너가 버렸다. 또 한번은 황흔(黃欣)의 집에 머물렀는데 그 집은 몹시 가난해서 매일 보리밥밖에 먹을 것이 없었으나 그래도 그는 날마다 맛있게 밥을 먹었다. 그렇게 반년이 지났을 때 하루는 갑자기 황흔에게 무 씨앗 36개를 가져오라고 하더니 상자 속에 넣었다. 그런 뒤 다시 뚜껑을 여니 돈과 비단이 그 속에서 쏟아져 나왔다. 1년이 지난 후 배도스님이 떠나려 하자 황흔은 양식과 필요한 것을 준비해 두었는데 아침에 일어나서 보니 양식을 그대로 둔 채 스님은 온데간데없이 사라져 버렸다. 이 외에도 스님에 대한 신기한 행적이 많다.

이르면 바로 신통을 얻습니다. 마음에 집착이 사라진 후 나날이 공(空)이 깊어지면 진공에서 자연히 묘유가 생겨나 신통력이 드러나는 것입니다. 절대 빈말이 아닙니다! 온갖 어지러운 생각이 사라지면 사문과(沙門果)에 도달하여 자연 열반 근처에 이르게 됩니다. 온갖 망념을 모두 없애면 나한 과에 도달하고 여기서 계속 수행해 나가면 자연 열반의 과위에 이르게 됩니다. 하나의 법이 되려면 어떻게 하겠습니까? 이른바 염불입니다. 이 하나의 법이 바로 염불법문(念佛法門)입니다.

이 몇 개의 구절은 상투적인 표현으로 열 가지 법문에 모두 이런 식으로 덧붙여 있습니다. 우리는 불법을 공부하면서 소승 경전을 홀대하여 잘 연구하지 않는데 이는 잘못된 태도입니다. 요즘 사람들은 모두 스스로가 대승의 길을 걷는다고 생각하며 신통력에 대해 관심이 없다고 말합니다. 과연 그럴까요? 누구든 신통력을 좋아하며 또 신통력을 내세우기 즐겨합니다. 신통력에 전혀 무관심한 사람은 거의 깨달음에 이른 사람으로 바로 대보살의 견지를 갖춘 사람입니다. 나머지 사람이야 누가 신통력을 좋아하지 않겠습니까? 입으로야 싫어한다고 해도 마음속으로는 그렇지 않습니다. 우리는 철저히 반성해야 합니다. 기왕에 신통력을 좋아한다면 어떻게 그것을 구할 수 있을까요? 부처님은 말합니다. 그저 한 가지 수행법문으로 깊이 들어가라고요. 과위를 얻고자 한다면 모두 이렇게 수행하면 됩니다. 이렇게 하면 누구든 얻을 수 있습니다.

안반, 지관, 연기

첫 번째 법문은 염불(念佛)입니다. 그러나 이것은 후세의 염불이 아닙니다! 후세의 염불법문은 혜원법사(慧遠法師)[61]가 창안한 것으로 대승 경전인

『무량수경(無量壽經)』, 『관무량수경(觀無量壽經)』, 『아미타경(阿彌陀經)』의 정토삼경(淨土三經)에 바탕을 둔 것입니다. 이 십념에 포함되는 염불은 "아미타불! 아미타불!" 하며 외는 염불이 아닙니다! 여기에 대해서는 여러분 스스로 연구해 보기 바랍니다.

두 번째 법문은 염법(念法)입니다. 소승의 기초는 무상, 고, 공, 무아로 우리 인생이 이렇다는 것입니다. 이것이 바로 법(法)이며 먼저 이런 법을 명확히 알아야 합니다. 소승 경전은 우리에게 말합니다. "모든 것은 변하지 않는 것이 없으니 이것이 생멸법이다. 생멸이 사라진 적멸이야말로 최고의 즐거움이다[諸行無常, 是生滅法. 生滅滅已, 寂滅最樂]." 이것이 법입니다. 인생의 팔고(八苦)[62], 십이인연(十二因緣), 삼십칠도품(三十七道品), 이런 것들이 모두 법입니다.

염법이란 무엇일까요? 마음을 다하여 자신의 인생 속에서, 심신의 온갖 변화 속에서 이들 이치를 스스로 체험하는 것입니다. 그러나 우리가 아무

---

61 334~416. 동진의 승려. 중국 정토종의 개조로 여산 백련사(白蓮社)를 창시했다. 그는 13세 때부터 허창(許昌), 낙양 등지를 돌며 육경(六經)과 노장(老莊)을 배우기 시작했으며, 21세 때에는 동생 혜지(慧持)와 함께 도안(道安)의 반야경 강의를 듣게 되었다. 강의를 듣고 나서 유학의 구류(九流)가 모두 쭉정이에 불과하다고 탄식하고는 동생과 함께 도안의 제자가 되어 출가했다. 그 후 반야 성공(性空)의 학에 정통하게 되어 24세 때부터 연단에 올라 설법을 행했다. 그는 때로 장자의 설을 인용하여 사람들에게 불교 실상(實相)의 뜻을 깨우쳐 주기도 했다. 동진 태원(太元) 6년(381)에는 남쪽인 여산으로 내려가 동림사(東林寺)에 머물면서 법을 전했는데 제자가 아주 많았다. 그는 경전 연구에 힘썼으며 늘 강동(江東)의 땅에 경전이 갖추어지지 못한 것을 안타까워했다. 그리하여 마침내 제자인 법정(法淨)과 법령(法領) 등에게 명해 널리 경전을 찾아 번역하도록 했다. 원흥(元興) 2년(402)에 백련사를 창건했으며 이후 오직 정토(淨土) 염불만을 수행법문으로 삼아 30년 동안 산문을 나서지 않았다. 같은 해에 「사문불경왕자론(沙門不敬王者論)」이란 글을 지어 출가인이 왕권에 복종할 필요가 없음을 주장하기도 했다. 그는 불교의 이치에 정통하고 경전에도 밝아 당대의 종사로 추앙받았으며 외국에서도 깊은 존경을 받았다. 의희(義熙) 12년 83세의 나이로 입적했다. 후에 당송의 여러 황제들이 '변각대사(辨覺大師)' '정각대사(正覺大師)' '원오대사(圓悟大師)' 등의 시호를 내렸다. 저서로는 『여산집(廬山集)』10권이 있으며 제자로는 혜관(慧觀), 승제(僧濟), 법안(法安) 등이 있다.

62 생로병사의 사고(四苦)에 다른 네 가지 고통인 사랑하는 사람과 헤어져야 하는 고통[愛別離苦], 미워하는 자와 만나야 하는 고통[怨憎會苦], 구해도 얻지 못하는 고통[求不得苦], 오온으로 가득 찬 고통[五蘊盛苦]을 합친 것을 말한다.

리 불학을 연구하더라도 일단 타좌에 들면 이런 이치는 완전히 사라지고 맙니다. 불경을 볼 때에는 '아, 그렇구나!' 하지만 일단 타좌에 들면 그만입니다. 여기는 기(氣)가 움직이는데 저기는 움직이지 않는다느니 하며 부산합니다. 불법에서는 기맥을 통하게 하라고 말한 적이 없습니다. 불법은 이치를 따져 정사유(正思惟)하라고 말합니다. 생각할 수 없는 것이 아닙니다! 분명히 사유할 수 있습니다. 불법의 이치는 바로 정사유입니다. 정사유하면 곧 선정(禪定)에 들 수 있습니다.

세 번째는 염승(念僧)으로, 스님을 염하는 것입니다. 스님을 염한다는 것이 도대체 무엇일까요? 마음을 다해 성현승(聖賢僧)에 귀의하는 것입니다. 일체의 성현승은 곧 승려로서, 도를 증득하여 과위에 오른 사람입니다.

네 번째는 염시(念施)입니다. 보시(布施)를 염한다는 것은 무엇일까요? 선종에서는 '놓아 버린다[放下]'고 말하는데, 바로 내보시(內布施)로서 뭐든 모두 놓아 버리는 것입니다. 심중의 잡념이나 망상을 모두 놓아 버리면 역시 최고의 경지에 오를 수 있으며 신통력도 얻을 수 있습니다. 이것은 부처님께서 말씀하신 것으로 수행법의 대원칙입니다. 확대하여 말한다면 자신의 잘못을 하나하나 반성하여 좋지 못한 행위나 마음을 철저히 버리는 것입니다. 이렇게 해서 마음속에 어떤 잘못도 일어나지 않게 하는 것, 이것이 바로 염시입니다.

다섯 번째는 염천(念天)입니다. 하늘을 도대체 어떻게 염한다는 것일까요? 석가모니부처님은 천주(天主)를 인정합니다. 심지어 욕계, 색계, 무색계 등 이십팔천을 소개하기도 합니다. 천도(天道)가 별것 아니라고 생각할지 모르겠지만 공부와 선행이 이르지 않으면 승천하기도 그리 쉽지 않습니다. 부처님은 또한 신선(神仙)이 있으며 그들이 몇만 살을 살 수 있다는 것도 인정합니다. 그게 가능하냐고요? 『능엄경』에서도 이미 밝히고 있습니다만 부처님은 결코 신선에 대해 틀렸다고 말하지 않습니다. 단지 아직 정각(正覺)을 이루지 못했다고 말합니다. 신선은 아직 본체를 깨닫지 못한 존재로 만약 보리의 정각을 얻었다면 그들을 외도라 말하지 않았을 것입니다. 선행이 없으면 어떤 공부를 해도 천당에 갈 수 없습니다. 부처님은 천도(天道)에 대해 욕계천(欲界天)에는 몇 개의 천(天)이 있다는 식으로 아주 상세히 말합니다. 물론 이 천은 지구상에 있는 것이 아니라 다른 행성에 있는 것입니다. 사람이 죽은 뒤 이런 천에 왕생하기는 정말 쉬운 일이 아닙니다! 더욱이 색계천(色界天)에 오르고자 한다면 선행을 쌓는 것 외에도 선정 공부를 해야 합니다. 사선팔정에 이르지 못하면 승천할 수 없습니다. 우리가 수행을 해서 초선에도 이르지 못한다면 내생에 다시 사람으로 태어나는 것조차 쉽지 않습니다. 『능엄경』에서는 어떻게 수행해야 욕계육천(欲界六天)에 이를 수 있는지를 말하고 있습니다.

여섯 번째는 염휴식(念休息)입니다. 이것은 그냥 잠만 자는 것이 아니라 온갖 연을 놓아 버리는 것입니다. 실제로 진정한 휴식이 바로 선정입니다. 진정으로 휴식을 취했다면 과위를 증득할 수 있습니다. 왜 그럴까요? 『능엄경』에서는 이렇게 말합니다. "미친 듯 뛰놀던 본성이 절로 수그러드니 수그러들면 곧 보리이다〔狂性自歇, 歇卽菩提〕." '수그러든다〔歇〕'는 것은 휴식을 말합니다. 크게 휴식을 취하면 곧 보리를 증득할 수 있습니다. 잠을 자는 것은 진정한 휴식이 아닙니다. 몸과 마음이 모두 공(空)이 되어 온갖 것을 남김없이 놓아 버릴 때에야 비로소 진정한 휴식입니다. 마음도 휴식이고 몸도 휴식이며 공도 휴식이고 공의 경계 또한 휴식일 때, 이때야말로 비로소 대휴식입니다. 염휴식은 행주좌와(行住坐臥) 중에 언제 어디서든 모든 것을 놓아 버리는 것입니다.

일곱 번째는 염계(念戒)입니다. 이 부분은 이후 다시 언급하도록 하겠습니다.

여덟 번째는 염안반(念安般)입니다. 안반은 안반수의(安般守意)라고도 합니다. 주의하십시오! 이 부분은 아주 중요합니다. 염안반이란 바로 날숨인 출식(出息)과 들숨인 입식(入息)의 기식(氣息)을 닦는 것입니다. 후에 천태종의 지관(止觀)에서 출식과 입식의 방법을 강조하는데, 바로 이 안반수의에서 유래한 것입니다. 안반수의는 석가모니부처님께서 창안한 것이 아니라 인도의 바라문교나 요가에서도 일찍부터 있어 왔던 방법으로, 단지 부처님은 이것을 불교적 방식으로 반야 수행법과 하나로 합쳤을 뿐입니다. 이것이 중국에 전해진 후에는 다시 도가와 결합했는데, 수규(守竅)[63]나 연기(煉氣)도 모두 안반수의와 연관된 것입니다. 중국의 고승들 중 신통력이 있고 과위를 증득한 사람은 대부분 이 염안반과 관계가 있습니다. 기(氣)를 닦는 것은 대단히 중요합니다. 우리가 살고 있는 이 시대에 벌써 이렇게 물질문명이 발달했으니 미래에는 더욱 어지러울 것입니다. 그러니 기식(氣息)을 닦는 것이 가장 좋은 방법입니다. 이 방법을 따르지 않고서는 과위를 얻기가 무척이나 어려울 것입니다. 참으로 지난(至難)할 것입니다!

「안반품」 제17

먼저 『증일아함경』 권 7 「안반품(安般品)」 제17의 한 구절을 보겠습니다. 부처님은 자신의 아들 라훌라에게 안반수의(安般守意)의 방법을 가르치고 있습니다.

"이때 세존께서는 이렇게 가르치고 나서 자리를 떠나 조용한 방으로 돌아가셨다〔爾時世尊作是教敕已, 便捨而去, 還詣靜室〕." 부처님 역시 육체를 지닌 이상 휴식이 필요합니다. "이때 존자 라훌라는 다시, '이제 어떻게 안

---

63 도가 용어로서, 에너지가 집중하는 인체의 중요 부위인 규(竅) 중 어느 하나를 중점적으로 지키는 것을 말한다. 도가에서 흔히 하단전을 지키는 것도 그 중 한 방법이다.

반을 닦아야 근심 걱정을 제거하고 온갖 생각을 없앨 수 있을까?'하는 생각이 들었다. 그러자 라훌라는 곧바로 자리에서 일어나 세존께서 계신 곳으로 갔다〔是時尊者羅雲復作是念, 今云何修行安般, 除去愁憂無有諸想? 是時羅雲卽從坐起, 便往世尊所〕." 부처님에게 있어 라훌라(라운)은 사적으로 보면 부자지간이지만 교육의 예법으로 보면 역시 많은 제자 중 하나입니다. "도착해서 엎드려 예를 표하고 한쪽 곁에 앉았다〔到已, 頭面禮足, 在一面坐〕." 왜 한쪽 곁에 앉았을까요? 부처님이 타좌하여 휴식을 취하고 있었기 때문에 예를 표하고는 한쪽 곁에 앉아서 기다린 것입니다. 잠깐 시간이 흐른 뒤 부처님이 정(定)에서 깨어나 자리에서 일어납니다. 라훌라가 일어나 서둘러 아버지에게 다가가서 묻습니다. "어떻게 안반을 닦아야 근심 걱정을 제거하고 온갖 생각을 없애서 대과보를 획득하고 감로의 맛을 얻을 수 있습니까?〔云何修行安般, 除去愁憂無有諸想, 獲大果報, 得甘露味〕" 세존께서 대답합니다. "훌륭하도다, 훌륭해! 라훌라야, 네가 여래 앞에서 우렁찬 목소리로 이런 뜻을 다 묻는구나!〔善哉! 善哉! 羅雲, 汝乃能於如來前, 而師子吼問於此義〕" 다시 말해 이제 네가 이렇게 큰 수행상의 문제를 다 묻는구나라는 뜻입니다. "라훌라야, 이제 주의 깊게 듣고서 잘 생각해 보거라. 내 너에게 상세히 하나하나 말해 주리라〔汝今羅雲, 諦聽! 諦聽! 善思念之. 吾當爲汝具分別說〕." 여기서 이 네 글자, 즉 "선사념지(善思念之)"에 주의해야 합니다. 이 뜻은 네가 이해한 후에도 여전히 연구를 거듭해야 하며 단지 맹목적으로 믿기만 해서는 안 된다, 방법을 가르쳐 줄 테니 스스로 잘 연구해 보거라 하는 말입니다.

세존께서 말합니다. "라훌라야, 마치 어느 비구처럼 사람 없는 한적하고 고요한 곳에서 즐겨 몸을 바르게 하고 뜻을 바르게 하여 결가부좌하여라〔如是羅雲, 若有比丘, 樂於閑靜無人之處, 便正身, 正意, 結跏趺坐〕." 주의하십시오! 타좌 시 다리가 저려서 계속 앉아 있지 못한다면 어떻게 양족존(兩足

尊)[64]이 될 수 있겠습니까? 만약 두 다리의 기가 통한다면 여러분의 수명은 수십 년은 늘어날 것입니다.

부처님은 수행에서 몸을 바르게 하는 것〔正身〕이 가장 중요하다고 말합니다. 서서도 몸을 바르게 할 수 있고 자면서도 몸을 바르게 할 수 있으니, 길상와(吉祥臥)나 탄시법(攤屍法)도 모두 몸을 바르게 하는 방법입니다.

정의, 정신, 정언

우리가 타좌 공부를 해도 효과를 보지 못하는 것은 궁극적으로 무엇 때문일까요? 올바른 뜻〔正意〕이 없기 때문입니다. 인과가 뒤집혀 부처님의 성과와 결론을 가져다가 자신의 수행법으로 삼기 때문입니다. 자리에 앉기만 하면 공(空)을 생각하지만 과연 공이 무엇인가요? 스스로 생각하기를 이번에는 정말 공인 것 같다고 할지 몰라도 사실 그것은 의(意)입니다! 바로 제육식의 경계인 것입니다. 설사 신체를 완전히 잊어버리고 전신이 빛 덩어리처럼 느껴진다고 해도 아직은 제육식의 범위를 벗어나지 못했습니다. 『능엄경』의 오음구우(五陰區宇) 중 여전히 색음(色陰)의 범위에 지나지 않는 것으로, "견고망상을 그 근본으로 삼는다〔堅固妄想以爲其本〕"라는 것입니다.

어떤 사람은 정좌 시 빛 속에서 미래를 볼 수도 있는데, 이것을 영감(靈感)이라 생각합니다. 유식을 배웠다면 알겠지만 이것은 제육식의 다른 모습으로서 이른바 독영의식(獨影意識)입니다. 경계는 많고도 많습니다! 여러분은 불법을 배웠으니 부처나 보살을 볼 수도 있습니다만 그것들은 의

---

64 두 발을 가진 존재 중에서 가장 높은 분이라는 뜻으로 부처를 높여 부르는 말이다. 양족(兩足)은 복덕과 지혜, 계(戒)와 정(定), 대원(大願)과 수행을 원만히 갖추었다는 뜻으로도 풀이한다.

식의 경계일 뿐입니다. 이는 소승의 수행 이론으로 말하자면 의식이 하나로 모아지지 않은 것으로 올바른 뜻이 없어서입니다. 이른바 정의(正意), 정신(正身), 정언(正言)은 어느 하나도 빼놓을 수 없는 것입니다. 스스로는 도처에서 계율을 범하면서도 다른 사람에게는 계율을 이야기한다면 말하기야 얼마나 쉽습니까! 마음과 의식에 올바른 데라곤 한 군데도 없어서 시시각각 지옥 종자의 업을 만들어 낸다면 그 결과는 참으로 엄청날 것입니다! 특별히 주의를 해야 합니다. 그러므로 부처님은 수행의 가장 핵심이 몸을 바르게 하고 뜻을 바르게 하는 것, 즉 의식을 하나로 모으는 것이라고 말합니다.

도가의 단경(丹經)은 수당 이후 많아지는데, 기맥의 문제를 말하는 것은 대부분 이 「안반품」에서 변화되어 나왔습니다. 동진(東晉) 이후 『황정경(黃庭經)』이 나타나 상약삼품(上藥三品), 즉 정기신(精氣神)을 말하는데, 이들은 모두 사상(事相)으로서 유위(有爲) 공부에 속합니다. 유위 공부도 통달하지 못한다면 어떻게 무위(無爲)에 이를 수 있겠습니까? 유위법(有爲法)에서 의식을 하나로 모으지도 못하면서 어떻게 생각을 비워 버릴 수 있겠습니까? 그러면서 무위만을 말하는 것은 자신을 속이고 다른 사람까지 속이는 일입니다. 이 때문에 후세에 불법을 배우는 사람 가운데 만에 하나도 과위를 증득하지 못하는 것입니다. 이 점을 특별히 주의해야 합니다! 저는 불경 외에도 수십 년간의 제 경험을 토대로 여러분께 간절히 말합니다. 진정으로 정신(正身), 정의(正意)에 이르렀다면 신체의 어떤 부분도 변하지 않는 곳이 없습니다. 어떤 병도 다 나으며 몸과 마음이 모두 건강해집니다. 정신과 정의에 이르면 심신이 절대적으로 건강을 회복하여 노인이라도 젊음을 되찾을 수 있습니다. 일체가 마음에 달려 있기 때문입니다. 정말로 그렇습니다. 바로 '정신', '정의' 네 글자입니다.

'정의(正意)'는 호흡까지 포함한 것으로 도가에서도 마찬가지입니다.

『음부경(陰符經)』은, "붙들어 두고 제어하는 것이 기에 있다〔禽之制在氣〕"라고 말합니다. 아주 중요한 구절입니다. 생각이 어지럽게 뛰놀면 마음이 하나로 모이지 않는데 바로 기(氣)가 산란해서 그렇습니다. 기가 산란하면 마음도 산란해지게 마련입니다.

그렇지만 기는 주체가 아니라 마음의 부속품입니다. 그렇긴 해도 이 부속품은 꽤나 골치 아파서 이것을 붙들어 두지 않으면 마음도 안정되지 못하여 마치 말을 타고 있는 것과 같습니다. 말이 바로 기입니다. 『서유기(西遊記)』에서 당나라 승려가 타고 있는 그 말이 바로 기입니다. 못난 말을 타면 아무리 채찍을 휘둘러 대더라도 여전히 날뛰기만 할 뿐 멈추지를 않습니다. 그럴 경우 방법이 없습니다. 마음이 비록 정(定)에 들고자 해도 기가 안정되지 않는다면 어떻게 망념을 정지시킬 수 있겠습니까? 정서가 불안하고 몸이 좋지 않은 것도 사실은 기가 나쁘기 때문입니다.

들숨과 날숨

"무타이념(無他異念)." 마음속에는 어떤 생각도 있어서는 안 되는데, 이것이 바로 정의(正意)의 이치입니다. "계의비두(繫意鼻頭)." 의식을 코끝에다 묶습니다. 이 부분은 도를 닦거나 불법을 배우는 사람들에게 참으로 많은 해악을 끼쳤습니다. 수규(守竅)니 뭐니, 눈으로 코를 보고 코로 마음을 본다느니 하며 떠들어 대는데, 사실 주의해야 할 것은 고혈압입니다. 어떤 사람은 백학을 배운다고도 하는데, 백학은 천 년 이상 살 수 있다고 합니다. 백학은 휴식을 취할 때 코를 항문에다 갖다 대는데, 이렇게 하면 두 기운이 서로 통하기 때문이라고 합니다. 그렇지만 우리는 목이 백학보다 짧으니 어떻게 배울 수 있겠습니까? 부처님은 말합니다. "중생의 어리석음이 참으로 가련하도다〔衆生之愚癡, 至可憐憫者也〕."의식을 코끝에 묶으라는 것은 코끝을 쳐다보라는 말이 아닙니다. 콧구멍으로 숨〔息〕이 드나드는 것을 의식하라는 뜻으로, 이것이 바로 마음과 숨이 서로 의지하는 심식상의(心息相依)의 첫걸음입니다.

날숨이 길면 숨이 길다는 것을 알며, 들숨이 길면 숨이 길다는 것을 안다〔出息長亦知息長, 入息長亦知息長〕.

여러분의 정의(正意)는 호흡과 분리되어서는 안 됩니다. 호흡이 얼마나 긴지 스스로 알 수 있어야 하는데, 여기서는 '지(知)' 자에 주의해야 합니다. 한편으로 기(氣)를 닦으면서 또 한편으로 온갖 생각이 오락가락한다면 이는 잘못된 것입니다. 아무 효과도 기대할 수 없습니다. 생각과 호흡이 하나로 되는 것을 안반수의(安般守意)라 합니다. 어떻게 하면 망상을 붙들어 둘 수 있을까요? 호흡에 주의하면 됩니다. 호흡은 마치 고삐와도 같아서 고삐를 당기면 망념도 잦아들게 됩니다. 이렇게 하면 수행은 전일(專一)함에 이르러 곧 초선의 경계로 들어설 수 있습니다. 수행의 효과는 반드시 나타납니다.

날숨이 짧으면 숨이 짧다는 것을 알고, 들숨이 짧으면 숨이 짧다는 것을 알며, 날숨이 차가우면 숨이 차가움을 알며, 들숨이 차가우면 숨이 차가움을 안다〔出息短亦知息短, 入息短亦知息短, 出息冷亦知息冷, 入息冷亦知息冷〕.

숨을 들이쉴 때 어떤 경우에는 차갑게 느껴집니다. 이것은 두 가지 경우가 가능합니다. 하나는 병적인 상태요 다른 하나는 아주 건강한 상태입니다. 건강한 상태에서는 자신의 열에너지 때문에 차갑게 느껴집니다. 바로 사가행(四加行)의 '난(煖)'으로 인해 생겨난 현상으로, 외부에서 들어오는 공기가 상대적으로 차갑게 느껴지지만 자신과는 아무 상관이 없습니다.

날숨이 따뜻하면 숨이 따뜻함을 알고, 들숨이 따뜻하면 숨이 따뜻함을 안다[出息煖亦知息煖, 入息煖亦知息煖].

타좌 시 어떤 경우는 발바닥이 따뜻해지는데, 이것이 바로 '식난(息煖)'입니다. 여러분들은 마음과 숨이 하나가 되지 못하여 동으로 갔다 서로 갔다 하며 숨이 어지럽게 뛰어다닙니다. 이렇게 뛰어다니다 보면 가는 곳마다 따뜻한 기운이 느껴집니다. 이렇게 다니다가 단전으로 들어간 것을 졸화(拙火)라 생각해서는 안 됩니다. 이때는 빨리 119에 전화해서 소방관을 불러야 합니다!(모두 웃음)

부처님은 자신의 아들에게 말합니다. "신체의 들숨과 날숨을 하나하나 관찰하여 모두 빠짐없이 다 알아야 한다[盡觀身體入息出息, 皆悉知之]." 이 기식(氣息)은 바로 『능엄경』에서 말하는 풍대(風大)입니다. 당연히 기억하고 있겠지만 『능엄경』에서는 말합니다. "풍의 본성은 진공이며, 공의 본성은 진풍이다[性風眞空, 性空眞風]." 이 단계는 이미 대승의 수행법과 연계되는 부분이므로 여기서는 잠시 접어 두기로 하겠습니다. 여러분은 일심(一心)으로 올라가려 할 필요가 없습니다. 먼저 숨을 바라보기만 해도 됩니다. 정좌 시 들숨과 날숨을 모두 알게 되면 기억력이 대단히 좋아지며 머리가 영민해집니다.

일반적으로 타좌를 배울 때에는 호흡을 하면서도 그것을 알지 못하며 혼침(昏沈)에 빠져 있어도 그것을 알지 못합니다. 어떤 때에는 의식이 텅 빈 듯 느껴지며 뭔가가 왔다 갔다 하기도 합니다. 믿지 못하겠거든 자신을 살펴보십시오. 이때 스스로를 한번 점검해 보면 근본적으로 정의(正意)가 없다는 것을 알게 됩니다. 이러고도 어떻게 공부라 할 수 있겠습니까? 이렇게 몇만 년을 앉아 있은들 무슨 소용이 있겠습니까?

최근 많은 사람들이 장좌불와(長坐不臥)에 대해 묻습니다만 과연 장좌불와를 도(道)라 할 수 있을까요? 어떤 경전, 어느 계율에서 여러분더러 장좌불와를 하라고 하던가요? 부처님도 수면은 취해야 했습니다. 경전이나 계율에는 잠을 잘 때 마음속에 태양을 떠올려 보라거나, 청명한 곳에서 자라거나, 혹은 잠을 적게 자는 것을 중요시할 뿐입니다. 출가인의 수면에 대해서는 오개(五蓋)[65]를 벗어던지라는 것은 있어도 잠을 자지 말라는 요구는 전혀 없습니다. 저는 장좌불와가 잘못되었다고 말하는 것이 아니라 단지 장좌불와는 자신의 체력이 갖추어졌을 때에만 가능하다는 뜻입니다. 체력도 갖추지 못하고서 덤벼든다면 도를 증득하기 전에 몸부터 망가지고 말 것입니다. 이 얼마나 어리석은 일입니까! 저는 여러분에게 간절히 말하고 있습니다. 그만큼 엄중하기 때문입니다. 부처님은 아무렇게나 함부로 말하지 않습니다. 우리도 실어(實語), 즉 행동과 합치되는 말을 해야 합니다. 있는 그대로를 말해야 합니다. 마음을 곧게 하는 것이 바로 도(道)의 바탕입니다.

모두 다 상세히 아는 것은 대단히 중요하며 더 나아가 잠을 자면서도 호흡에 주의할 수 있어야 합니다.

어떤 때에는 숨이 생겨나면 생겨났음을 안다[有時有息, 亦復知有].

주의하십시오! 여기서 한 걸음 더 나아갑니다. 후에 천태종에서는 이 법

---

65 심성을 덮어 선법이 생겨나지 못하게 하는 다섯 가지 장애를 말한다. 오욕(五欲)의 경계에 집착함으로써 심성을 덮는 탐욕개(貪慾蓋), 분노에 휩싸임으로써 심성을 덮는 진애개(瞋恚蓋), 마음과 몸이 어둡고 무거워짐으로써 심성을 덮는 수면개(睡眠蓋), 동요하고 후회함으로써 심성을 덮는 도회개(掉悔蓋), 법에 대해 회의함으로써 심성을 덮는 의법개(疑法蓋)가 있다.

문을 보완하여 조식(調息), 청식(聽息), 수식(數息)이라 했습니다. 또 밀종에서는 기공(氣功)을 닦는다, 구절불풍(九節佛風)을 닦는다, 보병기(寶瓶氣)를 닦는다고 말하기도 했습니다. 도가에서는, "천지의 현주는 온갖 기운의 근본이다〔天地玄珠, 萬氣本根〕"라고 했습니다. 심신이 조화를 이루면 그 기(氣)는 온갖 변화를 다 일으킬 수 있습니다. 옛사람들은 관상을 볼 때 먼저 기색을 살폈는데 확실히 그 나름의 이치가 있습니다.

호흡이 고요해져 마침내 정지하게 되면 망념이 전혀 일어나지 않습니다. 망념이 일어나지 않을 때 스스로는 그것을 알까요 모를까요? 아주 또렷이 압니다. 실제로 그렇습니다. 이때가 되면 어떤 때에는 숨이 사라지며, 숨이 사라졌음을 압니다〔有時無息, 亦復知無〕. 여기서 '안다〔知〕'고 하는 것은 무엇일까요? 이것은 또 다른 문제로 말하자면 밝고도 신령스러운 것으로 처음부터 끝까지 존재하는 무엇입니다.

만약 숨이 마음으로부터 나오면 마음으로부터 나옴을 안다〔若息從心出, 亦復知從心出〕.

이 구절은 연구가 필요합니다. 마음으로부터 나온다는 것은 결코 심장으로부터 나온다는 말이 아니라 마음이 움직인다는 뜻입니다. 마음이 움직일 때 어떤 경우에는 빛이 뿜어져 나오는 것을 느낍니다. 이때 옆으로 지나가는 사람이 있다면 이 사람은 뭔가에 감응하여 마음이 고요해지거나 혹은 한 줄기 후끈한 기운이 몸속으로 들어오는 것을 느낄지도 모릅니다. 하지만 이런 것은 과정에 불과합니다. 여기에 이르렀어도 아직은 정(定)에 도달하지 못하여 갈 길이 멉니다. 여기까지는 그저 보통의 정좌 공부일 뿐입니다.

현대 과학에서도 인체가 빛을 뿜을 수 있다는 것을 말합니다. 본래 사람은 모두 빛을 뿜어낼 수 있으나 기식(氣息)이 정지되고 난 뒤에는 빛은 훨씬 더 많이 방사됩니다. 설혹 귀신이 있더라도 이때는 감히 부딪히려 하지 않을 것입니다. 양기가 극성하여 멀리서 보기만 해도 두려워 숨어 버릴 것입니다.

숨이 마음으로부터 나온다는 것은 숨이 심장으로부터 나온다는 말이 아니라 마음이 움직인다는 뜻으로, 사람들이 기공 수련을 하는 것도 모두 마음으로 하는 것입니다. 이는 마음을 일부러 조작하는 것인데 밀종 또한 이 방법을 사용합니다. 바로 이것이 여러분의 마음이 기식이 되어 나오는 이치입니다.

만약 숨이 마음으로부터 들어오면 마음으로부터 들어옴을 안다(若息從心入, 亦復知從心入).

보병기(寶瓶氣)를 닦을 때에는 단전에 한 줄기 기운이 머무는데, 숨을 들이쉬지도 내쉬지도 않는 정도에 이르면 설사 누가 땅속에 묻어 버린다고 해도 잠시 동안은 죽지 않습니다.

주의해야 합니다! 현재 말하고 있는 이 방법은 모두 코를 사용하는 것이지만 사실 신체도 호흡을 합니다. 이런 신체의 호흡까지 정지되었을 때에야 비로소 진정으로 정(定)에 들 수 있습니다. 입정 시에도 난(煖)·수(壽)·식(識) 이 세 가지는 여전히 존재합니다. 아뢰야식은 절대로 신체를 떠나지 않습니다. 진정으로 정에 들면 기식이 가득 차게 되는데, 그러면 나이에 상관없이 신체의 모든 부분이 부드러워집니다. 마치 어린애처럼 그렇게 부드러워집니다. 정에 든 사람은 깨어나게 할 수도 없어서 경쇠를 귀에 대고 쳐야만 깨울 수 있습니다.

라훌라의 념안반

공부를 꽤나 했는데도 아직도 다리를 틀고 앉아 있기가 어렵다면 이건 양족존(兩足尊)이 아니라 양족쟁(兩足爭)입니다. 저리고 고통스러우니 두 다리와 싸우고 있는 것입니다. 작년에 어떤 사람이 편지를 보내서 계속 앉아 있기가 힘들다며 타좌에 대해 물었습니다. 저는 다리와 싸워야 한다고 답했습니다. 그러나 다리와 싸우는 이 정도의 노력으로는 어림없습니다! 정의(正意)가 제일 중요합니다. 어떤 자세든 상관없습니다. 공부가 일정한 수준에 이르면 두 다리는 이미 부드러워져 앉아 있는 데에 문제가 없어지며 그렇게 두 다리의 기맥만 통해도 수명은 연장됩니다. 주의해야 합니다! 자신의 신체가 굳었다면 그만큼 죽음의 문턱에 다가가 있는 것입니다. 노자는 말합니다. "오로지 기를 부드럽게 하여 능히 갓난애와 같이 될 수 있는가?〔專氣致柔, 能嬰兒乎〕" 불가니 도가니 구별할 필요도 없으며 불가의 것이든 도가의 것이든 상관없습니다. 정(定)은 어떤 파든 모두 공유하는 방법이기 때문입니다.

일상생활이 무척이나 바쁜 사람도 있겠지만 주의해야 할 것은 그럴수록 타좌를 많이 해야 한다는 사실입니다. 바쁘고 피곤해서 타좌할 시간이 없다고 해서는 안 됩니다. 지금 바로 앉으십시오! 기(氣)를 가라앉힐 수 있을 때까지 앉아 있어야 합니다. 한 시간 정도면 됩니다. 하루 종일 하려야 할 수도 없습니다. 그러나 이 점은 유의해야 합니다! 위와 장은 약간 비어 있어야 합니다. 도가에서는 말합니다. "늙고 싶지 않거든 배불리 먹지 말고, 죽고 싶지 않거든 배 속에 변을 두지 마라〔若要不老, 腹中不飽, 若要不死, 腸內無屎〕."라고요. 위와 장이 깨끗하면 기운이 쉽게 충실해집니다. 하지만 영양은 충분해야 합니다.

이처럼 라훌라야, 능히 안반을 수행할 수 있는 자는 근심 걱정이 없고 어지러운 번뇌가 없어 대과보를 획득하고 감로의 맛을 얻게 된다〔如是羅雲, 能修行安般者, 則無愁憂惱亂之想, 獲大果報, 得甘露味〕.

물질문명이 발달한 시대에 이 법문을 닦는다면 심신이 모두 좋아져서 수명 또한 연장될 수 있습니다. 타좌를 할 때 혹 몸이 마구 흔들리지 않던가요? 생각과 호흡을 하나로 조화시키기만 한다면 더 이상 어지럽게 흔들거리지 않을 것입니다. 그렇게 되면 근심과 괴로움도 사라질 것입니다. 그래서 밀종에서는, 후륜(喉輪)에서부터 심륜(心輪)까지 맥을 통한 사람은 망념이 일지 않아 근심과 괴로움이 사라진다고 말합니다.

이때 세존께서는 라훌라에게 미묘한 법을 모두 설하셨다〔爾時世尊, 具足與羅雲說微妙法已〕.

모두 갖추어졌습니다. 대원칙이 모두 구비되었습니다.

"법을 들은 후 안타원으로 갔다〔往詣安陀園〕." 라훌라는 법을 들은 후 안타원으로 갔습니다. 안타원은 아란야(阿蘭若)로 번역하기도 하며 청정한 도량이라는 뜻입니다. "나무 그늘 아래 앉아 정신과 정의를 하여 결가부좌했으며, 아무 다른 생각 없이 마음을 코끝에다 두었다〔在一樹下, 正身正意, 結跏趺坐, 無他餘念, 繫心鼻頭〕." 그는 몸과 뜻을 바르게 하여 마음을 코끝에다 묶고는 부처님이 가르쳐 준 안반법문을 닦기 시작했습니다.

이때 라훌라는 이렇게 사유했다〔爾時羅雲, 作如是思惟〕.

여기서 말하는 사유는 정(定)의 경계 속에서 행하는 정사유(正思惟)입니다. 절대 혼동해서는 안 됩니다! 마땅히 망상이 없어야 한다고 생각하여 정사유조차 떨쳐 버리려 한다면 이는 잘못된 것입니다. 정사유까지 떨쳐 버리는 것은 옳지 않습니다.

욕심으로부터 문득 해탈하자 뭇 악이 다시 일어나지 않고 각과 관이 생겨나 기쁘고 편안한 마음으로 초선에서 노닐었다[欲心便得解脫, 無復衆惡, 有覺有觀, 念持喜安, 遊於初禪].

라훌라는 부처님의 가르침에 따라 초선의 정(定)에 듭니다. 이때에야 비로소 진정으로 큰 기쁨을 얻으며 진정으로 큰 자비심이 나옵니다.

제8강

소승과 대승의 융합

여러분이 필기한 것은 반드시 제출해야 합니다. 필기는 제가 말한 것을 낱낱이 기록하는 것이 아니라 요점을 적은 후 거기에다 자신의 생각을 추가해야 합니다. 일기란 요점에다 자신의 수증과 체험을 덧붙이고 나서 다시 문제에 대해 깊이 깨달은 바까지 기록한 것입니다.

앞에서 언급했습니다만 불법이 중국에 전해진 뒤 왜 동한(東漢)에서부터 수당(隋唐) 이전까지는 깨달음을 얻은 사람이 그렇게 많았을까요? 송명(宋明) 이후가 되면 깨달음을 얻은 사람이 갈수록 줄어드는데, 그 주요 원인은 바로 수증 때문입니다.

수증의 사상(事相) 문제를 언급하면서 특별히 소승 경전인 사아함경을 살펴보고자 합니다. 우리는 대승불교를 말하기 좋아하지만 진정한 불교는 소승과 대승을 융합한 것입니다. 그뿐만 아니라 대승은 소승을 기초로 해야 합니다. 현교(顯敎)와 밀교(密敎)의 수행법도 모두 이 원칙에서 벗어나지 않습니다. 그러므로 이번 기회에 『증일아함경』의 십념(十念)을 끌어내어 그 요점을 강의하는 것입니다. 수당 이전에 성취를 얻은 사람이 많았던 것은 바로 이런 방면의 수행에 치중했기 때문입니다. 십념 중에서도 '염안반(念安般)'이 제일 중요한데, 안반의 수증 방법은 후한(後漢) 때 전해졌습니다. 『대안반수의경(大安般守意經)』은 바로 이 시기 안세고(安世高)[66]에 의해 번역되었습니다.

초선에서 사선까지 라훌라의 수행 보고

이제 지난 강의 내용에 이어서 라훌라가 제출한 보고서를 계속 살펴보도록 하겠습니다. 라훌라는 안반수의의 방법으로 수행하여 호흡이 정지되는 선정의 경계에 이르렀습니다. 여기서 이미 비밀 하나를 우리에게 일러주고 있으니 반드시 호흡이 정지되어야 비로소 초선에 들어갈 수 있다는 사실입니다.

이때 라훌라는 이렇게 사유하여 욕심으로부터 해탈하였다〔爾時羅雲, 作如是思惟, 欲心便得解脫〕.

명예나 이익, 재물이나 음식, 수면 등에 대한 욕구는 대승의 범위에 속하는 것입니다. 소승에서 말하는 욕구는 성욕을 가리킵니다. 여기에 대해서는 다시 살펴볼 기회가 있을 터이니 여기서는 언급만 하고 넘어갑니다.

---

66 ?~170. 중국 후한의 역경승(譯經僧)이자 불교 학자로 이름은 청(淸)이며 자는 세고(世高)이다. 이란 북동부에 있던 안식국(安息國)의 왕자였으나 동생에게 왕위를 양보하고 출가하여 아비담(阿毘曇, 경율론 중 논부의 총칭) 연구와 선정에 힘썼다. 후한 시대인 148년경에 중국 낙양에 정착한 후 20여 년간 30여 부의 경전을 한역(漢譯)하여 중국 초기의 불전 번역자로 알려져 있다. 현재 그의 이름으로 된 역전(譯典)이 많이 남아 있지만 그 진위는 확실하지 않다.

부처님은 삼천여 년 전에 이미 현대인의 성(性) 의식을 다 꿰뚫어 보고는 불경에서 모두 언급하고 있습니다. 욕념을 끊어 내지 않는 한 나한과위는 얻을 수 없습니다. 이 욕념에는 유정(遺精)인 몽정이나 자위행위도 포함되며, 심지어 음란한 생각 같은 순전히 심리적인 것도 해당됩니다. 이 구절은 호흡이 정지되었을 때에야 비로소 욕념으로부터 벗어날 수 있다는 뜻입니다. 이것은 소승 경계의 해탈입니다.

　　각과 관이 생겨나 기쁘고 편안하게 초선에서 노닐었다〔有覺有觀, 念持喜安, 遊於初禪〕.

　이때에야 비로소 초선의 경계로 접어듭니다. '각(覺)'은 생리상의 감각으로서 차갑거나 뜨거운 것, 배가 부르거나 고픈 것 등입니다. '관(觀)'은 심리상의 지각 상태로서 어떤 생각이 떠올랐다가 사라지는 것을 모두 아는 것입니다. 이때 호흡은 정지되는데, 물론 완전히 정지되는 것은 결코 아닙니다. 모공으로 여전히 호흡이 계속되고 있고 맥박도 여전히 뛰고 있습니다. 전신의 피부 호흡이 정지되었을(정말 끊어진 것은 아님) 때에야 비로소 호흡의 왕래가 사라졌다고 할 수 있습니다. 이때 호흡이 완전히 정지되었음을 스스로 알게 되는데, 이것이 바로 관(觀)의 경계입니다.
　"각과 관이 생겨난다〔有覺有觀〕." 이것은 감각과 지각이 반응하는 것을 말하며, 이 반응을 '일념(一念)'이라 합니다. "기쁘고 편안하게〔念持喜安〕." 바로 마음속에 나타나는 비할 데 없는 희열로, '희(喜)'는 생리적 측면을 말한 것이요 '안(安)'은 심리적 편안함을 뜻합니다. 이때에는 몸과 마음이 마치 허공에 떠 있는 듯한데 이렇게 되어야 비로소 초선의 상태로 접어든 것입니다.
　초선 상태에 도달했다고 반드시 초선의 과위를 얻은 것은 아니며, 초선의 과위를 얻어야만 '초과나한(初果羅漢)'이라 할 수 있습니다. 어떤 조건을 갖추어야 초과나한이라 할 수 있는지는 대장경에 무수히 나오므로 시간을 할애하여 하나하나 융회 관통해 나간다면 자연 알게 될 것입니다.

수증 부분이 남전(南傳) 경전의 핵심이며, 학리 부분이 바로 '여시사유(如是思惟)'입니다.

소승에는 소승의 견지, 수증, 행원이 있습니다. 대승의 견지는 이와는 약간 다른데 이 점은 분명히 알아 두어야 합니다.

선(禪)을 배운다는 것이 선정과 분리될 수 있는 것은 아니지만 반드시 선정으로부터 들어가야 하는 것은 아닙니다. 선종은 견지(見地)와 반야(般若)를 중시합니다. 물론 수증 과정을 반드시 거쳐야 합니다. 점수(漸修)의 근기도 없이 어떻게 돈오의 성취를 말할 수 있겠습니까?

내면에 절로 기쁨이 넘치며 그 마음을 전일하게 하여, 각과 관이 사라져 삼매의 기쁨으로 이선에서 노닐었다〔內自歡喜, 專其一心. 無覺無觀, 三昧念喜, 遊於二禪〕.

각(覺)과 관(觀)이 생겨난 상태에서 한 걸음 더 나아가면 마음속에 비할 데 없는 희열이 나타납니다. 어떤 사람을 보아도, 심지어 적이나 원수를 보아도 자신의 마음은 온통 평온하고 따스하기만 합니다. 그들이 설사 잘못을 저지른다 해도 가엾게만 느껴질 뿐입니다. 자비심은 내면에서 자연스럽게 흘러나오는 것이지 억지로 노력해서 얻는 것이 아닙니다. 그러므로 보살의 '자비희사(慈悲喜捨)'에서는 희(喜) 자가 아주 중요합니다. 기쁘지 않은 상태가 오래 지속되면 모든 신체가 굳어져서 기맥이 통하지 않게 됩니다.

이때 그 마음을 전일하게 하여 초선에서 얻은 경계에 머물며, 에너지를 발산시키지 않은 상태에서 기쁨과 편안함을 유지합니다. 기(氣)가 정지하면 바로 도가에서 말하는 "화가 없는 기로 변한(無火之謂炁)"[67] 상태로서, 이로부터 점차 각과 관이 사라진 삼매의 기쁨에 접어들게 됩니다. 마음속에는 말로 표현할 수 없는 기쁨이 넘치는데, 이 희열의 경계가 바로 '염(念)'입니다. 이때가 되면 이선(二禪)에 도달한 것입니다.

『증일아함경』은 삼국(三國) 시기의 동한(東漢) 말엽에 중국에 들어왔는데, 그 당시의 불법은 수행을 중시했으므로 쉽게 수용될 수 있었습니다. 수행을 하면 곧 그만큼 효과가 나타났기 때문입니다. 당시 서진(西晉)의 문화는 상당히 수준이 높았습니다. 만약 불교가 학리(學理)에만 의지해서 들어오려고 했다면 수용되지 않았을지도 모릅니다. 정력(定力)과 신통력을 내세워서 들어왔기에 지식인들이 받아들이지 않을 수 없었던 것입니다. 지금 부처님을 배우는 사람들이야 신통력이 어디 있습니까! 있어 봐야 신경 쇠약이겠지요. 선정으로부터 시작해서 들어간다면 신통력을 얻을 수 있는데, 이는 누구에게나 다 나타나는 현상으로 신기할 것도 없습니다.

무착보살(無著菩薩)[68] 계열은 후대로 내려오면서 줄곧 유식의 법상(法相) 방면의 수행만을 강조해 왔습니다. 이 계열의 이론에 따르면 우리가 방금 이야기했던 각과 관이 있어 기쁘고 편안한 마음으로 초선에서 노니는 상태는 여전히 유심유사(有尋有伺)의 경계, 즉 제육식상에 있습니다. 무심유

---

67 도가에서는 기(氣)와 기(炁)를 구별해서 사용한다. 전자는 글자 속에 미(米) 자가 들어 있는 데에서 알 수 있듯이 주로 음식물을 통해 얻는 에너지를 표현한다. 반면에 후자는 '无+灬'로 이루어져 있는데, 이는 화(火)가 없는 것으로 마음속 망념이 사라질 때에 전신에 가득 차는 에너지를 표현한다.

68 4세기 후반에서 5세기 전반에 활약한 인도의 불교 학자로 산스크리트 이름은 아승가(Asanga)이다. 간다라의 브라만 집안에서 태어났으며 부파불교(部派佛教)의 일파에 속했다가 후에 중인도의 아요디아에 이르러 대승불교로 전향하였다. 전설에 따르면 미륵보살에게서 유식의 논전(論典)을 배웠다고 하는데, 그가 자신보다 앞선 유가사(瑜伽師)들로부터 이 계통의 사상을 계승한 것은 사실인 듯하다. 무착보살은 유식을 기반으로 종래의 부파적 해석학도 답습하면서 인간의 심층 의식에 기초한 언어 활동을 분석, 조직한 점에서 인도 불교사상 중요한 위치를 차지한다. 주요 저작으로 『섭대승론(攝大乘論)』, 『아비달마집론(阿毘達磨集論)』 등이 있다.

사(無尋唯伺)에 이르러서야 비로소 여기서 말하는 각과 관이 사라진 삼매의 기쁨으로 이선에서 노니는 상태라 할 수 있습니다. 심리적으로 생각이 더 이상 어지럽게 뛰놀지 않을 때에야 무심유사의 경계로 들어가게 됩니다. 그렇지만 이때에도 아직 무심무사(無尋無伺)의 경계, 즉 '무심(無心)'의 경계에는 도달하지 못했습니다. 여기까지 이르렀어도 아직 갈 길이 멉니다. 무심이란 것이 말하기야 얼마나 쉽습니까! 우리가 만사를 별 관심 없이 지나쳐 버린다면 이것도 무심이라 할 수 있으며, 이런 것이라면 모든 사람이 다 할 수 있습니다. 그래서 선종의 조사는 말합니다. "무심한 것이 곧 도라고 말하지 마라. 무심한 것은 다시 한 겹의 무거운 관문으로 가로막혀 있다[莫道無心便是道. 無心更隔一重關]." 선종을 배우면 견지의 측면에서는 큰 장점이 있습니다만 수행 방면에서는 도리어 막대한 폐단이 있습니다. 어떤 일이든 단점이 있으면 장점이 있으니 이것 역시 일음일양(一陰一陽)의 이치입니다.

기쁨은 다시 오지 않아도 스스로 각지신락을 지켜 여러 성현이 항상 얻고자 하는 기쁨을 지닌 채 삼선에서 노닐었다[無復喜念. 自守覺知身樂. 諸賢聖常所求護喜念. 遊於三禪].

여기서 다시 변화가 생겨 삼선(三禪)에 이르게 되는데, 이때에는 기쁜 생각이 사라지며 일종의 경계인 "각지신락(覺知身樂)"을 유지하게 됩니다. 신체 내부의 모든 기기(氣機)와 기맥(氣脈)뿐 아니라 세포 하나하나와 신경 하나하나에도 빠짐없이 큰 변화가 드러나게 됩니다. 따라서 삼선의 경계에 이르러서야 비로소 질병을 없앨 수 있으니 그저 두 다리를 틀고 앉아 있는 것을 선(禪)이라 생각해서는 안 됩니다. 삼선에 도달하기 위해서는 한없는 공덕과 선심(善心)을 통해 서서히 스며들게 하면서 닦아야 합니다.

삼선 이전에는 단지 신체가 약간 개선되어 병이 조금 줄어든 것에 불과합니다. 삼선에 이르게 되면 이전에 느꼈던 환희의 경계는 범부의 그것이나 다름없어 보이는데, 삼선에 이르러서야 비로소 지선(至善)의 희열에 도달하기 때문입니다. 삼선은 성현의 경계입니다.

고통과 즐거움은 이미 사라져 다시는 근심 걱정이 없고 고통도 즐거움도 없어 청정한 마음으로 사선에서 노닐었다〔彼苦樂已滅, 無復愁憂, 無苦無樂, 護念清淨, 遊於四禪〕.

여기서 한 걸음 더 나아가면 고통도 즐거움도 없는 상태에 이르게 됩니다. 걱정도 없어지며 번민은 아예 일어나지 않습니다. 주의해야 할 것은 고통과 즐거움이 사라진 경계에 이르렀다 해도 이것 역시 여전히 염(念)의 상태라는 사실입니다. 이 때문에 이어서 "호념청정(護念清淨)"이 나옵니다. 몸과 마음을 하나로 조화롭게 하면 사선(四禪)의 경계를 얻게 됩니다.

이것이 부처님의 아들 라훌라가 스스로 체득한 마음의 보고서입니다.

이 삼매에 들어 마음은 청정하여 더러움이 없고 신체는 유연하게 되었다〔彼以此三昧, 心清淨無塵穢, 身體柔軟〕.

이때 몸과 마음에는 털끝만큼의 찌꺼기도 남아 있지 않습니다. 이때에는 마치 어린애와 같은 상태가 되는데, 삼선에 이르러서야 비로소 이 경계가 가능해집니다. 이전의 고승 대덕은 모두 자신이 언제 죽을지 알고 있었고, 죽음에 임박해서는 신체가 마치 갓난애처럼 유연했습니다. 혹 더 고명한 사람은 한 덩이 빛으로 변해 그냥 육체가 사라져 버리고 기껏해야 손톱 몇 개, 머리카락 몇 뭉치를 기념으로 남겨 둘 뿐이었습니다.

이때가 되면 지혜에 이르러 "어디로부터 왔는지를 알고 이전에 행했던 것을 기억하며 무수한 겁에 걸친 숙명을 저절로 아는〔知所從來, 憶本所作, 自識宿命無數劫事〕" 상태에 이릅니다. 동시에 분단생사로부터 해탈하여 변역생사로 들어가 자신이 어떻게 왔으며 어디로 가는지를 압니다. "숙명통을 얻어 오랜 과거의 일들을 알게〔得宿命通能知無量億劫事〕" 되는 것입니다. 사과나한은 오백 생애를 알 수 있을 뿐이나 대아라한이 되면 더욱 많은 것을 알 수 있으니 라훌라는 바로 이 경계에 도달했습니다.

이 삼매에 들어 마음이 청정하여 찌꺼기가 없고 여러 결사[69]도 다 없어졌다〔彼以此三昧, 心淸淨無瑕穢, 亦無諸結〕.

일체의 번뇌와 장애가 모두 해소되었습니다.

다시 뜻을 닦아 번뇌가 다한 마음을 이루었다〔復更施意, 成盡漏心〕.

이 구절을 주의해야 합니다. 사선은 선정의 경계로 아직 결사(結使)가 완전히 끊어지지 않았기에 결코 대아라한의 경계에는 이르지 못합니다. 이 경계에 이르러 다시 망념이 생겨난다면 더욱 수행에 힘써야 합니다. "번뇌가 다한 마음〔盡漏心〕"이란 바로 무루심(無漏心)입니다.

그런데 마음이 움직이지 않는다면 마치 나무토막처럼 되는 것이 아닐까요? 그렇지는 않습니다. 또 생각을 일으키고 마음을 움직임으로써 적당하게 작용하다가 서서히 스며 나오거나 끈적끈적 들러붙는 것도 아닙니다. 정력(定力)이 있는 사람은 하루 온종일 바빠도 정의 경계에 있는 본심은 절

---

69 번뇌를 가리키는 말로. 몸과 마음을 속박하고 중생을 따라다니면서 마구 부린다고 하여 결사(結使)라 표현한다.

대 움직이지 않을 뿐 아니라 여전히 빛나고 청정합니다. 번잡한 일을 처리할 때에는 번뇌의 상이 나타나지만 마음속의 광명은 조금도 동요되지 않는 것입니다.

이렇게 관하여 번뇌로부터 해탈하고자 하였다〔彼以作是觀, 欲漏心得解脫〕.

이때 모든 욕루(欲漏), 유루(有漏), 무명루(無明漏)로부터 완전히 해탈합니다. 이 경계에 이르러, "마음으로 해탈을 얻고 이미 해탈하여 해탈지를 얻으니 생사가 다하며 범행이 이미 수립되고 이전에 행한 모든 것이 판별되어 다시는 후생의 몸을 받지 않는다〔心得解脫, 已得解脫, 便得解脫智. 生死已盡, 梵行已立, 所作已辦, 更不受後有〕"라고 하는 상태가 됩니다.

사선의 공부가 이 정도에 이르러야 비로소 해탈에 도달했다고 할 수 있습니다. 주의해야 합니다. "마음으로 해탈을 얻는다〔心得解脫〕"고 할 때의 이 해탈은 수행상의 한 경계이며, "해탈지를 얻는다〔得解脫智〕"고 할 때의 해탈은 견지를 말하는 것입니다. 지혜는 공부에 속하는 것도 아니며 경계에 속하는 것도 아닙니다. 그렇긴 해도 공부와 경계, 지혜는 서로 도와 가며 완성되는 것입니다. 그러므로 해탈의 경계에 이른 후에도 계속 노력해야 하며, 이렇게 하다 보면 마침내 해탈지(解脫智)를 얻게 됩니다. 이것을 보면 소승이라 해도 결국은 지혜의 해탈을 궁극의 목표로 삼고 있음을 알 수 있습니다. 하물며 대승은 어떻겠습니까! 대승의 설법에 따르면 궁극의 목표는 바로 대반야의 원만한 해탈입니다.

이 경계에 이르렀다면 나한과위를 얻은 것입니다. 이 생명을 '최후신(最後身)'이라 하는데, 이후에는 다시 오지 않습니다. 이 한 생애에 이미 청정한 과위에 올랐으며, 세간의 모든 원한이나 부채는 모두 해소되어 이후 다시는 욕계(欲界)로 오지 않습니다. 이것이 바로 소승이 추구하는 최고의 과위입니다. 그러나 대승의 이치에 따르면 이런 성취라 하더라도 길어야 팔만사천 대겁입니다. 이 기간이 지나고 나서 다시 오지 않으면 안 됩니다. 대승으로 마음을 돌리지 않고서는 생사를 철저히 벗어나는 것은 불가능합니다. 그러지 않으면 단지 분단생사를 벗어나서 변역생사로 진입한 것일 뿐입니다.

이것이 라훌라의 수행 보고입니다만 이 보고에는 그가 몇 년 혹은 몇 달이나 수행했는지는 적혀 있지 않습니다. 그렇지만 확실한 것은, 부처님이 이 세상에 계실 때에는 아주 짧은 시간에 나한과를 얻은 사람이 있었다는 사실입니다. 어떤 사람은 사흘 만에 얻었고 또 다른 사람은 이레 만에 성취를 이루었습니다.

라훌라가 부처님께 경과를 보고하자 부처님은 기뻐하며 한 차례 격려하고는 말합니다. "금계법이 두루 갖추어지고 또한 여러 근이 성취되었으니 점차 체득해 나가면 일체의 결사가 모두 사라지리라〔具足禁戒法, 諸根亦成就, 漸漸當逮得, 一切結使盡〕." 부처님은 안반을 닦아 조식법으로부터 입문하라고 말합니다. 성취를 이룬 후에는 계정혜(戒定慧)가 두루 갖추어져 애써 계율을 지키지 않아도 이미 수계(守戒)의 공덕이 완성되며, 여러 근(根)이 신령스럽게 통하면서 해탈을 얻습니다. 불학의 '사대개공(四大皆空)'을 예로 들어 보아도 여러 근의 성취를 이루고서야 비로소 비워 버릴 수 있습니다. 이때가 되어서야 비로소 기아(饑餓)와 한서(寒暑)가 침투하지 못하고 사대가 전화될 수 있습니다.

대아라한과를 증득하기 위해서는 아직도 남아 있는 삼유결사(三有結使)를 끊어 내어야 합니다. '삼유'란 욕계·색계·무색계입니다. 삼유결사란 바로 심리 행위로서 말하자면 마음을 일으키고 생각을 움직임으로써 형성되는 작위(作爲)인 심리 상황입니다. 습기인 이러한 결사가 모두 끊어질 때에야 비로소 대아라한과를 증득할 수 있습니다.

부처님이 제시한 십념 중 가장 많이 언급하는 것은 바로 호흡을 이용하여 과위를 증득하는 방법입니다. 부처님의 아들 역시 이 방면의 수증 경과를 보고하고 있습니다.

『증일아함경』제11품과 제12품은 효도에 대해 언급하면서 부모의 은혜에 보답하기가 어렵다고 강조하고 있습니다. 이런 문화적 공통점 때문에 불교는 중국에 들어온 후 아주 빠르게 중국 문화 속으로 흡수되어 빛을 발할 수 있었습니다.

염신과 백골관

십념의 아홉 번째는 염신(念身)입니다. 여기서 말하는 염신법문은 밀교의 것이 아니라 현교의 것입니다. 후세의 중국 도가와 밀종에서는 밀교의 방법을 따라 수신법문(修身法門)에 치중했지만 종종 이 법문으로 어떻게 해탈에 이르는지를 알지 못하고 수신(修身)에 과도하게 집착하기도 했는데, 이렇게 하면 외도(外道)가 되어 버립니다. 그러나 이 법문으로 어떻게 해탈에 이르는지를 안다면 외도가 아닙니다.

여기서 말하는 염신은 소승의 방법입니다. 예를 들면 사염주(四念住)[70] 중의 "몸이 깨끗하지 못함을 염하고, 감각이 고임을 염하며, 마음이 무상함을 염하고, 법이 무아임을 염한다[念身不淨, 念受是苦, 念心無常, 念法無我]"

---

70 삼십칠도품(三十七道品) 중의 하나이다. 마음을 한 점에 집중시켜 망상이 일어나지 않도록 함으로써 진리를 얻고자 하는 네 가지 방법으로 신염주, 수염주, 심염주, 법염주가 있다. 신염주(身念住)는 몸의 자상(自相)이 불결하다고 관하는 동시에 몸이 비상(非常), 고(苦), 공(空), 비아(非我)임을 관함으로써 깨끗하다고 하는 전도된 생각을 바로잡는 것으로 신염처(身念處)라고도 한다. 수염주(受念住)는 즐거움 속에서 고통이 일어남을 관하면서 고통과 공 등을 아울러 관함으로써 즐겁다고 하는 전도된 생각을 바로잡는 것으로 수염처(受念處)라고도 한다. 심염주(心念住)는 마음의 생멸무상을 관함으로써 늘 그럴 것이라고 하는 전도된 생각을 바로잡는 것으로 심염처(心念處)라고도 한다. 법염주(法念住)는 일체의 법은 자성이 없어서 인연에

라는 것과 같습니다. 현재 존재하는 생명 현상에 근거하여 말하자면 소승에서 말하는 무아(無我)는 이런 범위를 초월하여 열반을 얻으라고 사람들에게 일러 주는 것입니다. 그러나 이것이 학계로 유입된 후, 특히 서양으로 유입된 후에는 불가의 무아를 단견(斷見)으로 생각하기에 이르러 영혼의 존재를 부정하는 한편 불학을 무신론으로 보는 주장까지 생겨났습니다. 참으로 어처구니없는 일입니다.

당송 이전에는 수행을 통해 과위를 얻은 사람이 아주 많았는데, 특히 염신법문을 닦는 사람이 다수였습니다. 예를 들어 부정관(不淨觀)[71]이나 백골관(白骨觀)[72] 같은 것이 모두 염신법문으로, 천태종의 지관은 호흡법문을 채택하면서 그것에다 부정관과 백골관 수행을 덧붙였습니다.

절강(浙江) 영파(寧波)에 있던 태허법사(太虛法師)의 어떤 제자는 학문이 대단히 뛰어났는데 삼 개월 만에 백골관을 닦아 완성했습니다. 그는 사람들을 해골 모습으로 관상(觀想)했으며, 만나는 사람마다 모두 해골로만 보이게 되어 이선(二禪)의 경계에 이르렀습니다. 나중에 그는 저에게 설사 출가를 했더라도 욕념은 그대로 남아 있어서 비록 백골관을 완성했지만 여전히 백골에게도 풍류가 있음을 느낀다고 말했습니다.

백골관이나 부정관을 닦아 욕념이 없는 데에까지 이르러야 하는데, 옛 사람들은 이것이 가능했으나 요즘 사람들에게는 어렵습니다. 요즘 사람들

의해 생겨남을 관함으로써 내가 존재한다고 하는 전도된 생각을 바로잡는 것으로 법염처(法念處)라고도 한다.

71 부정상(不淨想)이라고도 하는데, 사람의 시체가 시간이 지나면서 부패해 가는 모습을 관상함으로써 탐욕스러운 마음을 다스리는 방법이다.

72 달리 상상생(想相生), 골상(骨想), 고골상(枯骨想)이라고도 한다. 관법(觀法)의 하나로서 구상관(九想觀) 중의 골상이다. 관(觀)은 지혜로써 전심을 다하여 불(佛)이나 법(法) 등 특정 대상을 관찰하여 깨달음을 얻고자 하는 것으로, 불교의 일반적인 수행법이다. 백골관은 시체의 뼈와 근육이 분리되어 흩어지는 모습을 살펴보는 것이다. 백골이 흐트러진 불결한 모습을 보면서 무상함을 알아 탐욕과 집착을 끊으려는 것으로, 석가모니부처님의 제자 우파니사타(優波尼沙陀)가 이 방법으로 도를 이루었다.

에게는 백골도 멋있어 보이기 때문입니다.

염신은 몸이 더럽다고 관하는 것으로 욕념을 제거하는 데 그 핵심이 있습니다. 대승 계율의 첫째는 살생을 하지 않는 것인 데에 반해, 소승 계율의 첫째는 음욕을 경계하는 것입니다. 왜 이렇게 다를까요?

나한의 극과(極果)를 얻고자 한다면 반드시 먼저 욕념을 경계해야 합니다. 그러나 백골관이든 부정관이든 수식관(數息觀)이든 또는 다른 어떤 법문이든 음욕에 대해서는 방법이 없습니다. 음욕을 끊는다는 것은 이처럼 어려운 일입니다. 먼저 욕념을 전화시킬 수 있어야 합니다. 그런 다음에야 비로소 수증과 선정을 말할 수 있습니다.

십념의 열 번째는 염사(念死)입니다. 사람은 모두 죽을 수밖에 없습니다. 노인이라면 특히 더 그러한데, 진정으로 생사를 꿰뚫어 본 뒤에야 비로소 모든 것을 놓아 버릴 수 있으며 동시에 자신을 채찍질하여 수행에 전념할 수 있습니다. 근대 정토종의 인광대사(印光大師)[73]는 특히 염사법문을 강조했습니다.

현교와 밀교의 융회 관통하는 십념 수행

이제 다시 한 번 십념 공부에 대해 정리하면서 본래 주제인 '현교와 밀

---

73 1862~1940. 정토종의 고승. 속명은 조성량(趙聖量)이며 달리 상참괴승(常慚愧僧)으로 부르기도 한다. 어릴 때 유학 공부를 했는데 정주(程朱)의 책에 빠져 불교를 배척하다가 안질을 앓아 거의 실명 직전에 이르게 된다. 그 후 철저히 반성하여 불경을 연구하기 시작했으며 지극한 정성에 감응했는지 안질이 낫게 된다. 21세에 종남산에 이르러 연화동(蓮華洞) 도순장로(道純長老)에 귀의하여 출가하고, 광서(光緖) 8년인 1882년에 구족계를 받았다. 26세 때에는 정토 도량인 홍라산 자복사(資福寺)로 가서 염불을 했으며, 그 뒤 절강(浙江)으로 가서 보타산 법우사(法雨寺)에서 20여 년 동안 조석으로 불경을 읽고 염불에 전념했다. 1940년 79세의 나이로 영암산사(靈巖山寺)에서 입적했는데 다비 후 오색의 사리화(舍利花)와 사리주(舍利珠)가 무수히 나왔다.

교 수증 과정의 회통'에 입각하여 융회 관통시켜 보고자 합니다.

첫째, 염불(念佛)입니다. 이 염불은 결코 정토종에서 말하는 염불법문이 아닙니다. 비록 정토종과 그 원칙은 같을지라도 수행법은 다릅니다. 아함경의 기술에 따르면 이것은 온 마음으로 우러러보며 따르고 믿으면서 부처님의 성취를 추구하는 것입니다. 부처님을 통해 자신을 채찍질하는 하나의 법문입니다.

혜원법사는 정토종을 세우면서 정토삼경(淨土三經)을 채택했는데 그 목적은 장생불사(長生不死)를 구하는 것이었습니다. 혜원법사는 출가하여 불법을 배우기 전에 도가를 공부했습니다. 그는 도가에서 추구하는 장생불사의 수련법이 궁극적인 것이 아님을 깨닫고 불법 속에서 그것을 찾았는데, 결국 일념을 정성스럽게 함으로써 극락세계에 왕생할 수 있음을 알고는 이 법문을 택하여 정토종을 세웠습니다. 서방 극락세계에 왕생하는 것을 장생불사라 말할 수도 있겠지만 그래도 생사를 철저히 끝낸 것은 아닙니다. 극락세계에 왕생한 후 계속 수행하여 성취를 이루고 그런 다음 다시 시방세계(十方世界)에 이르러 중생을 구제해야 합니다.

이런 것이 바로 대승의 방법이면서 동시에 소승의 염불법문을 그 속에 포함하고 있는 것입니다.

이 외에도 밀종에서 염불법문이 특히 많은데 예를 들면 비로자나불수법(毘盧遮那佛修法), 보현여래수법(普賢如來修法), 상락금강수법(上樂金剛修法), 희금강수법(喜金剛修法) 등이 모두 염불법문입니다.

여기서 말하는 염불은 광의의 것으로 포함하는 범위가 매우 넓습니다. 협의의 것은 정토종의 염불법문으로 단지 하나의 방법일 뿐입니다.

둘째는 염법(念法)으로서, 역시 성취를 얻을 수 있습니다. 현재 일반인들은 불법을 배우는 것과 불학 그리고 불교라는 이 삼자를 합일시키지 못하는데, 이들을 진정으로 하나가 되게 하는 것이 바로 염법입니다. 예를 들면 우리는 '무상-고-공-무아-십이인연', '제행무상(諸行無常)', '시생멸법(是生滅法)-생멸멸이(生滅滅已)-적멸최락(寂滅最樂)' 등에 대해 잘 알고 있는데, 이런 학리가 바로 법입니다. 우리가 단지 이런 학리만 알 뿐 이것으로 자신의 몸과 마음에 적용하여 수증해 내지 못한다면 그것은 염법이 아닙니다.

공자가 말한, "이치를 궁구하고 본성을 다하여 명에 이른다[窮理, 盡性, 以至於命]"라는 것도 바로 염법입니다. 불학의 이치를 몸과 마음에 응용하는 것이 바로 염법법문입니다.

셋째는 염승(念僧)으로, 성현승(聖賢僧)을 염하는 것입니다. 예를 들어 마조(馬祖)와 백장선사는 어떻게 출가하고 참선하여 도를 이루었는지, 혹은 감산대사의 수행 과정은 어떠했는지 하는 것들을 염하는 것입니다. 그들에 감복하고 그들을 모방하는 것이 바로 염승법문입니다. 앞서 간 성현들이 어떤 길을 걸었으며 어떤 성취를 이루었는지 살펴 그것을 법(法)으로 삼아 수행하는 것이 바로 염승입니다. 그러나 요즘 사람들은 비단 선배들의 수행 기록을 보지 않을 뿐 아니라 그들의 수행법을 배우지도 않습니다. 설사 그들의 전기를 본다 하더라도 객관적 시각으로 연구하고자 하며 심지어 비평하기도 합니다. 이것은 수행자가 취해야 할 태도가 아닙니다.

넷째는 염계(念戒)입니다. 염계 역시 쉽지 않습니다. 이전에 대륙에서는 매년 음력 초하루와 대보름에는 반드시 계율을 외는 송계(誦戒)를 했는데 대단히 엄숙했습니다. 출가인은 자신이 범한 계율을 참회하고 다시 범하지 않고자 했습니다. 염계는 송계와는 다릅니다. 염계는 한 조목 한 조목을 모두 마음에 새겨 길을 갈 때에나 어떤 일을 할 때에도 모두 계율을 염합니다. 이렇게 해서 자신의 행위 하나하나가 모두 법도에 맞게 하며, 한 생각 한 생각이 모두 법도에 맞도록 합니다. 여러분은 이렇게 할 수 있겠습니까? 계(戒)는 다시 차계(遮戒)와 성계(性戒)로 나누어집니다. 시기와 지역이 달라지면 그에 따라 달라질 수 있는 것이 차계입니다. 그러나 살인, 도둑, 음행의 삼대 계율은 영원히 위반할 수 없는 것으로 이들이 바로 성계입니다.

염계는 수시로 자신에게 계율을 지킬 것을 엄격히 요구하는 것입니다. 자신의 생각을 살펴 오직 착한 생각만을 일으키고 좋지 않거나 악한 생각은 절대 일어나지 못하게 함으로써 계율을 범하지 않도록 합니다.

젊은 사람이 이레 동안 엄격히 염계를 할 수 있다면 반드시 사문과(沙門果)를 얻을 수 있을 것이며, 이 과위를 얻은 후에는 수행의 길이 훨씬 더 편안해질 것입니다. 그러나 후세에 이르러 염계를 닦는 사람은 아주 적어졌습니다.

사무량심(四無量心)[74] 역시 계율의 범위 내에 있는 것으로, 경(經)과 계(戒)가 하나가 된 것입니다. 밀종을 배우는 사람이라면 계율을 지키는 것이 더욱 엄중한데, 매 단계의 수행법에서 먼저 사무량심을 닦아야 합니다. 중생의 일체 고통은 내가 짊어지겠다, 수행은 자신을 위한 것이 아니라 성공한 후 중생을 제도하기 위한 것이다, 모든 공덕은 중생에게 돌리며 스스로는 전혀 그것을 필요로 하지 않는다고 하는 마음입니다. 보리심과 사무량심 등을 드러내는 것이 모두 염계법문에 속합니다.

최근 도처에서 밀법(密法)이 유행하여 여기저기서 전해지고 있지만 기본적인 이치를 전혀 갖추지 못했습니다. 저와는 별 상관이 없는 듯도 하여

---

74 중생을 위해 보살이 가지는 자(慈)·비(悲)·희(喜)·사(捨)의 네 가지 무량심(無量心)을 말하는데, '무량'은 무량한 중생을 상대로 하고 또 무량한 복과(福果)를 얻는다는 의미에서 붙여졌다. 자무량심(慈無量心)은 일체 중생에게 즐거움을 주려는 마음이며, 비무량심(悲無量心)은 일체 고통에서 벗어나게 해 주려는 마음이다. 희무량심(喜無量心)은 중생으로 하여금 고통을 버리고 낙을 얻어 희열케 하려는 마음이고, 사무량심(捨無量心)은 탐욕이 없음을 근본으로 하여 중생을 평등하게 대하고 원(怨)과 친(親)의 구별을 두지 않으려는 마음이다. 이 네 가지 무량심을 철저하게 실천하면 부처의 경지에 도달할 수 있으며 죽은 뒤 대범천(大梵天)에 태어난다고 한다.

그냥 못 본 척하고 있기는 하나 정말 눈 뜨고 보기 어려울 지경입니다. 진정한 밀법은 심리적 행위에서든 도덕적 반성에서든 모두 대단히 엄숙합니다. 일반인은 밀종이라는 말만 들어도 남녀가 같이 수련하는 것을 연상하는데, 이는 밀종을 모욕하는 것이자 불법을 모욕하는 일이기도 합니다. 어떤 종파든 그렇게 간단하지가 않습니다.

다섯째는 염시(念施)입니다. '시(施)'는 보시로서 곧 염사(念捨)입니다. 이것은 일체를 모두 내어 주는 것으로 앞서 습득(拾得)이 인용하고 있는 다음과 같은 미륵보살의 게송과도 같습니다. "어떤 이가 늙은 것을 욕하면 늙은 것은 그냥 좋다고 하고 어떤 이가 늙은 것을 때리면 늙은 것은 스스로 쓰러져 버리네〔有人罵老拙, 老拙只說好, 有人打老拙, 老拙自睡倒〕." 이것 역시 보시입니다. 염시가 어찌 쉽게 말할 수 있는 것이겠습니까! 대승불법에서 첫 번째로 말하는 것이 보시로서, 보시가 가장 닦기 힘듭니다. 역사에 등장하는 협객들이 재물을 빼앗아서 자신이 갖지 않고 다른 사람에게 나누어 주려는 것도 역시 보시라 할 수 있습니다. 일반적으로 우리가 베푸는 데에는 왕왕 조건이 붙어서 공덕을 구하거나 그러지 않으면 명예를 구합니다. 일체의 것을 모두 내어 주어 마지막에 비워진 상태에 이르렀을 때, 그럴 때에 바로 공(空)을 증득할 수 있습니다. 이 법문은 아주 많은 것을 포괄합니다.

여섯째는 염천(念天)입니다. 서양 종교에도 천당에 대한 이야기가 있는데, 그것은 올바른 천도(天道)를 닦는 것으로 틀리지 않습니다. 서양의 이런 법문을 얕잡아 봐서는 안 됩니다. 불법을 배우는 사람은 서양 종교에 대해 편견을 가져서는 안 됩니다. 『금강경』에서 말하지 않습니까? "일체의 성현은 모두 무위로 법을 삼으나 차별이 있다〔一切賢聖, 皆以無爲法, 而有差別〕"라고요. 각 종교의 진리는 모두 옳습니다. 단지 도를 증득하는 정도에 얕고 깊음의 차이가 있거나 또는 표현 방식에서 차이가 있을 뿐입니다.

하물며 소승불교에도 염천법문이 있지 않습니까?

염천은 어떻게 닦는 것일까요? 말하기가 참으로 난감합니다. 우리 일반인도 수행을 하면 죽은 뒤 승천할 수 있을까요? 여전히 문제입니다. 그러니 서방에 왕생하는 것에 대해서는 말하지 않기로 하겠습니다. 소만수(蘇曼殊)[75]는 이렇게 말했습니다. "승천하고 성불하는 것이 어찌 나에게 가능하리. 깊은 꿈속 기댈 데조차 없는 그것이 한스러울 뿐이다(昇天成佛我何能, 幽夢無憑恨不勝)."

염천으로 말하자면 우리와 절대적인 관계가 있습니다. 사선팔정 최고의 과위는 결코 삼계천(三界天)을 떠나지 않습니다. 진정으로 성불하고자 한다면 삼계를 벗어나야 하지만 그것은 정말 쉬운 일이 아닙니다.

---

75 1884~1918. 중국 청나라 말기에서 민국(民國) 초기에 걸쳐 활동한 방랑시인으로 본명은 소현영(蘇玄瑛), 자는 자곡(子轂)이며, 만수는 승명이다. 일본 도쿄에서 광동(廣東)의 상인인 중국인 아버지와 일본인 어머니 사이에 태어났다. 5세 때 중국으로 가서 광동과 상해를 전전하다가 1898년 일본 도쿄미술학교와 와세다대학 예과에서 공부했다. 혁명에 참여하였으므로 집과 관계를 끊고 귀국하여 소주(蘇州)에서 교사가 되었고, 상해의 국민일보사에 들어가서 활약하다가 갑자기 삭발하고 중이 되었다. 상해에서 진독수(陳獨秀)와 사귀었고, 다시 일본으로 가서 장병린(章炳麟) 등 중국의 혁명 지사들과 교유하며 중국혁명동맹회의 기관지에 시를 발표하여 문학 혁명의 선구자가 되었다. 영어, 독일어, 프랑스 어, 산스크리트 어를 잘하여 바이런 등의 서양시를 중국에 번역 소개했으며 그림에도 뛰어났다.

제9강

맹자의 호연지기

　불법의 요점을 종합해 본다면 우리는 대승과 소승이 나누어질 수 없는 것임을 알 수 있습니다. 수행은 견지, 수증, 행원의 세 방면에서 동시에 나아가서 스스로 성과를 증득하는 것으로 정좌 공부만 해서 되는 것이 절대 아닙니다. 정좌 공부는 그저 가지고 노는 것일 뿐입니다. 그러니 먼저 남전(南傳) 소승 경전인 『증일아함경』의 '십념(十念)'을 수행의 기초로 삼아야 합니다. 십념의 방법은 하나의 대원칙으로 여기서 다시 발전하면 팔만사천의 다양한 수행법이 나올 수 있습니다.

　『증일아함경』의 십념법문 중 첫 번째는 염불입니다. 여기에는 정토종과 밀종의 관상법(觀想法)뿐 아니라 모든 불보살의 관상법이 포함됩니다. 두 번째는 염법이요 세 번째는 염승으로 모두 많은 이치를 담고 있습니다. 여기서는 요점만 간단히 설명할 수밖에 없으니 여러분 스스로 깊이 연구해 보아야 합니다. 절대로 옛날이야기를 듣는 것처럼 해서는 안 됩니다. 그렇게 하면 비단 제 강의를 헛되게 할 뿐 아니라 여러분도 쓸데없이 시간을 낭비하게 됩니다.

십념의 '염(念)' 자는 『능엄경』의 오음해탈(五陰解脫) 중 망념의 '염(念)' 자와는 다른 것으로 똑같이 생각해서는 안 됩니다.

이 열 가지 방법 중 염신(念身)을 제외한 나머지 것은 모두 정신적 측면의 수련 방법입니다. 염신은 육신으로 인해 겪게 되는 어려움으로부터 해탈하는 것으로 백골관을 닦는 것까지 포함합니다. 십념 중에서 염안반은 호흡과 정신을 서로 결합시키는 것입니다.

단지 눈으로만 글을 읽어서는 안 되며 반드시 혜안을 갖추어야 합니다. 모름지기 정수리 위에 또 한 쌍의 지혜의 눈이 있어 지혜로써 보아야 합니다. 『증일아함경』에서는 특히 염기(念氣)를 강조합니다. 부처님의 아들 라훌라가 아라한과를 증득하기까지의 과정을 보고하고 있지만 다른 방법에 대해서는 특별한 보고가 없는 것만 보아도 염기를 얼마나 중시하는지 알수 있습니다.

우리의 정신과 신체는 너무도 허약해서 공부를 해도 제대로 되는 사람이 드뭅니다. 정좌 공부만 해도 그렇습니다. 정좌를 통해 망념을 깨끗이할 수 있는 사람은 그리 많지 않습니다. 다시 말하지만 연기법문(煉氣法門)을 활용할 수 있다면 라훌라가 그랬던 것처럼 비교적 쉽게 성과를 얻을 수있을 것입니다. 이 점은 아주 중요합니다.

불법이 중국에 전해지기 전에 이미 기(氣) 수련의 이치를 말한 성인이 한분 있었으니 바로 맹자입니다. 그는 『맹자(孟子)』「공손추(公孫丑)」편에서말합니다. "나는 호연지기를 잘 기른다. 그 기는 지극히 크고 강하여 제대로 수련하여 해를 끼치지 않으면 천지간에 가득 찬다[我善養吾浩然之氣. 其爲氣也, 至大至剛, 以直養而無害, 則塞於天地之間]." 불법을 배우는 사람은 다른학문의 가르침을 경시해서는 안 됩니다. 천하의 진리란 다를 바가 없습니다. 불법을 배우는 사람이 보다 뚜렷이 알아야 할 것은 대승보살이 여러

화신으로 나타나서 갖가지 다른 교화를 한다는 사실입니다. 맹자가 제시한 양기(養氣)는 아주 이치에 닿습니다. 안반법문을 닦는 사람은 "뜻이 하나가 되면 기가 움직이고, 기가 하나가 되면 뜻이 움직인다〔志壹則動氣, 氣壹則動志.〕"라는 맹자의 말에 귀를 기울여야 합니다. 정신과 기를 결합시키지 못한다면 망념이 일어나지 않게 하는 것은 절대 불가능합니다. 맹자는 「진심(盡心)」편에서 양기 공부의 순서에 대해 다음과 같이 말하는데, 범부로부터 성인에 이르는 하나의 과정입니다. "욕구할 수 있는 것을 선이라 하고, 자기에게 있는 것을 신이라 하며, 충실한 것을 미라 하고, 충실해서 빛이 나는 것을 대라 하며, 크게 변화하는 것을 성이라 하고, 성스러워서 알 수 없는 것을 신이라 한다〔可欲之謂善, 有諸己之謂信, 充實之謂美, 充實而有光輝之謂大, 大而化之之謂聖, 聖而不可知之之謂神〕."

이야기가 대승과 소승에 이르렀는데, 이 둘의 차이는 과연 어디에 있을까요? 대승보살도를 배우면서 소승을 기초로 삼지 않는다면 이것은 말도 안 됩니다. 현대인이 불법을 배우는 데에는 큰 문제가 있습니다. 입만 열면 대승을 말하지만 사실은 기본인 인승(人乘)조차도 제대로 되어 있지 않습니다. 오승도(五乘道)란 바로 인승, 천승, 성문승, 연각승, 보살승을 말합니다. 대승은 그렇게 쉬운 것이 아닙니다. 소승의 성문, 연각은 고사하고 일반적으로 인승의 수양에도 문제가 있습니다. 먼저 인승의 기초를 잘 닦은 후에, 사서오경이나 잘 연구한 후에 다시 말합시다. 대승과 소승의 차이는 바로 견지, 수증, 행원이 같지 않은 데에 있습니다.

십념은 수련의 방법일 뿐입니다. 나한과를 닦아 얻으려면 단지 연기(煉氣)에만 의지해서는 안 됩니다. 왜 그럴까요? 심행(心行)이 부족하기 때문입니다. 마음속에 번뇌와 망상 그리고 습기의 뿌리가 그대로 남아 있기 때문입니다. 견지가 이르지 못했는데 어찌 소승의 최고봉인 나한과를 쉽게 말할 수 있겠습니까? 사람이 죽은 후 다시 사람의 몸을 얻는 것은 쉬운 일이 아닙니다. 불경에서는 사람의 몸을 얻는 것이 마치 눈먼 거북이 바다에 떠 있는 나무둥치의 구멍을 만나는 것과 같다고 말합니다.

『열반경』권 2 「수명품(壽命品)」제1의 2에서 부처님은 다음과 같은 게송을 읊습니다.

세간에 사람으로 태어나기 어렵고	生世爲人難
부처의 세상 또한 만나기 어려우니	値佛世亦難
마치 망망대해 속에서	猶如大海中
눈먼 거북이 나무 구멍 만나듯 하다	盲龜遇浮孔

눈먼 거북이 한 마리가 대해를 헤매다가 마침 떠다니는 나무둥치 하나를 만났는데, 그 나무둥치에는 머리를 디밀고 들어갈 만한 구멍 하나가 있었습니다. 얼마나 공교로운 일입니까! 우리가 사람으로 태어나는 일이 바로 눈먼 거북이 나무 구멍 만나듯 그렇게 어렵다는 것입니다. 그러니 천계(天界)에 태어난다는 것은 더욱 어려운 일입니다.

천인(天人)은 사선팔정을 닦아야 하는데 그것을 닦아 완성하면 천도에 왕생합니다. 그러나 아직은 삼계를 벗어나지 못하며 삼계 속에서 돌아다닙니다. 우리는 입만 열면 삼계를 벗어나 오행(五行) 속에 머물지 않겠다고 하지만 말처럼 그렇게 쉬운 일이 아닙니다.

타좌를 통해 정(定)을 닦는 것은 공통의 방법으로 결코 불가(佛家)에만 있는 것이 아닙니다. 모든 종교, 외도(外道)나 마도(魔道)에서도 모두 타좌를 말합니다. 공부가 완성되면 욕계천에 오를 수 있고 혹은 아수라도에 갈 수도 있습니다. 천계에 오르는 것 또한 결코 쉽지 않으니 천도에 오르기 위해서는 견지가 있어야 합니다.

견사혹과 결사

이어서 참고로 견사혹(見思惑)과 삼계의 구지(九地), 그리고 미혹을 끊고 진리를 증득하는 것과의 관계에 대해 열거해 보겠습니다.(부록 중 도표 1. '삼계천인표三界天人表' 참조)

견혹(見惑): 마음속 번뇌를 가리키는 것으로, 바로 견지상의 번뇌입니다. 견혹은 『구사론(俱舍論)』 중에서는 팔십팔결사(八十八結使)로 종합됩니다. 마치 밧줄에 매듭이 지어진 것처럼 풀려야 풀 수가 없습니다. 불법을 배우는 사람은 입으로는 공을 말하지만 마음의 매듭[心結]은 시종 풀지 못합니다. '결(結)' 자는 참으로 뛰어난 번역입니다. 왜 매듭을 풀지 못할까요? 기(氣) 때문입니다. 기질이 변화되지 않고서는 매듭을 풀 수 없습니다.

신견(身見): 신체에 대한 집착을 말하며, 신체상의 각종 고통을 포함합니다. 노자는 말합니다. "내게 큰 걱정이 있는 것은 내 몸뚱이가 있기 때문이다[吾之所以有大患者, 爲吾有身]." 우리는 평생 이 몸을 위해 바쁘게 살지만 결국엔 썩어 없어지고 맙니다. 그렇다고 누가 이 몸을 사랑하지 않을까요? 많은 고통은 모두 신견을 벗어나지 못하기 때문에 생깁니다.

변견(邊見): 일체의 철학 사상은 모두 변견에 속합니다.

사견(邪見): 많은 학파나 미국의 히피, 최근의 성 개방 풍조 등이 모두 사견에 속합니다. 사견이란 바로 편견을 말합니다.

계금취견(戒禁取見): 계율로 인해 생겨난 취사(取捨)상의 오류입니다.

견취견(見取見): 각자가 집착하고 있는 서로 다른 주관적인 고정관념을 말합니다.

의(疑): 다른 사람을 믿지 못하는 것입니다. 만(慢)과 의(疑)가 하나로 연계되어 자기만 옳고 다른 사람은 모두 그르다고 생각하는 것이 바로 만의

(慢疑)인데, 모든 사람에게 다 있습니다.

이 밖의 탐(貪), 진(瞋), 치(癡), 만(慢)에 대해서는 생략하니 여러분 스스로 연구해 보기 바랍니다.

이상에서 말한 것은 불법의 심리학에 속하는 것입니다. 보통의 심리학은 현상에 대한 분석과 연구로서 발전하면 할수록 더욱 세밀해집니다. 불교의 심리학은 팔십팔결사나 유식종의 『백법명문론(百法明門論)』 등에서 알 수 있듯 도덕심리학입니다. 여기에는 하나의 전제가 있는데, 바로 도를 증득한 자의 심리만이 옳고 나머지는 모두 그르다는 것입니다. 이것은 지선(至善)의 심리학, 순선(純善)의 심리학입니다. 유식은 뛰어난 심리학으로 지금 여기에서 말하는 심리는 단지 대원칙일 뿐이며, 하나하나 분석해 들어가면 일일이 다 헤아릴 수도 없습니다.

유식을 널리 펼쳐 보고자 하는 사람은 반드시 주의해야 하는데 문을 닫아걸고 스스로 황제라 칭해서는 안 됩니다. 단지 불교만이 훌륭하다고 여겨서는 안 된다는 말입니다. 보통의 심리학에도 그 나름의 이치가 있습니다. 수행은 바로 우리 자신의 심리를 들여다보는 것이니 이것이 바로 견지입니다. 심행이 바르게 되지 않고 대인 관계나 일 처리도 바뀌지 않았다면 공부가 잘되어 봐야 소용이 없습니다. 기껏해야 바다 속 눈먼 거북에 지나지 않습니다.

견지는 행원과 연계되므로 소승의 행원을 닦아 나한과를 증득하기 위해서는 비단 공부가 훌륭해야 할 뿐 아니라 심리적으로 이런 견사혹(見思惑)을 반드시 없애야 합니다.

구지(九地): 삼계는 다시 아홉 단계로 나누어지며, 우리가 사는 이 세상은 욕계의 '오취잡거지(五趣雜居地)'입니다. 다시 말해 천(天)·인(人)·축생(畜生)·아귀(餓鬼)·지옥(地獄)의 다섯 종류가 모두 거처하는 곳으로 성인과 범부가 같이 살고 있습니다. 오취잡거지에 색계와 무색계의 각 사지(四

地)를 더하면 모두 구지가 됩니다.

사혹(思惑) : 사상(思想) 방면의 발전입니다. 예를 들어 어떤 사람은 불교에 대한 글을 쓰면서 문장도 좋고 근거 자료도 풍부하지만 사혹에 빠지는 결함이 있습니다. 즉 생각이 뚜렷하지 못한 것입니다. 우리가 타좌를 하면서 어떤 경우는 우연히 정(定)의 경계에 들 때가 있는데 그러면 '아! 이게 바로 도(道)라는 것이구나!' 하고 생각합니다. 이런 생각이 바로 사혹이라는 것을 알지 못합니다. 그러므로 견(見)과 사(思)는 서로 속한 데가 다릅니다.

보리를 증득하기 전에는 모두 삼계 속에서 맴돕니다. 여기에 대해서는 스스로 연구하여 소감을 보고하기 바랍니다. 우리의 생각이나 견지에 오류가 있으면 범부의 경계로 떨어지고 마는데, 그러면서도 스스로는 그것을 모르기 때문에 이 장은 아주 중요합니다.

미혹을 끊어 진리를 증득하는 사과(四果) 중에서 견혹(見惑)의 조잡한 생각이나 번뇌를 끊어 버려야만 비로소 예류과(預流果)로 들어서게 되는데, 이는 수다원과(須陀洹果)라고도 부르는 것으로 바로 초과(初果)입니다.

일래향(一來向) : 사혹이 끊어진 초지(初地)의 1품에서 5품까지를 사다함 향(斯陀含向)이라 칭하는데, 이 역시 일래과(一來果)의 후보자로서 사다함 과(斯陀含果)라 부르기도 합니다. 사다함에 대해서는 두 가지 설이 있습니다. 하나는 '오환인간(五還人間)'으로서, 천계에 올랐다가 인간계에 내려오기를 다섯 차례 반복한 후 다시는 인간으로 오지 않는다는 것입니다. 다른 하나는 죽은 후에 승천하여 다시 한 번 인간으로 왔다가 그 뒤에는 다시 오지 않는다는 것입니다.

그러므로 교리상으로 말하면 '입지성불(立地成佛)'은 불가능하며 나한과를 증득하는 것 역시 쉽지 않은 일로, 모름지기 우리 자신의 수행 공부를 살펴야만 합니다.

견사혹과 삼계의 구지, 그리고 미혹을 끊고 진리를 증득하는 것과의 관계에 대해서는 『구사론』에서 모두 다루고 있으니 참고할 만합니다. 이른바 '논(論)'이란 부처님이 말한 것이 아니라 어느 보살이 스스로 얻은 경험을 기록하여 우리에게 일러 주는 것입니다.

부처님이 생존해 있을 당시의 인간 사회는 지금처럼 복잡하지 않아서 아함경의 몇 가지 법문을 가르치자 많은 제자들이 그 자리에서 나한과를 증득했습니다. 그런데 후세 사람들은 도를 이루기가 왜 이렇게도 어려울까요?

우리가 수도를 통해 성취를 얻기 위해서는 견지가 뚜렷하지 않으면 안 됩니다. 단지 수도만 할 뿐 이치에 통하지 못하면 소용이 없으며 공부가 훌륭해도 이치에 통하지 못하면 쓸모가 없습니다. 오늘날 이른바 교주라 불리는 사람들도 공부는 정말 대단해서 각종 경계를 드러내지만 뇌일혈이나 당뇨병으로 세상을 떠납니다. 이런 사람들은 모두 공부에만 신경을 썼지 이치에는 정통하지 못해서입니다.

반대로 이치에만 통하고 공부를 하지 않은 사람은 백 년 삼만육천 날을 근심이나 질병 속에서 보냅니다. 비록 이 몸이 혐오스럽고 공허한 것이라 해도, 그럼에도 이 얼마 되지 않는 고깃덩이를 위한 안배는 어렵고도 어려운 일입니다. 그러므로 공부만 하고 견지가 이르지 않으면 안 되고, 행원이 이르지 않아도 안 되며, 견지만 이르고 수증이 이르지 않아도 역시 안 됩니다.

선정 공부가 잘되어야만 비로소 승천할 수 있습니다. 그러나 일반인은 승천의 첫걸음도 내딛지 못합니다. 왜 그럴까요? 남녀 관계를 끊어 버리지 못하기 때문입니다. 이런 까닭에 소승의 과위는 먼저 기초부터 말합니다. 비단 남녀 관계뿐 아니라 유정(遺精, 도가에서는 누단漏丹이라고도 함)이나 수음(手淫)에서부터 모든 자위 방법, 심지어 음란한 생각까지도 가져서는 안 됩니다. 소승의 첫 번째 계율은 바로 음계(淫戒)입니다.

누정(漏精)을 하지 않는다는 것은 정액을 흘리지 않는다는 말이 아닙니다. 수행자는 반드시 정액이 생기기 이전에 그것을 전화시켜 없애야 합니다. 도가의 광성자(廣成子)는 말합니다. "정이 속에서 움직이면 반드시 그 정을 동요시킨다(情動乎中, 必搖其精)." 마음속에 한 생각이 일어나 감정이 동요되면 정기(精氣)는 이미 흩어져 버립니다. 정(精)의 이치는 바로 이런 정을 말하는 것이지 정충(精蟲)의 정이 아닙니다. 하물며 유정, 수음, 자위 등은 어떻겠습니까? 기본적으로 먼저 이 계율을 지켜야 합니다. 그러나 제가 알기로는 일반인들은 어렵습니다. 한 며칠 타좌를 하다가는 다시 허물어지고 맙니다.

다음은 음식입니다. 공부는 훌륭하지만 위나 장에 문제가 있는 사람이 많습니다.

이런 이치를 모두 알고 잘 다스린 뒤라면 불경에서 부처님의 제자들이 사흘이나 닷새 혹은 이레 안에 아라한과를 증득했다는 것은 분명히 가능한 일입니다. 이렇게 본다면 그 자리에서 깨닫는 입지돈오(立地頓悟) 역시 가능합니다만 요점은 반드시 계율을 지켜야 한다는 것입니다.

『능엄경』에 나오는 십 종의 선인

『능엄경』 권 8에서는 십 종의 선(仙)에 대해 언급하고 있는데, 일반적으로 『능엄경』을 위경(僞經)이라고 공격하는 이유도 바로 이 때문입니다. 인도에는 선도(仙道)가 없었고 단지 중국에만 있었다는 것입니다. 그러나 실제로 선도를 닦는 인도의 바라문교는 불교보다 훨씬 더 오래되었습니다. 예를 들어 '옴마니반메홈'이란 주문은 남아프리카나 남미 등지에 이르기까지 전 세계의 거의 모든 사람이 외고 있습니다만 절대 중국에서 건너간 것이 아닙니다. 우리 시대에 학술과 문화를 연구하는 사람들은 문을 닫아 걸고 자기 식으로만 생각하며 스스로 왕이라 칭하니 참으로 안타까운 일입니다.

부처님은 『능엄경』 권 8에서 십 종의 선도(仙道)에 대해 말합니다. "이들은 모두 사람들 속에서 마음을 단련했으나 정각을 닦지 아니하고 따로 장생의 이치를 터득하여 수명이 천만 세에 이르렀으며, 깊은 산이나 외딴 섬 등 인적이 끊어진 곳에 산다. 이들 역시 망상 속에서 윤회를 거듭하니, 삼매를 닦지 않았으므로 업보가 다하면 다시 돌아와 흩어져 여러 부류로 들어간다[是等皆於人中鍊心, 不修正覺, 別得生理, 壽千萬歲, 休止深山, 或大海島, 絶於人境. 斯亦輪迴妄想流轉, 不修三昧, 報盡還來, 散入諸趣]."

이 십 종의 신선(神仙)은 단지 마음 방면으로만 자신을 수련하여 대철대오의 보리를 증득하지 못했습니다. 그들은 생명의 열쇠를 장악함으로써 천 세 만 세까지도 살 수 있습니다만 이것은 단지 망상의 흐름일 뿐 명심견성이 없으므로 여전히 떠돌고 있습니다. 만약 명심견성할 수만 있다면 이것도 옳은 것입니다. 하지만 방법에 불과한 것을 궁극의 것으로 여겨 집착하는 것은 옳지 않습니다. 명심견성하지 못하면 어떤 것도 옳지 않으며, 보리를 증득한다면 어떤 것이든 다 옳습니다.

다시 천도(天道)를 말합니다. "세상 사람들은 영원히 머무는 것을 구하지는 않아도 처첩에 대한 은애를 버리지 못한다[諸世間人不求常住, 未能捨諸妻妾恩愛]." 어떤 사람은 이 세계에 그리 큰 애착이 없어서 선도를 닦는 사람들처럼 수천 년 수만 년 살고자 생각하지는 않지만 그럼에도 처자식에 대한 사랑은 차마 버리지 못합니다. 이런 생각을 하는 사람은 상당히 많습니다. 다만 어떤 사람은, "사특한 음욕 속에서도 마음을 추스른다[於邪淫中, 心不流逸]"라고 합니다. 유가의 방법도 이와 같으니 무엇을 하든 마음이 산란해지지 않습니다. "맑고 밝아 빛나니 명이 다한 뒤 해와 달과 이웃하리라[澄瑩生明, 命終之後, 鄰於日月]." 이렇게 수양이 높은 경지에 이른 사람은 목숨이 다한 뒤 이 사바세계를 벗어나 천도인 사천왕천(四天王天)에 왕생할 수 있습니다.(부록 중 '삼계천인표' 참조) 그렇지만 이 역시 여전히 욕계에 속하는 것으로, 달리 육욕천(六欲天)이라 부릅니다.

육욕천도

육욕천의 천인(天人)은 수명이 우리보다 훨씬 더 길며 우리와 같은 고통과 번뇌가 없습니다. 이들의 복보는 아주 커서 모두가 훌륭한 일을 했거나 선행을 닦았거나 혹은 공부를 한 사람들입니다. 그러나 아직은 남녀 간의 욕념을 벗어나지 못했기에 육욕천이라 합니다. 비록 욕념을 벗어나지는 못했지만 이미 욕념을 높은 경계로 끌어올렸기에 능히 육욕천에 오를 수 있었습니다.

『유가사지론』 권 5 「본지분중유심유사등삼지(本地分中有尋有伺等三地)」의 2에서 말합니다. "일체 욕계천의 무리는 여자의 태 속에서 태어나지 않는다. 사대왕의 여러 천인들은 부모의 어깨 위에서, 혹은 가슴 속에서 다섯 살쯤 된 아이의 모습으로 갑자기 태어난다[一切欲界天衆, 無有處女胎藏. 然四大王衆天, 於父母肩上或於懷中, 如五歲兒欻然化出]." 『기세경(起世經)』[76] 권 7 「삼십삼천품(三十三天品)」 8의 2에는 이렇게 기록되어 있습니다. "비구들이여, 그들은 하늘에서 천자나 천녀에게서, 혹은 앉은 자리에서, 혹은 두 무릎 속에서, 혹은 두 넓적다리 사이에서 갑자기 태어난다. 처음 태어났을

---

76 모두 10권으로 되어 있으며 수대(隋代)에 도나굴다(闍那崛多)가 번역했다. 이 책은『대정장(大正藏)』제1책에 수록되어 있는데 그 내용은 세계의 조직과 상태, 기원, 생성 및 파괴 등의 과정을 서술한 것이다.

때에는 열두 살쯤 된 사람의 아이 같으며, 천남이라면 천자의 왼쪽 무릎에서 태어나며, 천녀라면 천녀의 두 넓적다리 속에서 태어난다〔諸比丘, 彼於天中, 或在天子, 或在天女, 或於坐處, 或兩膝內, 或兩股間, 忽然而生. 初出生時, 卽如人間, 十二世兒, 若是天男, 則在天子坐膝邊生, 若是天女, 則在天女兩股內生〕." 색계 천의 천인은 부친으로부터 태어나는데 정수리가 갈라지면서 나옵니다. 천인의 머리에는 모두 꽃으로 된 모자가 있는데, 죽을 때가 되면 이 꽃 모자가 먼저 시들며 이때 천인 천녀는 모두 눈물을 흘립니다. 이 사람은 곧 죽어 하계(下界)로 떨어지는데, 하계에 이르면 우리 같은 인간으로 변합니다. 그럼에도 우리 인간은 스스로 위대한 존재라고 착각하고 있는 것입니다!

인류는 남성과 여성이 관계하여 대를 잇지만 욕계의 천인이 관계할 때에는 『기세경』 권 7 「삼십삼천품」 8의 2에 기재된 다음의 내용과 같습니다. "사천왕천과 삼십삼천이 관계할 때에는 근이 뻗어 나가는 동시에 바람이 일며, 야마제천은 손을 잡는 것으로 관계하며, 도솔타천은 마음으로써 관계하며, 화락제천은 오랫동안 응시함으로써 관계하며, 타화자재천은 같이 대화함으로써 관계하며, 마신제천은 서로 바라봄으로써 관계한다〔四天王天, 三十三天, 行欲之時, 根到暢適, 亦出風氣, 夜摩諸天, 執手成欲, 兜率陀天, 懷念成欲, 化樂諸天, 熟視成欲, 他化自在天, 共語成欲, 魔身諸天, 相看成欲〕." 색계의 천인은 눈으로 정(情)을 전하는 것만으로도 가능하고, 무색계의 천인은 서로 바라보는 것조차도 불필요합니다. 단지 서로 한 생각만 움직이면 바로 자식을 낳을 수 있습니다.

삼계의 천인을 묘사한 이 부분을 모아 소설로 써 놓는다면 새 우주 생명에 관한 아주 그럴듯한 책이 될 것입니다. 아쉬운 것은 이런 일에 다들 별 흥미를 느끼지 않는다는 점입니다.

수행이 초선에 이르러야 비로소 욕계천에 왕생할 수 있습니다. 왜 그럴까요? 초선과 이선 사이에 있는 사람들도 비록 욕념이 아직 완전히 끊어지지는 않았지만 최후로 남은 이 욕념은 기껏해야 사혹(思惑)에 속할 뿐이기 때문입니다. 풍류를 즐기지만 욕념에 휘둘리지 않으며 아름답게 느낄 뿐 삿된 생각이 없습니다. 이것은 바로 정(情)으로서, 정은 탐진치와 마찬가지로 사혹에 속합니다.

욕구의 단절과 연기 조식

이야기가 치(癡)에 이르고 보니 옛날의 고명한 문학가인 청조(淸朝) 공정암(龔定盦)의 시가 생각납니다.

떨어진 꽃잎도 무정치 않아	落紅不是無情物
봄에 진흙 되어 다시 꽃을 돌본다	化作春泥更護花

꽃이 떨어진 것을 아쉬워하는 참으로 아름다운 구절입니다. 송조(宋朝)의 황산곡(黃山谷)은 이런 시를 남겼습니다.

새벽에야 삼천 리 꿈길에서 돌아와	五更歸夢三千里
하루 열두 시간 못내 보고파 하노라	一日思親十二時

이 두 시는 불법에 입각해서 본다면 바로 사혹입니다. 감정상의 번뇌로서 생사의 근본이자 윤회의 근본입니다. 당연한 말이지만 이들은 이미 상당히 승화되어 있습니다. 그렇기는 해도 욕념은 가장 조잡한 것이기에 이것을 끊어 내지 못하면 성취를 얻을 수 없습니다.

어떻게 해야 욕념을 끊을 수 있을까요? 부처님은 먼저 우리더러 정오를 지나면 아무것도 먹지 말라고 가르칩니다. 정오를 지나 먹지 않는 데에는 몇 가지 큰 공덕이 있습니다. 첫째, 쉽게 혼침에 빠지지 않고 둘째, 수면을 끊을 수 있으며 셋째, 정욕을 끊을 수 있고 넷째, 신체가 깨끗하고 맑아집니다.

욕념을 끊는 방법으로 이것 외에 달리 가르치지 않았지만 욕념을 끊는 것은 참으로 어려운 일이어서 극소수의 사람만이 진정으로 이를 수 있습니다. 젊은 사람이라면 타좌의 효과가 나타날 때쯤이면 정욕(情欲)이 일어납니다. 그렇다고 정욕이 없어야 한다는 것은 아닙니다. 정욕이 없을 때 타좌를 하고 있으면 반은 혼침, 반은 수면에 떨어지고 맙니다. 그렇다면 어떻게 해야 할까요? 기(氣) 수련에 의존해야 합니다. 그러므로 십념 중 여덟 번째인 '염안반'은 대단히 중요합니다.

불교에는 특히 연기(煉氣)로써 정(定)을 얻고자 하는 양대 종파가 있는데, 그중 하나가 천태종으로 조식·수식·청식을 강조합니다.(참고 서적으로는 『마하지관(摩訶止觀)』, 『육묘문(六妙門)』이 있다.) 다른 하나는 밀종의 황교(黃敎)로 창시자는 종객파대사(宗喀巴大師)[77]입니다. 그는 『보리도차제광론(菩提道次第廣論)』이란 저서에서 공부는 조식에 초점을 맞춰야 한다고 강조합니다. 황교 외에 홍교(紅敎)와 백교(白敎), 화교(花敎)에서도 연기를 중시하는데 이른바 기(氣), 맥(脈), 명점(明點), 졸화(拙火) 등을 제대로 닦고 난 뒤에야 비로소 보리를 증득할 수 있다는 것입니다.

---

77 1417~1478. 14~15세기 티베트 불교의 개혁자로서 라마교 황모파(黃帽派, 겔룩파)의 개조이다. 청해(靑海) 서녕(西寧)의 종객(宗喀) 지방 출신으로 본명은 현혜칭길상(賢慧稱吉祥)이며, 종객파(총카파)란 이름은 후세 사람들이 그를 높여 그의 출생지를 따서 부른 것이다. 7세 때 사미계를 받았으며 이후 살가사(薩迦寺)에서 연화부법(蓮華部法)을 배워 그 오의(奧義)를 얻었으며 설산으로 들어가 수년간 고행을 했다. 그 후 다시 가당파(迦當派, 카담파) 등 여러 교의를 배우고 각지를 유람했다. 당시 고유의 살가파(薩迦派, 사카파)는 이미 타락하여 사교로 전락했는데, 종객파가 그것을 보고 크게 격분한 후에 개혁을 발원하여 36세에 엄격한 독신주의를 표방하는 계율불교를 제창하며 도솔교파(兜率敎派)를 창립했다. 이 파는 후에 액이덕

왜 식(息)이 이처럼 중요할까요? 생명의 사대는 지수화풍인데, 이 중 뼈와 살은 지대(地大)에 속하지만 이것으로부터 수련을 시작하기가 그리 마땅치 않습니다. 수대(水大)에 속하는 것으로는 혈액이나 기타 체액 등을 들수 있지만 이것으로부터 수련하기도 역시 어렵습니다. 그렇긴 해도 공부가 다 끝난 뒤에는 수대 또한 완전히 정화되며, 이때가 되면 혈액이 뽀얀 젖빛으로 변합니다. 다음은 화대(火大)인데, 공부가 상당한 경지에 이르러 삼매 진화(眞火)의 화후(火候)가 드러날 때가 되면 온갖 질병이 모두 사라져 장생불사하게 됩니다.

총괄적으로 말하면 사대 중 가장 중요한 것이 풍대(風大)인데, 풍대란 바로 호흡을 통해 왕래하는 기(氣)입니다. 한 호흡이라도 끊어지면 바로 죽을 수 있으므로 기는 제일 중요합니다. 생각과 호흡은 밀접한 관계가 있습니다. 마음이 산란할수록 호흡은 어지러워지며, 마음이 고요하면 호흡 역시 고요해집니다. 들이쉬지도 내쉬지도 않을 때가 되어야 비로소 식(息)이라 할 수 있습니다. 타좌 공부를 하면서 조식(調息)도 제대로 되지 않는다면 정(定)에 대해 말해서는 안 되며, 지관(止觀)의 지(止)에 대해 말해서도 안 됩니다. 말해 봐야 그림자일 뿐이기 때문입니다. 타좌 후에 몸이 좋아지는 것은 결코 방법이 좋아서가 아니라 정좌 중 자신도 모르게 조식을 하기 때문입니다. 기식(氣息)이 안정되면 신체 또한 좋아지며, 만약 우리가 마음을 모아 수행한다면 효과는 더욱 커질 것입니다.

수행을 시작하여 아라한이 되고 성불에 이르는 과정에서 소승, 대승을

파(額爾德派, 겔룩파)로 개칭했는데 그 의미는 덕행파(德行派)라는 뜻이다. 당시 사람들은 홍모파(紅帽派, 닝마파)의 타락을 개탄하여 종객파의 교단을 환영했다. 그러나 이 때문에 그는 사방으로부터 압박을 받아 산속에 은둔하기도 했다. 그는 반야중관(般若中觀)과 비밀금강승(祕密金剛乘)의 융합을 제창했는데, 그의 교리는 가당파의 교리를 흡수하고 거기에다 원시불교의 걸식 방법과 좌구(坐具), 복장과 계율을 채용한 것이었다. 또 황색 모자를 씀으로써 봉교(棒教)의 흑모(黑帽) 및 본래의 홍모(紅帽)와 구별되도록 했는데, 그의 파를 황모파라 부르는 것은 이 때문이다. 황모파는 점차 세력을 확장하여 후세 달라이 라마의 원류가 되었다.

막론하고 모두 이 안반법문을 떠날 수는 없습니다. 부처님은 『증일아함경』에서 라훌라의 보고를 통해 우리에게 소식(消息)을 드러내고 있으나 단지 우리가 주의를 기울이지 못하고 있을 뿐입니다.

도를 이루고 못 이루고는 잠시 접어 두더라도 살면서 병이 적고 번뇌도 적으며 가야 할 때에는 선뜻 떠나 스스로 편하고 다른 사람에게 누를 끼치지도 않는다면 이것이야말로 일등의 삶이 아니겠습니까? 이 목표에 도달하기 위한 가장 손쉬운 방법이 바로 연기(煉氣)입니다. 물론 진정한 식(息)은 결코 기(氣)가 아니므로 연기는 초보적인 것에 지나지 않습니다. 그렇더라도 연기는 마치 성냥 하나로 불을 지피듯 우리 몸에 불을 지피게 합니다. 밀교에서는 이것을 '연법(燃法)'이라 부르는데, 우리 후천의 호흡을 통해 선천의 '기(炁)'의 작용이 드러나도록 한다는 것입니다.

어떤 사람은 타좌 시 자연스럽게 몸이 요동하기 시작하는데, 이는 신체 내부에 문제가 있기 때문입니다. 기(氣)가 움직이면서 문제가 있는 곳에 이르면 이처럼 요동이 일어나게 됩니다. 그러니 건강할 때 수련을 시작해야지 병이 뼛속까지 스며든 뒤에는 이미 늦습니다.

천태종의 소지관법(小止觀法) 중에 이런 게송이 있습니다.

심장은 가에, 신장은 취에 속하고	心配屬呵腎屬吹
비장은 호에, 폐는 희에 속함을 성인이 모두 알며	脾呼肺呬聖皆知
간장에 열이 나면 허 자에 이르고	肝臟熱來噓字至
삼초가 막힌 곳엔 단지 희라 말한다	三焦壅處但言嘻

가(呵)는 심장, 허(噓)는 간장, 호(呼)는 비위(脾胃), 희(嘻)는 삼초, 취(吹)는 신장, 희(呬)는 폐를 각각 관장합니다. 공기가 깨끗한 곳에 서거나 앉아서 이 여섯 부위 중 하나를 택해 입 모양을 만든 후 숨을 내쉽니다. 소리를

낼 필요는 없으며 더 이상 뿜어낼 것이 없을 때, 즉 배꼽이 안으로 쑥 들어 갔을 때 입을 막고 자연스럽게 숨이 들어오도록 합니다. 이렇게 거듭 수련을 하다 보면 마침내 호흡이 정지되면서 조식 공부에 들어설 수 있습니다. 이때가 바로 소지관(小止觀)에서 말하는 '유각유관(有覺有觀)'으로 들이쉬지도 내쉬지도 않는 듯 아주 미세하게 느껴지며 잡념도 적어집니다. 이렇게 수련을 계속해 나가다 보면 신체 내부에서 각종 변화가 나타나기 시작합니다.

요가와 밀종의 수행법

요가에는 위를 세척하는 방법이 있는데, 기다란 명주끈 한 가닥을 삼킨 뒤 위장에 닿으면 손으로 당겨 냅니다. 위가 시원찮은 사람이라면 아마 당장 병원을 찾아야 할 것입니다.

뇌를 세척하는 방법도 있습니다. 코로 맑은 물을 들이키는데, 처음 시도할 때에는 바늘로 찔러 대듯 아프지만 숙달되면 물을 들이켜 입으로 뿜을 수 있습니다. 이렇게 단련하면 숨을 들이쉴 때 기운이 단지 폐뿐 아니라 뇌 속으로도 직접 들어갈 수 있으며 그 결과 뇌 속이 모두 통할 뿐 아니라 발바닥까지도 동시에 통하게 됩니다. 장자는, "진인은 발바닥으로 숨을 쉬지만 보통 사람은 목구멍으로 숨을 쉰다(眞人之息以踵, 常人之息以喉)"라고 했는데, 조금도 틀린 데가 없는 말입니다.

위를 씻어 내는 다른 방법도 있습니다. 머리를 젖히고 혀끝을 목구멍 안으로 깊숙이 말아 넣은 후 위 속의 더러운 것을 토하고 나면 위 속이 깨끗해집니다.

가장 좋은 방법은 일주일에 하루 정도 단식을 하면서 물만 마시는 것으로, 위와 장을 깨끗이 하면 건강을 회복할 수 있습니다.

이들은 모두 유위(有爲)의 방법으로, 밀종의 보병기(寶甁氣)나 구절불풍 (九節佛風)도 모두 요가의 방법을 따른 것입니다. 신체의 사대를 조절하지 않고서 타좌만으로 정(定)을 얻는다는 것은 절대로 불가능합니다. 기식(氣息)이 잘 조절되지 않으면 신체 또한 건강할 수 없습니다. 동시에 영양에 대해서도 알아야 하고 의학에 대해서도 이해가 있어야 합니다. 유학자들은 한 가지라도 모르는 것을 수치로 여깁니다. 마음을 다잡아 모든 학문을 두루 알도록 해야 합니다. 이것이 대승의 정신입니다. 온갖 상식을 모두 배워야 하니 이것이 보살도입니다. 반대로 알지도 못하면서 공부도 하지 않는 자가 범부입니다.

기공(氣功)이 잘 진행될수록 정신 또한 더욱 왕성해져 피로를 느끼지 못합니다. 물론 마음속으로 권태를 느낄 수도 있습니다. 여기에 대해서는 이후 다시 연구해 보기로 합시다. 이때가 되면 망념이 극도로 줄어들어 조절만 잘한다면 망념은 근본적으로 사라지게 됩니다. 망념이 사라지고 나면 곧이어 사혹(思惑)이 나타납니다. 타좌를 하면서 이미 오래 앉아 있었다고 느낀다면 이는 망념이 끊어지지 않아서 그런 것이 아니라 사혹이 끊어지지 않은 것입니다. 양자는 이처럼 단계는 다르지만 본질적으로 큰 차이가 없습니다. 선(禪)을 배우면서 이런 이치조차 제대로 알지 못한다면 그것을 무슨 선이라 할 수 있겠습니까? 화두 하나만을 달랑 들고 있어 봐야 소용이 없습니다. 선을 배우는 것은 깨닫기 위함입니다. 깨달은 사람은 이미 무사지(無師智)[78]를 얻었으므로 자연히 이 이치를 알게 됩니다.

다음으로 기공을 하고 싶지 않은 단계에 이르면 주의해야 합니다. 라훌라는 이렇게 말합니다. "숨이 들어오면 숨이 들어옴을 알며, 숨이 나가면

---

78 다른 사람의 힘에 의존하거나 다른 사람의 가르침을 받지 않고 저절로 성취하는 지혜로서 자연지(自然智)라고도 한다.

숨이 나감을 안다[息入則知息入, 息出則知息出]." 신체 내부의 기(氣)는 마치 에너지처럼 움직입니다. 도가에는 임맥과 독맥의 설이 있는데, 이것은 사실 기의 작용일 뿐입니다. 임맥과 독맥의 설은 견혹(見惑)입니다.

숨이 들어올 때에는 들어오는 것을 알고 숨이 나갈 때에는 나가는 것을 아는, 즉 각(覺)과 관(觀)이 생겨난 상태에서 어떤 사람은 자신의 신체가 여전히 존재하고 있다고 느끼는데 이는 아직 망념을 비우지 못했기 때문입니다. 사실 이런 심리는 모순적인 것으로 십 년을 더 공부한다 해도 소용이 없습니다. 이것은 초보적인 '유각유관(有覺有觀)'의 단계에서 나타나는 당연한 현상입니다. 이를 망념이라 생각하는 것은 이치를 뚜렷이 알지 못하기 때문입니다. 한사코 애를 써서 망념을 제거하려 하니 어떻게 정(定)을 얻을 수 있겠습니까? 헛수고입니다. 공부가 이 단계에 이르면 라훌라의 보고를 참고해야 합니다.

식(息)이 진정으로 충만해지면 신체를 잊을 수 있어서 대승도로 한 걸음 더 나아가게 됩니다. 여기서 한 걸음 더 나아가면, "풍의 본성은 진공이요 공의 본성은 진풍이니 청정한 본래의 모습이 법계에 두루 펼쳐진다[性風眞空, 性空眞風, 淸淨本然, 周遍法界]"는 단계에 이르게 됩니다. 부처님은 우리에게 비밀을 일러 줍니다. 호흡의 왕래는 생멸법(生滅法)으로 우리 생명은 모두 생멸 중에 있습니다. 그러나 이것을 가게 하고 오게 하며 태어나게 하고 사라지게 하는 그것은 결코 생멸 속에 있지 않습니다. 그것은 본체로서, 명심견성이란 바로 이 마음의 본체를 보는 것입니다. 그러므로 호흡을 수련하면서 대승의 방법을 따라간다면 정(定) 속에서 지혜가 생겨나 풍의 본성은 진공이요 공의 본성은 진풍이라는 사실을 알게 되고, 이어서 청정한 본래의 모습이 법계에 두루 펼쳐지는 단계에 이르게 됩니다. 바로 맹자가 말하는, "그 기는 지극히 크고 강하여 제대로 수련하여 해를 끼치지 않으면 천지간에 가득 찬다[其爲氣也, 至大至剛, 以直養而無害, 則塞於天地之間]"

라는 것입니다. 표현은 달라도 그 의미는 다를 바 없습니다.

식(息)을 수련하는 것은 대단히 중요한데 이를 통해 욕념을 없애고 불루단(不漏丹)을 이룰 수 있기 때문입니다. 노인이 식(息)을 수련하면 양기(陽氣)를 회복할 수 있으며, 병자라면 병을 치료하여 건강하게 장수할 수 있습니다.

총괄적으로 말하면 온갖 법문의 무궁한 오묘함이 모두 이 속에 있습니다. 상세히 설명할 시간이 없어 참으로 미안합니다.

제10강

청식, 수식의 문제

앞에서 염안반(念安般)의 중요성에 대해 언급했는데 이를 통속적으로 표현해서 연기(煉氣)라 부릅니다. 안반의 출입식(出入息)을 닦는 것은 현교와 밀교의 수많은 방법이 있고, 인도의 바라문교와 요가 그리고 중국의 도가를 더한다면 그 방법은 적어도 수백 종에 달하지만 원칙은 단 하나뿐입니다. 아무리 많은 방법이 있더라도 근본은 모두 기(氣)와 식(息)을 닦는 것입니다.

제가 늘 탄식하는 바입니다만 말하기란 참으로 어려워서 듣는 사람으로 하여금 명확히 이해하도록 하기가 너무 힘이 듭니다. 앞 강의에서 유위(有爲)의 수련법에 대해 설명했는데 여러분이 무척 흥미로워하는 모습을 보니 현대인은 이런 유위의 방법을 좋아한다는 것을 새삼 알 수 있습니다. 사실 기공(氣功)을 수련하는 것과 과위를 증득하는 것은 별개의 문제입니다. 이 점은 반드시 알고 있어야 합니다.

또 하나 말씀드릴 것은 여러분들 사이에 입에서 입으로 전해지는 방법이 문제가 있다는 점입니다. 저로서는 단지, "용광로 있는 곳엔 고철이 많고 명의 문전엔 환자가 넘친다[爐輔之所多鈍鐵, 良醫之門足病人]"라는 옛말로 자위하고 싶을 뿐입니다.

(이때 어떤 사람이 질문을 했다.)

질문 1: 하단전을 수련할 때 들이쉬는 숨은 가늘고[細] 길고[長] 천천히 [慢] 하며, 내쉬는 숨은 빠르고[快] 짧고[短] 급하게[急] 하며, 다 내쉬고 나면 바로 이어서 들이쉬는 것으로 알고 있습니다. 그렇지 않습니까?

대답: 맞습니다.

질문 2: 청식(聽息) 시 귀로 호흡 소리를 듣는데, 시작할 때 맥박 소리도 동시에 듣고자 하면 비교적 쉽게 식(息)이 몸속에서 움직이는 것을 알 수 있습니다. 초보적인 정(定)의 경계에 접어들 때 자연히 마음도 풀어져 맥박이나 호흡을 놓아 버리게 되는데, 이때 호흡이 지극히 미세해져 마치 호흡이 끊어진 듯합니다. 그렇지 않습니까?

대답: 그렇습니다. 아주 시끄러운 곳에서도 자신의 호흡 소리를 들을 수 있다면 이 사람은 정(定) 공부가 된 사람입니다. 달마조사가 숭산(嵩山)에서 입정에 들었을 때 계단 아래 개미들 싸우는 소리가 벽력 소리처럼 들렸다고 합니다. 분명히 가능한 일입니다.

다른 이야기도 있습니다. 현장법사의 대제자인 규기대사(窺基大師)[79]는 삼거화상(三車和尙)이라 불리기도 했는데, 종남산(終南山)에 이르러 율종의

---

79 632~682. 당나라 초기의 승려로 법상종의 개조이며 흔히 자은대사(慈恩大師)라고 부른다. 17세에 출가하여 현장(玄奘)의 제자가 되었으며, 28세 때에 스승을 도와『성유식론(成唯識論)』을 번역했다. 그 후『성유식론』을 계속 연구하여『성유식론술기(成唯識論述記)』,『장중추요(掌中樞要)』등을 저술했으며 그 밖에『유가론약찬(瑜伽論略纂)』등 50부를 저술하자 사람들이 그를 백본소주(百本疏主), 백본논사(百本論師)라 일컬었다. 그는 자신의 저술 중『대승법원의림장(大乘法苑義林章)』과『성유식론술기』에 의거하여 법상종을 일으켰는데, 그가 자은사(慈恩寺)에 오래 머무른 까닭에 이를 자은교(慈恩敎)라고도 한다.

도선율사(道宣律師)[80]를 찾았습니다. 도선율사는 계율을 지키고 공덕을 성취하여 천인(天人) 천녀(天女)로부터 공양을 받고 있었습니다. 규기대사가 그를 찾아간 날 마침 천인이 오지 않아 두 사람은 굶을 수밖에 없었습니다. 밤에 잠을 잘 때에 도선율사는 밤새 타좌에 들어 자리에 눕지 않았습니다. 규기대사는 그런 것은 신경도 안 쓰고 머리를 눕히자 곧 곯아떨어졌습니다. 자는 모습도 단정치 못한 데다 코까지 골아 댔습니다. 다음 날 도선율사가 말했습니다. "출가인이라면 타좌는 못하더라도 길상와(吉祥臥)는 해야지요. 대사께서는 주무시는 데 법도가 없고 코를 골며 자꾸 뒤척거리는 바람에 어젯밤 내내 신경이 쓰였다오." 규기대사가 말했습니다. "나도 온 밤을 제대로 못 잤소. 어째 그리 소란을 피워 대던지. 눈을 좀 붙였나 했더니 대사 허리춤에 있던 이 한 마리가 대사를 물어뜯더군요. 대사가 손을 뻗어 허리춤에 집어넣고 눌러 죽이려다 살생을 해서는 안 된다고 생각하여 이놈을 바닥에 던져 버렸지요. 놓아주려면 좋게 놓아줘야지 그렇게 높은 데에서 내던져 버리니 떨어져서 장딴지가 부러진 것입니다. 그때부터 이놈이 '아야! 아야!' 하며 밤새 앓아 대니 잠을 제대로 잘 수 있었겠소?"

도선율사는 감히 말을 잇지 못하며 '진짜 그런 일이 있긴 했는데 도대체 어떻게 알았을까?' 하고 생각했습니다. 규기대사가 떠난 후 점심때가 되자 천인이 다시 음식을 가지고 왔습니다. 도선율사가 천인에게 물었습니다. "어제 점심때에는 왜 안 왔지요?" 천인이 대답했습니다. "어제 점심때 오긴 했는데 와서 보니 온 산이 오색구름으로 뒤덮여 암자를 찾을 수가 없

---

80 596~667. 당나라 초기 율종의 승려. 계율종 남산파(南山派)의 개조로 남산율사(南山律師)라고도 부르는데, 장안(長安) 남쪽에 있는 종남산에서 살았기 때문에 붙은 이름이다. 615년 지수(智首)를 따라 승려가 되어 구족계를 받았다. 626년 처음으로 『사분율(四分律)』을 주석하여 5부의 책을 저술했는데, 이들 5부는 '율오대부(律五大部)'라 하여 율학(律學) 연구의 필독서가 되었다. 645년 현장(玄奘)이 인도에서 귀국하면서 가져온 경전을 번역하는 일에 참여했고, 658년 서명사(西明寺)가 건립되자 그 상좌(上座)가 되었다. 그가 특히 힘쓴 것은 제자를 양성하는 일이었는데, 그 덕택에 그의 남산율(南山律)이 후세에까지 전해질 수 있었다.

었습니다. 구름 바깥에 수많은 금강호법신이 있었으니 반드시 대보살이 왔을 터여서 우리 욕계천의 작은 천인들은 감히 들어올 수가 없었습니다." 도선율사가 듣고서 할 말을 잃었습니다.

자면서도 그렇게 작은 소리까지 들을 수 있다니 이게 도대체 무슨 정력(定力)일까요? 달마조사가 숭산에서 입정에 들었을 때에 계단 아래 개미 싸우는 소리가 벽력 소리처럼 들렸다고 하는 것도 바로 이런 이치입니다.

시끄러운 가운데 자신의 호흡 소리를 듣는다는 것은 매우 어려운 일입니다. 질문한 내용은 바로 청식(聽息) 공부에 관한 것으로, 처음에는 맥박이 뛰는 소리가 들리다가 뒤이어 심장에서 혈액이 움직이는 소리까지 모두 들을 수 있습니다. 정(定) 공부가 잘된 사람은 소리만 듣고도 신체 내에 무슨 문제가 있는지 알 수 있습니다.

질문 3: 안반법문을 실제로 예니레 정도 해 보았는데 경과는 이랬습니다. 이미 몇 년간 불법 공부를 해서 그런지 자리에 앉으면 절로 수식(數息)이 되었습니다. 그런데 의식을 코끝에다 묶어도 숨의 길고 짧음이나 차고 따스함조차 알 수가 없었습니다. 나중에 차츰 두 가지를 결합시킬 수 있었는데, 그때 알게 된 것은 수식을 세 번 정도 하다 보면 의식을 코끝에다 묶는 것조차 잊어버릴 뿐 아니라 숨의 길고 짧음이나 차고 따스함까지도 모두 잊어버린다는 사실입니다. 이때 갑자기 한 덩이 강한 빛이 나타났는데, 그래서는 안 되는 줄 알면서도 자꾸만 집착하게 되었습니다. 잘못됐다는 것을 알고 다시 의식을 코끝에다 묶으려 해도 그러면 그럴수록 더욱 산란해져 수행이 아니라 기공(氣功)이 되고 말았습니다. 그 뒤에도 혹 수식을 행하다 보면 한 덩이 빛을 보게 되는데, 바로잡아야겠다고 생각할수록 더욱 어지러워집니다. 왜 그런가요?

(선생께서 수식의 방법을 시범으로 보여 주신다.)

대답: 수식을 해 나가다가 어떤 생각이 들어 잡념으로 발전하면 반드시

다시 수를 세기 시작해야 하는데, 중간에 아무 잡념이 없이 계속 이어져야 합니다. 육방옹(陸放翁)은 자신의 시(詩)에서, "한번 앉으면 천식을 센다〔一坐數千息〕"라고 했으니 한번 앉으면 몇 시간씩 계속했음을 알 수 있습니다. 육방옹이나 소동파(蘇東坡) 같은 명인들은 당시 모두 수행 공부를 했던 사람입니다. 무릇 영양이 과다한 사람과 혈압이 높아 잠을 쉽게 이루지 못하거나 잡념이 많은 사람, 욕념이 왕성한 사람은 숨을 내쉴 때 수를 세어야 합니다. 그리고 신체가 허약한 사람, 혈압이 낮은 사람, 신경쇠약이 있는 사람은 숨을 들이쉴 때 수를 세어야 합니다. 이것이 바로 사람에 따라 달리하는 법문입니다. 부처님은 의사 중의 의사였기에 능히 중생의 병을 고칠 수 있었습니다. 수행을 시작하려면 의학의 이치에 대해 알아야 하며, 그것의 이치를 이해하지 못하면 수행 또한 제대로 할 수 없습니다. 몸이 썩 좋지는 않아도 그렇다고 나쁘지도 않은 사람은 오전과 오후로 나누어 오전에는 출식(出息)을, 오후에는 입식(入息)을 세면 됩니다.

도교의 장기신, 밀교의 낙·명·무념, 불교의 삼계

앞에서 말한 중점은 팔십팔결사의 해탈이지 기공(氣功)이 아니었습니다. 그럼에도 연기(煉氣)의 방법에 대해 강의하다 보니 여러분은 지극히 귀한 비결을 얻었다고 여기며 그것이 곧 불법이라고 생각합니다. 그러나 진정한 불법은 마음으로 행하는 것으로, 그렇게 해서 팔십팔결사로부터 벗어나게 됩니다. 질문한 사람의 문제는 견지와 공부를 결합하지 못해서 생긴 것입니다. 지견(知見)이 밝지 못하니 이치를 꿰뚫을 수가 없지요. 반드시 알아야 할 것은 조식(調息)이나 지식(止息)이 잡념을 없애는 초보적인 방법일 뿐이라는 점입니다. 따라서 잡념이 제거되면 이들 방법 또한 쓸모가 없습니다. 『금강경』에서는 말합니다. "그대들 비구는 내 설법이 뗏목의 비유와 같다는 것을 알라. 법도 버려야 하거늘 하물며 법이 아닌 것이랴!〔汝等比丘, 知我說法, 如筏喩者. 法尙應捨, 何況非法〕" 강을 건너는 데에는 배가 필요하지만 강을 건너고 나서도 배를 짊어지고 가는 것은 어리석은 일입니다. 질문한 사람의 문제는 조식이 지나쳐서 생긴 것으로, 영양이 과잉 공급된 것이나 다를 바 없습니다.

눈앞에 빛이 나타나는 것은 조식이 잘되어 기(氣)가 충만하기 때문입니다. 기가 충만하면 반드시 내부에서 빛이 발생하는데, 이렇게 되면 밤에 전등이 없이도 사물을 또렷이 볼 수 있습니다. 바로 기의 작용입니다. 그러나 도과(道果)는 아닙니다.

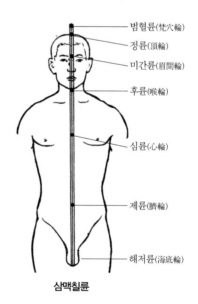

범혈륜(梵穴輪)
정륜(頂輪)
미간륜(眉間輪)
후륜(喉輪)
심륜(心輪)
제륜(臍輪)
해저륜(海底輪)

삼맥칠륜

미간	—	무색계	—	신	—	무념
심륜	—	색계	—	기	—	명
중궁 ⌉ 두제 ⌋	—	욕계	—	정	—	낙
				도가		밀종

그림에서 볼 수 있듯 심와(心窩, 명치) 아래는 욕계에 속하며, 심와로부터 위로 눈까지는 색계, 눈썹 위는 무색계로서 허공과 하나가 됩니다.

도가의 정기신과 밀교의 낙(樂, 정이 하강하지 않으면 낙이 생기지 않음), 명(明), 무념(無念)은 삼계의 또 다른 표현 방식입니다. 따라서 라훌라가 수행했던 불교의 기식(氣息) 방법은 바로 색계를 닦는 것입니다. 보신불의 성취는 색계의 성취에 속하는 것으로, 색계에 이르지 않고서는 성불할 수 없습니다. 색계의 경계로 승화되지 못하면 보신불을 성취할 수 없습니다. 비로자나불은 법신불로서, 법신은 체(體)요 보신은 상(相)입니다. 석가모니부처님은 화신불을 대표하는 존재로서 바로 용(用)입니다.

선종이나 기타 현교(顯敎)의 방법을 배우면 법신은 쉽게 성취할 수 있으나 보신을 성취하기는 무척 어렵습니다. 그러나 이보다 더 어려운 것이 화신의 성취입니다.

조식이 잘되면 쉽게 빛의 경계가 나타나지만 이 경계에 이르면 문제가 생기기 쉽습니다. 상(相)에 집착하거나 망상과 같은 불학의 지견(知見)이 나타나기 때문입니다. 사실 상에 집착한 것이든 아니든 육체를 잊어버리고 자연스럽게 빛 속에 있기만 하면 됩니다. 이때 뭔가 잘못되었다고 느끼는 것은 불학의 지견이 너무 많기 때문입니다. 빛의 경계 속에서 신체를 잊어버리고 사대니 호흡이니 하는 것들에 일체 신경을 쓰지 않으면 빛은 다시 고요함으로 변합니다. 맑고도 밝은 고요한 빛의 경계로부터 또 다른 경계로 변화할 것입니다. 이 변화의 내용에 대해서는 이후 다시 살펴보도록 하겠습니다.

이 방법을 닦아 성취를 이룬 사람은 매우 낙관적이며 근심과 번뇌도 없습니다. 좋은 점은 여기에 그치지 않습니다. 예를 들면 "큰 연못에 파도가 일어도 마음은 머묾이 없고 절벽 위로 구름 일듯 꿈속같이 부상한다[波飛太液心無住, 雲起魔崖夢欲騰]"라는 경계에 쉽게 도달합니다. 몸이 특히 건강해지며 침이 말할 수 없을 만큼 달콤해집니다. 뇌하수체의 호르몬이 하강한 것으로 흉선(胸腺)과 욕계의 성선(性腺) 전체에 변화가 생깁니다. 이때 정신은 왕성해지지만 한편으로 쉽게 욕념이 일어날 수도 있습니다. 바로 큰 연못에 파도가 일어도 마음은 머묾이 없는 상태로, 기가 아주 왕성하니 양기(養氣)가 가득 차게 된 것입니다. 그러나 불법을 몰라서 팔십팔결사의 심지법문이 없다면 영웅의 기백으로 변해 절벽 위로 구름 일듯 꿈속같이 부상하는 상태에 이를 수 있습니다. 사람은 모두 날아오르기를 원할 것이라 생각합니다.(검선劍仙[81]은 반드시 이 과정을 거쳐야만 완성될 수 있습니다.) 이 상태에서 심지법문으로 되돌아올 수 있다면 나한과를 증득할 수 있습니다. 도가의 신선(神仙) 역시 여기에서 한 걸음 더 나아간 것입니다.

질문 4: 버스를 기다리면서도 염안반을 행하면 더 쉽게 성취를 얻을 수 있지 않을까요?

대답: 그렇지 않습니다. 도시의 공기는 오염이 심하여 적합하지 않습니다. 더 쉽게 성취를 얻을 수 있다고 느끼는 것은 마음이 계속 산란하기 때문입니다. 산란한 마음을 점차 모아서 붙들어 맨다면 더 쉽게 이룰 수 있으리라 느끼지만 사실 이건 착각입니다. 배가 부를 때에는 소화를 시켜야 하므로 기공을 해서는 안 됩니다. 우리가 배우는 불법은 심지법문입니다. 연기(煉氣)는 도를 얻기 위한 보조적 방법으로 이런 기공에만 전념해서는 안 됩니다. 도가에서는 진정한 성취를 이룬 이후의 경험을 이렇게 말합니다. "정이 가득하면 음란한 생각이 들지 않고, 기가 가득하면 먹고 싶은 생각이 들지 않으며, 신이 가득하면 자고 싶은 생각이 들지 않는다(精滿不思淫, 氣滿不思食, 神滿不思睡)." 신(神)이 가득하게 된 후에 다시 장좌불와(長坐

---

81 검(劍)과 자신의 몸이 하나가 되는 것이다. 검을 뽑거나 집어넣는 것이 자유로워 백 보나 떨어진 상대방의 목을 주머니 속 물건을 꺼내듯 마음대로 취한다. 또 검과 하나가 되어 공중을 날기도 한다. 도서(道書) 중 검선에 대한 기록은 무척이나 괴이하고 신기한데, 수련 방법은 오직 스승이 제자를 찾아서 은밀히 전수하는 것만 있다.

不臥)를 말하는 것이 옳습니다. 기(氣)가 가득할 때에는 마치 자기 몸이 한 줄기 기처럼 느껴지는데, 바로 절벽 위로 구름 일듯 꿈속같이 부상하는 것 같습니다. 길을 걸으면 마치 솜 위를 걷는 듯하여 이때부터 경공(輕功)을 닦을 수 있습니다. 그러나 불법을 배우는 사람은 이런 쪽으로 향하지 않습니다. 일체는 마음이 만듭니다. 마음을 어느 한쪽으로 조작하면 조작한 대로 됩니다.

공부가 일정한 수준에 이르러 정(定)에 들고자 한다면 음식을 끊어야 합니다. 기껏해야 과일만 조금 먹어도 배 속에서 더 이상 다른 것을 요구하지 않을 것입니다. 출가인이 정오가 지나 음식을 먹지 않고도 오후에 공부를 잘할 수 있고 기를 닦을 수 있다면 좋은 점이 많습니다. 공부에 어느 정도 기초가 닦이면 영양(營養) 여부는 별로 상관이 없습니다. 물론 여기에는 남녀에 따라 차이가 있긴 합니다.

질문 5: 십념을 닦는 데 성적 충동은 대단히 엄중한 장애가 되는데, 어떻게 하면 이것을 극복할 수 있을까요?

대답: 일반인이 수행을 해도 과위를 얻지 못하는 것은 '남녀음식(男女飲食)' 네 글자 때문입니다. 이것을 극복하지 못하면 어떤 기초도 세울 수 없습니다. 기공(氣功)만 해도 그렇습니다. 누단(漏丹)을 하면 아무것도 얻을 수 없습니다.

여성의 경우 월경 전후가 되면 생리와 기공의 관계가 대단히 밀접해집니다. 수련이 잘되면 월경이 점차 줄어들어 마침내 완전히 없어지는데 이른바 동신(童身)으로 되돌아가는 것입니다. 남성이라면 마음장상(馬陰藏相)[82]이 되는데, 마음장상으로 변한 후에는 욕념의 압박이 칠십 퍼센트나 감소합니다. 그러나 나머지 삼십 퍼센트마저 떨쳐 버리기는 아주 어렵습

---

82 남근이 어린아이처럼 줄어드는 것을 말한다. 원래 『화엄경』에서 사용하던 용어로, 내단가(內丹家)들이 차용해서 사용하였다.

니다. 이 삼십 퍼센트는 심리적인 것도 제육식상의 것도 아닙니다. 이것은 유식에서 말하는 아뢰야식의 습기종자로 이것까지 전화시켜 낼 수 있다면 곧 초범입성(超凡入聖)에 이를 수 있습니다.

남녀 간의 욕념을 말하는 성욕의 '성(性)'과 명심견성의 '성(性)'은 문자의 사용이 참으로 절묘하여 이 둘은 거의 구별하기가 어려울 정도입니다. 욕념 또한 최후의 일품(一品)인 무명으로, 이것을 끊어 내지 못하면 욕계를 벗어날 수 없습니다.

수기(修氣)의 방법을 따라가면 욕계천보다 한 단계 높은 색계천에 쉽게 이를 수 있으며, 선종의 '무념(無念)' 방법을 따라 수행하면 무색계에 이를 수 있습니다. 그렇지만 삼계 중 어느 하나에 치중하여 그것만을 따라 수행하면 과위를 증득할 수 없고 도를 얻을 수도 없습니다.

정(精)을 단련하여 낙(樂)을 얻기만 해도 전신이 비할 데 없이 상쾌해지는데, 이것을 보살이 내면으로 느끼는 오묘한 즐거움이라 부르기도 합니다. 세포 하나하나가 모두 쾌감에 젖는 가장 미세한 쾌감이라 할 수 있습니다. 반드시 이렇게 되어야만 정(定)을 얻을 수 있지만 동시에 쉽게 타락하여 욕락(欲樂)의 경계로 탐닉해 들어갈 수도 있습니다.

이들은 모두 사가행(四加行)에 속하는 것으로, 가행이란 곧 가공(加工)입니다. 가공이 제대로 되지 않는다면 불법이니 수도니 하는 말은 아예 꺼낼 필요도 없습니다. 먼저 낙(樂)을 얻어야 합니다. 낙(樂)은 정(精)으로부터 생기니 정이 하강하지 않으면 생기지 않습니다. 그렇지만 범부의 경우 정이 하강하면 누단(漏丹)이 되고 맙니다. 유정(遺精)이 되는 것이 아니라 욕념이 생겨 성행위를 하다가 잃어버리는 것입니다. 그런 후 다시 공부를 해도 이런 식으로 계속 새어 나가는데, 이것이 바로 범부의 경계이고 이 때문에 만의 하나도 과위를 증득하지 못하는 것입니다.

다음으로, 기(氣)가 충만하지 않으면 빛이 발생하지 않지만 기가 충만해지면 안팎으로 자연 한 덩이 빛 속에 휩싸이게 됩니다. 오묘한 낙(樂)의 경계에 머물러 있으면 욕계로 떨어지고, 빛의 경계에 머물러 있으면 색계로 떨어지며, 후세 선종의 이른바 공심(空心), 무념(無念)에 머물러 있으면 무색계로 떨어집니다. 주의해야 합니다! 무념이 오래되면 무기(無記)가 되어 축생도(畜生道)에 떨어지기 쉽습니다. 이 때문에 종객파대사는 『보리도차제광론』에서 축생으로 떨어질 수 있다는 이유로 무념을 통렬히 배척합니다. 조금도 틀리지 않은 지적입니다.

다시 말하지만 낙을 얻지 못하면 정에 이를 수 없으며, 빛을 얻지 못하면 지혜를 일으킬 수 없고, 무념에 들지 못하면 공을 얻을 수 없습니다. 그러나 공을 얻으려면 반드시 계정혜(戒定慧)를 두루 갖추어야 하며 이 중 하나라도 빠져서는 안 됩니다. 자칫 잘못하면 삼계에 떨어져 벗어날 수 없을지도 모릅니다.

정기(精氣)가 충만한 후 첫 번째로 나타나는 반응은 욕념입니다. 몇 년 전에 어떤 친구가 「성비악론(性非惡論)」이라는 논문을 가져와서 저에게 논평을 부탁했습니다. 저는 성(性) 자체에는 선(善)이니 악(惡)이니 할 만한 것이 없다고 했습니다. 마치 칼과 같아서 사람을 구할 수도 있고 상하게 할 수도 있으나 그 자체에는 선악이 없습니다. 이런 이치를 일반인은 쉽게 이해하지 못합니다. 성욕은 무명이지만 무명이 반드시 죄악은 아닙니다. 무명은 혹업(惑業)과 관련이 있으나 혹업이 선이냐 악이냐는 또 다른 문제입니다. 혹업은 번뇌라 할 수 있는데, 번뇌에는 선도 있고 악도 있습니다. 어쨌든 이런 무명의 힘이 나타나지 않으면 보리를 증득할 수 없으며, 이 힘이 나타났을 때 이것을 전화시키지 못하면 욕계의 범부가 되고 맙니다. 이 때문에 도가에서는 이것을 '두 세계의 관문〔兩界關〕'이라고 말합니다. 욕념이 일어났을 때 이를 승화시키면 천당이요 그러지 못하면 바로 지옥이 되니 확실히 욕념은 쉽게 장악할 수 있는 것이 아닙니다.

불법에서 누누이 말하는 계정혜에 대해 현교(顯教)에서는 그저 언급하려다 마는 정도이니 스스로 깨쳐야 합니다. 그렇지만 밀교에서는 또 다른 설법이 있습니다. 사실 현교 속에도 있기는 합니다만 우리가 주의를 기울이지 못하고 있을 뿐입니다. 그러므로 저는 『능엄경』 권 4에서 말하는 물리세계의 변화, 심물일원(心物一元)의 관계, 지옥과 천당에 관한 설을 특별히 강조하고자 합니다. 부처님은 비밀을 그 속에 숨겨 놓고서 우리더러 법에 따라 승화(昇華)하고 법에 따라 수행하라고 합니다.

천태종의 삼지삼관, 공·가·중

이제 앞에서 하던 강의를 계속하도록 하겠습니다.

안반을 닦으면 성취를 얻기 가장 쉬운데, 이는 생명의 근원이 기(氣)에 있기 때문입니다. 그렇지만 기 또한 생멸법입니다.

여러분, 주의해야 합니다. 라홀라가 수행을 해서 사선(四禪)의 경계에 이를 수 있었던 데에는 결정적인 요소가 더 있었습니다. 단지 기만 닦아서 사선에 이를 수는 결코 없습니다. 이 밖에도 탐진치만의 등 팔십팔결사에서 벗어나야 비로소 나한과를 증득할 수 있습니다.

단지 기만 닦는 것은 공부의 방법만 따라가는 것으로 외도(外道)와 다를 바 없는데, 그 이유는 마음 바깥에서 법을 구하고 있기 때문입니다. 제가 볼 때 여러분은 모두 심지법문의 중요성에 대해 주의하지 않고 있는 것 같습니다. 사실 공부는 그저 신기루에 불과할 뿐 목적지인 보물창고가 아닙니다.

수당(隋唐) 시기에는 비구, 비구니, 거사 등 과위를 증득한 사람이 아주 많았습니다. 당시 일반인의 수행은 모두 한 가지 법문을 택해서 그 가르침대로 착실하게 닦아 나아가는 것이었습니다. 시간이 흐를수록 불경은 더 많이 번역되고 이치에 대해 아는 것도 더욱 많아졌습니다. 게다가 사회 환경은 점점 더 복잡해져 부처님의 말씀에 대해 중생은 더욱 회의하게 되었습니다. 말하자면 교만과 의심의 증세가 더욱 심해진 것입니다. 세법(世法)의 탐진치가 더욱 심해지니 과위를 얻는 자는 당연히 줄어들었습니다.

남북조 시대의 지자대사는 천태종을 세웠는데 이는 선종보다 앞선 것입니다. 중국의 십대 종파 중 가장 이른 것은 동진(東晉) 때 혜원법사가 세운 정토종입니다. 천태종의 지관법문(止觀法門)은 호흡을 닦는 데에서 시작하여 다시 공(空), 가(假), 중(中)의 삼지삼관(三止三觀)에 이릅니다. 지(止)를 닦는 것은 곧 정을 닦는 것이요 관(觀)을 닦는 것은 지혜를 닦는 것으로, 이것이 바로 정혜쌍수(定慧雙修)입니다.

천태종은 수식(數息), 조식(調息), 청식(聽息)의 세 가지 법문에 입각하여 지관을 닦는데, 진정으로 정을 얻은 후에는 곧바로 공관(空觀)으로 들어갑니다. 다시 말해 호흡 조절이 잘되면 들이쉬지도 내쉬지도 않는 단계에 이르게 되는데, 이때가 되면 기(氣)가 충만해져서 망념이 잦아듭니다. 만약 이때 관(觀)의 방법을 따라가지 않고 계속 기술만 수련한다면 신통력을 얻을 수 있을지는 몰라도 기껏해야 소승의 과위이며, 혹 외도로 빠질 수도 있습니다.

그러므로 이때가 되면 반드시 관심(觀心)하여 관공(觀空)으로 전화시켜야 합니다. 호흡을 들이쉬지도 내쉬지도 않는 상태에 이르고 심신이 고요하면서 유쾌해졌음을 알았을 때에는 호흡 조절을 그치는 것입니다. 이때에도 여전히 한 생각의 상태인데 이후 이 한 생각마저 놓아 버리고 비워 가면서 심신을 내버려 둡니다. 이것을 공관이라 합니다. 그렇지만 주의해야 합니다! 이 공(空) 또한 아직까지는 제육식의 범위 안에 있는 생각일 뿐입니다.

우리가 타좌를 할 때에 모든 생각이 다 없어져서 청정하다고 느끼지만 이 청정함을 아는 것 역시 한 생각입니다. 여러분이 청정함을 알았을 때에는 이미 청정하지 않은 상태가 되어 버리면서 그 아는 것 자체가 또 한 생각이 되는 것입니다. 유리의 한 면에다 흰색이나 검은색으로 선을 그었다면 어떤 색으로 그었든 그은 것은 마찬가지입니다. 검은 것은 나쁘고 흰 것은 좋은 것이라 말할 수 없습니다. 그러므로 불경에서는, 눈에는 작디작은 티끌이라도 떨어져 들어가서는 안 되며, 다이아몬드 가루라 할지라도 떨어져 들어가서는 안 된다고 합니다. 좋고 나쁜 것을 떠나서 어떤 것도 들어가서는 안 되기 때문입니다.

천태종의 지관은 이것을 말하는 것이 아닙니다. 이때가 되면 청정한 경계가 '있음(有)'을 알지만 이것은 '가유(假有)'입니다. "공은 곧 유요, 유는 곧 공이다(卽空卽有, 卽有卽空)"라고 했습니다. 도체(道體)는 공에 머물지도 유에 머물지도 않으므로 이것을 중도(中道)라 합니다. 이 '중(中)'은 용수보살(龍樹菩薩)의 『반야중론(般若中論)』에서 따온 것으로 이를 공(空), 가(假), 중(中)의 삼지삼관이라 부릅니다.

어떤 때에는 공관(空觀)의 경계에서 입정에 들기도 하는데, 한번 입정에 들면 팔만사천 대겁이나 지속될 수 있습니다. 입정에 들어 여덟 시간도 채 계속하지 못하는 우리로서야 말할 수 있는 것이 아니기는 합니다. 만약 올바른 공관의 경계에서 이렇게 정(定)에 들 수 있다면 거의 다 된 것으로, 그런 다음에는 다시 돌아와서 유관(有觀)과 중관(中觀)을 닦기가 쉬워집니다.

천태종이 창시한 지관의 방법을 닦는 것은 당시로서는 훌륭했지만 수당(隋唐)에 이르러서는 과위를 증득한 대보살이나 대선지식이 많아지면서 교리 또한 갈수록 복잡해졌습니다. 하지만 이치에 밝을수록 공부를 하는 사람은 더욱 적어져 과위를 증득한 사람 역시 자연 줄어들었습니다. 여기에다 선종이 발전하면서 말솜씨가 날카로워지고 이치에 밝아졌으나 실제 수행에 힘쓰는 사람은 많지 않으니 과위를 증득한 사람은 당연히 적어질 수밖에 없었습니다.

밀종과 수기

이제 이어서 기(氣)에 대해 살펴보겠습니다. 인도에서 티베트에 전해진 불교를 장밀(藏密)이라 합니다. 처음에는 홍교에서 시작되었으나 점차 발전하여 화교와 백교가 나타났고, 다시 발전하여 황교가 나타났습니다. 황교는 종객파대사가 세운 종파인데 그의 사대 제자로는 달뢰활불(達賴活佛, 달라이 라마), 반선활불(班禪活佛, 판첸 라마), 장가활불(章嘉活佛)과 철포존단파(哲布尊丹巴)가 있었습니다.

종객파대사의 『보리도차제광론』은 수정(修定)과 수관(修觀)을 설한 것으로 천태종의 지관법문과 유사한데, 다른 것이 있다면 인용된 경전과 가르침의 차이 정도입니다. 천태종의 『마하지관』은 용수보살의 대반야종의 교리를 따른 것으로 성종(性宗) 노선인 데에 반해, 종객파대사가 따른 것은 무착보살의 유식 법상종(法相宗)의 노선입니다.

밀종은 수기(修氣)와 수맥(修脈)을 강조하는데, 이것으로 성불의 과위를 증득하고자 합니다. 기를 닦아 맥을 통하게 하지 않으면 정(定)을 얻을 수 없다는 것입니다. 중맥(中脈)을 통하지 않고서는 절대 정을 얻을 수 없습니다. 타좌를 시작하여 몇 날 며칠을 계속 앉아 있을 수 있더라도 기맥(氣脈)을 통한 것이라 할 수는 없습니다. 기맥을 통하고 통하지 않은 것과 타좌는 별개의 문제입니다. 그렇지만 기맥을 통하고 나서는 앉고 싶으면 앉아서 몇 날 며칠을 지속할 수 있을 뿐 아니라 잠자면서 또는 서서도 몇 날 며칠을 한결같이 입정에 들 수 있습니다. 입정은 자세와는 무관한 것입니다.

현대인은 머리가 너무 복잡하기 때문에 유위(有爲) 공부인 안반법문을 닦는 것이 제일 좋습니다. 수기(修氣)는 건강에도 좋습니다만 수기로 과위를 증득하고자 한다면 의학적 지식이 있어야 합니다. 그러므로 먼저 의학의 이치와 의약(醫藥)에 대한 연구가 필요합니다.

저와 함께 몇 년이나 같이 지낸 젊은 학생들은 매번 선생에게 기대곤 합니다. 여기가 아프다느니 저기가 아프다느니 하며 선생만 찾을 뿐 선생한테서 의학적 이치에 대해 배우려 하지는 않습니다. 더 심한 사람은 약을 먹은 후에 어떤 반응이 나타나는지 물어보기도 합니다. 이런 식이라면 어떻게 불법을 배우고 도를 닦을 수 있을지 정말 걱정됩니다.

도를 닦는 사람이라면 철저히 자기 스스로 해야 합니다. 먼저 자신의 마음과 몸을 살피고 관리할 줄 알아야 합니다. 신체의 변화조차도 모른다면 어찌 수도라 할 수 있겠습니까? 수도를 하려면 신체 내부의 변화와 심리적인 변화를 명확히 파악해야 하고, 마음이 일어나고 생각이 움직이는 것을 빠짐없이 알고 있어야 합니다. 사람들이 스스로를 철저히 관리하기만 해도―물론 다른 사람을 방해해서는 안 되지만―아마 천하는 태평스러워질 것입니다. 바꾸어 말하면 자신의 몸과 마음에 나타나는 어떤 변화에 대해서도 시시각각 훤히 알고 있어야 비로소 수도라 할 수 있습니다. 불법을 배우는 길은 먼저 스스로를 제도하고 자리(自利)를 추구하는 것임을 유의해야 합니다.

신체의 변화든 욕념의 정화든, 또는 음식의 조절이든 기후의 변화든 어떤 것이든 다 학문이므로 이들 모두를 유의해야 합니다. 고대의 대선지식들은 도가든 불가든 막론하고 모두 의학의 이치에 통달했습니다. 수행 공부가 높아서 그들은 모두 자신의 몸으로 체험할 수 있었으며, 자신의 심지법문으로도 체험할 수 있었습니다. 책만 읽어서 얻은 것이 아닙니다. 사람의 일생이란 불과 수십 년으로 솔직히 말하면 그렇게 많은 책을 읽을 시간과 정력이 없습니다. 심지(心地)의 보물창고가 열리기만 하면 모두 알 수 있습니다.

수맥

밀종은 수기(修氣)를 강조하지만 수기 이전에 먼저 그 이치를 알고 있어야 합니다. 들이쉬지도 내쉬지도 않는 상태를 밀종에서는 '보병기(寶瓶氣)'라 하며, 요가에서는 '병기(瓶氣)'라 합니다. 사람은 보배로운 병(寶瓶)과 같은데, 정(定)의 경계가 나타나려 할 때에는 기가 가득 차면서 호흡이 정지됩니다. 배꼽이 안으로 쑥 들어가고 자연히 몸이 곧고 단정히 세워지면서 정에 머무르게 됩니다. 이때가 되면 몸이 너무 편안해져 다리를 풀라고 해도 풀고 싶지 않습니다.

들숨도 날숨도 사라지지만 결코 호흡이 끊어진 것은 아닙니다. 단지 미세할 뿐입니다. 이때가 되면 잡념이 없어지며, 한참 만에 조금 들이쉬고 한참 만에 조금 내쉬는 것 같습니다. 이 경계에 이르면 맥을 수련해야 합니다. 이것이 당대 이후 밀종의 가르침입니다.

호흡이 차갑거나 따뜻한 줄 아는 것이 바로 수맥(修脈)의 경계입니다. 그러나 결코 코끝에서 호흡이 차갑거나 따뜻함을 아는 것이 아니라 신체 내부에서 느끼게 됩니다. 이때가 되면 신체 내부에서 어디가 따뜻해지고 어디가 차가워지는지를 알 수 있습니다. 바로 후세 밀종에서 말하는 맥으로서 이를테면 신경 반응과도 유사한 것입니다. 어디가 통하고 어디가 통하지 않는지 매 세포의 감각으로 모두 뚜렷이 느낄 수 있습니다. 사실 맥이란 숨이 한 단계 더 발전한 것입니다.

타좌를 할 때 왜 다리가 저릴까요? 넓적다리의 맥이 막혀 아랫도리의 맥

전체가 통하지 않기 때문입니다. 가장 통하기 어려운 곳이 엉덩이 부분입니다. 우리가 다리를 틀고 앉은 뒤 얼마 지나지 않아 그만두고 싶은 것은 두 가지 때문입니다. 하나는 마음이요, 하나는 몸입니다. 통상 우리가 그만 앉아 있고 싶어 하는 것은 마음이 그만두고 싶어서일까요? 아닙니다. 대부분은 기(氣)가 엉덩이에 이르러 꽉 막혀 더 이상 내려가지 않기 때문입니다. 이렇게 되면 기가 심리에 영향을 미치게 됩니다. 범부라면 마음이 물질을 전화시키지 못합니다. 유물론자들은 사람의 생각이 물질의 영향을 받는다고 하는데 절대 틀린 말이 아닙니다. 하지만 이 주장은 단지 범부의 경계에만 적용됩니다. 기 또한 물질입니다. 따라서 우리가 어느 정도 앉아 있을 때 기가 엉덩이 부분에서 더 이상 밑으로 내려가지 않게 되면 자연히 뇌 신경에 긴장이 생겨 심리적으로 더 앉아 있지 못하는 것입니다. 만약 기가 엉덩이 부분에서 허벅지와 무릎 등으로 점점 통하여 내려간다면 아프고 가렵고 저리고 팽창하고 차갑고 따뜻한 감각을 느낄 수 있을 것입니다. 심하게는 두 넓적다리가 문드러지기도 합니다. 그러다가 기가 일단 통하고 나면 이런 증세들은 어느새 사라져 버립니다. 옛 수행자들의 수행 정신은 참으로 경탄할 만했습니다. 기가 신체 내부의 더러운 것들을 몰아낼 때면 신체가 모두 썩어 문드러지는 경우라 하더라도 색음(色陰)을 공(空)으로 여겨 전혀 개의치 않았습니다. 현대인들은 복이 많아서 소염제나 항생제 주사 한 방이면 끝나지요.

기가 족심(足心)에 이르러야 삼맥칠륜에 대해 말할 수 있습니다. 기맥이 뚫리면 확실히 정(定)을 얻게 되는데, 과연 어떤 종류의 정을 얻을까요? 정에는 수백 수천 가지 삼매가 있으며 이들은 모두 서로 다른데도 우리는 단지 하나의 '선(禪)'만이 있다고 생각합니다. 그래서 저는 선종이 출현한 이후에 왜 선이 사라지고 말았는지 말하는 것입니다. 선은 참으로 적지 않은 사람을 오도(誤導)했습니다.

중맥(中脈)이 제대로 통한 뒤에는 앉으면 바로 정(定)에 들어 눈을 감은 채로 하늘에 가득 찬 별들을 뚜렷이 볼 수 있습니다. 밀종에서 말하는 것은 다 진실입니다. 이 모습은 마치 우주선을 타고 우주로 들어선 것과도 같습니다. 이것이 바로 우주의 신비이자 생명의 신비입니다. 이전에 저는 우주선이 우주로 진입하는 전 과정을 매 순간의 변화까지도 유심히 살펴보았는데, 그 결과 우주의 법칙과 인체의 법칙이 완전히 동일하다는 사실을 발견했습니다. 이로써 다시 증명된 바는 현교나 밀교에서 말하는 수행 경험이 한 점의 착오도 없다는 것입니다. 잘못은 바로 우리 자신이 노력하지 않고 수행을 통해 제대로 증험해 보지 않은 데에 있습니다.

제11강

달마조사의 이입과 행입

　우리 강의가 벌써 다섯째 주 두 번째 시간으로 접어들고 있습니다. 실제적인 수증 자료는 시간 관계상 여기서 일일이 설명할 수 없으니 여러분 스스로 연구해 보기 바랍니다. 그냥 듣기만 하고 연구를 하지 않으면 아무 소용이 없습니다.

　우리가 처음에 검토한 내용은 불법을 배우는 견지(見地) 방면에 관한 것이었고 뒤에 와서는 수증, 즉 사상(事相) 공부를 집중적으로 살펴보았습니다. 특별히 주의해야 할 것은 십념법 중 호흡을 닦는 방법으로, 이것은 개인의 생리나 심리에 따라 차이가 있어서 동일하지 않습니다. 부처님이 말한 염안반(念安般)이 대원칙이지만 그 내용이 무척이나 복잡합니다. 호흡을 제대로 닦는다면 건강과 장수는 가능하지만 제 길에 이르지 못하면 그것은 방법이 바르지 않거나 혹은 꾸준한 마음이 없기 때문입니다. 초보적인 수행을 거쳤다면 한 걸음 더 나아가 정(定)에 이르고 지혜를 일으키며 신통력을 얻는 것도 분명히 가능합니다. 세부적인 방법이 물론 간단하지는 않습니다. 밀종에서 말하는 수기(修氣), 수맥(修脈), 수명점(修明點), 수졸화(修拙火)라는 이 네 가지는 모두 안반법문을 닦는 데에서 발전한 것입니다.

오도(悟道)니 성불(成佛)이니 하는 말은 잠시 접어 두고 단지 수양 공부에 대해 말해 보자면 마땅히 참고해야 하는 것은 맹자의 양기(養氣) 원칙입니다. 이 외에도 여순양(呂純陽)의 「백자명(百字銘)」에 나오는, "기를 기르려면 말을 잊고 지켜야 하며, 마음을 항복시키려면 하는 듯 마는 듯 해야 한다[養氣忘言守, 降心爲不爲]"라는 원칙도 대단히 중요합니다. 여순양은 도가에 속하지만 선(禪)도 배웠습니다. 「백자명」은 수증의 구체적인 부분, 특히 호흡 수련의 성취 단계를 모두 포함하고 있으니 충분히 연구할 만한 가치가 있습니다. 당연히 세부적인 원칙도 많으므로 밝은 스승에 의지하지 않으면 어렵습니다. 수행을 해 본 사람의 지도가 없이는 잘못된 길로 빠지기 쉽다는 말입니다. 경험 있는 사람의 지도를 받는다면 한마디만 들어도 적은 노력으로 큰 효과를 얻을 수 있습니다.

앞에서 살펴본 수행법문은 모두 사가행의 범위에 속합니다. 수기(修氣)의 법문이 마음이나 물질과는 어떤 관계가 있는지에 대해서는 시간 관계상 잠시 접어 두기로 하겠습니다.

이제 다시 중국 불교의 수행 방법에 대해 소개하겠습니다.

앞에서 몇 차례 언급했습니다만 동한 이후 남북조와 수당에 이르기까지는 수행을 통해 성취를 이룬 사람이 아주 많았습니다. 특히 수당 이전에는 모든 사람이 소승의 수행법문을 따랐습니다. 후세에 와서 소승을 얕보는 경향이 생겼는데 이는 인과가 전도된 것입니다. 재삼 말합니다만 소승의 기초가 없다면 근본적으로 대승에 대해 논할 자격이 없습니다. 초등 과정의 기초도 배우지 않고 대학에서 학문을 하겠다는 것이나 다를 바 없기 때문입니다. 당송 이후 선종이 크게 일어나면서 과위를 증득한 사람은 갈수

록 줄어든 반면에 이치를 설하는 사람은 갈수록 많아졌습니다. 이런 상황
은 지금에 이르도록 마찬가지입니다. 일반인은 입만 열면 화두를 참구한
다느니 공안을 참구한다느니 하고, 또 어떤 사람은 관심(觀心)이나 묵조(默
照)[83] 역시 선이라 말하기도 하지만 모두 우스운 이야기입니다. 모두 인과
의 전도 속에 빠져 있습니다.

동진 시대에 이르러 대승과 소승의 경전들이 물밀듯이 중국에 소개되었
습니다. 많은 경전이 번역되었고 교리는 날이 갈수록 발전했기에 당시 공
부하던 사람에게 영향을 미치지 않을 수 없었습니다. 특히 구마라집법사
(鳩摩羅什法師)가 번역한 『법화경』과 『금강경』이 중국에 끼친 영향은 비할
데 없이 컸습니다. 『유마경』 또한 그랬습니다.

동한 이후 위진남북조 시대의 삼백여 년간은 중국의 문화와 학술 및 철
학 사상이 가장 활기차고 찬란하게 전개되었던 시기입니다. 형이상의 도
(道)에 대해서는 춘추전국 시대 백가쟁명 때보다 더 수준이 높았습니다.
아쉬운 것은 일반적으로 오늘날 불법을 배우는 사람은 단지 불학만을 알
고 남북조의 역사에 대해서는 연구하지 않는다는 점입니다. 당시의 사상
이 청담(淸談)으로 흘러 나라를 그르쳤다고 알고 있을 뿐 청담의 내용이 무
엇이고 과연 나라를 잘못되게 한 것이 무엇인지에 대해서는 제대로 알지
못하고 있습니다. 실제로 청담이 나라를 잘못되게 한 것이 아니라 나라를
다스리던 이들이 문화를 그르친 것입니다. 그러므로 역사를 볼 때에는 다
른 사람의 관점을 그대로 따라 해서는 안 되며 스스로 진지하게 연구해 보
아야 합니다.

바로 이 시대에 달마조사가 왔습니다. 당시에는 도를 닦아 과위를 증득

---

83 송대 조동종의 굉지정각선사(宏智正覺禪師)가 창도한 선풍(禪風)이다. 묵(默)은 침묵하여 마음
을 다하여 좌선하는 것을, 조(照)는 지혜로써 청정하고 신령스러운 본래의 심성을 지켜보는
것을 가리킨다. 무언가를 얻거나 깨닫기를 기대하지 않는 태도로 좌선하는 것으로, 이 좌선은
동시대 임제종의 대혜고선사로부터 강하게 비판받았다.

한 사람이 무척 많았는데 이들은 모두 소승의 선정 방법, 즉 유위(有爲)의 법문을 따라 수행했습니다. 비록 방법은 옳았지만 유위를 무위(無爲)인 형이상의 도로 전화시키는 데에는 부족했습니다. 이 시기에 일반 대사들, 예를 들어 구마라집법사 같은 사람만 해도 비록 불경을 전하고 형이상의 도를 번역하여 그렇게 수준 높게 소개했지만 자신이 따랐던 수행 방법은 여전히 소승의 법문이었습니다. 바로 십념 중 염신(念身)인 백골관이나 부정관 같은 법문이었습니다. 이처럼 형이상의 도를 추구하기가 무척이나 어려웠던 때에 달마조사가 옴으로써 선종이 시작된 것입니다.

엄격히 말하면 선종은 심종(心宗)입니다. 그래서 달마조사는 『능가경』을 지정하여 심인(心印)[84]으로 삼았습니다. 『능가경』을 한마디로 말하면, "부처님의 말과 마음을 종지로 삼는다(佛語心爲宗)"라는 것입니다. 바로 이 말에서 '심(心)' 자의 문제가 나오는데, 뒤에 나타나는 명심견성에 관한 일체의 오류가 바로 여기에서 비롯됩니다. 달마조사는 당시 두 가지 방향을 제시했습니다. 하나는 이입이요 다른 하나는 행입입니다.

이입(理入)의 이(理)는 보통 우리가 이치를 연구한다고 할 때의 이가 아니라 지관(止觀)과 관심(觀心)의 이론에서부터 나아가 도를 깨치는 것을 말합니다. 행입(行入)은 십계(十戒) 및 보살의 행원을 포함하는 것으로, 대인 관계나 일 처리 과정에서 자신의 마음이 어떻게 움직이는지를 낱낱이 파악함으로써 도를 증득하고 깨닫는 것입니다. 선종은 특히 행입에 중점을 두는데도 후세의 선종 연구자들은 크게 착각했습니다. 이들은 어떤 때에는 고함을 버럭 지르기도 하고 또 어떤 때에는 손바닥으로 후려치기도 하며 사람을 가르치는 경쾌하고 유머러스한 교수법을 선(禪)으로 생각했습

---

84 선종에서는 부처님이 스스로 마음으로 증득한, 다시 말해 언어나 문자로는 표현할 수 없는 그것을 불심(佛心)이라 칭하는데, 그 진리가 마치 세간의 인장처럼 형체가 결정되어 변할 수 없는 것이기에 이를 심인이라고도 부른다.

니다. 심지어 선종을 꽃을 보고 도를 깨치는 종파로 생각하기도 했습니다. 이런 것들은 모두 우연한 기미(機微)를 활용하는 교육법으로 선의 진정한 중심이 아닌데도 그들은 이 사실을 몰랐던 것입니다. 선의 진정한 중심은 바로 달마조사가 제시한 행입입니다.

이조 혜가의 안심

공안(公案)을 참구하는 것은 옛사람들이 도를 깨친 과정을 자세히 연구한 후 이를 스스로 마음으로 체험해 보기 위해서입니다. 어떻게 해야 옳은지, 어떻게 해야 재능이 서로 일치할 수 있는지 하는 것들을 마음으로 깨쳐야 합니다. 이조(二祖) 혜가(慧可)는 달마조사를 뵙고서 자신의 팔마저 잘랐습니다. 우리는 이조가 이처럼 구도(求道)에 온 정성을 다한 사실은 잘 알고 있지만 그가 출가하기 이전에 이미 대단한 학문을 갖춘 대학자였다는 사실에 주의를 기울이는 사람은 거의 없습니다. 그는 산동(山東) 일대에서 『역경』을 강의했는데 그를 믿고 따르는 사람이 아주 많았습니다. 나중에 그는 『역경』으로는 결코 우주와 인생의 문제를 해결할 수 없다고 느끼던 중 『대반야경(大般若經)』을 보고는 우주와 인생의 진정한 진리가 불법 속에 있다고 생각하여 출가했습니다.

이조는 출가한 후 하남(河南) 향산(香山)에서 타좌하면서 팔 년 동안 선정을 닦았습니다. 남아 있는 자료가 없어서 당시 그가 닦았던 것이 수기(修氣)였는지 아니면 관심(觀心)이었는지는 알 수 없습니다. 그렇지만 주의해야 할 것은 그가 선정을 팔 년이나 닦았다는 사실로, 이는 결코 간단한 일이 아닙니다. 게다가 일류의 학문적 수양을 갖추었고 후에는 달마조사와 함께 여러 해를 지냈습니다. 기록에 따르면 이조가 달마조사를 만나러 가서는 눈 속에서 사흘 밤낮을 꼬박 서 있었다고 합니다. 달마조사는 거들떠보지도 않다가, 불법이란 끝없이 오랜 세월 온갖 정성을 다해야 할 무상의 대법(大法)이거늘 눈 속에 며칠 서 있는다고 얻어지겠냐고 했답니다. 그러자 이조는 자신의 팔을 잘라서 달마조사 앞에 놓았습니다. 우리 후세 사람들은 달마조사의 요구가 너무 심했다고 생각할 것입니다. 그러나 사실 이전 어느 시대의 종교인이라 해도 그들의 종교적 열정과 구법(求法)의 정성은 후세 사람의 이해를 넘어서 있었습니다. 『고승전(高僧傳)』 속에서도 이런 예는 흔합니다. 저는 어릴 때 손가락을 불태우고 피로 경전을 쓰는 것을 직접 보기도 했을 정도로 이런 일은 부지기수였습니다. 현대인은 이런 행위를 어리석은 미신이라 하겠지만 과연 우리가 어리석은지 그들이 어리석은지는 알 수 없습니다. 시대가 다르니 가볍게 옛사람들을 평가해서는 안 됩니다.

후에 달마조사가 이조에게 물었습니다. "그대는 뭘 바라는가?(爾要求甚麽)" 당시 그는 배고프고 아프고 추웠지만 단지 이렇게만 말했습니다. "안심법문이 무엇입니까?(如何是安心法門)" 우리 같았으면 이렇게 말했을 것입니다. "선생님! 아무리 해도 잡념이 없어지지 않습니다." 이조는 우리보다 훨씬 나았습니다. 이미 타좌를 팔 년이나 했고 게다가 이전의 공부도 있었습니다. 그는 어떻게 하면 생각이 청정해지는지를 묻지 않고 어떻게 해야 마음을 편안하게 할 수 있는지를 물었습니다. 이것은 대단히 중요한 문제입니다.

『지월록』은 일대 기서(奇書)로서 정말 뛰어난 책이지만 읽기가 무척 어렵습니다. 이 책은 텔레비전 연속극 보듯 그렇게 생동감 있게 읽어야 합니다. 이조가 달마조사에게 법을 구하는 이 장면에서 달마조사는 면벽을 하고 앉아 있었을 것입니다. 그러다가 이조가 팔을 잘라서 바칠 때 달마조사는 당연히 약을 가져와서 바르고 상처를 헝겊으로 싸맸을 것입니다. 그것마저 모른 체했다면 그건 달마도 아니고 불법도 아닙니다. 이런 작은 부분들은 기재하지 않은 것입니다. 눈 속에 서 있고 팔을 자르며 안심법문을 묻는 것이 결코 한 번에 일어난 일이 아니겠지만 이 세 가지 사건을 하나로 연결해 기록하고 있습니다.

무엇을 안심(安心)이라 할까요? 어떻게 해야 마음을 편안케 할 수 있을까요? 이조는 당시 팔이 잘린 데다 춥고 배고프기까지 했으니 그의 마음은 당연히 불안했을 것입니다. 달마조사가 대답합니다. "그대 마음을 가져와 보게. 내가 편안케 해 줄 것이네!" 그때 달마조사는 헝클어진 수염을 하고는 인도인의 그 큰 눈을 번쩍 떴을 터이니 이조가 이 한 소리에 얼이 빠졌을 것이 틀림없습니다. 이조가 담이 작아서 그런 것이 아니라 의문이 그리 컸는데도 대답이 너무나 기묘해서 혼비백산하고 말았을 것입니다. 이조가 말합니다. "아무리 찾아봐도 찾을 수가 없습니다." 달마조사가 말합니다. "내 이미 그대를 편안케 했네." 바로 이렇게 했을 것입니다.

이조와 함께 몇 년을 지낸 후 달마조사가 말했습니다. "외부의 모든 연이 잦아들고 마음속 숨이 사라져 마음이 마치 담벼락처럼 된다면 가히 도에 들어갈 수 있다네〔外息諸緣, 內心無喘, 心如牆壁, 可以入道〕." 수증의 길을 걷는 사람이라면 대승이든 소승이든, 재가든 출가든 그 어떤 종파를 막론하고 이 말대로 수행해 가지 않으면 안 됩니다.

"외부의 모든 연이 잦아든다〔外息諸緣〕"라는 것은 바깥의 일체 환경을 떨쳐 버린다는 말입니다. 우리가 수증에서 성공하지 못하는 것은 이와 같이 하지 못하기 때문입니다. 우리의 마음은 온통 반연심(攀緣心)입니다. 이 일을 다 하고 나면 또 저 일을 붙듭니다. 영원히 일을 끝내지 못하며 외부의 연도 그치지 못합니다.

"마음속 숨이 사라진다〔內心無喘〕"라는 것은 바로 십념 중 염안반법문(念安般法門)에서 호흡이 끊어져 사선팔정의 경계로 진입한 것을 말합니다.

"마음이 담벼락처럼 된다〔心如牆壁〕"라는 것은 안팎이 완전히 분리된다는 말입니다. 즉 외계의 어떤 상황에 대해서도 마음이 전혀 움직이지 않으며 조금의 망념도 일어나지 않는 것을 말합니다.

유의해야 합니다. 이 정도에 이르러야 비로소 도에 들어갈 수 있고 보리를 얻을 수 있으며 도를 증득할 수도 있습니다.

달마조사가 이조에게 이 말을 한 것은 분명 안심법문을 묻기 전의 일일 것입니다. 달마가 이조의 선정 공부의 단계를 가늠해 보고는 그에게 선정의 방법을 가르쳐 준 것입니다. 그리고 이조가 자신의 마음이 불안하다고 물은 것은 공부가 이루어진 후의 일일 것입니다. 왜냐고요? 예를 들어 어떤 사람이 외부의 모든 연이 잦아들고 마음속 숨이 사라져 마음이 담벼락처럼 되었다고 해서 감히 성불했다고 말할 수 있겠습니까? 마음이 편안해졌겠습니까? 도를 깨쳤겠습니까? 부처란 궁극적으로 어떤 것일까요? 무엇이 보리일까요? 아직도 뚜렷하지 못합니다. 이 때문에 마음이 편안할 수 없습니다.

후에 이조 혜가는 삼조(三祖)에게 법을 전했는데, 의발(衣鉢)을 전한 뒤 온통 먹고 마시며 어지럽게 돌아다녔습니다. 제전(濟顚)스님보다도 더했습니다. 그렇게 쟁쟁하던 학자가, 출가 후에 온 힘을 다하여 달마조사로부터 인가까지 받은 사람이 의발을 전하고 나서 만년에는 아주 딴판이었습니다. 술 마시고 사창가를 전전하며 못하는 짓이 없었습니다. 사람들이 그에게 물었습니다. "당신은 선종의 조사이거늘 어찌 그리 미친 듯 술집으로 달려갈 수가 있습니까?" 이조가 한마디 합니다. "내 스스로 마음을 조복하거늘 그대가 무슨 상관인가?〔我自調心, 何關汝事〕"

문제에 이르렀습니다. 그가 구한 것은 안심법문이며 달마조사는 그를 받아들여서 안심법문을 주었습니다. 그럼에도 만년에 이르도록 그는 여전히 마음을 조복해야 했습니다. 여전히 마음이 편안해지지 않았습니다. 그렇다면 이조가 말한 안심의 심(心)은 도대체 무엇일까요? 큰 문제가 아닐 수 없습니다. 대철대오한 경우를 제외하고는 어느 누구도 안심에 이를 수 없습니다.

현재는 유심론과 유물론이 서로 다투고 있습니다. 우리는 심물(心物)이 일원(一元)이라는 것을 알고 있지만 마음(心)이 어떻게 물질(物)을 형성하는지에 대해서는 성불의 경계에 이르지 않고서는 누구도 결론 내릴 수 없습니다. 마찬가지로 이론상으로야 누구든 말할 수 있지만 실제로 여전히 편안해지지 않는 것이 바로 마음입니다.

이것이 바로 선종입니다. 이 이후 선종은 사실상 사라진 것이나 다름없습니다.

사조 도신과 각 종파

우리는 나중에 선종을 연구하면서 남종(南宗) 육조(六祖)의 계열에만 주의를 기울일 뿐 남과 북의 양 종을 관련지어 연구하지 않습니다. 사조(四祖) 도신(道信)의 시절은 바로 당나라가 시작될 무렵으로 현장법사가 인도로 유학을 떠났다가 돌아온 시기와도 그리 멀지 않습니다. 당시는 선종이 아직 융성하지 못하던 때로서 여전히 단전(單傳), 즉 한 사람이 제자 한 명을 찾아 물려줌으로써 법통이 끊어지지 않게 하는 식으로 이어지고 있었습니다. 사조 때에 이르러서야 적지 않은 제자가 배출되었는데, 후에 당 왕조의 몇몇 대국사(大國師)들과 화엄종이나 천태종의 조사들은 모두 사조의 계열로부터 나온 사람들로 육조 계통보다도 항렬이 높았습니다.

불법의 교리는 유식 법상 계열의 경전을 현장법사가 소개하면서 더욱 완비되어 갔습니다. 그 이후의 임제선사나 유식종의 대사들은 단지 선(禪)

만을 배운 것이 아닙니다. 조동종의 조산조사(曹山祖師)나 동산조사(洞山祖師) 역시 마찬가지였습니다. 그들은 각종 교리에 두루 통달했으니 요즘의 우리처럼 교리(教理)는 연구하지 않으면서 화두 하나만 달랑 들고 선을 이해했다고 여기는 것과는 달랐습니다. 예전의 대조사들은 삼장십이부를 철저히 통달한 후 교리를 던져 버리고 다시 간단하고 직접적인 한 법문을 따라 깊이 공부해 들어갔습니다. 바로 안회(顔回)가 말한, "글로써 나를 넓혀 주고, 예로써 나를 단속하게 한다〔博我以文, 約我以禮〕"라는 것과도 같습니다. 먼저 넓게 배워 통달한 후에 다시 전문적으로 하나의 길을 따라가야 합니다.

오조 홍인의 시대

　오조(五祖) 홍인(弘忍)의 때는 당 태종의 시대인데, 당시 선종은 전통이 끊어져 문화적으로 별다른 영향력을 행사하지 못하고 있었습니다. 그러다가 얼마 있지 않아 천태종이 점차 두각을 나타내기 시작했는데, 당연한 일이지만 가장 보편적인 것은 여전히 교리였습니다. 이어서 현장법사가 돌아오면서 불법이 왕성히 일어났습니다. 당송 시대에는 가장 뛰어난 인재가 불법에 매달렸습니다. 지금은 최고 인재는 모두 상공업 쪽으로 가 버리고 마니 우리 시대에 어찌 불법이 제대로 남아 있을 수 있겠습니까? 시대가 완전히 바뀌고 말았습니다. 당시에는 불법이나 선을 배우는 것이 첨단 유행으로 마치 현재의 과학 연구와도 같은 그런 분위기가 있었습니다. 그렇게 해서 교리는 한때 극도로 융성했습니다. 통치자인 당 태종 또한 문외한이 아니어서 시도 잘 짓고 글도 잘 쓰고 무술도 뛰어나고 불학에도 조예가 깊었습니다. 뭐든 다 잘했습니다. 그가 현장법사를 위해 써 준 「성교서

(聖敎序)」란 글은 결코 아무나 쉽게 쓸 수 있는 수준이 아닙니다.

선종이 융성한 때는 당나라 중엽 이후 만당(晚唐)을 거쳐 오대(五代)까지의 시기였습니다. 이 시기에 불학의 이론은 최고봉에 달했으며 육조의 선도 이제 막 시대의 전면으로 부각되었습니다. 당시에는 유식, 법상, 화엄 등 각종 이론이 사회에 보급되어 책을 좀 읽은 사람이라면 누구든 불법 몇 구절쯤은 말할 수 있었습니다. 그러나 소승의 수행은 이미 등한시되었고, 모두 대승의 수행법을 따랐으나 제대로 길을 찾지 못했습니다. 바로 이때에 달마조사가 전한 선종의 심인(心印), 즉 직지인심(直指人心), 견성성불(見性成佛)의 법문이 오조와 육조를 통해 세상에 나오게 되었습니다.

달마조사가 처음으로 전한 수행 방법은 『능가경』의 이론을 중시한 것이었습니다. 그러다가 오조에 이르러 변화되었는데, 『능가경』의 이론이 너무 깊어 좀 더 쉽게 이 법문을 증득시키기 위해 『금강경』으로 바꾸었습니다. 사실은 사조 때부터 이미 이 방법이 시작되어 오조와 육조에 이르러 융성하게 된 것입니다. 『금강경』은 성공(性空)의 이치를 설한 것으로 대단히 간략했습니다. 당시의 불학 이론은 마치 피라미드의 꼭짓점에 도달한 것과 같아서 더 이상 나아갈 수가 없었습니다. 어떻게 하면 심신이 편안히 하나가 될 수 있는지, 어떻게 하면 바로 깨칠 수 있는지 하는 문제는 도리어 아주 어려운 일이 되고 말았습니다. 교리에 따르면 범부가 성불하기 위해서는 반드시 삼대아승기겁(三大阿僧祇劫)[85]을 거쳐야 하니 어찌 닦아서 얻을 수 있는 것이겠습니까?

대승 경전이 유행하기 시작하자 소승의 법문은 하찮은 것이 되고 말았습니다. 선종의 직지인심, 견성성불이 더욱 시대의 요구에 영합함으로써

---

85 산스크리트 어를 음역한 것으로 무한히 큰 수를 가리킨다. 아승가(阿僧伽)·아승기야(阿僧企耶)·아승(阿僧)·승기(僧祇) 등으로도 음역되었으며, 불가산계(不可算計)·무량수(無量數)·무앙수(無央數) 등으로 의역되기도 했다. 전하는 바에 따르면 1아승기는 일천만만만만만만만만만만조(一千萬萬萬萬萬萬萬萬兆)—만만(萬萬)이 억(億)이며, 만억(萬億)이 조(兆)임—라고 한다.

육조 시대가 되면 최고봉에 이르게 됩니다.

육조 혜능의 시대

육조의 선종은 남방의 광동(廣東)에서 시작되었습니다. 원래 불교는 중원(中原)에서 융성했으며 당시 남방은 문화적으로 낙후된 지역이었습니다. 대국사(大國師)와 대법사들은 모두 중원의 서안(西安) 낙양(洛陽) 일대에서 활동했는데, 육조가 낙후한 남방에서 구어체로 불법을 전했기에 널리 유행하게 되었습니다.

『육조단경(六祖壇經)』을 자세히 연구해 보면 육조가 여전히 행(行)을 중시했음을 알 수 있습니다. 여전히 행을 통하여 들어가고자 했던 것입니다. 불행한 것은 『육조단경』이 대주화상(大珠和尙)[86]의 『돈오입도요문론(頓悟入道要門論)』 등과 함께 유통되면서 불학과 선이 끝나 버린 점입니다. 여러분은 마음이 곧 부처라고 알고 있지만 이 마음이란 어떤 마음일까요? 답하기 모호할 것입니다. 그래서 어떤 사람은 종교를 믿을 필요가 없다고 여기기도 합니다. 자신이 비록 좋은 일을 하지는 못해도 양심에 떳떳하면 곧 부처라고 생각하기 때문입니다. 이런 사람은 마음이 무엇인지에 대해서는 아예 관심이 없습니다. 바로 여기에 선종의 병폐가 있습니다. 이런 까닭에 이번 강의에는 『육조단경』을 포함시키지 않았으니 단지 참고만 했으면 합니다.

---

[86] 당대의 승려인 혜해(慧海)를 가리킨다. 월주(越州) 대운사(大雲寺)의 도지법사(道智法師)에게 배웠고, 후에 마조도일을 찾아가서 6년을 배운 후 크게 깨쳤다. 이후 『돈오입도요문론』이란 책을 썼는데 마조도일이 읽고는 "커다란 구슬이 둥글고 밝다[大珠圓明]"라고 평가하여 세상 사람들이 그를 대주화상이라 불렀다.

심즉시불의 폐단

"심즉시불(心卽是佛)", 즉 마음이 곧 부처라는 말의 폐단은 송대 이학(理學)의 발전을 가져왔습니다. 이학가(理學家)들이 말하고자 하는 것은 도리어 선종의 자세로서, 행(行)을 강조하는 선종의 입장과 다를 바 없습니다. 그리고 그들이 말하는 천인(天人)의 도(道)를 실천한다는 것은 불가의 율종과 다름없으며, 당송 이후의 도가 사상은 해탈의 방법을 따르는 불가의 선종과도 같습니다. 그러나 이 삼가(三家)의 상호 관계는 지극히 미묘합니다.

직지인심, 견성성불의 이치가 명확히 설명되면 될수록 불학은 더욱 암담해졌고 수증 공부는 갈수록 실질적인 토대가 없어졌습니다. 사실 말만 거창하고 실속이 없으니 보다는 차라리 지관을 닦는 것이 낫습니다. 관심법문(觀心法門)을 행하면 적어도 과위의 반 정도라도 얻을 수 있기 때문입니다. 소승의 방법을 따르더라도 결국은 증득할 수 있습니다. 대승의 보리에 대해서는 따로 논하겠습니다.

선종이 『금강경』을 부각시켰습니다만 『금강경』은 성공(性空)을 말하고 있기에 쉽게 광선(狂禪)으로 흐를 수 있었습니다. 이해는 쉬울 수 있었지만 증득에는 아무런 도움이 되지 않았습니다.

선종의 책으로는 『지월록』이 가장 좋습니다. 이 책에는 견지, 수증, 행원이 포함되어 있고 선종의 각종 서적의 요점이 집약되어 있습니다. 제가 대만에서 초판을 발행했을 때에는 책이 잘 팔리지 않아서 나중에는 파지가 되어 정육점에서 종이 무게를 근으로 재서 사 갔습니다. 종이로 되어 있으니 돼지고기 포장용으로 쓰려고 사 간 것입니다. 진정으로 선종을 연구하고자 한다면 『지월록』만 보아도 충분하나 이 책에 통달하려면 교리도 잘 알아야 하고 수증의 기초도 있어야 합니다. 그렇지 않으면 이해가 잘되지 않는 곳이 많습니다.

작은 석가모니 앙산

후세에서는 선종이라 하면 곧 화두 참구를 말합니다만 사실 선종이 진정으로 중시하는 것은 견지입니다. 예를 들어 봅시다. 중국의 작은 석가모니라 불렸던 위앙종의 앙산선사(仰山禪師)[87]는 만당(晚唐) 오대(五代) 때의 사람이었습니다. 『지월록』에는 다음과 같이 기록되어 있습니다. "인도 승려가 하늘로부터 내려오자 앙산선사가 말했다. '어디에서 오셨소?' 승려가 대답했다. '서천(西天)에서 왔소이다.' 인도 승려가 또 말했다. '동토(東土)의 문수(文殊)를 뵙기 위해 왔는데 뜻하지 않게 작은 석가모니를 만났구려.'" 이렇게 말하고는 앙산선사에게 범어(梵語)로 된 책을 한 권 건네고 예를 표한 후 허공으로 사라졌습니다. 이 일이 있은 후 사람들은 앙산선사를 '작은 석가모니'라 불렀습니다. 인도의 나한이 허공으로 와서 가르침을 청한 것은 이때 한 번만이 아니었는데, 그것은 이를 보고 몰려온 문인(門人)들이 있었다는 사실에서 알 수 있습니다.

앙산이 위산(潙山)을 따라다니며 배울 때 하루는 위산이 말했습니다. "『열반경』마흔 권 중 부처님이 말한 것은 얼마나 되고 마군(魔軍)이 말한 것은 얼마나 되는가?" 앙산이 말했습니다. "제가 볼 때에는 온통 마군이 말한 것입니다." 위산이 듣고서 기뻐하며 말했습니다. "이후 아무도 자네를 어쩌지 못할 걸세〔已後無人奈子何〕." 앙산이 다시 사부에게 물었습니다. "지혜의 고요함이야 한때의 일이니 실제로 행할 곳은 어디입니까?〔慧寂卽

87 807~883. 당대의 선승으로 원명은 앙산혜적(仰山慧寂)이다. 9세에 화안사통선사(和安寺通禪師)를 찾아가서 배웠고, 17세 때 스스로 두 손가락을 잘라 맹세하며 머리를 깎았다. 오래지 않아 위산 영우(靈祐)의 방에서 인가를 받았으며, 후에 다시 강릉(江陵)으로 가서 수계(受戒)를 받았고 율장을 깊이 연구했다. 뒤에 위산으로 돌아와서 15년 동안 영우를 모셨다. 당나라 희종(僖宗) 때에는 대앙산으로 옮겨 위산의 법도(法道)를 크게 떨쳤는데, 이로부터 위앙종이 유래했다. 앙산소석가(仰山小釋迦)라 불렸으며 중화(中和) 3년 77세의 나이로 입적했다.

一期之事, 行履在甚麼處〕"이 말은 이런 뜻입니다. 제가 말한 것이 비록 옳더라도 제 마음은 여전히 불안합니다. 한때의 일이야 저도 이미 압니다. 견지상으로도 도달했고 경계도 어느 정도 얻었지만 제가 실제로 행할 곳은 어디인가요라는 말입니다.

실제로 행한다는 것은 심리적인 행위뿐 아니라 대인 관계나 일 처리에서 나타나는 마음의 움직임까지 포괄합니다. '리(履)' 자에는 공부까지 포함되어 있습니다. 위산이 유명한 한 구절로 앙산에게 답했습니다. "단지 그대의 안목이 바른 것을 귀하게 여길 뿐 그대가 실제로 행할 바는 말하지 않겠네〔只貴子眼正, 不說子行履〕." 말을 바꾸면 단지 견지가 바르기만 하면 되며 수증 공부에 대해서는 묻지 말라는 것입니다. 견지가 바르기만 하면 수증은 반드시 제 길을 따라가기 때문입니다. 그러니 우리는 견지가 잘못되는 것을 두려워해야 합니다. 견지가 잘못되면 아무리 공부를 잘해도 실제로 행하는 것이 잘못되고 말기 때문입니다.

이로 인해 후세에 선종은 견지를 중시하며 수증 공부는 중시하지 않는다고 잘못 전해진 것입니다. 사실 조사들은 모두 견지, 수증, 행원을 동시에 닦았으며 여기서 어느 하나라도 모자라면 안 됩니다. 위산의 이 말은 천재적인 사부가 천재적인 제자에게 한 말입니다. 우리는 절대 앙산이 아니므로 이 말이 우리에게도 그대로 적용되는 것은 아님을 알아야 합니다.

후세에 선종을 배우는 사람들은 대부분 육조나 마조, 이조 등만을 언급할 뿐 후대에 나온 오대 종파인 임제종, 위앙종, 조동종, 운문종, 법안종에 대해서는 거의 연구하지 않으니 이래서야 어찌 선을 배운다고 할 수 있겠습니까?

임제의 사료간

임제종의 종지를 예로 들어 봅시다. 임제종에서는 삼현삼요(三玄三要)와 사료간(四料簡)을 말하는데, 이들은 교육 방법으로서 역시 견지·수증·행원을 포괄하고 있습니다. 임제는 말했습니다. "내 한마디 말에 삼현문이 구비되어 있고, 일현문 속에 삼요의가 구비되어 있다[我一語中具三玄門, 一玄門中具三要義]." 예를 들면 '차(茶)'라는 한 글자 속에 삼현문(三玄門)이 구비되어 있으며, 일현문(一玄門) 속에 다시 삼요의(三要義)가 있다는 것입니다. 마치 대혜고선사가 한마디 말에 대해 사십아홉 개의 전어(轉語)[88]를 지었듯이 이것은 단지 이론만을 말하는 것이 아닙니다.

'사료간(四料簡)'에서 료(料)는 재료이며 간(簡)은 선택입니다. 사료간에는 빈주(賓主)가 있고 방법이 있습니다. 그렇지만 옛사람들은 이 방법을 말하지 않고 스스로 깨닫도록 했는데, 그 이유는 방법을 분명하게 말한다면 판에 박힌 듯 그대로 전해질 것이니 사람들이 거기에 집착하고 말기 때문입니다. 중생 본래의 집착도 이미 해탈하기 어려운데 여기에다 방법상의 집착까지 보탠다면 지옥으로 떨어지지 않고 어쩌겠습니까.

사료간 중 무엇이 빈(賓)이요 무엇이 주(主)일까요? 예를 들어 향판(香板)[89]을 한번 '딱' 하고 내리치면 아무것도 남지 않으며 우리의 생각도 비워져서 사라져 버립니다. 이런 상태를 영원히 유지할 수 있다면 훌륭한 것입니다. 향판을 사용하는 방법은 한마디로 "훅 불어 밥알을 보는[吹湯見米]" 것과 같습니다. 아는 사람은 웃음이 나올 일종의 속임수입니다. 그러나 속이는 것이 아닐 수도 있습니다. 마음속에 있는 망상을 외부의 힘으로

---

88 상황에 따라 자유자재로 변화하는 날카로운 말로, 선사들은 참선하는 사람이 미혹에 빠져 헤어나지 못하거나 진퇴유곡의 상황에 처했을 때 신속히 기미를 뒤집어 슬기롭게 해소할 수 있게 하는 방법으로 사용한다. 한 구절로 된 것을 일전어(一轉語), 세 구절로 된 것을 삼전어(三轉語)라 부르기도 한다.

끊어 버림으로써 평상시에 경험하지 못했던 청정함을 느끼게 해 주기 때문입니다. 이것이 바로 명심견성이라 여기는 것은 틀려도 한참 틀린 생각이지만 이런 그림자를 통해서도 깨달음으로 들어갈 수 있습니다. 이때는 반야를 활용해야 합니다. 향판의 내리침 속에서 재빠르게 이해하고 갑자기 깨친다면 그것은 선(禪)이라 할 수 있습니다. 임제의 사료간이 바로 이것입니다. "사람은 빼앗되 경계는 빼앗지 않는다〔奪人不奪境〕"는 경우는 공부가 청정한 경계에 도달한 것입니다. "경계는 빼앗되 사람은 빼앗지 않는다〔奪境不奪人〕"는 경우는 공부가 조금 진보했기에 한 걸음 더 나아가기를 바라는 것입니다. 이 경계로는 안 된다며 던져 버리게 하나 자신은 여전히 자신이어서 우리 스스로 참구해 보도록 합니다. "사람도 경계도 모두 빼앗는다〔人境兩俱奪〕"는 경우는 구하여 얻은 것은 뭐든지 옳지 않다고 부정해 버리는 것입니다. 그러나 이 방법은 사용할 수가 없으니 바로 선종의 고덕(古德)이 말한 것처럼 진정으로 선종을 견지한다면 주변에 따르는 사람이 하나도 없으며, 아무도 찾아오지 않으니 법당 앞에 풀이 석 자나 자랄 수밖에 없기 때문입니다.

예전에 제가 아미산(峨眉山)에 있을 때 인경구탈(人境俱奪)의 방법으로 출가인 한 명을 인도한 적이 있습니다. 한 발로 걷어차서 혼절시켰는데, 그랬더니 꼼짝도 않고 드러누워 있다가는 깨어난 후 절을 세 번이나 하며 뛸 듯이 기뻐했습니다. 그 후로는 산꼭대기 움막에서 거처했습니다.

어떤 때에는 "사람도 경계도 모두 빼앗지 않는다〔人境俱不奪〕"고 하는 경우도 있습니다.

---

89 불교 승단의 규칙과 질서를 유지하기 위해 사용하는 목판으로 모양은 보검처럼 생겼다. 사용 목적에 따라 이름이 달라지는데 힘써 공부하라는 경계의 뜻으로 사용하는 것을 '경책(警策) 향판'이라 하며, 법규를 어긴 자를 징계하는 데 사용하는 것을 '청규(清規) 향판', 좌선 시 혼침을 깨우기 위한 것을 '순향(巡香) 향판', 선칠(禪七) 중 사용하는 것을 '감향(監香) 향판'이라 한다. 대개 방장(方丈)이나 수좌(首座) 등이 사용한다.

임제선사는 결코 교육 방법만을 말한 것이 아니며 공부 역시 그 속에 들어 있습니다. 가끔 공부가 잘되면 마음속에 모든 잡념이 사라져 맑고 밝으면서도 텅 비게 되는데, 이때가 바로 "사람은 빼앗되 경계는 빼앗지 않는다〔奪人不奪境〕"고 하는 경우입니다. 자신은 여전히 그대로 있으나 마음속은 텅 비어 있는데, 이것은 제육식의 경계입니다. "사람은 빼앗되〔奪人〕", 즉 사람은 움직이지 않으나 "경계는 빼앗지 않는다〔不奪境〕", 즉 경계는 남아 있습니다. 물론 이 경계 역시 변할 것입니다. 왜 그럴까요? 경계는 손님〔賓〕이지 주인〔主〕이 아니기 때문입니다. 손님은 항상 머물러 있을 수 없으니 어찌 변하지 않겠습니까? 이것이 바로 선종의 비밀입니다. 하지만 시작 단계에서는 반드시 손님을 주인으로 삼아야 합니다. 이런 경계를 오래 지속시켜 두면 둘수록 더 좋지만 단지 여기에 이르기가 쉽지 않을 따름입니다.

경계는 빼앗되 사람은 빼앗지 않는다는 것은 대단히 어려운 일로 노골적으로 말하면 여기 있는 사람 중 누구도 그런 경계에 도달할 수 없습니다. 견지가 아직 이르지 못했기 때문에 수증과 행원 역시 모두 도달하지 못합니다.

어떤 사람이 물었습니다. 본래는 맑고 밝았는데 요 이틀 사이 왜 고요해지지가 않느냐는 것입니다. 제가 말했습니다. 선을 배우면서 왜 스스로 원인을 찾아보지 않느냐고요. 바로 이때가 경계는 빼앗되, 다시 말해 경계는 없고 사람은 빼앗지 않는, 즉 사람은 여전히 있는 것입니다. 손님일까요, 아니면 주인일까요? 손님 속의 주인일까요, 아니면 주인 속의 손님일까요? 주인 속의 주인일까요? 혹은 손님 속의 손님일까요?

어떤 때에는 조식(調息)을 사용하고 어떤 때에는 빛을 보는 등 불법은 참으로 많기도 합니다. 조사들은 책에서 다 가르치고 있습니다만 이해가 되지 않으면 저에게 물어보셔도 좋습니다. 높은 단계의 가르침을 이해하지 못한다면 대화를 통해 묻고 배워서 단계별로 차근차근 나아가야 합니다.

기공(氣功)을 하거나 정(定)을 닦는 것은 손님을 주인으로 만드는 것입니다. 사대가 조절되지 않아 신체가 좋지 못하면 기맥이 손님이 되어 신체가 흔들리게 합니다. 이때 억지로 참으면 건강에 좋지 않습니다. 신체가 잘 조절된 후에는 손님을 활용하지 않고 주인이 주인 노릇 하게 할 수 있습니다.

생각도 또한 이와 같습니다. 어떤 때에는 아무리 해도 가라앉지가 않습니다. 그러면 그냥 염불만 하십시오. 그래도 안 되면 노래라도 불러 보십시오! 마음을 조절한다는 것도 바로 이런 것입니다. 마음은 조절하기가 어렵습니다. 어떤 때에는 간신히 공부가 약간 좋아졌다 싶다가도 곧 기분이 아주 나빠지는 경우도 있습니다. 이럴 때에는 손님이 주인 노릇을 하도록 해 주고 주인장은 잠시 물러서 있어야 합니다.

어떤 사람은 불법을 배우거나 공부를 하면서 온통 모순에 빠지기도 합니다. 기맥이 나타나면 집착에 빠질까 두려워서 비워 버리려 하지만 기맥이 사라지면 다시 임맥과 독맥을 통하려 합니다. 빛이 나타나면 마경에 빠질까 두려워하지만 빛이 사라지면 왜 다시 나타나지 않을까 생각합니다. 또 공(空)에 이르렀을 때에는 다시 내가 완공(頑空)에 떨어진 것이 아닐까 두려워합니다. 그러나 안심하십시오. 수십 년간 저는 완공에 들어갈 만한 사람을 아직 보지 못했습니다. 완공이란 바위처럼 영활하지 못한 것으로 아무것도 모르는 상태를 말합니다.

이처럼 도처가 모순이니 방법이 없습니다. 기맥이 오면 아예 기맥을 닦으십시오. 손님이 주인이 되어도 잘못된 것은 없습니다. 기맥이 오면 이르는 부위마다 고통에 휩싸입니다. 이때에는 '아플 테면 아파 보라지! 이건 손님이지 내가 아니다' 하며 내가 주인 노릇 하지 않고 손님이 주인 노릇 하게 합니다. 신체란 어린애나 다를 바 없습니다. 어린애가 엄마만 보면 일없이 칭얼대듯 신체에 관심을 가질수록 고통은 더욱 심해집니다. 거들떠보지 않으면 고통은 떨어져 나가며 진정으로 그렇게 할 수 있을 때 신체는 완성됩니다. 그럼에도 사람들은 이렇게 하지 못합니다. 기맥이 나타나기만 하면 어떻게든 그걸 이끌려고 하여 모두들 색음구우(色陰區宇)에 빠지고 맙니다. 이치는 잘 말하지만 실제 상황이 되면 그냥 혼미해지고 마는 것입니다.

화두 참구란 방법이 없는 데에서 생각해 내는 것으로 이것이 곧 선(禪)은 아닙니다. 그리고 눈을 감은 채 생각을 바라보면서 마음속이 청정한 상태로 그냥 앉아 있는 수행 방법인 묵조를 송조(宋朝)의 대혜고선사는 '삿된 선(邪禪)'이라 비난했습니다. 『능엄경』에 이런 구절이 있습니다. "안으로 그윽이 한가로움을 지키더라도 여전히 법진의 분별영사가 되고 마는 것과 같다〔內守幽閑, 猶爲法塵分別影事〕." 이치에 밝지 못하니 보리의 대도(大道)로 말하자면 당연히 삿된 선일 수밖에 없습니다. 그러나 이치에 밝고 도를 깨친 사람이라면 묵조 역시 선입니다. 이것이 임제선사가 말하는 조(照)와 용(用)으로서, 조이면서 동시에 용이기도 합니다. 그럼에도 일반인은 이것을 알지 못하여 그저 고요히 지키기만 합니다. 이런 묵조는 삿된 선이 됩니다.

앙산이 물었습니다. "진정한 부처가 머무는 곳은 어떠한가요?〔如何是眞佛住處〕" 위산이 대답했습니다. "생각 없는 생각으로써 도리어 신령스럽게 타오르는 무궁함을 생각하니, 생각이 다하여 근원으로 돌아오면 성의 모습이 항상 머물러 일과 이치가 하나가 되어 진정한 부처와 같다네〔以思無思之妙, 反思靈焰之無窮, 思盡還源, 性相常住, 事理不二, 眞佛如如〕."

앙산은 이때가 되어서야 비로소 대철대오합니다. 위산은 뺨을 한 대 때리거나 걷어차지도 않고 그에게 이치를 설명하기만 합니다.

"생각 없는 생각으로써〔以思無思〕." 선종에서는 이를 '참(參)'이라 하며 불교에서는 '사유수(思維修)'라 합니다. 이치를 할 수 있는 한 철저히 통하여 생각 없는 묘함에 이르는 것입니다. 이때 생각할 수 있고 느낄 수 있는 작용이 일어나며 각종 신통한 묘용(妙用)도 모두 일어납니다.

"생각이 다하여 근원으로 돌아오면〔思盡還源〕." 심의식(心意識)의 사상 작용으로 인해 떠났던 본래 그곳으로 돌아오는 것입니다. "성의 모습이 항상 머물러〔性相常住〕." 그런 후에 성(性)의 모습이 드러나고 우주 만유의 현상이 모두 본래 자리에 있으면서 움직인 적이 없습니다. "일과 이치가 하나가 되어〔事理不二〕." 공부는 이치가 되고 이치는 바로 공부가 됩니다. "진정한 부처와 같다〔眞佛如如〕." 이때가 되면 바로 부처의 경계와 같습니다.

앙산은 사부의 이 몇 마디 말을 듣고서 곧 깨달았습니다. 깨달은 후에도 그는 십오 년 동안이나 성실히 사부를 모셨으며, 십오 년간 수시로 사부에게 수행의 경험을 물으며 증득을 구했고, 십오 년 후에는 다시 가르침을 전하러 길을 떠나 대방장(大方丈)이 되었습니다.

어떻게 이 몇 구절이 앙산으로 하여금 대철대오에 이르게 했을까요? 우리 스스로 앙산이 되어 체험해 보도록 합시다.

제12강

화두 참구와 관심법문

앞에서도 말했듯이 일반인은 선종에 대해 말을 꺼내기만 하면 곧 화두를 말합니다. 사실 화두 참구는 선종이 발전하다가 송원(宋元) 시대에 이르러 부득이하게 나온 하나의 방법입니다. 왜 부득이하다고 표현했을까요? 당송(唐宋) 이후에는 수행의 길을 걷는 사람 중에서 진정으로 과위를 증득하는 사람이 극히 적었는데, 그 주요 원인은 선종이 유행한 데에 있습니다. 특히 송대 이후에는 구두선(口頭禪)이 너무 많아서 입으로는 누구든 이치를 말할 수 있고 기봉(機鋒)[90]을 때리거나 전어(轉語)를 말할 수도 있었으나 선(禪)과는 갈수록 멀어졌습니다. 이 때문에 화두 참구가 생겨난 것입니다.

이른바 화두란 문제 제기요 의문으로 예를 들면 이런 것입니다. "삶은 어디서 왔으며 죽음은 어디로 가는가?" "부모님이 날 낳으시기 전 나는

---

90 선기(禪機)라고도 한다. 기(機)는 가르침을 받아 격발된 마음의 작용을, 봉(鋒)은 선기의 예민한 상태를 활용하는 것을 가리킨다.

어디에 있었는가?" "개에게도 불성(佛性)이 있는가?" "'무엇을 부처라 하는가?' 라고 물으니 운문조사가 대답하기를 '마른 똥막대기다' 라고 했는데, 운문조사가 왜 이렇게 말했을까?" 또 이런 것도 있습니다. "'꿈도 꾸지 않고 생각도 하지 않을 때 주인공은 어디에 있는가?' 하니 그대가 말하기를 '나는 잠자고 있다' 라고 했는데, 그렇다면 잠자고 있을 때 그대는 어디에 있는가? 만약 잠자고 있을 때 어떤 사람이 단칼에 그대를 죽여 버린다면 그대는 어디로 가는가?"

이런 문제들은 두 종류로 나눌 수 있습니다. 하나는 '뜻이 있는 말[有義語]'로서 해석할 만한 이치가 있는 것이고, 다른 하나는 '뜻이 없는 말[無義語]'로서 해석할 만한 이치가 없는 것입니다. 화두는 여러분 평생에 제일 의문시되는 문제를 붙드는 것으로, 그것이 불학상의 어떤 해석일 필요는 없습니다. 이것 역시 지관법문(止觀法門)이지만, 모든 의문이 한곳에 집중되기 때문에 보통의 지관법문보다 더 나은 방법입니다. 어떤 망상도 일어나지 않으니 이 문제가 해결되지 않으면 다른 모든 문제가 해결되지 않습니다.

과거에 선당에서는 화두 참구를 마치 미친 듯이 행하는 사람도 있었습니다. 화두에 몰두하여 아무것도 몰랐고 어떤 망상이나 잡념도 없었으니 이것이 바로 지(止)입니다. 그러다가 어떤 기회에 갑자기 의문이 풀려 그 문제 전체가 해결되니 이것이 바로 관(觀)입니다.

그렇지만 화두가 유행한 후 선종은 더욱더 쇠퇴했으니 이전에 대륙에서는 화두 참구로 인해 정신병을 얻은 사람이 무척 많았습니다. 현대인의 머리는 몹시 복잡합니다. 문제가 이미 너무도 많은데 여기에다 화두까지 더하니 미치지 않는 것이 이상합니다!

진정한 선종은 아주 간단합니다. 오대(五代) 이전의 조사는 바로 '직지인심, 견성성불'을 관심(觀心)의 방법으로 삼았는데, 사람들마다 닦아 이룰 수 있었습니다. 처음에는 먼저 사람에게 사(思)와 상(想)이 있고 생각이 있다는 것을 알아야 합니다. 예를 들어 다른 사람이 이야기를 할 때 우리가 그 이야기를 듣는 것도 하나의 관념이요 하나의 생각입니다. 이 생각은 다른 사람의 이야기를 따라 흘러가며, 우리의 듣는 작용도 그렇게 흘러갑니다.

우리가 정좌 시 관심을 할 때의 이 심(心)은 명심견성에서의 심(心)이 아니라 사람의 심(心)으로 사상(思想)이나 번뇌를 가리키는 것입니다. 예를 들어 봅시다. '그 친구 오후에 오기로 했는데 세 시쯤에는 오겠지. 오면 찻집에나 가자고 해야지.' 이처럼 바로 서너 가지 생각이 지나갑니다. '에이, 녹차나 한잔 마시지. 국수를 한 그릇 할까. 안 오는 게 제일 좋은데. 귀찮아 죽겠네, 돈도 없는데.' 심이란 바로 이렇게 온갖 생각이 오락가락하는 것입니다.

우리가 분명하게 보아야 할 것은 이제 막 한 생각이 사라지고 아직 다른 생각이 일어나지 않은 그 사이의 공백입니다. 이 공백을 붙드는 것이 바로 관심법문(觀心法門)으로서, 이것을 붙들 수 있다면 이미 첫 단계에 이른 셈입니다.

삼제탁공

생각은 생멸법으로 불경에서는 이렇게 말합니다. "제행무상은 생멸법으로서 생멸이 끊이지 않으니 적멸이 가장 큰 즐거움이다[諸行無常, 是生滅法, 生滅滅已, 寂滅最樂]." '행(行)'이란 일체의 작위(作爲)를 말합니다. 심리적 작용 역시 행입니다. 여러분, 자리를 잡고 앉아 육근(六根)을 수습하고 생각을 관찰해 보십시오. 생각을 억누를 필요도 없고 다른 법문을 따를 필요도 없습니다. 그냥 이 생각이 흘러가는 것을 지켜보기만 하십시오. 예를 들어

나무아미타불을 외워 봅시다. 한번 왼 나무아미타불은 그대로 멈춰 서 있지 못하고 계속 물 흐르듯 이어집니다. 앞의 한 생각이 흘러갔으나 뒤의 한 생각이 아직 이르지 않았을 때 그 중간이 바로 '현재의 생각'입니다. 현재의 생각이란 본래 존재하지 않으며 깨끗하기만 한 것으로 이런 상태는 오래 지속되면 될수록 좋습니다. 교리로 말하자면 이것이 바로 관공법문(觀空法門)입니다.

중간의 이 공백을 천태종이나 선종에서는 삼제탁공(三際托空)이라 합니다. 전제(前際)의 생각이 지나가고 후제(後際)의 생각은 아직 오지 않았습니다. 현재의 이 생각은 지금 당장은 공(空)입니다. 예를 들어 우리가 '현재'라고 말해도 그것은 곧바로 지나가 버립니다. 지금 당장은 곧 공인 것입니다. 『금강경』에서 말합니다. "과거의 마음은 얻을 수 없고, 현재의 마음도 얻을 수 없으며, 미래의 마음도 얻을 수 없다(過去心不可得, 現在心不可得, 未來心不可得)." 중간은 공으로서 설사 하나의 중제(中際)를 말하더라도 곧바로 과거가 되고 마는 것입니다.

불법을 배우는 방법은 두 가지입니다. 하나는 보태는 것이요 다른 하나는 덜어 내는 것입니다. 모두 떨쳐 버리는 것이 곧 덜어 내는 것이요 다른 종파의 수행법, 예를 들어 밀종의 수행법은 모두 보태는 것입니다. 밀종에서는 법을 닦을 때 앞에다 등을 켜고 향기로운 꽃이니 물이니 과일을 챙기느라 하루 내내 분주합니다. 그런 뒤 모자를 쓰고 법의를 입고 앉아 불상을 관상하면서 입으로는 다시 주문을 외고 손으로 방울을 흔들며 막대기를 잡습니다. 이들을 모두 내려놓고 난 뒤 다시 수인(手印)을 짓고는 한참이 지나면 온몸이 땀으로 뒤덮입니다. 이렇게 세 시간이 지나야 휴식을 취합니다.

밀종의 수행법은 아주 많습니다. 돈을 벌고 싶을 때에는 재신법(財神法)이 있고, 승진하고 싶을 때에는 승관법(昇官法)이 있으며, 아이를 낳고 싶을 때에는 송자법(送子法)이 있고, 일찍 죽고 싶을 때에는 파왜법(頗哇法)이 있습니다. 이것저것을 한참 하도록 해서 피곤해지면 휴식을 취하게 하는데 이것 역시 삼제탁공입니다.

현대인의 마음은 너무 복잡하여 공(空)이 되지 못하니 어쩔 수 없이 보태는 방법을 써야 하는데, 보태고 보태다가 더는 자극하지 못할 때까지 가서 그냥 내버려 두면 곧 성공합니다. 바로 이런 이치입니다.

선종은 보태지도 않을 뿐 아니라 덜어 내지도 않습니다. 우리는 이 마음을 뚜렷이 보아야 합니다. 본래가 공인데 더 이상 뭘 찾겠습니까! 명심견성을 찾아 무얼 하겠습니까! 우리 본래가 아주 밝은데 불법이 있어서 도리어 밝지 못합니다. 그러니 찾을 필요가 없습니다. 내버려 두면 바로 그것입니다. 아주 간단하고 자연스럽습니다.

삼제탁공이 곧 선(禪)일까요? 아닙니다. 왜 그럴까요? 이때는 단지 의식 상태에서만 공이 되었기 때문입니다. 사실 자리에 앉아서 크게 '훠이!' 하는 소리만 내어도 공이 됩니다. 이것이 바로 밀종의 법문입니다. 저도 이전에 이 한 소리를 배우려고 돈도 꽤나 썼는데, 방법은 이렇습니다. 먼저 자리에 앉은 뒤 자세를 단정히 하여 호흡을 고르고는 '훠이!' 하고 소리치면 됩니다.

물론 우리는 잘 안 될 것입니다. '훠이!' 하고 소리치면 몇 초 동안은 생각이 없어지지만 이윽고 다시 생각이 이어집니다. 다시 '훠이!' 하고 외쳐 보지만 그다음엔 잘되지 않는데 이런 것이 바로 범부입니다. 세상 사람들은 가짜를 좋아하지 진짜는 좋아하지 않습니다. 쉽게 얻었다고 등한시해서는 안 됩니다.

이것이 바로 "마땅히 머무르는 바 없이 그 마음이 생긴다(應無所住而生其心)"라는 이치로, 육조 역시 이 구절을 듣고 도를 깨쳤습니다. 예를 들어 봅시다. 우리가 다른 사람이 말하는 것을 들으면 마음이 일지 않습니까?

말을 다 듣고 나면 마음도 사라지는데 우리의 마음이란 본래 머무르는 바없이 일어납니다. 그러니 무엇 하러 이 마음을 지켜야 하겠습니까!

한 생각 한 생각을 뚜렷이 볼 수만 있으면 됩니다. 기공이니 타좌니 구도니 하는 것들을 닦아야 할 필요도 없습니다. 능력이 있는 사람이라면 그렇게 믿습니다. 능력이 없는 사람이라면 다시 해 보십시오! 초보적인 단계로 삼제탁공의 경계만 갖출 수 있어도 좋습니다.

『지월록』권 7에 이런 내용이 있습니다. 어떤 걸식 승려가 하루는 아래층으로 내려오다가 위층 사람이 부르는 노랫소리를 들었습니다. "이미 그대가 무심하니 나도 그만두리라〔爾旣無心, 我也休〕." 그때 그 승려는 마침 신을 신고 있었는데 이 노랫소리를 듣고는 곧 깨달았습니다. 무엇을 깨달았을까요? 우리는 본래 무심(無心)입니다. 한마디를 다 하고 나면 어디에든 머물지 않습니다. 그대가 이미 무심이니 나도 그만두리라, 이것으로 그만입니다! 이 역시 공(空)의 이치입니다.

삼제탁공이 비록 완벽하지는 않더라도 삼제(三際)를 끊어 내어 줄곧 유지할 수 있는 사람도 거의 없습니다. 그 원인은 '능(能)'과 '소(所)'에 대해 명확히 알지 못하기 때문입니다. 이 문제에 대해서는 이후 유식을 소개할 때 다시 이야기하기로 합니다.

다음으로는 화두에 관한 문제입니다. 이 시대에 화두를 참구하는 것은 정말 적합하지 못합니다. 그보다는 관심법문을 따르는 것이 비교적 간단하고 쉽습니다. 화두를 사용하는 것은 지관(止觀)이나 정(定)을 닦는 방법만 못합니다. 사실 이미 깨달은 사람이든 아직 깨닫지 못한 사람이든 모두 닦을 수는 있으나 이 문제에 대해서는 결론을 내릴 때 다시 말씀드리겠습니다.

그렇긴 해도 화두 역시 그 나름의 장점이 있습니다. 이전에 저의 스승인 원환선(袁煥仙) 선생[91]께서도 사천(四川)에서 폐관을 하고 있을 때 바로 이 문제로 저와 이야기를 나누었습니다. 선생이 말씀하셨습니다. "당시 타칠 (打七)[92]을 하던 사람은 정말 불쌍했네. 선당의 백여 명이나 되는 사람이 백일간 선칠(禪七)을 하면서 삼 개월이 넘도록 아무 말도 못하고 아무것도 듣지 못했으니 참으로 견디기 어려웠을 게야." 이후 선생은 저에게 몇 편의 향염체(香艷體) 시를 보여 주면서 염불참선은 이 방법으로 하는 것이 제일 좋다고 하셨습니다. 다음의 시는 그 중 한 수입니다.

초한의 일이 하늘의 뜻이라 수군대지만	漫言楚漢事由天
어린애 장난 같은 공명이야 본래 우연인 것을	兒戲功名本偶然
산과 내에 안장을 얹고 고삐를 묶은 다음	且付河山鞍轡外
붉은 노을의 채찍질로 바람 앞에 나선다	一鞭紅照出風前

불법을 배우기 위해서는 황제의 자리마저 거들떠보지 않고 천하를 모두 버릴 수 있는 기백이 있어야 합니다. 불법을 배우는 사람은 입만 열면 공 (空)을 말하지만 걸음걸음마다 유(有)와 명예, 이익, 처자식 등 어느 것 하

---

91 1887~1966. 남회근 선생의 일생에 큰 영향을 미친 인물로 사천 출신이며 호는 세걸(世杰)이다. 1912년 사천정법학당(四川政法學堂)을 졸업하고 군직에 있다가 40세 때 사직하고 여러 스님을 참방하며 전심으로 불학에 몰두했다. 1943년 사천에 유마정사(維摩精舍)를 세우고 선학 (禪學)과 전통문화 전수에 힘썼다. 그는 주덕(朱德)과 함께 일찍이 사천의 군벌인 양삼(楊森)의 부하로 있었는데 이런 인연 덕에 해방 후 주덕의 보살핌으로 만년을 편안히 지낼 수 있었다. 남 선생이 그를 처음 만난 곳은 성도(成都) 부근의 영암사(靈巖寺)로서 대략 1942년경이었는데, 당시 원 선생은 막 폐관을 끝내고 남 선생에게 태극권을 배웠다. 당시만 해도 남 선생은 선학을 깊이 이해하지 못했기에 원 선생을 단지 도를 얻은 고인 정도로만 생각했을 뿐 그가 그토록 뛰어난 선학의 대사인 줄은 몰랐다. 나중에 점차 원 선생의 불학을 알게 되면서 마침내 스승으로 모셨고, 1942년 겨울 원 선생이 성도에서 유마정사를 열자 전심전력으로 선학을 배워 1943년 가을에야 원 선생을 떠났다. 따라서 원 선생은 남회근 선생을 선학의 길로 이끌어 준 안내자였다고 할 수 있다.

92 수행의 정진을 위한 일종의 규정으로, 구체적인 수행 방법에 따라 명칭이 달라진다. 예를 들어 선종의 참선 방식으로 타칠하는 것을 선칠(禪七)이라 하고, 정토종의 염불법문으로 타칠하는 것을 불칠(佛七)이라 하며, 전심으로 관세음보살을 외는 것을 관음칠(觀音七)이라 하고, 전적으로 능엄주나 대비주를 외는 것을 각각 능엄칠(楞嚴七)과 대비칠(大悲七)이라 한다.

나 버리려 하지 않습니다. 어느 것 하나 떨쳐 버리지 못합니다. "붉은 노을의 채찍질[一鞭紅照]"이란 석가모니부처님을 배우기 위해 야반에 몰래 떠나는 것으로, 말을 타고 떠나는 출가의 길을 말합니다.

마차 지나는 소리 대울 밖에 들려 　　　　　　去馬聲從竹外過
뉘 집 아가씨인가 쳐다보곤 가슴 설레 　　　　　誰家紅粉照顔酡
몇 차례인가 불러 보다 떠나지 못하니 　　　　　傳車幾度呼難去
절묘히 너, 나, 그가 서로 연결된다 　　　　　　絶妙相關爾我他

　이것이 바로 염체시(艶體詩)입니다. 어느 집 아가씨인지 너무 아름다워 사람의 넋을 빠지게 합니다. 그래서 멍하니 바보처럼 서 있기만 합니다. 바로 화두 참구를 묘사한 것입니다. 공부는 너와 나와 그가 절묘히 서로 연결되기만 해도 좋습니다. '너'란 바로 화두 혹은 아미타불 한 구절이요, '나'란 여기 앉아 있는 자이며, '그'란 다시 찾아오는 망념입니다. 타좌를 하지 않는다 하더라도 재미를 듬뿍 느낄 수 있다면 실제로 약간의 그림자를 얻은 것으로 어느 정도 공부가 된 것입니다. 이는 입정(入定)으로 말하자면 정(定)에는 들지 못한 것입니다. 정에 들지도 못하고 제대로 닦은 것도 아니며 닦지도 않은 데다 떨쳐 버리지도 못하니 약간의 그림자인 것입니다. 그렇지만 닦아도 망념을 끊어 내지 못하여 너와 나 그리고 그가 절묘히 연결되니 어떻게 하면 좋을까요?
　우리는 모두 이 속에서 맴돌고 있어서 남녀의 관계뿐 아니라 세간사 모두를 떨쳐 버리지 못합니다. "이삼 년 지나서 자식들이나 다 길러 놓고 다시 닦아야지!"라고 합니다. 이것 역시 너와 나 그리고 그가 절묘히 연결된 것입니다. 떨치려 해도 떨치지 못하니 이치상으로는 마땅히 떨쳐 버려야 함을 알지만 가려고 하면 뒤에서 다시 "가마 출발해요" 하고 소리칩니다.

어떤 사람은 불법을 배우면서 온갖 곳을 돌아다니며 열심히 강의를 듣고 공부를 한다고 합니다. 이 또한 제 길로 들어서지 못하니 바로 너와 나 그리고 그가 절묘히 연결된 것입니다.

가마를 두고 함께 유계 동쪽으로 가니	肩輿排共柳溪東
칼 그림자 비녀 빛이 석양에 난무한다	劍影釵光亂夕紅
헝클어진 머리카락 이리저리 휘날리니	多少游絲羈不住
주렴을 걷는 사람 그림 속에 있도다	捲簾人在畵圖中

삼제탁공 또한 이 경계입니다. 모든 망념이 어지럽게 왔다 갔다 하며 멈추지 않습니다. 당시는 마치 깨달은 것 같기도 하나 철저하지 못하고, 깨닫지 않은 것이려니 해도 확실히 뭔가가 느껴집니다. 마치 우리가 창에다 주렴을 치고 나면 사람 그림자만 보일 뿐 제 모습을 뚜렷이 볼 수 없는 것과도 같습니다. 없다고 말해도 바로 '그'입니다. 그렇지만 뚜렷이 파악하지는 못합니다. 바로, "주렴을 걷는 사람 그림 속에 있도다〔捲簾人在畵圖中〕"입니다.

화두 참구가 여기에 이를 수 있다면 초보적인 단계에 도달한 것입니다. 그렇지만 여전히 의식 상태에 속합니다. 왜 그럴까요? 아직 '여러분 자신'이 있기 때문입니다. 여러분은 자신의 신체가 이곳에 존재한다는 것을 압니다. 신체가 바로 일념이요 오음도 모두 일념이지만 여러분은 이것을 의식할 수 있습니다. 삼제탁공으로 청정하지만 여러분은 아직 감각 상태에 있기에 벗어나지 못하는 것입니다.

기맥(氣脈)이 통한다느니 하거(河車)가 돈다느니 하는 것은 감각 상태로서 스스로 어지럽게 만들어 놓은 것일 뿐입니다. 오음이니 일념이니 하는 것들을 떨쳐 버리지 못한 상태입니다.

수행이 청정한 경계에 이르렀어도 온몸이 병투성이인 사람이 많습니다. 공부가 부족해서 그런 것이 아닙니다. 정(定)에 깊이 들어 마음이 온통 비어 있는데도 수십 년 동안 병조차 호전시키지 못한 것입니다. 정말로 죽음에 임박했을 때 이 일념이 공(空)이 되지 못하여 육체와 같이 혼침에 빠져든다면 그가 얻은 청정한 일념은 사실상 물질적인 것으로 건강한 신체로부터 온 것에 지나지 않습니다. 이런 것에 의지할 수 있을까요? 불가능합니다.

임제의 사료간에 대한 재설명

앞에서 임제선사의 사료간(四料簡)에 대해 대략 살펴보았는데 여기서 다시 설명을 좀 하겠습니다. 임제선사의 사료간은 교육 방법으로서 우리 스스로가 힘써 자신을 이해하는 방법이기도 합니다. 동시에 우리에게 성문·연각·보살인 삼승(三乘)의 수행 방법도 일러 주고 있습니다.

밤늦은 소참[93]에서 말했다. '어떤 때에는 사람은 빼앗되 경계는 빼앗지 않고, 어떤 때에는 경계는 빼앗되 사람은 빼앗지 않으며, 어떤 때에는 사람과 경계 모두를 빼앗고, 어떤 때에는 사람과 경계 모두를 빼앗지 않는다.' 극부가 물었다. '무엇이 사람은 빼앗되 경계는 빼앗지 않는 것인가요?'〔至晚小參曰: 有時奪人不奪境, 有時奪境不奪人, 有時人境俱不奪. 克符問: 如何是奪人不奪境?〕

극부(克符)는 임제를 도와 임제종을 세운 사람입니다. 임제는 당시 서른

---

93 때와 장소를 정하지 아니하고 수시로 격식 없이 하는 설법을 말한다.

살 남짓밖에 되지 않아 감히 종파를 세울 수 없었습니다. 황벽(黃蘗)이 말했습니다. "가 보게. 도와줄 사람이 생길 것이네." 그중 한 사람이 극부요, 또 한 사람이 보화화상(普化和尙)으로 모두 임제종의 선배로서 도를 깨친 사람이었습니다.

이 두 선배는 임제를 종사(宗師)로 만들기 위해 일부러 엉뚱한 질문을 합니다. 임제가 몽둥이로 두들기면 두 사람은 짐짓 얻어맞는 체합니다. 한번 생각해 보십시오. 도를 얻은 두 사람조차 임제의 말을 들으니 다른 군소리가 있을 리 없습니다. 이렇게 해서 임제선사를 치켜세웠습니다. 학덕이 아무리 높아도 받들어 주는 사람이 없으면 방법이 없습니다. 키가 작은 사람이라면 가마라도 태워 줄 사람이 있어야 하는 법입니다.

극부는 다른 사람이 아무 이야기도 꺼내지 못하는 것을 보고 일부러 물었습니다. "무엇이 사람은 빼앗되 경계는 빼앗지 않는 것인가요?〔如何是奪人不奪境〕"

임제선사가 대답했습니다. "햇살이 따스하니 대지에 비단을 깐 듯하고, 아기 머리카락이 늘어지니 명주실처럼 하얗다〔煦日發生鋪地錦, 嬰兒垂髮白如絲〕." 이것이 당시의 교육으로 입만 열면 시가 쏟아져 나왔는데 당시에는 일상 대화처럼 사용하였습니다. 무엇이 사람은 빼앗되 경계는 빼앗지 않는 것일까요? 예를 들면 '훠이' 하고 소리 지르며 삼제탁공하는 것입니다. 잘되는 사람은 신체를 다 잊고 바로 그 자리에서 청정해집니다. 우리 중에도 눈먼 고양이 죽은 쥐 잡듯 이렇게 될 사람도 있을 것입니다. 이번 강의는 이런 경험이 있는 사람을 위한 것으로, 사가행 중에서도 비교적 중심이 되는 것입니다. 사람은 사라졌지만 경계는 아직 남아 있는 상태는 도가든 정토든 선종이든 공부가 진정으로 여기에 이르기는 그리 쉽지 않습니다.

이 탈인(奪人)의 경계는 마치 봄날 태양이 만물을 내리쬐듯 생기발랄합니다. 사람의 외형이야 비록 노쇠해도 자성의 청명함은 조금도 흔들리지 않아서 영원히 이 경계가 유지됩니다. 이것이 바로 사람은 빼앗되 경계는 빼앗지 않는 것입니다. 범부로부터 소승의 정(定)의 경계에 이른 것으로, 하나의 공(空)을 지킴으로써 비록 형체는 변하더라도 경계는 변하지 않습니다.

극부가 물었습니다. "무엇이 경계는 빼앗되 사람은 빼앗지 않는 것인가요?〔如何是奪境不奪人〕" 임제선사가 대답했습니다. "왕의 영이 이미 천하에 널리 미치니 장군이 멀리 변방에서 전투를 멈춘다〔王令已行天下遍, 將軍塞外絶煙塵〕." 경계가 사라졌습니다. 나는 여전히 나요, 산은 여전히 산이며, 물은 여전히 물입니다. 이때 마음속에 번뇌도 없고 망상도 없으니 바로 백장선사가 말한, "신령스러운 빛이 홀로 비추어 근진으로부터 멀리 벗어난다〔靈光獨耀, 逈脫根塵〕"라는 상태입니다. 자성인 본성이 깨끗하고 밝아 한번 명령하면 온 천하가 태평스러워집니다. 마음속에는 전란도 없고 생각도 없습니다. 그렇지만 나는 여전히 나로서 모든 경계가 사라진 것이니 이때가 되어야 비로소 문턱에 들어섰다고 할 수 있습니다.

극부가 물었습니다. "무엇이 사람과 경계 모두를 빼앗는 것인가요?〔如何是人境兩俱奪〕" 임제선사가 대답했습니다. "병주와 분주의 믿음이 끊어져 각기 한 지역에 따로 거처한다〔竝汾信絶, 獨處一方〕." 대답하는 구절마다 무척 문학적입니다. 만당(晩唐) 오대(五代) 당시에는 군벌이 할거하여 산서(山西)나 하북(河北) 지역에서 각기 따로 거처하고 있었습니다. 서로 교류를 끊고 왕래하지 않으니 안팎이 단절되었습니다. 각자가 홀로 한 지역을 다스리고 있으니 바로 소승의 나한 경계로서 오직 하나의 공(空)만을 지키고 있는 것입니다. 마치 달마조사가 이조(二祖)에게 말한 것과도 같습니다. "밖으로 모든 연을 끊고 마음속 헐떡임이 사라져 마음이 마치 담벼락처럼 된다면 가히 도에 들어갈 수 있다〔外息諸緣, 內心無喘, 心如牆壁, 可以入道〕." 이것이 바로 사람과 경계 모두를 빼앗는 것입니다.

극부가 물었습니다. "무엇이 사람과 경계 모두를 빼앗지 않는 것인가요?〔如何是人境俱不奪〕" 임제선사가 대답했습니다. "왕이 훌륭한 궁전에 오르고 촌로가 노래를 부른다〔王登寶殿, 野老謳歌〕." 나는 여전히 나입니다. 마치 우리처럼 수십 년 불법을 배우고 한참이나 애를 써도 아무 경계도 나타나지 않는데, 이것 역시 사람과 경계를 모두 빼앗지 않는 것입니다. 임제선사의 이 사람과 경계 모두를 빼앗지 않는 것은 범부의 경계가 아니라 대철대오한 부처의 경계임을 알 수 있지만, 일체 중생은 본래 부처이니 모든 것은 원래부터 있는 것으로 따로 닦을 필요가 없습니다.

임제선사의 일상 교육법은 이 네 구절의 범위를 벗어나지 않습니다. 어느 날 학문이 대단히 뛰어난 사람이 임제선사를 찾았지만 선사는 "아니오"라고 했습니다. 당신의 논박에는 도무지 이치에 닿는 바가 없으니 스스로 형편없다는 것을 좀 느끼라는 말입니다. 이것이 바로 경계는 빼앗되 사람은 빼앗지 않는 것입니다.

어떤 때에는 "학문은 무척 뛰어나나 아쉽게도 공부가 이르지 못했으니 욕 좀 더 들어야겠소"라고 했는데, 이것 역시 경계는 빼앗되 사람은 빼앗지 않는 것입니다. 어떤 때에는 둘 다 모두 아니어서 따라갈 길을 없애니 사람과 경계 모두를 빼앗는 것입니다. 어떤 때에는 한 대 때려 깨닫게 하니 사람과 경계 모두를 빼앗지 않는 것입니다.

임제종의 교육 방법은 살아 있는 것이지 고정된 것이 아닙니다.

특별히 여러분에게 주의를 환기시키고 싶은 것은, 선종에는 폐단이 있으므로 동시에 천태종의 수행법과 밀종 황교 종객파대사의 『보리도차제광론』, 영가선사(永嘉禪師)의 『영가선종집(永嘉禪宗集)』을 참고로 해야 한다는 점입니다.

영가가 삼신을 말하다

영가선사는 천태종과 선종의 정수를 종합하여 범부에서 성불에 이르기 위해서는 반드시 삼신(三身), 즉 법신·보신·화신을 원만히 성취해야 한다는 것을 명백히 말하고 있습니다.

법신(法身)을 증득하기 위해서는 일체의 번뇌와 습기를 끊어 버릴 수 있어야 합니다.

보신(報身)은 자수용신(自受用身) 또는 자기수용(自己受用)이라고 부릅니다. 예를 들어 우리에게 신체가 있는 것은 법신이 무명으로 인해 전화되어 나타난 것으로 이것이 보신입니다. 도를 깨치거나 수행에 성공하면 곧 자수용신으로 전화되어 스스로 다섯 종류의 신통력을 갖추고 지혜가 원만하며 다섯 종류의 묘용(妙用)이 나타납니다. 큰 지혜와 큰 복보가 있다는 말입니다.

화신(化身)은 타화이신(他化二身)으로서 일체 중생을 위해 수없이 많은 몸으로 화하여 사람을 교화하고 제도하는 것입니다. 타화이신에는 큰 은덕과 대자대비가 있습니다.

영가선사는 또 말합니다.

법신이 어리석지 않으면 반야요, 반야가 집착하지 않으면 해탈이며, 해탈이 적멸에 들면 곧 법신이다〔法身不癡卽般若, 般若無著卽解脫, 解脫寂滅卽法身〕.

반야가 집착하지 않으면 해탈이요, 해탈이 적멸에 들면 곧 법신이며, 법신이 어리석지 않으면 반야이다〔般若無著卽解脫, 解脫寂滅卽法身, 法身不癡卽般若〕.

해탈이 적멸에 들면 법신이요, 법신이 어리석지 않으면 반야이며, 반야가 집착하지 않으면 해탈이다〔解脫寂滅卽法身, 法身不癡卽般若, 般若無著卽解脫〕.

우리가 법신을 수증할 때 주의해야 할 것은 어리석음에 떨어져서는 안 된다는 점입니다. 많은 사람들은 공(空)의 경계에 집착하여 나와 다른 사람이 모두 공임을 정(定)에 들어서도 줄곧 견지하는데, 이렇게 하다 보면 왕왕 그 속에 빠져들게 됩니다. 감산대사는 말합니다. "가시덤불 속에서 발을 옮기기는 쉬워도 달 밝은 주렴 밑에서 몸을 돌리기는 어렵다[荊棘叢中下足易, 月明簾下轉身難]." 청정한 경계 속에서는 몸을 돌려 세속으로 들어가지 않으므로 법신이 어리석지 않은 데에 이르면 곧 반야로서 대지혜입니다.

영가선사는 『영가선종집』에서 모두 10장으로 나누어 견지와 수증, 행원을 서술하고 있는데, 그중 제8장 「간시편원(簡示偏圓)」과 제9장 「정수지관(正修止觀)」 두 편은 특히 자세히 연구해 보아야 합니다.

선과 『지월록』

『지월록』 권 6을 보면 규봉선사(圭峰禪師)는 「선원서략(禪源序略)」에서 이렇게 말합니다.

선이란 인도 말로서 본래 선나인데 사유수 또는 정려라고도 한다. 이들은 모두 정혜의 통칭이다. 원이란 일체 중생의 본각 진성으로서 불성 또는 심지라고도 한다. 그것을 깨닫는 것을 혜라 하고 그것을 닦는 것을 정이라 하는데, 정혜를 두루 밝히는 것을 선이라 한다. 성은 선의 본래 근원이기에 선원 또는 선나라고도 한다. 이행이란 그 본원이 선리요 망정을 새기는 것이 선행이므로, 이것을 이행이라 한다. 그러나 지금의 여러 글들을 보면 선리를 말하는 것은 많으나 선행을 말하는 것은 적으므로 '선원'이라고 제목을 붙여 보았다〔禪是天竺之語, 具云禪那, 此云思惟修, 亦云靜慮, 皆定慧之通稱也. 源者, 是一切衆生本覺眞性, 亦名佛性, 亦名心地. 悟之名慧, 修之名定, 定慧通明爲禪. 此性是 禪之本源, 故云禪源, 亦名禪那. 理行者, 此之本源是禪理, 忘情契之是禪行, 故云理行. 然今所述諸家述作, 多談禪理, 少說禪行, 故且以禪源題之〕.

이치를 아는 것을 선리(禪理)라 합니다. 망정(忘情)이란 망념이나 번뇌가 없는 것으로 마음이 공이 되는 것을 말합니다. '정(情)'은 정서나 망념, 망상 등을 말하는데 망정을 새기면 증득해 들어갑니다.

당말(唐末) 선종의 상황은 이미 선리에 대해서는 말이 무성하지만 선행(禪行)은 별로 말하지 않았습니다. 그러니 오늘날 우리가 마음대로 선종이라 일컫는 것은 더욱더 본래의 선과는 거리가 먼 것입니다. 규봉선사가 보다 못해 선의 근원에 관한 책을 쓰게 된 것을 보면 당송 이후부터 문제는 이미 드러나기 시작했습니다.

요즘 사람들은 진성을 선이라 여기기도 하는데 이는 이행의 뜻에도 미치지 못할 뿐 아니라 중국과 인도의 음도 구별하지 못한 것이다. 그렇다고 진성을 떠나 따로 선의 본체가 있다는 말은 아니다. 중생은 참됨에 미혹되어 티끌과 합하려 하니 이것을 산란이라 한다. 티끌을 등지고 참됨과 합하는 것이라야 비로소 선정이라 할 수 있다. 만약 본성을 진정으로 논하자면 온갖 참됨에는 등지는 것도 합치는 것도 없고 안정도 산란도 없을 것이니 누가 선을 말할 수 있겠는가?〔今時有人, 但目眞性爲禪者, 是不達理行之旨, 又不辨華竺之音也. 然非離眞性別有禪體, 但衆生迷眞合塵, 即名散亂. 背塵合眞, 方名禪定. 若眞論本性, 即百眞非妄, 無背無合, 無定無亂, 誰言禪乎〕

어떤 사람은 단지 명심견성의 이치만을 알고 있을 뿐 근본적으로 이 이치를 실증해야 함을 알지 못합니다.

『지월록』은 고대 선(禪)의 대가들이 어떻게 도를 보았는지, 어떻게 수행 공부를 했는지, 그리고 어떻게 행원을 했는지에 대해 낱낱이 이야기하고 있습니다. 앞사람이 우리에게 남겨 준 법보(法寶)가 너무나 많음에도 우리는 스스로 힘쓰지 않아 가 보지도 못하며 연구조차 하지 않습니다. 자신의 지혜가 계발되지 못하니 진흙으로 만든 담벼락 속에 숨긴 보물조차 볼 수 없는 것입니다. 성취를 얻은 사람들은 모두 너무나 자비로워서 우리에게 뭔가를 남겨 놓아 우리의 배움에 도움이 되도록 했습니다.

옛사람의 관심 방법인 이른바 삼제탁공은 아주 평범합니다. 타좌 시 어떤 공부도 필요 없으며 단지 앞의 생각이 지나가고 뒤의 생각이 아직 일어나지 않은 그 사이의 이 공(空)을 붙들면 됩니다. 이것으로부터 닦기 시작하면 석가모니부처님께서 꽃을 집어 드니 가섭이 미소 짓는 공안을 자연히 알 수 있게 됩니다. 여기에 이르지 못한다면 중간의 이 일념이 공인 상태를 가장만 하고 있어도 좋습니다. 이런 가장이 바로 종자(種子)로서, 이 종자로부터 저절로 꽃을 피우고 열매도 맺을 수 있게 됩니다. 이 몇 마디는 중요합니다. 정말 중요합니다.

『지월록』 권 1에는 다음과 같은 구절이 나옵니다.

세존께서 영산회에서 꽃을 집어 들어 대중에게 보이니 사람들이 모두 가만히 있었는데 오직 가섭존자만이 빙그레 미소를 지었다. 세존께서 말씀하셨다. '나에게 정법안장, 열반묘심, 실상무상, 미묘법문, 불립문자, 교외별전이 있어 가섭에게 전하노라'〔世尊在靈山會上, 捻花示衆, 是時衆皆默然, 唯迦葉尊者破顔微笑. 世尊曰, '吾有正法眼藏, 涅槃妙心, 實相無相, 微妙法門, 不立文字, 敎外別傳, 咐囑摩訶迦葉〕.

부처님의 말씀 중에는 견지와 수증, 행원이 모두 포함되어 있습니다. '정법안장(正法眼藏)'에 대해서는 협산(夾山)이 말한, "눈앞엔 법이 없고 뜻이 눈앞에 있으니 눈앞의 법이 아니며 눈과 귀로 이를 곳이 아니다(目前無法, 意在目前, 不是目前法, 非耳目之所到)"라는 구절이 참고할 만합니다. 이 속에는 견지, 수증, 행원이 모두 들어 있습니다. 그러므로 협산의 제자 낙포(洛浦)는 스승의 뜻을 아무도 모른다고 말했습니다.

생사의 문제

앞에서 말했지만 심경(心境)이 삼제탁공에 이르러 영원히 이런 상태를 유지할 수 있다면 사람은 빼앗되 경계는 빼앗지 않는 단계, 즉 사람은 공이나 경계는 공이 아닌 단계에 이르게 되어 과위를 증득하고 신통력을 얻으며 분단생사를 끝낼 수 있습니다. 물론 변역생사는 아직 끝내지 못했는데, 반드시 이 단계를 특별히 주의해야 합니다. 소승은 분단생사를 끝낼 수 있으나 변역생사는 끝낼 수 없습니다. 여기서 한 걸음 더 나아가 분단생사와 변역생사를 모두 끝낼 수 있다 하더라도 대생사(大生死), 즉 무명의 근본마저 타파한 것은 결코 아닙니다.

어떻게 하면 생사를 끝낼 수 있을까요? 『지월록』 권 2에서는 이렇게 말합니다.

문수가 암제차녀에게 물었다. '삶에는 무슨 뜻이 있는가요?' 암제차녀가 대답했다. '삶은 불생생으로 그 뜻을 삼습니다.' 문수가 물었다. '무엇이 불생생으로 삶의 뜻을 삼는 것인가요?' 암제차녀가 대답했다. '만약 지수화풍의 네 가지 연을 뚜렷이 알 수 있다면 어느 정도의 화합을 체득한 적이 없더라도 그 마땅함을 따를 수 있는데, 이것이 삶의 뜻입니다'〔文殊問菴提遮女 曰, '生以何爲義?' 女曰, '生以不生生爲生義'. 殊曰, '如何是生以不生生爲生義?' 女 曰, '若能明知地水火風四緣, 未嘗自得有所和合, 而能隨其所宜, 是爲生義 〕.

문수가 물었다. '죽음에는 어떤 뜻이 있는가요?' 암제차녀가 대답했다. '죽음은 불사사로 그 뜻을 삼습니다.' 문수가 물었다. '무엇이 불사사로 죽음의 뜻을 삼는 것인가요?' 암제차녀가 대답했다. '만약 지수화풍의 네 가지 연을 뚜렷이 알 수 있다면 어느 정도의 흩어짐을 체득한 적이 없더라도 그 마땅함을 따를 수 있는데, 이것이 죽음의 뜻입니다'〔殊曰, '死以何爲義?' 女 曰, '死以不死死爲死義'. 殊曰, '如何是死以不死死爲死義?' 女曰, '若能明知地水火風四緣, 未嘗 自得有所離散, 而能隨其所宜, 是爲死義 〕.

우리의 생명은 어떻게 왔을까요? 최초의 생명은 어떻게 왔을까요? 무시 (無始)로부터 왔습니다. 무시 이전은 왜 오려고 할까요? "살지 않아도 사는 것이요, 살아도 사는 것이 아니다〔不生而生, 生而不生〕"라는 것, 이것이 삶의 이치입니다.

우리의 신체는 사대가 우연히 결합한 것입니다. 방을 하나 만들어 놓고 그곳에다 이 네 가지를 섞어 신체를 만들려고 해도 지(地)는 지요 수(水)는 수이며 화(火)와 풍(風)은 여전히 화와 풍으로, 서로 연관되지 않고 각자의 위치를 지키려 합니다. "그 마땅함을 따를 수 있다면〔而能隨其所宜〕." 뜻밖에 서로 잘 조화되어 우연히 결합함으로써 이루어진 것이 이 생명 현상입니다.

유심, 유물의 영향이 모두 이 사대에 있습니다. 우리는 사대를 결합된 것으로 보지만 사실 결코 화합(和合)한 것은 아닙니다. 결합된 바가 없다고 말해도 틀린 말이 아닙니다. 바로 『능엄경』에서 말하는, "청정한 본체가 법계에 두루 퍼져 중생의 마음을 따라 지량에 응하고 업에 따라 드러난다〔淸淨本然, 周遍法界, 隨衆生心, 應所知量, 循業發現〕"라는 것입니다. 불학은 단지 연구만 해서 되는 것이 아닙니다. 그 이치를 가져다가 자신의 몸으로 증험할 수 있어야 합니다. 평소에 타좌를 하나의 경계를 지키는 것으로만 알고 있다면 눈먼 고양이 죽은 쥐 잡듯 할 수 있더라도 결국은 영원히 눈먼 고양이일 뿐입니다. 중요한 것은 뛰어드는 것입니다. "어느 정도의 화합을 체득한 적이 없더라도 그 마땅함을 따를 수 있다〔未嘗自得有所和合, 而能隨其所宜〕"라는 것입니다. 이것 역시 삶이 어디로부터 왔는가에 대한 이치입니다.

죽음은 불사사(不死死)로 그 뜻을 삼습니다. 여러분은 죽음을 인정합니까? 세상의 어떤 사람도 죽지 않습니다. 죽어도 죽는 것이 아닙니다. 우리가 사람이 죽는 것을 보지만, 죽어서 뼈까지 다 흩어지지만 실제로 그들은 각자 본래의 자리에 편안히 있어서 그 마땅함을 따를 수 있습니다.

암제차녀가 문수에게 물었다. '삶이 불생이라는 이치를 명백히 알고 있는데도 왜 여태 생사 속에서 유전하고 있을까요?' 문수가 대답했다. '그 힘이 아직 충분하지 못하기 때문입니다'〔菴提遮女問文殊曰, '明知生是不生之理, 爲何却被生死之所流轉?' 殊曰, '其力未充'〕.

암제차녀가 문수에게 자신은 일찍이 생사의 이치를 깨달았는데도 왜 여전히 생사의 힘에 끌려다니고 있느냐고 물었습니다. 마치 이렇게 말하는 것과도 같습니다. "저는 공을 뚜렷이 알고 있는데도 왜 공이 되지 않을까요? 왜 망념이 사라지지 않을까요?" 뚜렷이 알고 있어 봐야 아무 소용이 없습니다.

왜 생사 속에서 유전(流轉)할까요? 지금 어떤 사람이 나서서 우리를 위로합니다. 문수가 말합니다. "조바심 내지 마시오. 그대가 알고 있긴 하나 아직 연습이 제대로 안 되어 그런 것이라오." 역량이 아직 축적되지 않아서 생사 속에서 유전한다는 말입니다. 바로 정(定)을 닦는 공부가 덜 되었기 때문이라는 것입니다. 여기서는 공부만 말하는데, 공부가 이르지 않으면 안 된다는 뜻입니다. 신체로부터 벗어날 수 있다면 가고 싶을 때 갈 수 있어야 합니다. 이론상으로는 갈 수 있으나 실제로는 갈 수 없는 것은 힘이 충분하지 못해서입니다. 이 '힘'이란 견지, 즉 지혜의 힘과 정을 닦는 공부의 힘을 포함한 것입니다. 이 점은 아주 중요합니다.

이야기가 '행(行)'에 이르렀는데, 불법을 배우는 데 가장 중요한 것이 바로 행입니다. 여기에는 외적인 행위뿐 아니라 심리적인 사상(思想)과 관념 등 여러 가지가 포함됩니다.

위산선사는 다음과 같은 명언을 남겼습니다. "실제 이치상으로는 티끌 하나에도 집착하지 않지만, 온갖 행에서는 어느 법 하나도 버리지 않는다〔實際理地不著一塵, 萬行門中不捨一法〕." 우리가 일념을 놓아 버리면 선이니 악이니 할 것도 없고 옳다 그르다 할 것도 없습니다. 선법(善法)이라 옳은 것도 아니요 불법(佛法)이라 옳은 것도 아닙니다. 바로 육조(六祖)의 다음 게송과 같습니다.[94]

---

94 이 게송은 신수(神秀, 606~706)의 다음 게송과 비교해 보면 그 뜻이 더욱 선명해진다. 오조(五祖, 594~674) 홍인은 법통을 물려줄 사람을 찾기 위해 제자들에게 게송을 지으라고 분부했는데 당시 가장 뛰어나다고 인정받던 신수가 다음과 같은 게송을 지었다.

몸은 보리수요	身是菩提樹
마음은 명경대이니	心如明鏡臺
수시로 부지런히 털고 닦아	時時勤拂拭
먼지가 끼지 않게 하리	勿使惹塵埃

육조 혜능은 신수의 이 게송을 듣고 자신의 게송을 지었는데, 이로 인해 법통은 혜능에게 넘어갔다.

보리엔 본래 나무가 없고	菩提本無樹
맑은 거울 역시 틀이 없다	明鏡亦非臺
본래 아무것도 없으니	本來無一物
어디서 먼지인들 일어나리	何處惹塵埃

온갖 행(行)에 있어 어느 법 하나 버리지 않는 것이 보살계로, 보살이 마음을 일으켜 생각이 움직이면 온갖 행으로 이어집니다. 생각이 한번 움직여서 선(善)을 말하면 곧 선을 행하게 되니 어느 법도 하나 버리지 않는 것입니다.

이전에 제가 의발(衣鉢)을 전해 받은 노스님을 찾아뵌 적이 있는데 그분은 허운(虛雲)스님, 능연(能緣)스님과 함께 당대 선종의 삼대 큰스님이었습니다. 제가 도착하자 노스님께서는 화로에 불을 붙이더니 차를 끓였습니다. 제가 말렸습니다. "사부님, 그러지 마십시오. 차까지 끓이실 필요는 없습니다." 노스님께서 말했습니다. "자네 모르는구먼. 그대는 손님이고 나는 주인이야. 온갖 행에 있어서는 어느 법 하나도 버리지 않는다네. 당연히 자네에게 차를 끓여 줘야지." 이것이 한 세대 전 사람들의 모습입니다. 매사에 주의를 기울여야 합니다.

선종의 행원, 견지, 수증 공부는 어느 하나라도 모자라서는 안 됩니다. 교리로 말하자면 행원은 곧 공덕이니 공덕이 원만하지 못하면 지혜를 성취할 수 없습니다. 달리 말하면 지혜를 성취하지 못하는 것은 공덕이 원만하지 않기 때문입니다.

위산과 앙산의 문답

『지월록』 권 12에 이런 구절이 있습니다.

위산이 앙산에게 말했다. '자넨 반드시 혼자서 회광반조(迴光返照)해야 하네. 다른 사람은 그대가 이해한 곳을 모르니 자네가 이해한 바를 이 노승에게 한번 보여 주게나〔潙山謂仰山曰, '汝須獨自迴光返照. 別人不知汝解處, 汝識將實解獻老僧看'〕.

이것은 공부를 말한 것이지만 견지를 뜻하는 말이기도 하고 '정법안장(正法眼藏)'과도 관련이 있습니다. 그리고 달마조사의 '일념회기(一念回機)'와도 관련이 있습니다.

우리가 타좌에 들어 눈을 한번 감으면 안광(眼光)도 깊은 웅덩이로 떨어져 죽은 것이나 진배없게 됩니다. 어떻게 해야 회광반조(迴光返照)할 수 있을까요? 도가의 내시(內視)나 장생구시(長生久視)와 같은 것이라 여긴다면 회광반조할 수 없습니다. 공부가 제대로 된 길로 들어서지 못하기 때문입니다. 이 때문에 위산은 앙산더러 최근에 도달한 공부의 정도에 대해 한번 말해 보라고 한 것입니다.

앙산이 말했습니다. "만약 제 스스로 보라는 가르침이라면 도달한 곳에는 원만한 자리가 없으며 이해해서 스님께 드릴 만한 것도 없습니다〔若教某甲自看, 到者裏無圓位, 亦無一物一解得獻和尚〕." 위산이 말했습니다. "원만한 자리가 없는 곳은 원래 자네가 이해한 곳으로 마음의 경계를 떠난 곳이 아니라네〔無圓位處, 原是汝作解處, 未離心境在〕."

자네가 진정으로 원만한 자리가 없는 곳, 다시 말해 있는 곳도 없고 없는 곳도 없는 데에 이르렀다면 그것은 바로 견해(見解)라는 말입니다.

마음의 경계를 떠난 곳이 아니라는 말은 아직은 의식의 경계에 있다는 뜻으로, 철저한 공(空)에는 이르지 못했다는 것입니다. 이 구절을 주의하십시오! 다시 말해 자네가 설사 온 마음이 텅 비어 몸 안도 아니고 몸 밖도 아닌 머무를 바가 없는 곳에 이르렀다 하더라도 아직 마음의 경계를 벗어나지 못했다는 말입니다.

앙산이 말했습니다. "이미 원만한 자리가 없다면 어디에 법이 있으며 무엇으로 경계를 삼겠습니까?〔旣無圓位, 何處有法, 把何物作境〕"

원만한 자리가 없는 바에는 어디에 경계가 있겠느냐는 것입니다.

위산이 말했습니다. "가고 오는 것을 그렇게 이해했다, 그거지?〔適來是汝作麼解, 是否〕" 앙산이 말했습니다. "그렇습니다〔是〕." 위산이 말했습니다. "만약 그런 것이 구족한 심경의 법이라면 내 마음이 있는 곳을 떠나지 못한 것으로 원래 나에게 이해해서 보여 준 바가 있네. 자네 믿음의 자리가 드러난 것은 인정하겠네만 사람의 자리는 숨어 버렸네〔若恁麼是具足心境法, 未脫我所心在, 原來有解獻我. 許汝信位顯, 人位隱在〕."

이 말은 자네가 비록 마음의 경계를 이해는 하고 있으나 아직 '능(能)'과 '소(所)'를 벗어나지 못했다는 것입니다. 하지만 위산은 그런 경계에 이르는 것도 쉽지 않다고 앙산을 격려합니다. 교리로 말하자면 십신(十信), 십주(十住), 십회향(十廻向) 등 보살이 수행하는 오십오위(五十五位) 중 지전보살(地前菩薩)의 십신의 자리는 신심을 스스로 넘어서는 것으로, 이미 범부로부터 한 단계 벗어나 있다고 할 수 있습니다. 그렇지만 도(道)에는 아직 들어서지 못했습니다.

협산이 도를 깨치다

『지월록』권 12에는 협산의 오도(悟道) 인연이 기록되어 있습니다.

당시 도오(道吾)와 운암(雲巖)은 사부인 약산(藥山)을 떠나서 각자 자리를 잡아 큰스님이 되어 있었습니다. 하지만 유독 선자덕성(船子德誠)만은 노를 저으면서 사람을 태워 줄 뿐 큰스님이 되려고 하지 않았습니다. 선자덕성이 두 사람에게 말했습니다. "뒷날 괜찮은 사람을 만나거든 내가 머무는 곳으로 한 사람만 보내 주오. 내 평생 얻은 것을 전하여 선사의 은혜에 보답하고자 하오〔他日後, 知我所止之處, 若遇靈利上座主, 指一人來, 或堪雕琢, 將授生平所得, 以報先師之恩〕." 그 무렵 협산은 이미 대법사였는데 도오는 그를 만나려고 고의로 단 아래에서 협산의 경전 강의를 들었습니다. 어떤 출가인이 협산에게 물었습니다. "무엇이 법신입니까?〔如何是法身〕" 협산이 대답했습니다. "법신은 상이 없습니다〔法身無相〕." 출가인이 또 물었습니다. "무엇이 법안입니까?〔如何是法眼〕" 협산이 대답했습니다. "법안은 아무 하자가 없습니다〔法眼無瑕〕." 아주 잘 대답하고 있는데 뒷자리에 앉아 있던 어떤 스님이 코웃음을 쳤습니다. 그 스님은 바로 도오였습니다. 협산이 겸손히 강단을 내려와서는 그 스님한테 가서 물었습니다. "저는 오고 가며 들은 스님들의 말로 대답했는데 반드시 뭔가 잘못이 있어 웃음거리가 된 것 같습니다. 바라옵건대 스님께서는 자비를 베풀어 이유를 말씀해 주십시오〔某甲适來只對者僧說, 必有不是, 致令上座失笑, 望上座不吝慈悲〕." 도오스님이 말했습니다. "스님은 출세로는 일등이지만 스승을 얻지 못했구려〔和尚一等是出世, 未有師在〕."

바꾸어 말하면 그대의 잘못은 바로 잘못이 없다는 것에 있는데 그건 훌륭한 스승의 가르침을 받지 못해서 그렇다는 뜻입니다.

협산이 다시 물었습니다. "제가 어디가 잘못되었는지 부디 말씀해 주시기 바랍니다〔某甲甚處不是, 望爲說破〕." 도오가 말했습니다. "나는 끝내 말을 못하겠으니 화정의 사공에게 가 보시구려〔某甲終不說, 請和尙却往華亭船子處去〕."

나는 말하지 않겠으니 그대 스스로 선자덕성스님을 찾아가 보라는 것입니다. 협산은 이론적으로는 옳았으나 결코 증득하지는 못했습니다. 그래서 도오에게 가르침을 청했습니다.

"그 사람은 어떤 분인가요?〔此人如何〕" 도오가 말했습니다. "그 사람은 위로는 기와 조각 하나 얹을 곳이 없고 아래로는 송곳 하나 꽂을 데가 없으니 스님이 가려거든 옷이나 갈아입고 가시구려〔此人上無片瓦, 下無立錐, 和尙若去, 須易服而往〕."

협산은 당시 명망이 높아 차림새도 대단했습니다. 그래서 도오선사가, 어찌 그런 모습으로 갈 수 있겠소, 그를 제대로 만나고자 한다면 이름도 지위도 모두 버리시오, 그리고 대법사의 티가 나서는 안 된다고 말한 것입니다. 주의해야 합니다! 이것이 바로 견지, 수증, 행원입니다. 이렇게 해서 협산은 사람들을 뒤로 하고 짐을 꾸려서는 곧바로 화정으로 갔습니다.

협산을 만나자마자 선자덕성이 물었습니다. "대덕께서는 어느 절에 머무시는지요?〔大德高樓何寺〕" 협산이 대답했습니다. "절이란 머무는 곳이 아니니 머무르면 아닌 듯하오!〔寺卽不住, 住卽不似〕"

불법은 본래 머무름이 없고 상(相)이 없으니 하나의 경계에 머문다면 당연히 도(道)가 아니라는 말입니다.

선자덕성이 물었습니다. "뭐가 아닌 듯하다는 거요?〔不似介甚麼〕" 협산이 대답했습니다. "눈앞의 법이 아닙니다〔不是目前法〕." 선자덕성이 물었습니다. "어디서 배웠소?〔甚處學得來〕" 협산이 대답했습니다. "눈과 귀로 도달할 곳이 아닙니다〔非耳目之所到〕." 선자덕성이 말했습니다. "한마디 맞아 떨어진다고 만겁이나 말뚝에다 매다는구나〔一句合頭語, 萬劫繫驢橛〕."

어디서 배웠느냐는 말은 그런 웃기는 소리는 어디서 들었느냐는 뜻입니다. 그 물음에 대해 눈과 귀로 도달할 곳이 아니라는 것은 노스님에 대한 반격이나 마찬가지입니다. 당신은 그렇게 고명하다고 생각하지 마시오, 아마 노스님은 아직도 나를 이해하지 못하고 있을 것이오 하는 말입니다. 이에 대해 선자덕성이 한 말은 후에 명언이 되었는데 뜻은 이렇습니다. 그렇게 단정적으로 말하는 사람은 바보다, 마치 말뚝 하나 박아 놓고는 모든 소와 말의 끈을 그곳에다 걸어 두는 것이나 같다는 말입니다. 다른 말로 하면 그대는 아직도 법에 집착하고 있으니 입만 가지고 떠들어 대지 말라는 것입니다. 이렇게 말하자 협산이 멍해졌습니다.

선자덕성이 또 말했습니다. "낚싯줄을 천 자나 드리우는 것은 깊은 못에 뜻이 있음인데, 낚을 것이 세 치밖에 떨어져 있지 않은데 그대는 왜 말이 없는가?〔垂絲千尺, 意在深潭, 離鉤三寸, 子何不道〕"

언어 구사가 참으로 아름답습니다. 후세 사람이 편찬한 것이 아니라 그들의 학문이 이처럼 훌륭했습니다. 이것은 공부를 말한 것입니다. 우리가 공부를 할 때 생각이 공에 가까워지는 듯하나 공이라 말하기에는 여전히 뭔가 존재하는 것 같으며 또 아직 존재한다고 말하기에는 상태가 너무 좋은 경우가 있습니다. 바로 "절묘히 너, 나, 그가 서로 연계된다〔絶妙相關爾我他〕"는 것이요, "헝클어진 머리카락 이리저리 휘날리니 주렴을 걷는 사람 그림 속에 있다〔多少游絲羈不住, 捲簾人在畵圖中〕"는 그런 상태입니다.

협산은 선자덕성에게 끌려 동으로 갔다 서로 갔다 하다가 이 경계에 이르러 꼼짝도 못하고 서 있었습니다. 선자덕성이 말했습니다. 낚시를 하듯 그렇게 긴 줄을 내려 이제 막 닿을락 말락 하다는 것입니다. 말하자면 그대가 도를 깨치고자 그렇게 많은 공부를 해서 이제 거의 다 왔는데 어째서 말을 하지 않느냐는 뜻입니다.

"협산이 막 입을 열려고 할 때 선자덕성에게 한 대 얻어맞곤 물에 첨벙 빠졌다가 가까스로 배 위로 올라왔다〔山擬開口, 被師一橈, 打落水中, 山纔上船〕." 협산이 불경의 구절을 들어 가며 이러니 저러니 말하려 막 입을 열려고 하는데, 말도 나오기 전에 '퍽!' 하며 선자덕성이 휘두른 노에 맞아 물 속으로 빠졌습니다. 사람이 물에 빠지면 죽을 힘을 다하여 밝은 곳으로 머리를 밀어 올리는 법입니다. 협산 역시 머리를 밀어 올렸는데, 머리를 물 위로 올리자마자 선자덕성이 또 말했습니다. "말해 봐! 말해 봐! 협산이 막 입을 열려고 하자 선자덕성이 다시 밀어 넣었다. 협산이 활연히 깨닫고는 고개를 세 번 끄덕였다〔師又曰, 道! 道! 山擬開口, 師又打. 山豁然大悟, 乃點頭三下〕."

한번 생각해 보십시오. 배 속에 학문으로 가득한 사람이 옆에 서서 대화를 나누다가 갑자기 얻어맞고는 물속에 빠졌습니다. 기를 쓰고 올라오면 다시 밀어 넣어 버립니다. 이러기를 한참이나 반복했습니다. 이런 상황에서 이 사람의 학문은 어디로 갔을까요? 이미 하늘 끝 저 멀리로 날아가 버렸습니다. 어떤 망념도 모두 깨끗해졌습니다. 선자덕성은 협산에게 바로 이런 방법을 썼던 것입니다.

불학의 삼장십이부, 유식, 진여, 반야 등 무엇이든 협산이 알지 못하는 것이 없었고 너무나 분명하게 모든 것을 이해했습니다. 그러니 물속에 밀어 넣어 숨도 못 쉬고 생각도 못하게 해서 모조리 비워 버리지 않으면 안 되었습니다. 머리를 내밀면 '말해 봐! 말해 봐!' 하며 다시 밀어 넣었고, 그가 반야니 뭐니 하며 입을 떼려고 하면 또 물속에 밀어 넣었습니다. 그러다가 다시 떠올랐을 때 협산은 더 이상 말을 꺼내려 하지 않았습니다. 그때 깨달았습니다. 깨달은 후 다시 밀어 넣을까 봐 말을 하지 않고 알았다는 표시로 재빨리 고개를 세 번 끄덕였습니다.

선자덕성이 말했습니다. "낚싯줄이 따라다니며 그대를 희롱하니 파도를 건드리지 않고도 뜻이 절로 달라졌도다〔竿頭絲線從君弄, 不犯淸波意自殊〕."

물고기를 낚듯 낚싯줄을 드리우면 이 줄이 사람을 희롱합니다. 우리가 공부하면서 기공(氣功)도 좋고 염불도 좋고 공(空)도 좋습니다만 파도를 건드리지 않고도 뜻이 절로 달라지는 경우가 있습니다. 망념을 두려워할 필요가 없습니다. 망념이 오더라도 거들떠보지 않으면 됩니다! 상관하지 않는 것입니다. 정말 좋지 않습니까? 염불을 하면 망념이 생겨나나 이 망념은 부처를 밀어내지 못합니다. 그러니 두려워할 것이 없습니다. 만약 두려워한다면 소위 전도된 것입니다. 범부라면 망념이 일어나는 것은 당연한데 두려워할 이유가 뭐가 있습니까? 망념이 점차 가라앉으면 습기 또한 서서히 사라집니다.

협산이 물었습니다. "낚싯대와 줄까지 던져 버리는 것은 어떨까요?〔抛綸擲釣, 師意如何〕" 만약 낚싯대와 줄까지도 필요하지 않다면 모두 던져 버리는 것은 어떻겠느냐는 뜻입니다. 방금 선자덕성선사는 협산에게 공부 방법을 말했는데 아직도 낚싯줄이 거기에 남아 있었습니다.

선자덕성이 말했습니다. "줄을 녹수에 드리우니 유무의 뜻이 둥실둥실 떠도네〔絲懸綠水, 浮定有無之意〕." 다시 말해 던져 버리는 것은 좋지만 그대가 공(空)이라 말해도 옳지 않고 유(有)라 말해도 옳지 않다는 것입니다. 공도 아니고 유도 아니니 흐름을 따라 자재(自在)한다는 말입니다. 줄이 수면에 떠다니다 보면 업력과 습기도 모두 약해진다는 뜻입니다.

협산선사가 알아듣고는 말했습니다. "말이 현묘하면 길이 없으니 입으로는 말하더라도 말하지 않은 것입니다〔語帶玄而無路, 舌頭談而不談〕." 말씀하신 것은 말하지 않은 것이나 같으니 공은 유요 유는 곧 공이라는 것입니다.

선자덕성이 기뻐하며 말했습니다. "낚시도 끝난 강가 파도에서 비로소 금빛 비늘을 만났도다〔釣盡江波, 金鱗始遇〕." 그러자 협산이 귀를 막아 버렸습니다. 내가 여기서 날이면 날마다 수십 년을 다른 사람을 건네주려고 배를 저었지만 여태 누구도 건네준 사람이 없었는데 오늘에서야 겨우 대어

를 낚은 것 같다는 말입니다. 사부가 이렇게 치켜세우자 협산이 듣기 거북
하여 귀를 막았습니다.

선자덕성이 말했습니다. "그래, 그래![如是, 如是]" 그러고 나서는 분부
했습니다. "이제 떠나거든 곧장 몸을 숨기되 종적이 없게 하고 종적이 사
라지면 몸을 숨기지 마라[汝向去直須藏身處沒蹤跡, 沒蹤跡處莫藏身]." 참으로
절묘한 구절입니다. 협산선사의 이름이 너무도 알려졌기에 그에게 이번에
떠나거든 이름을 숨기고 몸을 숨겨 사람들이 알지 못하도록 하라고 분부
합니다. 이어서 심경이 완전히 공(空)에 머물러 있는 것도 옳지 않다고 말
합니다.

"'내가 약산선사 밑에서 삼십 년간 배운 것이 단지 이것이네만 자네는
이미 얻었네.' 그는 후에 넓은 도시나 마을에 머물지 않고 깊은 산속으로
들어가서 밭을 갈았다. 그를 찾는 이가 간혹 있어 완전히 사람과 단절되지
는 않았다. 협산이 하직하고 떠나면서는 자꾸만 뒤돌아보았다[吾三十年在
藥山, 只明斯事, 汝今已得. 他後莫住城隍聚落, 但向深山裏钁頭邊. 覓取一介半個接
續, 無令斷絶. 山乃辭行, 頻頻回顧]."

협산선사는 아마 젖은 몸이 채 마르기도 전이었을 텐데 보따리를 짊어
지고는 몇 걸음 걷다가 다시 뒤돌아보곤 했습니다. 한편으로는 사부와 헤
어지기 섭섭했을 테고 또 한편으로는 불법이 과연 이런 것일까 하는 생각
도 들었겠지요. 바로 탐진치만의(貪瞋癡慢疑)의 '의(疑)'입니다. 선자덕성이
뱃머리에 서 있다가 큰 소리로 외쳤습니다. "스님!" 협산선사가 고개를 돌
려 쳐다보았습니다.

"선자덕성이 노를 치켜들고서 말했다. '그대는 아직 배우지 못한 것이
있다고 말하려는가?' 그러고는 배를 뒤집더니 물속으로 사라졌다[師竪起橈
子曰, 汝將謂別有? 乃覆船入水而逝]." 그대는 내가 아직도 전수해 주지 않고
비밀로 해 둔 것이 있다고 생각하는가 하고 묻고는 스스로 배를 뒤집어 물

속에 빠짐으로써 다른 것이 없음을 보여 주었습니다. 불법이란 이런 것입니다. 스스로 죽음으로써 제자의 신심을 굳게 했습니다. 사실 그는 죽을 수조차 없습니다. 어디론가 가서 놀고 있을지 모릅니다.

여기서는 견지를 강연했지만 어떻게 수행할 것인지, 어떻게 행원할 것인지에 대해서도 모두 들어 있습니다.

선종에 대한 책을 볼 때에는 언어나 문학의 기초가 많이 필요합니다. 기초가 없으면 읽어도 무슨 소리인지 알지 못합니다.

제13강

심리를 살피는 관심법문

우리 강의가 이제 선종의 중심인 오가(五家) 종파에 이르렀습니다. 그러
나 여러분, 주의해야 합니다! 우리가 이 과정을 연구할 때에는 자신의 생
각으로 선종을 보려 해서는 안 되며 선종에서 말하는 바를 자신의 마음속
으로 가지고 들어와 수행 공부를 통해 체득해야 합니다. 그냥 열심히 듣고
만 있어서는 안 됩니다. 국내외에 유행하고 있는 선학(禪學)은 수행이나 증
득에 대해서는 말하지 않고 오직 학술적 이치나 고사(故事)에 대해서만 객
관적 논평을 가합니다. 이것이 일반적인 선학의 방법이지만 우리의 핵심
은 증득에 있습니다.

앞에서 선종 이전의 상황을 언급하면서 옛사람들이 관심법문으로 자신
을 관찰했던 그 방법을 따르는 것도 괜찮다고 했습니다. 현대식으로 표현
하자면 바로 자신의 심리 상태를 살펴보는 것입니다.

우리의 심리 상태, 즉 모든 사(思)와 상(想) 그리고 감각은 세 가지 단계
로 귀납시킬 수 있습니다. 이 세 단계는 바로 과거, 현재, 미래입니다. 옛

사람들은 이것을 전제(前際), 중제(中際), 후제(後際)라 불렀습니다.

이 법문은 반드시 가부좌를 하고 앉을 필요는 없습니다. 마음이 고요해지면 자신의 생각을 관찰하여 그 속의 혼란한 것들이 드러나게 하는 것입니다. 우리의 심리 상태는 하나는 사상(思想)의 부분이요, 다른 하나는 등이 시리다거나 다리가 아프다거나 하는 감각의 부분입니다. 또 다른 하나는 정서의 부분으로서 번민을 느끼는 것입니다. 이들을 모두 종합한 심리 상태를 '일념(一念)'이라고 합니다.

그런 후에 다시 우리의 마음을 관찰해 보면 앞의 한 생각이 지나가고 나면 그것은 이내 사라져 버린다는 사실을 알 수 있습니다. 마치 말이 끝나고 나면 우리의 듣기도 끝나듯 한 구절, 한 글자가 모두 과거가 되어 버려 일 분 일 초도 정지해 있지 않습니다. 이들은 마음속에 오래 머물 수 없는 것이기에 걱정할 필요가 없습니다. 바꾸어 말하면 생각이란 본래 머물 수 없는 것이어서 영원히 움직입니다. 마치 흐르는 물처럼 영원히 끊이지 않고 흐릅니다. 파도가 하나 지나가고 나면 곧이어 그다음 파도가 이어집니다. 자세히 분석해 본다면 물의 분자가 끊임없이 연결되어 강을 이루듯 그렇게 긴밀히 이어져 있음을 알 수 있습니다. 실제로 앞의 파도가 하나 지나가고 나서 뒤의 파도가 아직 이르지 않았을 때, 만약 우리가 그 중간을 끊어 뒤의 파도가 이르지 못하게 한다면 중간에는 물이 사라져 버립니다. 심리 상태 역시 이와 마찬가지입니다.

전등은 줄곧 밝게 빛나는 것 같지만 실제로는 스위치를 켠 후 맨 처음 전자 입자가 빛을 발한 뒤 빠르게 사라지고 나면 다음 전자가 계속 이어서 빛을 발함으로써 줄곧 밝게 보이는 것입니다. 따라서 이것은 실제로 생멸하는 것으로, 우리가 형광등을 볼 때 불빛이 약간 번쩍거리는 것도 이 때문입니다.

우리의 심리 상태 또한 이처럼 생멸합니다. 단지 우리가 느끼지 못하여 생각이 지속되고 있다고 스스로 여기는 것일 뿐입니다. 실제로 우리의 사상(思想)[95]이나 감각은 어떤 것도 계속 이어지는 것이 없습니다. 어느 것이나 따로따로 움직입니다. 한번 생각해 봅시다. 아침에 일어났을 때의 첫 생각이 '내가 지금 무슨 생각을 하고 있나?'였다고 합시다. 그렇다면 지금까지 여전히 아침의 이 생각을 하고 있을까요? 그건 절대 불가능합니다. 그 생각은 계속 마음에 남아 있을 수 없으므로 일찌감치 사라져 버렸습니다. 그러므로 생각이란 공(空)으로 만들고자 해서 공이 되는 것이 아닙니다. 그것은 부질없는 일로 생각 자체가 본래 공이기 때문입니다. 일반인은 불학을 듣고 나서 자리에 앉기만 하면 공을 구하려 애쓰지만 이는 머리에다 머리 하나를 덧붙이는 격으로 불필요한 일입니다.

그러나 문제는 생각이 흐른다는 것은 쉽게 이해할 수 있지만 이어지는 다음 생각이 어떻게 해서 오는가 하는 점입니다. 생각이 유래하는 곳을 찾을 수 없으니 한번 깊이 연구해 볼 가치가 있습니다. 우리가 바라는 것도 아닌데 생각이 어떻게 스스로 찾아올 수 있을까요? 특히 타좌를 하는 사람이라면 청정을 얻고자 해도 생각은 끊이지 않으며, 심지어 평소에는 도저히 생각지도 못할 것들이 떠오르곤 합니다. 타좌만 하면 몇 년 전 일이 모두 생각나는 것입니다.

이런 우스갯소리가 있습니다. 어떤 할머니가 타좌를 하고 나서는 이렇게 말했습니다. "거참 정말 용해! 십여 년 전인가 어떤 양반이 돈을 빌려가서 아직 한 푼도 안 갚았는데 타좌를 하니 그게 죄다 생각이 나." 이건 그저 우스갯소리만은 아닙니다. 하나의 사실, 즉 마음이 고요해질수록 모든 일이 저절로 머릿속에 떠오른다는 것을 말해 줍니다. 이 생각은 어떻게 왔을까요? 아주 중요한 문제입니다. 예를 들어 앞의 생각이 지나가고 나

---

95 오온(五蘊) 중 세 번째인 상(想)을 이전에는 '사상(思想)'이라 번역했는데, 여기서 말하는 사상은 바로 이것을 가리킨다.

서 뒤의 생각이 아직 이르지 않았을 때 그 중간은 공(空)이 아니겠습니까? 이 생각은 어떻게 해서 올까요? 그것을 찾고자 하는 것 역시 또 하나의 생각입니다. 그것을 끄집어낼 필요도 찾아낼 필요도 없으며 그것이 온다고 두려워할 필요도 없습니다. 비록 왔더라도 반드시 사라지기 때문입니다. 단지 그 속에 있는 어떤 것 하나, 즉 한 생각이 지나가고 나면 다시 다음 생각이 이어서 나타난다는 것을 아는 '이것', 이것은 여태껏 변한 적이 없습니다. 찾아야 할 것은 바로 '이것'입니다. 이것이 바로 『심경』에서 말하는 "관자재보살이 깊이 반야바라밀다를 행할 때 오온이 모두 공임을 비추어 보았다〔觀自在菩薩行深般若波羅蜜多時, 照見五蘊皆空〕"에서의 '비추다〔照〕'의 의미로 그것은 영원히 비추고 있습니다. 이 '조(照)'자는 참으로 절묘해서 마치 전등을 켜면 불빛이 계속 우리를 비추는 것과 같습니다.

모두 이 이치를 잘 모르기 때문에 사람들은 어지럽게 움직이는 생각 속에서 뭔가 방법을 찾아내려 하며 그것을 끊어 보려고 합니다. 사실 생각을 보고 비추는 그것은 결코 움직이지 않습니다. 그러니 생각을 끊을 필요도 없습니다. 분명한 것은 주인이 하나 있어서 이런 혼란한 생각들을 지켜보고 있다는 사실입니다. 이것은 우리에게 고유한 기능으로서, 이 기능은 영원히 그곳에 고요히 있습니다. 이것이 오래 지속되면 끊임없이 이어지던 망념도 사라집니다. 마치 손님이 집에 왔을 때 주인이 환영하지도 거절하지도 않는 것과 같습니다. 이렇게 하면 망념은 손님이 끊어지듯 자연히 사라집니다. 이것은 가장 초보적인 단계입니다. 수시로 이런 상태에 들어설 수 있다면 서서히 관심(觀心)을 행하여 번뇌와 습기를 관찰하면 됩니다. 일단 관찰하기만 하면 번뇌와 습기는 곧 사라집니다. 비추어 보기만 하면 곧 공(空)이 됩니다. 이 이치를 특별히 주의해야 합니다.

삼제탁공과 현재의 마음

어떤 사람이 물었습니다. 고요한 마음의 상태가 이삼 일 지속되면서도 몸과 마음에 아무런 변화가 없었는데, 바로 그때 문제가 생겼다는 것입니다. 마음속으로 무척이나 무료하고 적막하게 느껴져 이것이 바로 고선(枯禪)이 아닌가 하는 생각이 들더라는 것입니다. 심경이 고목과도 같아서 무기(無記)나 무념(無念)과 다를 바가 없더라는 것입니다.

이 경우는 문제 자체에 문제가 있습니다. 첫째, 자신이 삼제탁공에 들었음을 느끼면서도 심경이 무척 무료했다고 하는데, 이는 아직 일념(一念)이 있다는 것 아니겠습니까? 삼제가 아직 공(空)이 되지 못했음을 알 수 있는 것입니다. 둘째, 무념을 느꼈다고 하지만 사실은 생각이 매우 복잡했던 것입니다. 어찌 삼제뿐이었겠습니까? 적어도 오륙제(五六際)는 되었을 것입니다. 지나치게 긴장함으로써 몸과 마음속에 무료한 감각 같은 것이 나타난 것입니다. 이 때문에 부처님은 말합니다. 수행은 마치 악기의 줄을 퉁기는 것과도 같으니, 너무 애쓰고 긴장하면 팽팽히 조인 현처럼 소리가 좋지 않다고요. 불법을 배우는 사람들 중에는 한 번에 용맹정진하여 곧바로 성취를 얻고자 하는 사람이 있습니다. 이런 사람은 틀림없이 혈압이 올랐을 터이니 곧 확인해 보아야 합니다. 신경이 너무 긴장되었기 때문입니다.

주의해야 합니다! 방금 어떤 사람이 질문한 것은 삼제탁공이 아닙니다. 진정으로 삼제탁공에 이르면 앞의 생각은 사라지고 뒤의 생각은 오지 않아 중간의 공(空)에 맞닥뜨리니 사실 중간이라는 생각조차 사라져 버립니다. 그러므로 『금강경』에서는 말합니다. "과거의 마음은 얻을 수 없고, 현재의 마음도 얻을 수 없으며, 미래의 마음도 얻을 수 없다[過去心不可得, 現在心不可得, 未來心不可得]"고요. 삼제를 모두 얻을 수 없습니다. 이것은 없다는 것이 아니라 파악할 수 없다는 뜻입니다. 미래가 아직 오지도 않았는데 내일 머릿속에서 무슨 생각을 할지 알 수 있겠습니까? 미래의 마음도 얻을 수 없고 현재의 마음도 얻을 수 없습니다. 우리가 지금 막 말하고 있는 것도 곧바로 과거가 되어 버립니다.

『금강경』은 우리에게 얻을 수 없다고만 말하였지 과거와 현재, 미래의 마음이 공(空)이라고 하지는 않습니다. 그리고 과거와 현재, 미래의 마음이 없다고도 말하지 않습니다. 옛사람들은 번역을 아주 신중하게 했습니다. 만약 진정으로 삼제탁공이 있다면 이 역시 파악할 수 없는 것입니다. 왜 그럴까요? 능히 삼제탁공의 경계를 파악할 수 있다면 이는 바로 현재의 마음인데, 현재의 마음은 얻을 수 없기 때문입니다. 이것이 그 첫째입니다.

둘째, 진정으로 삼제탁공에 이르면 신체가 존재하지 않아 허공과 하나가 되니 이때를 비로소 진정한 소요(逍遙)요 진정한 자재(自在)라 할 수 있습니다. 이는 참으로 얻기 어려운 경계입니다. 불법을 배우는 것은 해탈과 자재를 위함입니다. 그런데 지금 불법을 배우는 사람은 소요도 자재도 없고 해탈은 더더욱 어려우니 이 얼마나 고달픕니까! 도리어 이것들이 자신을 꽁꽁 묶어 버리고 맙니다. 이 이치를 잘 알고 있어야 합니다.

사료간과 화후

앞에서 임제선사의 사료간(四料簡)에 대해 언급하면서 사람과 경계의 상호 결합에 대해 이야기했습니다. 무릇 공부를 하는 데에는 도가든 밀종이든 혹은 불가의 어떤 종파든 모두 이 하나를 떠날 수 없으니 바로 어떻게 심리와 생리를 적절히 결합시킬 것인가 하는 문제입니다. 공부를 할 때 생리적으로 일어난 감각이 아니라면 이는 곧 심리적으로 생긴 사상(思想) 문제로서 모두 망념입니다. 공부를 하면 생겨나나 공부를 하지 않으면 사라지므로 이들은 모두 경계입니다. 그렇지만 누가 공부를 하고 있을까요? 내가 바로 공부를 하고 있으며 나는 곧 사람입니다. 사람과 경계 이 둘을 교리상으로는 상(相)이라 하는데, 바로 현상(現象)입니다. 그렇다면 무엇이 사람을 여기에 앉아 있게 할까요? 성(性)입니다. 그러니 성상(性相) 양문(兩門)입니다. 내가 여기에 앉아 있다는 것을 원래 알고 있으며, 내가 애를 쓰고 있다는 것도 알고 있습니다. 바로 사람과 경계의 두 방면이 모두 오락가락하고 있는 것입니다.

이 때문에 임제는 사료간을 제시하여 한편으로는 사람을 가르치면서 또 한편으로는 공부할 때 주의할 점을 일러 줍니다. 어떤 때에는 사람은 빼앗되 경계는 빼앗지 않으며〔奪人不奪境〕, 어떤 때에는 경계는 빼앗되 사람은 빼앗지 않으며〔奪境不奪人〕, 어떤 때에는 사람과 경계 모두를 빼앗고〔人境兩俱奪〕, 또 어떤 때에는 사람과 경계 모두를 빼앗지 않는다〔人境俱不奪〕고 하는 것입니다. 이 네 가지는 적절히 결합하여 선택할 필요가 있는데, 도가에서는 이를 화후(火候)라 부릅니다. 화후란 밥을 지을 때 불을 때는 것이나 마찬가지입니다. 불이 너무 강하면 약간 줄여야 하는데, 그러지 않으면 밥이 타 버리기 때문입니다. 불이 너무 약해도 밥이 익지 않습니다. 이들은 스스로 조절해야 하는 것으로, 이런 까닭에 '료간(料簡)'이라 했습니다. 이 일체는 다른 사람이 도울 수 없습니다. 어떤 밝은 스승이라도 도와줄 수 없으니 부처님이 앞에 있더라도 방법이 없습니다. 그렇지 않다면 부처님의 아들이나 동생인 아난은 구태여 수행을 할 필요도 없었을 것입니다. 사람은 단지 스스로 구하고 제도할 수 있을 뿐 다른 어떤 사람도 여러분을 구해 줄 수 없습니다. '료간'이란 우리 스스로 조절해야 한다는 뜻입니다.

선종의 이 방법은 참으로 뛰어난 것으로 현교와 밀교의 방법을 모두 포괄하고 있습니다.

선과 불가분의 것

선(禪)과 분리될 수 없는 것이 세 가지 있습니다. 첫 번째는 군사(軍事)인데, 고대의 명장(名將)에게는 모두 선의 분위기가 있습니다. 명장은 천부적인 지혜를 갖추고 있어서 전투 시 사면이 포위당해 살아날 길이 막연할 때에도 한번 머리를 굴려 패배를 승리로 이끌어 냅니다. 이럴 때에는 제가(諸家)의 병법(兵法)을 아무리 생각해 봐야 소용이 없습니다. 어떤 병법으로도 구해 낼 수 없습니다. 두 번째는 선과 불가분의 관계인 진정한 시인입니다. 시인 스스로도 어떻게 해서 그런 기막힌 구절이 나오는지 알지 못합니다. 세 번째는 예술가의 작품으로서 이것 역시 선에 가깝습니다. 당말(唐末) 오대(五代)의 선종에서는 특히 문학성이 중시되었는데, 모든 것을 시로 표현했습니다. 사실 시를 지었다기보다는 본성 속에서 자연스럽게 나온 것입니다. 사람의 본성이 최고로 신령스러운 공(空)의 상태에 이르거나 혹은 지선(至善)의 경지에 이르면 미감(美感)이 자연 바깥으로 드러나는데, 그렇게 되면 문학의 경지 역시 높아집니다. 이는 절대 각고의 노력으로 배운 것이 아니라 저절로 나오는 것입니다. 글을 쓰는 것도 쓰는 법이 따로 있는 것이 아니라 자기가 하고 싶은 말을 자꾸 하다 보면 서서히 숙달됩니다. 임제 이후 중국의 선은 언뜻 보면 문학이지만 도처에 공부가 깔려 있으니 정말 이해하기가 어렵습니다.

협산이 낙포를 제도하다

이제 다시 협산의 이야기로 돌아가 봅시다. 선자덕성에게 도를 깨친 후 그는 어디로 갔을까요? 선자덕성은 그에게 말했습니다. "몸을 숨기되 종적이 없게 하고 종적이 사라지면 몸을 숨기지 마라〔藏身處沒蹤跡, 沒蹤跡處莫藏身〕." 이 두 구절에는 참으로 많은 내용이 들어 있습니다. 공부 방면에서 말하면 몸을 숨기되 종적이 없게 한다는 것은 신체의 감각이 사라지고 심리적인 잡념도 사라진 삼제탁공의 경계로서 그림자조차도 흔적 없이 사라진 상태를 가리킵니다. 그렇지만 공(空)의 경계에 오래 있으면 안 됩니다. 오래 머물면 사람이 나른해집니다. 수증이라는 면에서 보면 괜찮지만 행원이라는 관점에서 보면 안 됩니다. 보살계로 말하면 이는 계율을 범하는 일입니다. 자비심을 일으켜 사람을 구하지 않고 선정에만 탐닉하는 것은 보살계를 범하는 행위입니다. 그러므로 종적이 사라지면 몸을 숨기지 마라고 했습니다. 영원히 산속에서 자신만을 위해 있어서는 안 됩니다. 나가서 공덕을 쌓으며 힘들고 어려운 일을 맡아서 하라는 뜻입니다. 선자덕성은 협산에게 몸을 숨기되 종적이 없게 하라고 했습니다. 먼저 암자를 찾아가서 몸을 숨겨 사람들이 알지 못하도록 하고, 그런 뒤에 공부가 경지에 이르면 더 이상 몸을 숨기지 말고 드러내라는 것입니다.

나중에 협산선사는 자리를 잡고 설법을 행했는데, 『지월록』 권 17에는 이렇게 기록되어 있습니다.

협산선사에게는 낙포라고 하는 제자 한 명이 있었다. 원래 임제의 제자였는데 총명하고 유능했다. 학문도 뛰어나 불교 경전에 모두 통달했으며 계율도 철저히 지켰는데 처음엔 임제의 시자였다. 임제는 이 제자를 대단히 만족스러워하며 항상 칭찬하여 말하기를, '이 아이는 임제 문하의 화살이니 누가 그 예리함을 감히 당해 낼꼬?' 라고 했다. 이런 칭찬을 듣고서 낙포는 스스로 개오했다고 생각했다. 후에 한번은 임제가 그와 토론을 하게 되었는데 스승에게도 전혀 승복을 하지 않으니 다시 그를 가르칠 방법이 없었다. 낙포는 후에 임제에게 작별을 고하고 떠났다. 임제가 말했다. '임제 문하의 꼬리 붉은 잉어 한 마리가 온몸을 뒤흔들며 남방으로 내려갔으니 어느 집 항아리 속 젓갈이 되어 죽을지 모르겠다〔夾山禪師有一介弟子叫洛浦, 原來是林悌的弟子, 聰明能幹, 學問也好, 佛敎的經典都通達, 而且戒律守得很嚴, 當初是林悌的侍者. 林悌對這個弟子很得意, 常讚嘆說, '此林悌門下一只箭, 誰勘當鋒?' 這一鼓勵, 洛浦認爲自己開悟了, 後來林悌一與他討論, 他對師父不服氣了, 那就無法再敎了. 洛浦後來向林悌告假, 走了. 林悌說, '林悌門下有個赤梢鯉漁, 搖頭擺尾, 向南方而去, 不知向誰家虀瓮裏淹殺〕.

잉어가 용문(龍門)을 넘어 뛰어오르면 곧 용으로 변합니다. 하지만 이 잉어는 아직은 용으로 변하지 않았습니다. 원래 변할 만했으나 결과는 그러지 못했습니다. 남방으로 갔으니 과연 어느 집에서 그를 승복시킬지 모르겠다는 것입니다.(임제는 당시 산동에 있었습니다.)

낙포는 돌아다니기를 그만두고 곧바로 협산의 암자로 갔는데 한 해가 다 가도록 협산을 방문하지 않았다. 협산은 승려를 시켜 편지를 써 보냈다. 낙포는 편지를 받고서 읽어 보지도 않더니 다시 손을 내밀며 달라고 했다. 승려가 가만히 있자 낙포가 한 대 때리면서 말했다. '돌아가서 스님에게 그대로 전하게.' 승려가 돌아와서 그대로 전하니 협산이 말했다. '그 스님이 편지를 열어 보았다면 사흘 안에 반드시 찾아올 것이요, 편지를 열어 보지 않았다면 더 이상 어쩔 수 없는 사람이다.' 그러고는 협산은 사람을 시켜 엿보게 하여 낙포가 집을 나가면 그 집을 태워 버리도록 했다. 사흘이 지나자 낙포가 과연 암자를 나섰다. 집을 태운 사람이 와서 보고하기를 움막에 불이 붙었는데도 낙포는 거들떠보지도 않았다고 했다〔師游歷罷, 直往夾山卓庵, 經年不訪夾山. 山乃修書, 令僧馳往, 師接得便坐却, 再展手索. 僧無對, 師便打, 曰, 歸去擧似和尙. 僧回擧似, 山曰, 者僧若開書, 三日內必來, 若不開書, 斯人救不得也, 夾山却令

人伺師出庵, 便與燒却. 越三日, 師果出庵, 來人報曰, 庵中火起, 師亦不顧).

　　당시는 선종이 왕성히 일어나던 때로, "천하가 황폐한 것은 두렵지 않으
나 머리가 빛나지 않을까 두렵다〔不怕天下荒, 只怕頭不光〕"라고 하던 때입니
다. 어디를 가든 머물 데가 있고 도처에 큰 스승이 있었습니다. 낙포는 사
방을 돌아다니며 참방해 보았지만 모두 눈에 들지 않았습니다. 그러다가
협산선사가 머물던 절 근처로 와서 움막을 하나 지어 놓고는 줄곧 거기서
타좌를 하고 있었습니다. 젊은 승려가 협산이 있는 곳에 자리를 잡았는데
도 일 년이 지나도록 도무지 찾지를 않았습니다. 협산은 편지를 한 통 써
서 사람을 시켜 그에게 보냈습니다. 편지 내용은 기록에 남아 있지 않으나
틀림없이 자기 절로 한번 찾아오라는 내용이었을 것입니다. 그런데 낙포
는 편지를 자리 밑에 놓더니 도무지 읽어 볼 기색도 없이 계속 타좌만 하
고 있었습니다. 협산이 제자들에게, 만약 그가 내 편지를 보았다면 사흘
안에 반드시 찾아올 것이요, 편지를 보지 않았다면 이 자는 구제할 방법이
없다고 말했습니다.

　　협산은 사람을 보내 움막 바깥에서 지키게 하고는 사흘 안에 낙포가 집
을 나서는 것을 보거든 그가 머물던 집을 태워 버리도록 했습니다. 사흘이
되던 날 과연 낙포가 움막을 나섰습니다. 낙포는 자신이 대철대오했다고
생각했으나 협산의 편지를 보더니 그로서도 방법이 없었습니다. 이조(二
祖)가 말한 '안심(安心)'이 되지를 않으니 집을 나서지 않을 수 없었던 것입
니다. 낙포가 집을 나서자 움막에 불이 났습니다. 협산의 제자가 불을 지
르고는 뒤에서 소리쳤습니다. "이봐요, 스님! 당신 집에 불났소!" 낙포는
고개도 돌리지 않았습니다. 대범하게 보이려고 그랬던 것이 아니라 풀리
지 않는 의문으로 마음이 온통 협산에게 사로잡혀 있었기 때문입니다. 그
래서 급히 협산을 찾으려 했던 것입니다.

곧바로 협산에게 가서는 절도 하지 않고 팔짱을 낀 채 얼굴을 마주 보며 서 있었다〔直到夾山, 不禮拜. 乃當面叉而立〕.

낙포는 협산이 있는 곳에 도착했을 때 아주 도도했습니다. 협산은 당시 명성도 드높았고 나이도 많았습니다. 낙포는 협산을 보고는 무릎도 꿇지 않고 팔짱을 낀 채 서 있었습니다. 협산이 말했습니다. "닭이 묵는 곳과 봉황이 머무는 곳은 종류가 다르니 나가시오!〔鷄棲鳳巢, 非其同類, 出去〕" 낙포가 두려워할 만큼 위엄이 있었습니다. 낙포가 말했습니다. "멀리서 봉황을 좇아왔으니 청컨대 스님께서는 한번 만나 주십시오〔自遠趨鳳, 請師一接〕." 다시 말해 제가 멀리 북방에서부터 여기까지 배우러 왔으니 한번 만나 주십시오, 그 외 다른 것은 없습니다라고 한 것입니다.

협산이 말했습니다. "도려[96]도 없고 이 문턱엔 노승도 없다오〔目前無闍黎, 此閑無老僧〕." 그러자 낙포가 "할!" 하며 소리쳤습니다. 협산이 말하기를 여기에는 그대도 없고 이 노승도 없다, 여기 불법이란 이런 것이다 하고 말했는데 이때 낙포는 임제에게 배운 방법으로 협산을 향해 일갈했습니다. 협산은 분위기가 임제와는 달랐습니다. 임제는 기세가 왕과 같아서 눈을 치뜨고 쳐다보는 것이 사람의 혼을 빼는 듯했으나 협산은 부드러웠습니다. 낙포가 일갈하자 협산이 말했습니다. "가만, 가만! 서두르지 마시게. 구름과 달은 같으나 계곡과 산은 각기 다르다오〔住! 住! 且莫草草忽忽. 雲月是同, 溪山各異〕." 똑같은 달이요 똑같은 구름이지만 다른 곳을 비추니 풍경은 달라집니다. 달리 말하면 그대가 사부 있는 데에서 소리치고 했던 것은 여기서는 먹혀들지 않는다는 뜻입니다. "세상 사람들의 혀를 잘라 버린다 해도 도려는 사라지지 않아 혀 없는 사람들이 알아듣도록 논쟁하고 가르

---

96 중에게 덕행을 가르치는 스승을 말하는데 여기서는 상대방을 높여 부른 말이다.

칠 것이오[截斷天下人舌頭, 即不無闍黎, 爭敎無舌人解語]." 낙포가 이 말을 듣더니 한참을 서서 생각했습니다. 협산이 갑자기 내리쳤습니다. "이것을 마음에 새겨 둘 수 있겠는가?[因玆服膺]" 이 순간 낙포의 기세는 꺾였습니다. 그는 자신의 움막으로 가지 않고 협산을 따라갔습니다.

하루는 그가 협산에게 물었습니다. "부처와 마군도 이르지 못하는 곳을 어떻게 체득할 수 있습니까?[佛魔不到處, 如何體會]" 그의 공부 경계는 이 정도에 이르러 있었습니다. 완전히 공(空)이 된 것입니다. 삼제탁공이 되었으니 부처도 없고 마군도 없습니다. 그러니 이것을 어떻게 체득할 수 있느냐는 말입니다.

협산이 대답했습니다. "촛불이 밝아 천 리를 비추나 암실의 노승은 어둠 속을 헤맨다[燭明千里像, 暗室老僧迷]." 촛불을 켜면 넓은 곳을 모두 볼 수 있지만 어둠 속에 있는 노승은 볼 수가 없습니다. 무슨 뜻일까요? 당연히 등을 켜면 보이고 켜지 않으면 보이지 않습니다. 그렇지만 불법을 배우는 사람은 여기에 비밀이 있다고 생각합니다. 왜 이 경계는 부처나 마군도 이르지 못할까요? 부처님도 여러분을 어떻게 할 수 없고 마군도 여러분을 어떻게 할 수 없습니다. 무슨 이치일까요? 이 속에 견지와 수증이 모두 있습니다.

낙포가 다시 물었습니다. "아침 해가 이미 솟아 밤에 달이 뜨지 않을 때에는 어떻습니까?[朝陽已昇, 夜月不現時如何]" 이것은 공부의 경계를 표현한 것입니다. 타좌를 하다가 심신을 모두 잊어버리면 단지 한 줄기 빛만 비치는데, 마치 태양이 떠오른 듯합니다. 밤에 달이 뜨지 않는다는 것은 어두운 밤과 같다는 말이 아닙니다. 자성이 깨끗이 빛나는 것이 바로 『참동계(參同契)』에서, "지극한 양이 밝게 빛나고, 지극한 음이 숙연하다[至陽赫赫, 至陰肅肅]"라고 한 것과 같습니다. 아무것도 없는 공의 경계에 이르렀을 때 주의해야 합니다. 이것은 아직도 지극한 음(陰)이 숙연한 경계에 속합니다. 음이 극에 이르러 양이 생겨난 이후 심신의 안팎이 천지와 하나의 뿌리로 연결되면 한 줄기 광명이 나타나는데, 이때가 되어야 비로소 지극한 양(陽)이 밝게 빛나는 경계에 이른 것입니다. 이때는 이미 기맥의 통함과 통하지 않음을 넘어선 단계입니다. 삼맥칠륜의 타통은 초보적인 정(定)의 경계에도 이르지 못한 단계입니다. 낙포는 이때 이미 정의 경계를 넘어서 있었습니다. 이것이 바로 아침 해가 이미 솟아 밤에 달이 뜨지 않는 경계입니다.

협산이 대답했습니다. "용이 구슬을 물고 바다를 헤엄치나 주위에 노는 물고기는 거들떠보지 않는다〔龍銜海珠, 游魚不顧〕." 낙포가 이 말을 듣고 크게 깨쳤습니다. 바로 이 대목에서 낙포는 대철대오했습니다. 이 말에는 어떤 것이 있습니다. 안팎이 온통 빛투성이인 경계 속은 마치 한 마리 용이 바다에서 헤엄을 치고 있는 듯합니다. 입에는 밝은 구슬을 물고 있는데, 이 구슬이 바로 용의 명근(命根)입니다. 그 주위를 물고기와 새우가 왔다 갔다 헤엄쳐 다니고 있지만 용은 눈길 한번 돌리지 않으며 아예 거들떠보지도 않습니다.

기맥을 닦든 염불을 하든 무엇을 해도 좋지만 결국 닦아서 도달하는 곳은 구슬을 머금고 주위를 거들떠보지 않은 채 헤엄치는 용이 되는 것입니다. 주변의 망념은 아예 거들떠보지 않습니다. 망념을 제거하기 위해서는 어떻게 해야 할까요? 최고의 이치는 가장 초보적인 방법을 사용해서도 도달할 수 있습니다. 공부를 할 때 연기(煉氣)도 좋고 염불도 좋고 혹은 다른 법문도 좋습니다만 단지 이 일념(一念)을 꽉 붙들어 흔들림이 없기만 하면 됩니다. 용이 구슬을 물고 바다를 헤엄치나 주위에 노는 물고기는 거들떠보지 않는다는 구절을 잊지 않고 있으면 서서히 이 경계에 도달할 수 있습니다. 이 구절은 단지 이론에 불과한 것이 아니라 이는 진실한 수증 공부의 현실로서 공부의 실제 경계입니다. 앞에서 『법화경』의 '용녀헌주(龍女

獻珠)'에 대해 언급했는데, 이는 모두 진실한 것으로 확실히 일어나는 일이며 확실히 그 경계가 있습니다.

『종경록』의 오도에 대한 열 가지 물음

사람들은 걸핏하면 깨달음을 말하는데, 깨달음이란 과연 무엇일까요? 어떤 표준이 있는 것일까요? 이에 대한 가장 평이하고 실질적인 설법은 바로 영명수선사(永明壽禪師)가 『종경록(宗鏡錄)』에서 언급한 내용입니다. 여기에는 선종의 견지, 수증, 행원이 모두 포함되어 있습니다.

송조(宋朝)에는 위대한 저작이 두 가지가 있는데, 하나는 사마광(司馬光)의 『자치통감(資治通鑑)』이요 다른 하나는 영명수선사의 『종경록』입니다. 두 작품은 거의 동시대에 속합니다. 아쉬운 것은 세간의 학문을 다루는 『자치통감』은 후세에 이어져 많은 연구가 행해지고 있는 데 반해 『종경록』은 골동품이 되어 버리고 말았다는 점입니다. 그러다가 청조(淸朝) 옹정(雍正) 연간에 이르러서야 비로소 주목을 받아 이 책을 특별히 연구하라고 강조한 영(令)이 몇 차례 내려지기도 했습니다.

『종경록』은 무엇이 깨달음인지 말하면서 책 속에서 열 가지 문제 제기를 하고 있습니다. 깨달은 사람은 경전의 가르침에 통하지 못하는 곳이 없어서 모든 불경의 교리를 한번 보면 곧 압니다. 마치 소설을 읽듯 한번 보기만 하면 곧 이해하니 따로 연구할 필요가 없습니다.

영명수선사의 『종경록』 권 1에는 다음과 같은 내용이 있습니다.

설혹 집착에 사로잡혀 자기 식으로 해석하는 일이 있더라도, 혹 부처님의 말씀을 믿지 않거나 스스로 마음에 장애를 일으켜 배움의 길을 끊어 버리는 일이 있더라도 이제 이 열 가지의 물음으로 기강을 삼고자 한다.

하나. 완전한 견성을 얻어 마치 대낮에 색을 보듯 문수보살처럼 그렇게 할 수 있는가? 둘. 사람을 만나고 상황에 대처하며, 색을 보고 소리를 들으며, 발을 들어 올리고 내려놓으며, 눈을 뜨고 감는 것이 모두 밝고 뛰어나 도와 상응하는가? 셋. 이 시대의 가르침과 이전 조사들의 구절을 깊이 듣고도 두려워하지 않으며 이들을 모두 살펴 의심스러운 곳이 없게 할 수 있는가? 넷. 온갖 질문에 대해 하나하나 따진 후 능히 사변을 갖추어 모든 의문을 풀어 줄 수 있는가? 다섯. 언제 어디서든 지혜가 막힘없이 드러나 한 생각 한 생각이 모두 원만하고 어떠한 법에도 방해를 받지 않으며 어느 한 찰나에도 끊어지지 않게 할 수 있는가? 여섯. 일체의 순역과 호오의 경계가 나타날 때마다 그 자리에서 모두 알아 타파할 수 있는가? 일곱. 온갖 밝은 법문이 심경 속에 있어서 하나하나의 미세함을 보아 본체가 일어나는 곳을 알 수 있으며 생사의 뿌리에 어지럽게 미혹되지 않을 수 있는가? 여덟. 일상의 행주좌와 때, 공경히 마주 대하고 있을 때, 옷 입고 밥 먹을 때, 일을 맡아 처리할 때에도 일일이 진실을 알아볼 수 있는가? 아홉. 부처가 있다거나 없다거나, 중생이 있다거나 없다거나, 칭찬이거나 비방이거나, 옳다거나 그르다거나 하는 말을 들어도 일심이 전혀 움직이지 않을 수 있는가? 열. 온갖 지혜에 대해 들어도 모두 밝게 통하며, 성과 상이 모두 통해 이와 사에 얽매이지 않으며, 어떤 법도 그 근원을 알 수 있으며, 세상에 온 어떤 성인의 말에도 의문이 없을 수 있는가?〔設有堅執己解, 不信佛言, 起自障心, 絶他學路, 今有十問以定紀綱. 一還得了了見性, 如晝觀色, 似文殊等否? 二還逢緣對境, 見色聞聲, 擧足下足, 開眼合眼, 悉得明宗, 與道相應否? 三還覽一代時教, 及從上祖師言句, 聞深不怖, 皆得諦了無疑否? 四還因差別問難, 種種徵詰, 能具四辯, 盡決他疑否? 五還於一切時一切處智照無滯, 念念圓通, 不見一法能爲障礙, 未曾一刹那中暫令間斷否? 六還於一切逆順好惡境界現前之時, 不爲間隔, 盡識得破否? 七還於百法明門心境之內, 一一得見微細體

性根源起處, 不爲生死根塵之所惑亂否? 八還向四威儀中行住坐臥, 欽承祇對, 著衣喫飯, 執作施爲之時, 一一辯得眞實否? 九還聞說有佛無佛, 有衆生無衆生, 或贊或毀, 或是或非, 得一心不動否? 十還聞差別之智, 皆能明達, 性相俱通, 理事無滯, 無有一法不鑒其原, 乃至千聖出世, 得不疑否?〕

어떤 사람이 과연 깨달음에 이르렀는지를 판단할 때 여기에서 제시한 열 가지 문제가 판단의 기준이 됩니다.

첫 번째 물음은 명심견성의 경계입니다. 일체의 때와 장소 그리고 일체의 사물에 대해 빠짐없이 뚜렷이 알아 마치 대낮에 그림의 색을 보듯 하니 문수보살의 경계와 같아지는 것입니다. 그대가 능히 이렇게 할 수 있느냐는 것입니다.

두 번째 물음은 이렇습니다. 사람을 만나거나 일을 할 때, 혹은 다른 사람이 방해할 때, 총괄하여 말해서 인연을 만나고 경계를 대하는 ― 이것은 아주 광범위한 상황을 포괄하는데 ― 그럴 때에도 마음이 동요되지 않는다는 것입니다. 일상생활에서뿐만 아니라 심지어 밤에 잠잘 때조차 도(道)와 하나가 될 수 있습니다. 그대가 능히 이렇게 할 수 있느냐는 것입니다.

세 번째 물음은 이렇습니다. 『법화경』도 좋고 『화엄경』도 좋습니다만 불교의 경전을 한번 펼쳐 보고는 모두 이해하는 것입니다. 가장 고명한 설법을 듣고도 두려워하지 않으며 철두철미하게 이해하여 아무 의문이 없습니다. 그대가 능히 이렇게 할 수 있느냐는 것입니다.

네 번째 물음은, 사람들이 온갖 학문에 대해 물어도 전혀 막힘없이 대답할 수 있느냐는 것입니다.

나머지 여섯 가지 물음에 대해서는 여러분 스스로 연구해 보기 바랍니다. 마지막 단락의 내용은 이렇습니다.

만약 실제로 이와 같이 얻지 못했다면 절대 속이는 마음을 일으켜 스스로 자족해서는 안 된다. 모름지기 지극한 가르침을 널리 구하고 아는 사람에게 많이 물어 부처의 자성의 근원을 철저히 알아야 한다. 더 이상 의문이 없는 경지에 이르러서야 비로소 배우지 않아도 되며 망념도 사라질 수 있다. 혹 스스로 힘쓰면 선관과 상응하며, 혹 다른 사람을 위하면 방편을 열어 보일 수 있다. 설혹 법계에 두루 참여할 수 없고 널리 여러 경전을 연구하는 것이 어렵더라도 『종경록』만 세밀히 본다면 자연 경지에 들 수 있으니, 이는 모든 법의 요점이요 도로 향하는 문이다. 마치 어머니를 지켜보며 자식을 이해하듯 근본을 얻어 지엽을 아는 것이니, 벼리를 당기면 그물코가 바르게 되고 옷을 당기면 옷고름이 모두 같이 끌려온다[若實未得如是, 切不可起過頭欺誑之心, 生自許知足之意. 直須廣披至敎, 博問先知, 徹祖佛自性之原. 到絶學無疑之地, 此時方可歇學, 灰息遊心. 或自辨則禪觀相應, 或爲他則方便開示. 設不能遍參法界, 廣究群經, 但細看宗鏡之中, 自然得入, 此是諸法之要, 趣道之門. 如守母以識子, 得本而知末, 提綱而孔孔皆正, 牽衣而縷縷俱來].

만약 이 열 가지 물음 중 조금이라도 미치지 못하는 것이 있다면 자신이 옳다고 여겨서는 안 됩니다. 이는 스스로를 속이고 남을 속이는 것입니다. 어떤 의문이더라도 선지식을 찾아 가르침을 청한다면 반드시 여러 부처나 조사들의 경계에 도달할 수 있을 것입니다. 조사들이 깨달은 것을 여러분이 모두 깨달았을 때에야 비로소 더 이상 의문이 없는 경지에 이르러 배우지 않아도 됩니다. "회식유심(灰息遊心)"은 망상이 모두 끊어진다는 뜻입니다. "혹 스스로 힘쓰면 선관과 상응하며, 혹 다른 사람을 위하면 방편을 열어 보일 수 있다[或自辨則禪觀相應, 或爲他則方便開示]"라는 것은 대철대오에 이른 후의 상황을 말합니다. 대철대오에 이른 후 다시 돌이켜서 혹 소승의 방법으로 사선팔정을 닦아 과위를 증득할 수 있습니다. 육통(六通)[97]과 삼신(三身)을 두루 구비하고 신통묘용을 빠짐없이 갖추게 되는 것입니다. 혹 대승의 방법을 따라 타인을 위해 자신을 희생함으로써 더 넓은 법(法)을 끌어낼 수도 있습니다.

"설혹 법계에 두루 참여할 수 없고 널리 여러 경전을 연구하는 것이 어렵더라도〔設不能遍參法界, 廣究群經〕." 예를 들어 삼장십이부가 너무 많아 도저히 볼 수 없다고 생각되더라도, "『종경록』만 세밀히 본다면 자연 경지에 들 수 있으니 이는 모든 법의 요점이요 도로 향하는 문이다〔但細看宗鏡之中, 自然得入, 此是諸法之要, 趣道之門〕"라는 말입니다. 영명수선사는 일체 경전의 핵심을 그가 편찬한 『종경록』 속에 다 모아 놓았으니 그 책을 자세히 보라고 권합니다. 바로 "마치 어머니를 지켜보며 자식을 이해하듯 근본을 얻어 지엽을 아는 것이니, 벼리를 당기면 그물코가 바르게 되고 옷을 당기면 옷고름이 모두 같이 끌려온다〔如守母以識子, 得本而知末, 提綱而孔孔皆正, 牽衣而縷縷俱來〕"라는 것입니다. 이 책이 이처럼 중요하다는 말로 표현이 참으로 아름답습니다.

낙포의 삼관

이제 계속해서 낙포가 깨달은 뒤의 일을 살펴보겠습니다. 낙포는 깨달음에 이른 후 협산의 법통을 계승했는데 그의 교육법은 대단히 엄격했습니다. 그는 여러 종파의 장점을 두루 갖추고 있었습니다. 공부도 높았고 견지도 깊었으며 기백도 대단했습니다. 그는 다음과 같은 명언을 남겼습니다.

---

97 천안통(天眼通), 천이통(天耳通), 타심통(他心通), 숙명통(宿命通), 신족통(神足通), 누진통(漏盡通)의 여섯 가지 신통력을 말한다.

마지막 한 구절에서 처음으로 뇌관에 이르러 자물쇠를 끊고 언덕에 오르려 하니, 범부도 성인도 통하지 않는다〔末後一句, 始到牢關, 鎖斷要津, 不通凡聖〕.

이것은 공부의 경계입니다. 그는 말합니다. 마지막 한 구절에서야 비로소 위로 향해 갈 수 있었다는 것은 그때서야 삼신(三身)을 성취할 수 있었다는 말입니다. 선종에는 초관(初關), 중관(重關), 말후뇌관(末後牢關)의 삼관(三關)이 있습니다. 무엇이 뇌관(牢關)일까요? 바로 우리의 신체가 뇌관입니다. 이것을 타파하지 않으면 벗어날 수 없습니다. 죽음에 이르면 비로소 이 뇌관은 타파되지만 그것은 불완전한 타파로서 다시 중음신으로 변하여 윤회 속으로 들어가고 맙니다.

위의 구절은 뇌관에 이른 바로 그때 범부도 아니고 성인도 아니라는 말입니다. 그것은 바로 마군도 부처도 이르지 못하는 곳으로, 이렇게 되어야만 성공할 수 있습니다.

낙포선사는 죽기 전 제자들에게 간절히 말했습니다. "출가의 법에는 불필요한 물건을 남기지 않는다〔出家之法, 長物不留〕." 물건을 탐해서는 안 됩니다. 본래 출가란 일체의 것을 버리는 것으로 온갖 것을 놓아 버려야 합니다. "파종을 할 때에는 마땅히 줄이고 아껴야 한다〔播種之時, 切宜減省〕." 고대의 총림에서는 모두 스스로 농사를 지었는데, 이를 통해 제자들에게 파종의 의무를 지키고 낭비를 해서는 안 된다는 경계를 한 것입니다. 이네 구절은 모두 연관되어 있습니다. 공부를 하든 일을 하든 마찬가지입니다. "얼키설키 뒤얽혀 이해가 되지 않을 때에는 모두 그만두고 쉬어라〔締搆之時, 悉從廢停〕." 건물을 세우는 일만 해도 그렇습니다. 건물을 짓다가 이런 상황에 부딪히면 마땅히 일을 멈추고 잘 살펴보아야 합니다. "세월은 신속하나 대도는 크고 깊다〔流光迅速, 大道元深〕." 세월은 빨리 지나가 버리지만 도업(道業)은 아주 깊고도 멉니다. "옛것을 그대로 좇아서야 언제 깨달음을 얻을 수 있으리?〔苟或因循, 曷有體悟〕" 그대들이 옛것을 좇아 하루하루를 대충 보내며 도업에 정진하지 않는다면 언제 성취를 이룰 수 있겠느냐는 것입니다. "아무리 간절히 격려해도 모두가 대수롭지 않게 생각하고 서로 경계하지 않는다〔雖激勵懇切, 衆以爲常, 略不相儆〕." 낙포선사가 아무리 간절한 어투로 제자들에게 말해도 제자들이 사부의 엄격한 훈시에 이미 습관이 되어 그 말을 대수롭지 않게 생각합니다.

겨울에 이르러 가벼운 질병이 보였으나 역시 참청을 게을리하지 않았다. 12월 1일에는 여러 사람들에게 말했다. '나는 내일 아니면 모레쯤일 거다. 이제 너희들에게 한 가지 물어볼 것이 있다. 만약 도가 맞는다면 머리에 머리를 앉히는 것이요 도가 아니라면 머리를 잘라 삶을 구하는 것이라 하는데, 이게 무슨 말인가?' 첫째 자리에 있던 제자가 대답했다. '청산은 발을 들지 않고 해 아래서는 심지를 돋우지 않습니다.' 낙포가 말했다. '그건 어느 때 사람이 한 말인가?' 이때 언종 상좌가 대답했다. '이 두 길을 떠나서는 묻지 마십시오.' 낙포가 말했다. '더 이상의 도가 없네.' 언종이 말했다. '저의 도가 미진합니다.' 낙포가 말했다. '나는 그대가 미진하든 그렇지 않든 상관없네.' 언종이 말했다. '저에겐 따르는 시자가 없어 오로지 스님을 대할 뿐입니다.' 그러자 낙포는 휴식을 취했다. 밤이 되자 시자를 시켜 언종을 불러오게 하고는 물었다. '도려들이 오늘 삼가 마주 대하여 모두 같이 선사의 뜻을 체득할 수 있는 것은 무슨 이치인가? 선사께서 말씀하시기를, 눈앞엔 법이 없고 뜻이 눈앞에 있으니 눈앞의 법이 아니며 눈과 귀로 도달할 곳이 아니다라고 했네. 또 말씀하시기를, 어떤 구절이 손님이고 어떤 구절이 주인인가라고 했네. 만약 찾아낼 수 있다면 그대에게 의발을 전수할 것이네.' 언종이 말했다. '저는 할 수 없습니다.' 낙포가 말했다. '그대는 할 수 있네.' 언종이 말했다. '저는 정말 할 수 없습니다.' 낙포가 큰 소리를 지르

며 이윽고 말했다. '괴롭구나! 괴롭구나!'〔至冬示微疾, 亦不倦參請. 十二月一日
告衆曰, 吾非明卽後也. 今有一事問汝等, 若道者箇是, 卽頭上安頭, 若道不是, 卽斬頭求
活? 第一座對曰, 靑山不擧足, 日下不挑鐙. 師曰, 是甚麽時節作者箇語話? 時有彦從上
座對曰, 離此二塗請和尙不問. 師曰, 未在更道. 曰, 彦從道不盡. 師曰, 我不管汝盡不盡.
曰, 彦從無侍者只對和尙. 師便休. 至夜令侍者喚從, 問曰, 闍黎今日只對, 甚麽道理汝合
體得先師意, 先師道曰, 目前無法, 意在目前, 不是目前法, 非耳目之所到. 且道那句是賓,
那句是主. 若擇得出, 分付鉢袋子. 曰, 彦從不會. 師曰, 汝合會. 曰, 彦從實不會. 師喝出
乃曰, 苦! 苦!〕

낙포선사의 이 종파 계통은 교육 방법이 대단히 엄격했습니다. 비단 교
리에 통해야 할 뿐 아니라 학문도 훌륭해야 하고 견지와 공부에서도 모두
뛰어나야 했습니다. 그러다 보니 낙포선사가 세상을 떠날 때가 되어서도
아직 대를 이을 사람을 찾지 못했습니다. 낙포선사는 제자들에게 누가 법
을 이을 만하냐고 물었지만 어느 한 사람도 대답하지 않았습니다. 단지 언
종 상좌만이 답했으나 그는 큰스님이 될 생각이 없었습니다. 그래서 낙포
선사가 그에게 물었는데도 그는 모른다고 했습니다.

다음 날 오시, 다른 승려가 앞의 이야기를 거론하며 낙포선사에게 물었
다. 낙포가 말했다. '자비로운 배는 노도 젓지 않고 푸른 파도 위에 떠 있으
나 검협에서 하릴없이 나무 거위만 띄운다.' 그런 다음 입적했다〔二日午時, 別
僧擧前話問師. 師曰, 慈舟不棹淸波上, 劍峽徒勞放木鵝. 便告寂〕.

낙포선사는 두 구절의 탄식만을 남기고 입적했습니다. 한번 보십시오.
생사의 오고 감이 얼마나 통쾌합니까? "자비로운 배는 노도 젓지 않고 푸
른 파도 위에 떠 있다〔慈舟不棹淸波上〕." 이것은 대승보살의 행원으로서, 자

비로운 배가 사람을 제도하기 위해서는 반드시 탁류 속으로 들어가야 합니다. 그다음 구절은 스스로에 대한 탄식입니다. 수십 년간 어느 한 사람도 제도하지 못하고 "검협에서 하릴없이 나무 거위만 띄우고〔劍峽徒勞放木鵝〕" 있습니다. 그가 사는 곳에는 검협이라는 협곡이 있었습니다. 비록 그가 다리를 놓아 사람들로 하여금 건너가도록 했지만 아무도 건너가려 하지 않습니다. 고덕(古德)이 말한 두 구절의 명언과도 같습니다. "자비로운 배는 본래 사람을 제도하기 위함이거늘 중생이 타려 하지 않으니 어찌하랴!〔慈航本是渡人物, 無奈衆生不上船〕" 그러니 무슨 방법이 있겠느냐는 탄식입니다.

『지월록』에서 작은 글씨로 주해한 부분은 당대 이후 청조(淸朝) 이전의 대사들이 스스로 득도(得道)하거나 혹은 성도(成道)한 후 덧붙인 것인데, 이 부분 역시 아주 중요합니다.

임제의 삼현문

이제 다시 임제가 말한 삼현문(三玄門)에 대해 살펴보기로 합시다. 무엇을 삼현삼요(三玄三要)라 할까요? 이것은 천태종의 삼지삼관(三止三觀)과도 연결 지어 말할 수 있는데, 궁극의 이치에 대해서는 스스로 연구하고 또 직접 공부해 보아야 합니다.

『지월록』 권 14에는 이렇게 적혀 있습니다.

임제가 말했습니다. "어떤 때에는 일갈이 마치 다이아몬드와 옥으로 만든 보검 같다〔有時一喝, 如金剛王寶劍〕." 사람들의 마음속에 있는 망상과 번뇌가 일갈에 모두 사라져 버립니다. "어떤 때에는 일갈이 땅에 웅크리고 있는 사자와 같고, 어떤 때에는 일갈이 장대로 풀숲을 헤치는 것 같다〔有時

一喝, 如踞地獅子, 有時一喝, 如探竿影草〕." 어떤 때에는 욕설로 화를 돋우어 공부와 정력(定力)의 정도를 살피기도 하며, 어떤 때에는 독사를 쫓기 위해 막대기로 풀숲을 내리치듯 합니다. "어떤 때에는 일갈이 아무 소용없어 너는 무엇이 일어나고 깨달았느냐?〔有時一喝, 不作一喝用, 汝作麽生會?〕"하고 물어보기도 하는데, 이것은 임제가 예의를 차려서 한 말입니다. "승려가 뭔가를 생각하면 임제는 곧 고함을 질렀다〔僧擬議, 師便喝〕." 이 고함은 사람을 나무라는 것입니다.

임제는 평소에, "일념의 연기도 일어나지 않으면 삼승의 권학을 벗어난다〔一念緣起無生, 超出三乘權學〕"라고 말합니다. 이 말은 "마땅히 머무르는 바 없이 그 마음이 생긴다〔應無所住 而生其心〕"라는 것과 같은 뜻일까요 다른 뜻일까요? 한번 깊이 생각해 보시기 바랍니다.

아래에서 말하는 단락은 선(禪)을 배우는 사람의 견지 및 수행과 밀접한 관계가 있습니다.

"아수라가 제석천과 전쟁을 벌여 패하자 팔만사천의 권속들에게 연뿌리 구멍 속으로 들어가 숨으라고 했다〔阿修羅與天帝釋戰, 戰敗, 領八萬四千眷屬, 入藕絲孔中藏〕." 이 내용은 불경에 기록되어 있습니다. 한번 보십시오. 마왕의 신통력 또한 대단하지 않습니까? "성인과 다를 바 있는가?〔莫是聖否〕" 이 정도라면 성인의 신통력과 다를 게 어디 있겠습니까? "산승이 제시한 것과 같으니 모두 업통이요 의통이다〔如山僧所擧, 皆是業通, 依通〕." 무엇이 업통(業通)일까요? 지금 세상은 과학이 발달해서 우주 공간까지 날아갈 수 있는데, 이것은 중생이 함께 노력한 업통으로서 신통(神通)이기도 하며 지혜이기도 합니다. 의통(依通)이란 사주나 관상, 점, 심령학, 신비학 등과 같은 것으로 무언가에 의지하는 것입니다. 따라서 이것은 진정한 신통이 아닙니다. 불경에서는 "수미산을 겨자씨 속에 넣는다〔納須彌於芥子〕"라고 말합니다. 겨자씨를 수미산 속에 집어넣는 것은 이치상 당연하지만 수미산을 어떻게 겨자씨 속에 집어넣을 수 있을까요? "무릇 부처처럼 육통을 한 자는 그렇지 않다〔夫如佛六通者不然〕." 부처의 경계에 도달하면 이렇습니다. "색계에 들어가도 색에 미혹되지 않으며, 성계에 들어가도 성에 미혹되지 않으며, 향계에 들어가도 향에 미혹되지 않으며, 미계에 들어가도 미에 미혹되지 않으며, 촉계에 들어가도 촉에 미혹되지 않으며, 법계에 들어가도 법에 미혹되지 않아 여섯 종의 색성향미촉법이 모두 공의 상임을 통달한다. 이 무의도인은 아무것으로도 구속할 수 없으니, 비록 몸은 누추한 오온일지라도 지상에서 신통을 행한다〔入色界不被色惑, 入聲界不被聲惑, 入香界不被香惑, 入味界不被味惑, 入觸界不被觸惑, 入法界不被法惑, 所以達六種色聲香味觸法, 皆是空相. 不能繫縛此無依道人, 雖是五蘊陋質, 便是地行神通〕." "진정한 부처는 형체가 없으며, 진정한 법은 모양이 없다〔眞佛無形, 眞法無相〕." 주의해야 합니다! "머리 위에 온갖 어지러운 것들을 덧붙여 모양을 내어 보지만 설사 얻은 것이 있다 할지라도 모두 야생 여우나 영리한 요괴와 같은 것이다〔爾只麼幻化上頭, 作模作樣, 設求得者, 皆是野狐精魅〕." 자신에게 어느 정도의 공부와 경계가 있는 것을 곧 도(道)라고 생각한다면 그건 요괴이지 절대 진정한 부처가 아닙니다. 그런 것은 외도(外道)의 견해입니다. "무릇 진정으로 도를 배우는 사람이라면 결코 부처를 취하지 않는다. 보살이나 나한 혹은 삼계의 수승한 것을 취하지 않고 완전히 다른 모습으로 홀로 벗어나 사물에 구애를 받지 않으며, 건곤이 뒤집혀도 자신을 다시 의심하지 않는다〔夫如眞學道人, 並不取佛. 不取菩薩羅漢, 不取三界殊勝, 逈然獨脫, 不與物拘, 乾坤倒覆, 我更不疑〕."

임제는 세상을 떠나면서 다음과 같은 게송을 지었습니다.

| 흐르는 물이 그치지 않으니 어찌하면 좋은가 | 沿流不止問如何 |
| 참된 비춤은 끝이 없어 마치 그것처럼 말하고 | 眞照無邊說似他 |

모양도 없고 이름도 없어 받아들이지 않으니　　　　　　離相離名人不稟

보검을 사용하곤 반드시 급히 갈아 두어야 하리　　　　吹毛用了急須磨

　임제조사가 세상에 있을 때 그의 교육법은 매우 괴상하여 평범한 데라고는 전혀 없었으나 임종에 앞서 그는 우리에게 조목조목 말합니다. "흐르는 물이 그치지 않으니 어찌하면 좋은가〔沿流不止問如何〕." 생각이 끊이지 않는 것이 마치 강물이 끊임없이 흐르듯 하니 어떻게 하면 될까요? "참된 비춤은 끝이 없어 마치 그것처럼 말하고〔眞照無邊說似他〕." 망상에는 신경쓸 필요 없습니다. 망상이 왔다 갔다 하는 것을 알고 있지만 그것 자체는 움직인 적이 없습니다. 바로 그것을 파악해야 합니다.

　끝없는 참된 비춤은 진여불성(眞如佛性)과 가까우니 이것만 붙들면 됩니다. 그러나 이 경계에서 자칫 잘못을 저지를 수 있는데, 진정한 비춤에 다시 비춤을 하나 더 추가하는 것입니다. 이렇게 되면 그것은 망념으로 변하고 맙니다. 마음을 쓸 필요 없이 자연스럽게 깨끗해지면 되며 깨끗함을 지키려 해서도 안 됩니다. "모양도 없고 이름도 없어 받아들이지 않으니〔離相離名人不稟〕." 심(心)이라 해도 좋고 성(性)이라 해도 좋으며 도(道)라 해도 좋고 뭐라 해도 상관없습니다. 이것 역시, "일념의 연기도 일어나지 않으면 삼승의 권학을 벗어난다〔一念緣起無生, 超出三乘權學〕"라는 것입니다. 그렇지만 정말로 아무것도 신경 쓰지 않을까요? "보검을 사용하곤 반드시 급히 갈아 두어야 하리〔吹毛用了急須磨〕." 보검을 '취모지검(吹毛之劍)'이라 합니다. 예리한 칼은 어떻게 알아낼 수 있을까요? 머리카락 한 올을 칼날 위에 올려놓고 입으로 혹 불어서 잘리면 이것을 취모지검이라 합니다. 그러나 아무리 예리한 칼이라도 사용한 뒤에는 다시 갈아 두어야 합니다. 달리 말하면 임제선사는 우리에게 이렇게 당부하고 있는 것입니다. 명심견성하기 이전에는 수시로 반성하고 살펴보며 일념을 돌이켜 정(定)을 닦아야지 망념을 일으켜서는 안 된다는 것입니다.

이미 깨달은 사람이라도 한 차례 공부하여 곧바로 되돌려 놓아야 합니다. 세속의 법으로 말하자면 『논어(論語)』에서 증자가 말한 것과 같습니다. "나는 하루 세 번 나를 반성하니 다른 사람과 일을 도모하며 온 힘을 다했는가, 친구와 사귀며 신의가 있었는가, 스승이 전한 것을 익혔는가를 반성한다〔吾日三省吾身, 爲人謀而不忠乎, 與朋友交而不信乎, 傳不習乎〕." 이것은 모두 같은 이치입니다.

불법에는 하나의 원칙이 있는데, 언제 어디서나 자신을 관찰하고 반성해야 한다는 것입니다. 날카로운 보검을 사용하고는 반드시 곧바로 갈아 두어야 합니다.

임제종에 대해서는 중요한 내용 한 가지만 소개하니 나머지는 여러분 스스로 연구해 보시기 바랍니다.

조동종을 말하다

이제 조동종(曹洞宗)에 대해 말해 보겠습니다. 지금까지 전해져 내려오는 일본의 선종은 대부분 조동종의 후신이라 할 수 있습니다. 조동종은 당말(唐末) 오대(五代)의 대종파로서 제자는 조산(曹山)이라 불렸고 사부(師父)는 동산(洞山)이라 칭했습니다.[98]

송조(宋朝)의 대 이학가인 주렴계(周濂溪)는 태극도(太極圖)를 제창했는데, 이 태극도는 어떤 승려가 그에게 전해 준 것입니다. 그러나 그 승려의

---

98 조동종은 간략히 동가(洞家)라고도 하며, 동산양개(洞山良价, 807~869)를 종사로 삼는다. 조동종에서 동(洞)은 동산(洞山)을, 조(曹)는 조산(曹山)을 가리키는데, 스승과 제자가 살던 산 이름에서 따온 것이다. 본래는 동조종(洞曹宗)이라 해야 마땅하나 습관상 조동종이라 부른다.

내력에 대해서는 말하지 않았습니다. 그런가 하면 소강절(邵康節) 계열의 『역경』, 그리고 하도낙서(河圖洛書), 팔괘도(八卦圖) 역시 조동종으로부터 나온 것입니다. 중국 도가의 단서(丹書)들 또한 대부분 조동종으로부터 나왔습니다. 그러므로 조동종의 선(禪)은 중국 후세의 단도(丹道)와 밀접히 연계되어 있지만 단도가 조동종을 활용하고 있는 것이지 조동종이 단도를 활용하고 있는 것은 아닙니다. 조동종은 『역경』의 괘를 활용하여 태극도에 관한 설을 만들었는데 이것이 발전하여 이학가로 이어진 것입니다. 『역경』의 상수(象數)에 관한 설은 소강절 일파로부터 변화되어 나왔습니다. 이 두 계통은 모두 선(禪)에서 나온 것으로, 이것이 제가 처음으로 공개하는 비밀입니다.

동산선사는 일찍이 위산이 있는 곳을 방문했지만 위산은 동산을 어떻게 할 방법이 없어서 운암(雲巖) 도인을 찾아가 보라고 했습니다. 동산은 운암에게서 약간의 깨달음을 얻긴 했으나 철저하지 못하자 그를 떠나려 했습니다.

『지월록』 권 16에는 다음과 같이 기재되어 있습니다.

동산이 운암에게 작별을 고하자 운암이 말했다. '어디로 갈 건가?' 동산이 말했다. '비록 스님을 떠나지만 어디로 갈지 모르겠습니다.' 운암이 말했다. '호남으로 가는 것이 아닌가?' 동산이 말했다. '아닙니다.' 운암이 말했다. '고향으로 돌아가는 것은 아닌가?' 동산이 말했다. '아닙니다.' 운암이 말했다. '조만간 돌아올 것인가?' 동산이 말했다. '스님께서 머물 곳이 생기면 즉시 돌아오겠습니다.' 운암이 말했다. '이번에 헤어지면 서로 만나기 힘들 것이네.' 동산이 말했다. '만나지 않기가 어려울 겁니다' 〔師辭雲巖, 巖曰, 什麼 處去? 師曰, 雖離和尚, 未卜所止. 巖曰, 莫湖南去? 師曰, 無. 曰, 莫歸鄉去? 師曰, 無. 曰, 早晩却回? 師曰, 待和尚有住處卽來. 曰, 自此一別, 難得相見. 師曰, 難得不相見〕.

자성이란 원래 상(相)이 없으니 여러분도 마찬가지입니다만 서로 만나지 않기가 어렵습니다.

떠나기에 앞서 또 물었다. '백 년 후에 어떤 사람이 아직도 스승의 가르침이 멀리 있느냐고 물으면 어떻게 대답해야 할까요?' 운암이 한참 있더니 말했다. '그저 그렇다고 할밖에.' 이에 동산이 낮게 신음했다. 운암이 말했다. '도려가 되어 일을 이어 갈 사람이라면 모름지기 자세히 살펴야 하네'〔臨行, 又問, 百年後, 忽有人問, 還邈得師眞否, 如何只對? 嚴良久曰, 只這是. 師乃沈吟. 嚴曰, 价闍黎, 承當個事, 大須審細〕.

이때 동산은 스승이 너무 측은해 보였습니다. 그러자 운암이 꾸짖었습니다. 자네가 그래서야 되겠는가? 선(禪)을 배우는 사람은 대장부의 기백이 있어야 하거늘 자네는 아직도 세속의 감정을 던져 버리지 못하고 그것에 얽매여 있으니 내가 가 버리고 나면 어떻게 할 터인가?

여기에 이르러 동산은 비로소 의심이 일어나 더욱 회의했습니다.

"후에 물을 건너다가 그림자를 보고는 앞의 뜻을 크게 깨닫고서 게송을 지어 말했다〔後因過水睹影, 大悟前旨, 有偈曰〕."

그를 좇아 찾으려 하지 말지니	切忌從他覓
나와 점점 더 멀어진다네	迢迢與我疎
내가 이제 홀로 가니	我今獨自往
도처에서 그를 만나리	處處得逢渠
그가 이제는 바로 나요	渠今正是我
나는 지금 그가 아니네	我今不是渠
모름지기 이렇게 이해해야 하니	應須恁麽會

동산은 후에 사부를 떠나 계곡의 물을 건너다가 물속에 비친 자신의 그림자를 보았습니다. 그 순간 크게 깨치고는 비로소 오도(悟道)의 게송을 읊었습니다. "그를 좇아 찾으려 하지 말지니[切忌從他覓]." '그'란 누구일까요? 우리는 기맥을 찾고 생각을 찾고 하는데 이런 것들이 모두 '그'입니다. 찾으면 찾을수록 더욱 멀어질 뿐입니다.

"내가 이제 홀로 가니[我今獨自往]." 신령스러운 빛이 홀로 비추어 근진(根塵)으로부터 멀리 벗어나니 가는 곳마다 모두 그를 만납니다. "도처에서 그를 만나리[處處得逢渠]." 여기서 '그'란 진정한 나를 말합니다.

진정한 나는 어디에 있을까요? "나는 지금 그가 아니네[我今不是渠]." 그는 그이지만 변했습니다. 열 살 때와 스무 살 때는 다릅니다. 현재의 나는 머리가 모두 하얗게 되었으니 이미 젊었을 때의 나와는 다릅니다. 이렇게 변할 수 있는 것은 진정한 내가 아닙니다.

"모름지기 이렇게 이해해야 하니, 그래야 여여할 수 있으리[應須恁麼會, 方得契如如]." 바로 이곳에서 찾아야 합니다. 이렇게 찾아낸다면 비로소 진여자성(眞如自性)의 이치를 알게 됩니다.

『장자』「제물론(齊物論)」에는 "망량이 그림자에게 묻는다[罔兩問影]"라는 이야기가 나옵니다. 우리가 햇볕 속에서 길을 걸을 때 그림자가 몇 개일까요? 그림자 바깥에 또 하나의 흐릿한 그림자가 있는데 이것을 '망량'이라 합니다. 이 망량이 그림자에게 묻습니다. "넌 어찌 그리 제멋대로냐? 앉았다가는 금방 드러눕고 해 대니 어찌 그리 어지러우냐?" 그림자가 망량에게 말합니다. "넌 몰라. 나에게도 주인이 있어. 그가 앉으면 따라 앉고 그가 누우면 나도 따라 누울 수밖에 없지." 그림자가 또 말합니다. "내 주인 또한 자기 마음대로 할 수 없어. 그에게도 더 큰 주인이 있거든." 이것이 바로, "그가 이제는 바로 나요, 나는 지금 그가 아니네[渠今正是我, 我今不是渠]"입니다.

선종이란 불법의 공부 방법을 문학적 경지로 종합한 데 지나지 않는 것으로 불경의 이치와 다를 바 없습니다.

제14강

불이법문과 자연 외도

여기 앉아 있는 이문(李文) 군이 문제를 하나 제기했습니다. 벨기에 사람
인 이문 군은 과거 몇 년 동안 네덜란드 국적의 대사(大師)에게서 배운 후
혼자서 수증을 했는데, 대사는 그에게 '불이법문(不二法門)'을 가르쳤다고
합니다. 일체의 것에 내가 없고 일체가 유심(唯心)이며 일체의 것이 내 것이
아님을 뚜렷이 알고 그것을 체험하는 것입니다. 그러므로 일체의 것에 대
해 이론적으로 이해하려고 노력하지 않습니다. 구미(歐美)의 것에도 주의
를 기울여야 합니다. 구미에도 수준 높은 철학이 있어 선(禪)과도 가까우니
이를 경시해서는 안 됩니다. 문을 닫아걸고 동양학이 제일이라 여겨서는
안 됩니다. 이 네덜란드 인 선생이 그에게 가르친 것은, 문제가 생기면 그
것이 생리적인 것이든 심리적인 것이든 냉정하게 눈으로 관찰만 할 뿐 거
부하려 해서는 안 되며 거부하지 않으면 그것들은 절로 생겨났다가 절로
사라진다는 것이었습니다. 이것이 이른바 불이법문이라는 것입니다.

그의 불이법문 수행법은 어떤 공부도 하지 않고 단지 평정만을 지키는

것입니다. 마음이 서서히 열리기 시작해서 몇 년이 지나면 감정이나 생각이 일어나지 않고 온갖 것이 모두 사라져 버리며 오직 볼 수 있는 본래의 그것만이 그 자리에 남게 되는데, 이때 마치 번개가 치듯 모든 것을 깨닫습니다. 그 대사가 가르친 것은 바로 이런 방법입니다.

이문 군이 생각하기에 대부분의 수행자들이 평생을 수행하면서도 성취를 이루지 못하는 것은 바로 이 한 점에 도달하지 못했기 때문입니다. 그리고 아무것에도 개의치 않는 것도 옳지 않고 도피하는 것 역시 옳지 않은 듯한데, 조식(調息) 공부라는 것도 일종의 도피가 아닌지 의문스럽다는 것입니다. 또 그 대사가 가르친 방법이 지(止)를 먼저 하고 다음에 관(觀)을 하는 것인지, 아니면 관을 먼저 하고 지를 다음에 하는 것인지 모르겠다고 했습니다. 만약 방법이 잘못되었다면 그 원칙을 버리겠다는 뜻입니다.

서양 문화는 최근에 종교와 철학 방면에서도 많은 진보가 있어서 서양의 방대한 법을 배우고자 하는 사람이라면 일찍부터 기초를 닦아야 합니다.

네덜란드 대사가 말한 방법은 계보에서 벗어난 것은 아니나 역시 문제가 있습니다. 나중에 그 대사는 병으로 입원하여 수술을 받게 되었다고 하는데 무척 고통스러웠겠지만 뭐라 내색할 수가 없었을 것입니다. 그는 신체 또한 자신의 것이 아니라고 생각했기에 아주 편안히 받아들였겠지만 의사들은 정말 이상하게 여겼을 것입니다. 그는 타좌를 주장하지도 않았는데, 타좌는 인위적인 조작으로서 불이법문의 이치에 어긋난다고 생각했기 때문입니다.

이런 부류의 대사는 세계 어디에든 있습니다. 독일의 어떤 대사는 대단한 명성을 떨쳐 그에게 귀의한 사람들 중에는 과학자나 대학 교수도 많았습니다. 이 대사의 부모는 개오(開悟)하여 신통력을 갖추고 있었습니다. 이 대사는 세 살 때 전생을 알았고 나중에 깨달아 이십 대에 이미 대사에 버금갈 정도가 되었습니다. 지금 삼십 대 중반이 채 되지 않았는데 모습도 부처처럼 생겼습니다. 이들은 모두 상당할 정도로 수양을 쌓은 사람입니다. 그런데 우리는 어떻습니까? 불교뿐만 아니라 유불도 삼교에서도 수양이 뛰어난 사람이 없습니다. 그러니 문을 닫아걸고 내가 최고라 생각해서는 안 됩니다.

네덜란드 대사가 이문 군에게 말한 방법은 틀리지 않습니다. 그러나 아마도 그가 상세하게 말하지 않았거나 혹 배우는 사람이 제대로 알아듣지 못하여 몇 가지를 빠뜨린 듯합니다. 일체유심(一切唯心)은 틀린 데가 없습니다. 이 신체 또한 유심(唯心)입니다. 그러나 단지 심리 상태만이 일체유심에 속할 뿐 이 신체는 유심으로 전화될 수 없는 것이라 생각했다면 이것이 바로 첫 번째로 빠뜨린 점입니다. 심신을 포함한 모든 것을 진정으로 일체유심이라 생각했다면 이 육체가 마음으로 전화되지 않을 도리가 없습니다.

두 번째, 당조(唐朝) 이후 티베트의 밀종에서는 대수인법문(大手印法門)이 선종과 함께 전해져 내려왔습니다. 전하는 바에 따르면 대수인법문은 달마조사가 중국을 떠난 후 몇 차례 전해지다가 티베트에까지 이른 것이라 합니다. 대수인의 수행 요점은 "최초에 마음을 편안히 하여 붙들지도 내버려 두지도 않으면서 망념을 벗어난다(最初令心坦然住, 不擒不縱離妄念)"라는 것입니다. 처음 시작할 때에는 이문 군이 말한 것처럼 편안히 있습니다. 공부를 하지도 않고 정(定)을 닦지도 않으면서 가만히 앉아 있을 뿐입니다. 아주 편안히 앉아서는 망념이 생겨나면 붙들지 않고 그저 바라보고만 있습니다. 그렇지만 내버려 두기만 하는 것도 아니어서 공(空)을 체득하여 망념을 벗어납니다. 이것이 대수인의 초보적 방법으로 지관도 필요 없고 화두 참구나 공부도 필요 없습니다. 이것이 밀종 대수인의 최고의 방법 중 하나입니다.

송조(宋朝)의 이학가 정명도(程明道)는 그의 저술 『정성서(定性書)』에서 정(定)을 어떻게 닦는지에 대해 이렇게 말했습니다. "거절하지도 환영하지도 않으며 안도 바깥도 없다(不將迎, 無內外]." 여기서 '장(將)'자는 당시 '송(送)'의 뜻으로 쓰이기도 했고 거부한다는 뜻의 '거(拒)'로도 사용했습니다. 한 생각이 일어나면 환영하지도 거부하지도 않으며 안에도 바깥에도 있지 않다는 것입니다. 이것은 불법의 수준 높은 수심(修心) 방법으로 이것을 불이법문이라 한다면 잘못입니다. 불이법문이란 참된 것과 망령된 것이 둘이 아니어서 참된 것이 곧 망령된 것이요 망령된 것이 곧 참된 것이기 때문입니다. 정명도가 말한 것은 불이법문에 들어가는 하나의 방법이라 볼 수 있으며, 저 네덜란드 대사의 방법 또한 이와 같습니다. 선(禪)에 접근해 있으면서 대수인(大手印)에도 접근해 있는 것입니다.

그렇지만 문제가 있습니다. 이 몸 또한 유심 속의 중요한 부분인데, 몸이 전화될 수 없다면 이 수행 방법은 최후에는 의존할 수 없게 됩니다. 비록 여기서 주장하는 경계가 높다 하더라도 일체를 자연에 순응함으로써 도리어 자연외도(自然外道)에 떨어지고 말기 때문입니다. 자연에 순응하는 사람을 생사에서 벗어났다고 말할 수는 없습니다. 삶도 절로 오는 것이요 죽음도 절로 가는 것이니 삶이 어떻게 오는지 물을 필요가 있겠습니까? 이미 와 있는 것이 아니겠습니까? 앞으로 어떻게 죽을지 물을 필요가 뭐 있겠습니까? 죽을 때가 되면 죽을 것입니다. 이것은 결코 철저한 명심견성이 아닙니다.

이제 여러분께 왜 타좌 수정(修定)이 필요한지 말하겠습니다. 다리를 틀고 앉아 정(定)을 닦는 것과 명심견성과는 큰 관련이 없습니다. 진정한 명심견성은 반드시 타좌에만 의존하는 것이 아니기 때문입니다. 하지만 절대적인 관계가 있기도 합니다. 본래의 청정한 면목을 회복하고자 한다면 이 색신(色身)을 한 단계 더 전화시켜야 하는데, 이렇게 전화하려면 타좌를 하지 않고서는 불가능합니다. 이 방법을 제외하고는 다른 방법이 없다는 것입니다. 왜 그럴까요? 이 몸이 자연적인 것임은 너무도 분명하나 이 자연적인 것은 무시(無始) 이래로 하도 때가 묻어서 깨끗이 하지 않으면 안 되기 때문입니다. 온갖 공부를 하는 목적도 바로 먼저 깨끗이 한 후 비로소 본래의 모습을 보겠다는 것입니다. 선종이나 대수인, 그리고 네덜란드 대사의 가르침은 모두 옳은 것으로, 먼저 본래의 모습을 보고 나서 다시 천천히 깨끗이 하겠다는 것입니다. 그렇지만 이런 사람은 왕왕 자연만을 구하고 공부를 하지 않는 자연외도(自然外道)로 떨어질 수 있습니다.

본성과 망념

이 문제는 『능엄경』 권 6에 나오는, 문수보살이 이십오원통(二十五圓通)에 대해 말한 다음 게송을 참고할 수 있습니다.

깨달음의 바다에서 본성이 맑고 원만하니	覺海性澄圓
원만하고 맑아 원래의 묘함을 깨닫는다	圓澄覺元妙
원래의 밝음이 망념이 생겨남을 비추지만	元明照生所
망념이 생겨나면 비춤의 본성이 사라진다	所立照性亡
망념에 미혹되어 허공이 생겨나고	迷妄有虛空
허공에 의지해 세계가 세워진다	依空立世界
생각의 맑음이 국토를 이루니	想澄成國土
지각하는 것이 바로 중생이다	知覺乃衆生

"깨달음의 바다에서 본성이 맑고 원만하니〔覺海性澄圓〕"라는 첫 구절은 형이상의 본체로부터 지금 우리의 인생까지 언급하고 있습니다. 일체 중

생의 본성은 깨달음의 세계에서 본래 청정하고 원만하며 밝습니다. 이것이 불이법문입니다. 그렇지만 어떻게 해야 깨달음의 세계에 도달할 수 있을까요? "원만하고 맑아 원래의 묘함을 깨닫는다〔圓澄覺元妙〕." 먼저 공부가 원만하고 청정한 경계에 이르러야 하며 그런 다음에야 이 본래의 것을 깨닫게 됩니다. 이것은 원래 밝고 현묘한 것인데 어떻게 해야 원만하고 맑은 경계에 도달할 수 있을까요? 저 네덜란드 대사가 가르친 방법과 비교적 가깝습니다만 좀 더 확장시켜 수증해야 합니다. 일체의 망념이 생겨나면 그것에 개의치 말아야 합니다. 마치 어른이 어린아이 다루듯 하면 됩니다. 참견하지 않고 그냥 내버려 두면 나중엔 피곤해져서 제풀에 그만하게 됩니다. 그러나 이렇게 하지 못하면 바라보고 있을수록 망념은 더욱 많아집니다. 이것은 무슨 이치일까요? "원래의 밝음이 망념이 생겨남을 비춘다〔元明照生所〕"라는 이치입니다.

우리의 이 '원래의 밝음〔元明〕'은 비추는 작용이 있어서 일체의 망념까지 비추어 줍니다. 그러나 이렇게 오래 비추다 보면 그런 작용 역시 망념으로 변합니다. 바로 양(陽)이 극한에 이르면 음(陰)으로 전화되는 이치입니다. 이 전력(電力)은 너무도 강하여 비추는 것도 매우 밝습니다. 그러나 이 비추는 작용이 끝난 뒤에는 어떤 것도 볼 수 없습니다. 비춤이 있으면 작용도 있어서 이로써 망념이 생겨나게 되기 때문입니다. 그러므로 원래의 밝음이 망념이 일어나는 것을 비추기 때문에 망념을 보는 것이 바로 비추는 것입니다. 망념이 일어남을 비추는 것은 바로 능히 비출 수 있는 그 자신이며, 여기에서 바로 망념이 생겨납니다. 망념이 일어나면 비추는 본성은 사라집니다. 강력한 망념이 한꺼번에 일어나면 그 뒤로는 비추는 힘을 가려 버리게 됩니다. 바꾸어 말하면 본래의 깨달음을 덮어 버리는 것입니다. 우리는 때로 감정이 일어나고 번뇌가 생김으로써, 혹은 너무 지나치게 정성을 쏟음으로써 망념도 증가합니다. 이들은 모두, "원래의 밝음이 망념이 생겨남

을 비추지만 망념이 생겨나면 비춤의 본성이 사라진다〔元明照生所, 所立照性
亡〕"라는 이치입니다.

이로 인해 이중의 세계가 형성됩니다. 바로, "망념에 미혹되어 허공이
생겨나고, 허공에 의지하여 세계가 세워진다. 생각의 맑음이 국토를 이루
니 지각하는 것이 곧 중생이다〔迷妄有虛空, 依空立世界. 想澄成國土, 知覺乃衆
生〕"라는 것입니다.

『능엄경』의 이 단락을 끌어온 것은 이문 군에게 주의를 환기시키기 위해
서입니다. 원래의 공부 방법을 따라가다 보면 왕왕 잘못된 길로 접어들게
되는데, 이것이 바로 원래의 밝음이 망념이 생겨남을 비추지만 망념이 생
겨나면 비춤의 본성이 사라진다는 것입니다.

다시 『능엄경』 권 5를 살펴보겠습니다.

진성은 유위의 공이니	眞性有爲空
연으로 생겨나기에 환상과 같다	緣生故如幻
무위에는 일어나고 사라짐이 없으니	無爲無起滅
실제적이지 못함이 마치 공화[99]와 같다	不實如空華
허망하다 말하면 여러 참됨이 드러나니	言妄顯諸眞
허망함과 참됨은 똑같이 두 가지 망상이다	妄眞同二妄
참되지 않고 참되지 않은 듯하니	猶非眞非眞
어찌 본다고 볼 수 있겠는가	云何見所見
중간에 실성이 없어	中間無實性
마치 갈대가 서로 기댄 것 같다	是故若交蘆

---

99 눈을 비비고 나면 눈앞에 빛이 어른거리는데 이것을 공화라 한다. 본래 실체가 없는 현상 세
계를 실체가 있는 듯 착각하는 것을 비유한다.

자성은 원래 공입니다. 원래 공이라면 왜 이것을 "유위의 공(有爲空)"이라 했을까요? 공의 본성은 연기(緣起)인 까닭입니다. 공이기 때문에 비로소 온갖 것이 연(緣)에 따라 생겨나게 됩니다. 만약 연에 의해 만물이 생겨나지 못하는 공이라면 이런 것은 '완공(頑空)'입니다. 유위는 만법(萬法)으로서 본성의 공에서 생겨나는 연입니다.(이것을 억지로 이름 붙여 진여眞如라 합니다.)

"연으로 생겨난다(緣生)." 일체의 것이 처음 생길 때에는 인연을 따라 생겨남을 말합니다. 이는 마치 꿈이나 환상 같아서 불경에서는 "꿈과 같고 환상과 같다(如夢如幻)"라고 표현합니다만 결코 없는 것은 아닙니다. 분명 있습니다! 하지만 이 유(有)는 우연이고 일시적인 것으로서 말하자면 가유(假有)입니다. 일체의 '생겨남(生)'은 이 유의 단계를 지나면 곧 공이 됩니다. "연으로 생겨나기에 환상과 같다(緣生故如幻)." 우리는 꿈과 같고 환상과 같은 것을 보게 되면 곧바로 생각이 공으로 떨어져 버립니다. 꿈과 같고 환상과 같은 것은 가유이자 묘유(妙有)입니다. 소승에서는 가유라 하고 보살은 묘유라 하는 이 '유' 역시 대단히 현묘합니다.

망념이 일어나고 감정이 생기는 것은 연기에 의해 나타나는 환상이므로 신경 쓸 필요가 없습니다. 그렇지만 "무위에는 일어나고 사라짐이 없으니 실제적이지 못함이 마치 공화와 같다(無爲無起滅, 不實如空華)"라고 합니다. 본체의 자성은 원래 무위로서 행하면서도 행함이 없다는 말입니다. 비록 망념이 일어나도 그것이 머물러 있지 않으므로 이로 인해 두 번째 망념이 생겨납니다. 그래서 생겨나지도 않고 사라지지도 않는다고 하는 것입니다. 우리의 생각은 영원히 바다의 파도와도 같아서 파도는 다른 파도로 이어집니다. 그러나 이것은 실재하는 것이 아니어서 마치 눈을 비빌 때 눈앞에 빛이 어른거리는 것과 같으므로, 당시로서야 없다고 말할 수는 없어도 얼마 지나고 나면 저절로 사라져 버립니다.

"허망하다 말하면 여러 참됨이 드러나니〔言妄顯諸眞〕." 지금 우리는 모든 심리와 감정을 망상이라 부르는데, 왜 망상이라 부를까요? 이는 망상이 아닌 그것이 진여(眞如)임을 확실히 알게 하기 위해 개념을 서로 대립시켜 가르치는 방법입니다. 실제로 부처님의 설명은 아주 분명합니다. "허망함과 참됨은 똑같이 두 가지 망상이다〔妄眞同二妄〕." 망념과 감정은 확실히 진짜가 아니지만 청정하고 공의 세계인 그 진여 또한 진짜가 아니라는 것입니다. 그러므로 여러분이 무언가를 보고 있을 때 보고 있는 그것 역시 대망념입니다. 대망념으로 소망념을 관리하고 있으니 소망념은 잦아들고 대망념이 그 자리를 차지하는 것입니다. 대망념이 생겨나니 바로 원래의 밝음이 망념이 생겨남을 비추지만 망념이 생겨나면 비춤의 본성이 사라진다는 것입니다. 따라서 망념도 취하지 않고 참됨도 세우지 않아야 합니다.

"참되지 않고 참되지 않은 듯하니〔猶非眞非眞〕." 공부가 공에 이르면 이것이 곧 자성이요 도라 생각합니다. 하지만 이것은 결코 진정한 자성이 아니며 진정한 도가 아닙니다. 이런 점에서 불경의 번역은 참으로 멋집니다. 불경에서는 이를 진여라고 하는데, 진짜와 거의 같기 때문에 잠시 이것을 진여라 부르겠다는 것입니다.

"어찌 본다고 볼 수 있겠는가〔云何見所見〕." 진정으로 명심견성이라는 것이 있어 눈으로 볼 수 있고 마음으로 체험할 수 있다고 한다면 이는 모두 잘못된 것입니다. 이 '견(見)'은 눈이나 의식으로 보는 것이 아닙니다. 그러므로 협산선사는 말합니다. "눈앞엔 법이 없고 뜻이 눈앞에 있으니 눈앞의 법이 아니며 눈과 귀로 이를 곳이 아니다〔目前無法, 意在目前, 不是目前法, 非耳目之所到〕." 『능엄경』에서도 말합니다. "본다고 할 때 보는 것은 보는 것이 아니니, 보는 것은 보는 것을 떠나 있는 듯해 보는 것으로 미칠 수 있는 바가 아니다〔見見之時, 見非是見, 見猶離見, 見不能及〕."

따라서 네덜란드 대사가 말한 수행 방법은 크게 틀린 데가 없으니 무량무변으로 넓히기만 하다면 옳은 것입니다. 지금 그의 방법대로 자신의 망념을 보고 있다면 바라보고 있는 그것은 바로 대망념입니다. 이해가 갑니까? 이 이치를 명백히 이해한다면 수행 방법은 기초에서부터 다시 시작해야 합니다. 돌아가서 먼저 지식(止息) 공부에서부터 시작해야 합니다. 지식은 우리의 신체를 전화시키기 위한 심리적 조작입니다. 우리는 이 육체의 사대가 전부 전화된 이후에야 비로소 진정한 그것을 볼 수 있습니다. 바로, "깨달음의 바다에 본성이 맑고 원만하니 원만하고 맑아 원래의 묘함을 깨닫는다〔覺海性澄圓, 圓澄覺元妙〕"라는 것입니다.

일체유심과 심신

이 때문에 후세의 선종에서는 자연스럽게 방임하는 이 방법, 또는 밀종 대수인(大手印)의 방법은 기껏해야 마지막에 심리 상태를 바꾸는 데에나 사용하고 있을 뿐입니다. 실제로 죽음에 임박해서는 온몸이 아파 비명을 질러 대며 콧구멍에 산소가 막 끊어지는 때에 이르면 공(空)이 되지 않습니다. 능히 비출 수 있는 그것은 의식에서 만들어진 것이 소멸되면서 가물가물 사라져 버립니다.

선종에 천왕오(天王悟)라는 선사가 있었는데 마조의 제자였습니다. 그는 도를 깨치기 전에도 수행 공부와 정력(定力)이 아주 뛰어났습니다. 한번은 지방의 한 절도사가 그의 영향력이 대단히 큰 것을 보고서 혹세무민한다고 생각하여 붙잡아서 강물 속에 집어넣었습니다. 그러자 얼마 후 그곳에서 연꽃 한 송이가 떠올랐는데 천왕오선사가 그 위에서 타좌를 하고 있었습니다. 절도사가 보고는 그에게 도(道)가 있음을 알고 구출해서 자신의 스승으로 삼았습니다. 당시 천왕오는 아직 깨달음에 이르지도 못했는데 능력이 이처럼 뛰어났습니다. 그런데 나중에 도를 깨치고 나서는 연꽃도 나타나지 않았고 임종 시에는 몸이 아파 누운 자리에서 온통 신음을 해 댔습니다. 수발을 들던 제자가 부탁했습니다. "사부님, 소리 좀 죽이세요! 옛날 도를 깨치지 못했을 때에도 강물 속에서 연꽃을 타고 올라와 얼마나 이름을 날렸습니까? 이제 모든 사람이 사부님에게 도가 있다고 생각하는데 이렇게 비명을 지르시니 이 이야기가 바깥으로 나간다면 저희가 정말 난처해지지 않겠습니까? 그러니 소리 좀 죽이세요." 천왕오가 듣고 보니 일리가 있었습니다. 그래서 제자에게 물었습니다. "너는 내가 지금 아주 고통스럽다는 걸 알 거다. 그런데 이 고통 속에 고통스럽지 않은 것이 있다는 걸 아느냐?" 제자가 모른다고 하자 천왕오가 말했습니다. "아야 아야 하는 이것은 아프지 않아, 알겠어?" 제자가 이해하지 못하겠다고 하자 그는 "그럼 할 수 없지" 하며 두 다리를 틀고는 입적해 버렸습니다.

그에게 능력이 있다고 말하자 아파서 계속 비명을 질러 댔지만 그에게 능력이 없다고 말하며 소리 내지 말라고 하니 소리를 내지 않았습니다. 이것 역시 화두입니다.

엄격히 말하면 천왕오선사는 제육식과 제칠식은 전화되었지만 전오식과 제팔식은 바꾸지 못했습니다. 기껏해야 법신을 전화시켰을 뿐 보신과 화신은 전화시키지 못한 것입니다. 유식을 배우는 사람은 알아야 합니다. 육조도 이렇게 말한 적이 있습니다. "제육식과 제칠식은 인위[100]상에서 전화되고, 전오식과 제팔식은 과위상에서 원만해진다〔六七因上轉, 五八果上圓〕." 제육식과 제칠식은 쉽게 바뀔 수 있습니다. 생각이 공에 이르면, 즉 삼제탁공이 되면 제육식은 깨끗하고 밝은 경계로 전화됩니다. 여기서 다시 나아가면 제칠식 또한 공이 될 수 있습니다. 이것은 어렵지 않은 일로서 인위(因位)상에서 전화됩니다. 많은 수행자가 기껏해야 인위 보살에 이를 뿐 과위를 얻기는 어렵습니다. 전오식인 안식(眼識)·이식(耳識)·비식

(鼻識)·설식(舌識)·신식(身識)은 이 육체를 포괄하는 것이며, 제팔식인 아뢰야식은 육체 외에도 모든 물질세계를 포괄합니다. 이들은 모두 과위상에서 원만해지는 것으로 과위를 증득해야만 비로소 전화될 수 있으니 어찌 쉬운 일이겠습니까? 닦으려면 전부 닦아야 합니다. 반만 닦으면 내생에 다시 오는 수밖에 없습니다. 그러니 만약 올 수 있다면 그 생애에서 완성하는 것이 가장 좋습니다.

이상이 이문 군의 질문에 대한 대답인데 특별히 주의를 요합니다.

동산조사를 말하다

앞에서 동산조사의 오도(悟道) 게송에 대해 언급했습니다만 다시 한 번 말해 보고자 합니다.

그를 좇아 찾으려 하지 말지니	切忌從他覓
나와 점점 더 멀어진다네	迢迢與我疎
내가 이제 홀로 가니	我今獨自往
도처에서 그를 만나리	處處得逢渠
그가 이제는 바로 나요	渠今正是我
나는 지금 그가 아니네	我今不是渠
모름지기 이렇게 이해해야 하니	應須恁麼會
그래야 여여할 수 있으리	方得契如如

---

100 불과(佛果)를 얻기 위하여 수행하는 지위를 말한다.

수도를 하면서 모두들 '그'를 좇아 찾고자 합니다. 그는 심리와 신체를 포괄하는 것입니다. 무슨 임독이맥(任督二脈)이니 빛이니 경계니 하는 것도 모두 그이며, 청정한 경계 역시 그입니다. 만약 줄곧 그를 좇아 공부하다 보면 이는 계속 망심상에서 추구하는 것으로, 닦으면 닦을수록 점점 더 멀어집니다.

우리가 동산조사의 오도송(悟道頌)을 연구할 때 잊지 말아야 할 것은, 당시 그가 개울을 건널 때 햇볕이 내리쬐어 그림자가 강물에 비쳤는데 물에 비친 그 그림자를 보고서 깨달았다는 사실입니다. 바로 이때, "내가 이제 홀로 가니 도처에서 그를 만나리[我今獨自往, 處處得逢渠]"라고 합니다. "그가 이제는 바로 나[渠今正是我]." 그는 지금 바로 나입니다. 우리 이 신체가 바로 그이니 그가 나로 변한 것입니다. "나는 지금 그가 아니네[我今不是渠]." 실제로 우리의 본성은 결코 이 심신이 아니지만 그렇다고 이 심신을 떠나 있는 것도 아닙니다. 손님과 주인 양자를 합쳐야 합니다. "모름지기 이렇게 이해해야 하니 그래야 여여할 수 있으리[應須恁麼會, 方得契如如]." 결코 이미 도(道)를 보았다고 말하는 것이 아닙니다. 도에 가까워졌으며, 도에 들어갈 수 있게 되었다는 말입니다.

동산의 참방(參訪)과 행적에 대해서는 시간이 없어서 다루지 못하니 여기서는 그의 설법을 살펴보기로 하겠습니다.

『지월록』 권 16에는 이렇게 적혀 있습니다.

동산이 강단 위로 올라가서 물었다. '향 때는 어떤가? 봉 때는 어떤가? 공 때는 어떤가? 공공 때는 어떤가? 공공 때는 어떤가?'[向時作麼生? 奉時作麼生? 功時作麼生? 共功時作麼生? 功功時作麼生?]

당시 말한 내용을 구어체로 기록한 이런 것을 어록이라 합니다.

'향(向)' 때란 이 도(道)를 향하는 때로서 공부가 이제 막 도달하려고 하는 때입니다. '봉(奉)'은 마치 무언가를 들어 올리듯 꽉 붙들고 있는 것을 말합니다. 무엇이 '향'일까요? 이제 막 깨달을 듯 말 듯한 때로서, 『능엄경』의 오음구우(五陰區宇)로 비유하자면 색음구우(色陰區宇)가 이제 막 타파되려 하는 때입니다. 즉 하늘이 막 밝아지려는 무렵처럼 빛이 있는 듯 없는 듯하며 이해가 될 듯 말 듯한 상태입니다. '봉(奉)'은 정식으로 도달한 것을 가리킵니다. 그러나 깨달음에 이르러서도 여전히 노력이 필요하므로 '공(功)' 때는 어떤지 물었습니다. '공공(共功)'과 '공공(功功)'은 모두 수증의 과정입니다.

전부 다섯 단계가 있어서 이를 조동종에서는 '오위군신(五位君臣)'이라 합니다. 용공(用功), 개오(開悟)에서 성공(成功)에 이르기까지 다섯 단계로 나뉩니다.

"한 승려가 물었다. '향이 무엇입니까?' 동산이 대답했다. '밥 먹을 때는 어떤가?'〔僧問, 如何是向? 師曰, 吃飯時作麼生?〕"

이렇게 말하자 승려가 알아듣고는 더 이상 묻지 않았습니다. 이어서 물었습니다. "'봉은 무엇입니까?' 동산이 대답했다. '되돌아올 때는 어떤가?'〔如何是奉? 師曰, 背時作麼生?〕"

"'공은 무엇입니까?' 동산이 대답했다. '곡괭이를 내려놓을 때는 어떤가?'〔如何是功? 師曰, 放下钁頭時作麼生?〕"

아주 힘들게 일하다가 일단 일을 놓으면 어떠냐는 것입니다. 이는 정말 일체를 버리는 것입니다.

"'공공은 무엇입니까?' 동산이 대답했다. '색을 얻지 못하는 것이네'〔如何是共功? 師曰, 不得色〕."

이것은 결코 색(色)을 좋아하지 않는 것이 아닙니다. 사대의 신체도 색에 속하며, 한 줄기 청정한 빛 역시 색입니다.

"'공공은 무엇입니까?' 동산이 대답했다. '함께하지 않는 것이네'〔如何 是功功? 師曰, 不共〕."

'함께하지 않는 법〔不共法〕.' 동산은 사람들이 알아듣지 못할까 봐 게송을 지었습니다. 조동종이 우리에게 일러 주는 게송은 한 걸음 한 걸음 나아가는 심지법문의 공부 방법으로서, 이를 문학적인 관점에서 보려 해서는 안 됩니다.

향(向)

성스러운 주인의 유래는 요임금을 본받은 것이요	聖主由來法帝堯
다스리는 사람은 예로써 구부러진 용 허리띠를 맨다	御人以禮曲龍腰
때론 어지러운 도시의 소음이 머리를 스쳐 지나가지만	有時鬧市頭邊過
가는 곳마다 문명이며 성인의 왕조를 축하한다	到處文明賀聖朝

봉(奉)

깨끗이 씻고 짙게 화장한 것은 누구를 위함인가	淨洗濃妝爲阿誰
소쩍새 소리는 집으로 돌아가길 권하지만	子規聲裏勸人歸
온갖 꽃이 다 떨어져도 우는 소리 다하지 않아	百花落盡啼無盡
다시 첩첩한 봉우리 깊은 곳을 향해 울어 댄다	更向亂峰深處啼

공(功)

고목에 꽃이 피니 겁 밖의 봄이요	枯木花開劫外春
옥 코끼리 거꾸로 타고 기린을 뒤좇는다	倒騎玉象趁麒麟
이제야 높이 천 봉우리 밖에 은거하니	而今高隱千峰外
달 밝고 바람 맑아 일진도 좋도다	月皎風淸好日辰

공공(共功)

중생과 부처가 서로 침범하지 않으니	衆生諸佛不相侵
산은 절로 높고 물은 절로 깊다	山自高兮水自深
천차만별한 일이 하나같이 밝고	萬別千差明底事
자고새 우짖는 곳 온갖 꽃이 새롭다	鷓鴣啼處百花新

공공(功功)

막 생겨난 뿔로는 감당하기 어려우며	頭角纔生已不堪
따져 가며 부처를 구하니 참으로 부끄럽다	擬心求佛好羞慚
멀고 먼 공겁[101] 아는 이 없으니	迢迢空劫無人識
남쪽 오십삼불[102]께 물어봄이 옳으리	肯向南詢五十三

한 걸음 한 걸음이 모두 공부요 수행의 과정입니다. 현대의 젊은이들은 이런 선시(禪詩)를 보아도 알지를 못하니 선종도 이제 방법을 바꾸어야 할 것 같습니다.

『역경』의 괘와 오위군신

조동종의 선은 오대(五代) 이후 송대의 도가와 이학, 특히 『역경』의 학문에 영향을 끼쳤습니다. 도가에서 말하는 감리(坎離)의 교류 등은 모두 조동

---

101 사겁(四劫)의 하나로, 이 세계가 무너져 사라지고 다음 세계에 이르기까지의 이십 중겁(中劫)을 이른다.
102 아미타불의 스승인 세자재대왕 이전에 있었던 정광여래에서 처세여래에 이르기까지의 쉰셋의 부처를 이른다.

종에서 유래한 것입니다.

조산이 작별을 고하자 동산이 부탁했다. '내가 운암선사께 친히 보경삼매를 인가받았는데 일의 요체를 궁구하였으니 이제 그대에게 물려주고자 하네. 스승께서는 이렇게 말씀하셨네. 이 법은 부처님께서 은밀히 전한 것이니 이제 그대가 이것을 얻어서 잘 보호해야 한다. 은 그릇에 눈이 가득 담겨 있고 해오라기가 명월에 몸을 숨기니 비슷하지만 같은 것이 아니다'〔洞山因曹山辭, 遂囑曰, 吾在雲巖先師處, 親印寶鏡三昧, 事窮的要, 今付於汝. 師曰, 如是之法, 佛祖密付, 汝今得之, 宜善保護. 銀盌盛雪, 明月藏鷺, 類之弗齊〕.

이것이 동산이 가장 아꼈던 제자 조산에게 한 말로 법을 전하는 아주 중요한 말입니다. 은 그릇에 눈이 담겨 있으니 온통 하얗습니다. 명월 속의 해오라기 역시 하얗습니다. 언뜻 보면 모두 하얗지만 같은 것이 아닙니다. 선을 배우고자 한다면 머리 꼭대기에 또 다른 눈이 있어 그것으로 똑똑히 보아야 합니다!

뒤섞어야 제자리를 아니, 뜻이 말에 있지 않다. 기미가 오면 쫓아가나 움직이면 격식이 되니, 떨어져서 우두커니 되돌아보니 등지거나 가까이 하는 것 모두가 아니다〔混則知處, 意不在言, 來機亦赴, 動成窠臼, 差落顧佇, 背觸俱非〕.

같지 않은 것을 뒤섞어 같은 것으로 만들어야만 문으로 들어서는 방법을 약간이나마 깨달을 수 있습니다. 문자와 언어로는 그것을 표현하기 부족하나 기회와 인연을 만나면 바로 깨달을 수 있습니다. 일단 움직이기 시작하면 조금씩 표현할 수 있으니 어떤 이는 그것을 "마음이 곧 부처다〔心即是佛〕"라고 말합니다. 그러나 이렇게 하다 보면 도리어 하나의 경직된 틀이 되어 버리고 맙니다. 아주 조금의 잘못이 천 리의 차이가 나게 하므로 범부의 경계는 당연히 그것이 아니요, 이 경계에 빠져 있는 것 역시 그것이 아닙니다.

　　마치 큰 불덩이 같으니 단지 문장만 꾸며 대는 것은 곧 오염된 것이다[如大火聚, 但行文彩, 即屬染汚].

　"마치 큰 불덩이 같다[如大火聚]"라는 구절은 『대반야경』에서 나온 말로 경전 중의 뜻은 이렇습니다. 대지혜를 지닌 사람은 마치 큰 불덩이 같아서 그 화염으로 좋은 것이든 나쁜 것이든 들어오면 모조리 태워 버립니다. 외도와 마도가 끼어들수록 불은 더욱 거세어지니 연료가 많아질수록 지혜는 더욱더 높아집니다. 그러므로 대반야는 큰 불덩이와 같습니다. "단지 문장만 꾸며 대는 것은 곧 오염된 것이다[但行文彩, 即屬染汚]." 언어와 문자에 떨어지면 이미 본성과는 멀어지게 됩니다.

　　밤중엔 그렇게 밝다가 날이 새면 드러나지 않는다[夜半正明, 天曉不露].

　이것이 정식(正式)의 공부입니다. 어두울 때 더욱 뚜렷해지다가 날이 새면 보이지 않습니다. 이게 무슨 이치일까요? 이전에 원환선 선생께서도 이 화두를 참구하고 있었습니다. 이 이치를 알면 불법이나 도를 거의 얻은 것입니다. 이제 비밀 하나를 여러분께 가르쳐 드리겠습니다. 육근(六根)이 전혀 움직이지 않아서 아무것도 알 수 없을 때에야 자성이 드러납니다. 우리처럼 여기 앉아서 눈으로 빤히 쳐다보고 귀를 세워 비밀을 듣고 있으면 육근이 얼마나 밝겠습니까! 이렇게 되면 무명에 의해 가려집니다. 한밤중엔 그렇게 밝다가도 날이 새면 드러나지 않는 것입니다. 꿈도 꾸지 않고 생각도 하지 않을 때 주인공은 어디에 있을까요? 스스로 살펴보기 바랍니다.

사물의 원칙을 만들어 주고 온갖 고통을 없애 주게〔爲物作則, 用拔諸苦〕.

동산이 조산에게 당부합니다. 이제 세상에 나가면 세상을 구하고 중생을 구하며 고난 속에 있는 모든 사람을 제도하라는 것입니다.

유위는 아니더라도 말이 없지는 않으니 마치 보경 앞에 선 듯 형체와 그림자 서로를 마주 본다. 너는 그가 아니나 그는 바로 너이니, 세상에 갓난아이와 같아 오상을 두루 갖추니, 가지도 오지도 않고 일어나지도 머물지도 않으며, 소란스러우나 조화로우나 말이 있으나 없으나, 끝내 사물을 얻지 못하니 말이 바르지 않기 때문이다. 리괘를 중첩시킨 여섯 효에〔雖非有爲, 不是無語, 如臨寶鏡, 形影相睹, 汝不是渠, 渠正是汝, 如世창兒, 五相完具, 不去不來, 不起不住, 婆婆和和, 有句無句, 終不得物, 語未正故, 重離六爻〕.

『역경』의 방법을 활용하여 수행과 공부를 말하는데, 특히 감(坎)과 리(離) 두 괘를 취하며 리괘를 위주로 삼습니다. 이것이 조동종의 오위군신(五位君臣)입니다.

치우치고 바른 것이 갈마들어 포개면 셋이 되고 변화가 다하면 다섯이 되니〔偏正回互, 疊而爲三, 變盡成五〕.

『역경』은 3효의 변화를 말하는데, 변화가 다하면 5효가 됩니다. 『역경』의 6효괘 중에서는 3효와 5효가 가장 중요합니다.

오미자의 맛 같고 금강저[103] 같기도 하니, 정중앙에 묘하게 끼어 두드리면 서 노래 부르니, 핵심에 통하고 지엽에도 통한다[如莖草味, 如金剛杵, 正中妙挾, 敲唱雙擧, 通宗通塗].

공부가 이르면 핵심에 통하여 일체 경전의 가르침에도 모두 통달합니다.

허리에 차고서 길 속으로 끼어드니 뒤섞이면 길하고[挾帶挾路, 錯然則吉].

이것 역시 『역경』의 이치입니다. 조동종의 오위군신은 『역경』의 이론을 결합하여 수행 공부를 풀어 낸 것입니다.

범하거나 거스르면 안 되니, 천진하지만 묘한 것은 미혹도 깨침도 아니어 서 인연의 때에 고요히 드러나니, 미세하여 들어가지 못할 곳이 없고 너무 커서 방향도 없지만, 털끝만 한 차이가 있어도 율려에 응하지 않는다. 이제 돈점이 있어 연에 따라 종지가 세워지고 나누어지니, 바로 이것이 법도이 다. 종지의 통함이 극에 이르러 진상이 한곳으로 흐르니, 바깥은 고요하나 중심은 흔들린다. 망아지를 매어 쥐를 굴복시키니 선대의 성인이 가엾이 여 겨 법으로 단도[104]하니, 그 전도를 따라 검은 것을 희게 하여 전도된 생각이 멸한다. 긍정하는 마음으로 스스로 허락하고 옛 법도에 부합하고자 하여, 이전의 것을 묻고 관찰하면 불도가 거의 이루어진다. 십겁 동안 나무를 관 찰해도 호랑이의 결함과 같고 발 묶인 말과 같아 열등함이 있으니, 몇몇 진 귀한 보물에 경이로움이 있어 살쾡이와 흰 소를 다스린다. 예는 교묘한 힘

---

103 승려가 불도를 닦을 때 쓰는 법구의 하나로 번뇌를 깨뜨리는 보리심을 상징한다. 독고(獨鈷), 삼고(三鈷), 오고(五鈷) 따위가 있다.

104 육바라밀 가운데 보시를 이르는 말이다. 다른 사람에게 돈, 밥, 선법(善法), 무외(無畏)를 베 풀어 줌으로써 미망의 바다를 건너 피안에 이르는 행법(行法)이다.

으로 백 보 밖에서도 명중하나 화살과 칼끝이 맞부딪치면 교묘한 힘인들 무엇 하리. 목인이 노래를 부르자 석녀가 춤을 추니 감정을 알지 못해도 사려를 편안히 받아들인다. 신하가 임금을 받들고 자식이 부모에게 순종하니 순종하지 않으면 효가 아니요 받들지 않으면 보좌함이 아니다. 몰래 행하고 은밀히 작용함이 바보 같고 우둔한 듯하나 서로 이어질 수 있어 이를 일러 주인 중의 주인이라 한다〔不可犯忤, 天眞而妙, 不屬迷悟, 因緣時節, 寂然昭著, 細入無間, 大絶方所, 毫忽之差, 不應律呂, 今有頓漸, 緣立宗趣, 宗趣分矣, 卽是規矩, 宗通趣極, 眞常流注. 外寂中搖, 繫駒伏鼠, 先聖悲之, 爲法檀度, 隨其顚倒, 以緇爲素, 顚倒想滅, 肯心自許, 要合古轍, 請觀前古. 佛道垂成, 十劫觀樹, 如虎之缺, 如馬之馵, 以有下劣, 寶幾珍御, 以有警異, 狸奴白牯. 羿以巧力, 射中百步, 箭鋒相直, 巧力何預, 木人方歌, 石女起舞, 非情識到, 寧容思慮, 臣奉於君, 子順於父, 不順非孝, 不奉非輔, 潛行密用, 如愚若魯, 但能相續, 名主中主〕.

이들은 모두 수행 공부의 단계로서 견지입니다. 주의해서 연구해 보아야 합니다.

수행의 세 가지 폐단과 염승법문

"말법 시대에는 건혜[105]의 사람들이 많다〔末法時代, 人多乾慧〕."

지금은 정법(正法)이 사라진 시대로, 일반인도 진정한 공부를 하지 않으니 학문의 이치는 논리 정연하게 말하지만 스스로 증득하지는 못합니다. 이런 것이 바로 '건혜(乾慧)'로서 아무 소용이 없다는 말입니다.

---

105 보살의 수행 단계 중 삼승공십지(三乘共十地)의 제일지(第一地)인 건혜지(乾慧地)를 가리키는데, 건혜란 지혜는 있으나 정(定)의 수행이 없는 것을 말한다.

"만약 진위를 구별하고자 한다면 세 종류의 삼루가 있다〔若要辨驗眞僞, 有 三種滲漏〕."

도를 깨쳤는지 깨치지 못했는지를 판별하려면 한번 보면 곧 알 수 있는 세 가지 고질적인 폐단이 있다는 뜻입니다.

"첫째는 견삼루이니 생각이 자리를 벗어나지 못하여 독의 바다로 떨어 지는 것이다〔一曰見滲漏, 機不離位, 墮在毒海〕."

견지가 투철하지 못한 사람은 자신이 얻은 범위를 벗어날 수 없어서 그 속에 빠져 중독이 됩니다. 자신의 학문이나 지식에 중독되거나 혹은 자신 의 견지에 중독되는 것입니다.

"둘째는 정삼루이니 향배가 막히고 보는 것이 치우치고 단조롭다는 것 이다〔二曰情滲漏, 滯在向背, 見處偏枯〕."

다시 말하면 이것은 주관적인 감정으로 스스로 약간의 경계를 얻으면 그 경계에 대한 감정이 일어나는 것입니다. '아, 이렇게 앉아 있으니 얼마 나 편안한가! 바로 이것이 아닌가!' 어떤 사람은 이렇게도 생각합니다. '아마 선생님도 아직은 도달하지 못했을 거야. 이 경지에 대해서는 전혀 모르고 있을 거야.' 사실 이런 생각은 이미 정삼루(情滲漏)에 떨어진 것입 니다. 이 정(情)은 우리가 보통 말하는 감정이 아니라 자신이 얻은 어느 수 준에 스스로 빠져 버린 것을 가리킵니다.

"향배가 막힌다〔滯在向背〕"는 것은, 예를 들면 공(空)에 떨어진 사람은 어 떤 생각이 들어도 행하지를 않으니 나와서 다른 사람을 위해 일하자고 해 도 일하지 않는 것입니다. 이런 것 역시 정삼루로서 향배(向背)도 있고 선 악도 있지만 역시 견지상 고선(枯禪)에 떨어져서 한쪽으로 치우쳐 버린 것 입니다.

"셋째는 어삼루이니 오묘한 것을 추구하다 핵심을 잃은 것이며, 시작과 끝의 기미에 어두워 혼탁한 지혜 속에서 돌고 도는 것이다〔三曰語滲漏, 究妙

失宗, 機昧終始, 濁智流轉〕."

'어(語)'는 일체의 불학과 학문을 포함합니다. 글자에 의지하여 뜻을 풀어 나가다 보니 학문이나 사상 속에서 맴돌게 되는데, 진정한 불법의 종자를 알지 못하니 어떻게 수행 방법을 응용할 수 있으며 과위를 증득할 수 있겠습니까? 이렇게 시작과 끝의 해결 방법을 결코 이해하지 못하는 것입니다.

말법 시대 오탁악세(五濁惡世) 중의 수행자는 이런 세 종류의 잘못 속에서 맴돌고 있습니다. 동산은 제자들에게 이 세 종류의 삼루(滲漏)에 대해 반드시 알아 두어야 한다고 말합니다.

우리가 어떤 조사의 오도(悟道)와 그에 이르기까지의 과정을 연구하는 것은 바로 십념법 중의 염승(念僧)입니다. 역대 조사들의 행적을 살펴보며 스스로를 다잡아 수행에 힘쓰는 것, 이것이 바로 염승법문입니다.

"동산이 불안해져 사미승을 시켜 운거에게 말을 전하게 했다〔師不安, 令沙彌傳語雲居〕."

동산이 막 세상을 뜨려 하면서 사미승을 시켜 운거에게 말을 전하려고 합니다.

"그러면서 분부하기를, '혹 그가 내 안부를 물으면 운암의 길이 끊어진다고만 말하라' 했다〔乃囑曰, 他或問和尚安樂否, 但道雲巖路相次絶也〕."

운암은 동산의 스승으로 그에게 법을 전해 주었습니다.

"'네가 이 말을 전할 때에는 반드시 멀리 서 있거라. 안 그러면 얻어맞을지도 몰라.' 사미승이 가서 말을 전했는데 말이 끝나기도 전에 벌써 운거에게 한 대 얻어맞았다〔汝下此語須遠立, 恐他打汝. 沙彌領旨去, 傳語聲未絶, 早被雲居打一棒〕."

이것이 바로 기봉(機鋒)입니다. 동산은 이 어린 승려를 가르치고 싶었으나 자신은 이미 늙었습니다. 싹수를 보아하니 상당히 희망이 있어서 자기 사형한테 보냈습니다. 사형이 가르쳐 주기를 바란 것입니다. 이들은 이미 경지에 오른 사람들이니 이러쿵저러쿵 주고받을 필요가 없었습니다. 어린 승려를 보고는 자질을 알아보았지만 너무 바보스러웠습니다. 운거가 이 어린 승려를 때린 것은 교육 방법의 하나입니다. 그렇지 않고서야 어찌 이렇게 때릴 수 있겠습니까? 남의 집 아이를 장난삼아 때린 대서야 말이 안되지요.

"막 세상을 뜨려 하면서 여러 사람에게 말했다. '내가 세상에 쓸데없는 이름을 남겼으니 누가 나를 위해 없애 줄 수 있겠는가?'〔將圓寂, 謂衆曰, 吾有閒名在世, 誰人爲吾除得〕"

즉 내가 수십 년을 살아 바깥으로는 이름을 크게 떨쳤으나 이런 명성은 원래 부질없는 것이니 누가 나를 위해 이것을 깨끗이 쓸어 주겠는가 하는 것입니다. 이때 어린 승려가 나서서 말했습니다.

"이때 어린 승려가 나서서 말했다. '스님의 법호를 말씀해 주십시오.' 동산이 말했다. '내 쓸데없는 이름은 이미 사라졌다'〔時沙彌出曰, 請和尙法號. 師曰, 吾閒名已謝〕."

어린 승려가 아무렇게나 말한 것이 아닙니다. 그는, 노스님의 법명이 어떻게 되시는지요 하고 물었을 것입니다. 자기 사부의 이름이 동산임을 어찌 모르겠습니까? 동산이 기뻐서, 좋아! 내 쓸데없는 이름은 이미 사라져 버렸네 하고 말했습니다. 이 어린 승려는 이미 도를 깨쳤으니 동산에게 도를 전할 사람이 생긴 것입니다.

"소승이 스님께 감히 묻습니다. 병에 걸리지 않은 자도 있지 않습니까?〔僧問和尙違和, 還有不病者也無〕"

사부는 도를 깨친 사람인데도 결국 병에 걸리고 말았습니다. 그래서 제자가 이렇게 물어본 것입니다.

"동산이 말했다. '있지.' 그러자 또 물었다. '병에 걸리지 않은 자도 여

전히 스님을 보고 있지 않습니까?' 동산이 말했다. '늙은이가 보니 그에게
는 그의 몫이 있네'[師曰, 有. 曰, 不病者還看和尙否? 師曰, 老僧看他有分].”

　동산이 제자에게 대답합니다. 내가 보니 그도 나와 별 차이가 없네, 같
이 투자한 주주라고나 할까, 이해가 가는가 하고 말합니다.

　“대답하기를, '잘 모르겠습니다, 스님. 어떻게 그를 보는가요?' 라고 했
다[曰, 未審和尙, 如何看他].”

　이 승려는 이해하지 못했습니다. 왜 여기서도 사부님의 몫이 있습니까?

　“동산이 말했다. '늙은이가 볼 때 병이 있는 것을 보지 못했다'[師曰, 老
僧看時, 不見有病].”

　내가 봤을 때에는 결코 병이 없었다는 것입니다. 달리 말하면 내가 고통
스러워 신음하고 있지만 바로 여기에 병에 걸리지 않은 자가 또 하나 있다
는 뜻입니다. 이번에는 동산이 승려에게 물었습니다.

　“'이 껍데기를 벗어나면 어디에서 그대와 내가 서로 만날까?' 승려는 대
답하지 못했다[離此殼漏子, 向甚麼處與吾相見? 僧無對].”

　이 몸뚱이를 떠나면 우리 신체를 누투(漏鬪)라고도 하는데, 이 누투는 아
주 커서『서유기』에서는 '밑 없는 동굴'이라고도 합니다. 하루에 세 끼를
먹어 대고는 배설하고 다음 날도 먹고는 다시 배설합니다. 이렇게 수십 년
을 배설합니다. 아무리 채워도 채워지지 않습니다. 이제 한번 물어보겠네,
이 몸뚱이를 벗어나 우리가 어디서 만나겠는가 하고 말합니다. 이 승려는
아직도 대철대오하지 못하여 대답할 수가 없었습니다.

　이에 동산이 게송을 지었습니다.

　　배우는 자 갠지스 강 모래처럼 많으나 깨치는 이
　　없으니　　　　　　　　　　　　　　　　　　學者恒沙無一悟
　　잘못은 혓바닥을 좇아 그를 찾으려 하는 데 있다　　過在尋他舌頭路

육체를 잊고 종적을 없애고자 한다면 　　　　　欲得忘形泯蹤跡

부지런히 노력하여 공 속을 걸어가라 　　　　　努力殷勤空裏步

그대가 도달하고자 한다면 단지 공(空)의 길만 좇아가면 되니 그러다 보면 도달한다는 말입니다. 게송을 다 쓰고 나서 제자들에게 명하여 자신의 머리를 깎고 몸을 씻고 옷을 갈아입은 후 종을 쳐서 작별을 고하고는 단정히 앉아서 세상을 떠났습니다.

"이때 대중들이 통곡하며 술렁대자 동산이 갑자기 눈을 뜨더니 대중에게 말했다. '출가인은 사물에 마음을 기대어서는 안 되니 이것이 진정한 수행일세. 죽음을 아쉬워하여 슬퍼한들 무슨 득이 있으리'[時大衆號慟, 移晷不止, 師忽開目謂衆曰, 出家人, 心不附物, 是眞修行, 勞生惜死, 哀悲何益]."

그런 뒤 이레나 있다가 비로소 세상을 떠났습니다. 농담입니다만 이 스님은 다른 사람에게 정삼루(情滲漏)에 빠지지 말라고 하고서는, 즉 감정을 가져서는 안 된다고 하고서는 사람들이 눈물 콧물을 흘려 대니까 차마 못 잊어 다시 돌아왔습니다. 그러고는 어울려 며칠 놀다가 이번에는 다시 오지 않을 테니 울지 말게! 하며 떠났습니다. 동산은 바로 이런 사람입니다.

동산에게 가장 중요한 것이 오위군신입니다. 이는 임제종의 빈주(賓主) 사료간과 같습니다.

조산선사를 말하다

이제 다시 조산(曹山)에 대해 살펴보겠습니다. 『지월록』 권 18에는 이렇게 기록되어 있습니다.

무주의 조산본적선사는 천주 보전 황씨의 후손이다. 어려서 유학을 배웠고 열아홉 나이에 복주 영석으로 가서 출가했으며 스물다섯에 등계했다. 동산을 찾아가니 그가 물었다. '도려는 이름이 뭔고?' 조산이 말했다. '본적입니다.' 동산이 말했다. '뭐라고?' 조산이 말했다. '본적이란 이름 쓰지 않겠습니다.' 동산은 그가 아주 자질이 있다고 여겼다〔撫州曹山本寂禪師, 泉州莆田黃氏子. 少業儒, 年十九, 往福州靈石出家, 二十五登戒. 尋謁洞山, 山問, 闍黎名甚麼 師曰, 本寂. 山曰, 那個藅? 師曰, 不名本寂. 山深器之〕.

정말로 고명한 사람은 이 짧은 순간에 잘못을 바로잡으니 참으로 총명합니다. 지금의 우리 젊은이라면 어떨까요? 예를 들어 자네 이름이 뭔가 하고 물었다면 어떨까요? 본적입니다! 뭐라고? 본래라 할 때의 '본', 적멸이라 할 때의 '적'입니다. 이렇게 대답하지 않겠습니까? 문자가 바로 도(道)입니다! 이미 본적이라 했으니 그 이상 무엇을 말하겠습니까? 참으로 영리하고 총명하니 훌륭한 인물입니다.

사부 또한 일류 제자를 찾고 있었는데 동산은 이 짧은 순간에 조산이 그릇이 큰 인물임을 알아보았습니다. 이로부터 조산은 동산 곁에 머물며 동산의 방에도 자유롭게 드나들 수 있었습니다.

이로부터 방으로 들어 몇 년을 머물다가 종내 작별을 고했다. 동산이 마침내 종지를 은밀히 전해 주고는 다시 물었다. '자네 어디로 가려는가?' 조산이 말했다. '변함없는 다른 곳으로 갑니다.' 동산이 말했다. '변함없이 다른 곳에 어찌 가는 바가 있으랴?' 조산이 말했다. '가는 것 역시 변하지 않습니다'〔自此入室, 盤桓數載, 乃辭去. 山遂密授洞上宗旨, 復問曰, 子向甚麼處去? 師曰, 不變異處去. 山曰, 不變異處豈有去耶? 師曰, 去亦不變異〕.

이것이 바로 선(禪)입니다. 영가선사가 육조를 만나서 말했던, "분별하려고도 하지 않습니다〔分別亦非意〕"라는 것과 같습니다. 분별하는 것 역시 공입니다. 틀림없는 말입니다.

마침내 조계에 이르러 육조의 탑에 예배했으며, 누천으로부터 되돌아와 임천에 이르렀다. 산수가 아름다운 곳이 있어서 그곳에 머물렀으며, 육조를 기리기 위해 이름을 조산이라 했다〔遂造曹溪禮祖塔, 自螻川還止臨川, 有佳山水, 因定居焉. 以志慕六祖, 乃名山爲曹〕.

후에 조산은 광주(廣州)에 도착하여 육조의 탑에 절했으며, 다시 강서(江西)의 임천(臨川)으로 돌아와 그곳에 절을 세우고 육조를 기리기 위해 이름을 조산이라 했습니다.

조산의 법통은 모두 동산으로부터 전수받은 것으로 그의 교육 방법은 『지월록』 등의 책에서 보입니다. 그 속에는 그의 설법과 견지, 수증, 행원이 모두 들어 있습니다. 책 속에 적혀 있는 작은 글자들은 후세 조동종의 문도들이 써 넣은 것으로 특히 더 주의해서 보아야 합니다.

한 승려가 물었다. '저는 온몸이 병투성이입니다. 청컨대 사부님께서 병을 좀 봐 주시기 바랍니다.' 조산이 말했다. '병을 보지 않겠네.' 승려가 물었다. '왜 보지 않으려 하십니까?' 조산이 말했다. '삶은 구해도 얻을 수 없으며 죽음 또한 구해도 얻을 수 없다는 것을 그대에게 가르쳐 주고자 함이네'〔僧問, 學人通身是病, 請師醫? 師曰, 不醫. 曰, 爲甚麼不醫? 師曰, 教汝求生不得, 求死不得〕.

이것이 교육법입니다. 선(禪)의 교육법은 절대 여러분을 대신해서 문제의 해답을 말해 주지 않습니다. 이렇게 해서 안다고 하더라도 도리어 여러분을 해롭게 할 뿐입니다. 그 답은 선생의 것이지 여러분의 것이 아니기 때문입니다. 어떤 때 여러분에게 문제가 생기면 그 위에 문제를 하나 더 얹어줍니다. 스스로 그 문제로부터 벗어날 수 있어야만 합니다. 선종은 여러분 스스로가 긍정하고 깨닫기를 요구합니다. 만약 일념이라도 자비가 있어 여러분을 돕는다면 그것은 곧 여러분을 해치는 일입니다. 여러분을 대신해서 해답을 말해 주어야만 한다면 불경 삼장십이부가 모두 그 해답입니다. 그렇다고 우리가 불경을 본다고 해서 곧 성불한다는 말은 아닙니다!

이 승려는 경전에 대해 묻지 않았습니다. 『대승기신론』이니 진망불이법문(眞妄不二法門)이니 하는 것은 이미 다 배웠지만 온몸이 병투성이입니다. 병이 낫지를 않으니 사부께서 좀 고쳐 달라고 청합니다. 조산은 그에게 삶이란 구해도 얻을 수 없으며 죽음 또한 구해도 얻을 수 없다고 말합니다. 그러니 어떻게 합니까? 스스로 벗어날 수밖에요.

또 물었다. '사문이란 대자비를 갖춘 사람이 모인 곳이 아니겠습니까?' 조산이 말했다. '그렇다네.' 그러자 이렇게 물었다. '홀연 육적[106]이 나타나면 어떻게 합니까?' 조산이 말했다. '역시 대자대비를 갖추어야 한다네.' 또 물었다. '어떻게 대자비를 갖춥니까?' 그러자 대답했다. '한칼에 온통 휘둘러야지.' 또 물었다. '그런 후에는 어떻게 합니까?' 그러자 이렇게 대답했다. '그러면 조화롭게 동화되기 시작할 것이네'〔問. 沙門豈不是具大慈悲底人? 師曰. 是. 曰. 忽遇六賊來時如何? 師曰. 亦須具大慈大悲. 曰. 如何具大慈悲? 師曰. 一劍揮盡. 曰. 盡後如何? 師曰. 始得和同〕.

---

106 번뇌의 근원인 색성향미촉법(色聲香味觸法), 즉 육진(六塵)을 가리킨다. 육진이 안식(眼識) 등 육근을 매개로 하여 일체의 선법(善法)을 겁탈하기에 도적으로 비유했다.

육적(六賊)이란 자신의 육근을 가리킵니다. 조화롭게 동화되기 시작하면 곧 천하가 태평해집니다.

조산이 세상을 하직하려 할 때 게송 하나를 지었습니다. 당송 시대의 큰 스님들이 개오(開悟)와 임종(臨終) 시 지은 게송은 하나같이 보배로서 특별히 주의해야 합니다. 그러나 송조(宋朝) 이후의 것은 조심해야 합니다. 후세의 어록 중 일부는 아편을 피워 대는 서생에게 부탁해서 쓴 것으로 믿을 만한 것이 못 됩니다. 몇몇 조사들이 죽은 뒤 자기 이름이 대장경 속에 들어가기를 바라면서 사람을 시켜 대신 어록을 쓰게 하기도 했기 때문입니다. 저 역시 이런 일을 직접 목격했습니다. 이름 나기 좋아하기로는 이보다 심한 것이 또 있겠습니까?

조산이 제자들에게 게송을 보여 주었습니다.

연에 따라 천거되면 재빨리 상응할 것이나	從緣薦得相應疾
본체로 나아가다 머뭇거리면 힘을 얻음이 늦고	就體消停得力遲
본체가 언뜻 일어남은 정해진 곳이 없어	瞥起本來無處所
내 스승께선 임시로 불가사의라 하셨다	吾師暫說不思議

힘써 정(定)을 닦은 후 화두 참구도 좋습니다만 시간과 인연을 기다려야만 비로소 개오(開悟)할 수 있습니다. 예를 들면 허운스님은 선당에서 화두를 참구하고 있으면서도 바깥세상을 훤히 볼 수 있었습니다. 그 뒤 차 한 잔 마시려다가 갑자기 찻잔이 땅에 떨어지며 퍽 하고 깨지는 소리에 깨달았습니다. 옛사람들의 경우에는 이런 예가 아주 많습니다. 영운(靈雲)은 복숭아꽃을 보고서 도를 깨쳤습니다. "연에 따라 천거되면 재빨리 상응한다〔從緣薦得相應疾〕." 연이 올 때에는 신속히 옵니다. 그러므로 수행은 김매고 가꾸는 것을 물을 뿐 수확을 묻지 않습니다. 그러니 내가 일 년이나 졸았

는데도 왜 아직 깨닫지 못할까 하는 말은 해서는 안 됩니다. 계획대로 되는 것이 전혀 아닙니다.

"본체로 나아가다 머뭇거린다〔就體消停〕"라는 것은 무얼 말할까요? 우리가 타좌를 하면서 『능엄경』이니 무슨 경이니 하며 따라 하다가, 혹 어떤 경우는 기공을 하다가 온통 공이 될 수도 있습니다. 그러나 얼마 지나지 않아 곧 변합니다. 오전엔 온통 공이었다가 오후엔 사라져 버립니다. 이런 것들이 바로 "본체로 나아가다 머뭇거리면 힘을 얻음이 늦다〔就體消停得力遲〕"라는 것입니다. 특히 부처를 이해하고 선의 이치를 이해하고 난 뒤 노력하는 사람들은 모두가 본체로 나아가다 머뭇거리면 힘을 얻음이 늦어집니다. 공의 이치를 알고 있어서 한 생각이 떠오르면 그것을 없애 버리려 하기 때문입니다. 어떤 때에는 공이 너무 잘되어 그것을 떨쳐 버릴 수가 없습니다. 이것 역시, "원래의 밝음이 망념이 생겨남을 비추지만 망념이 생겨나면 비춤의 본성이 사라진다〔元明照生所, 所立照性亡〕"라는 것입니다. 망념만을 보고 있을 때에는 본체로 나아가다 머뭇거려 힘을 얻음이 늦어지게 됩니다.

연에 따라 천거되면 재빨리 상응한다는 것은 연각인 독각승(獨覺乘)을 말하고, 본체로 나아가다 머뭇거리면 힘을 얻음이 늦다는 것은 성문인 나한승(羅漢乘)을 말하는데 공에 치우친 것입니다.

여래선과 조사선

무엇이 여래선(如來禪)[107], 조사선(祖師禪)[108]일까요? "본체가 언뜻 일어

---

107 여래의 가르침으로 깨닫는 선(禪)이다.

108 글자의 뜻풀이에 매이지 아니하고 이심전심으로 전하는 선법을 이른다.

남은 정해진 곳이 없어〔瞥起本來無處所〕." 이것이 바로 앞서 언급했던, "일념의 연기도 일어나지 않으면 삼승의 권학을 벗어난다〔一念緣起無生, 超出三乘權學〕"라는 것입니다. 이것이 바로, "본체가 언뜻 일어남은 정해진 곳이 없어, 내 스승께선 임시로 불가사의라 하셨다〔瞥起本來無處所, 吾師暫說不思議〕"라는 것입니다.

조산의 사금게(四禁偈)는 이렇습니다.

마음에 난 길을 가지 말고	莫行心處路
본래의 옷을 걸치지 마라	不挂本來衣
어찌 이것만 마땅하랴	何須正恁麼
절대 생겨나지 않을 때를 피하라	切忌未生時

능히 비출 수 있는 마음으로 이 망심을 지켜본다는 뜻은 마음으로 마음을 보는 것으로, 바로 마음에 난 길입니다. 앞에서 언급했던 이문 군이 제기한 문제입니다. 이 길은 수행의 길이지만 최고의 길은 아닙니다.

"본래의 옷〔本來衣〕"이란 무엇일까요? 본래의 면목은 청정하니 깨달음의 바다에서는 본성이 맑고 원만하며, 맑고 원만한 것을 지키고자 한다면 이미 옷을 걸친 것입니다. 어떤 수행자들은 늘 일념을 유지하고자 하여 온 힘을 쏟아 맑고 원만한 일념을 찾으려 합니다. 그러나 어디에서 그것을 찾을 수 있겠습니까? 찾았다 해도 이미 잘못된 것으로, 벌써 옷을 걸친 것이며 오염된 것입니다. 불경에서는 머물지 말고 집착하지 말라고 합니다. 여러분이 청정함에 집착하는 순간 이미 잘못된 것입니다.

"어찌 이것만 마땅하랴〔何須正恁麼〕." 이럴 때에는 어떻게 해야 할까요? "절대 생겨나지 않을 때를 피하라〔切忌未生時〕." 어떤 경계든 일념이 움직이기 이전에는 어떻게 해야 할까요? 일념을 움직이게 해야 할까요, 아니면 움직이지 않게 해야 할까요? 스스로 한번 생각해 보십시오. 조산은 이 문제에 대해 말하지 않았습니다.

만약 생겨나지 않을 때를 지킨다면 『중용』에서 말하는, "희로애락이 일어나기 전을 중이라 한다〔喜怒哀樂之未發謂之中〕"라는 대목에서의 '중(中)'을 지키려는 것과 같으니, 이렇게 되면 이미 본래의 옷을 걸쳤으므로 잘못된 것입니다. "감정이 생겨나되 모두 중용에 들어맞는 것을 화라 한다〔發而皆中節謂之和〕"라는 것도 이미 마음에 난 길을 가 버린 것입니다.

이런 것들에 모두 집착하지 않은 다음에야 비로소 조사선(祖師禪)을 말할 수 있습니다. "어찌 이것만 마땅하랴, 절대 생겨나지 않을 때를 피하라〔何須正恁麼, 切忌未生時〕." 일념이 생겨나기 이전이란 무엇일까요? 생겨난 뒤란 무엇일까요? 이것을 분명히 이해한 뒤에야 비로소 가능합니다.

지금 이런 자료를 이야기하는 것은 마치 준비 체조를 하는 것이나 같습니다. 수행의 길을 말하기에 앞서 필요한 자료입니다. 어떻게 수행해야 할까요? 이는 스스로 이해하고 파악해야 합니다. 스스로 닦아 나가다가 문제에 봉착했을 때 우리가 이번에 연구한 내용을 생각하면서 참고로 삼을 수 있을 것입니다. 제가 생각하는 바도 바로 이것입니다.

오대 운문종의 융성

이제 운문종에 대해 살펴보겠습니다.

운문종은 당말(唐末) 오대(五代) 백여 년간 융성했습니다. 후에 구양수(歐陽脩)는 명을 받아 『신오대사(新五代史)』를 편찬하게 되었는데, 그때 그는 오대 시기에 인재가 없음을 통탄했습니다. 전(全) 세기 동안 정치든 다른 분야에서든 인재를 찾아볼 수 없었기 때문입니다. 그러나 왕안석(王安石)

등의 의견은 달랐습니다. 오대에는 인재가 너무 많았으나 아쉬운 점은 이들이 모두 세상을 떠나 세속으로 들어오려 하지 않았다는 것입니다. 위산, 앙산, 임제, 조산, 동산, 운문이 그랬는데 특히 운문은 기품이 옥(玉)과 같았습니다. 이들은 모두 제왕의 자질을 갖추고 있었지만 세속의 법을 탐탁지 않게 보았습니다. 그러므로 당말에서 오대까지의 난세에 바야흐로 선종이 가장 융성했으며, 남북조의 가장 혼란했던 시기에 청담(淸談)이 융성했던 것입니다. 난세가 바로 문화와 철학이 가장 발달했던 시기였습니다. 과거에 일반인들은 중국 철학사를 연구하면서 청담이 나라를 망쳤다고 하며 마치 그 시대의 학술에 책임을 져야 하는 듯 말했습니다. 그러나 사실 책임을 져야 할 것은 시대와 역사입니다. 앞에서도 언급했지만 청담이 나라를 망치지 않은 것은 결코 아니지만 그보다는 국가를 경영하는 자들이 문화를 망친 것입니다.

오대 시기의 인재들은 그 당시를 도무지 구제할 수 없는 시대라 생각했기에 변두리로 물러서 있었던 것입니다. 그들이 모두 세상을 구할 대자대비한 사람들이었다면 왜 하필 머리를 깎고 선종으로 달려가야 했을까요? 설마하니 그 시대를 좋게 만들려는 생각이 없기야 했겠습니까? 왜 세상을 구하려 하지 않았을까요? 이런 의문들은 오대의 문화사를 연구할 때 마땅히 생각해 보아야 할 것으로, 다른 사람이 말한다고 그대로 따라서는 안 됩니다.

제15강

어떻게 신견을 없애는가

국내외에서 선종을 말하는 사람은 공안(公案) 연구를 좋아하지만 대개는 이론적 비평에 그치고 맙니다. 우리는 선종으로부터 견지, 수증, 행원 세 가지를 배우는데 강의를 들은 후 스스로 공부해서 증험할 수 있도록 해야 합니다. 그렇게 하지 않으면 선종을 연구하는 일반인들과 다를 바가 없습니다.

우리가 수행을 해도 정(定)을 얻을 수 없는 이유는 심신이 제대로 조절되지 않기 때문입니다. 특히 신체적 장애가 너무 많아서 신견(身見)을 벗어나기는 대단히 어렵습니다. 우리가 타좌에 들기만 하면 신체적 장애인 신견이 나오므로 그것을 없애지 않고서 정의 경계에 들어가는 것은 절대로 불가능한 일입니다.

어떻게 하면 신견을 없앨 수 있을까요? 수행 방법으로 말하면 출식과 입식을 닦는 것이 비교적 쉽습니다. 티베트의 밀교에서는 특히 수기(修氣), 수맥(修脈), 수명점(修明點), 수졸화(修拙火)를 강조하는데 이것은 그대로 따라가야 할 정해진 순서입니다. 이 순서를 따라 제대로 닦지 않으면 보리를 증득할 방법이 없는데, 밀종에서 이렇게 강조하는 데에는 그 나름의 이유가 있습니다.

출식과 입식을 닦으면 적어도 병을 없애고 수명을 연장할 수 있습니다. 병을 없애고 젊음을 회복하는 것이 결코 수도의 목적은 아니지만 심신이 건강해지면 도를 증험하기가 좀 더 쉬워집니다.

앞에서 몇 차례 연기(煉氣)의 방법을 강의한 이후 많은 사람들이 착각하여 연기조차도 물가의 늙은 학[水老鶴]이 된 듯합니다. 이는 아주 엄중한 문제입니다.

음계를 지키는 조비식 수련법

그다음의 문제는, 불법을 증험하고자 한다면 계정혜(戒定慧)를 닦는 방법밖에 없다는 점입니다. 과위를 증득하려면 오직 이 길밖에 없습니다.

계율로 말하자면, 첫째가 음란한 생각을 경계하는 것입니다. 여기에는 성행위와 성적 충동, 수음, 자위, 유정 등이 포함됩니다. 대승과 소승의 계율은 이 부분에서 약간의 차이가 있습니다. 소승의 계율은 과위를 증득하기 위한 것으로 제1의 계율이 음계(淫戒)이지만, 대승의 제1계율은 살계(殺戒)입니다. 소승의 계율에서 성행위는 계율을 범하는 것이며, 성적 욕망 또한 계율을 범하는 것입니다. 부처님이 세상에 있을 때 어떤 비구니 한 명이 도적들에게 강간당했습니다. 부처님이 말했습니다. "저 비구니는 강간당하는 중에 생각이 동하지 않았으므로 계율을 범한 것이 아니다." 이것이 소승의 계율입니다. 이 밖에도 몽정처럼 꿈속에서 행하는 성행위도 역시 계율을 범하는 것입니다.

불법을 배우거나 도를 닦는 사람 중에 유정(遺精)을 하는 사람이 꽤 많은데, 대승보살도에서는 보리의 누실(漏失)을 계율을 범하는 것으로 봅니다. 생각이 있었든 없었든, 꿈을 꾸었든 꾸지 않았든 모두 계율을 범하는 것입니다. 그러므로 심신의 정력(定力)이 필요하지만 이는 대단히 어려운 일로서, 가장 어려운 부분은 심리적 측면입니다. 꿈을 꾸지 않는 상태에서 유정이 되는 행위는 아뢰야식의 종성(種性) 습기로서 이것은 아주 미세합니다. 이와 같은 누실을 막기 위한 수련 방법으로 '조비식(鳥飛式)'이 있습니다. 이것은 증세를 막기 위한 하나의 방법인데 이제 여러분께 소개하고자 합니다.

매일 잠들기 전에 일어서서 발뒤꿈치를 벌리고 섭니다. 이때 두 발뒤꿈치 사이의 거리는 6센티미터 정도로 벌리고 두 엄지발가락 사이의 거리는 24센티미터 정도로 벌립니다. 그런 뒤 먼저 엉덩이 근육을 조입니다. 이때 항문을 조이는 것이 아니라 아랫배를 수축시켜야 하는데, 항문을 오래 조이면 변비에 걸리게 됩니다. 그 상태에서 두 손을 천천히 그리고 자연스럽게, 마치 새가 날아오르듯 들어 올립니다. 이때 입은 가볍게 웃으며 벌리고 양 어깨의 긴장을 풀며 두 손은 몸 좌우측에 두면 됩니다. 두 손을 너무 앞으로 향하게 하거나 너무 뒤로 가게 해서는 안 되며 아주 자연스럽게 들어 올립니다. 이때 천천히 할수록 좋습니다. 손을 들어 올리면서 동시에 발꿈치도 들어 올려 몸 전체가 위로 떠오르는 듯한 자세를 취합니다.

다음으로 손을 아래로 내리면서 입을 가볍게 닫고 동시에 발꿈치도 서서히 내립니다. 서 있을 때에는 엄지발가락에 힘을 주어야 하며 자세는 아름답고 부드러워야 하는데, 부드러우면 부드러울수록 더 좋습니다. 이때 가장 신경 써야 하는 부분은 손가락 끝에 있습니다. 손을 들어 올리면 자연 한 줄기 기운이 손가락 끝에 모이는데 이 기운을 흐트러지지 않게 하여 손을 자연스럽게 아래로 내립니다. 백학이 막 날아오르려 할 때 바로 이 자세를 취합니다.

매일 저녁 잠들기 전에 하는데 처음 시작할 때에는 열 번 정도만 해도 다리가 아프지만 이후 서서히 풀립니다. 그러면 다시 횟수를 늘려 갑니다.

이 자세를 통해 신체를 단련하려 하거나 환정보뇌(還精補腦)하여 장생불로(長生不老)를 이루고자 한다면 여기에다 다시 몇 가지 동작을 덧붙이면 됩니다. 매일 이 자세를 취하면 근시나 노안에도 좋습니다. 덧붙일 동작은 다음과 같습니다.

1. 엄지손가락의 중간 마디로 후뇌의 두골 부분을 원을 그리듯 안마합니다. 먼저 시계 방향으로 36회 돌리고 다음은 반대 방향으로 36회 돌립니다. 시각 신경이 바로 여기에 있습니다.

2. 집게손가락의 중간 마디로 두 눈 사이의 콧등 옆을 문지릅니다. 여기에 약간 들어간 곳이 있는데 바로 두 개의 혈(穴)입니다. 이전에 제가 두 눈이 새빨갛게 충혈되었을 때 친구에게 부탁해서 이곳에다 침을 놓게 했더니 곧바로 깨끗이 나았습니다.

3. 두 손을 떼지 말고 두 눈자위, 즉 눈 주변의 뼈를 동시에 문지릅니다. 힘껏 문지를수록 좋습니다. 처음엔 시계 방향으로 문지르다가 다음엔 반대 방향으로 문지르는데 횟수는 적당히 하면 됩니다.

4. 두 손을 눈에서 떼지 말고 그대로 태양혈로 옮겨 누르면서 문지릅니다.

5. 눈을 감고 입을 다문 상태에서 손바닥으로 뇌를 감싸 쥐고는 후뇌의 가운데를 손가락으로 두드립니다. 도가에서는 두 손으로 귓바퀴를 뒤집어 틀어막고는 손가락으로 뇌 뒤쪽을 두드립니다. 무공을 배운 사람들은 이것을 명천고(鳴天鼓)라 합니다.

이렇게 해서 뇌가 맑아지면 머리도 아프지 않으며 차츰 환정보뇌하여 장생불로에 이를 수 있습니다.

이것은 정기(精氣)를 단련하는 동작입니다.

조비식(鳥飛式)은 유정(遺精)에 대단히 효과가 좋은데, 심리적인 측면은 공부를 하면서 스스로 없애 나가야 합니다.

도가에서 말하는 '복기(服氣)'란 마치 물고기처럼 입을 벌렸다 오므렸다 하면서 공기를 들이쉬는 것입니다. 공부가 벽곡(辟穀)을 할 수 있는 단계에 이르면 복기를 해야 합니다.

이런 공부는 모두 수도에 도움이 되는 보조적인 것으로 이를테면 대치법문(對治法門)입니다.

망념을 없애는 호흡 수련

또 다른 문제는, 우리가 타좌를 해도 망념이 쉽게 멈추지 않으며 신체가 곧바로 건강해지지도 않는다는 점입니다. 이 때문에 여러분에게 출식(出息)과 입식(入息)을 닦으라고 하는 것입니다. 이 방법은 천태종에서 특히 중시하여 이를 수식(數息)·청식(聽息)·조식(調息)으로 발전시켰습니다. 티베트 밀교의 각 교파에서도 이를 매우 중시하는데, 여기에는 그 나름의 이치가 있습니다.

수기법문(修氣法門)은 그것 자체가 목적은 아니지만 우리가 쉽게 도과(道果)를 증득할 수 있게 해 줍니다. 천태종 소지관법문(小止觀法門)의 여섯 글자, 즉 가(呵)·허(噓)·호(呼)·희(嘻)·취(吹)·희(呬)는 신체를 조절하는 것인데 많은 사람들이 잘못 알고 있는 듯합니다. 이제 다시 한 번 시범을 보여 드리도록 하겠습니다.

제자리에 서서 어깨를 한 번 추켜올렸다가 자연스럽게 내리면 두 손에 기운이 이르는데, 이때 조비식을 행할 때처럼 엉덩이 근육을 조여서 기운이 이르는 것이 관건입니다. '가(呵)'를 예로 들면 단지 의식만으로 소리를 발할 뿐 실제로 소리를 낼 필요는 없습니다. 기운이 뿜어져 나가면 배꼽 부위도 자연 안으로 따라 들어가는데, 기운이 다 빠져나가 더 이상 '가(呵)'를 발할 수 없을 때에 소리 내기를 멈추고 입을 다물면 코를 통해 자연 공기가 들어오게 됩니다. 이렇게 몇 차례 행한 후 긴장을 풀고 숨소리를 들으면 호흡과 생각이 하나가 되어 잡념이 사라지면서 자연 공(空)의 상태가 됩니다.

왜 타좌를 하기 전에 호흡 조절을 하라고 가르치고 있을까요? 일반인들은 쉽게 식(息)을 조절할 수 없기 때문입니다. 그러니 차라리 먼저 급하게 호흡을 해 두는 것이 낫습니다. 호흡이 거친 것을 풍(風)이라 하며 미세한 것을 기(氣)라 합니다. 그리고 기가 마치 들이쉬지도 내쉬지도 않는 듯한 단계에 이르렀을 때 이 극도로 미세한 호흡을 식(息)이라 합니다. 천태종의 수식, 청식, 조식은 식을 말한 것이지 풍을 말한 것이 아니며, 연기(煉氣)를 말한 것도 아닙니다. 식이 왜 세 단계로 나누어질까요? 여기에 대한 언급은 잠시 미루기로 하겠습니다.

타좌에 든 후 먼저 풍을 닦아야 하는데, 손은 밀종에서 말하는 해모수인(亥母手印) 자세를 취합니다. 이 자세는 바로 경극에서 사용하는 난화수(蘭花手)입니다. 연기(煉氣) 시에는 어깨를 똑바로 하고 팔을 쭉 뻗어 손을 넓적다리뼈 위에 두어야 합니다.(손이 지나치게 짧거나 긴 사람은 예외임.) 팔을 쭉 뻗으면 어깨가 자연 바르게 되고 몸속의 오장도 모두 펴지게 되어 기가 관통하므로 이런 자세를 취하지 않으면 안 됩니다.

다음으로, 코로 숨을 들이쉴 때에는 아랫배를 자연스럽게 안으로 집어넣습니다. 숨을 가득 들이쉬어 더 이상 들이쉴 수 없을 때 숨을 내쉽니다. 들이쉴 때에는 미세하고 길고 느리게 하며, 내쉴 때에는 거칠고 짧고 급하게 합니다. 이처럼 계속 반복하다 보면 기운이 충만해져서 스스로 그치게 되는데, 이때가 되면 망념이 그리 일어나지 않습니다. 이렇게 해서 풍은 기를 거쳐 식이 되며, 심경은 자연 고요해져 코에서 행해지는 미세한 호흡을 느낄 수 있고 의식과 식이 하나가 됩니다. 숨이 들어오면 들어오는 것을 알고 나가면 나가는 것을 알며, 들어오는 숨이 따뜻하면 따뜻함을 알고 들어오는 숨이 차가우면 차가움을 압니다. 의식과 기식(氣息)이 시종 하나가 되어 떨어지지 않게 됩니다. 잠시라도 식을 느끼지 못한다면 이미 망념이 생겨난 것입니다. 이런 식으로 천천히 연습해 나가면 어느 순간 마음과 식이 진정으로 하나가 됩니다. 밀교에서는 이것을 '심풍합일(心風合一)'이라 부르는데, 심풍합일이 되면 자유자재의 신통력을 얻게 된다고 말합니다. 그러니 수명을 늘리거나 노인이 다시 젊어지는 것쯤이야 두말할 필요도 없습니다.

마음과 식이 서로 의지하고 있음을 느끼게 되면 이후 서서히 호흡이 정지되고 생각도 공(空)이 된 듯한 단계에 이르게 됩니다. 떠도는 잡념이 약간 있다고 해도 전혀 개의치 않습니다. 이것이 정(定)을 얻고 과위를 증득하는 가장 쉬운 방법입니다. 이것 이외에는 다른 길이 없습니다. 유위(有爲)의 공부는 이처럼 엄중합니다.

운문조사의 오도 인연

이제 운문조사의 오도(悟道) 인연을 살펴보기로 하겠습니다. 『지월록』 권 20에는 이렇게 적혀 있습니다.

"소주 운문산 광봉원의 문언선사는 가흥 사람으로 성은 장씨이다. 어려서 공왕사의 지징율사에게 귀의해 출가했다〔韶州雲門山光奉院文偃禪師, 嘉興

人也, 姓張氏. 幼依空王寺志澄律師出家〕." 그의 사부는 계율을 엄격히 지키는 율종에 속해 있었습니다. 운문은 이런 선생을 좇아 출가했기에 수행을 처음 시작하면서부터 대단히 엄숙했습니다. 이 점을 반드시 주의해야 합니다. "자질이 명민하고 나면서부터 아는 게 많았으며 천부적인 지혜와 언변을 갖추고 있었다〔敏質生知, 慧辨天縱〕." 그는 특별히 총명했으며 도를 깨치기 전에도 말재주가 대단히 뛰어났습니다. "자라서 승려가 되어서는 비릉단에서 구족계를 받았다〔及長落髮, 稟具於毗陵壇〕." 구족계(具足戒)란 삼단(三壇)의 대계(大戒), 즉 사미계·비구계·보살계를 말합니다. 비릉단은 남경(南京)에 있는데, 계(戒)를 받은 후 이십 대의 나이에 다시 돌아와서 본래 그가 귀의했던 사부와 같이 몇 년간을 지냈습니다. "율부를 깊이 연구했다〔探究律部〕." 이때 그는 이미 율종의 이치와 수행에 대해 깊이 연구하고 있었습니다. 비단 학리 면에서 깊이 연구했을 뿐 아니라 수시로 수행도 병행했습니다. 진정으로 율종을 말하는 사람은 결코 행주좌와(行住坐臥) 시 어느 때든 엄격히 규칙을 지켜야 한다고 말하지 않습니다. 진정한 계율은 바로 어느 때든 정(定) 속에 있어야 한다는 것입니다. 왜 길을 가면서도 하나하나 규칙을 지켜야 할까요? 어느 때든 정 속에 있기 위해서입니다. 일념이라도 흐트러져서는 안 됩니다. 그렇기에 당시 운문은 이미 공부에 힘쓰고 있었습니다. 총명이 절정에 달한 사람으로서 수시로 공부에 열중했지만 "자신이 아직 밝지 못하다고 여겨 목주를 참방하러 갔다〔以己事未明, 往參睦州〕." 스스로 자신의 공부가 충분하다고 생각하지 않았으며 아직도 깨달음에 이르지 못했다고 생각했습니다. 깨닫지 못하여 마음이 불안하니 결국 목주를 찾아 참방을 떠났습니다.

목주는 당시 대단했습니다. 그는 도를 깨친 후 절에 머물지 않았는데, 노모를 모셔야 했기 때문입니다. 계율에 따르면 출가인이 절의 돈으로 속가의 부모를 봉양하는 것은 계율에 어긋나는 행위입니다. 그렇기에 당시 이름난 효자였던 그는 절에 머물지 않았고 공양을 받지도 않았으며 날마다 짚신을 삼아 모친을 봉양했습니다.

황소(黃巢)가 난을 일으켜 목주스님이 살고 있는 곳에 이르자 성안에 살던 사람들은 온통 겁에 질려 오로지 스님을 찾을 수밖에 없었습니다. 그가 도를 깨쳤다는 것을 알고 있었기 때문입니다. 목주스님은 자신이 삼은 짚신을 성문에 걸어 두게 했습니다. 황소의 부대가 도착해서 보니 사방의 성문이 닫혀 있고 성 위에는 천하무적의 군대가 지키고 있었습니다. 황소가 어찌 이런 것들을 믿었겠습니까? 성을 공격하라고 명령했는데 결과는 참으로 묘하게도 패하고 말았습니다. 그런 뒤 성문을 바라보니 짚신 두 짝이 걸려 있었습니다. 그것을 보고서야 비로소 목주스님이 이곳에 있다는 것을 알았습니다. 황소는 군대를 퇴각시키고 그곳을 떠났습니다. 하지만 이 일은 정사(正史)에는 기록되어 있지 않은데 너무 신화 같은 이야기라 여겼기 때문입니다. 목주는 선종에서는 속승(俗僧)이었습니다. 이른바 불경에서 말하는 장자(長者)입니다.

목주는 운문이 온 것을 보자 문을 닫아 버리고는 거들떠보지도 않았습니다. "이윽고 운문선사가 문을 두드렸다. 목주가 말했다. '누구냐?' 운문이 대답했다. '누구누구입니다.' 목주가 말했다. '무슨 일이냐?' 운문이 대답했다. '제 일에 아직 밝지 못함이 있어 선생님의 지도를 바랍니다.' 목주가 문을 열고 한번 보더니 곧 문을 닫아 버렸다[師乃拘門. 州曰, 誰? 師曰, 某甲. 州曰, 做甚麼? 師曰, 己是未明, 乞師指示. 州開門一見便閉却]."

이것이 운문에 대한 목주의 교육법인데 아주 재미있습니다.

"이렇게 계속 사흘이나 문을 두드렸다. 사흘째 되던 날 목주가 문을 열어 운문이 서둘러 안으로 들어서려는데 목주가 대뜸 운문의 멱살을 잡고는 '말해 봐! 말해 봐!' 했다. 운문이 머뭇거리자 목주는 운문을 바깥으로 밀쳐 내며 '진나라 탁력찬이군!'[109] 하고 말하고는 문을 닫아 버렸다[如是連

三日拘門. 至第三日, 州開門, 師乃拶入, 便擒住曰: 道! 道! 師擬議, 州便推出曰: 秦時轆轢鑽. 遂掩門〕."

문이 막 열리자 운문이 문턱을 밟고 들어서려는데, 목주는 운문의 손이 있든 발이 있든 전혀 개의치 않고 문을 꽝 하고 닫아 버리니 운문은 문에 끼어 다리를 다치고 말았습니다. 이것이 선종의 교육법으로, 정말 참아내기 어려운 방법이긴 합니다. 요즘 사람 같으면 당장 파출소로 달려가 고발하지 않는 게 오히려 이상한 일입니다.

'진나라 탁력찬(轆轢鑽)'은 진대(秦代)에 사용하던 공구의 이름으로, 이 한마디 말에 운문은 도를 깨쳤습니다. "운문선사가 다리에 상처를 입고는 이로부터 깨달음으로 들어섰다〔損師一足, 師從此悟入〕." 이것이 운문조사의 오도(悟道) 인연입니다.

영운(靈雲)은 복숭아꽃을 보고 깨쳤으니 얼마나 편안했겠습니까? 또 어떤 비구니는 "돌아와 손에 든 매화 향기 맡으니 봄이 이미 가지 끝에 만발하다〔歸來手把梅花嗅, 春在枝頭已十分〕"라고 했으니, 이는 한층 더 우아합니다. 그러나 운문은 한쪽 발을 다치고서야 개오(開悟)했습니다.

여러분은 주의해야 합니다. 비록 이 내용이 대단히 간략하긴 해도 운문이 어려서 출가하여 십 수 년간 공부를 했으며 율종의 경론이나 교리에도 통달했음을 알 수 있습니다. 당연한 말이지만 불학은 불학일 뿐입니다. 유식이든 반야든 아무리 뛰어나 봐야 이 마음이 아직 편안하지 못하니 별 소용이 없습니다. 구체적 상황에 처해서는 쓸모가 없으니 이 때문에 자기 일에 아직 밝지 못하다고 했습니다. 운문은 바로 이것을 추구하고 있었던 것입니다.

---

109 탁력찬 또는 '진시도삭찬(秦時鍍鑠鑽)'이라고도 한다. 진나라 시황제 때 만리장성을 쌓기 위해 사용한 공구였는데, 그 뒤에는 '너무 커서 아무 쓸모가 없는 물건'을 가리키는 말이 되었다. 종문(宗門)에서는 한갓 말솜씨만이 지나치게 날카롭고 얻은 바 없는 사람을 평하는 말로 사용했다.

운문의 오도에 관한 이 기록은 비교적 간단합니다. 그가 십 수 년간 수행한 과정을 기록해 두었더라면 후세 사람들에게 많은 참고가 되었을 텐데 옛사람들은 자신의 일을 기록하는 것이 마치 자기 선전을 하는 듯하다고 느꼈던 모양입니다. 그래서 기록을 남기지 않았으니 요즘 사람들과는 달랐습니다.

운문조사를 말하다

운문은 후에 영수(靈樹)에 이르렀는데, 영수는 강서(江西) 지방에 있던 절이었습니다. "명부지성은 운문을 수좌로 맞아들였다〔冥符知聖接首座之記〕." 이 절의 전임 주지였던 지성(知聖)은 일찍이 장래 이 절의 주지 중 득도한 사람이 있을 것이라고 예언했습니다. "지성이 처음 이십 년간 영수에 있을 때에는 수좌를 두지 않았다〔初知聖在靈樹二十年, 不請首座〕." 총림의 규칙에 따르면 큰스님 밑에서 사람을 이끄는 스님을 수좌라 하는데, 지성은 아래에 시종일관 수좌를 두지 않았습니다. 지성의 제자들이 "사부님, 수좌를 두시지요!〔師父, 儞請個首座麽〕" 하고 청하면 지성은 "내 수좌는 이제 막 태어났는걸!〔我的首座剛剛出世呢〕" 하고 말했습니다. 몇 년이 지나서는 "내 수좌는 이제 자라서 소를 기르고 있네〔我的首座長大了, 現在牧牛〕" 하더니 또 몇 년이 지나자 "내 수좌가 출가했네. 지금 도처를 떠돌아다니며 참방 중이네〔我的首座出家了, 現在到處行脚參〕"라고 했습니다. 그 뒤 다시 이렇게 말했습니다. "어! 도를 깨쳤구먼〔喔! 悟道了〕." 하루는 제자들에게 종을 치며 산문을 크게 열라고 했습니다. 수좌 제자가 왔다는 것입니다. 사람들이 나가서 보니 운문이 막 도착하여 짐을 풀고 있었습니다. 노스님이 그를 보고는 대뜸 이렇게 말했습니다. "아주 오랫동안 기다렸네!〔奉遲久矣〕" 그러고는 곧 그에게 수좌를 맡도록 했습니다. 과거 총림에서는 수좌를 세우는 것이 마치 요즘 정부에서 총리나 장관을 임명하는 것처럼 그렇게 대단한 행사였습니다.

이 절은 강남(江南) 남부에 있어 광동(廣東)과 가까웠는데 당말 오대 때에는 이곳에 지방 군벌이 할거하고 있었습니다. 광주(廣主)는 바로 양광(兩廣), 즉 광동과 광서 군벌의 우두머리로서 포악하기로 유명한 군벌이었습니다. 기록에는 '광주(廣主) 유(劉)'라고만 하고 그의 이름을 밝히지 않았는데, 비록 한 지방의 패권을 장악했지만 그다지 특별한 인물은 아니었기 때문입니다. 당시 총림의 큰스님은 모두 정부에서 초빙한 사람들이었습니다. 광주 유는 반란을 일으킬 준비를 하고 있었는데 특별히 큰스님을 만나서 반란을 일으키는 것이 좋은지 나쁜지 알아보려 했습니다. 그가 도착하기도 전에 지성은 이미 알고 있었습니다. 지성은 광주가 도착하기를 기다렸다가 가부좌를 틀고 열반에 들었는데, 그대가 반란을 일으킨다면 나처럼 이렇게 죽고 말 것이라고 대답한 셈입니다.

광주 유가 총무 스님에게 물었습니다. "스님은 언제 병이 드셨소?〔和尙哪一天有病的〕" "병들지 않았습니다. 방금 대왕께서 도착하시기 전 편지 한 통을 주시며 전해 드리라고 했습니다〔不會有病, 剛剛大王還沒到前, 有一封信, 叫我送給儞看〕." 광주가 편지를 열어 보니 위쪽에 "사람과 하늘이 눈이 되어 살피니 선당 가운데 상좌로다〔人天眼目, 堂中上座〕"라는 글이 적혀 있었습니다. 지성은 운문이 이 절을 잇도록 천거한 것입니다. 광주는 완전히 이해하고 병력을 거두어 모반을 일으키지 않았으며, 동시에 운문에게 청하여 주지 자리를 맡도록 했습니다.

운문조사와 삼평의 게송

이제 이런 떠들썩한 일은 접어 두고 다시 돌아가 어떻게 심지법문에 힘 쓸지 연구해 보기로 합시다.

운문은 절 문을 열어 놓고 사람들에게 이렇게 말했습니다. "그대들은 실 없이 여기까지 와서 도대체 무얼 찾고 있는가? 노승이 하는 일이라곤 먹 고 싸는 것뿐이니 달리 뭘 해결해 줄 수 있겠는가? 그대들은 여러 곳을 돌 아다니며 참선하고 도를 물었으니 내가 그대들에게 묻고 싶네. 여러 곳을 돌아다녀 얻은 것이 뭔지 좀 보여 줄 수 있겠나?〔汝諸人無端走來這裏覓甚麼? 老僧只管吃飯屙屎, 別解作甚麼? 汝諸方行脚, 參禪問道, 我且問汝, 諸方參得底事, 作 麼生試擧看〕"

이는 모두 당시의 일상 언어로 기록해 놓은 것으로, 운문 아래에는 사오 백 명의 사람들이 모여 있었습니다. "이에 부득이하여 스스로 삼평게를 읊 었다〔於是不得已, 自誦三平偈〕." 삼평(三平)은 대전(大顚)스님의 제자입니다. 대전은 광주(廣州)에 있었는데 마조의 제자로서 역시 유명한 대선사였습니 다. 삼평스님이 대전스님의 수좌로 있을 때 조주(潮州)의 자사(刺史)로 좌 천된 후 한유(韓愈)[110]는 대전스님과 가깝게 지냈습니다. 한유는 매일 대전

---

[110] 768~824. 당나라의 문학가이자 사상가로 자는 퇴지(退之)이다. 회주(懷州) 수무현(修武縣, 하남성河南省 소재)에서 태어나 792년 진사에 등과했으며, 이후 지방 절도사의 속관을 지냈 다. 803년 감찰어사가 되었으나 수도의 장관을 탄핵하여 지방 현령으로 좌천되었으며, 이듬 해 소환된 후로는 주로 국자감(國子監)에서 근무했다. 817년 오원제(吳元濟)의 반란 평정에 공을 세워 형부시랑이 되었으나 819년 헌종황제(憲宗皇帝)가 불골(佛骨)을 모신 것을 간하다 가 조주(광동성廣東省 소재)의 자사로 좌천되었다. 이듬해 헌종 사후에 소환되어 이부시랑 까지 올랐다. 문학 분야에서는 종래의 대구법에서 벗어나 자유로운 형식의 산문을 주장했 고, 시에 있어 지적인 흥미를 정련된 표현으로 나타내고자 시도했다. 그 결과 때로는 난해하 고 산문적이라는 비난을 받기도 했지만 제재의 확장과 더불어 송대의 시에 끼친 영향은 매 우 크다. 사상 분야에서는 유가의 사상을 존중하고 도가와 불가를 배격하여 송대 이후 도학 (道學)의 선구자가 되었다.

스님에게 도(道)를 물었으나 대전은 그때마다 이렇다 할 대답을 하지 않았습니다. 한번은 한유가 대전스님에게 물었습니다. "제자가 군주의 일로 바빠서 그러니 불법의 핵심을 압축하여 한 말씀 해 주시겠습니까?[弟子軍州事繁, 佛法省要處, 乞師一語]" 한유가 이렇게 대전스님에게 불법을 가르쳐 달라고 하자 "대전스님이 꽤나 오랫동안 말했으나 한유는 알아듣지 못했다[師良久, 公罔措]." 한유가 말했습니다. "사부님, 아직 못 알아듣겠습니다[師父, 我還是不懂]." 삼평이 옆에 서 있다가 선상(禪床) 위를 세 번 두들겼습니다. 대전스님이 물었습니다. "무슨 뜻이냐?[作麼]" 삼평이 말했습니다. "이 이치는 먼저 정으로써 움직이고 후에 지혜로써 다스린다는 것입니다[這個道理, 先以定動, 候以智撥]." 한유가 말했습니다. "이제 알겠습니다. 사부님은 왜 저에게 말해 주지 않으셨습니까? 지금 사형의 말을 듣고서야 비로소 알았습니다[我懂了, 師父怎麼不告訴我, 倒是小師兄的話我懂了]." 노스님이 듣고는 몽둥이를 들어 삼평을 때렸습니다. 왜 그를 때렸을까요? 한유에게 이치를 설명하는 것은 도리어 그를 해롭게 하는 것이니 일체의 이치를 막아 버리기 때문입니다. 학문과 사상이 있는 사람은 스스로 이치로써 설명하려 들기 때문에 도에 들기가 쉽지 않습니다. 삼평이 말한 두 구절을 듣고 한유가 스스로 알았다고 여겼지만 사실은 아직도 제대로 알아듣지 못한 것입니다.

삼평은 뒤에 대조사(大祖師)가 되어 오도게(悟道偈)를 한 수 썼는데 대단히 훌륭해서 운문조사가 차용한 것입니다. 이 두 사람은 시기적으로 대략 수십 년의 시차가 있습니다.

운문조사가 삼평의 게송을 인용해서 말했습니다. "보고 듣는 이것은 보고 듣는 것이 아니다[卽此見聞非見聞]." 이렇게 말해 놓고 주위를 둘러보니 아무도 알아듣지 못합니다. 다시 이어서 말합니다. "그대들에게 보여 주고 들려줄 것이라곤 더 이상 없네[無餘聲色可呈君]." 그리고 난 뒤 다시 둘러보아도 역시 아무도 이해하지 못하자 혼자 중얼댑니다. "그래! 보여 주고 들려줄 게 뭐 있겠어?〔唉! 有甚麼口頭聲色〕" 그러고는 세 번째 구절을 읊습니다. "그 속엔 모든 일이 완전히 사라진 듯하다〔個中若了全無事〕." 둘러보아도 여전히 알아듣지 못하자 또 말합니다. "무슨 일이 있겠어!〔有甚麼事嘛〕" 다시 삼평의 네 번째 구절을 읊습니다. "체용이 나뉘고 나뉘지 않음에 무슨 거리낌이 있으리〔體用何妨分不分〕." 사람들이 여전히 못 알아듣자 그는 다시 풀이합니다. "'말이 체요 체가 말이다〔語是體, 體是語〕.' 지팡이를 들어 올리며 말했다. '지팡이가 체요 등롱은 용이다. 나누어지느냐, 나누어지지 않느냐?〔拄杖是體, 燈籠是用, 是分不分〕'" 한 차례 쉬었다가 아무도 대답하지 않자 다시 말합니다. "그대들이 설마 알지 못하겠는가? 일체는 지혜롭고 지혜로우며 청정하다, 알겠는가?〔爾們難道不知道, 一切智智淸淨, 懂不懂〕" 이것이 바로 선종의 교육법입니다.

제가 한번은 학생들과 같이 길을 걷다가 젊은 남녀가 껴안고 가는 것을 보았습니다. 학생들은 저에게 느낌이 어떠냐고 물었습니다. 저는 이렇게 말했습니다.

보고 듣는 이것은 보고 듣는 것이 아니니	卽此見聞非見聞
그대들에게 더 이상 보여 주고 들려줄 것이 없다	無餘聲色可呈君
그 속엔 모든 일이 완전히 사라진 듯하니	個中若了全無事
체용이 나뉘고 나뉘지 않음에 무슨 상관이 있으리	體用何妨分不分

똑같은 이치입니다. 농담이 아닙니다. 여러분이 쉽게 이해하지 못할 뿐입니다.

"운문이 말했다. 빛이 투철하지 못한 것은 두 가지 병폐 때문이다. 일체의 곳에 밝지 못한 것은 눈앞에 사물이 있기 때문이니, 이것이 첫째다〔師

曰, 光不透脫, 有兩般病, 一切處不明, 面前有物, 是一〕."

우리가 참선을 할 때 지혜의 빛, 즉 자성의 광명이 나타나지 않는 것은 두 가지 병폐 때문입니다. 하나는 우리가 어디에 있든 눈앞의 사물이 장애물로 작용하여 스스로 알지 못하게 하니 이 때문에 명심견성할 방법이 없습니다.

우리가 다리를 틀고 앉으면 눈앞에 사물이 있습니까 없습니까? 눈을 감으면 새까맣지만 눈을 뜨면 보려 하지 않아도 '모두' 있는 그대로 눈앞에 '드러나' 보입니다. 일단 눈을 뜨기만 하면 바깥의 것들에 사로잡히니, 그 속엔 모든 일이 완전히 사라진 듯하여 체용이 나뉘고 나뉘지 않음에 아무 거리낌이 없는 상태에 이르지 못합니다.

눈을 감으면 눈꺼풀이 가로막아 온통 새까맣게 되니 무명(無明)입니다. 선종의 조사들은 사람을 나무라면서 일개 '흑칠통(黑漆桶)'이라 합니다. 우리의 이 신체는 통과 같으며 통 속은 온통 새까맣습니다. 그러니 어떻게 하겠습니까? 모든 것에 밝지 못한 이유는 눈앞에 사물이 있기 때문입니다. 이것이 첫째 병폐입니다.

신체의 관념을 진정한 공으로 만들었을 때에야 비로소 반야의 심광(心光)이 드러납니다. 이때가 되어야 비로소, "체용이 나뉘고 나뉘지 않음에 아무 상관이 없다〔體用何妨分不分〕"라고 하는 단계를 말할 수 있습니다. 이 단계는 안과 밖이 나뉘고 나뉘지 않음에 아무 거리낌이 없는 단계입니다. 이것이 첫째라는 것은 아주 확실합니다. 운문이 앞서 말했던 설법과는 모양새가 다릅니다.

또 말합니다. "일체의 법이 공임을 꿰뚫어 알아도 은은한 것이 마치 어떤 물체가 있는 듯해 역시 빛이 철저히 벗어나지 못한다〔透得一切法空, 隱隱地似有個物相似, 亦是光不透脫〕."

이 부분에 주의해야 합니다. 어떤 때에는 이치상 약간의 깨달음을 얻어 앉아 있으면 공에 가까워진 듯하지만 당연히 아직 법이 공임을 투철히 깨닫지 못한 것으로 단지 그림자에 불과합니다. 운문의 말을 주의해서 보면, 공은 공이지만 아직도 어떤 것이 은은히 남아 있는 듯, 망념이라 말할 수도 없는 어떤 것이 그 안에 있습니다. 자신이 옳다고 여겨서는 안 됩니다. 그래서는 생사를 벗어날 수 없습니다.

운문의 말은 아주 분명하여 일체의 법이 공임을 간파했습니다. 이치로도 알았고 경계에도 도달했습니다. 그렇지만 정(定) 속에서 은은히, 마치 어떤 것이 아직도 자신을 가리고 있는 듯합니다. 바로 반야의 심광이 꿰뚫고 나오지 못한 것입니다. 꿰뚫고 나온다면 곧 해탈입니다. 꿰뚫는다는 것은 안팎도 장애도 없는 것을 말함이니 바로 해탈입니다.

법신의 두 가지 병폐

운문은 아주 확실하게 우리에게 견지, 수증, 행원을 말하고 있으니 이들 모두에 주의해야 합니다. 또 말합니다.

"법신에도 역시 두 가지 병폐가 있다〔法身亦有兩般病〕." 일념도 일어나지 않으며 청정하여 아무것도 생겨나지 않는 것이 법신인데, 여기에도 두 가지 병폐가 있습니다.

"법신을 얻고서 법에 집착하는 것은 자신의 견해가 아직도 법신의 주변에 남아 있는 것이니, 이것이 그 하나이다〔得到法身, 爲法執不忘, 己見猶存, 坐在法身邊, 是一〕."

공의 경계에 가까이 이르면 청정한데, 이는 단지 법신과 유사한 것으로 법신에 가까울 뿐입니다. 이런 청정한 경계는 일단 떠나 버리고 나면 아무것도 남지 않습니다. 이 때문에 애써 붙들고자 하는데, 이것이 바로 법에 집착하는 것입니다. 일단 법에 집착하면 곧 아견(我見)이 생겨나 자신의 견해가 남아 있게 됩니다. 이렇게 되면 법무아(法無我)[111]는커녕 인무아(人無我)에도 이르지 못합니다. 폐단은 법신의 경계에 머물고자 하는 데에 있습니다. 이 청정함을 지키는 것이 궁극적인 것이라 여기는 데에서 커다란 병폐가 생겨납니다. 이것이 바로 법신병(法身病)의 하나입니다.

또 다른 법신병이 있으니, "곧바로 법신에 통했으나 내버려 두면 안 되니, 앞으로 어떤 기식이 있을지 자세히 점검하는 것으로 이것 역시 병폐다〔直饒透得法身去, 放過即不可, 仔細点將來, 有甚麼氣息., 亦是病〕." 진정으로 절대 청정인 공의 경계에 도달했다면, 즉 언제 어디서나 공의 경계에 머물 수 있는 단계에 진정으로 이르렀다면 이것 역시 병폐입니다. 만약 공의 경계를 지키지 않는다면, 일념이라도 정(定)에서 벗어난다면 그것으로 끝나 버리기 때문입니다. 법신이 없으면 이 공의 경계도 사라져 버리기 때문입니다.

이 자리에 계신 몇몇 나이 드신 분들은 모두 마음으로 얻은 바가 있을 겁니다. 힘써 타칠(打七)을 행하다가 끝날 때가 가까워지면 청정함을 느끼며, '바로 이것이구나' 하며 이치 또한 깨닫습니다. "내버려 두면 안 된다〔放過即不可〕"라는 것은 약간 느슨히 했다가는 세속에 휘둘리게 되고, 일이라도 바빠지면 아무것도 남지 않게 됩니다. 스스로 한번 자세히 들여다보

---

111 일체의 것은 모두 인연에 따라 존재하므로 그 실체가 없다는 뜻이다. 인무아(人無我)나 인공(人空)에 대칭되는 말로서 법공(法空)이라고도 한다. 무아 사상은 원시불교 이후 복잡한 발전 과정을 겪어 왔는데, 보통 부파불교(部派佛敎)에서는 오온(五蘊)의 가합(假合)으로 이루어진 인간에게 아트만[自我]은 존재하지 않는다는 인무아를 설했을 뿐 무아 사상을 모든 존재에까지 확장하지는 않았다. 특히 법을 자성을 가진 실유(實有)로 해석하여 '아공법유(我空法有)'의 태도를 취했다. 이에 반해 대승불교는 무아를 무자성(無自性)의 의미로 보아 인무아뿐 아니라 법무아를 말하는 '아공법공(我空法空)'을 주장했다. 이런 새로운 해석이 성립된 근거는 초기 대승불교가 부파불교의 실유관(實有觀)을 비판하여 모든 존재를 서로 의존해 있는 것, 즉 연기(緣起)의 존재로 본 데에 있다. 모든 법의 자성이 개별적으로 진실된 유(有)라면 제법의 작용은 일어나지 않으며, 따라서 종교적 실천은 성립되지 못한다는 것이다. 그러므로 제법은 연기의 존재로서 법의 자성은 실재하지 않으며 공이라 하였다. 이와 같은 '연기→무자성→공'의 사상은 용수(龍樹) 철학의 근간이 되었다.

십시오. 그러니 타칠을 하는 게 도대체 무슨 소용이 있을까요? 무슨 기식(氣息)이 있겠습니까? 이것 역시 큰 병폐입니다.

우리는 선종의 어록을 볼 때 이렇게 중요한 곳을 대충 보고 지나가 버리는데 사실 이들 모두가 보배입니다. 우리가 단지 코를 비튼다거나 복숭아꽃을 본다거나 하는 것에만 주의를 기울인다면 아무리 들여다보아야 도를 깨칠 수 없습니다. 방금 말한 이런 것들이야말로 정말 중요한 부분입니다.

"설법하기를, '사람마다 모두 빛을 지니고 있지만 볼 때에는 드러나지 않아 캄캄할 뿐이다'라고 했다〔垂語雲, 人人盡有光明在, 看時不見暗昏昏〕." 그대들이 도(道)를 찾고자 해도 찾으면 찾을수록 보이지 않을 것이라는 말입니다. 그러고는 얼마 후 다시 사람들에게 물었습니다. "사람마다 갖고 있는 빛이란 어떤 것인가?〔作麼生是諸人光明〕" 아무도 대답하지 못하자 스스로 사람들을 대신해서 말했습니다. "주방과 창고, 삼문[112]이다〔廚庫三門〕." 주방(廚房)과 고방(庫房) 그리고 삼문(三門) 바깥이라는 것입니다. 다시 둘러보아도 아무 반응이 없자 또 말합니다. "좋은 일은 없는 것만 못하다〔好事不如無〕." 그러고 나서 자리에서 내려와 안으로 들어가 버렸습니다.

이것이 선종이요, 선당의 교육법입니다.

진상서가 운문을 대접하다

운문의 교육법에 대해 다시 말해 보겠습니다. 한번은 운문이 강주(江洲)에 이르자 진상서(陳尚書)가 운문대사를 식사에 초대했습니다. 상서(尚書)는 지금으로 치면 장관급에 해당하는 아주 높은 지위입니다. 그는 운문을

---

112 달리 산문(山門)이라고도 하는데 선종의 가람에 있는 정문을 말한다. 지혜·자비·방편의 세 가지 해탈문을 뜻하며, 신(信)·해(解)·행(行) 삼자를 상징하기도 한다.

시험해 보려고 만나자마자 곧 물었습니다. "유서에 대해서는 묻지 않겠고, 삼승 십이분교도 각각 좌주[113]가 있을 거요. 승려들의 행각[114]은 어떠해야 하오?〔儒書中卽不問, 三乘十二分敎, 自有座主, 作麼生是衲僧行脚事〕"

진상서는 불학에도 통달하고 선에 대해서도 잘 알아 운문을 만나자마자 곧 물었습니다. 유가의 책에 대해서는 묻지 않겠고, 세간의 학문이나 불경 삼장십이분교(三藏十二分敎)에 대해서도 묻지 않겠다, 그런 것들은 불학을 연구하는 대사들이나 경전을 설하는 법사들이 할 일이니 단지 묻고 싶은 것은 참선하는 사람들이 명심견성을 얻기 위해 도처를 돌아다니며 배우는 데 그에 대해 스님께서는 어찌 생각하느냐는 것입니다.

그는 주인이면서 손님이 오자 곧바로 아주 무례하게 운문에게 질문을 던졌습니다.

운문이 그에게 물었습니다. "그 문제는 몇 사람에게나 물었던 겁니까?〔儞這個問題, 問過多少人〕" 진상서가 대답했습니다. "이제야 스님께 묻는 겁니다〔我現在請敎儞〕."

운문이 말했습니다. "그 문제는 잠시 접어 둡시다. 그런데 가르침의 뜻이 무언가요?〔卽今且置, 作麼生是敎意〕" 즉 지금 그대의 그 물음에 대해서는 답하지 않겠소, 대신 내가 묻고 싶은데 대장경의 모든 경전에서 말하는 뜻은 무엇이냐는 것입니다.

진상서가 대답했습니다. "황권적축이라오〔黃卷赤軸〕." 별것 아니오, 모두가 화려하게 치장한 책들이라오 하는 말입니다.

운문이 말했습니다. "그건 문자나 언어일 뿐이오. 교의는 무엇인가요?〔這個是文字語言, 作麼生是敎義〕" 진상서는 운문에게 한층 전문적인 용어

---

113 달리 좌주(坐主)라고도 하는데, 멀리서 찾아와 경전의 뜻을 묻는 승려를 말한다.

114 달리 유방(游方) 또는 유행(遊行)이라고도 하는데, 명사(名師)를 찾거나 혹은 자신의 수행이나 다른 사람을 교화시키기 위해 승려가 일정한 거처도 없이 사방을 떠도는 것을 말한다.

로 말합니다. "말하고자 하나 할 말이 없고, 조리 있게 생각하려 하나 생각을 잊었소이다〔口欲談而辭喪, 心欲緣而慮忘〕." 진정한 불법은 언어나 문자로 말할 수 없다는 것입니다. 듣고 보니 이 상서 나으리는 마치 깨달은 듯합니다. 운문이 듣더니 곧이어 말했습니다.

"말하고자 하나 할 말이 없는 것은 언어에 대한 것이요, 조리 있게 생각하려 하나 생각을 잊은 것은 망상에 대한 것이지요. 가르침의 뜻은 무엇인가요?〔口欲談而辭喪, 爲對有言, 心欲緣而慮忘, 爲對忘想, 作麼生是教意〕" 유식을 연구한 사람이라면 곧 알 것입니다. 앞 구절은 언어와 문자에 대해 말한 것이요, 다음 구절은 망상에 대해 말한 것으로 역시 상대적인 말입니다. 운문은 말합니다. "그대는 아직 내 물음에 답하지 않았소. 나는 그대에게 가르침의 뜻이 무어냐고 물었소〔爾還是沒有答復我的問題, 我問爾, 甚麼是教意〕." 불경은 궁극적으로 무얼 말하고 있느냐는 것입니다.

"상서가 말이 없었다〔書無語〕." 진상서는 아무 말도 하지 않았습니다. 이번 식사는 제대로 하기도 어려울 듯합니다.

운문이 또 물었습니다. "그대가 『법화경』을 연구한다고 들었는데, 그렇지 않은가요?〔我听說儞是研究法華經的是不是〕" "그렇습니다!〔是啊〕" "경전에서는 이렇게 말합니다. '일체의 생산을 위한 일은 모두 실상과 서로 위배되지 않는다〔一切治生産業, 皆與實相不相違背〕.'" 이는 부처님이 한 말로서 재가(在家)든 출가(出家)든 똑같이 도를 이룰 수 있으며, 보살도를 행하는 재가인에게는 생산과 관련된 모든 일과 도의 본체는 다른 것이 아니라는 말입니다.

"또 한 번 말해 보시오. 비비상천에서 몇 분이나 퇴위[115]하셨소?〔且道非

---

115 '불퇴위(不退位)'와 대칭이 되는 말이다. 초지(初地) 이상의 보살은 퇴전(退轉)의 우려가 없어 불퇴위에 속하나, 초지 이전의 십주(十住)·십행(十行)·십회향(十迴向) 등의 단계에 있는 보살은 퇴전의 우려가 있어 퇴위에 속한다.

非想天有幾人退位〕" 운문이 다시 이어서 물었습니다.

이제 문제에 이르렀습니다. 불법의 우주관은 색계의 비비상천을 초월합니다. 비비상천의 천인(天人)은 몇 명이나 퇴위(退位)했느냐? 일체의 세속적인 법과 불법이 서로 위배되지 않는다면 왜 눈 감고 죽은 듯이 앉아 타좌를 하는가? 왜 스스로 부동심을 구하려 하는가? 비비상천에서 몇 명이 인간세계로 내려오려 하는가? 높은 자리에 오르고도 누가 아래로 내려오려 하는가? 운문은 바로 이런 질문을 한 것입니다.

진상서가 말문이 막혀 대답하지 못하자 운문이 훈시합니다. "상서는 대충대충 하려 해서는 안 됩니다〔尚書且莫草草〕." 불법이 그렇게 간단하지 않으니 스스로 고명하다고 여겨서는 안 된다는 말입니다.

"삼경 오론을 던져 버리고 오로지 총림에 들어와 십 년, 이십 년을 닦아도 어쩔 도리가 없는데 상서가 다시 다툴 수 있다고 생각하시오?〔三經五論, 師僧抛却, 特入叢林, 十年二十年尚不奈何, 尚書又爭得會〕"

승려 중에도 불학에 대해서는 어린애 수준인 사람들이 많습니다. 그들은 스스로 깨치지 못했다고 생각하여 불학은 연구하지 않고 교리를 던져 버리고는 총림으로 달려가 선당에서 참선을 합니다. 그렇게 십 년, 이십 년을 참선해도 그림자조차 붙들지 못하는 사람이 수도 없이 많습니다! 상서, 그대는 아직 멀었으니 이미 개오했다고 생각하지 마라는 뜻입니다.

운문스님이 이렇게 날카롭게 나무라자 그때서야 진상서가 무릎을 꿇고는 "제가 잘못했습니다" 하면서 승복했습니다.

제16강

운문의 교육법

선종에서 견지, 수증, 행원을 말할 때에는 대부분 은어(隱語)를 사용하니 미묘한 수식어에 속아서는 안 됩니다.

운문의 종법(宗法)은 대단히 어렵기 때문에 운문종에서 배출한 인재들은 하나같이 아주 뛰어나지만 몇 사람을 가르쳐 내는 것만 해도 매우 어려운 일이었습니다. 운문은 안목이 높았고 교육법 또한 엄격했는데, 운문의 교육법은 고(顧)·감(鑒)·이(咦)로서 견지, 수증, 행원을 직접 언급하지는 않았습니다.

무엇이 고(顧), 감(鑒), 이(咦)일까요? 예를 들어 학인(學人)이 운문을 만나러 오면 그는 눈을 한번 뜨고는 말합니다. "그대는 똑똑히 보이는가?" 학인은 그가 무슨 말을 하는지 알지 못합니다. 그러면 그는 "이(咦)!" 하고 개탄합니다.

요즘은 선학(禪學)을 연구하면서 고(顧), 감(鑒), 이(咦)를 화두로 삼아 참선하는 사람도 있습니다. 이렇게 하면 깨달을 수 있을까요? 반드시 그렇지는 않습니다!

운문의 기백은 왕과 같았으며 교육법은 대단히 엄격하고 진지했습니다. 더욱이 그는 율종 출신이라 제자들에게도 계율을 엄격히 지킬 것을 요구했으며, 틈만 나면 제자들에게 계속 노력할 것을 독려했습니다. 혹 길을 가다가 제자들과 만나면 그는 불러 세웁니다. "봐!" 제자들이 머리를 돌리고 그를 쳐다보지만 무슨 말인지 모릅니다. 그러면 그는 "이(咦)!" 하고 탄식합니다. 이(咦)는 『소지관(小止觀)』[116] 중의 여섯 글자가 아니므로 이를 기공(氣功)의 관점에서 보아서는 안 됩니다. 기공으로 보면 완전히 잘못 짚은 것입니다.

법안종과 선시

이제 법안종(法眼宗)에 대해 살펴보기로 합시다. 법안종은 남송(南宋)에 이르러 쇠퇴했으며, 이 종파는 운문종과 달리 문학을 중시했습니다. 법안종의 인재들은 문학적 수양이 매우 높았는데, 예를 들면 『종경록』을 지은 영명수선사도 바로 이 종파에 속한 인물입니다. 법안종은 문자와 교리를 중시했으며, 이 때문에 영명수는 교리와 수행이 모두 뛰어날 수 있었습니다. 법안선사(法眼禪師)의 오도(悟道) 인연에 대해서는 여러분 스스로 연구해 볼 수 있을 것입니다.

다음은 법안선사의 유명한 시입니다.

---

116 『수습지관좌선법요(修習止觀坐禪法要)』 또는 『동몽지관(童蒙止觀)』이라고도 하는데, 수대(隋代)의 지자대사가 그의 속형(俗兄)인 진침(陳鍼)을 위해 지은 책이다.

이치의 극한에서 정을 잊으니	理極忘精謂
어찌 비유할 만한 것이 있으리오	如何有喩齊
온 세상이 하얗게 서리로 뒤덮인 달밤	到頭霜夜月
달은 운행에 몸을 맡겨 앞 계곡으로 떨어진다	任運落前谿
익은 열매 두 개가 원숭이에겐 무겁고	果熟兼猿重
산은 길고 미로와 같다	山長似路迷
머리를 들어 보니 남아 있는 빛이 있어	擧頭殘照在
원래 서쪽에 머물고 있었던 것을	元是住居西

특별히 잘 지은 시라고는 할 수 없어도 선(禪)의 경계가 묘사된 시입니다. 그는 견지, 수증, 행원이 모두 중요하다고 주장합니다. 이치를 궁구하다가 그것에 투철해져서 밝아지면 언어가 끊어지고 마음의 움직임이 사라집니다. 일체의 망념이 사라져 버리니 이것이 바로 망정(忘情)입니다. 공부의 제일 첫 단계는 바로 이치를 투철히 아는 것으로 그런 뒤에야 비로소 도달할 수 있습니다.

언어가 끊어지고 마음의 움직임이 사라져 버릴 때에는 어떤 비유로도 그것을 표현해 낼 수 없으며 어떤 비유도 모두 잘못된 것입니다. 비유할 방법이 없기 때문입니다.

"온 세상이 하얗게 서리로 뒤덮인 달밤, 달은 운행에 몸을 맡겨 앞 계곡으로 떨어진다(到頭霜夜月, 任運落前谿)." 이것은 눈앞에 펼쳐지는 경계입니다. 산 위에 살고 있는 사람은 가끔 이런 풍경을 봅니다. 특히 겨울의 달이 가장 아름답습니다. 폭설로 길이 끊어져 사람 그림자도 찾을 수 없을 때, 하늘에는 둥근 달이 떠 있고 그 아래에는 완전히 떨어져 나온 한 조각의 세계가 있습니다. 이때는 천상천하 유아독존으로 그 오묘함은 말로 표현할 수 없습니다. 온 세상이 하얗게 서리로 뒤덮인 달밤은 바로 이런 경계입니다. 한바탕 깨끗하고 밝아지면서 몸도 잊어버리고 생각도 잊어버리며 나와 남과 세계가 모두 공(空)이 되어 버립니다. 그다음 구절을 주의해야 합니다. "달은 운행에 몸을 맡겨 앞 계곡으로 떨어진다(任運落前谿)." 우리는 어떤 때 눈먼 고양이 죽은 쥐 잡듯 큰 경계도 없이 우연히 약간의 공, 약간의 선을 만나게 되지만 조금 지나면 곧 사라져 버립니다. 이런 사람은 아주 많습니다. 바로 온 세상이 하얗게 서리로 뒤덮인 달밤, 달은 운행에 몸을 맡겨 앞 계곡으로 떨어진다는 이치를 깨닫지 못한 사람입니다. 밝음이 극에 이르면 어둠이 옵니다. 이것은 당연한 이치입니다. 떨어져 버린다는 것은 도대체 무얼 두고 하는 말이겠습니까? 어둠이 극에 이르면 다시 밝음이 오는 것을 말입니다! 이는 이치에 투철하지 못하기 때문입니다.

그 아래의 두 구절, "익은 열매 두 개가 원숭이에겐 무겁고, 산은 길고 미로와 같다(果熟兼猿重, 山長似路迷)"라는 구절은 훌륭한 시입니다. 그리고 이것은 실제 경계이기도 합니다. 열매가 익자 원숭이가 와서 열매를 땁니다. 열매를 따서 품에 안아 보지만 그러면 움직일 수가 없습니다. 원숭이가 과일을 훔치는 것을 보면 아주 재미있습니다. 오른손으로 하나 따서는 왼쪽 겨드랑이에 낍니다. 그런 다음 다시 왼손으로 하나 따서는 오른쪽 겨드랑이에 낍니다. 두 손으로 쉴 새 없이 따 대니 과일은 계속 겨드랑이에서 떨어집니다. 그러다가 사람이 오는 것을 보면 재빨리 도망가 버립니다. 이것이 바로 인생입니다. 이쪽 돈을 집어다가 은행에다 넣고 저쪽 돈을 집어다가 주식을 사며 그러다가 갈 때가 되면 빈손으로 아무것도 없이 가고 마니 원숭이가 열매를 따는 것이나 같습니다. 어떤 원숭이는 이보다는 마음이 태평스러워 하나를 따서 양손으로 붙들고는 먹어 치웁니다. 만약 가져가려고 한다면 하나도 얻지 못할 것입니다.

이 단락은 전부 음(陰)이 극에 이르러 양(陽)이 되는 공부에 대해 말하고 있습니다. 음이 극에 이르러 양이 되는 경계는 수시로 변합니다. 일념도 일어나지 않는 깨끗하고 맑은 경계가 계속 이어질 것이라 생각해서는 안 됩니다. 이렇게 계속 이어진다면 여러분이 바로 요괴이고 그것을 외도(外道)라 합니다. 우리가 일념을 계속 지켜 오래되면 고선(枯禪)에 떨어지고 마는데, 이는 생명력이 사라져 버리는 것입니다. 사실 경계는 반드시 변할 수밖에 없습니다. 도가에서는 이를 '구전환단(九轉還丹)'이라 하는데, 한 단계 한 단계 진정으로 변화한 후에야 비로소 과위를 얻을 수 있다는 뜻입니다. "익은 열매 두 개가 원숭이에겐 무겁다(果熟兼猿重)"에서 원숭이는 마음을 나타냅니다. 그러나 이 단락의 공부는 "산은 길고 미로와 같다(山長似路迷)"라는 구절로 열매가 익기 위해서는 차츰차츰 닦아 나가야 합니다. 우리는 타좌를 하면서 삼 일 만에 성과를 얻고자 하나 이런 일은 있을 수 없습니다. 서서히 해야 합니다. 어떤 때에는 스스로도 더 이상 희망이 없는 것이 아닌지 회의하는데, 바로 산은 길고 미로와 같다는 것입니다. 이들은 모두 공부를 말하고 있습니다.

마지막의, "머리를 들어 보니 남아 있는 빛이 있어, 원래 서쪽에 머물고 있었던 것을(擧頭殘照在, 元是住居西)"이라는 두 구절은 눈앞에 드러난 경계입니다. 머리를 들어 보니 마치 암흑의 경계 속에서 빛이 막 사라졌으나 아직도 그 빛의 흔적이 남아 있는 듯합니다. 원래 신령스러운 그것은 분명히 아직 남아 있는데, 바로 서쪽입니다. 서쪽에 머물고 있다는 것은 또 다른 의미가 있으니 서방 극락세계를 말하는 것이라 볼 수 있습니다. 이 극락세계는 반드시 서방 불국 정토를 뜻한다기보다는 자성의 청정함을 말합니다.

법안종은 대단히 평이하고 실제적이지만 문학 쪽으로 치우쳐 비교적 문자를 중시합니다. 『지월록』에 기록된 이 시는 『오등회원(五燈會元)』 권 10에도 실려 있는데, 여기에는 다른 한 수가 더 있습니다. 법안선사는 이왕(李王)과 함께 모란을 감상하면서 한담을 나누고 있었습니다. 오대(五代)의 이왕은 바로 당 태종의 후예로서 왕손이었습니다. 이왕은 법안선사를 매우 존중하여 그에게 귀의한 제자였습니다. 하루는 이 왕손이 법안선사를 청하여 같이 모란을 감상하면서 한편으로 불법에 대해 물었습니다. 모란은 부귀를 대표합니다. 꽃을 감상한 후 이왕은 법안선사에게 게송 하나를 청했습니다. 법안선사는 그 자리에서 다음과 같은 게송을 지었습니다.

털옷을 걸치고 향기로운 꽃을 바라보니	擁毳對芳叢
걸어온 길이 서로 다르다	由來趣不同
머리카락은 오늘로부터 희어지나	髮從今日白
꽃은 지난해처럼 붉다	花是去年紅
아침 이슬을 머금어 요염하고	艶冶隨朝露
향기는 저녁 바람을 따라 흩어진다	馨香逐晚風
어찌 떨어지기를 기다려서야	何須待零落
비로소 공을 알기 시작하리오	然後始知空

날씨가 추워졌습니다. 둘은 바람막이 외투를 걸치고 모란이 옹기종기 피어 있는 화단을 바라보고 있었습니다. "유래취부동(由來趣不同)"에서 '취(趣)'자는 '추(趨)'자와 같으니, 걸어온 길이 다르다는 뜻입니다.

"머리카락은 오늘부터 희어지나 꽃은 지난해처럼 붉다〔髮從今日白, 花是去年紅〕"라는 이 두 구절은 정말 멋집니다. 하지만 이는 두보(杜甫)의 시, "이슬이 오늘밤부터 하얗게 되니 달은 고향처럼 밝기만 하다〔露從今夜白, 月是故鄕明〕"에서 따온 것입니다. 설사 그렇더라도 흉내 낸 것이 아주 고명합니다.

"아침 이슬을 머금어 요염하고 향기는 저녁 바람을 따라 흩어진다〔艶冶隨朝露, 馨香逐晚風〕"라는 부분은 꽃을 묘사한 것입니다. 훌륭한 시입니다.

"어찌 떨어지기를 기다려서야 비로소 공을 알기 시작하리오〔何須待零落, 然後始知空〕." 법안선사는 이 말대(末代)의 왕손에게 말합니다. 그대는 이제부터 곧장 수도하시오. 시대가 이미 저물어 가고 있어 더 이상 그대의 시대가 아니오. 하필이면 꽃이 다 떨어지고 난 뒤에야 비로소 그것이 공임을 알려고 하는 것이오? 바로 지금 마침 좋은 곳에 이르렀으니 그대는 속히 모든 것을 버리시오. 이 구절은 아주 고명합니다. 『지월록』 권 22에도 나옵니다.

선사는 삼계유심(三界唯心)의 게송을 읊었습니다.

삼계는 유심이며 만법은 유식이니	三界唯心 萬法唯識
유식 유심 눈으로 소리를 듣고 귀로 형체를 본다	唯識唯心 眼聲耳色
어찌 귀로 형체를 보고 눈으로 소리를 느끼리	色不到耳 聲何觸眼
모양은 눈을, 소리는 귀를 통해야 만법이 판별된다	眼色耳聲 萬法成辨
만법은 인연이 아니니 어찌 환상처럼 보랴	萬法匪緣 豈觀如幻
대지 산하 어느 것이 견고하고	大地山河 誰堅誰變
어느 것이 변하는 것이랴	

이것이 바로 법안선사의 선종입니다. 후에 법안종은 계속 발전하여 송대에 이르러서는 영명수선사와 부산원선사(浮山遠禪師)가 유명합니다.

중국의 문화 발전사를 연구할 때는 특히 위앙종의 구십육원상(九十六圓相)을 주의해야 합니다. 위산선사는 백장선사의 제자로서, 앙산선사도 위산의 계열에서 나왔습니다. 그리고 그 뒤를 이은 사람이 바로 임제(臨濟)와 조산(曹山) 그리고 동산(洞山)인데, 이때가 되면 시대가 이미 당말(唐末) 오대(五代)에 이릅니다. 운문과 법안은 바로 오대 때 사람이며, 부산원선사와 영명수선사에 이르면 이미 송조(宋朝)로 접어듭니다. 이 사이 적어도 이삼

백 년의 시차가 있지만 우리는 그저 몇 마디 언급하고 넘어가 버립니다.

후대로 갈수록 방법도 더욱 복잡해져 마치 현대 과학처럼 더욱 세부적인 분야로 나누어집니다. 임제의 사료간(四料簡)과 삼현삼요(三玄三要)는 조산과 동산에 이르러서는 오위군신(五位君臣)이 됩니다. 운문의 고(顧), 감(鑒), 이(咦)도 과거의 것이 되어 버립니다. 법안에 이르러 구대(九帶)[117]로 변화되는데, 이 구대는 일본에서 공부하는 단계를 나타내는 술어가 되기도 했습니다. 흑대(黑帶)니 황대(黃帶)니 하는 아홉 개의 띠가 된 것입니다. 이것은 바로 부산원선사의 구대에서 변화된 것으로, 구대란 아홉 종류를 말합니다.

선종에 대한 오해

지금의 선종은 참으로 안타깝습니다. 일반인들은 타좌를 선(禪)이라 생각하며 화두 참구도 선이라 생각합니다. 묵조 역시 선이라 생각합니다. 그뿐 아니라 마음을 가라앉혀 명상하는 것도 마땅히 선이 될 수 있다고 생각합니다. 이건 아주 엄중한 문제입니다. 송조(宋朝)의 대혜고선사는, "묵조는 삿된 선이다[默照邪禪]"라고 했습니다.

또 일반적으로 선학을 너무 쉽게 말합니다. 예를 들면, "복숭아꽃을 보고 깨달았다"라든가 "산을 보니 산이 아니요 물을 보니 물이 아니다. 산을 보니 역시 산이요 물을 보니 역시 물이다" 같은 구절은 사람들이 흔히 말하는 것으로 선학 서적에 단골로 등장합니다. 가난한 사람이야 시내를 나가도 백화점에 뭐가 있는지 모릅니다. 본 적이 없으니까요. 백화(百貨)를

---

117 송대의 부산원선사(浮山遠禪師, 991~1067)가 수행승에게 제시한 아홉 가지 방법으로, 달리 부산구대(浮山九帶)라 부르기도 한다.

보아도 백화가 아니니 이것도 선(禪)이 아니겠습니까?

영운선사가 복숭아꽃을 보고 도를 깨친 것은 아주 유명한 사실입니다. 하지만 영운선사는 이삼십 년간 참선을 하고도 깨치지 못했는데, 이 부분은 누구도 주의하지 않습니다. 하루는 그가 무심히 고개를 들어 복숭아꽃을 바라보다가 '아! 원래 이것이구나' 하고 깨달았습니다. 그러고는 게송한 수를 지었습니다.

삼십 년 동안이나 검객을 찾았으니	三十年來尋劍客
낙엽 지고 가지에서 싹이 트기 몇 번이던가	幾回落葉又抽枝
복숭아꽃을 한번 본 후로는	自從一見桃花後
지금에 이르도록 다시 의심하지 않았네	直至如今更不疑

이것은 어느 비구니가 도를 깨쳤을 때 쓴 다음 게송과 같습니다.

온종일 찾아도 봄을 보지 못해	竟日尋春不見春
짚신 신고 구름 덮인 산까지 헤매다	芒鞋踏破嶺頭雲
돌아와 매화꽃 따다 향내 맡으니	歸來手把梅花嗅
봄은 가지 끝에 이미 가득하도다	春在枝頭已十分

영운선사는 삼십 년간 참선했습니다. "복숭아꽃을 한번 본 후로는 지금에 이르도록 다시 의심하지 않았네〔自從一見桃花後, 直至如今更不疑〕." 마치 가섭존자와도 같습니다. 석가모니부처님께서 꽃을 집어 들자 가섭존자는 미소를 지었는데, 그가 깨달은 것은 무엇이었을까요? 왜 복숭아나무를 재배하는 사람은 평생을 보아도 깨닫지 못하는 것일까요? 이것이 문제, 즉 화두입니다.

복숭아꽃을 보고 도를 깨칠 수 있다면 달라이 라마 6세 또한 당연히 도를 깨쳤을 것입니다. 그가 쓴 애정시에 다음과 같은 것이 있습니다.

미인은 어머니 태 속에서 나지 않으니	美人不是母胎生
응당 복숭아꽃 가지에서 자라났으리	應是桃花樹長成
복숭아꽃은 쉽게 떨어져 한스러우니	已恨桃花容易落
떨어진 꽃도 그대보다는 다정했으리	落花比爾尙多情

문자로만 접근한다면 평생을 노력해도 제대로 알지 못할뿐더러 모두 미쳐 버리고 말 것입니다. 영운선사가 복숭아꽃을 보고 도를 깨친 것은 석가모니부처님께서 새벽 별을 보고 깨친 것과 같은 이치입니다. 허운스님이 찻잔을 깨고 나서 도를 깨친 것 역시 같은 이치입니다. 영운선사는 삼십 년이나 노력하며 줄곧 도를 찾았으나 찾을 수 없었습니다. 삼맥칠륜이니 기경팔맥이니 하는 것은 그에게는 이미 문제가 되지 않았습니다. 어느 날 홀연 긴장이 풀어져 일어나 보니 너무도 홀가분합니다. 꽃을 보니 꽃은 여전히 꽃이요 나는 여전히 나인데, 눈으로 꽃을 보고 있어도 마음은 이미 꽃에 머물지 않습니다. 시력이 돌아와도 보아도 보이지 않으니 눈 속에도 마음속에도 복숭아꽃이 없습니다. 너무 애를 써서 마음이 바짝 긴장된 상태에 있다가 머리를 들어 보니 눈이 '그것'과 맞부딪혀 곧바로 반사되어서 갑자기 생각이 공이 되어 버립니다. 이것뿐이며 그리 신기할 것도 없습니다. 어찌 복숭아꽃에 그치겠습니까? 어떤 것을 보아도 마찬가지로 도를 깨칩니다.

한번 실험해 볼 수도 있습니다. 서서 몇 바퀴 빙글빙글 돌아 보십시오. 이렇게 돌다가 갑자기 멈추면 기운이 미처 제자리로 돌아오지 않습니다. 이때 옆에서 탁 치며 말합니다. "훌륭해! 이미 경지에 이르렀어." 이런 소리를 들으면 스스로 깨달았다고 생각할 것입니다. 마음속으로 정말 그렇다고 느끼며 깨달음의 감각도 있을 것입니다. 이것은 심리적인 상태로서 사람을 기만하는 것입니다.

이런 식의 '선(禪)'이 후세에 와서 참으로 많습니다. 그러나 착각해서는 안 됩니다. 이것은 진정한 선이 아닙니다. 그래서 설두선사는 다음과 같은 시를 지었습니다.

장맛비가 운문에 쏟아져 철선을 띄우니	潦倒雲門泛鐵船
강남 강북이 모두 머리 빼고 쳐다본다	江南江北競頭看
불쌍하도다 낚싯대 드리운 자들이여	可憐多少垂鉤者
연이어 망망한 물길에 낚싯대를 잃었도다	隨例茫茫失釣竿

낚싯대 드리운 자들은 후세에 참선하는 사람들을 가리킵니다. 여기 있는 우리도 모두 이 경계에 있어서 망망한 물길에 낚싯대를 잃어버렸습니다. 강남에서 강북까지 도처의 사람들이 모두 이 배를 타려 합니다. 마치 우리가 곳곳에서 스승을 구하고 도처에서 깊이 파고드는 것과 같습니다. 배워서 얻은 것이 없다고 말하지 마십시오. 가르치는 사람조차 대어를 낚아 보려 하다가 결국은, "본래 중생을 제도하려 했으나 도리어 중생에게 제도당한다〔本欲度衆生, 反被衆生度〕"는 처지에 이릅니다. 다시 말해 자신의 낚싯대마저도 잃어버리게 됩니다.

옛사람들이 불법을 배우는 방법은 후대의 사람과 어떻게 다를까요? 부처님은 결코 명심견성을 선(禪)이라 말하지 않았습니다. 옛사람들은 생사를 초월하는 것을 선이라 생각했습니다. 명심견성이 곧 선이라는 생각은 송원(宋元) 이후의 선종에서 나왔습니다. 부처님은 영산회에서 꽃을 집어 들고 미소를 지었는데, 천고 이래 이를 제대로 이해한 사람이 드물었습니다. 저는 늘 사람들에게 이 공안을 참구해 보라고 합니다. 부처님은 왜 꽃을 집어 들었을까요? 가섭존자는 왜 미소를 지었을까요? 바로 여기에 견지, 수증, 행원의 핵심이 모두 들어 있으나 그렇게 간단하지가 않습니다. 게다가 부처님은 선종의 심법(心法)을 전하면서 말했습니다. "나에게 정법안장, 열반묘심, 실상무상, 미묘법문, 교외별전, 불립문자가 있어 마하가섭에게 전하노라[吾有正法眼藏, 涅槃妙心, 實相無相, 微妙法門, 敎外別傳, 不立文字, 咐囑摩訶迦葉]." 부처님은 결코, "나에게 직지인심, 명심견성의 법문이 있어 마하가섭에게 전하노라"라고 말하지 않았습니다. 이는 후세에 개조된 것으로 비록 문자의 의미야 대동소이할지 몰라도 문자가 바뀌면 완전히 다른 뜻이 될 수 있습니다. 명심견성이 곧 선이라면 심(心)이란 도대체 무엇일까요? 이것이 첫 번째 착오로서 문제가 많습니다. 이 착오는 아주 엄중한 문제입니다.

　두 번째로 달마조사가 동쪽으로 온 후 육조(六祖) 이전까지, 그들의 직지인심(直指人心), 견성성불(見性成佛)은 무엇을 가리키는 것이었을까요? 이는 육조 이후에 정립된 내용과는 절대 같지 않을 것입니다. 이조(二祖)는 뛰어난 학문과 수행으로도 마지막까지 편안함에 이를 수 없어 안심법문(安心法門)을 구하려 했습니다. 과연 그가 그처럼 우둔한 사람이었을까요? 그가 이룬 학문과 수양의 경지라면 일찌감치 안심(安心)에 이르러 우리처럼 세상 일체가 모두 공임을 간파해야 했습니다. 그런 그가 어떻게 안심에 이르지 못했을까요? 그는 법을 얻은 후 삼조(三祖)에게 전하고는 유흥가를 쏘다녔습니다. 여전히 조심(調心)을 말하면서요. 무엇 때문이었을까요? 우리가 알고 있는 이치조차 그는 이해하지 못했던 것일까요?

　세 번째 문제는 삼조가 이조를 만나러 왔을 때 삼조는 온몸이 병투성이였습니다. 지금 우리가 말하는 고혈압, 신경통, 관절염 같은 풍병(風病)으로 온몸이 병투성이가 된 상태였습니다. 그는 이조를 찾아 자신을 대신해서 죄를 참회해 주기를 원했습니다. 이조가 그에게 말했습니다. "죄를 찾아내면 그대와 같이 참회하겠네〔將罪來與汝懺〕." 죄업을 찾아낸다면 그를 위해 참회하겠다는 것입니다. 이조가 삼조에게 이렇게 말한 후, "꽤 오랜 시간이 지나자 삼조가 말하기를, '죄를 찾아내지 못했습니다'라고 했다. 그러자 이조가 말했다. '참회는 끝났네'〔良久, 曰, 覓罪了不可得. 祖曰, 與汝懺罪竟〕." 삼조는 이것으로 깨달았습니다. 그런 뒤 병이 차츰 나았습니다. 병은 업으로부터 생겨나며 업은 마음이 만듭니다. 이조는, 만약 그대의 마음이 공이 된다면 병은 사라진다고 말한 것과 같습니다. 후에 삼조의 병은 사라졌습니다. 과연 무엇을 깨달은 것일까요? 심물일원의 심(心)입니다. 단지 의식상으로만 '아! 내 마음이 이토록 청정하니 나는 해탈했다'고 생각한다면 이것은 해탈이 아닙니다. 무엇을 해탈했다는 것일까요? 삼조의 병은 이로부터 좋아졌는데 여기에 반드시 주의해야 합니다.

사조(四祖)가 삼조를 만나러 왔을 때에는 이조가 달마조사와 만났던 때의 공안과 유사합니다. 사조는 당시 나이가 겨우 열네 살이었습니다. "와서 조사께 예를 표하며 이렇게 말했다. '원컨대 스님께서 자비를 베푸시어 해탈의 법문을 일러 주십시오'〔來禮祖曰, 願和尙慈悲, 乞與解脫法門〕." 삼조가 이 말을 듣고 되물었습니다. "누가 너를 묶어 놓고 있느냐?〔誰縛汝〕" 도대체 누가 너를 꽁꽁 묶어 놓았느냐는 것입니다. 사조가 머뭇거리다가 말했습니다. "아무도 저를 묶고 있지 않습니다!〔沒有人捆住我呀〕" 그러자 삼조가 말했습니다. "그런데 왜 다시 해탈을 구하는가?〔何更求解脫乎〕" 그렇다면 네가 다시 해탈을 구해야 할 이유가 무엇이냐는 말입니다. 나이 어린 사조는 이 말을 듣고 곧 깨달았습니다.

오조(五祖)가 사조를 만날 때의 일은 더욱 괴상합니다. 달마조사가 전해 준 것을 사조는 아직 전하지 못하고 있었습니다. 하루는 산에서 소나무를 기르던 도인(道人)이 사조를 찾아와서는 도를 구했습니다. 사조는, 그대는 나이가 너무 많으니 몸을 바꿔서 오면 그대를 기다리겠노라 말했습니다. 이 늙은 도인은 곧 투태(投胎)했습니다. 비록 도를 깨치지 못했지만 오고자 하여 몸을 바꾸어서 왔던 것입니다. 이런 능력을 가졌지만 그는 아직 깨달음에 이르지 못했는데 사조는 진짜로 그가 오기를 기다리고 있었습니다. 이 공안 역시 주의할 필요가 있습니다.

후세에 이르러 마음이 곧 부처라고 하자 도처에서 마음을 말합니다. 중국 남방에서 이런 방법이 널리 유행했지만 그 폐단 또한 대단히 컸습니다. 후세 사람은 마음속에 화두를 품고서 목숨을 걸고 이를 지키려 합니다만 이건 더욱 틀렸습니다.

선종의 에워싸서 치는 교육법

선종에는 '에워싸서 치는[圍起來打]' 교육법이 있는데, 바로 무문(無門)의 법문입니다. 이 교육법은 배우는 사람의 팔십팔결사(八十八結使)를 어디에서든 에워싸서 치는 것으로, 화를 잘 내는 사람이라면 크게 쑤셔 대고 혹 탐심(貪心)이 무거운 사람이라면 무겁게 쑤셔 댑니다. 어떤 고위 관료가 약산선사를 찾아와서 물었습니다. "경전에서 말하기를 '나찰국토에 검은 바람이 휘몰아쳐 온다[黑風飄墮羅刹國土]'고 했는데, 이게 무슨 뜻인가요?" 이 사람은 학문이 깊었고 지위도 높았으며 묻는 태도까지 깍듯했습니다. 그런데 노스님은 무시하듯 내뱉었습니다. "당신 같은 사람도 그런 말을 할 자격이 있는가요?" 이처럼 아예 기를 팍 죽여 버립니다. 나이도 많고 지위도 높은 데다 정중하게 묻기까지 했는데 이렇게 무례하게 대답하니 손바닥으로 한 대 때리지 못하는 것이 한스러웠을 것입니다. 그때 노스님이 조용히 말했습니다. "이게 바로 나찰국토에 검은 바람이 휘몰아쳐 오는 것이라오." 이 말을 듣고 깨닫고는 곧 무릎을 꿇었습니다.

선종의 교육법은 이처럼 오묘합니다. 성깔이 있다는 것을 알고 고의로 약을 올립니다. 약이 잔뜩 오르면 이번엔 살랑살랑 비위를 맞추며 화내지 말라고 합니다. 그러고는 무명이란 바로 지금의 그대 마음 같은 것이라고 말합니다. 이렇게 해서 깨달으면 마음이 청정해집니다.

탐(貪), 진(瞋), 치(癡), 만(慢), 의(疑) 등에 대해서도 온갖 방법으로 에워 싸서 칩니다. 고정된 방법은 없으며 정확히 때리는 것이 필요합니다. 이렇 게 해서 영운이 복숭아꽃을 보고 깨달은 것과 같이 되면 비로소 말합니다. 그래, 그래, 바로 그거야!

그러나 이런 것이 곧 선종이라 여겨서는 안 됩니다. 그건 스스로를 기만 하고 다른 사람까지 속이는 것입니다. 이것은 제육식의 영역에서 우연히 도달한 청정한 경계에 지나지 않습니다. 향판(香板)으로 내리쳐 한순간 공 이 되어 의식이 청정해지면 바로 이것뿐이라 여겨집니다. 이런 것이 '심(心)' 이라 생각한다면 틀려도 한참이나 틀린 것입니다.

명심견성의 설법이 유행한 것은 육조 이후입니다. 한 세대 한 세대 변화 되면서 후대로 갈수록 진정한 선(禪)에서 더욱 멀어집니다. 현재와 같은 상황이라면 불법을 배울 필요도 없습니다. 어떤 사람이라도 일념이 공이 되면 곧 깨달음에 이를 수 있으니 말입니다. 마음을 청정하게 하는 방법은 아주 많습니다. 예를 들어 눈앞에 밝게 빛나는 구슬이나 불상, 보살 등을 두고 가만히 바라보고 있기만 해도 마음이 서서히 가라앉아 깨끗해집니 다. 최면술 또한 그렇습니다.

밀종의 수행법도 역시 사방에서 에워싸고 치는 것입니다. 잔뜩 화가 났 을 때 깨끗하고 고요한 방에 며칠 동안 가두어 둡니다. 화를 다 내고 나면 피곤해지며 분은 자연 사라집니다. 욕심이 많은 사람에게는 실컷 욕심내 게 합니다. 그러고 나면 욕심이 사라져 공이 됩니다. 빛을 보는 것 또한 같은 이치입니다.

하지만 이런 방법은 모두 신체를 벗어나지 못합니다. 색음구우(色陰區宇)를 벗어나지 못했다는 말입니다. 어떤 종교든 청정한 경계가 약간 느껴지면, 신체가 아직 존재하더라도 기맥이 순조롭고 사대가 편안하면 의식상에 나타난 이 우연한 청정을 모두 도라 여깁니다. 사실 이런 것들은 모두 생리 작용을 벗어나지 못했습니다.

여러분, 스스로 한번 관찰해 보십시오. 감기에 걸리거나 중병에 걸리면, 혹은 고민스럽거나 고통스러우면 마음이 공인 것을 뚜렷이 알아도 공에 이를 수 없습니다. 이보다 좀 나은 사람이라 해도 마찬가지입니다. 병원에 누워 있을 때 한번 물어보십시오. "어때요, 정신이 좀 들어요?" "또렷해." "고통스러워요?" "참기 어려울 정도야." 며칠 지나서 병이 더 악화되면 다시 물어보십시오. "누군지 알아보겠어요?" "글쎄." "아직도 공부가 남아 있는 것 같습니까?" "없어." 이를 보면 일체의 것이 생리 작용임을 알 수 있습니다. 이런 유심(唯心)이라면 깨달아 봐야 무슨 소용이 있습니까? 이른바 공부라고 하는 것이 어디 있습니까? 이런 공부라면 신체가 도와주지 않으면 성공할 수 없습니다.

사람들은 입만 열면 기맥을 말하지만 기맥은 너무나 자연스러운 현상입니다. 고요히 정에 이르면 기맥에 반응이 나타나지 않을 수 없습니다. 잠을 잘 때조차도 기맥의 반응이 느껴집니다. 이는 지수화풍의 신체가 자연히 반응하는 것입니다. 그렇지만 일반인은 정좌 시 마음이 온통 어지럽습니다. 타좌를 하면서도 한편으로 성불하여 도를 이루겠다고 생각합니다. 선종에서는 이를 "투심이 죽지 않는다(偸心不死)"고 말합니다. 탐(貪)은 쉬운 것이지만 투(偸)는 교묘합니다. 사람에게는 좋지 못한 마음이 많은데, 총명한 체 하는 것이 바로 투심(偸心)입니다.

투심이 있으면 어떤 목적을 추구하게 됩니다. 이로부터 생리적인 여러

자연 현상에 심리적인 잘못된 관념이 결합하는데, 그것을 바로 청정이요 도라 여깁니다. 이들은 모두 투심 속에서 오락가락하는 것입니다. 도(道)란 궁극적으로 어떤 것일까요? 명심견성이 무엇일까요? 우리는 전혀 본 적이 없습니다. 그러니 불법 공부가 제대로 되지 않는 것입니다.

사선, 사대와 삼대겁

이제 '삼계천인표(三界天人表)'를 보기로 합시다(부록 1 참조). '삼계천인 표'의 구조는 우리 신체와도 같습니다. 아래가 욕계이며 중간이 색계, 그리고 위가 무색계입니다. 도가의 설법에 따르면 아래는 연정화기(煉精化氣), 중간은 연기화신(煉氣化神), 위는 연신환허(煉神還虛)로서, 연신환허를 통해 공(空)의 경계에 도달합니다.

이른바 기맥이란 어떤 것일까요? 불교에서는 지수화풍의 사대를 말합니다. 공부를 하는 데에는 사선(四禪), 즉 네 종류의 정(定)의 경계가 있습니다. 반야든 진여든 도를 깨닫기 위해서는 선(禪)의 길을 따라가지 않을 수 없으니 아무리 이치에 통달해도 정력(定力)이 없으면 안 되기 때문입니다. 정력이 초선에 도달하면 삶의 희(喜)와 낙(樂)을 벗어납니다. 희는 심리적인 것이요 낙은 생리적인 것입니다. 어떻게 해서 낙이 생겨나게 될까요? 낙은 정(精)으로부터 생깁니다. 정이 가득 차지 못하면 낙이 생겨나지 않습니다. 하지만 범부인 중생은 정이 가득 차기만 하면 무명인 남녀 간의 음욕이 일어나게 됩니다. 이 무명의 욕념을 벗어나 전화시키고 승화시킬 수 있을 때에야 비로소 연정화기가 가능하며 심리적인 희의 경계에 이를 수 있습니다.

어제 어떤 학생이 노트에다 이렇게 썼습니다. "법희[118]가 충만하지만 희

또한 망념이요 대망념이자 대결사이다. 이미 망념인데도 불법에서는 왜 희를 내세울까?〔法喜充滿, 喜也是忘念, 是大忘念, 是大結使. 卽然是忘念, 佛法爲 甚麼提倡喜呢〕" 희의 뒷면, 즉 음의 면은 곧 번뇌입니다. 희는 양의 면으로 서 희가 있으면 양기가 생겨납니다. 선(善)은 능히 양을 생겨나게 할 수 있 으므로 불법에서는 양의 측면인 선념(善念)을 취한 것입니다. 충분히 제기 될 수 있는 문제라 생각합니다.

희락(喜樂) 역시 망념이긴 하나 그래도 이것은 양의 측면으로서 선념에 의해 생긴 것입니다. 선(善) 역시 염(念)으로서 사선팔정의 경계 역시 염입 니다. 단지 철저히 염을 떠난 청정한 경계인 사선에 이르러서야 비로소 완 전히 염을 벗어났다고 할 수 있습니다. 우리는 죽어서 다시 사람으로 태어 나지 않고 천도(天道)에 오르기를 바라지만 선정이 없이는 천도에 오를 방 법이 없습니다. 여기서 특별한 문제 하나를 제기해 보겠습니다. 여러분, 혹 불경을 연구해 본 적이 있는지 모르겠습니다만 우리 이 세계가 장차 어 떻게 훼손되어 사라질까요? 삼재팔난(三災八難)[119]과 삼대겁(三大劫)에 대 해 알고 있는지요? 이제 여기에 대해 한번 살펴보기로 하겠습니다.

『유가사지론』권 2에는 이런 내용이 나옵니다.

또 이 세간 이십 중겁[120]이 허물어지고, 허물어진 이십 중겁이 허물어져 공이 되고, 이십 중겁이 다시 이루어지고, 이십 중겁이 이루어져 머문다. 또 이 중겁에 다시 세 종류의 작은 재앙이 출현한다〔又此世間二十中劫壞, 二十中劫 壞已空, 二十中劫成, 二十中劫成已住. 又此中劫復有三種小災出現〕.

---

118 설법을 듣고 진리를 깨달아 마음속에 일어나는 기쁨으로, 법열(法悅)이라고도 한다.

119 수재, 화재, 풍재라는 세 가지 재난과 배고픔, 목마름, 추위, 더위, 물, 불, 칼, 병란(兵亂) 등 여덟 가지의 괴로움이나 어려움을 이른다.

120 소겁(小劫)의 스무 배가 되는 기간을 중겁(中劫)이라 한다. 소겁은 사람의 목숨이 열 살에서 시작해 백 년마다 한 살씩 늘어서 팔만 살에 이르는 동안의 기간을 가리킨다.

이때에도 지구는 여전히 겁재(饑災)[121]나 병재(病災), 혹은 도재(刀災)에 시달립니다. 이것은 단지 인세간(人世間)의 겁(劫)으로, 우주에는 삼대겁(三大劫)이 있습니다. 바로 화겁과 수겁 그리고 풍겁입니다.

우리는 열 가지 선업을 닦고 계정혜를 닦습니다. 도를 깨치기 전에는 계정혜의 선과(善果)를 잘 닦아야 비로소 승천할 수 있으나 천도(天道)에 오른다고 해서 아무 일이 없을까요? 화겁(火劫)이 올 때에는 지구 중심의 화산이 폭발하며 심지어 태양까지도 폭발하여 이선천(二禪天) 아래를 태워 버립니다. 대범천(大梵天) 아래 모든 것이 타 버려 해와 달까지도 모두 사라집니다.

이선천 이상은 화겁이 미치지 못하지만 수겁(水劫)이 오면 모든 은하계가 무너집니다. 이때는 이선천의 꼭대기까지 물에 잠겨 사라지며, 물길은 삼선천(三禪天)의 언저리까지 이릅니다.

삼선천은 수재에는 무너지지 않지만 풍겁(風劫)이 오면 다릅니다. 풍겁이 와서 온 대기층과 물리세계가 붕괴될 때에는 삼선천도 허물어집니다.

사선천(四禪天) 이상에 도달하면 무념(無念) 진공의 경계로서 비로소 삼겁(三劫)이 미치지 못합니다.

이런 내용은 불경의 대소승 경전에서 자세히 언급하고 있습니다. 우주의 생성(成)과 지속(住), 파괴(壞), 소멸(空)에 대해 불경에는 매우 상세히 기록되어 있습니다. 한번 자세히 연구해 볼 필요가 있습니다.

일반인은 불경을 연구하면서 철학적인 문제를 유독 좋아해서 이런 실제적인 문제에 대해서는 제대로 읽어 보지도 않고 던져 버리고 맙니다.

---

121 흉년을 말한다.

심신의 건강과 수도

우리의 신체에도 역시 지수화풍이 나타납니다. 일체의 망념, 특히 남녀 간의 애욕은 모두 수화(水火)의 재앙에 속합니다. 욕념이 왕성해지면 소(笑)·시(視)·교(交)·포(抱)·촉(觸)이 생기며, 그런 뒤 점액이 생성되면서 몸속의 호르몬에 변화가 일어납니다. 이렇게 발산되고 나면 모든 선정 또한 함께 사라지고 맙니다.

기맥이 순조롭지 못하면 풍재(風災)가 오는데, 이때는 삼선천에 도달해도 아무 소용이 없습니다. 오도(悟道)가 뭔가요? 누구를 속이겠다는 것입니까? 그래서 고덕(古德)은 말합니다. "참구하려면 제대로 참구하고 증득하려면 실제로 증득해야 한다[參要眞參, 証要實証]"고요. 몸과 마음은 하나의 심(心)입니다. 바로 심물일원의 심입니다. 이런 작용을 간파해 내고 붙들 수 있어야 합니다. 망념이 일어나지 않는 것은 단지 제육식상의 사소한 경계에 불과합니다. 그것으로는 화재(火災)로부터도 벗어나지 못합니다.

망념이 일어나지 않는다고요? 살짝 약만 올려도 벌컥 화를 내게 됩니다. "성내는 마음이 일어나면 팔만의 장애가 생긴다[一念瞋心起, 八萬障門開]"라고 합니다. 조금 언짢게만 대해도 금방 화가 치밀어 오릅니다. 유가에서는 선악과 시비가 지나치게 분명한데, 이것 역시 진심(瞋心)에 속합니다. 선악과 시비가 너무 뚜렷한 것은 성내는 생각[瞋念]이 심각한 것입니다. "속되지 않은 것이 선골이요, 정 많은 것이 불심이다[不俗卽仙骨, 多情乃佛心]"라고 말하지만 이는 탐내는 생각[貪念]이 심한 것이며, "떨어진 꽃잎도 무정치 않아, 봄에 진흙 되어 다시 꽃을 돌본다[落紅不是無情物, 化作春泥更護花]"라는 것도 역시 탐내는 마음이 지나친 것입니다. 뭐든 다 버릴 수 있지만 이것만은 차마 버릴 수 없다고 한다면 이건 어리석은 생각[癡念]이 지나친 것입니다. 그러고는 생각합니다. '내가 버릴 수만 있었다면 정을 닦아 성공할 수 있었을 텐데.' 이런 사고방식은 오만한 생각〔慢念〕이 심한 것입니다. 그런 뒤 '정말 애석하다. 그때 내가 뭘 잘못했구나' 하면 이건 뉘우치는 마음〔悔念〕이 지나친 것입니다. 사람들은 수도를 하면서도 한편으로 회의합니다. 나에게 과연 희망이 있을까 하는 생각에 도무지 막막하기만 합니다. 바로 의(疑)입니다. 이러다 보니 탐진치만의 중 어느 것 하나 심각하지 않은 것이 없습니다.

우리 스스로 살펴보아야 합니다. 설사 제육식이 일어나지 않고 오랫동안 움직임이 없이 깨끗하고 밝다고 해도 그것은 고선(枯禪)에 불과합니다. 제육식상에 우연히 나타난 청명함은 아무 소용이 없습니다. 옆에서 살짝 건드리기만 해도 곧 끝나 버립니다. 그리고 이 청명함은 여전히 신체나 기맥의 상태에 의존합니다. 풍재가 오면, 즉 질병의 고통이 오면 기맥이 막혀 한 조각의 선(禪)은 멀리 달아나 버립니다. 이것이 우리 몸에서의 풍재입니다. 그러니 기맥이 과연 있을까요 없을까요? 분명히 있습니다. 지수화풍이 조절되지 않는다면 도를 말해서는 안 됩니다. 이 몸도 전화시키지 못하면서 어떻게 마음을 바꿀 수 있겠습니까? 바꿀 수 없습니다. 절대 바꿀 수 없습니다.

화수풍(火水風)의 삼대겁이 오면 초선과 이선, 그리고 삼선의 천도는 모두 사라져 버립니다. 온 세계가 허물어져 태양과 달까지도 모두 사라집니다. 그러니 여기 있는 우리야 오죽하겠습니까? 그때가 되어도 여전히 일념이 청정하여 삼제탁공에 머물러 있을 수 있다고요? 그때가 되어 한번 보십시오. 과연 공(空)인지 아닌지! 지금 우리의 삼제탁공은 신체의 사대가 우연히 조화를 이룬 것에 지나지 않습니다. 진정으로 명심견성에 도달한 것이 아니라는 말입니다. 이 점을 특히 주의하기 바랍니다.

이처럼 후세의 선에서는 제육식상에서 우연히 얻은 한 점의 청정을 가지고 도법(道法)을 이룬 것이라 여겼고, 현재 많은 사람들이 자기가 이미 도를 이루었다고 생각하고 있습니다. 그러나 이 청정은 신체가 건강할 때 나타난 것에 지나지 않습니다. 실제로 이때 뇌파를 측정해 보면 여전히 움직이고 있으며 심전도 역시 움직이고 있습니다. 뇌파 역시 마음으로 통제할 수 있습니다. 우리의 심념(心念)은 자신의 사(思)와 상(想)을 통제하여 정지시킬 수 있습니다. 그렇지만 반드시 신체가 건강해야 합니다. 신체가 건강하지 못하면서 무리하게 의념(意念)을 통제하고자 한다면 뇌신경에 문제가 생길 수 있습니다. 기맥은 대단히 중요합니다. 신체가 건강하지 못할 때 타좌를 하다가 자칫 잘못하면 정신 질환으로 발전할 수도 있습니다. 많은 종교인이 이런 경우에 봉착하는데, 이는 생리나 심리가 모두 건강하지 못하기 때문입니다. 건강한 사람만이 수도를 할 수 있으며 명심견성을 말할 수 있습니다. 이 심(心)이 어떻게 하면 밝아질 수 있을까요? 이 심을 어떻게 하면 볼 수 있을까요? 교리와 공부가 하나로 결합되어야 합니다. 『능엄경』은 한 점의 소식(消息)을 이미 드러내고 있습니다. 지혜를 다하여 참구해 보아야 합니다.

성종과 상종

『유가사지론』에 대해서는 중요한 부분을 차례로 소개해 보고자 하는데, 훌륭한 부분이 얼마나 많은지 다 헤아릴 수 없을 정도입니다.

선종은 반야를 가지고 법성(法性)을 말하지만 유식은 법상(法相)에 치중합니다. 반야 일파의 학문은 후세의 불학 연구가들에 따르면 용수보살의 계통이라 합니다. 유식 역시 이 계통에서 온 것으로 유식도 용수와 관계가 있습니다. 성종(性宗)과 상종(相宗)은 수천 년 이래 인도와 마찬가지로 중국에서도 치열하게 논쟁을 벌여 왔습니다.

성종(性宗)은 반야를 종지로 삼아 '필경공(畢竟空)', 즉 철저한 공을 주장하지만 상종(相宗)은 유식을 종지로 삼아 '승의유(勝義有)'를 인정합니다. 이른바 승의유란 일체 만유의 현상과 작용은 모두 공이며 자성이 없지만 승의(勝義)[122]라 불리는 형이상의 '그것'은 참으로 존재한다는 주장입니다. 이는 세간에서 말하는 형식으로 존재하는 것은 아니라 그 작용이 존재한다는 뜻으로, 일체 만유의 작용은 모두 '그것'으로부터 생겨나므로 '그것'은 분명 존재한다는 것입니다. 승의유와 필경공의 싸움은 대단히 치열한데, 이것은 학술상의 다툼입니다. 제가 볼 때에는 반야에서는 온통 유(有)를 말하고, 유식에서는 공(空)을 말하기에 급급합니다. 이런 것을 가지고 어지럽게 다투는 사람도 있지만 참으로 부질없는 짓입니다.

왜 반야종에서는 유(有)를 말할까요? 『심경』에서 말합니다. "사리자여, 제법은 공의 상이다[舍利子, 是諸法空相]." 부처님은 "사리자여, 제법은 공의 '성(性)'이다"라고 말하지 않았습니다. 제법은 공의 상으로, 일체의 상이 모두 공이라는 것입니다. 그리고 마지막으로, "진실하여 허망하지 않다 [眞實不虛]"라고 말합니다. 여기서 유(有)를 볼 수 있습니다.

유식종은 어떨까요? 오경십삼론(五經十三論)을 종지로 삼는데, 『해심밀경(解深密經)』에서 부처님은 이렇게 말합니다.

아타나식은 깊고도 미세하여	阿陀那識甚深細
일체의 종자가 폭포처럼 흐르지만	一切種子如瀑流
어리석은 범부에겐 열어 보이지 않으니	我於凡愚不開演
저들이 분별하여 나라고 집착할까 두려워서다	恐彼分別執爲我

---

122 가장 훌륭하며 진실한 도리로서 진여(眞如)나 열반 등을 가리킨다.

너무도 뚜렷이 공(空)을 말하고 있습니다. 부처님이 이렇게 뚜렷이 말하고 있는데 다툴 게 뭐가 있습니까? 하기야 지식인들이 그렇게 다투지 않는다면 할 일이 뭐가 있겠습니까? 책을 읽는 것도 논쟁을 해서 이름을 얻기 위함인데요.(모두 웃음)

이 두 계통은 후에 약간의 차이가 생깁니다. 이 때문에 달마조사는 우리에게 『능가경』을 근본으로 삼도록 했습니다. 『능가경』은 성종(性宗)과 상종(相宗)의 주요 경전이자 선종과 유식종의 주요 경전이기도 합니다. 『능가경』에 대해 말하려면 유식과 법상을 이해하지 않고서는 불가능합니다.

다시 돌아가서 선종을 보면 임제로부터 위산, 앙산, 조산, 동산, 운문, 법안 등에 이르기까지 교리에 통달하지 않은 사람이 없었습니다. 경전의 교리를 전부 통달하고 나서 마지막으로 그것을 버리고 선(禪)을 배운 것입니다. 그렇지만 요즘 사람은 경전도 연구하지 않고서 입만 떼면 선종을 말합니다.

우리는 먼저 이치를 명확히 하고 난 뒤에야 비로소 공부 방법에 대해 말할 수 있습니다.

오변행과 오음

현장법사가 지은 『팔식규구송』 중 제팔식의 게송에서, "본성은 뒤집히지 않아 다섯 가지가 두루 행해진다(性唯無覆, 五遍行)"라고 했습니다. 아뢰야식은 없는 곳이 없지만 의(意) 등 칠식(七識)의 작용이 없으면 비단 스스로 선악의 업을 지을 수 없을 뿐 아니라 염법(染法)[123]과도 상응하지 않습니다. 그래서 그것을 "뒤집히지도 않고 아무것도 기억하지도 않는다(無覆無記)"라고 합니다. 아뢰야식이 깨끗하게 되면 명심견성할 수 있는데, 바로 여래장성(如來藏性)으로 되돌아가는 것입니다. 되돌아가기 전 무명의 이런 부분은 모두 아뢰야식의 범위에 속합니다.

'오변행(五遍行)'은 작의(作意), 촉(觸), 수(受), 상(想), 사(思)입니다. 오변행은 반드시 기억하고 있어야 합니다. 그래야 타좌 공부를 할 때 쉽게 힘을 얻을 수 있으며 이치도 궁구할 수 있습니다. 바로 법안선사가 말한, "이치의 극한을 망정이라 한다[理極忘情謂]"라는 것입니다. 교리에 통달하여 이들을 제대로 이해하고 난 뒤에야 공부에 활용할 수 있습니다. 이치에 통달하지 못하면 안 됩니다. 오변행은 전오식 속에 있는데, 제육식도 여기서 벗어날 수 없으며 제칠식과 제팔식 또한 여기서 벗어날 수 없으니 오변행이 얼마나 대단한 것인지 알 수 있습니다. 모든 것이 그것이니 이 때문에 이름도 변행(遍行), 즉 두루 행한다고 했습니다.

여러분은 공부할 때 오변행과 오음(五陰)을 연결 지어 연구해 본 적이 있습니까? 이 둘의 관계를 잘 알아야 합니다. 이 개념도 알지 못하고서 참선을 하여 명심견성하려고 한다면 과연 무슨 성(性)을 볼 수 있겠습니까? 오음은 색수상행식(色受想行識)으로서 오변행 속에도 상(想)이 있는데, 이 두 상은 같은 것일까요 다른 것일까요? 이것 역시 뚜렷이 알아야 합니다.

우리가 타좌를 제대로 하지 못하는 것은 망념을 공(空)으로 만들지 못하기 때문인데, 왜 공으로 만들지 못할까요? 도처에 오변행이 있기 때문입니다. 그러니 어떻게 망념을 공으로 만들 수 있겠습니까? 촉(觸) ─ 신체가 편안한가? 기맥이 통하는가? 일단 촉(觸)하면 곧 수(受)입니다. 반드시 느껴 알게 됩니다. 상(想) ─ 약간 청정해지면 한 점의 망념도 없는 듯 느껴집니다. 여러분 스스로는 망상이 없다고 여기지만 이것은 바로 사(思)의 경계입니다. 망념이 물결치듯 일어나는 것을 상(想)이라 하며, 마치 망념이

---

123 무명에 의하여 생기는 맑은 마음을 더럽히는 여러 법이다.

없는 듯 고요해 보이는 것이 사(思)입니다. 오변행의 다섯은 팔식(八識) 속에 가득 차 있어서 한 번도 단절된 적이 없습니다. 여러분이 아무것도 모를 때, 마치 혼절하여 기억이 끊어진 것처럼 오십일 개 심소(心所) 속에 잠들어 있을 때, 또는 몹시 피곤해서 곯아 떨어졌을 때를 유식에서는 무심수면(無心睡眠) 혹은 민절(悶絶)이라 하는데, 이때는 제육식이 나타나지 않습니다. 그러나 이것을 공이라 하지는 않습니다. 만약 이것을 공이라 한다면 이는 완고하고 영활하지 못한 완공(頑空)입니다.

의식과 여력

우리는 오늘날 선(禪)을 배우면서 새로운 방법을 만들어 내야 합니다. 옛 방법을 그대로 답습해서는 안 됩니다. 반드시 복숭아꽃을 보아야만 도를 깨치는 것은 아닙니다. 세상에 얼마나 꽃이 많습니까? 요즘에는 조화까지 있지 않습니까? 과학의 시대에는 과학적 선이어야 합니다. 심리를 분명하게 분석해야 합니다. 주의해야 합니다! 과학이 발달할수록 우리가 불법을 배우고 도를 배우는 데는 많은 도움이 됩니다. 이런 시대에 수도를 하는 사람은 수많은 과학 이론이 실제로 도움이 되므로 이전 시대에 비해 당연히 더 수월해야 합니다. 그런데도 일반인들은 뒤떨어진 과거에 머물고 있습니다. 참으로 "비늘 있는 것들은 용이 되어 갔는데도 개구리는 여전히 눈만 껌뻑거린다〔幾多鱗甲爲龍去, 蝦蟆依然鼓眼睛〕"라는 형상입니다. 비늘 있는 것들은 모두 용이 되어 하늘로 올라갔습니다만 논에 있는 개구리는 아직도 개골개골하며 울고만 있습니다. 과학이 진보하고 있으므로 선을 배우는 방법도 달라져야 합니다.

아뢰야식 등 팔식은 심성이 밝아지기 전에는 반드시 그 속에 오변행이 있다가 도를 보고 과위를 증득하면 오변행은 묘용(妙用)으로 전화됩니다. 『팔식규구송』2에서 "넓디 넓은 삼장 다함이 없고 못이 깊어 일곱 파도 바람이 되니〔浩浩三藏不可窮, 淵深七浪境爲風〕"라고 했는데, 바로 그다음에 오는 "훈습을 받은 종자를 지녀 근신기 되어 앞서거니 뒤서거니 주인공 노릇 한다〔受熏持種根身器, 去後來先作主公〕"라는 두 구절을 주의해야 합니다. 사람이 죽기 전에는 의식이 혼미해지는데, 전오식이 점차 사라지다가 최후에는 아뢰야식이 떠납니다. 다시 태어날 때에는 아뢰야식이 제일 먼저 옵니다.

오늘날과 같은 과학의 시대에는 불법을 배우면서 여러 가지 질문이 나올 수 있습니다. 한번 물어보겠습니다. 방금 죽은 사람의 눈을 빼내어 냉동실에 보관하면 다른 사람에게 이식할 수 있는데, 그렇다면 그 안식(眼識)은 죽은 것일까요 산 것일까요? 똑같은 이치로 신장을 이식할 때 신장의 명근(命根)은 죽은 것일까요 아닐까요? 또 있습니다. 불경에서는 태(胎)로 들어가는 과정과 태를 이루는 과정을 말하고 있는데, 당연히 심장에 대해서도 말합니다. 한번 물어보겠습니다. 지금은 심장을 플라스틱이나 금속으로 대체할 수 있으며 그러고도 살 수 있습니다. 이것은 무슨 이치일까요? 우리는 부처님의 제자로서 이런 문제에 대해 그 해답을 찾지 않을 수 없습니다. 예전의 설명만을 고지식하게 붙잡고 있을 수는 없습니다.

이제 『유가사지론』 권 1을 보기로 합시다.

신업과 어업은 어떻게 일어나는가? 신업과 어업이 나타나는 것은 지혜가 먼저 작용하고, 다음으로 욕구가 생기며, 다음으로 작용이 일어나며, 다음으로 작용을 따르는 것이 우선시되고, 신업과 어업의 업풍이 전화되어 이로부터 신업과 어업이 생겨난다〔云何發起身業語業? 謂由發身語業智前行故, 次欲生故, 次功用起故, 次隨順功用爲先, 身語業風轉故, 從此發起身業語業〕.

이 갈라람식(羯羅藍識)[124]이 최초로 의탁하는 곳, 즉 다시 태어날 때 태(胎)로 들어가는 그곳을 육심(肉心)이라 하는데 당연히 심장과 분리될 수 없습니다. 이처럼 식(識)은 이곳에 최초로 의탁하여 최후에야 이곳을 떠납니다. 죽어서 최후로 떠나는 것입니다. 여기에 문제가 있습니다. 현재는 의학이 발달해서 심장을 바꾸고도 살 수 있는데, 과학이 발전하면서 불경과 상충되는 부분이 생긴 것입니다. 그러나 불경의 내용을 증명하거나 또는 수행에 상당한 도움을 주기도 합니다. 옛사람들이 불경을 번역할 때에는 심(心)과 성(性)의 구별이 뚜렷하지 못했습니다. 어떤 때에는 본체를 심이라 하다가 망심이나 반연심(攀緣心)도 심이라 했습니다. 어떤 때에는 성능을 성이라 하다가 명심견성도 성이요 성질도 성이며, 인성도 성이요 남녀 간의 성욕도 성이며, 화를 내는 것도 급성(急性)이라 했습니다. 심과 성은 궁극적으로 어떤 것일까요? 분명하지 않습니다. 그러므로 현장법사조차 여기서 '육심'이라는 표현을 쓴 것입니다. 너무 독단적인 표현이라 문제가 있습니다만 고금의 어휘가 같지 않으니 그로서도 방법이 없었을 것입니다.

사람이 죽으면 먼저 의식이 신체를 떠납니다. 제칠식 또한 사라지지만 전신이 완전히 식기 전에는 제팔식은 떠나지 않습니다. 안구에 약간의 난(煖), 수(壽), 식(識)의 여력이 남아 있을 때 서둘러 안구를 빼낸다면 여전히 이식할 수 있습니다. 이런 여력에 대해서는 다음과 같은 예도 들어 볼 수 있습니다. 지렁이를 두 토막 내면 두 토막 다 꿈틀대는데, 이때 심(心)은 두 토막 중 어디에 있을까요? 또 신령스러운 뱀이라면 세 토막을 내면 세 토막 모두 펄쩍펄쩍 뛰는데, 만약 산중이라면 뱀 머리 토막이 약초를 찾아나섭니다. 전하는 바에 따르면 운남(雲南)의 백약(白藥)은 이로써 발견되었

---

124 산스크리트 어를 음역한 말로서 부모 양쪽의 정(精)이 처음으로 화합하여 응결된 것을 가리킨다. 즉 태(胎)에 자리 잡은 후 처음 7일간의 상태이다.

다고 합니다. 이렇게 약초를 찾아 돌아와서는 스스로 토막 난 부분을 이어서 다시 한 몸체가 됩니다. 뱀이 세 토막 났을 때 심은 어디에 있었을까요?

옛사람들의 대답은 이랬습니다. 지렁이가 두 토막 났을 때에는 심의 문제가 아니라 "여력이 아직 남아 있는 상태〔餘力未斷〕"라는 것입니다. 이것은 심의 업력이 일으키는 작용으로서, 그것을 여력이 남아 있는 상태라 했습니다. 우리가 죽었을 경우에도 신체가 아직 완전히 식지 않았을 때에는 안구를 들어내면 안식의 여력이 여전히 남아 있습니다. 그렇지만 병원에서 안구를 냉동실에 넣으면 남아 있는 여력 역시 동사해야 하지 않을까요? 그런데도 이식할 수 있으니 이건 또 무슨 이치일까요?

그러므로 현재 불법을 배우는 사람은 주의해야 합니다. 스스로 문을 닫아걸고 천상천하 유아독존을 말해서는 안 됩니다. 반드시 불학을 과학과 연결 지어서 생각해야 합니다. 우리의 공부에 진보가 없는 것은 증득의 방법을 도대체 모르기 때문입니다. 거기에다 자기도취까지 겹쳐 스스로를 속이고 다른 사람까지 속이니 어찌 문제가 아니겠습니까?

이런 연유로 우리는 이번에 특별히 물리와 심리 두 방면의 자료를 찾아 살펴본 것입니다. 각별한 주의를 요하는 부분입니다.

제17강

원오근선사를 말하다

이번 강의도 벌써 예정된 시간의 반 이상이 흘렀습니다. 그런데도 수증 과정에 대해서는 피상적인 언급조차 제대로 못한 것 같습니다. 부처님께서 사십구 년간 설법하고서도 진정으로 말한 바가 한 글자도 없다고 했던 뜻을 참으로 깊이 공감하게 됩니다. 그러니 마음이 바쁠 수밖에 없지요.

그래서 여러분이 좀 더 쉽게 체득할 수 있는 방법으로 바꾸어 볼까 생각했습니다. 물론 여러분이 과연 쉽게 체득할 수 있을지는 알 수 없습니다. 요 며칠 동안 많은 방법을 생각했는데, 수업을 시작하기 직전에야 비로소 선종의 공안을 활용해야겠다고 결정했습니다. 이 공안은 이전에 한번 글로 쓴 적이 있는데, 어떤 친구를 위해서였습니다. 당시 그는 매우 위독한 상태였는데, 결국 아무런 도움이 되지 못하고 말았습니다.

참선을 하는 사람이라면 이 공안을 특히 주의해야 하고, 도가나 밀종을 닦는 사람도 마찬가지로 주의해야 합니다. 이 공안은 바로 송대에 이름을 떨쳤던 선종의 대사 원오근(圓悟勤)에 대한 것입니다(『지월록』 권 29).

남북송 시대의 원오근은 대단히 뛰어난 인물로서, 당시는 당나라 이래 선종의 수증이 이제 막 마무리 단계로 접어든 시기였습니다. 원오근은 학문에도 통달했고 수행도 훌륭했으니 어느 것 하나 뛰어나지 않은 것이 없어서 족히 수증의 모범이 될 만한 사람이었습니다. 그는 사천(四川) 사람이었습니다. 이전에 어떤 친구가 이렇게 말한 적이 있습니다. 중국 모든 왕조의 말기에 가장 뛰어난 사람은 모두 사천 사람이었다고요. 어떤 친구는 이렇게도 말했습니다. 측천왕후도 사천 사람이었고, 왕소군이나 양귀비 등의 미인도 모두 사천 사람이었다고요. 왕조가 바뀔 때의 대선사 역시 모두 사천 사람이었습니다. 참으로 묘한 일입니다.

원오근은 유가 집안에서 태어나 사서오경을 읽었으며, 공맹의 가르침에 따라 세간의 학문을 깊이 연구했습니다. 전기(傳記)에 따르면 그는 "한눈에 천 마디 말을 기억했다[目記千言]"고 하니 기억력이 무척이나 좋았던 것 같습니다. 어릴 때 하루는 어느 절에 놀러 갔는데, 절에 있던 불경 한 권을 들고 보다가 그만 넋이 빠졌습니다. 당시 그는, "세 번 거듭 읽어 보니 아쉬워져 마치 옛날 물건을 얻은 듯했다[三復悵然, 如獲舊物]"고 합니다. 처음 불경을 접하니 절로 마음이 끌렸고, 다시 들여다보니 손에서 놓기가 아쉬워졌으며, 한 번 읽고는 되돌아가 읽기를 세 차례나 거듭했다는 것입니다. 다 읽고 나서는 마치 물건을 잃어버린 듯 너무도 아쉬운 마음이 들었는데, 그러다가 문득 자신이 전생에 반드시 승려였으리라 생각하게 되었습니다. 그러고는 집안의 허락을 얻어 곧바로 출가했습니다.

고승의 전기를 읽다 보면 그 중 육칠십 퍼센트는 유가 집안에서 태어났다는 것을 알 수 있습니다. 처음에는 전통적인 관념에 따라 불교를 반대했지만 성취를 얻은 이들은 대부분 이런 사람들이었습니다. 이것 역시 화두입니다. 화두 중에서도 큰 화두이니 스스로 한번 연구해 보기 바랍니다.

원오근은 출가 후 어떤 법사에게 교리를 배웠는데 뛰어난 자질을 바탕으로 불교의 이치를 투철히 깨닫게 되었습니다. 이때 그에게 기회가 찾아 왔습니다. 중병에 걸려 거의 죽을 정도가 된 것입니다. 훗날 그가 도를 이루고 나서 행한 상당(上堂) 설법에서 당시의 상황을 이렇게 말했습니다. "나는 그때 확실히 죽었어. 앞이 그냥 캄캄하기만 했지. 발버둥을 쳤어. 죽을 수 없었거든. 도를 이루지 못했으니까. 다시 한 번 뛰어올라 되돌아왔지."

여기에 문제가 있습니다. 사람이 죽고 난 뒤 이런 용기가 있다면 과연 박차고 되돌아올 수 있을까요? 유식의 이론에 따른다면 원오근은 정말로 죽은 것이 아닙니다. 마치 항일전쟁 때 저와 같이 군대에 있었던 한 친구의 말과도 같습니다. 그는 포탄에 맞아 죽었다가 다시 살아났는데, 나중에 그가 말했습니다. "죽음이란 참으로 통쾌한 것이네. 포탄이 몸을 때렸을 때에는 뭐라 형언할 수 없을 만큼 고통스러웠지. 그러다가 조금 지나니 무척이나 편안해졌어. 하지만 그 편안함도 한순간에 불과했고 이내 죽어 갔네. 막 죽었을 때에는 아무것도 알 수 없었고 그냥 망망하기만 했지. 사람들이 말하는 바로 그 황천길이었어. 이후 어떻게 살아 나왔는지도 몰라. 마치 널뛰기 판에서 튕겨 오르듯 다시 살아났네." 이것은 아뢰야식이 아직 떠나지 않았으니 완전히 죽은 것이 아닙니다. 이것을 『예기(禮記)』에서는 '가사(假死)'라 부릅니다.

원오근선사가 말하는 죽음이란 궁극적으로 어떤 것인지도 역시 문제입니다. 불법을 배우고 도를 닦는 데에는 과학적 태도가 필요합니다. 아무렇게나 말해서는 안 됩니다. 이렇게 믿는 것이 옳다고 생각되면 그렇게 믿어야 합니다. 믿는다는 것은 바로 자신의 수도에 대해 스스로 책임을 져야 한다는 뜻입니다. 맹목적으로 스스로를 기만해서는 안 됩니다.

원오근은 다시 살아난 후 죽음에 임박해서 보면 불학은 아무 소용이 없다는 것을 느꼈습니다. 학리를 연구해 봐야 죽음으로부터 벗어날 수 없으며, 반드시 수행을 해야 한다고 절감했습니다. 그래서 사부에게 다른 명사를 만나서 수행의 길을 걷겠다고 밝혔습니다. 『금강경』에서 말합니다. "만약 형체로써 나를 보거나 소리로써 나를 구한다면 이 사람은 삿된 도를 행하는 자로서 여래를 볼 수 없다[若以色見我, 以音聲求我, 是人行邪道, 不能見如來]." 그는 당시 불경을 염송하는 것은 '성색(聲色)'으로써 구하는 것이라 생각했습니다. 그러므로 그곳을 떠나 당시 선종에서 유명하던 진각승선사(眞覺勝禪師)에게 법을 구하러 갔습니다. 진각승선사는 도를 깨친 사람으로서 명성과 덕성이 높았고 수행 공부도 대단히 뛰어났던 사람입니다. 원오근이 그를 만나러 갔을 때 그는 병을 앓고 있었습니다. 어깻죽지에 부스럼이 나서 몹시 고통스러워했으며, 부스럼이 짓물러 피가 흐르고 있었습니다. 원오근은 도착하자마자 그에게 무릎을 꿇고 도를 구했습니다. 진각승선사는 상처에서 흘러나오는 피를 가리키며 말했습니다. "이건 조계의 한 방울 법유야[此曹溪一滴法乳]." 원오근이 듣기로는 도를 얻기 위해서는 생사를 초월해야 하는데, 그 때문에 큰 부스럼이 생겼다는 말 같았습니다. 그건 그렇다 하더라도 상처에서 줄줄 흘러나오는 그 더러운 피고름을 조계(曹溪)의 법유(法乳)라 하니 어찌 의문이 생기지 않겠습니까? 이것이 바로 화두입니다. 원오근은 선사의 말을 듣고는 아연해졌습니다. "사부님! 불법이란 이런 것인가요?" 노스님은 한마디도 대답하지 않았습니다. 이것이 최고의 교육법입니다.

선종의 교육법은 결코 질문에 대답하지 않습니다. 다만 여러분을 에워싸고 후려칠 뿐입니다. 선생의 대답은 아무 소용이 없으며 불법을 배울 때에는 스스로 해답을 구하고 증험해야 합니다.

원오근은 이치를 깨닫지 못한 채 떠날 수밖에 없었습니다. 사천을 떠난 후 그가 참방했던 사람은 모두 송조(宋朝) 일급의 대선사였습니다. 그때만 해도 지금과는 달리 수행을 하여 도를 깨친 사람이 상당히 많았습니다. 원오근은 각지를 돌아다니다가 회당선사(晦堂禪師)를 찾아갔습니다. 회당선사는 원오근을 보자마자 사람들에게 말했습니다. "장래 임제(臨濟) 일파의 도법(道法)이 이 젊은이에게 있을 것이네." 이는 그에게 미리 수기(授記)를 내린 것이나 같았습니다. 어떤 때에는 사람을 칭찬하는 것이 좋지 않을 때가 있는데, 바로 원오근에게 이 말은 독이 되었습니다. 노선배들이 모두 훌륭하다고 말하니 그의 마음속에 오만이 생긴 것입니다. 그 뒤 오조산(五祖山)에 이르렀는데, 그곳의 주지는 유명한 오조연(五祖演)[125]이었습니다. 오조연은 다른 선사들에 비해 나이가 꽤나 어린 축에 속했습니다. 원오근은 자신이 평생을 배웠던 불학과 공부의 경계를 다하여 오조연과 토론했지만 오조연은 그의 어느 한마디도 인가해 주지 않았습니다. 원오근은 화가 치밀어 큰 소리로 욕설까지 퍼부어 댔습니다. 그러자 오조연이 말했습니다. "그만 해. 욕해 봐야 소용없어. 자넨 큰 병을 앓고 다시 한 번 살아날 거야. 한기와 열기가 번갈아 침투하고 앞길이 온통 새까맣게 될 때, 그때서야 비로소 내 말이 옳았다 생각될 거야. 가 봐!"

원오근이 그곳을 떠나 절강(浙江)의 금산사(金山寺)에 이르렀을 때 큰 병이 나고 말았습니다. 그는 『금강경』, 『능가경』, 『능엄경』 등 평소에 배웠던 불법의 이치에서부터 평소에 닦았던 경계, 기맥, 현관(玄關)까지 모조리 동원해 보았지만 병을 이겨 낼 수 없었고, 생사를 초월하기는 더욱 어려웠습

---

125 ?~1104. 북송(北宋) 시대 임제종의 승려로 정식 법호는 법연(法演)이며, 흔히 오조법연(五祖法演)이라 부른다. 사천 금양 사람으로 35세에 출가하여 구족계를 받고 성도(成都)를 유람하며 온갖 법을 익혔다. 하루는 교리에 의문이 생기자 이를 풀려고 책 상자를 짊어지고 강을 건너 여러 존숙(尊宿)들을 찾았으나 끝내 의문을 풀지 못했다. 그래서 다시 원조종본(圓照宗本)을 찾아서 고금의 공안에 대해 자문을 구했으며, 다시 부산법원(浮山法遠)을 참방했고, 후에 백운사(白雲寺) 수단선사(守端禪師) 밑에서 정진하다가 마침내 크게 깨닫고 인가를 받았다. 만년에는 오조산 동선사(東禪寺)에 머물다가 휘종(徽宗) 숭녕(崇寧) 3년에 단상에 올라 대중과 작별하고는 세수 80세로 입적했다. 그의 법을 이은 승려가 매우 많았는데 그 대표적 인물이 불안청원(佛眼清遠), 태평혜근(太平慧懃), 원오극근(圜悟克勤) 세 사람이다. 이들은 '법연 아래의 세 부처[法演下三佛]'라 불리기도 했다.

니다. 그러자 그는 울면서 만약 내가 죽지 않는다면 곧바로 오조연선사에게 돌아가리라 발원했습니다. 병이 낫자 그는 지체 없이 오조연에게 돌아가서 말했습니다. "사부님, 휴가 끝내고 돌아왔습니다." 오조연은 무척 기뻐하며 그가 병에 걸렸는지도 묻지 않고 그저 선당으로 가라고 했습니다. 그곳에서 원오근은 시자(侍者)로서 정식으로 공부하면서 한편으로 방장실(方丈室)을 드나들며 오조연을 모셨습니다.

여기에 문제가 있습니다. 전기(傳記)의 기록은 상당히 분명합니다. 그는 아주 열심히 노력했고 숱한 경계에 이르렀습니다. 평소 타좌에 들면 빛을 내뿜기도 하고 땅이 흔들리기도 하여 엄연히 득도한 모습이었습니다. 그렇지만 이런 것도 다 별것 아닙니다. 일단 죽음의 문턱에 이르면 육친(六親)에 기댈 수도 없고 부모와 자식이 죽음을 대신할 수도 없습니다. 돈이니 지위니 하는 것도 죽음을 구할 수 없습니다. 온통 새까맣기만 하여 아미타불도 구할 수 없고 염불을 하고자 해도 기력이 없습니다. 코에다 산소 호흡기를 갖다 대는 마당에 과연 더 이상 뭘 할 수 있겠습니까? 평소 하늘에서 꽃잎이 떨어지도록 그렇게 불법 강연을 잘해도 이때가 되면 아무 소용이 없습니다. 그는 여기에 이르러 되돌아왔습니다. 원오근이 자신의 일생에서 힘을 얻게 된 것은 몇 차례의 큰 병입니다. 아직 젊으니 체력이나 정신력에 문제가 없다고 생각하지 마십시오. 그간에 얻은 경계니 공부니 불학이니 사상이니 하는 것도 이때가 되면 아무 소용이 없습니다. 그냥 '아야! 아야!' 소리만 나옵니다.

당시 원오근은 이미 최소한 십 수 년의 공부가 있었습니다. 불학 이론에 정통했고 공부 또한 훌륭하여 스스로 깨달았다고 여기고 있을 때입니다. 그러나 큰 병에 걸리고 보니 그게 아니었습니다. 또 하나 문제가 있었는데, 바로 진각승 노스님이 말한 '조계의 법유'입니다. 이 화두는 계속 원오근의 마음에 걸렸지만 아직 해결하지 못했습니다. 도라고 하는 것은 과연 유물적인 것일까요, 아니면 유심적인 것일까요? 기맥이 통해 정(定)을 얻었다고 한다면 이것은 유물적인 것입니다. 이 몸뚱이가 없다면 기맥이 어디에 의지하겠습니까? 기맥을 통하는 것이 곧 도라 한다면 이 도란 대체 어떤 도이겠습니까? 순전히 물질적인 것입니다. 모든 것은 마음이 만들어 내는 것이라 한다면 우리가 여기 앉아서 임맥과 독맥을 통하고자 하면 곧 통해야 합니다. 그러나 통하고자 해도 통하지 못하니 이것을 어떻게 유심이라 할 수 있겠습니까? 공부란 생리적인 변화가 자연스럽게 일어나도록 천천히 기다려야 하는 것이라고요? 그런 것이 바로 유물적인 게 아니고 무엇입니까? 만약 유물적인 것이라면 그것을 수도라 할 수 있을까요? 이런 것들이 모두 문제가 됩니다. 기맥을 통하는 것이 곧 도라 생각한다면 그것은 생리적인 감각을 가지고 즐기는 것일 뿐 도와는 아무런 관련이 없습니다.

하루는 원오근에게 기회가 왔습니다. 거사(居士)인 어떤 제형(提刑, 지금의 대검찰청 검사에 해당하는 관직)이 오조연을 찾아와서 불법의 요점을 물었는데, 오조연선사가 그에게 말했습니다. "그대는 이전에 향염체(香艶體) 시를 읽어 본 적이 있겠지? 당나라 사람이 쓴 시가 있네. '자꾸 소옥을 불러 대지만 원래 아무 일도 없으니 단지 단랑에게 목소리를 들려주려 함이다〔頻呼小玉原無事, 只要檀郞認得聲〕'라는 시인데, 이건 무얼 말한 것인가? 한번 대답해 보게!"

이 시는 당나라 사람이 쓴 『곽소옥전(霍小玉傳)』에 나오는 시입니다. 옛날에는 아가씨는 마음에 둔 남자한테 뭔가를 전하려 해도 기회가 없었습니다. 일부러 방 안에서 계집종 이름을 불러 대니 실은 사랑하는 남자한테 들리도록 하기 위해서입니다. 내가 여기 있음을 알리는 것입니다. 스님의 선(禪)에 대한 설명은 이런 식이었는데, 제형은 이 두 구절을 듣고 곧 깨달았습니다.

우리가 『금강경』을 외는 것도 소옥을 부르는 것이요, 『화엄경』을 외는 것도 소옥을 부르는 것입니다. 뻔질나게 소옥을 불러 봐야 원래 아무 일도 없습니다. 경전을 통해 우리는 이 사실을 알아야 합니다. 지금 우리의 강의 역시 소옥을 불러 대지만 원래 아무 일도 없는 것입니다.

제형은 깨달음에 이르렀습니다. 당연한 일이지만 깨달음에도 얕고 깊음이 있습니다. 오조연이 그에게 말했습니다. "여기까지 왔어도 그대는 여전히 자세히 살펴야 하네." 바로 이 말을 할 때 원오근이 막 들어왔습니다. 원오근이 들어와서 보니 사부가 다른 사람과 이야기를 하고 있어서 놓치지 않고 옆에서 들었습니다. 다 듣고 나서 사부에게 물었습니다. "저 제형께서는 그렇게 해서 깨달은 겁니까?" 오조연이 대답했습니다. "그 역시 소리를 알아들은 것에 불과해." 다시 말하면 알긴 알았는데 아직은 철저하지 못하다는 것입니다. 원오근이 다시 물었습니다. "사부님, 단지 마음에 둔 남자에게 자기 소리를 알아듣게 하기 위해서였다면 남자가 이미 알아들었는데도 아직 제대로 되지 않은 것이 있단 말입니까?"

관음법문과 원오근의 오도송

말이 여기에 이르렀으니 이야기 하나를 소개해 볼까 합니다. 『능엄경』의 관세음보살 원통법문에 관한 것입니다. 문수보살이 찬탄하며 말했습니다. "이 방법은 참으로 가르침의 본체이니 청정함이 소리를 듣는 데 있습니다. 삼매를 얻기 위해서는 실로 듣는 것으로 들어가야 합니다〔此方眞教體, 清淨在音聞. 欲取三摩提, 實以聞中入〕." 사바세계 가르침의 본체, 즉 도를 닦아 성불하는 가장 좋은 방법은 관세음보살의 음성(音聲)으로 도에 드는 것입니다. 그러므로 관세음법문을 닦는 사람들은 모두 음성을 듣습니다. 나무아미타불을 외면서도 자신이 그 소리를 듣고 있습니다. 또 어떤 사람은 녹음기를 틀어 놓고 들으면서 동정(動靜)의 두 상(相)이 요연(了然)히 일어나지 않기를 찾습니다. 그러나 결과는 찾으면 찾을수록 더욱 일어나지 않습니다. 진정한 관음법문이 아니기 때문입니다.

『능엄경』을 펼쳐 놓고 한번 보십시오. 관세음보살은 자신이 "문, 사, 수를 거쳐 삼마지에 들었다〔從聞思修入三摩地〕"라고 말하고 있습니다. 무엇이 '문(聞)'일까요? 부처님의 설법을 우리는 알아듣습니다. 이것이 곧 소리로 들어가는 것입니다. 듣고서 그 이치를 아는 것이 바로 관음(觀音)입니다. 이치는 여전히 더 살펴볼 필요가 있는데, 이것이 '사(思)'입니다. 이치를 철저히 이해하고 여기에다 '수행〔修〕'까지 곁들여야 비로소 관음법문에 들어설 수 있습니다. 누가 단지 그냥 듣기만 해도 된다고 했습니까? 불학에서도 말하지 않습니까? 소리란 무상(無常)한 것입니다. 성음(聲音)은 본래 생멸법입니다. 성음만을 붙들고서 도를 이루고자 하니 어떻게 과위를 증득할 수 있겠습니까? 이는 관음보살의 법문을 우리가 짓밟는 것입니다. 관음보살은 우리에게 분명하게 말합니다. 문, 사, 수를 거쳐 삼마지에 들었다고요. 그런데도 사람들은 생각은 하지 않고 단지 듣기만 하려 드니, 바로 원오근이 당시 회의했던 그 문제입니다.

오조연이 눈을 부릅뜨고는 원오근에게 물었습니다. "조사께서 서쪽에서 온 뜻이 뭔가? 마당 앞에 있는 잣나무다, 할!〔如何是祖師西來意? 庭前柏樹子, 喝!〕" 원오근은 이 일갈을 듣고서 잠시 혼이 빠졌다가 다시 정신을 차려 달리기 시작했습니다. 아주 묘한 상황이었습니다. 공부를 해 왔지만 이런 경험을 한 적이 없었습니다. 정말 모를 일입니다. 참으로 망망해 육체조차 잊어버렸습니다. 정신이 돌아오자 뛰기 시작했는데 그 길로 산문 바깥까지 달려 나갔습니다. 산문 바깥에는 꿩 한 무리가 울타리에 앉아 있었는데 원오근이 우당탕 달려 나오니 그 소리에 놀라서 날개를 푸드득거리며 날아올랐습니다. 꿩들이 날개 치는 소리를 듣자 원오근이 진정으로 깨닫고는 이렇게 말했습니다. "이 어찌 소리가 아닌가?" 그렇지만 깨닫고 난 후에도 가야 할 길이 많이 남아 있습니다. 깨달은 후에도 여전히 닦아야 합니다.

원오근은 오도송(悟道頌) 한 수를 지어 오조연에게 바쳤는데 여전히 향염체의 시(詩)였습니다. 이것 역시 화두입니다. 이들 스승과 제자는 본래 계율을 엄격히 지켜 왔는데 지금은 모두 향염체의 시를 짓고 있습니다. 이 어찌 기어계(綺語戒)[126]를 범한 것이 아니겠습니까?

금압향 물씬한 비단 휘장 속에서	金鴨香銷錦繡幃
생황과 노랫가락에 젖어 비틀비틀 돌아오니	笙歌叢裏醉扶歸
소년의 한 차례 풍류야	少年一段風流事
그저 가인만 홀로 알 뿐이리	只許佳人獨自知

그러자 오조연이 기뻐하며 말했습니다. "극근(克勤)아![127] 성불하여 조사가 되는 것은 큰 일로서, 근기가 부족한 사람이 말할 수 있는 것이 아니다. 오늘 네가 이러하니 내가 더 기쁘다." 이때부터 노스님은 사람을 만날 때마다 이 어린 시자(侍者)가 이미 선을 얻었다고 말하곤 했습니다. 원오근의 명성은 이로부터 도처에 알려지게 되었습니다.

이상이 원오근의 오도(悟道) 인연입니다. 도처에 화두가 깔려 있습니다.

---

126 기어(綺語)는 산스크리트 어를 의역한 것으로 달리 잡예어(雜穢語) 또는 무의어(無義語)라고도 하는데, 일체의 음란하고 바르지 못한 언사를 가리킨다.
127 원오근의 원래 법호는 불과극근(佛果克勤)으로, '원오(圓悟)'는 스승이 붙여 준 호이다.

믿음의 어려움

세상의 일이란 이치가 있으면 반드시 그 일이 있으며, 이런 일이 있으면 반드시 그런 이치가 있습니다. 예를 들어 귀(鬼)나 신(神)만 해도 그렇습니다. 이것이 하나의 일이라면 반드시 그 이치가 있습니다. 어떤 때에는 일이 있어도 우리는 그 이치를 알지 못하는데 학식이나 지혜가 부족하기 때문입니다. 어떤 때에는 그 이치를 알면서도 그런 일에 접할 방법이 없습니다. 경험이 부족해서 실제로 체험에 이르지는 못하고 맙니다. 예를 들어 여러분은 불법을 배워 많은 이치를 알지만 공부가 이르지 못하니 증득할 도리가 없습니다. 그러므로 수증(修證)과 사리(事理)는 함께 가야 합니다. 여기에 더해 보다 더 중요한 것은 세 번째로 등장하는 행원(行願)입니다. 진정으로 알고자 한다면 일체의 것이 모두 행원으로부터 나와야 합니다. 행원이 이르지 못하는 것은 견지가 부족하거나 앎이 부족하기 때문입니다.

불법을 배우는 일반인들에게는 일종의 종교적 경향이 있습니다. 신앙만 있으면 된다는 것입니다. 이런 신앙은 우리가 풀지 못하는 문제들, 예를 들어 생명이 어떻게 생겨나는지, 어디로 가는지, 또는 우주에 관한 문제들을 우리를 초월한 어떤 힘에다 귀속시켜 버립니다. 그 힘의 이름이나 형태가 어떻더라도 상관없습니다. 우리 한번 생각해 봅시다. 스스로 한번 따져 보십시오. 우리같이 불법을 배우고 수도하는 사람이라고 해서 진정으로 부처님을 믿을까요? 그러지 못합니다! 진정으로 육도윤회와 삼세인과를 믿을까요? 그러지 못합니다! 스스로를 기만해서는 안 됩니다. 진정으로 믿는다면 이 정도는 되어야 합니다. 병이 생기면 병은 업에 의해 만들어지고, 업은 마음에서부터 오며, 마음이 곧 부처이니 내가 부처를 믿는 이상 죽어야 한다면 바로 죽어야지 하고 생각하여 병원에도 가지 않습니다. 과연 이렇게 할 수 있을까요?

예를 들어 삼조가 이조를 찾았을 때나 사조가 삼조를 찾았을 때에도 마찬가지였습니다. 삼조는 온몸에 병이 든 상태에서 이조에게 죄를 참회하고자 했습니다. 이조가 말했습니다. "죄를 가져오면 그대를 위해 참회해 주겠네." 삼조가 한참 있다가 말했습니다. "아무리 해도 죄를 찾아낼 수 없습니다." 그러자 이조가 말했습니다. "좋아, 이미 죄를 참회해 주었네." 삼조는 이 말을 듣고 그 자리에서 깨달았습니다.

사조가 삼조에게 해탈법문을 구했을 때에도 삼조는 이렇게 물었습니다. "누가 그대를 얽어매고 있는가?" 사조가 대답했습니다. "아무도 저를 얽어매고 있지 않습니다." 그러자 삼조가 말했습니다. "그런데도 해탈을 구하는가?" 사조는 이 말을 듣고 깨쳤습니다.

우리가 과연 이렇게 할 수 있을까요? 감기에 걸려 콧물이 흐르고 머리만 아파도 "누가 그대를 얽어매고 있는가?"라고 물으면 "감기가 저를 얽어매고 있습니다" 하고 대답할 것입니다. 일체가 마음이 만드는 것이라 말하면서도 왜 그것을 벗어나지 못할까요? 병으로 인해 해탈할 수 없어서 죄를 참회하겠다고 한다면 이는 유심이 아닙니다. 이것이 문제입니다. 스스로를 속여서는 안 됩니다! 물론 신앙심이 대단한 사람도 있긴 합니다. 이런 사람은 병을 가볍게 만들 수 있을 뿐 아니라 심지어 없앨 수도 있습니다. 이것도 하나의 방법입니다만 매우 어렵기는 합니다. 『화엄경』에서는 제일 첫째로 신(信)을 제시합니다. "믿음이 바로 도의 근원이요 공덕의 어머니이다〔信爲道源功德母〕." 그렇긴 해도 믿음이란 대단히 어려운 것입니다. 쉰다섯 분의 보살들도 제일 먼저 믿음을 말했습니다. 모두 실제적인 믿음으로서 대단히 어려운 것입니다. 당연한 말이지만 이 믿음은 미신이 아니라 확실한 것이어야 합니다. 사실 우리가 이르지 못한다고 하는 것은 공부가 이르지 못하는 것이요, 행원이 이르지 못하는 것입니다.

우리가 이르지 못하는 것은 두 가지 심리적 병폐 때문입니다. 하나는 어리석음입니다. 바로 진정한 지혜가 없는 것입니다. 다른 하나는 아만(我慢)입니다. 사람들은 다른 사람을 믿지 않고 자신만을 믿으려 합니다. 비단 부처나 보살에 대해서뿐 아니라 스승이나 어른에 대해서도 그렇습니다.

또 하나가 있는데 그것은 바로 우리 같은 사람들 때문입니다. 우리는 타좌도 하며 참선도 합니다. 모두 제 나름의 도리가 있어서 이렇게 통하지 않으면 저렇게도 통한다는 것입니다. 참선도 좋고 정토(淨土)도 좋고 관공(觀空)이나 지관(止觀), 또는 수규(守竅)도 좋습니다만 어느 것이든 지각과 감각의 두 영역을 넘어서지 못합니다. 오음으로 말하면 지각은 상음(想陰)이요, 감각은 수음(受陰)입니다. 상음의 뒷면이 바로 식음(識陰)이니 지각의 뒷면 역시 유식이 변한 것입니다. 이 이치에 대해서는 이후 다시 살펴보도록 하겠습니다.

정이란 어떤 상태인가

부처님을 배우는 사람이 가장 먼저 부딪히는 어려움은 바로 생각이나 망념이 끊어지지 않는다는 것이고, 다음으로는 진정으로 입정(入定)에 들 방법이 없다는 것입니다. 이 때문에 온갖 방법을 사용해 봅니다. 화두를 참구하거나 관심(觀心)을 하거나 수규(守竅)를 하거나 기(氣)를 다스리거나 하여 긴장을 유지하면서 망념을 제거하려 합니다. 일반인들은 모두 이런 경계에서 오락가락합니다. 어떤 경우든 한 가지, 즉 휴식을 취하면 당연히 기색이 좋아지고 신체도 좋아지는데 그것을 도를 얻은 것으로 생각합니다. 사실 이것은 잘못된 생각입니다. 이것은 도와 상관이 없으며 단지 휴식을 취한 것에 지나지 않습니다. 병이 낫는 것도 같은 이치로서 휴식을 취하기만 해도 병은 반드시 좋아집니다. 수면이나 타좌는 모두 돈 안 드는 비타민입니다. 이는 신기할 것도 없으며 도와 혼동해서도 안 됩니다.

　많은 사람들이 오랫동안 불법을 배우고 힘써 타좌를 해 보지만 시종 정(定)에 들지 못합니다. 그 원인 중 하나는 바로 정에 대해 분명히 알지 못하기 때문입니다. 사람들은 아무것도 알지 못하는 상태를 정이라 하며, 자신이 아직도 깨어 있음을 느끼면 정이 아니라 생각합니다. 무엇이 정일까요? 불법을 오래 배운 사람이라면 이렇게 대답할 것입니다. 산란하지도 않고 혼침에 빠지지도 않은 것이라고요. 이것은 이치를 말한 것입니다. 산란하지도 않고 혼침에 빠지지도 않은 것이 도대체 어떤 상태를 말하는 것일까요? 한번 말해 보십시오! 이런 상태가 없었다고 한다면 여러분은 혼침에 빠졌던 것이요, 있었다고 한다면 여러분은 산란했던 것입니다. 여러분이 마치 푸른 하늘처럼 그렇게 고요히 앉아 있었다면 그것은 환상(幻想)의 경계입니다. 진정으로 몸과 마음의 존재가 사라지고 하늘처럼 맑으며 어느 것 하나 걸리는 데가 없고 산란하지도 혼침에 빠지지도 않는다면, 만약 이렇다면 진여(眞如)라 할 수 있습니다.

　일반인들은 정(定)에 약간 들기만 해도 아무것도 알지 못할 것이라 생각합니다. 여러분이 피곤할 때 타좌를 하면 정말 아무것도 모르는데, 이것은 수면이요 혼침에 빠진 것이지 결코 정에 든 것이 아닙니다. 그러나 주의할 것은 진정한 혼침이나 수면 또한 정이라는 사실입니다. 바로 혼침정(昏沈定)입니다. 농담이 아닙니다. 왜 그럴까요? 여러분이 정말로 그것이 혼침임을 안다면 이는 이미 혼침이 아니라 정입니다. 여러분이 혼침임을 모른다면 바로 그 때문에 혼침입니다. 이 둘 사이에는 큰 차이가 있습니다. 피로할 때 혼침정에 드는 것은 결코 잘못된 일이 아닙니다. 어떻게 이렇게 말할 수 있을까요? 부처님은 수도 없이 많은 삼매와 정의 경계를 말합니다. 그것이 정의 경계인지 아닌지 하는 것은 여러분이 그것을 아는지 모르는지에 달려 있습니다. 그렇지만 이것은 어디까지나 세간의 정입니다. 세간의 정은 곧 휴식으로서 보통의 휴식 상태도 여기에 포함됩니다. 일반인들의 타좌는 대부분 이런 휴식 상태이지 진정한 정이 아닙니다.

여러분이 타좌를 하는 것은 자리에 앉아 지각(知覺)을 갖고 놀거나 또는 감각(感覺)을 갖고 노는 것입니다. 이 둘을 갖고 놀고 있으면서도 스스로 그것을 도(道)라 생각하는데, 이런 것들은 도가 아닙니다. 이 둘은 수시로 변하지만 도는 불변합니다. 환경이나 시간, 밤낮이나 체력, 혹은 정서나 영양 상태에 따라 달라지는 것은 도가 아니라 일종의 경계입니다. 경계는 도가 아니라 하나의 망념입니다.

그렇다면 어떻게 해야 진정한 정(定)이 될까요? 이에 대해서는 알아 둘 필요가 있습니다. 『현관장엄론』과 『유가사지론』에서 해당 구절을 뽑아 살펴보도록 하겠습니다.

수정과 일체유심

먼저 수정(修定)에 대해 말하겠습니다.

정(定)은 '닦는(修)' 것이지 '깨치는(悟)' 것이 아닙니다. 이 둘은 차이가 있습니다. 그다음 방금 우리는 망념이 끊어지지 않는 것에 대해 말했는데, 그것은 우리가 인과를 뒤집어 놓았기 때문입니다. 우리는 부처님이 말한 바를 자신이 이룬 것으로 착각합니다. 그런 다음 부처의 경계를 증험하려 합니다. 이는 석가모니부처님께서 출가한 후 십이 년간 고된 수련을 거쳤다는 사실을 망각한 것입니다. 부처님은 숱한 경험을 두루 거치고 난 뒤에 그것들이 모두 아니라 생각하고서 최후에 하나를 찾아낸 것입니다. 마치 원오근처럼 큰 병을 앓고 죽기까지 해 보고서 비로소 그것이 아님을 알고 다른 것을 찾아냈습니다.

부처님은 일찍이 이렇게 말했습니다. "망념은 본래가 공이며, 연기는 생겨남이 없다〔妄念本空, 緣起無生〕." 그런데 우리는 앉았다 하면 망념을 없애고자 하니 얼마나 어리석은 일입니까! 공으로 만들 수 있는 망념이라면 그것은 망념이 아닙니다. 망념 자체가 본래 공이기 때문입니다. 부처님은 이미 우리에게 말했습니다. 망념이란 헛된 것이요 가짜라고요. 이미 가짜라면 상관할 필요가 뭐 있습니까? 무엇 하러 망념을 공으로 만들려 합니까? 설사 망념을 공으로 만들었다 하더라도 그 공의 경계 역시 하나의 큰 망념일 뿐입니다. 바로 상음구우(想陰區宇)입니다. 하물며 그 공이란 것도 공부를 그만두면 사라져 버리지 않습니까? 그런 것만 봐도 역시 망념임을 알 수 있습니다. 그러므로 망념이 본래 공이라는 사실만 알아도 자리에 앉으면 마음이 무척 가벼워집니다. 망념을 없애려 애쓸 필요가 없기 때문입니다. 망념이 하나하나 생겨날 때, 만약 망념이 정말 공이 아니라면 하나의 망념이 생기고 나서 다른 망념은 방해를 받아 생겨나지 못할 것입니다. 망념이란 본래 달아날 수 있는 것입니다. 불경에서는 망념을 마치 물 위에 떠 있는 거품처럼 묘사합니다. 하나하나 생겨났다가 곧 사라져 버리고 마는데 무엇 하러 그런 것을 공으로 만들려 합니까? 본래가 공이니 애써 공으로 만들 필요가 없습니다. 그러니 우리가 한평생을 바쳐 공부한다는 것이 얼마나 억울한 일입니까! 앉아서 망념을 공으로 만들려 하니 말입니다. 마치 어린애가 물에서 공을 가지고 노는 것과 같습니다. 물속으로 공을 쑥 밀어 넣으면 다른 쪽으로 공이 솟아오릅니다. 하루 종일 그렇게 밀어 넣고 있습니다. 그런 걸 가지고 도를 닦는다고 하는데, 그건 망념을 가지고 놀고 있는 것에 불과합니다.

그렇게 밀어 넣기보다는 그냥 앉아 있는 것이 훨씬 더 좋습니다. 그래도 망념이 여전히 끊어지지 않는다고요? 좋습니다. 망념이 끊어지지도 않지만 망념은 그곳에 머물러 있지도 않습니다. 망념을 붙들어 두려 해도 붙들 수 없습니다. 그러는 사이에 어떤 것이 있어 망념이 생겨났다가 사라짐을 아는데, 이것은 결코 망념과 함께 사라지지 않습니다. 이것이 느껴지면 망념은 그냥 그대로 내버려 두고 스스로 청명(清明)이 몸속에 있다는 것을 느끼기만 하면 됩니다. 이것을 알기만 하면 되니 얼마나 홀가분합니까! 그런데도 왜 완전히 청정해지지 않을까요? 왜 아직 망념이 생겨날까요? 앞에서 언급한 적이 있습니다. 암제차녀가 문수보살에게 물었습니다. "삶이 불생이라는 이치를 명백히 알고 있는데도 왜 여태 생사 속에서 유전하고 있을까요?[明知生是不生之理, 爲何卻被生死之所流轉]" 문수보살이 대답했습니다. "그 힘이 충분하지 못하기 때문입니다[其力未充]." 같은 이치입니다. 왜 청정해질 수 없을까요? 그 힘이 충분하지 못해서 그런 것입니다.

또 하나의 문제에 이르렀습니다. 한번 물어봅시다. 그 힘이란 어떤 힘일까요? 우리가 대낮에 앉아서는 잘 할 수 있습니다. 망념이 생겨나도 거들떠보지 않을 수 있어서 참으로 맑고 깨끗합니다. 그러나 잠이 든 뒤에는 여전히 흐리멍덩해지고 마는데, 이건 어떻게 해야 할까요? 불법을 배우는 사람은 진정한 과학을 배우는 사람입니다. 어떠한 문제에 대해서도 빠짐없이 해결해야 합니다. 대충 얼버무려서는 안 됩니다.

그렇다면 이제 다시 한 번 검토해 보기로 합시다. 망념이 청정해지지 않는 데에는 두 가지 원인이 있습니다. 하나는 생리적 영향입니다. 신체가 건강하지 않으면 않을수록, 질병이 많으면 많을수록 번뇌와 망념은 더욱 커집니다. 이렇게 되면 일체유심(一切唯心)이 될 수 없습니다. 사대를 조절하지 않으면 안 됩니다. 이런 점에서 본다면 기맥설은 매우 이치에 닿습니다. 불경에도 다 나와 있습니다. 대개 불경에서는 이런 방면에 대해서는 드러내지 않았기에 우리가 볼 수 없는 것이지 부처님이 이를 인정하지 않은 것이 절대 아닙니다.

예를 들어 유식에서는 이십사 종의 심불상응행법(心不相應行法)을 말하고 있는데, 시간과 같은 것이 바로 심과 상응하지 않는 행법의 하나입니다. 타좌를 하고 있으면 손가락 한 번 튕기는 사이에 서너 시간이 지나가 버리기도 합니다. 그렇지만 바깥의 시간은 여전히 일분 일초 정확히 흐릅니다. 우주의 시간을 변하게 할 방법은 없습니다. 공간이나 속도 또한 마찬가지여서 심으로 바꿀 수가 없습니다. 이것이 첫 번째입니다.

다음으로, 색법은 심법의 범위에 속하지 않고 단독으로 성립합니다. 색법 속에도 제육식에 법처소섭색(法處所攝色)[128]이 있지만 여기에 대해서는 따로 논하기로 합시다.

이런 식으로 하다 보면 모든 것이 유심이라 말할 수 없게 됩니다. 심불상응행(心不相應行)은 영원히 움직이는데 이는 부처의 신통력으로도 어쩔 수 없습니다. 그렇다면 우리가 불법을 배워 도를 이루려고 하는 것은 부질없는 일이 아닐까요? 사실 이것은 유식에서 분석한 것일 뿐이므로 두려워할 필요가 없습니다. 이십사 종의 심불상응행법은 의식(意識)과 심소(心所)의 역량이 도달하지 못하는 영역을 말한 것입니다. 색법이 단독으로 성립한다는 것은 의식이나 심소의 분류와는 별개로 홀로 성립한다는 뜻으로, 그렇다고 해도 그 전체 작용은 여래장 속에 모두 포괄됩니다. 결국은 일체유심이요 심물일원인 것입니다. 이 이치를 여러분은 잘 알아 두어야 합니다.

불법을 배워 수행하면서 스스로 이해한 얼마 되지 않은 불경의 학리(學理)를 가지고 수행을 말하게 되면 맹목적인 유심으로 변질될 수 있는데, 이런 유심은 물(物)에 대해 아무런 영향력도 행사하지 못합니다.

---

128 유식종에서는 일체의 법을 색법(色法), 심법(心法), 심소유법(心所有法), 심불상응행법(心不相應行法), 무위법(無爲法)의 다섯 종류로 나눈다. 이 중 색법은 넓게 말하면 모든 물질적 존재의 총칭으로서 변화하여 소멸되고 재질에 방해를 받는 성질이 있다. 색법은 다시 11종으로 나누어지는데 안이비설신의 오근(五根)과 색성향미촉의 오경(五境), 그리고 법처소섭색이 그것이다. 법처소섭색에 대해서는 제18강에서 자세히 설명한다.

공곽·고선

이제 되돌아가 우리 스스로를 점검해 보기로 합시다. 앉아 있으면 온갖 번뇌와 생각이 끊임없이 이어지는 것은 부분적으로 생리적인 영향에서 기인합니다. 생리적인 영향은 거의 절대적이어서 타좌가 유독 잘되는 날이 있습니다. 마음이 청정하고 기색도 좋고 정신도 상쾌하며 몸에 병도 없습니다. 혹시 이런 경험을 해 본 적이 있습니까?(여러 사람이 그런 적이 있다고 대답함.)

좋습니다. 이제 문제에 이르렀습니다. 그렇다면 이런 상태가 왜 계속 이어지지 않을까요? 피로할 때나 기타 다른 원인이 있을 때에는 왜 기분이 축 처지며 번뇌도 따라 일어날까요? 평상시 청명(淸明)의 경계를 얻으면 마치 그것이 공인 듯 느껴지지만 이는 생각이 없는 경계로서 의식의 한 상태일 뿐입니다. 즉 제육식의 청정한 한 단면일 뿐입니다. 설사 삼제탁공이라 할지라도 단지 제육식의 청명한 경계가 드러난 것에 지나지 않습니다. 생리적으로 조금도 변화된 것이 없다면 제칠식 또한 변하지 않습니다. 그러니 제팔식인 아뢰야식의 습기종자에 대해서는 더 말할 것이 없습니다. 사대는 조금도 바뀌지 않았습니다. 이런 상태에서 청명한 경계가 지속되면 자칫 생명력이 고갈될 수도 있습니다. 정서적으로 기쁨도 쾌락도 느끼지 못하며 그렇다고 번민을 느끼는 것도 아닌, 바로 생명의 기미가 사라져버리는 것입니다. 이렇게 되면 고선(枯禪)의 경계로 들어서게 됩니다. 또는 화가 치밀어 오를 수도 있어서 작은 일에도 참지 못합니다. 당연히 이성적으로 자신을 억제하려 하지만 아무리 해도 화를 누를 수 없습니다. 조그만 티끌도 보아 넘길 수 없습니다. 이것 역시 큰 망상으로서 의식의 경계입니다. 공(空)을 닦는 사람이 흔히 얻게 되는 병적 현상입니다.

유와 긴장

유(有)를 닦는 사람은 이보다 더 엄중합니다. 주문을 외거나 염불을 하거나 또는 수규를 할 때, 만약 신체의 한 부분에 병이 있으면 폭발합니다. 일단 폭발하면 수습할 수 없습니다. 동시에 신경도 서서히 긴장됩니다. 마음속에 너무 서두르는 것이 있기 때문입니다. 한 생각을 지키느라 애쓰지만 실제로는 이 생각을 지켜 내지 못합니다. 온 힘을 다해 지키려 드니 무척 바쁩니다. 그래서 장자는 이것을 '좌치(坐馳)'라 했습니다. 겉보기에는 타좌를 하고 있으나 실제로 속에서는 운동회가 열리고 있습니다. 엄청나게 바쁜 것입니다. 이런 수행자는 사회인들보다 더 분주합니다. 진정으로 이들이 내려놓을 수 있는 것이 몇 가지나 될까요? 스스로를 속여서는 안 됩니다. 신체가 건강하지 못하다면 신경이 일단 긴장되어 착란을 일으킬 경우 곧바로 정신병적 상황에 빠지게 됩니다. 이런 현상이 있는 사람에게는 여러 경계가 나타납니다. 예를 들면 귓속에서 말하는 소리가 들리기도 합니다.

불경은 부처님의 여러 제자들에 대해 기록하고 있는데, 수행이 공의 경계에 이른 많은 사람들이 자살을 합니다. 이들은 모두 나한으로, 사는 데 별다른 재미를 느끼지 못하니 빨리 가나 늦게 가나 마찬가지라 생각합니다. 그러니 차라리 빨리 가 버리지요! 이렇게 보면 공 또한 궁극적인 것이 아닙니다. 이 모두가 심리적인 이상 증세입니다. 유를 닦을 때 나타나는 환상적인 경계는 특히 많습니다. 예를 들어 빛을 발한다든지 혹은 땅이 흔들린다든지 하는 등 수없이 많습니다. 이전에 대륙에서 이름깨나 날리던 거사(居士) 한 명이 있었는데, 그는 『금강경』을 말하면서 선종을 표방하기도 했습니다. 그의 능력은 대단해서 대중 앞에서 신통력을 드러냈습니다. 엄지손가락을 쭉 펴면 한 줄기 빛이 나타나면서 베다(Veda) 보살 한 분이 모습을 드러내곤 했습니다. 여러분도 그런 상황을 목격했다면 머리를 조아리지 않을 수 없을 텐데 후에 제가 그를 만나서 말했습니다. "허! 당신, 그런 것도 선종이라 하오? 그렇게도 생각하는구려! 그렇지 않아도 한번 교리에 대해 토론해 보고 싶었는데, 하물며 당신이 『금강경』을 말하고 있지 않소? 『금강경』에서 이르기를, 만약 형체로써 나를 보거나 소리로써 나를 구한다면 이 사람은 삿된 도를 행하는 자로서 여래를 볼 수 없다고 하지 않았소? 먹고살기 위해서 그런 짓을 한다면 어쩔 수 없겠지만 불법을 널리 펼치려고 그런다는 소리는 제발 그만두시오."

유(有)를 닦는 길에는 쉽게 이런 병폐가 나타납니다. 그러나 이것을 단지 병폐라고만 생각해서는 안 됩니다. 여러분에게 한번 물어보겠습니다. 왜 병폐일까요? 그가 마도를 행하기 때문이라고요? 하지만 과연 여러분은 그렇게 할 수 있을까요? 거기에는 당연히 이유가 있습니다.

공을 닦든 유를 닦든 이들은 모두 의식의 경계로서 결코 도가 아닙니다. 이런 것들에 대해서는 『유가사지론』 「의식지(意識地)」 속에서 모두 언급하고 있을 뿐 아니라 『능엄경』에서는 더 분명하게 말하고 있습니다. 오십 종 마경에 대해서는 반드시 연구해 두어야 합니다. 이들은 명심견성과 아무런 상관이 없으며 도과(道果)와는 더더욱 관련이 없는 것으로, 오십 종 음마(陰魔)만 하더라도 여전히 대원칙만 제시할 뿐 세세한 부분까지는 말하지 않습니다.

색신의 조절

진정으로 도(道)를 구하려면 먼저 학리에 통해야 하며, 특히 이 강의에서 언급하고 있는 『능엄경』이나 『법화경』 그리고 이후 언급할 『유가사지론』

등의 경전을 모두 명확히 이해해야 합니다. 이들 가운데 『유가사지론』은 수행 과정을 설명한 가장 중요한 경전 중 하나로서, 여기서 미륵보살은 우리에게 한 단계 한 단계의 공부와 수증 방법에 대해 아주 절절히 말하고 있습니다. 이 외에도 『현관장엄론』에서 말하는 사가행(四加行)에 대해서도 알아야 하는데, 그 중점은 한마디로 심물일원입니다. 가장 핵심이 사대를 조절하는 것으로, 사대를 조절하지 않고서 정(定)의 경계나 성공(性空)의 경계를 구하려는 것은 모두 제육식의 환상에 불과합니다. 이처럼 엄중합니다.

사대가 조절된 후에야 비로소 몸을 잊을 수 있고 제육식이 전화될 수 있으며 인아공(人我空)에 이를 수 있습니다. 선종 식으로 말하자면 비로소 초참(初參)을 타파한 것이요 초관(初關)을 통과한 것입니다. 만약 우연히 나타난 청정함이라면 이것은 어디까지나 의식 상태로서 결코 공을 증득한 것이 아닙니다. 이 점을 각별히 주의해야 합니다.

색신을 조절하기 위해서는 제일 먼저 계율을 지켜야 합니다. 특히 소승의 계율, 예를 들면 음욕이나 애욕을 버려야 합니다. 그리고 무엇보다도 누단(漏丹)이 없어야 합니다. 이 계율을 수증하는 과정에 대해서는 불경 여기저기에 흩어져 있어서 완전한 체계를 갖추고 있지는 않습니다.

이 계율은 절대 쉽게 얻어지는 것이 아닙니다. 진정으로 이런 경지에 도달하려면 연정화기(煉精化氣), 연기화신(煉氣化神), 연신환허(煉神還虛)에 대해 잘 알고 있어야 합니다. 당말 오대 이후에 중국 도가의 단경(丹經)이 특별히 많아진 것도 바로 이런 원인 때문입니다. 불법을 배우는 사람은 외도를 배척하여 봐도 못 본 척합니다. 그러나 『화엄경』의 위대한 경계를 생각하면 보지 않을 수 없습니다. 왜 도가의 단경이 그렇게도 많아졌을까요? 선정의 경험이 기맥을 논하는 데에 편중되었기 때문입니다. 이것을 이해한다면 도가의 수련법도 전혀 잘못된 것이 없음을 알게 됩니다. 물론 밀종의 삼맥칠륜과 도가의 기경팔맥 사이에 약간의 차이가 있긴 하지만 이들은 모두 정의 경계에서 자연스럽게 일어나는 현상입니다. 옛사람들이 이런 경험과 현상을 우리에게 말해 주자 후세 사람은 원인을 결과로 전도시켰습니다. 타좌를 하면서 죽을 둥 살 둥 기맥에 신경을 쓰다 보니 기맥이 다 통하고 나면 정신분열증에 걸려 버릴지도 모릅니다. 옛사람들이 전해 준 것은 틀림이 없지만 후세 사람들이 잘못 사용하고 있는 것입니다.

제18강

불교의 우주관

어떤 학생이 물었습니다. "불경의 기록에 따르면 삼계천인이라도 여전히 수겁, 화겁, 풍겁이라는 삼겁(三劫)의 위협을 받는다고 합니다. 그렇다면 수화풍 삼겁과 수증 과정 사이에는 반드시 밀접한 관계가 있을 법한데, 이것과 당송 이후 도가의 연정화기·연기화신·연신환허의 과정과 어떤 필연적인 관계라도 있는 것인가요?"

이 학생이 제기한 문제는 대단히 중요합니다. 일반적으로 불학을 연구하는 사람은 흔히 수증을 별개의 것으로 생각하기 때문에 불학은 불학의 길로, 불법은 불법의 길로, 불교는 불교의 길로 가고 맙니다. 실제로 이들은 삼위일체입니다.

불교는 천인(天人)과 우주의 관계에 대해 말하는데 이는 적어도 오늘에 이르기까지 이 세상의 어떤 종교나 과학, 철학보다도 훨씬 고명합니다. 불교의 우주관은 대단히 뛰어나서 오늘날의 과학이 밝혀 낸 것은 불교의 우주관에 주해를 달아 놓은 것이나 다름없습니다. 그렇지만 폐단도 없지 않습니다. 예를 들면 세계관을 말하면서 동승신주(東勝神洲) · 서우하주(西牛賀洲) · 남첨부주(南瞻部洲) · 북구로주(北俱盧洲)의 사대주(四大洲)를 말하는데, 소승의 설법에 따르면 이들은 히말라야 산을 중심으로 한 것이며 수미산(須彌山)이 바로 히말라야 산이라고 합니다. 이 설법에는 문제가 있습니다. 대승의 화엄세계관으로 말하자면 수미산은 은하계를 나타내는 대명사로서, 이 설법은 보다 확대된 것이라 할 수 있습니다. 여기에 대해 토론하자면 무척이나 번거롭지만 그렇더라도 정말로 불법의 견지에 대해 말하고자 한다면 이 사실을 반드시 이해할 필요가 있습니다.

불학의 이론에 따르면 우주에는 태양계와 같은 세계가 무수히 많은데, 지구는 태양계 속에서도 아주 작은 하나의 세계일 뿐입니다. 색계천은 이미 우리의 이 태양계의 범위를 벗어나 있고, 무색천은 이보다 훨씬 더 멀고도 큽니다. 욕계천 아래는 축생도(畜生道)로, 축생도는 이 세상의 생물을 포괄하고 있습니다. 그 아래는 아귀도(餓鬼道)인데, 세균 중에도 아귀도에 속하는 것이 있습니다. 귀(鬼)는 반드시 중음신(中陰神)인 것만은 아니며 어떤 것은 아귀도에도 속합니다. 인(人) 위에도 사천왕천(四天王天) 등이 있습니다.

욕계의 중심은 도리천(忉利天)으로 달리 삼십삼천(三十三天)이라고도 합니다. 왜 삼십삼천이라 할까요? 그곳에는 마치 연방 조직처럼 서른세 개의 단위가 있기 때문입니다. 어떤 천에는 천주(天主)가 있어 일체의 천인(天人)을 통솔하며, 어떤 천은 민주적이어서 모두가 평등합니다. 사람이 죽은 후 천계(天界)에 왕생하기 위해서는 공덕과 선행을 닦지 않으면 안 됩니다. 엄격히 말하면 선행과 선정은 깊은 관련이 있습니다. 도가에서는 선은 양(陽)을 생기게 하고 악은 음(陰)을 생기게 한다고 봅니다. 선종으로 말하면 사선팔정은 바로 인(人)으로부터 천도(天道)에 이르기 위해서 반드시 거쳐야 하는 길입니다. '삼계천인표'를 보면 이것을 아주 뚜렷이 알 수 있습니다. 정(定)을 닦아서 초선에 이르고, 다시 여기에 열 가지 선업(善業)이 합쳐지면 그에 해당하는 천도에 이를 수 있습니다. 이선 이상도 마찬가지입니다.

우주의 재난

그렇지만 이 우주는 궤멸될 수 있습니다. 지구 상에는 삼재팔난(三災八難)이 있는데, 수화풍 삼겁 외에도 도병(刀兵)·온역(瘟疫)·검재(儉災) 등이 있습니다.

『유가사지론』 권 2에서는 다음과 같이 말합니다.

검재는 이른바 인간의 수명이 30세일 때가 되어서야 비로소 시작되는데, 이때가 되면 제대로 된 음식은 더 이상 먹을 수가 없다. 겨우 썩은 뼈다귀를 굽거나 삶아 잔치를 열며, 만약 우연히 한 톨의 벼나 보리·조·피 따위의 종자라도 얻게 되면 말니[129]처럼 귀히 여겨 궤짝에 고이 담아 보관한다. 저 유정[130]들은 힘이 없어서 땅에 넘어지면 다시 일어서지 못하는데, 이런 기근으로 인해 유정들은 거의 다 죽고 검재를 7년 7개월 7일간의 밤낮을 겪고서야 지나간다. 저 유정들이 다시 모여들어 하품의 세상이 싫어 떨쳐 일어나는데, 이런 까닭으로 인해 수명은 더 이상 줄어들지 않고 검재가 마침내 끝난다.

---

129 말니보주(末尼寶珠) 또는 여의보주(如意寶珠)를 말한다. 용의 턱 아래에 있는 영묘한 구슬로서 이것을 얻으면 여의(如意), 즉 무엇이든 뜻하는 대로 만들어 낼 수 있다고 하여 붙여진 이름이다.

130 예전 번역에서는 유정(有情)을 '중생'이라 했으며 살아 있는 것을 지칭한다. 유정과 중생의 관계에 대해서는 여러 설이 분분하다. 어떤 이는 유정이 인류·제천·아귀·축생·아수라 등을 가리키고 중생은 이들 외에도 초목금석(草木金石)이나 산하대지(山河大地) 등을 포괄하는 것이라고 주장하며, 어떤 이는 유정이 중생의 다른 이름이라고 주장하기도 한다.

또 인간의 수명이 20세일 때가 되면 본래 싫어했던 것들이 이제는 다 물러나 버려, 이때가 되면 온갖 전염병이 돌고 재앙과 어지러움이 끊이지 않는다. 저 유정들은 이 모든 질병을 만나 대부분 죽으며, 이런 병재는 7개월 7일 밤낮을 지나서야 마침내 끝난다. 저 유정들은 다시 모여들어 중품의 세상이 싫어 떨쳐 일어나는데, 이런 까닭으로 인해 수명은 줄어들지 않고 병재는 마침내 끝난다.

또 인간의 수명이 10세가 되면 본래 싫어했던 것들이 이제는 다 물러나 버려, 이때가 되면 유정들은 몸을 돌려 서로를 보며 쳐 죽이려 하는데, 이런 까닭으로 인해 손에 집히는 나뭇가지나 기와와 돌멩이가 모두 예리한 도검으로 변하여 서로 해쳐 거의가 죽어 가니, 이런 도재는 7일을 지나서야 마침내 끝난다.

〔儉災者, 所謂人壽三十歲時, 方始建立. 當爾之時, 精妙飲食, 不可復得. 唯煎煮朽骨, 共爲宴會, 若遇得一粒稻麥粟稗等子, 重若末尼, 藏置箱篋而守護之. 彼諸有情, 多無氣勢, 顚僵在地, 不復能起, 由此飢儉, 有情之類亡沒殆盡. 此之儉災, 經七年七月七日七夜, 方乃得過. 彼諸有情, 復共聚集, 起下厭離, 由此因緣, 壽不退減, 儉災遂息.

又若人壽二十歲時, 本起厭患, 今乃退捨, 爾時多有疫氣障癘, 災橫熱惱, 相續而生. 彼諸有情, 遇此諸病, 多悉殞沒, 如是病災, 經七月七日七夜, 方乃得過. 彼諸有情, 復共聚集, 起中厭離, 由此因緣, 壽量無減, 病災乃息.

又人壽十歲時, 本起厭患, 今還退捨, 爾時有情, 輾轉相見, 各起猛利殺害之心, 由此因緣, 隨執草木及以瓦石, 皆成最極銳利刀劍, 更相殘害, 死喪略盡, 如是刀災, 極經七日, 方乃得過〕.

이 세상이 도병겁(刀兵劫)의 말기에 이르면 지구 상의 인류는 수시로 전쟁을 벌여 대지의 모든 것과 초목이 사람을 죽일 수 있습니다. 중성자탄이 폭발하면 그 복사선으로 인해 초목도 자연히 인간을 죽일 수 있는 것입니다.

이때가 되면 유정들은 이리저리 모여 상품의 세상이 싫어 떨쳐 일어나므로 더 이상 감소하지 않는다. 또 수명을 줄이는 선법이 아닌 것을 싫어하여 버리고 수명을 늘리는 선법을 받아들여 행하니, 이런 까닭으로 인해 풍요와 즐거움을 마음껏 누림으로써 모두 수명이 점차 늘어 심지어 팔만 세에 이른다[爾時有情, 輾轉聚集, 起上厭離, 不復退減, 又能棄捨損減壽量惡不善法, 受行增長壽量善法, 由此因緣, 壽量色力富樂自在, 皆漸增長, 乃至壽量經八萬歲].

이 겁(劫)이 지나가고 나면 인류는 참회하면서 다시 좋은 일을 하게 될 것입니다.

화겁(火劫)이 다가오면 지구와 태양, 달은 모두 궤멸합니다. 태양의 에너지는 모두 폭발하여 곧바로 초선천(初禪天)의 상층인 대범천(大梵天)에 이릅니다.

화겁이 지나가고 나면 수재(水災)가 나타납니다. 『유가사지론』 권 2에서 말합니다.

수재란 무엇인가? 일곱 번의 화재가 지나가고 난 뒤 제이정려 중 구생[131]이 수계에서 일어나 기세간을 파괴하는데, 마치 물이 소금을 녹이듯 이 수계는 기세간과 함께 모두 사라진다[云何水災, 謂過七火災已, 於第二靜慮中, 有俱生水界起, 壞器世間, 如水消鹽, 此之水界, 與器世間一時俱沒].

두 번째 겁이 오면 우주는 빙하로 변하며, 다시 액체로 변해 이선천(二禪天)의 가장 높은 층인 광음천(光音天)에까지 이릅니다. 일찍이 부처님은 이렇게 비유한 적이 있습니다. 색계천에서 우리가 사는 이 세계에 돌멩이 하

---

131 태어날 때부터 갖고 있는 선천적인 번뇌를 말한다.

나를 던진다면 십이만억 년을 지나서야 비로소 도달한다고요. 선정 공부가 삼선천(三禪天)에 이르렀다면 수화겁의 영향을 벗어날 수 있으나 최후의 겁, 즉 풍겁(風劫)으로부터는 벗어날 수 없습니다. 이때가 되면 모든 우주는 기화되어 삼선천의 가장 높은 층인 변정천(遍淨天)에까지 이르는데, 오직 사선천(四禪天)만이 영향을 받지 않을 수 있습니다. 사선천은 아무런 생각이 없는 청정으로, 천인(天人)의 경계로 말하자면 색계 중의 인(人)입니다.

인류의 재난, 화재 · 수재 · 풍재

인류에 국한하여 말한다면 인(人)의 화재(火災)란 바로 욕(欲)으로서 남녀 간의 애욕이나 탐진치가 모두 화(火)입니다. 여러분의 선정 공부가 아무리 훌륭하다 해도 욕념이 일어나 압박하기 시작하면 그냥 허물어지고 맙니다. 그래서 불경에서는 말합니다. 욕념이 무거운 사람은 선정에 이를 수 없고 해탈을 얻을 수 없으며 마침내 욕망의 불에 스스로를 태워 모든 것이 다 허물어진다고요. 부처님이 살아 있을 때에도 제자들 중 이런 길로 빠져든 사람이 있었습니다. 예를 들면 어떤 사람은 고혈압이나 정신 분열로 쓰러지거나 온몸에 염증이 생기기도 했는데, 바로 선정으로 욕념을 이기지 못해서 나타난 후유증이었습니다. 말하자면 사람의 몸에 나타난 화재인 셈입니다.

공부가 나아지고 수양이 높아질수록 신경질은 더욱 심해집니다. 이전에 사부였던 노스님은 일단 성질이 났다 하면 정말 대단했습니다. 제자들이 조금만 잘못해도 그 넓은 조계사에서 욕하는 소리가 앞뜰에서 뒤뜰까지 쩌렁쩌렁 울렸습니다. 이런 것이 그분의 교육법이긴 합니다만 평소에 수양에 전념하는 사람일수록 신경질도 더 심해집니다. 이것 역시 물이 너무 맑아 물고기가 없는 것입니다. 부스러기를 용납할 수 없는 것 역시 화재의 하나입니다!

그렇다면 수재(水災)란 무엇일까요? 바로 탐애(貪愛)입니다. 애(愛)와 욕(欲)은 정도가 다릅니다. 애(愛)라는 수재가 일으키는 것은 작용은 너무도 엄중해서 이선(二禪)으로는 감당할 수 없습니다. 다시 말하면 여러분의 선정 공부가 아무리 훌륭하다 해도 이런 감정을 끊어 버리지 않는 한 재겁(災劫)이 닥쳐오면 그냥 허물어지고 만다는 것입니다. 재겁은 어떻게 올까요? 정해진 시간이 있는 것이 아니라 바깥의 연(緣)과 만날 경우 폭발합니다. 수행 공부가 훌륭한 사람도 인연 하나로 끝장이 나는 경우가 많은데, 이것 역시 중요한 화두로서 잘 음미해 볼 필요가 있습니다.

풍재(風災)란 무엇일까요? 기(氣)입니다. 그래서 도가나 밀종에서는 기를 닦을 것을 주장합니다. 여러분의 기맥이 원래 상태로 되돌아갈 수 없고 일말의 호흡이 아직도 남아 있다면 삼선(三禪)은 불가능합니다. 어떤 학생이 이렇게 물었던 적이 있습니다. "호흡이 정지되었는데도 몸속의 기맥은 아직도 움직이는 듯한 느낌이 드는데 왜 그런가요? 그리고 얼마나 더 지나야 비로소 정지될까요?" 그렇습니다. 그 학생이 말한 것이 맞습니다. 일반인들은 단지 기맥만을 말할 뿐 기는 기이고 맥은 맥이라는 것을 모릅니다. 그러니 기주맥정(氣住脈停)을 알 리가 없지요. 몸속의 기가 온통 충만해져야만 비로소 기주(氣住)라 할 수 있습니다. 몸속에서 기가 흐르는 것을 느끼는데, 이것이 바로 맥입니다. 수련을 통해 이 맥이 정지될 정도가 되어야 비로소 철저한 불루단(不漏丹)에 이를 수 있습니다. 그렇지만 여기에 이르렀다 하더라도 아직은 연정화기(煉精化氣)에 불과합니다. 아무런 생각이 없는 청정한 사선(四禪)의 경지에 이르기까지는 아직도 문제가 남아 있습니다.

심리적인 측면에서 아무런 생각이 없는 청정한 경계에 이르렀다면 이미 반야실상(般若實相)의 공성(空性)에 들어선 것일까요? 이것 역시 문제로 아무런 생각도 없는 청정한 경계가 곧 공이라 할 수는 없습니다. 아직도 차이가 많습니다. 의식이 청정한 것은 결코 공이 아닙니다. 이는 마치 개미 구멍을 통해 바라본 하늘과 같은 것으로 결코 하늘 전체가 아닙니다. 예컨대 도심에서 바라본 하늘과 산 정상에서 바라본 하늘이 같지 않은 것이나 마찬가지입니다. 당연한 일이지만 우주 공간으로 올라가서 우주를 본다면 더 다를 것입니다.

우리는 불법을 배우면서 이론상으로는 사대가 모두 공임을 알고 있습니다. 그렇지만 과연 수증상에서 공에 이르렀을까요? 이르지 못했습니다. 배고프고 목마른데도 사대가 모두 공이니 먹고 마실 필요가 없을까요? 이런 때라면 아무리 공으로 보려고 해도 제대로 되지 않습니다. 사대가 모두 공이라는 것은 원리입니다. 진정으로 수행이 여기에 이르려면 사대를 하나하나 닦아서 전화해 나가지 않으면 불가능합니다. 일단 마음이 깨끗해지면 생리적 압박이 나타나거나 그렇지 않으면 누단(漏丹)이 되어 버리는데 공부가 훌륭할수록 더욱 그렇습니다. 고요함은 음에 속하는 것으로, 고요함이 오래되면 음이 극에 이르러 양이 되기 때문입니다. 양의 에너지가 일어날 때면 생리 기능이 회복되는데, 만약 지수화풍을 전화시키지 못한다면 자연의 힘을 따라 모두 빠져나가 버립니다. 이것을 전화시킬 수 있다면 여러분의 공부는 거의 다 된 것입니다. 진정으로 이 방면의 공부를 하고자 한다면 불경을 보면 됩니다. 부처님은 불경 속에서 전부 다 말하고 있습니다만 우리가 보지 못할 뿐입니다.

심법과 색법

유식학에서는 심법(心法)과 색법(色法)이 대립하며 물질과 심리가 대립하는데, 실제로 심리와 물질은 모두 아뢰야식의 작용입니다. 아뢰야식은 본성이 아니라 훈습을 받은 종자를 지녀 근신기가 된 것입니다. 사대의 색법은 모두 아뢰야식 속에 같은 뿌리를 두고 있습니다. 심소(心所)만 하더라도 바로 아뢰야식이 분리된 것입니다. 예를 들어 우리가 마음으로는 하늘을 날고 싶어 하지만 제육식이라면 가능해도 몸은 불가능합니다. 그래서 심소에서 대립한다고 한 것입니다. 수행이 진정으로 도달했다면 확실히 전화될 수 있습니다.

다음으로 색법은 다시 세 종류로 나누어지는데 극미색(極微色), 극형색(極逈色), 법처소섭색(法處所攝色)이 그것입니다. 우리가 불법의 유식의 관점에서 본다면 물질문명은 아직도 원자를 뜻하는 극미색의 단계입니다. 광파(光波)는 극형색이라 할 수 있으며, 법처소섭색은 물질이기는 하나 정신으로부터 변화된 것입니다. 이 셋은 삼위일체로서 아뢰야식에 속하며 바로 마음의 작용으로부터 나온 것입니다.

법처소섭색은 어떤 것일까요? 바로 법처(法處)가 포함하고 있는 색법입니다. 법(法)과 대립되는 것은 의(意)로서 정신의 경계가 곧 법입니다. 바꾸어 말하면 정신의 경계가 법의 범위라는 말입니다. 예를 들어 우리가 꿈을 꿀 때에는 신체가 있습니다. 이 신체 역시 사대로서 꿈속에서 다른 사람에게 얻어맞으면 마찬가지로 통증을 느끼는데, 이것이 바로 법처소섭색입니다. 이 외에도 중음신의 색법이 있는데, 이것 역시 법처소섭색입니다. 법처소섭색은 아뢰야식의 물질 경계로서 이것은 다시 실제의 물질 경계와 가상의 물질 경계로 나누어집니다. 이는 수행 과정에서 반드시 알아야 할 내용입니다. 따라서 우리가 타좌 수행을 하면서 사대의 색신이 조금도 변화하지 않았다면 정력(定力)이 있어 봐야 아무 소용이 없습니다. 그것은 의식상의 환상일 뿐입니다. 그러므로 한 단계 공부하면 한 단계의 증험이 있어야 합니다. 부처님이 자신의 아들에게 조식(調息) 공부를 하라고 한 것도 이 때문입니다. "심풍으로부터 자유로운 자라면 곧 신통 자재를 얻는다[心風得自在者, 即得神通自在]"라고 하는데, 진정으로 정(定)을 얻을 수 있다면 참으로 비할 바 없는 쾌락이 따릅니다.

타좌를 해서 약간의 청정한 경계를 얻게 되면 그것이 바로 공이라 생각합니다. 하지만 신체의 감각은 아직 떨쳐 버리지 못했을 뿐 아니라 여전히 동굴 속처럼 시커멓기만 해서 벗어날 수 없습니다. 『능엄경』은 처음부터 우리에게, "색신과 밖으로는 산하와 허공, 대지가 모두 묘명 진심 가운데 있음을 모른다[不知色身, 外洎山河虛空大地, 咸是妙明眞心中物]"라고 알려 주고 있는데, 이 말을 잊어버린 것입니다. 무엇 때문에 이런 공허를 지켜야 할까요? 사대의 신체와는 아무 상관도 없는데요? 여기에 또 문제가 있습니다. 여러분이 공으로 만들면 만들수록 더 큰 에너지를 자신의 신체에 머물게 할 수 있습니다. 무엇 때문일까요? 왜 타좌가 잘 될수록 신체의 감각은 더욱 강력해질까요? 이와는 달리 수도를 하지 않는 사람은 신체에 어떤 감각도 느끼지 못합니다. 이는 원심력이 커지면 커질수록 구심력 또한 커지기 때문으로, 바로 사물이 극에 이르면 반드시 반전하는 이치입니다.

수도는 곧 과학입니다. 문제가 생길 때마다 수시로 그것에 해답을 내놓을 수 있으면 수행 공부도 한 걸음 진보하지만 그러지 못하면 나아질 수 없습니다. 그러므로 불경을 건성으로 훑어보듯 해서는 안 됩니다. 불법은 우리에게 모든 것을 다 말하고 있지만 우리가 불법에 통하지 못하고 있습니다.

인체의 삼계

'삼계천인표'를 여러분에게 나누어 드렸습니다. 꼼꼼히 한번 살펴보라는 뜻인데도 주의를 기울이는 사람이 없습니다. '삼계천인표'는 매우 중요합니다. 욕계, 색계, 무색계의 각 층의 경계를 닦는 것은 지금 우리의 수행과도 절대적인 관계가 있습니다. 다시 우리 인체를 들어 말하면 사람의 몸은 소우주로서 신체 역시 욕계, 색계, 무색계의 세 부분으로 구성되어 있습니다. 신체의 아랫부분이 바로 욕계입니다. 욕계의 즐거움은 정(精)으로부터 생기는데, 정이 아래로 내려가지 않으면 즐거움이 생기지 않으며 기맥도 통할 수 없습니다. 그렇지만 정이 일단 하강하면 곧 새어 나가 버리고 맙니다. 어떻게 해야 정이 하강하면서도 새어 나가지 않게 할 수 있는지가 바로 공부입니다. 여러분은 이런 말을 듣고 스스로 똑똑하다고 생각하면서 제멋대로 해석해서는 안 됩니다. 사정(射精)을 참아야 한다느니 음기를 얻어 양기를 보충해야 한다느니 하는 엉뚱한 소리를 해서는 곤란합니다. 잘못되면 그 과보는 너무도 엄중합니다.

인체의 중간 부분은 색계입니다. 수행으로 기(氣)가 충만해지면 먹고 싶은 생각이 사라지며 반드시 빛이 보입니다. 눈을 감아도 온통 빛입니다. 그렇지만 마경 또한 따라서 생는데, 바로 빛 속에서 환상이 보이는 것입니다. 이때 안통(眼通)이 나타난 것이라 생각한다면 그것으로 끝장입니다. 만약 빛을 지키고 그것에 머물고자 하면 색계로 떨어지고 맙니다.

미간의 윗부분은 무색계의 범위로서 모든 색신이 공(空)이 되고 망념이 완전히 사라져 버리는 경계입니다. 한 점의 망념도 없는 것이 무색계이나 무색계를 지키고 여기에 머물고자 하면 마치 무념(無念)에서처럼 무색계로 떨어지니 역시 옳지 않습니다.

무념을 지키고자 하면 무색계로 떨어지고, 빛을 지키고자 하면 색계로 떨어지며, 쾌락을 지키고자 하면 욕계로 떨어집니다. 그래서 밀종에서는 낙(樂)과 명(明) 그리고 무념(無念)의 균형과 평등을 제시합니다.

진정으로 불법을 배워 도를 증험하고자 하는 것은 전문적인 일로서 반드시 세속을 떠나야 가능합니다. 행원이야 입세든 출세든 모두 가능하지만 이것은 심행상의 일에 속합니다. 전문적인 수증을 구하고자 한다면 외부의 인연을 모두 놓아 버리고 집중하여 수행하는 시간을 가져야만 합니다. 보통 사람은 기질을 변화시키려고만 해도 생리적인 측면에서 십 수 년의 전문적인 수행이 없이는 불가능합니다. 그뿐만 아니라 이 십 수 년 동안 조금의 방해도 받아서는 안 됩니다. 당송 이후의 도가에서는 백일축기(百日築基), 시월회태(十月懷胎), 삼년포유(三年哺乳), 구년면벽(九年面壁)을 말합니다만 색신의 기질을 변화시키기 위해서는 적어도 삼 년간의 전문적인 수행이 반드시 필요하고, 이 사이에는 어떤 역경에도 부딪혀서는 안 됩니다. 그렇지만 제 경험으로는 수십 년 이래 백일축기조차 제대로 한 사람을 보지 못했습니다. 이런 것을 보면 수행이 얼마나 어려운지를 알 수 있습니다.

여러분, 공통의 문제는 이런 것입니다. 사대가 모두 공임은 분명히 알지만 공이 되지 않는다는 사실입니다. 외부의 연(緣)을 만나기만 하면 어디서든 곧 어리석음에 빠져들고 맙니다. 제 스승인 원환선 선생께서 말한, "오온은 분명 환상인데도 모든 연의 도처엔 어리석음뿐이로다〔五蘊明明幻, 諸緣處處癡〕"라는 것과 같습니다. 사람에게는 누구나 이런 폐단이 있습니다. 입으로는 공(空)을 말하나 몸은 유(有)를 행합니다. 타좌 시 기맥이 나타나면 곧 감각에 사로잡히게 됩니다. 청정하기야 정말 청정하지만 실제로는 모두 이런 감각에 빠져 있는 것입니다. 왕양명은 역시 고명합니다. 그는 이것들은 모두 정신적인 유희라고 했으며, 불경에서는 이것을 가리켜 "정과 혼을 희롱한다〔戲弄精魂〕"라고 합니다. 진정한 공에 이르지 못하여 감각을 한번 느끼기 시작하면 평상시의 불학은 다 잊어버리고 마는 것입니다.

머물지 않고 집착하지 않으며 바라지 않는다

대승불교에서는 삼대 원칙을 말합니다. 머물지 않고〔無住〕집착하지 않으며〔無著〕바라지 않는다〔無願〕는 것입니다. 우리는 타좌에 들기만 하면 자신의 경계에 머물고 공에 집착하며 도를 이루어 과위를 증득하기를 바랍니다. 얻고자 하는 마음으로 얻을 수 없는 것을 구하니 당연히 성공할 수 없는 것입니다.

『능엄경』은 말합니다. "풍의 본성은 진공이요, 공의 본성은 진풍이다〔性風眞空, 性空眞風〕." 신체상의 기맥이 바로 풍(風)입니다. 여기에 집착하기 시작하면 그것으로 끝입니다. 후세의 지식은 갈수록 많아져 무슨 기경팔맥이니 음신이니 양신이니 합니다만 이렇게 현묘함을 추구하는 것은 모두 독이 됩니다. 이런 독약을 삼킨 데다 다시 머물고 집착하니 아무리 해 봐야 소용이 없습니다. 진정한 기맥은 머물지 않고 집착하지 않아 완전히 공이 된 이후에야 비로소 성취할 수 있습니다.

이제 여러분께 편지 한 장을 보여 드리겠습니다. 중국의 노부인 한 분이 미국에서 보낸 것입니다.

선생님께.
삼가 아룁니다. 어떤 지각과 감각이든 모두 심리 상태에 속한다는 것을 『능가대의』에서 분명히 말씀하셨더군요. 그렇지만 저는 어떤 상황에서도 감각만을 없앨 수 있을 뿐입니다. 어떻게 하면 지각까지 없앨 수 있을까요?

저는 지금 이미 '그것'을 찾았습니다. 그것은 늘 있으면서 형체도 모양도 없습니다. 오직 의식의 경계에서 약간 비칠 뿐이며 심지어 전혀 그것이 아닌 것 같기도 하지만 저는 그것을 믿습니다.

그리고 『능엄대의금석』을 읽으면서 몇 가지 의문이 들어 선생님께 여쭙니다. 의생신이란 도가에서 말하는 이른바 신내신(身內身)인가요? 신외신(身外身)은 성명쌍수(性命雙修)가 아닌가요? 공(功)이 이루어진 뒤 정수리를 깨고 나간다고 하나 신내신은 말하자면 진인(眞人)으로서 정수리를 깨고 나갈 필요 없이 마음을 따라 숨을 수도 있고 드러낼 수도 있으니 이른바 흩어지면 기가 되고 모이면 형체를 이룬다고 하는 것인데, 의생신은 바로 이것이 아닌가요?

타좌 중 삼제탁공에 이르러도 결코 공(空)의 경계는 없으며 단지 마음이 하늘과 땅처럼 넓어지는 것을 느낍니다. 심지어 하늘과 땅을 포괄할 수도 있을 것 같습니다. 그렇지만 이런 상황은 계속 유지되지 않고 어떤 생각이 떠오르면 곧바로 사라지고 맙니다. 그런데 떠오른 생각에 머물지 않는데도 처음과 같은 평정을 회복할 수가 없습니다. 저야 노년의 다 망가진 몸이니 그냥 한번 농사만 지어 볼 뿐 수확은 바라지 않습니다. 성패는 그저 자연에 맡겨 둘 따름입니다. 정말로 저는 신선이 되거나 부처가 될 수 있으리라 생각하지 않습니다. 다만 다시 윤회를 거듭하게 되는 것이 몹시도 두려울 뿐입니다. 저는 지금 『팔식규구송(八識規矩頌)』을 연구하고 있습니다.
이만 줄입니다.

도안(道安) 올림

이 노부인은 기맥을 말하지 않습니다. 어떤 때에는 문제가 발생할 듯도 했지만 그때마다 스스로 해답을 찾아내었습니다. 노부인이 해답을 얻을 수 있었던 것은 바로 『능엄경』을 죽자 사자 파고들었기 때문입니다. 제가 일찍이 말한 적이 있습니다. 멀리 떨어져 있어서 제때 지도할 수 없으니 문제가 생기면 『능엄경』을 찾아보라고요. 우리는 공부를 하면서 왕왕 기맥이나 경계에 사로잡히곤 하지만 『능엄경』에서 말했듯이 풍의 본성은 진공이요 공의 본성은 진풍입니다. 아마 여러분은 체험해 보지 못했을 것입니다.

요약하면 수화풍(水火風)의 삼재(三災)를 피하기 위해서는 반드시 색신을 변화시켜야 합니다. 선정의 경계에 들어서기 위해서도 사대의 신체를 전화시키지 않고서는 불가능합니다.

집을 다 지어 놓고 나서 그 집이 낡아 허물어지게 하는 것은 무엇일까요? 비바람을 맞고 햇빛이 내리쬐여서 그런 것이 아니겠습니까? 인체의 내부도 마찬가지입니다. 사대가 잘 조절되지 못하면 평안할 수 없으며 정을 얻기는 더더욱 어렵습니다. 사대로부터 생기는 병의 증상은 정말로 많습니다. 이 점은 특별한 주의가 필요합니다.

심체와 그 작용

이제 『유가사지론』 권 1을 보기로 합시다.

「본지분중의지제이지일(本地分中意地第二之一)」. 본지(本地)란 바로 진여인 본체입니다. 유식에서는 전 심체(心體)를 여덟 개 부분으로 나누어 이를 팔식(八識)이라 부르지만 사실은 하나의 심체를 말하는 것으로, 이 때문에 본지분중의지(本地分中意地)라 한 것입니다. 분(分)이란 한 부분입니다. 그런데 왜 제이(第二)라 했을까요? 겉으로 드러난 오식(五識)이 첫 번째 범위라면 의식은 두 번째 범위에 속하기 때문입니다.

"이미 오식신이 심지와 상응한다고 말했다〔已說五識身相應地〕." 오식신(五識身)은 안이비설신(眼耳鼻舌身)의 오식으로 심지(心地)와 서로 상응합니다.

"무엇을 의지라 하는가? 여기에서도 오상이 응함을 알아야 한다〔云何意地? 此亦五相應知〕." 이 중간에 있는 다섯 가지 현상에 대해서는 반드시 알아 두어야 합니다.

"자성 때문이요, 그것의 소의 때문이요, 그것의 소연 때문이요, 그것의 조반 때문이요, 그것의 작업 때문이라 한다〔謂自性故, 彼所依故, 彼所緣故, 彼助伴故, 彼作業故〕." 유식학은 과학입니다. 우리는 유식을 스스로 증험하기 위한 도구로 활용해야 합니다.

"무엇을 의의 자성이라 하는가?〔云何意自性〕" 유식에서는 '자성'이란 용어를 자주 사용하는데, 우리가 흔히 접하는 자성이 없다는 말은 독자적으로 영원히 존재할 수 있는 성질이 없음을 말합니다. 일반인들은 자성이 없다는 말을 보고는 유식에서는 영원히 불변하는 본체를 부정한다고 생각합니다만 이는 오해입니다. 이것은 한자의 어휘가 충분하지 못한 데에서 비롯된 오해로, 자성이라 할 때의 '성(性)'은 성질이나 성능이라고 할 때의 성으로서 명심견성의 성이 아닙니다. 그러므로 "무엇을 의의 자성이라 하는가?"에서의 자성은 의(意)의 본래 성질을 말하는 것으로, 결국 이 구절은 제육식의 성질이 무엇이냐는 뜻입니다. 미륵보살은 말합니다. 심(心), 의(意), 식(識)이라는 세 가지는 엄격히 말하면 모두 의식 작용에 속하는 것으로, 바로 의식 자체의 성능이자 성질이라고요.

무엇을 심(心)이라 할까요? "심이란 일체 종자가 따르고 의지하는 바의 성질을 말한다〔心, 謂一體種子所隨依止性〕." 예를 들어 한 어머니가 자녀를 열 명 낳았을 때 자녀마다 개성이나 생각, 성격, 건강 등은 모두 다릅니다. 유전이나 증상연(增上緣)도 그 원인 중 하나이지만 이 외에도 전생의 종자로부터 따라온 것도 있습니다. 어떤 자식의 천성이 특별히 총명하다면 이는 전생의 종자로부터 온 것입니다. 일체 종자는 윤회를 거듭하면서 끊임없이 서로 관련을 맺습니다. 이것을 유식에서는 심(心)의 작용이라 부릅니다.

"따르고 종속되고 의지하는 바의 성질로서 심의 본체는 능히 집수하는 이숙에 포함되는 아뢰야식이다〔所隨依附依止性, 體能執受, 異熟所攝, 阿賴耶識〕." 이것 역시 심의 작용을 말한 것으로, 첫 구절은 그 기능이 의지하는 바를 따라서 작용이 발휘된다는 뜻입니다. 그러므로 어떤 사람은 나면서부터 책 읽기를 좋아하지만 어떤 사람은 전혀 좋아하지 않아서 억지로 권해도 소용이 없습니다. 그 종자의 성질이 이런 쪽으로는 발달하지 않기 때문입니다. "금생에 와서 독서하는 것은 이미 늦다〔書到今生讀已遲〕"라는 말이 있는데 일리가 있습니다. 그렇지만 내생에 가져갈 종성(種性)을 위해서는 이생에서도 독서를 해야 합니다. 심의 체용(體用)은 받아들여 유지〔執受〕할 수 있으며 이 기능을 영원히 붙들어 둘 수 있습니다. 이숙(異熟)은 바로 과보를 말합니다. 왜 나는 내가 되고 그는 그가 되었을까요? 각자의 종성이 다르기 때문입니다. 인과의 윤회를 이숙이라 합니다.

심, 의, 식이란 무엇인가

미륵보살의 이야기는 일단 미루어 두고 여기서는 무엇이 심(心)인지에 대해 살펴봅시다. 여기서 말하는 심은 자사(子思)가 『중용』에서, "하늘로부터 받은 명을 성이라 하고, 성을 따르는 것을 도라 한다〔天命之謂性, 率性之謂道〕"라고 말한 것처럼 태어날 때부터 구비한 본성입니다. 이 본성은 사람마다 다른데, 이것이 바로 심입니다. 그리고 이것은 제팔식인 아뢰야식의 종자(種子) 작용으로 소급해 올라가야 할 것입니다.

무엇이 의(意)일까요? "항상 행하는 의식 또는 육식신으로, 틈이 생기거나 사라지지 않는 의식을 말한다〔謂恒行意及六識身無間滅意〕." 선종의 조사는 화두 참구를 말할 때 심(心)·의(意)·식(識)을 떠난 것이 참(參)이며, 참을 통해 나온 것이야말로 반야의 이치가 될 수 있다고 합니다. 이른바 의식 상태란 개인의 생각으로서 습관에 의해 형성된 것입니다. 이런 의식 형태는 직업병이 될 수도 있습니다. 예를 들어 관료는 걸핏하면 관료티를 내는데, 이는 그의 의식이 그의 심리나 행위를 그런 쪽으로 몰아가기 때문입니다. 또 불법을 배우는 사람이 늘 아미타불을 찾는 것 역시 이와 같은 습관적 의식 형태입니다.

여기서 항상 행한다는 것은 심리나 행위가 늘 의지한다는 말로, 바로 의식의 작용을 가리킵니다. 그리고 육식신(六識身)이란 바로 전오식이 일으킨 의식의 분별입니다. 이것은 틈이 생기거나 사라지지 않아서 마치 흐르는 물과 같습니다.

무엇을 식(識)이라 할까요? "눈앞에 드러난 경계를 알아보는 것을 말한다〔謂現前了別所緣境界〕." 어떤 일이 눈앞에 닥치면 판단하려 애쓰지 않아도 곧 알게 되는 것이 바로 식의 작용입니다. 미륵보살의 분석은 대단히 치밀합니다. 우리가 타좌를 할 때면 다리를 틀고 앉은 한 찰나 마음이 아주 청정하지만 얼마 지나지 않아 곧 불편해집니다. 자기 속에 공부를 해야 한다는 생각이 일어나기 때문입니다. 공부를 해야겠다는 이 생각은 바로 심의 작용으로서 아뢰야식 종성(種性)의 기능입니다. 이것을 뚜렷이 알아야 합니다.

의(意)의 작용이란 어떤 것일까요? 망념이 깨끗해진 것을 느낄 때, 이 마음이 깨끗하다는 사실을 알아채는 것이 바로 의의 작용입니다. 이것은 틈도 없고 사라지지도 않아 하나에 이어서 다른 하나가 빈틈없이 이어져 오므로 스스로도 결코 알지 못합니다. 따라서 모든 것을 끊어 낼 수 있는 금강(金剛)의 반야에는 도달할 수 없습니다. 이때 우리의 식(識)은 어디에 있을까요? 다리를 틀고 앉은 그 순간 몹시 청정해지는 것은 마음의 작용이 나타나기 때문인데, 심은 자연스럽게 이 경계를 받아들이고 인가할 수 있으나 그것을 그대로 유지하지는 못합니다. 심과 의가 모두 나타난 후에도 어떤 작용이 있다면 식 또한 거기에 있습니다. 바로 이 순간 아주 청정해 진다면 그것이 바로 식입니다. 교리에 어두워 심, 의, 식을 뚜렷이 구별하지 못함으로써 정좌가 잘되는 것이 바로 공부라고 착각하곤 하는데, 교리에 통하면 곧 알게 되겠지만 실제로 정좌가 아무리 잘되어도 그것은 여전히 의식 상태에 머물고 있는 것입니다. 심, 의, 식에 대해서는 뚜렷이 알고 있어야 합니다. 불경 속에는 보배가 참으로 많습니다.

기질의 변화

"다음으로 순서에 따라 작용이 먼저 나타나는데, 신업과 어업의 업풍이 전화되기 때문이다[次隨順功用爲先, 身語業風轉故]." 우리 신체의 작용은 바로 기(氣)의 작용입니다. 이는 도가의 설법에 근거한 것으로, 불가에서는 이것을 '업풍(業風)'이라 합니다. 업풍은 업력에 의해 생겨나는데, 사대의 풍력(風力)과 관계가 있습니다. 그러므로 신업(身業)과 어업(語業)은 바로 풍(風)입니다. 유가에서는 학문의 도가 기질을 변화시키는 데 있다고 말합니다. 기질이란 공허한 이론이 아니라 실제적인 것이어서 학문과 수양이 높아지면 생리적으로도 모두 변화되어야 합니다. 한 걸음 나아갈수록 그만큼의 효험과 징후가 있어야 하니 스스로 속일 수 있는 것이 아닙니다.

제19강

색신의 전화

  우리 강의가 이제 이미 두 번째 항목인 수증의 법문에 들어서서 지금까지 계속 진행되고 있습니다.

  여러분이 적은 강의 노트를 보면서 아직 여러분이 핵심을 파악하지 못하고 있음을 알게 되었습니다. 심지법문으로 증험하고자 한다면, 한 걸음 더 나아가 보리 정각(正覺)을 구하고자 한다면 최대의 장애가 되는 것이 바로 신견(身見)입니다.

  불교는 비록 사대가 모두 공이라고 말하지만 이것은 방편인 소승의 불요의(不了義)의 가르침으로 한 말입니다. 요의(了義)의 가르침으로 말하자면 심물일원입니다. 우리 색신의 사대는 일념의 업력으로 구성된 것입니다. 수증에 아무런 효과가 나타나지 않는 것은 업력으로 이루어진 이 색신을 전화시킬 수 없어서 망념을 떨쳐 내지 못했기 때문입니다. 비록 약간의 청정이 있어도 이는 제육식상에 우연히 나타난 것으로서 고집(固執)으로 인한 일시적인 현상일 뿐 궁극적인 것이 아닙니다. 중점은 색신을 전화시키는 것입니다.

『원각경』의 몇 구절은 수행에 있어 대단히 중요합니다. 이것은 대승의 가장 뛰어난 방법이자 제일 어려운 길이기도 합니다.

어느 때든 망념을 일으키지 말며, 망심이 일어나도 없애려 하지 말며, 망상의 경계에 머물러도 뚜렷이 알려고 하지 말며, 뚜렷이 알지 못하는 상태에서 진실을 판단하려 하지 마라〔居一切時, 不起妄念. 於諸妄心, 亦不息滅. 住妄想境, 不可了知. 於無了知, 不辨眞實〕.

어느 때에 있더라도 망념을 일으키지 말아야 합니다. 만약 여러분이, "미쳐 날뛰던 성이 갑자기 조용해지니, 조용해진 자리가 곧 보리이다〔狂性頓歇, 歇卽菩提〕"라는 사실을 안다면 성공한 것입니다. 망념을 일으키지 않는다는 것이 어떤 것일까요? 어떤 사람이 망념이 일어나지 않아 나무토막처럼 아무 생각도 없다면 이것은 결코 불도(佛道)라 할 수 없습니다. "망심이 일어나도 없애려 하지 마라〔於諸妄心, 亦不息滅〕." 자연히 생겨난 망상은 절대 억지로 없애려 해서는 안 됩니다. 자연적으로 일어난 망상을 어떤 방법으로 없애고자 한다면 이것 역시 망념이 되므로 그냥 내버려 두면 저절로 청정해집니다.

한 걸음 더 나아가 말합니다. "망상의 경계에 머물러도 뚜렷이 알려고 하지 마라〔住妄想境, 不可了知〕." 우리가 공부를 하면서 가장 범하기 쉬운 착오는, 망상의 경계를 접하면 그것에 대해 알려고 하는 것입니다. 더욱이 불교에 약간의 기초가 있는 사람은 망념이 일어나기만 하면 두려워서 어떻게든 없애려 하는데, 이런 것이 바로 뚜렷이 알려고 하는 단계입니다. 사실 뚜렷이 아는 것 역시 대망상입니다. 그래서 부처님은 망상의 경계에 머물러도 알려고 하지 말라고 합니다. 자연히 생겨난 것은 자연히 사라지기 마련입니다.

마지막의 한 구절에서 부처님은 말합니다. "뚜렷이 알지 못하는 상태에서 진실을 판단하려 하지 마라〔於無了知, 不辨眞實〕." 예를 들어 뚜렷이 알지 못하는 상태, 즉 분명한 것이 아무것도 없는 적멸의 상태에 이르렀다면 이런 경계에 이르러 스스로 번뇌를 만들어 내지 말라는 것입니다. 그것이 옳으니 그르니 따지지 말고, 완공(頑空)이 아닌가 하여 두려워하지 말라는 것입니다. 가장 좋은 방법은 더 이상 분별심을 일으키지 않는 것입니다.

또 하나 중요한 점이 있습니다. "환상임을 알면 떠나야 하며, 임시방편적 방법을 쓰지 마라〔知幻卽離, 不作方便〕"라는 것입니다. 일체의 망념은 모두 환상입니다. 그것이 환상이라는 것을 알면 환상은 이미 사라져 버리니 다른 방법을 사용할 필요가 없습니다. 우리는 관상(觀想)이니 연기(煉氣)니 하며 온갖 방법으로 환상을 없애려 하나 이들 역시 환상일 뿐입니다. 왜 그럴까요? 공부할 때에는 나타나지만 공부하지 않을 때에는 사라지기 때문입니다. 그러니 이런 것들은 의지할 만한 것이 못 됩니다. "환상을 떠나면 즉시 깨치니 차례를 밟아 되는 것이 아니다〔離幻卽覺, 亦無漸次〕." 망념이라는 것을 알면 망념은 곧 사라지므로 이 중간에 어떤 것도 덧붙일 필요가 없습니다. 더할 것도 뺄 것도 없습니다. 이 청정한 적멸이 바로 깨달음입니다. 여기에는 초지(初地)니 이지(二地)니, 초선이니 이선이니 하는 구분이 없습니다.

진정으로 이것을 명확히 알았다면, 혹은 약간의 견지를 얻었다면 깨달은 후에 바로 수행해야 합니다. 이렇게 해야만 진정한 수행일 수 있습니다. 이 때문에 오조가 육조에게 말했습니다. "본성을 보지 못하면 수행해 봐야 무익하다〔不見本性, 修法無益〕."

여러분은 수행 공부를 해도 정(定)을 얻지 못합니다. 그 첫 번째 장애는 바로 신견이며, 두 번째 장애는 견지가 뚜렷하지 못한 것입니다. 사대의 색신 역시 일념으로 색신을 전화시키지 않고서는 성취를 얻을 수 없습니다. 이것이 바로 우리가 다룰 주제입니다.

지수화풍으로 이루어진 사대

이제 『유가사지론』 권 2 「본지분중의지제이지이(本地分中意地第二之二)」를 살펴봅시다.

또 갈라람이 점차 자라날 때 그 명과 색이 골고루 자라나 점차 광대해진다. 이처럼 자라나면서 의지[132]는 원만해진다. 그러는 사이 지계로부터 말미암기에 의지는 색을 만들어 점차 광대해지며, 수계로부터 말미암기에 잘 지켜 흩어지지 않으며, 화계로부터 말미암기에 성숙하여 군건하게 되며 습기가 없어지고, 풍계로부터 말미암기에 마디와 관절로 나뉘어 각각 편안히 자리 잡는다〔又羯羅藍漸增長時, 名之與色, 平等增長, 俱漸廣大. 如是增長乃至依止圓滿. 應知此中, 由地界故, 依止造色, 漸漸增廣. 由水界故, 攝持不散. 由火界故, 成熟堅鞕. 由無潤故, 由風界故, 分別肢節各安其所〕.

갈라람(羯羅藍)은 바로 태아가 태 속으로 들어간 것으로, 십이인연으로 말하면 '명(名)'-태아(胎兒)입니다. 그렇다면 색은 무엇일까요? 색은 지수화풍으로 구성된 것을 가리킵니다. "골고루 자라나 점차 광대해진다〔平等增長, 俱漸廣大〕." 이것은 태아가 지수화풍을 골고루 갖춰 가며 성장함을 말합니다.

---

132 육신을 말한다. 마음의 주체(심주)와 객체(심소)에 의지하여 머물러 있는 단계이므로 이렇게 표현했다.

"이처럼 자라나면서 의지는 원만해진다〔如是增長乃至依止圓滿〕." 모체에 의지하는 태아는 구 개월이 넘으면 원만하게 되어 탄생합니다.

"그러는 사이 지계로부터 말미암기에 의지는 색을 만들어 점차 광대해지며, 수계로부터 말미암기에 잘 지켜 흩어지지 않으며, 화계로부터 말미암기에 성숙하여 굳건하게 되며 습기가 없어지고, 풍계로부터 말미암기에 마디와 관절로 나뉘어 각각 편안히 자리 잡는다〔應知此中, 由地界故, 依止造色, 漸漸增廣. 由水界故, 攝持不散. 由火界故, 成熟堅鞕. 由無潤故, 由風界故, 分別肢節各安其所〕." 이것은 사대의 구성에 대해 말한 것입니다.

『능엄경』의 마지막 부분에는, "생은 식으로 인해 생겨나며, 멸은 색을 따라 사라진다〔生因識有, 滅從色除〕"라는 구절이 있습니다. 생명이 처음 이루어진 근원은 무명의 한 생각입니다. 그렇게 해서 생명이 생겨나면 곧 음양으로 나뉘니 바로 심(心)과 신(身)입니다. 이제 '멸(滅)'하고자 한다면, 다시 돌아가서 도를 이루고자 한다면, 적멸의 성과를 얻고자 한다면 먼저 사대 색신의 장애부터 없애지 않으면 안 됩니다. 이것이 사라진 뒤에야 비로소 도(道)를 말할 자격이 있습니다.

어떻게 해야만 색을 없앨 수 있을까요? 먼저 색의 성장에 대해 알아야 합니다. 우선 태아가 태 속에서 성장하는 것에서부터 시작해 봅시다. 물리세계 전체는 지대(地大)로서 사람의 세포나 근골 등은 모두 지대의 작용입니다. 그리고 진액이나 침, 호르몬 등은 수대(水大)입니다. 예컨대 우리는 혈액 순환에 의지해서 생명을 유지하고 있는데, 이런 것이 바로 수대입니다. 수대가 균형을 이루면 병이 없으나 균형을 이루지 못하면 병이 생깁니다. "화계로부터 말미암는다〔由火界故〕"는 것은 화력(火力)과 열력(熱力)에 의지해서 우리의 생명 작용이 유지되고 자란다는 뜻이고, "성숙하여 굳건하게 된다〔成熟堅鞕〕"는 것은 태아가 튼튼해져 형체를 구성하게 된다는 말입니다.

생명 중에서도 가장 중요한 것이 풍대(風大)입니다. 우리가 정(定)을 얻기 위해서는 제일 먼저 경안(輕安)부터 얻어야 합니다. 이 경안과 반대되는 것이 바로 조중(粗重)으로, 공부를 하면서 기맥의 움직임을 느끼는 것입니다. 진정으로 기맥이 통하면 곧 경안이 되어 신체를 절로 잊어버립니다. 비록 사대의 신체는 아직 존재하지만 어떤 장애도 느끼지 못하는 것이니, 관건은 바로 풍대에 있습니다. 풍대가 가장 중요합니다.

"만약 유정의 숫자라면 시간은 결정된 것이 없다〔若有情數, 時無決定〕." 시간은 절대적인 것이 아닙니다. 예를 들어 현교(顯敎)에서는 범부가 성불하기 위해서는 반드시 삼대(三大) 아승기겁의 수행을 거쳐야 한다고 말하며, 절대 즉신성불(卽身成佛)의 설을 인정하려 들지 않습니다. 그렇지만 밀종이나 선종에서는 겁수(劫數)의 문제를 전혀 고려하지 않습니다. 『능엄경』에서는 말합니다. "겁수는 정해진 것이 없다〔劫數無定〕." 십지(十地)의 순서 또한 정해진 것이 없으니 『유가사지론』에서는, "시간은 정해짐이 없다〔時無決定〕"라고 말합니다. 겁수는 고정된 것이 아닙니다. 예를 들면 우리가 고통을 받거나 재난을 당할 때에는 한순간이 수백 년처럼 느껴지지만 즐겁고 편안할 때에는 하루가 일 초처럼 지나가 버리는 것과 같습니다. "왜 그런가? 그것이 만들어 낸 온갖 업 때문이다〔所以者何? 由彼造作種種業故〕." 시간은 유심의 것입니다. 삼천대천세계의 모든 지역 모든 행성에는 모든 중생이 업력에 따라 시간의 길고 짧음을 느끼는데, 이들이 느끼는 바는 모두 다릅니다.

불법을 닦는 우리는 모두 세법(世法)의 마음 자세로 출세법(出世法)을 다루려고 합니다. 먼저 타좌를 하면서도 시간관념을 버리지 못합니다. 시간을 정해 놓고 타좌를 하며 그 시간도 아주 정확히 지키려 합니다. 공부가 조금 잘되기라도 하면 밤늦게까지 계속하면서 한편으로는 '이런, 잠도 못 잤구나!' 하고 생각합니다. 이처럼 세간의 시간과 공간, 생활 습관을 떠나지 못합니다. 이렇게 해서야 어떻게 수도를 한다고 하겠습니까? 이들은 모두 업력 때문입니다. 업력이 우리를 그렇게 꽁꽁 묶어 놓은 것입니다.

"혹 일 겁을 지나기도 하고, 혹 다시 줄어들기도 하고, 더 나아가서 한 해가 되기도 한다〔或過一劫, 或復減少, 乃至一歲〕." 이것은 시간의 상대성을 말한 것입니다.

삼재와 수행

"또 이 괴겁은 세 종류가 있으니, 첫째가 화재로서 능히 세간을 허물어뜨릴 수 있으며 무간지옥으로부터 시작하여 범세에 이른다〔又彼壞劫, 由三種災, 一者火災, 能壞世間, 從無間獄, 乃至梵世〕." 화재(火災)가 시작되면 무간지옥에서부터 일어나 이선천(二禪天)의 언저리까지 모조리 태워 버립니다. 부처님께서 왜 우리에게 욕념을 끊고 음심을 없애라고 했을까요? 그렇게 하지 못할 때에는 화겁(火劫)이 시작되면 모조리 타서 없어지기 때문입니다.

두 번째가 수재(水災)로서 위력이 더욱 강하여 곧바로 이선천에까지 이릅니다. 우리 인간은 유형의 정(精)이 가득 차면 욕화(欲火)가 발동하며, 곧이어 수재의 장애나 더 나아가 당뇨병이 생깁니다. 이런 것들은 말하자면 인체의 수재에 속하는 것들입니다.

세 번째는 풍재(風災)로서 이선천의 꼭대기뿐 아니라 사선천(四禪天)의 언저리까지 파괴할 수 있습니다.

부처님이 말한 삼재(三災)는 지금 우리의 지수화풍의 수행과도 밀접한 관련이 있지만 시간 관계상 간단히 줄이겠습니다.

사대의 종자와 색법

"이것 다음으로 대풍륜이 있는데, 삼천대천세계를 모두 감싸며 아래로부터 일어난다〔自此以後, 有大風輪, 量等三千大天世界, 從下而起〕." 이는 세계의 형성을 말한 것입니다. 이 부분은 현대의 지질학적 관점과 결부시켜 연구해 본다면 아주 재미있을 것입니다. 부처님에 따르면 이 세계가 생기기 이전에 스무 개의 공겁(空劫)이 있었다고 합니다. 공은 존재하지 않는 것이 아니라 그것 자체가 하나의 물질입니다. 특히 국토세간에서의 공은 더욱 그러한데, 예를 들어 텅 빈 우주 공간도 물리세계의 한 부분인 것과 같습니다. 부처님은 물리세계에 칠대(七大)가 있다고 합니다. 바로 지(地), 수(水), 화(火), 풍(風), 공(空), 각(覺), 식(識)입니다. 공겁 시에는 지수화풍 사대의 형상이 아직 구성되지 않아 그 작용이 공대(空大) 속에 잠복해 있는 상태입니다. 실제로 공대 자체는 움직이고 있지만 그 움직임이 너무 크기 때문에 우리가 도리어 고요하다고 느끼는 것일 뿐입니다. 『역경』에서는 "하늘의 움직임은 굳건하다〔天行健〕"라고 합니다. 우주는 계속 움직이고 있습니다. 한 찰나라도 움직이지 않는다면 건곤(乾坤)은 곧 끝장이 나고 맙니다. 전 우주가 소멸되고 마는 것입니다.

공대는 이십 겁의 오랜 시간을 거쳐 기류(氣流)로 바뀌어 움직이기 시작합니다. 이것이 풍대(風大)의 형성으로 바로 풍륜(風輪)입니다. 대풍륜은 몇억 년간을 돈 다음 서서히 끈적끈적한 액체처럼 변화하면 풍륜과 액체가 마구 뒤섞여 돌면서 뜨거운 에너지가 발생합니다. 찌꺼기들이 모여서 쌓인 것은 높은 산이 되고, 아래로 쑥 팬 것은 계곡이나 강 혹은 바다가 됩니다. 이렇게 해서 생긴 지수화풍의 세계가 바로 이 세상입니다. 밀종의 법문을 닦는 이들 중 어떤 사람은 자리에 앉으면 관상을 합니다. 먼저 공대를 관상하고, 다시 풍륜을 관상하는데 바로 대기층입니다. 대기층에서

화륜(火輪)을 관상하며, 화륜 위에 다시 수륜(水輪)을 관상하며, 수륜 위에 다시 지륜(地輪)을 관상합니다. 그런 다음 다시 지륜 위에서 큰 연꽃이 피어나며 연꽃 위에 한 보살이 앉아 있는 것을 관상하는데, 그 보살이 바로 자신입니다. 관상은 찰나간에 성공해야 합니다. 이것이 바로 밀법(密法)입니다. 관상에 성공한 뒤에는 지관을 닦습니다.

"또 여기에는 색이 있어 의를 따라 생겨난다〔又彼有色, 從意所生〕." 일체가 모두 색입니다. 지수화풍은 어떻게 생겨날까요? 의식에 의해 생겨납니다. 당연한 일이지만 물리세계가 어떻게 해서 유심에 의해 만들어지는지 스스로 깊이 연구해 보아야 합니다. 사대는 유심에 의해 만들어지며 여기서는 제육식의 작용이 가장 중요합니다. 현장법사는 『팔식규구송』에서 말합니다. "삼성과 삼량이 삼경과 통하니 삼계를 윤회할 때 쉽게 알 수 있다〔三性三量通三境, 三界輪時易可知〕." 제육식은 욕계, 색계, 무색계의 삼계를 관통합니다. 삼계의 윤회에서 중심이 되는 것은 바로 제육식으로서, 망상의 역량은 이처럼 막대합니다. 삼계의 윤회는 하나도 빠짐없이 모두 제육식의 범위 내에 속합니다. 『유가사지론』에서는 삼계와 구지(九地), 그리고 이십오유(二十五有)를 모두 제육식의 범위 속에 넣습니다. 우리가 수행하면서 이런 이치를 잘 알지 못하고 수시로 의식을 공으로 만들고자 한다면 결코 쉬운 일이 아닙니다. 제육식의 작용은 너무도 막대하여 삼계가 모두 제육식에 의해 만들어집니다. 그래서 말합니다. 또 여기에는 색(色)이 있어 의(意)를 따라 생겨난다고요.

이 이치를 알고 나서 이것을 수행과 관련 지어 공성(空性)을 파악해 낸다면 다시 돌이켜 의생신(意生身)을 닦아 성공할 수 있습니다. 원리는 바로 여기에 있습니다. 그러므로 저 미국인 노부인은 스스로 신내신(身內身)과 신외신(身外身)을 찾아내어 부처님이 말한 바를 증명하고 있는 것입니다. 밝은 스승이 없어도 정법(正法)은 여전히 존재합니다.

불학의 분류에 따르면 중생이 먹는 음식에는 네 가지가 있는데 단식, 촉식, 사식, 식식이 그것입니다. 단식(段食)은 나누어 먹는 것입니다. 인간처럼 아침, 점심, 저녁으로 나누어 먹습니다. 어떤 경전에서는 단식(摶食)이라고도 번역하고 있는데, 이것은 마치 외국인들처럼 포크로 먹거나 인도인처럼 손으로 집어 먹거나 동물들처럼 발톱을 이용해서 먹는 것입니다. 천인이 우리가 밥 먹는 모습을 본다면 마치 우리가 동물이 먹는 모습을 볼 때처럼 지저분하게 생각할 것입니다. 촉식(觸食)은 예를 들자면 먹는 것 외에도 생명 유지를 위해 필요한 공기나 빛과 같은 것입니다. 이것 역시 생명을 유지하는 데 필요 불가결합니다. 사식(思食)은 정신적인 것이며, 식식(識食)은 색계와 무색계 속 천인의 경계입니다. 진정으로 정(定)을 얻으면 먹는 것이 전혀 필요하지 않습니다. 그러나 공부가 아직 여기에 이르지도 않고서 엉뚱한 생각을 해서는 안 됩니다. 그러면 문제가 생깁니다.

「본지분중의지(本地分中意地)」 제2의 3에는 이런 구절이 있습니다.

"사대의 여러 종성은 어떻게 색을 만들어 낼 수 있는가?〔云何說諸大種能生所造色耶〕"사대에는 각기 다른 종성(種性)이 있습니다. 풍대(風大)에는 풍대의 종성이 있고, 지대(地大)에는 지대의 종성이 있습니다. 사대의 종성이 어떻게 색법을 만들어 낼까요? 여기서 말하는 색법은 바로 우리의 생리(生理)입니다.

"어떻게 그에 의존하여 색을 만들어 내며, 어떻게 그것이 세워지고, 어떻게 유지되며, 어떻게 길러지는가?〔云何造色依彼, 彼所建立, 彼所任持, 彼所長養耶〕"현장법사의 번역은 대단히 우수합니다. 믿음과 그에 도달하는 표준에 대해 무척이나 논리적입니다. 사대의 종자가 색을 만드는데 왜 우리의 이 생명이나 물리세계는 생성된 이후에도 여전히 물리 작용에 의지하여 영원히 존재해야 할까요? 왜 비단 존재할 뿐 아니라 종자의 작용이 더 활발하게 될까요? 왜 그럴까요?

여기에 대한 답은 이렇습니다. "일체의 내외 사대의 종자와 색을 만드는 종자는 모두 내부의 상속심에 의지한다[由一切內外大種, 及所造色種子, 皆悉依附內相續心]." 심물일원의 중요한 점이 바로 여기에 있으며, 이론적인 원칙 또한 바로 여기에 있습니다. 이로 인해 일체의 내외 사대의 종자로부터 말미암습니다.

내부의 사대 종자란 어떤 것일까요? 우리의 신체 내부에서는 지수화풍이 부단히 신진대사를 이루고 있는데, 이것이 내부의 사대입니다. 타좌하여 수도하는 것은 내부의 사대 종자의 기능을 발휘하여 다시 그것을 전화시키는 데 있습니다. 이 외에 외부의 사대 종자의 지수화풍도 있는데 예를 들어 햇빛이나 공기 등입니다. 이 둘은 하나이지만 그것이 현상으로 드러날 때에는 뚜렷이 나누어집니다. 즉 작용은 마찬가지이지만 현상에 있어서는 다릅니다.

상속심

내부와 외부의 사대 종자의 원소, 그리고 그들이 포함하고 있는 색을 만드는 종자는 모두 내부의 상속심(相續心)에 의존하며, 그렇게 해야만 비로소 일체의 기능을 발휘할 수 있습니다. 심리학자의 실험을 통해 볼 수 있듯 보통 사람이 죽고 싶을 정도로 몹시 절망하면 대개 삼십 분쯤 지나서 허탈 상태에 빠집니다. 이 현상은 나이와도 무관합니다. 내부의 상속심이 사라져서 더 이상 이어지지 않기 때문입니다. 달리 말해 생명력이 강한 사람이라면, 생명력의 견고함을 꼭 믿을 수 있는 사람이라면 설사 목숨이 끊어진 이후라도 다시 살아날 수 있습니다. 일체의 것은 내부의 상속심이 견고한지 그렇지 않은지에 달려 있습니다.

"더 나아가서 사대 종자가 사대로 생겨나기 전에는 색을 만드는 종자는 결국 색을 만들어 낼 수 없다. 그것으로부터 생겨나기 위해서는 색을 만드는 것이 스스로의 종자로부터 생겨나야 하니, 이런 까닭에 그것이 능히 색을 만들 수 있다고 하는 것이다[乃至諸大種子未生諸大以來, 造色種子終不能生造色. 要由彼生, 造色方從自種子生, 是故說彼能生造色]." 이 부분은 아주 엄중합니다. 『금강경』만 들여다보고서 '공(空)! 공(空)!'이라고 해서는 안 됩니다. 인상(人相)이 없고 아상(我相)이 없는 것은 쉽게 이해할 수 있습니다. 여기에서도 마찬가지로 인상이 없고 아상이 없음을 말하는 것입니다. 그렇지만 여기서는 우리가 알아듣기 쉽게 분석하면서도 그 범위를 확대시키고 있습니다. 심지어 여러 사대의 종자가—이들 역시 물리적인 원소입니다만—아직 사대의 형태를 갖추지 못했을 때에는 색을 만드는 종자도 결국 색을 만들어 낼 수 없다고 말합니다. 마치 밀가루와 물을 뒤섞어 반죽해야 만두가 될 수 있는 것과 같습니다. 물로 버무리지 않고 그냥 그대로 둔다면 밀가루만으로는 만두를 만들 수 없습니다.

현장법사가 이 구절을 번역할 때 과학적인 것을 문학적으로 표현할 길이 막연했을 테니 아마 머리가 꽤나 아팠을 것입니다. 그렇지만 문학적으로 표현하지 못하면 실제로 제대로 읽히지 않습니다. 많은 사람들이 유식을 보면 머리가 아파서 견딜 수 없다고 합니다. 그건 사람들의 마음이 세밀하지 못하기 때문으로 말하자면 정(定)을 얻지 못해서입니다. 그러므로 종자가 시종 색을 만들어 낼 수는 없습니다. 그것으로부터 생겨나야만 합니다. 여기서 그것이란 무엇일까요? 마치 임제조사가 주인과 손님에 대해 말한 구절과도 같습니다. 그것이란 바로 심력(心力)과 안팎의 각종 물리적인 요소, 거기에다가 정신 작용까지 결합된 것으로서 그렇게 되고 나서야 비로소 이 생명을 만들어 낼 수 있습니다.

이 원리를 안다면 이제 다시 돌아가서 우리의 이 업력, 즉 현재의 이 생명을 타파하고 원래의 곳으로 되돌아가서 성불할 수 있습니다. "생은 식으로 인해 생겨나고 멸은 색을 따라 사라진다[生因識有, 滅從色除]." 바로 이와 같습니다. 그러므로 수행이란 것은 결코 그렇게 간단한 일이 아닙니다.

우리의 신체는 소우주와 같습니다. 이는 당송 이래 도가의 설법에 따른 것이지만 일리가 있습니다. 앞에서 말했듯이 신체는 세 부분으로 나누어지는데 심와(心窩) 아래가 욕계요, 심와로부터 눈까지는 색계, 미간 이상은 무색계입니다. 이와 결합된 것이 바로 연정화기(煉精化氣), 연기화신(煉氣化神), 연신환허(煉神還虛)입니다.

사선팔정과 정기신

어떤 사람이 물었습니다. "정(精)과 기(氣)에 대해서는 말씀하셨는데 신(神)에 대해서는 말씀하시지 않았습니다. 신을 수련하는 방법과 그 상황은 어떤가요? 사선팔정과는 어떻게 연결이 되나요?"

정기신(精氣神) 셋으로 나누는 것은 도가의 분류입니다만 이 셋은 사실 하나입니다. 이 점은 특히 주의해야 합니다. 당송 이후의 도가는 밀종에서처럼 수증 경험에 치우쳐 있었는데, 그 결과 기맥이나 명점에서는 확실히 성과가 있었습니다. 그렇지만 이로 인해 후세에 도가와 밀종을 연구하는 이들에게는 폐단이 하나 생겼으니 바로 원인을 결과로 착각하는 것입니다. 왜 그럴까요? 기경팔맥이나 삼맥칠륜은 선정에 도달한 후 자연히 전화되는 것으로, 그 과정을 기록해 놓은 것이 도서(道書)요 단경(丹經)이며 밀법(密法)입니다. 그런데 후세 사람은 이들을 마치 영전(令箭)[133]처럼 생각하며 여기에만 죽을 둥 살 둥 매달려서 정기신을 닦고 기경팔맥을 통하려 했습니다. 조사들이 틀렸던 것이 아니라 우리에게 잘못이 있었습니다. 선종에서 명심견성을 말한 것도 마찬가지입니다. 많은 사람들이 그것에서 심(心)을 찾고 성(性)을 찾으려 했지만 모두 잘못되었습니다. 똑같은 이치입니다.

정기신의 수련은 경험담입니다. 사람의 생명은 궁극적으로 어떻게 해서 생겨난 것일까요? 정기신이란 어떤 것일까요? 현대의 용어로 말하면 바로 광(光), 열(熱), 역(力)입니다. 정(精)은 열이요, 신(神)은 광이며, 기(氣)는 역으로, 셋 중 하나라도 없어서는 안 됩니다. 예를 들어 우주에 태양에너지가 없다면 그것으로 끝입니다. 신(神)은 태양의 빛과 같으며 기를 생성할 수 있습니다. 태양의 빛이 지구에 이르면 지구는 이를 지심(地心)으로 흡수하여 다시 위로 치고 올라가서 구름이 됩니다. 이것은 연정화기(煉精化氣)와 동일한 이치로서 기는 다시 정으로 전화됩니다.

보통 사람은 신(神)이 기(氣)로, 기가 정(精)으로 전화되면 정이 새어 나가게 만들어 버립니다. 새어 나가는 것은 자연에 순응하는 일이므로 잘못은 아니나 이렇게 되면 영원히 윤회 속으로 빠져들고 맙니다.

그 길과 반대로 가는 것이 바로 정을 누설하지 않는 것입니다. 정을 되돌려 기와 결합하고, 다시 신과 결합하면 성공합니다. 원리는 바로 이렇습니다.

"염화시중(拈花示衆)의 미소"에 얽힌 비밀 하나를 밝히겠습니다. 우리는 꽃을 바라보거나 식물을 유심히 관찰하곤 합니다. 꽃은 어떻게 피어납니까? 꽃을 피우고 열매를 맺고 나서 어떻게 성장합니까? 인체의 경우와 마찬가지로 식물이 양분을 흡수하는 데에도 역시 정기신의 층차가 있습니다. 서서히 생장하여 꽃을 피우고, 일단 꽃이 피면 생명의 정점에 이르며, 여기서 다른 생명이 열매를 맺습니다. 그 생명은 꽃의 사대(四大) 종자를

---

133 군령(軍令)을 전하는 화살을 가리킨다.

속에 지니고 있다가 이 종성(種性)이 다시 다른 요소와 결합됨으로써 꽃을 피웁니다. 이렇게 해서 식물은 영원히 생명을 이어 갑니다.

우리의 생명에 대해 도가의 장삼봉(張三峯)은 '뿌리 없는 나무[無根樹]'에라 비유했습니다. 그러나 사실 우리 생명은 뿌리가 있습니다. 허공이 바로 우리의 토양이요. 머리가 우리의 뿌리입니다. 범부의 머릿속에 호르몬이 분비되면 아래로 성선(性腺)에 영향을 미쳐 성호르몬이 분비되고 정력이 왕성해지는데, 그렇게 되면 사정을 하지 않고는 못 배깁니다. 이렇게 배설하고 나면 끝입니다.

비단 도가뿐 아니라 수행의 길에 들어선 사람이라면 누구든 환정보뇌(還精補腦)나 장생불로(長生不老)에 대해 알아야 합니다. 밀종에서는 두뇌 부분의 맥륜(脈輪)을 대락륜(大樂輪)이라 하며, 단전 부분을 변화륜(變化輪), 심와 부분을 법륜(法輪), 목 부분을 수용륜(受用輪)이라 합니다. 뇌 부분의 맥륜을 통하지 않고서는 경안(輕安)에 이를 수 없어 즐거움이 생기지 않습니다. 그렇게 되면 타좌를 하고 있어도 늘 미간에 우수가 사라지지 않아 근본적으로 공(空)에 이를 수 없습니다. 맥륜이 통하려 할 때에는 비할 바 없는 고통이 따릅니다. 제가 이전에 직접 경험했습니다만 눈에 이르면 눈을 도려내는 듯하고, 치아에 이르면 치아가 빠질 듯하고, 귀에 이르면 귀에서 문제가 생깁니다. 이조는 당시 달마조사를 만나기 전 머리가 깨질 듯 아파서 도저히 참을 수 없어 죽으려고까지 했습니다. 그때 공중에서 이런 소리가 들렸습니다. "한번 참아 봐. 머리뼈가 바뀔 거야." 얼마 후 머리의 통증이 사라졌는데, 마치 오악(五嶽)처럼 머리에 혹이 다섯 개 생겼습니다.

머리 부분의 맥륜이 통하려 할 때에는 고통이 극에 달하는데, 이렇게 되면 주화입마(走火入魔)에 들 수도 있습니다. 눈에 이르면 눈이 보이지 않고 귀에 이르면 귀가 들리지 않습니다. 어디에 이르든 그곳에 문제가 생깁니다. 여기에 망념까지 덧붙으면 완전히 엉망이 됩니다. 그저 심리적으로 아무런 영향도 받지 않고 자연스럽게 대응해 나가면 기맥이 통하게 되며, 그러면 모두 좋아집니다.

두뇌의 맥륜을 진정으로 통한 뒤에야 비로소 왜 대락륜이라 했는지 알 수 있습니다. 그리고 그때가 되어야 비로소 연기화신(煉氣化神)을 말할 수 있습니다. 이때가 되면 의생신(意生身)이 나타나서 몸 밖에도 몸이 생기고 몸속에도 몸이 생깁니다. 일념이 움직이기만 해도 절로 신통묘용(神通妙用)이 생겨납니다. 그렇지만 아직 원만한 보리(菩提)와는 관계가 없습니다. 이것은 단지 일종의 업보신(業報身)으로 여기에는 확실히 양신(陽神)과 음신(陰神)의 구별이 있습니다. 음신은 자신의 경계 속에 존재하는 것으로 다른 사람은 볼 수 없으나 양신은 닦아서 이루면 자신의 모습을 두세 가지로 다른 사람에게 보일 수 있습니다. 다른 사람이 볼 수 있을 뿐 아니라 대화를 나누기도 하고 접촉할 수도 있습니다. 이것이 바로 화신(化身)의 성취입니다.

이 정도의 성취에 이르렀다면 보리를 증득한 것일까요? 아직 아닙니다. 그렇기는 하지만 일념이 움직이기만 해도 수천 수억의 화신이 나타나고, 움직이지 않을 때에는 청정하고 원만하여 흔적조차 없습니다. 당연한 일이지만 견지 방면에서는 대철대오할 수 있습니다. 그러나 연정화기(煉精化氣)는 공부를 말한 것으로 견지와는 또 다른 길입니다.

불법을 배우고 수행을 하는 것은 삼신(三身)의 원만함을 닦아 이루기 위해서입니다. 이 강의의 목적도 바로 여기에 있습니다. 불법을 배우고 도를 배우는 데에는 결코 일반인들이 말하는 구두선(口頭禪)이 필요한 게 아니라 실증이 필요합니다. 이론을 아무리 잘 말해 본들 소용이 없습니다.

연기화신의 기(氣)는 호흡의 기(氣)가 아닙니다. 밀종의 설명이 아주 정확한데 먼저 기를 닦은 후에 맥(脈)을 닦아야 합니다. 처음 시작할 때에는 식이라 하는데, 십념 중 염출입식(念出入息)의 식(息)입니다. 이것은 후천

호흡의 기가 정지한 것으로, 혈액은 여전히 순환하며 맥도 아직 정지되지 않은 상태를 말합니다. 맥까지 완전히 멎은 후에야 '연정화기'의 단계에 이르며, 이때가 되어서야 비로소 몸 밖의 몸을 닦을 수 있습니다.

이것이 사선팔정과는 어떻게 연결될까요? 사선(四禪)은 네 가지 선정의 차례이나 팔정(八定)은 반드시 사선 이후의 차례를 가리키는 것은 아니어서 초선이라도 '공무변처정(空無邊處定)'에 이를 수 있습니다. 예를 들어 영운선사가 갑자기 한 떨기 복숭아꽃을 보았을 때나, 동산이 말한 차츰 나와 멀어져 가는 느낌은 자신을 잊어버린 것으로, 모두 공무변처의 경계입니다. 여러분도 이런 경험이 있겠지만 어떤 때에는 눈먼 고양이 죽은 쥐 잡듯 맞닥뜨리기도 합니다. 그러나 이 경우 경계에 머물러 있고 싶어도 그럴 수 없습니다. 공의 경계는 드러났지만 초선의 정력(定力)이 없으니 머물러 있을 수가 없습니다.

'공무변처정'은 공(空)의 경계로서, 무량무변의 경계에 이를 수는 있지만 초선의 기초가 없으면 머물러 있을 수 없습니다. 팔정과 사선에는 따로 차례가 있는 것이 아니라 마치 팔패처럼 서로 어지럽게 왕래합니다. 초선에 이른 사람이라도 한순간에 '비상비비상정(非想非非想定)'을 얻을 수 있습니다. 그래서 운문선사는, "그대 생각엔 비비상천에서 몇 분이나 퇴위했겠는가?〔爾想非非想天有幾個人退位〕"라고 물었습니다. 이건 참말입니다. 깨달은 사람도 어떤 때에는 자리를 틀고 앉아 범부정(凡夫定)의 경계에 들 수 있으며, 어떤 때에는 비상비비상정에 들 수 있고, 어떤 때에는 공무변처정에 들 수도 있습니다. 어디에서든 어지럽게 서로 왕래하여 일정하지가 않습니다.

그렇다면 사선과 연정화기, 연기화신, 연신환허는 어떻게 어울릴까요? 핵심은 이렇습니다. 초선에서는 반드시 누단(漏丹)이 없어져야 하고 그래야만 연정화기가 가능합니다. 이선은 반드시 연기화신에 도달해야 합니다. 삼선은 연신환허에 도달해야 하며, 사선은 사념청정(捨念淸淨)과 일체개공(一切皆空)에 이르러야 합니다. 원칙은 대체로 이렇지만 구체적인 수행 과정에서 얼마나 많은 고초를 겪어야 하는지 모릅니다. 예를 들어 기가 눈에 이르면 눈이 보이지 않는데 이를 전혀 개의치 않을 수 있다면, 설사 눈이 보이지 않더라도 생각이 공에 머물 수 있다면 기맥은 자연 통하게 됩니다. 그러나 두려움을 품기 시작하면 정말 어렵습니다. 눈이 보이지 않는 데다 이런 망념까지 덧붙으면 감당하기가 매우 힘들게 됩니다. 수행이 그렇게 간단하지 않은 것도 이 때문입니다. 총괄하자면 이런 일들은 전문적인 수행 과정에 속하는 것으로 수도(修道)가 생활의 전부가 되어야 합니다. 사람들은 불법을 배우면서 수도를 마치 생활의 한 부분인 듯 여겨 취미 삼아 하기도 하는데, 그렇게 해서 과연 성공할 수 있겠습니까? 세상에 그리 만만한 일은 없습니다.

선행과 아누다라삼먁삼보리

범부나 외도라 하더라도 진정한 선천(禪天)의 중심을 제외하고는, 엄격히 말하면 삼계 중 어디라도 갈 수 있고 왕생할 수도 있습니다. 하늘로 올라가는 것이 반드시 선정하고만 관련 있는 것은 아닙니다. 천계(天界)의 변두리에 올라가는 것은 선심이나 덕행과 관계가 있으므로 선인(善人)은 반드시 하늘로 올라갑니다. 물론 그렇더라도 천계의 주변부가 될 것입니다. 이 점은 외도 역시 마찬가지입니다. 일체의 외도(外道)와 정도(正道)는 공통점이 하나 있는데, 그것은 사람들에게 착한 일을 권한다는 사실입니다. 만약 사람들에게 악한 일을 권한다면 그것은 마도(魔道)로서 말할 것이 못 됩니다.

왜 여기서 말하는 사선만이 선정의 모범이 되고 착한 일은 모범이 되지 못할까요? 사람의 진심이 선하면 범부선(凡夫禪)[134]이 생기기 때문에 심경이 청정해집니다. 동양 문화에서는 착한 마음은 양(陽)을 낳고 삿된 마음은 음(陰)을 낳는다고 했습니다. 삿된 마음은 골치 아픈 일을 일으킵니다. 천인의 경계를 선정을 들어 표현하고 있으나 그 속에는 선행을 포함하고 있습니다. 어떤 경전에서는 착한 일을 해야 하늘에 오른다고 말하며 선정을 언급하지 않는 경우도 있습니다.

여기에서 관심을 기울여야 할 문제가 하나 있습니다. 사선팔정의 경계를 닦아 이루었다 하더라도 대승불법의 관점에서 말하자면 아직도 '대범부(大凡夫)'일 뿐입니다. 물론 대단히 위대하기는 합니다. 마찬가지로 어떤 아라한은 사선팔정에 이르러도 진정한 아누다라삼먁삼보리를 얻지 못합니다. 이런 부분에 대해서는 밀종의 설법이 아주 뛰어납니다. 정(精)이 하강하지 못하면 즐거움이 생기지 않고, 기맥이 통하지 못하면 망념이 끊어지지 않으며 신체 역시 좋아지지 않습니다. 그렇지만 정이 일단 하강하기만 하면 범부는 누설하지 않고는 못 배깁니다. 정이 하강하면서도 누설되지 않으면 즐거움이 생겨 참으로 상쾌하기 비할 데가 없습니다. 그러나 만약 즐거움에 빠져들면 욕계로 떨어집니다. 음양 교합의 즐거움에 빠져들어 이것이 오래되면 원앙이나 원숭이, 사슴과 같이 욕념이 유독 강한 축생도에 떨어지게 됩니다. 기껏 수련해 봐야 축생도를 향해 달려가고 마는 것입니다.

기(氣)가 전화되지 못하면 빛이 생기지 않습니다. 기가 정에 이른 뒤에야 비로소 빛이 생겨나는데, 바로 자신 속에 있는 사대의 자성광(自性光)입니다. 신(神)은 무념으로 인해 청명해집니다. 그렇지만 무념이나 공에 너무 치우치면 무색계로 떨어집니다. 무색계천의 복보를 다 받고 나서는 다시

---

134 행복을 추구하기 위한 목적으로 수행하는 선(禪)을 말한다.

이전처럼 윤회를 거듭합니다. 무색계천의 시간은 당연히 아주 깁니다. 세상의 일백만 년이 그곳에서는 겨우 며칠에 불과합니다. 그러나 이것 역시 상대적입니다. 그들 자신은 그렇게 길다고 느끼지 않습니다.

즐거움의 경계에 치중하면 욕계로 떨어지고, 빛의 경계에 치중하면 색계로 떨어지며, 공의 경계에 치중하면 무색계로 떨어집니다. 삼계를 벗어나서 오행(五行) 속에 머물지 않으려면 아누다라삼먁삼보리를 얻지 않고서는 불가능합니다. 사선팔정과 구차제정은 불법 및 일체 내도(內道)와 외도(外道)의 기본적인 수행법입니다. 이 길을 따르지 않고서는 과위를 얻을 수 없습니다. 그렇지만 사선팔정에 도달하고서도 보리를 얻지 못하여 반야에 통할 수 없고 철저한 깨달음에도 이를 수 없다면 여전히 '대범부'에 불과합니다. 아라한 역시 위대한 범부일 뿐입니다. 하지만 대아라한은 다릅니다. 삼계 바깥으로 훌쩍 벗어날 수 있습니다.

욕계의 남녀에게 광의의 욕(欲)은 색성향미촉(色聲香味觸)이며, 협의의 욕은 소시교포촉(笑視交抱觸)입니다. 이 오욕(五欲)은 사대 중 수(水)와 화(火)에 편중되어 있는데, 오행과 짝을 지어 말한다면 수와 화는 바로 신장과 심장입니다. 우리는 오행에 대해서도 잘 알고 있어야 합니다. 도가에서는 감리(坎離)의 교류를 가르치는데, 일리가 있는 말입니다. 인간의 생리를 연구해 보면 알겠지만 욕념이 생겨날 때에는 사대가 모두 움직여 손상을 입습니다. 불경에서는 재난이라 하는데, 바로 이런 작용을 가리킵니다. 실제로 어떤 생각이 움직여도 사대는 모두 따라 움직입니다. 사람의 신체가 왜 정(定)을 얻을 수 없을까요? 모두 제자리로 되돌아가 균형을 이루지 못하기 때문입니다.

『유가사지론』 권 3 「본지분중의지(本地分中意地)」 제2의 2에서는 이렇게 말합니다.

다시 여러 색취 중에서도 대략 열네 가지가 있는데 바로 지수화풍과 색성향미촉, 눈 등의 오근으로서, 오직 의소행색은 제외된다〔復次, 於諸色聚中, 略有十四種事, 謂地水火風色聲香味觸及眼等五根, 除唯意所行色〕.

색법은 바로 지수화풍(地水火風)으로서 생리를 포괄합니다. 미륵보살은 간단히 열네 가지 현상이 있다고 말했는데, 이것은 달리 말하면 열네 가지 작용입니다. 지수화풍과 색성향미촉 그리고 눈 등의 오근이 모두 색법에 속하는 것으로, 응결되어 물질의 형상을 이루는 것을 색취(色聚)라 합니다.(대종大種, 사대四大, 색취色聚 등 각각의 명사는 모두 그 범위가 있는 것으로, 유식을 연구해 보면 대단히 논리적이며 조금도 착오가 없음을 알 수 있습니다.) 그렇지만 의소행색(意所行色)은 여기서 제외됩니다. 예를 들면 법처소섭색(法處所攝色) 역시 의소행색입니다. 우리는 꿈속에서 불에 데면 뜨거움을 느끼고 아이스크림을 먹으면 당연히 시원하게 느낍니다. 지수화풍과 색성향미촉 역시 마찬가지입니다. 이들은 법이 의식 경계와 접촉함으로써 드러난 색입니다. 이런 것이 이해가 되면 비로소 사람이 죽은 이후에도 영혼과 같은 세계가 있으며, 지옥에서 고통도 받을 수 있다는 사실을 받아들이게 됩니다. 설사 지옥이 가짜라도 고통은 여전히 느낍니다. 여기서 실험을 해 볼 수도 있습니다. 눈을 가리고 불을 피부 가까이 갖다 댄다고 거짓말을 하면 여러분은 분명 놀라서 소리를 지를 것입니다. 피부까지 빨개지면서요. 이것이 바로 의소행색으로서 심소의 일종입니다.

욕계에 얽매인 심리 상태

권 13 「본지분중비삼마희다지(本地分中非三摩呬多地)」 제7입니다.

선종에서는 본지풍광(本地風光)이라는 말을 자주 합니다. 진여자성(眞如自性)이 바로 본지(本地)로서, 이들은 모두 본성으로부터 일어난 작용을 말합니다. 작용을 알면 본체를 알 수 있습니다. '제7'이란 『유가사지론』의 일곱 번째 부분을 말합니다. '삼마희다(三摩呬多)'는 등인(等引)[135]의 뜻입니다. 과거 오래된 번역에서는 삼매(三昧) 혹은 정수(正受)라고도 했으나 현장법사는 이것을 번역할 수 없다고 생각하여 음역을 택했습니다. 그것은 바로 우리가 도달하고자 하는 경계로서 한마디로 말하면 정(定)을 얻는 것입니다. 제7에서 말합니다. 정이 아닌 것은 어떤 것인가? 이는 대단히 중요한 문제입니다.

미륵보살은 정이 아닌 경계를 귀납해서 열두 가지로 정리합니다. "혹 자성이 정에 이르지 못한 것을 비정지라 하며, 오식신이라 부른다〔或有自性不定故, 名非定地, 謂五識身〕." 여기서 말하는 자성이 정(定)에 이르지 못했다는 것은 명심견성의 자성이 아니라 그 성질이 안정되지 못하여 변화하고 있음을 가리키는데, 이 때문에 정을 얻지 못한다는 것입니다. 오식신(五識身)이란 오근인 안이비설신(眼耳鼻舌身)의 이면 작용으로서 바로 오식(五識)입니다. 오식으로 드러난 상태를 우리는 정을 얻은 것으로 잘못 생각하는데 이는 정이 아닙니다. 착각해서는 안 됩니다. 예를 들어 어떤 사람이 주문을 외고 있는 것을 정이라 생각할지 모르지만 한 구절이 끝나면 다음 구절이 이어지며 계속 변화 중에 있으므로 결코 정이라 할 수 없습니다. 이것이 그 첫째입니다.

소리를 듣고 있는 것을 정이라 생각할지 모르지만 이것은 안정되지 못한 이식신(耳識身)으로서 우연히 청정을 얻었더라도 정이 아닙니다. 그런

---

135 산스크리트 어를 번역한 것으로 여기서 등(等)은 몸과 마음이 편안하고 평등한 것을 말한다. 사람이 정을 닦으면 정력(定力)에 의지하여 이 등을 끌어당겨 생겨나게 할 수 있으므로 등인(等引)이라 하였다.

데도 스스로 정을 얻었다고 생각한다면 마군이 아니라 미친 것입니다. 왜 그럴까요? 오식과 자성이 안정되지 못했기 때문입니다.

눈으로 빛을 보며 어떤 경계를 느껴 이를 정이라 생각할지 모르지만 그것은 진정한 정이 아닙니다. 그것 자체가 생멸법이니 당연히 정을 얻은 것이 아닙니다. 생멸법으로는 정을 닦을 수 없습니다. 이 점을 분명히 알아야 합니다.

혹은 경안을 얻지 못하여 비정지라 하니 욕계에 얽매인 제심심법을 말한다. 이런 심법은 비록 그것이 정의 경계와 유사하더라도 경안이 나타나지 않고 윤전을 머금고 있으므로 정이라 하지 않는다[或有闕輕安故, 名非定地, 謂欲界繫諸心心法. 彼心心法, 雖復亦有心一境性, 然無輕安含潤轉故, 不名爲定].

정(定)에는 조건이 하나 있는데 그것은 바로 경안(輕安)입니다. 만약 아직까지도 다리와 머리가 느껴지고 어깨가 시큰거린다면 경안을 얻지 못한 것입니다. 온몸이 거칠고 무거우니 정을 얻은 것이 아닙니다. 진정으로 정을 얻으면 앉아 있어도 허공에 떠 있는 것처럼 그렇게 가볍고 편안합니다. 물론 이것은 어디까지나 비유입니다. 삼맥칠륜이 모두 통하면 비로소 신체에서 경안이 나타납니다.

어떤 경우는 온종일 앉아 있어도 마치 운동회라도 열린 듯 시끌벅적하고 머릿속은 기(氣)를 통하려면 어떻게 해야 하는지 생각하느라 복잡합니다. 그러나 이렇게 골몰할수록 그것에 더 사로잡히게 됩니다. 진정으로 놓아 버려 공이 될 수 있다면, 모든 감각을 다 잊어버릴 수 있다면 기는 곧 통할 것입니다. 놓아 버리지 않으면 아무리 기를 잘 살펴 유도하고자 해도 일만 년이 지나도록 기는 통하지 않을 것입니다. 미륵보살은 욕계의 습관에 사로잡혀서 그렇다고 말합니다. 욕계의 습관은 아주 많은데 색성향미촉법(色聲香味觸法), 탐진치만의(貪瞋癡慢疑), 재색명식수(財色明食睡)가 모두 그런 것입니다.

"제심심법(諸心心法)"은 여덟 개의 식(識)이 그 속에 모두 있는 전체를 말합니다. 그다음에 있는 심법은 심소를 말한 것으로 의식의 부분입니다. 무엇이 욕계의 심법일까요? 기맥이 통해야 도를 이룰 수 있다고 생각한다면 이는 이해를 따지는 것으로 이런 생각 역시 우리를 옭아맵니다. '심'이란 모든 심리 상태를 말하는 것으로 제팔식을 포괄하고 있으며, 이들은 모두 심법의 범위에 포함됩니다. 제육식에서 일어나는 마음의 상태 또한 당연히 포함됩니다. 어떤 때에 우리는 정(定)과 흡사한 상태에 이르기도 하는데 이것은 진정한 정이 아닙니다.

"심일경성(心一境性)"[136]은 기본적인 정의 경계이긴 하지만 반드시 경안(輕安)에 이른 것은 아닙니다. 예를 들어 음악을 좋아하는 사람이 좋아하는 음악에 심취한 것을 정이라 하는 것과 같으며, 또 귀 후비기를 좋아하는 사람이 귀를 후비는 순간을 정이라 하는 것과 같습니다. 심지어 다리 긁기를 좋아하는 사람이 가려운 데를 긁는 순간 아무런 망념이 없는 것과 같습니다. 이것 역시 일종의 정입니다. 여러분이 오백나한상을 빚고 있다면, 그중 하나를 신발을 벗고 입을 비쭉거리며 무좀 걸린 발을 박박 긁고 있는 모습으로 만들어 놓고는 그것을 입정(入定)의 경계로 삼는 것과 같습니다.

욕계 중의 심일경성에 도달할 수 있더라도 경안과 같은 부드러움이 없으면 신체는 경직되고 맙니다. 미륵보살은 이를 진정한 정의 경계가 아니라고 말합니다.

---

136 산스트리트 어를 의역한 것으로 음역은 질다예가아갈라다(質多翳迦阿羯羅多)라고 하는데, 정(定)의 한 형태이다. 정의 자성이 어떤 한 경계에 머물러 있어 심일경성이라 했다.

제20강

무엇이 정의 경계가 아닌가

오늘은 앞의 강의에 이어서 『유가사지론』의 「비삼마희다지(非三摩呬多地)」에 대해 살펴보겠습니다.

먼저 무엇이 정(定)의 경계가 아닌지에 대해 알아야만 무엇이 정의 경계인지 알 수 있습니다. 앞에서 경안(輕安)이 나타나지 않고 윤전을 머금고 있으므로 정이라 하지 않는다는 것에 대해 언급했습니다. 어떤 경계가 경안일까요? 종객파대사는 정수리에서 시원한 느낌이 들면 경안이 시작된다고 말합니다. 정수리로부터 곧바로 온몸으로 쏟아져 내리는 것은 모두 경안의 조짐으로 어느 종파의 수행법을 닦든 이것은 필연적으로 나타나는 현상입니다. 그렇지만 위로부터 생겨나서 아래로 내려가는 경안은 쉽게 잃어버리거나 줄어들며, 어떤 때에는 완전히 사라져 버리기도 합니다. 만약 발바닥 가운데에서 한 줄기 기운이 솟아 위로 올라온다면 그것이 바로 도가에서 말하는 임독이맥의 타통이며 밀종에서 말하는 좌우 맥의 타통으로, 이렇게 되면 경안은 쉽게 사라지지 않습니다.

어떤 것이 경안일까요? 신체의 무거운 장애가 사라진 상태입니다. 신체의 감각이 사라져 버려서 언제 어디서든 전혀 신체적 장애를 느끼지 못합니다. 온몸이 가볍고 비할 데 없이 신령스러우며 마치 어린애가 자기 신체가 있는 줄도 모르고 누워 있는 것과 같습니다. 경안의 경계는 도가나 밀종에서 말하는 기맥의 설을 모두 포괄합니다.

　　혹은 발심을 일으키지 않아 비정지라 하니, 애욕을 말하는 자는 여러 욕 중에 깊이 물들어 항상 그 속에서 즐기는 것이다[或有不發趣故, 名非定地. 謂愛欲者, 於諸欲中, 深生染著, 而常受用].

또 정(定)을 얻지 못하는 원인으로 도를 닦아 진정으로 과위를 증득하려는 결심이 근본적으로 없는 경우가 있습니다. 이런 결심이 부족한 사람은 정의 경계에 도달할 수 없습니다. 진정한 수행자라면 수도를 단지 생활의 한 부분으로 즐겨서는 안 되며 수행이 생활의 전부가 되어야 합니다. 평소의 생활 하나하나가 모두 수행을 위한 것이어야 합니다. 그러나 우리는 정반대입니다. 인간 세상의 부귀와 공명을 모두 원하며 거기에다 마지막으로 성불까지 하고자 하니 대단한 욕심이 아닐 수 없습니다. 모든 것을 걸고 전문적으로 수련하더라도 될까 말까 한데 말입니다.

　　왜 도를 이루겠다는 결심 없이는 도를 증득할 수 없을까요? 그 이유는, "애욕을 말하는 자는 여러 욕 중에 깊이 물들어 항상 그 속에서 즐기기[謂愛欲者, 於諸欲中, 深生染著, 而常受用]" 때문입니다. 애욕(愛欲)의 마음을 벗어 던지지 않고서는 그 속에서 빠져나올 수 없습니다. 여기서 말하는 애욕이란 좁은 의미로는 남녀 간의 애욕을 뜻하지만 넓게 말하면 명리나 대접받고자 하는 욕구 등 일체의 애호(愛好)를 모두 포함합니다. 우리의 평소 생활 습관은 해탈과는 완전히 무관해서 내던지지도 못하고 전화시키지도 못합니다. 청정한 것을 좋아한다느니 깨끗한 것을 좋아한다느니 하며 좋아하는 것 투성이입니다. 우리는 공부하고 수행하면서 스스로를 반성하고 살펴야 합니다. 그렇게 해야만 비로소 깊이 물든 것을 발견할 수 있는데, 그것은 일반적인 염착(染着)이 아니므로 찾아내기는 참으로 어렵습니다. 언제 어디서든 자신의 문제를 스스로 찾아낼 수 있다면 이 사람은 바로 가장 으뜸의 사람입니다. 수행자가 무엇이겠습니까? 바로 한평생 자기 자신을 찾는 사람입니다. 스스로를 관리하고 살피는 사람입니다. 사람은 스스로를 살피는 것을 원하지 않을 뿐 아니라 그렇게 하기가 말처럼 쉬운 것도 아닙니다. 사람들은 스스로를 쉽게 용서해 버리고 자신에게 엄격하게 요구하지 않습니다.

여러 애욕 중에서도 깊이 빠져든 것에 주의해야 합니다. 깊이 빠져 있을 뿐 아니라 그것이 옳다고 여깁니다. 대승 경계에서는 청정함을 탐애하는 것도 깨끗함을 좋아하는 것도 욕(欲)이며, 도를 좋아하는 것 역시 욕입니다. '좋다'는 것 자체가 일종의 애욕입니다.

혹은 극도로 산란하여 비정지라 하니, 처음으로 정을 닦는 자가 기묘한 오욕을 대하면서 마음이 그것을 따라 흩어지는 것이다[或有極散亂故, 名非定地. 謂初修定者, 於妙五欲, 心隨流散].

또 다른 한 종류는 산란함 속으로 깊이 빠져든 것입니다. "처음으로 정을 닦는 자[初修定者]"란 초선 공부에 아직 이르지 못한 사람을 말합니다. "기묘한 오욕[妙五欲]"에는 두 종류가 있습니다. 하나는 세간의 오묘한 오욕으로서 색성향미촉(色聲香味觸)에 물들어 탐진치만의(貪瞋癡慢疑) 등을 일으키는 것입니다. 즉 눈으로는 좋은 것을 보고 싶어 하고 귀로는 아름다운 것을 듣고 싶어 하는 것 등입니다. 또 하나는 내면적인 것입니다. 공부가 어느 경계에 이르면 자연 그 중에서도 좋아하는 것이 생기고 보기 좋은 것이 있게 마련인데, 어떤 것이든 거기에 탐닉하면 그것을 따라 유전(流轉)하게 되므로 결국 정을 얻을 수 없습니다. 어떤 사람은 타좌를 하면서 빛이나 다른 무언가를 보게 되는데, 여기에 탐닉하여 즐긴다면 역시 정을 얻을 수 없습니다.

혹은 너무 대충대충 하여 비정지라 하니, 처음으로 정을 닦는 자가 마음이 치밀하지 못하여 멍하게 된 것이다(或有太略聚故, 名非定地. 謂初修定者, 於內略心, 昏睡所蔽).

어떤 사람은 간단한 것을 좋아합니다. 특히 중국인은 간단한 것을 좋아해서 유식학이 중국에서는 시종 크게 유행하지 못했습니다. 보기만 해도 머리가 아프기 때문입니다. 유식은 과학적이며 논리적입니다. 아주 치밀하게 분석해 들어가야 하므로 사람들이 별로 좋아하지 않습니다. 우리가 제일 좋아하는 것은 선종으로 어떤 문자나 언어도 모두 필요 없다고 합니다. 복숭아꽃을 보고는 깨칩니다. 사람들은 간단한 것을 좋아하고 복잡한 것을 싫어합니다. 이런 종류의 사람은 분석하고 연구하는 것을 싫어해서 쉽게 혼침에 빠져 수면을 즐깁니다. 타좌 시 자주 혼침을 정(定)의 경계로 착각합니다.

혹은 아직 증득하지 못하여 비정지라 하니, 처음으로 정을 닦는 자가 비록 산란하지도 않고 대충대충 하지도 않을지라도 마음이 번거롭고 괴로운 것을 말한다. 마치 여러 작의를 얻지 못한 것과 같으니 이런 온갖 마음은 정이라 하지 않는다(或有未證得故, 名非定地. 謂初修定者, 雖無散亂, 及以略聚, 嬈惱其心. 然猶未得諸作意故, 諸心心所, 不名爲定).

이 부분을 주의해야 합니다. 어떤 사람은 실제로 정(定)의 경계를 증득하지 못하여 무엇이 정인지 전혀 알지 못합니다. 이 때문에 그는 정을 얻을 수 없으며 견지 또한 뚜렷하지 못합니다. 이것을 어떻게 말해야 할까요? 정을 닦기 시작하는 사람들이 비록 앉아 있으면서 산란하지 않고 혼침에 빠지지 않으며 소홀히 대하지도 않고 얼렁뚱땅 넘기지도 않으며 멍하지 않은데도 작의 방면에서 약간의 성취도 얻지 못하는 것입니다.

작의의 전일함

무엇을 '작의(作意)'라 할까요? 먼저 일반적으로 작의는 '오변행(五遍行)'의 하나로서 여덟 개의 식(識) 속에 널리 존재하는 것입니다. 아뢰야식이 청정광명한 대원경지(大圓鏡智)로 변하지 않는 한 어디서든 존재하는 것이 작의로서, 앞의 일곱 개 식이 바로 제팔식의 작의입니다. 달리 말하면 여덟 개의 식이 모두 마음속에 있는 작의입니다. 그러므로 진정한 의미의 의(意)는 제육식의 범위 외에도 전오식과 제육식, 제칠식 내지 제팔식을 포괄하는 것으로 이들은 모두 의의 범위 속에 있습니다. 이것이 보통의 작의입니다.

두 번째의 작의를 말하자면 바로 도를 깨친 이후의 '의생신(意生身)'의 작의입니다. 그러므로 달마조사는 『능가경』으로 인심(印心)하면서 재삼 당부하기를, 진정으로 깨달은 후 반드시 의생신을 얻어야만 비로소 과위를 증득할 수 있다고 했습니다.

무엇을 의생신이라 할까요? 『유가사지론』에서는 모두 말하고 있습니다. 첫째, 범부의 신체 역시 의생신입니다. 앞에서 말한 적이 있지만 우리가 깊이 실망하면 우리의 생명력 역시 바싹 말라 버립니다. 우리가 지금 살아 있는 것도 바로 정신적인 생명력이 지탱하고 있기 때문인데, 이 정신적 생명력이 의생신으로 바로 범부의 의생신입니다. 이 사실이 이해된다면 더나아가 도를 깨친 사람은 성인(聖人)의 의생신을 만들어 낼 수 있음을 알수 있습니다. 심지어 백 천 만 억의 화신(化身)을 이룰 수도 있는데, 이들은 모두 의(意)의 작용입니다.

정(定)을 닦는 사람은 제일 먼저 작의를 해야 합니다. 예를 들어 "나무아미타불" 하고 외는 것도 바로 우리의 의(意)가 만들어 내는 것으로, 이 의는 단지 제육식만을 가리키지는 않습니다. 설사 제육식에 아무 잡념이 없어 선종에서 말하는 이른바 삼제탁공이 되었다 하더라도 그 공의 경계는 바로 작의에 의해 나타난 것입니다. 이 공의 경계가 영원히 존재할 수 있을까요? 그럴 수는 없습니다. 곧이어 이 공을 즐기려는 마음이 생겨납니다. 그렇지 않으면 몇 개의 변행(遍行), 즉 촉(觸)·수(受)·상(想)·사(思) 등이 뒤이어 나타납니다. 몸에서 기가 움직이는 것을 느낄 때 이것이 바로 '상(想)'입니다. 이처럼 오변행이 온통 뒤덮고 있으니 어디에서 공을 말할 수 있겠습니까? 유식의 이치는 대단히 명쾌하고 분석적입니다. 그저 공이라고만 생각하여 막연히 지나친다면 장래 생사(生死)가 다가올 때나 과위를 증득하고자 할 때에 아무런 힘도 얻지 못합니다.

요즘 젊은이들이 가장 탐닉하는 것이 바로 명상이니 기 수련이니 하는 것들인데, 이것은 모두 정신적 유희이자 망상일 뿐입니다. 진정한 기 수련은 이런 것이 아닙니다. 부처님은 일찍이 예언했습니다. 말법 시대가 오면 정토(淨土)와 밀종의 법문이 제일 유행할 것이라고요. 총명한 사람이라면 부처님의 이 말만 듣고서도 경각심을 가질 것입니다. 이는 확실히 일리가 있습니다. 그렇긴 해도 결코 지금 일반인들이 즐기고 있는 그런 이치는 아닙니다.

예를 들어 우리가 타좌를 하면 겨우 삼십 분 정도나 견딜까 말까 합니다. 굳게 마음먹으면 세 시간 정도는 버틸 수 있을까요? 불가능합니다. 작의가 그만큼 견고하지 못하기 때문입니다.

앞에서 우리는 비삼마희다지(非三摩呬多地)에 대해 살펴본 적이 있습니다. 다만 스스로 한번 관찰해 보십시오. 산란하지 않으면 혼침에 떨어지고 그러지 않으면 소홀해져 작의가 전일하게 되지 못합니다. 도가든 정토든 밀종이든 백의(白衣)의 관음(觀音)을 관상하면 눈앞에 관음이 꿈쩍하지 않고 서 있을 정도가 되어야 하는데, 그렇지 못한 것은 마음이 산란하기 때문입니다. 그러나 최면술을 배운 사람이나 혹 화가라면 그렇게 할 수 있습니다. 작의란 바로 주의(注意)입니다. 지(止)를 닦고 정(定)을 닦는 첫 단계에서는 작의를 하지 않고서는 불가능합니다. 이런 까닭에 어떤 이들은 선과 정토를 같이 닦아야 한다고 주장하기도 합니다. "아미타불" 하는 소리에 온 생각을 쏟아부어 마음이 어지럽지 않게 해야 한다는 것입니다.

선종에서는 과거에 화두 참구를 사용했습니다. 이치에 닿지 않는 문제를 참투(參透)하는 것인데, 바로 오변행의 '상(想)'과 '사(思)'를 하나로 묶는 것입니다. 그런 뒤에도 화두가 풀리지 않으면 화두를 마음에 품어 잊어버리지 않게 합니다. 이렇게 하면 자연스럽게 지(止)를 닦는 것이 되지 않겠습니까? 촉(觸)과 수(受) 역시 하나로 묶입니다. 한편으로는 의심하면서 한편으로는 정(定)의 경계 속에 있으니 정혜쌍수(定慧雙修)의 법문이나 다를 바 없습니다. 이런 까닭에 옛사람들은 화두 참구를 사용했는데 그것이 바로 작의였습니다. 모든 색수상행식(色受想行識)을 한데 묶어 굳게 작의해야만 비로소 지(止)를 얻을 수 있었습니다. 그렇지만 현대의 생활은 지나치게 긴장되어 있으니 요즘 사람들은 놓아 버려야 합니다. 놓아 버리면 얼마나 편안합니까? 그러나 이 편안함이 곧 도일까요? 그건 아닙니다. 이것 역시 작의의 한 방법으로서 요즘 같은 시대에 잘 들어맞는 것일 뿐입니다. 언제까지나 가볍고 텅 빈 상태로 유지되더라도 그 속에 작의가 없다면 정

(定)이라 하지 않습니다.

"제심심소(諸心心所)"란 여러분의 모든 마음, 망상이나 오십일 종 심소, 탐진치 등의 심리적인 행위입니다. 이런 것들이 하나도 전화되지 못한다면 그러고도 어떻게 정을 얻을 수 있겠습니까? 타좌에 들면 겉으로야 엄연히 수도하는 모습이지만 실제로는 탐진치의 심소가 견고하니 근본적으로 번뇌에 번뇌가 이어질 뿐입니다. 정을 닦는 제일 첫걸음은 작의입니다. 작의를 해야만 지(止)를 얻을 수 있습니다. 도가의 수규나 밀종의 관상, 정토의 염불, 선종의 참선 등은 모두 작의의 이치입니다. 제육식이 견고하게 형성되지 않으면 지를 얻을 수 없습니다.

이 모든 것은 아주 중요합니다. 『현관장엄론』에서는 말합니다. 사가행(四加行)의 작의를 닦으면서 심경이 전일하지 못하면 정을 얻을 수 없다고요. 여러분이 공의 정을 닦는 것이라면, 일체의 망념에 개의치 않고 그 망념을 그냥 바라볼 수만 있다면 작의는 반드시 전일하게 되어 정을 얻을 수 있을지 모릅니다. 그러나 망념이란 자꾸 변합니다. 이는 정의 수행에 관해서만 말한 것으로, 견지는 또 다른 문제입니다.

혹은 아직 원만하지 못하여 비정지라 하니, 비록 작의가 있으나 아직 가행의 구경과 그 과위를 증득하지 못하니 정이라 하지 않는다〔或有未圓滿故, 名非定地. 謂雖有作意, 然未證得加行究竟及彼果故, 不名爲定〕.

한 걸음 더 나아가면 더욱 엄중합니다. 비록 작의를 했지만, 예를 들어 염불을 하면서 마음이 거의 흐트러지지 않는 데에 이르렀지만 아직 사가행(四加行)을 증득하지는 못했습니다. 달리 말하면 색신의 기맥이 바뀌지 않고 일체의 것이 전화되지 않아 사가행의 효과에는 전혀 이르지 못하니 병은 예전 그대로로 조금도 나아지지 않습니다. 이 몸의 사대 역시 마음의 일부분인데 왜 마음이 전화되어도 사대가 전화되지 않을까요? 『능엄경』에서 말합니다. "색신과 밖으로는 산하와 허공, 대지가 모두 묘명 진심 가운데 있음을 모른다〔不知色身, 外泊山河虛空大地, 咸是妙明眞心中物〕." 몸조차 전화되지 못했는데, 그러고도 정을 얻었다고 한다면 어찌 스스로를 기만하는 것이 아니겠습니까? 가행의 구경인 난(煖), 정(頂), 인(忍), 세제일법(世第一法)을 증득하지 못하여 기맥과 사대가 구경의 자리에 이르지 못하니, 이 때문에 정이라 하지 않습니다.

깨달음을 얻은 많은 대선사들이 마지막에는 병으로 고통스럽게 죽습니다. 원조(元朝)의 대선사인 고봉묘(高峰妙)는 임종 시에 위병이 생겨서 고통스럽게 죽어 갔습니다. 많은 대사들이 모두 그렇습니다. 교리로 말하자면 그들은 "아직 가행의 구경과 그 과위를 증득하지 못한〔未證得加行究竟及彼果〕" 상태로 궁극적으로는 정을 얻지 못했다고 할 수 있습니다. 원만한 법을 증득한 것이 아니라 단지 법신(法身)의 깨달음을 얻었을 뿐입니다. 이런 사람은 중음신이 될 때를 기다렸다가 다시 성취를 얻을 수밖에 없습니다. 그러나 중음신의 상태에서 깨달음을 완성한다는 것은 이론으로, 실제로 어떠한지는 우리로서는 확인할 도리가 없습니다.

혹은 잡다하게 오염이 되어 비정지라 하니, 비록 가행의 구경의 과위인 작의를 증득했으나 다양한 애나 미 등의 감각에 그 마음이 오염된다〔或有雜染汚故, 名非定地. 謂雖證得加行究竟果作意, 然爲種種愛味等感染汚其心〕.

이들은 모두 정의 경계가 아님을 논박한 것입니다. 여기서 다시 한 걸음 더 나아가 말합니다. 가행의 구경을 얻어 기맥이 전변(轉變)하고, 공부가 빛을 뿜고 땅을 뒤흔드는 경지에 이르며, 가행의 구경인 작의에도 도달하여 음신과 양신 또한 모두 성취했습니다. 이런 사람이 있다면 보통 사람들은 어김없이 활불(活佛)이라 말할 것입니다. 그러나 이와 같은 경우라 하더라도 약간의 애욕이 남아 있어 본심의 청정한 광명을 오염시킨다면, 예를 들어 애(愛)가 청정을 오염시키고 도(道)를 오염시킨다면 아직 구경에 이른 것이 아닙니다. 마찬가지로 선법(善法)을 오염시키는 것 역시 구경이 아닙니다.

혹은 자재로움이 없어 비정지라 하니, 비록 이미 가행의 구경과인 작의를 얻어 그 마음에도 번뇌와 오염이 없으나 여러 정의 경계에 드나들고 머묾이 아직 자재롭지 못하며 뜻대로 되지 않아 어려움이 있다[或有不自在故, 名非定地. 謂雖已得加行究竟果作意, 其心亦無煩惱染汚, 然於入住出諸定相中未得自在, 未隨所欲, 梗澀艱難].

이미 가행의 구경의 성과인 작의를 얻어 몸과 마음을 분리시킬 수 있고 마음속에 어떤 번뇌도 없지만 아직은 공부의 경계와 번뇌가 따로 놉니다. 심리적 번뇌와 오염은 그리 쉽게 벗어날 수 없으니 이 정도를 가지고 공부가 좀 되었다고 여겨서는 안 됩니다. 이제 불법을 조금 알고서 불법을 다 배웠다고 생각하는 것은 자아도취일 뿐입니다.

세간정과 출세간정

정(定)에 들어 머물 때나 정에서 나올 때 스스로 주인이 되지 못하고 눈먼 고양이 죽은 쥐 잡듯 한다면, 이런 종류의 입정은 구경의 것이라 할 수 없습니다. 구경의 정이라면 자신이 완전히 주인이 될 수 있어야 합니다. 스스로 조절할 수 있어서 입정(入定)하고 싶으면 입정하고 출정(出定)하고 싶으면 출정할 수 있어야 합니다. 자재롭지 못하고 뜻대로 되지 않는다면, 어떤 때에는 제대로 되다가도 어떤 때에는 안 되어 매끄럽지 못하다면 이는 아직 구경이 아닙니다. 건강하게 살아 있을 때에도 주인이 되지 못한다면 삶과 죽음의 경계에 임해서는 주인이 될 방법은 전혀 없습니다. 이런 점을 수시로 유의해야 합니다. 특히 나이가 많은 수행자라면 더욱 그렇습니다.

혹은 청정하지 않아 비정지라 하니, 비록 하고 싶은 대로 자재롭고 아무 껄끄러움이나 어려움이 없으나 오직 세간정만을 닦았기에 수면번뇌[137]와 제심심법을 영원히 제거할 수 없어 정이라 하지 않는다[或有不淸淨故, 名非定地. 謂雖自在隨其所欲, 無澁無難, 然唯修得世間定故, 未能永害煩惱隨眠, 諸心心法, 不名爲定].

또 다른 한 종류가 있는데, 비록 자유자재로 원하는 대로 할 수 있으나 정(定)의 경계가 청정하지 않아 이 때문에 정이라 부르지 않습니다. 이것은 어디까지나 세간정(世間定)이지 출세간정(出世間定)이 아니므로 이 점을 특히 주의해야 합니다. 공부하면서 기맥을 닦는다든지 명점을 본다든지 하는 것은 모두 세간정입니다. 설사 병을 없애고 생명을 연장시켰다 하더라도 역시 세간정입니다. 세간정은 문학가나 예술가, 무예인의 정의 경계도 포괄합니다. 출세간정이 세간정과 다른 것은 반야와 견지에 있습니다. 세간정은 공부로서 견지를 그 속에 포함하고 있지 않습니다.

이 장(章)은 '정(定)이 아닌 것은 무엇인가'에 대해 말하고 있지만, 사실

---

137 수면(隨眠)은 번뇌의 다른 말로서, 번뇌가 중생을 늘 따라다니며 마음을 혼미하게 만드는 것이 마치 잠자는 것과 같다는 뜻이다. 수면번뇌란 사람을 혼미하게 하는 번뇌의 특성을 부각하기 위해 사용한 말이다.

비록 정의 경계가 아니라 해도 우리로서는 도달하기 아득한 경계들입니다. 만약 조금이라도 도달했다면 죽은 후 적어도 육욕천(六欲天)에는 태어날 것입니다. 그곳은 우리가 살고 있는 이 세계에 비해 훨씬 편안한 세계입니다. 이런 공부에 도달할 수 있다면 이미 썩 훌륭한 경지입니다. 지금 우리가 말하고 있는 것은 정식 삼매(三昧)가 아닌데 이 점은 잘 알고 있어야 합니다. 이 열두 종의 정이 아닌 경계 중 어느 하나에만 도달할 수 있어도 이미 훌륭합니다. 저는 지금까지 여기에 이른 사람을 보지 못했습니다. 여기서 말하는 정이 아닌 경계란 결코 그것이 틀렸다는 말이 아니라 불법의 정수(正受)가 아니라는 뜻입니다. 보리(菩提)의 올바른 정(定)이 아니라는 것으로 구별은 바로 여기에 있습니다.

닦는 것이 세간정이기에 번뇌를 영원히 제거할 방법이 없습니다. 수양을 좀 하면 세간인이라도 번뇌가 줄어들기는 하지만 번뇌를 뿌리째 뽑아버릴 수는 없습니다. 단지 큰 작용을 일으키지 않도록 할 수 있을 뿐이어서 수면번뇌는 그대로 남아 있습니다. '수면(隨眠)'이란 바로 이런 번뇌가 계속 따라다니면서 혼미하게 하여 뭐라 말할 수 없는 애매한 경계 속에 머물게 한다는 뜻입니다. 오십일 종의 심소 속에는 이십 종의 수면번뇌가 있습니다. 수행을 한다는 것은 이들 심소를 잘 살피는 것이지 그저 타좌 공부만 하는 것이 아닙니다. 여러분은 입만 열면 공부를 말하지만 공부가 뭐 그리 대단한 것이 있겠습니까? 심리적으로 스스로를 잘 살피지 않으면 수면번뇌를 도무지 찾아낼 수 없으며 지나고 나서야 비로소 알게 됩니다. 저는 이렇게 말하곤 합니다. 일이란 지나고 나서야 꿈이었음을 알고, 마음은 파도처럼 일렁이면서도 평온하다고 느낀다고요. 일이란 지나고 나서야 비로소 그것이 꿈과 같이 지나가 버렸음을 압니다. 마음속에는 파도가 끊임없이 몰아쳐 번뇌의 뿌리는 여전하지만 그럼에도 스스로 청정하다고 느낍니다. 자신만이 도(道) 속에 있어 자기에게는 번뇌가 없다고 생각합니다.

다른 사람은 잘못되었고 자신은 바르다고 생각합니다. 우리는 오십일 종의 심소에 대해 잘 알아 두어야 합니다. 수행은 바로 여기에서부터 시작하여 그런 뒤에 다시 오온(五蘊)으로부터 벗어나야 합니다.(오온은 바로 일념입니다.) 한 걸음 한 걸음 나아가며 뚜렷이 해야 비로소 정(定)을 닦아 얻을 수 있습니다.

수면번뇌가 완전히 제거되지 않은 정을 일러 세간정이라 합니다. "제심심법(諸心心法)"이란 온갖 마음의 심법으로, 마음에 생겨나는 이런 번뇌를 완전히 끊어 버리지 않는다면 정이라 할 수 없습니다.

혹은 일어남이 있어 비정지라 하니, 얻은 정을 비록 잃지는 않아도 출정하기 때문에 정이라 하지 않는다(或有起故, 名非定地. 謂所得定雖不退失, 然出定故, 不名爲定).

무엇을 '일어남[起]'이라 할까요? 이미 얻은 정(定)의 감각은 그대로 남아 있지만 사실은 정으로부터 나와 버린 것입니다. 달리 말하면 비록 자신이 사람과 사물을 접하면서 언제든 자유로울 수 있고 심경도 늘 비어 있는 듯 느끼지만 그것은 정이 아니라 단지 제육식의 조그마한 작의(作意)의 청정일 뿐입니다. 온갖 심소의 수면번뇌, 근본번뇌가 한꺼번에 모두 일어나 순환을 반복하고 있습니다.

혹은 물러섬이 있어 비정지라 하니, 이미 얻은 삼마지를 잃어버리기에 정이라 하지 않는다(或有退故, 名非定地. 謂退失所得三摩地故, 不名爲定).

마지막 하나는 가장 근본적인 삼마지(三摩地)마저도 잃어버리는 것입니다. 그러므로 대승보살도를 닦으면서 여덟 번째인 부동지보살(不動地菩薩)

에 이르러야 비로소 후퇴해서 되돌아오지 않을 수 있습니다. 말을 바꾸면 사선팔정을 모두 닦아 이루었더라도 후퇴해서 되돌아오면 다시 육도윤회로 떨어질 수 있습니다. 어떻게 해야 여덟 번째인 부동지(不動地)에 이를 수 있을까요? 반야, 견지, 행원입니다. 복덕이 원만해야 지혜가 원만하므로 가장 중요한 것은 역시 원만한 복덕입니다.

복덕에 대해서는 감히 말할 수 없습니다. 말하고 나면 아마도 문 앞에 풀이 여덟 장(丈)이나 자라도록 아무도 찾아오지 않을지 모릅니다.

이상은 불법이 아닌 삼마지를 강조한 것입니다.

유심지와 무심지

다음으로 말할 것은 유심지(有心地)와 무심지(無心地)의 문제입니다. 이때의 '심(心)'은 팔식인 심왕(心王)을 가리키는 것으로 모든 심식(心識)을 말합니다. 심의식(心意識)의 이 심에는 제팔식인 아뢰야식이 모두 포함되는데, 제팔식 역시 심소에 의해 만들어진 것이기 때문입니다.

선(禪)을 배우는 사람은 늘 무심(無心)을 말하며 언제나 무심에 이르고자 합니다. 안찰선사(安察禪師)는 이런 게송을 남겼습니다. "무심을 곧 도라 말하지 마라. 무심이라도 아직 무거운 빗장 하나가 쳐져 있다[莫道無心便是道, 無心猶隔一重關]." 무심이라도 아직 멀었거늘 하물며 우리같이 무심에도 이르지 못한 사람은 어떻겠습니까! 그렇다면 무엇이 진정한 무심일까요? 예컨대 우리가 길을 가다가 다른 사람과 부딪히면 이렇게 말합니다. "미안합니다. 무심코 걷다 보니 그렇게 되었습니다." 이때의 무심은 사실 무심이라 할 수 없으며 아무 생각이 없는 무기(無記)라 해야 합니다. 건망증이 심한 사람도 무기입니다. 어떤 사람은 공부를 하면서 하루 종일 마음속이 텅 빈 것 같아서 아주 편안하고 청정합니다. 그러나 조심하십시오! 이것을 무념이나 혹은 무심이라 여겨서는 안 됩니다. 이것은 대개의 경우 대혼침으로서, 이런 상태가 지속되면 그 과보로 축생에 떨어집니다. 종객파대사는 『보리도차제광론』에서 아주 분명하게 말합니다. 그는 무념을 도라 말하는 자들을 사정없이 나무랍니다. 그리고 절대로 무념정(無念定)에 빠져서는 안 된다고 말합니다. 그랬다가는 축생도에 떨어진다는 것입니다. 그러므로 여기서는 무심(無心)과 유심(有心)에 대해 명확히 알아 둘 필요가 있습니다.

『유가사지론』은 대론(大論)으로서 유식을 배우는 사람이라면 반드시 통달해야 할 책입니다.

이제 『유가사지론』 권 13 「본지분중유심무심이지(本地分中有心無心二地)」 제8과 제9를 살펴보겠습니다.

유심지는 무엇이고 무심지는 무엇인가? 이 둘은 모두 오문으로부터 그 모습을 알아야 한다〔云何有心地, 云何無心地. 謂此二地俱由五門, 應知其相〕.

유심지와 무심지를 분류하는 방법에는 다섯 가지가 있습니다. 그 분계(分界)와 정의(定義)를 알아야만 비로소 불법을 배울 수 있습니다.

제일문 지시설건립문(地施設建立門)

제이문 심란불란건립문(心亂不亂建立門)

제삼문 생불생건립문(生不生建立門)

제사문 분위건립문(分位建立門)

제오문 제일의건립문(第一義建立門)

이제 '유심'과 '무심'을 구분하는 분류 법칙에 대해 살펴보기로 합시다.

지시설건립이란 오식신상응지, 의지, 유심유사지, 무심유사지를 말하는
데, 이 넷은 원래 유심지이다〔地施設建立者, 謂五識身相應地, 意地, 有尋有伺地,
無尋唯伺地, 此四一向是有心地〕.

무엇을 유심지(有心地)라 할까요? 오식신상응지(五識身相應地)를 포함하
는 것입니다. 예를 들어 보통 사람이 눈으로 무엇을 보거나 귀로 무엇을
듣거나 하는 이 오근(五根)의 이면에는 오식(五識)이 있습니다. 근(根)과 식
(識)을 구별하는 것은 대단히 어렵습니다. 현장법사는 『팔식규구송』에서
아주 중요한 말을 한마디 했습니다. "어리석은 자는 식과 근을 구별하기
어렵다〔愚者難分識與根〕"라고요. 대지혜가 없는 사람은 무엇이 눈의 생리적
기능이고 무엇이 안식(眼識)인지 분별해 내지 못합니다.

앞에서 말한 바 있지만 사람이 막 숨이 끊어져서 눈이 아직 망가지지 않
아 곧바로 꺼낼 수 있을 때에는 눈의 여명(餘命)이 아직 끊어지지 않았다면
안식도 여전히 그 작용을 잃지 않았을까요? 안식은 이미 아뢰야식으로 되
돌아가 버렸습니다. 제육식 역시 되돌아가 버렸지만 이 눈은 아직 다른 사
람에게 이식할 수 있습니다. 그러나 오식신(五識身)은 이미 오식신이 아닙
니다. 이것은 아뢰야식의 안근(眼根)으로서, 안근의 여명이 아직 끊어지지
않은 것이지 식(識)의 문제는 아닙니다. 안식은 이미 떠났지만 의사가 이
눈을 다른 사람에게 넣어 주고 신경을 연결시키면 신경은 장애를 일으키
지 않고 눈을 받아들입니다. 이식받는 자의 안식은 이식받은 눈과 결합하
여 작용을 일으킴으로써 사물을 볼 수 있는 것입니다.

다시 우리 눈으로 비유해 봅시다.(눈은 작용을 일으키는 것으로 불학에서는 안
근眼根이라 합니다.) 눈으로 앞을 바라볼 때에 우리의 안식은 제육식과 결합

되어 전면을 주시합니다. 우리가 본 것은 칠판이요 찻잔으로서 이것은 제육식입니다. 이때 눈이 전방을 주시했다면 그 주변에 있는 사람이나 물건도 동시에 눈을 통해 망막에 상이 맺히는데, 이것은 안식의 작용으로서 의식(意識)이 아닙니다. 의식은 바로 전심(全心)으로 눈과 결합되어 앞의 상황에 주의를 기울이고 있기 때문에 주변에서 수시로 왔다 갔다 하는 것도 모두 아는데, 이것이 바로 안식입니다. 그러나 일단 주변에서 사람이 다가오는 것을 알게 되면 바로 그 순간에 판단력이 작용합니다. 안식이 이미 제육식과 상호 작용을 일으킨 것입니다. 처음 한순간 그냥 볼 수 있었던 작용, 이것이 바로 안식입니다.

신식(身識)에 이르면 체험하기가 아주 어렵습니다. 여러분이 공부하면서 신식을 뚜렷이 인식할 수 있다면 이미 제 길로 들어선 것입니다. 수증이나 보신(報身) 및 화신(化身)을 닦기 위해서는 먼저 신식을 알아야 합니다. 그래야만 비로소 첫 발짝을 뗄 수 있습니다.

신식은 어떤 것일까요? 여남은 살이라면 따스한 봄날에 잠을 자서 별일이 없을 때에는 아침까지 그냥 늘어지게 잡니다. 바로 증자가 말한 머지않아 죽으려 할 때와 같은 그런 느낌입니다. "내 발을 펴 주고 내 손을 펴 주게[啓予足, 啓予手]." 잠이 너무 달콤하여 손발이 어디 있는지도 도대체 알 수 없습니다. 깨어나기는 해서 몸을 움직이면 움직일 수도 있지만 움직이기가 싫습니다. 이런 때에야 비로소 신식이 어떤 것인지 체험할 수 있습니다. 이는 신체를 말하는 것이 결코 아닙니다. 이 신체는 마치 껍데기와 같아서 그 속에 또 다른 한 층의 몽롱한 내태(內胎)가 들어 있는 듯한데, 이것이 바로 신식의 작용입니다. 이것을 붙들고서 닦아 나가면 아주 빠릅니다. 그러나 일념이라도 움직이게 되면 신식은 곧장 제육식과 결합됩니다. 일단 제육식의 분별력이 생기면 일체의 번뇌가 뒤따라와서 끝장입니다. '일어나야 하는데…' '나가야 할 시간인데…' 하는 생각들은 모두 제육식의 작용입니다.

그렇다면 무엇이 유심지(有心地)일까요? 첫 번째 종류는 바로 오식신상 응지(五識身相應地)입니다. 앞에서 살펴보았듯 이것은 오식이 의식과 결합됨으로써 망념이 일어나는 경계입니다. 두 번째 종류는 의지(意地)로서 제육식의 망심이 일으키는 작용입니다.

세 번째 종류는 유심유사지(有尋有伺地)로서, 바로 라홀라존자가 출입식(出入息)을 닦아 도달한 초선의 유각유관(有覺有觀)의 경계입니다. 유각유관은 옛 번역으로, 현장법사는 이 번역에 동의하지 않고 '심(尋)'과 '사(伺)'라는 두 글자를 사용했습니다. 좌선을 해서 도를 찾는 것, 정의 경계를 찾는 것이 바로 유심(有尋)입니다. 여기서 좀 더 고명해지면 다시 찾지 않고 그냥 지키기만 하는데, 이것이 바로 사(伺)입니다. 일반인들은 늘 사의 경계를 정의 경계로 여겨 멍하니 거기에 머물러 있습니다. 이들은 모두 유심지의 범위에 속합니다.

한 걸음 더 나아가 네 번째 종류는 무심유사지(無尋唯伺地)로서 이것은 이선과 삼선의 경계와 같습니다. 타좌에 들면 마음속에 잡념이 없어 공부를 찾지도 않고 경계를 찾지도 않으며 단지 사(伺), 즉 그냥 머물러 있기만 하면 청정합니다. 이 경계를 정(定)이라 생각한다면 잘못입니다. 이것은 의식 상태로서 이를테면 망심의 상태입니다. 이런 네 방향은 모두 유심지라 할 수 있습니다. 유심지란 바로 보통 사람들의 상태로서 우리의 심리는 모두 이 범위에 속합니다.

무심무사지 중에서 무상정, 무상생, 멸진정[138]을 제외한 나머지는 원래 유심지이다〔無尋無伺地中, 除無想定, 幷無想生, 及滅盡定, 所餘一向是有心地〕.

---

138 모든 심상(心想)을 없애고 해탈과 열반의 경지에 이르기를 바라면서 닦는 선정을 말한다.

『유가사지론』에서는 제2정려(靜慮)로부터 무색계까지를 모두 무심무사지(無尋無伺地)라 합니다. 여기서 말하는 바는 이 세 가지 정(定)의 경계 이외의 나머지는 모두 유심지라는 것입니다.

무심무사지 중에도 다시 정도의 차이가 있습니다. 유식의 분석은 대단히 명확하여 한 단계 한 단계 상세하게 논합니다. 무심(無尋)이란 앉아 있으면 아주 청정하고 생각이 어지럽게 뛰놀지도 않으며 또 어지럽게 찾지도 않습니다. 단지 아주 평온한 경계만이 놓여 있습니다. 이것이 바로 무심유사(無尋唯伺)입니다. 이 속에도 어떤 것이 있을까요? 여전히 있습니다. 이런 경계가 오변행의 상(想)과 사(思)라는 것을 알고 있습니다. 무심무사(無尋無伺)의 경계에 이르면 상의 심리 상태를 초월한 '무상생(無想生)'에 도달합니다. 다시 한 걸음 더 나아가면 무상(無想)이면서도 작용이 생겨나게 할 수 있는 데에 이릅니다.

엄격히 말하면 무상생의 가장 초보적인 단계는 그저 『금강경』에서 말하는 "마땅히 머무르는 바 없이 그 마음이 생긴다[應無所住而生其心]"라는 경계의 주변을 더듬는 것입니다. 포괄적으로 보자면 반야는 쉽게 말할 수도 있습니다. 본래 머무름이 없이 마음이 생겨나는 것이니까요! 그러나 이것은 아직 구경이 아닙니다. 너무 막연합니다.

무상정, 무상생, 멸진정은 무심지이다[若無想定, 若無想生, 及滅盡定, 是無心地].

이 세 가지에 이르러서야 비로소 정(定)의 경계가 무심지(無心地)에 도달했다고 할 수 있습니다. 이 단락은 모두 수증 공부에 관한 것으로 견지를 말한 것이 아닙니다. 그렇긴 해도 이것은 수증 공부의 견지가 됩니다. 만약 이 사실을 제대로 알지 못하면 공부는 혼미함에 빠져 마치 두메산골에서 갓 도시로 나온 듯 어리벙벙할 것이니, 그래서는 안 됩니다. 여기에 대해서는 뚜렷이 알아 두어야 합니다.

다음으로 두 번째 종류의 '유심', '무심'의 분류 기준에 대해 소개하고자 합니다.

심란불란건립은 사전도를 말한다. 그 마음이 전도되면 난심이라 하고, 만약 사전도에서 마음이 전도되지 않으면 난심이라 하지 않는다. 이 중 난심은 무심이라고도 하는데, 본성이 파괴되어 사라졌기 때문이다[心亂不亂建立者, 謂四顚倒, 顚倒其心, 名爲亂心, 若四顚倒不顚倒心, 名不亂心. 此中亂心, 亦名無心, 性失壞故].

보통 사람의 산란한 마음도 역시 무심(無心)이라 합니다. 마음을 놓쳐 버려서 자성이 흐트러져 사라졌기 때문입니다. 그러므로 주의해야 합니다. 공부를 하면서 자신이 언제 어디서든 텅 빈 듯 청정하다고 느껴 스스로 무심지(無心地)에 도달했다고 생각하는데, 실제로 이것은 마음을 놓쳐 버린 것일 뿐입니다. 이때의 무심이란 바로 전도된 상태입니다. 그러나 스스로 놓쳐 버린 사실도 모르고 있는 것이니 참으로 두려운 일입니다. 제가 수십 년간 경험한 바로는 공부를 하다가 최후에 이 길로 들어선 사람이 무척이나 많다는 사실입니다. 많은 사람들이 이 흐리멍덩한 경계로 들어섰으니 바로 설두선사의 시(詩) 구절, "불쌍하도다 낚싯대 드리운 자들이여, 망망한 물길에 낚싯대를 잃었도다[可憐多少垂釣者, 隨例茫茫失釣竿]"라는 것과 같습니다. 여러분 가운데 몇 분은 특히 주의해야 합니다. 여러분이 무심하게 된 것은 수행의 본심을 잃어버렸기 때문으로, 낚싯대는 제가 회수해 버렸습니다.

마치 세간의 미친 사람을 보고 이 사람은 무심한 사람이라고 말하는 것과

같으니, 미친 것은 마음이 본성을 잃어버림으로써 생겨난 것이다〔如世間見心
狂亂者, 便言此人是無心人, 由狂亂心失本性故〕.

미친 사람을 보고도 우리는 그 사람을 무심하다고 말합니다. 정신 착란
을 일으켜 본성을 잃어버렸기 때문입니다. 수행을 하다가 이런 길로 빠져
들기는 매우 쉽습니다. 정말 주의해야 합니다. 그래서 어떤 선사는 말합니
다. "오랜 세월 푸른 못에 비친 허공의 달은 여러 번 끌어올려 보아야 비로
소 알게 된다〔萬古碧潭空界月, 再三撈摝始應知〕." 그렇게 간단하지가 않습니
다. 복덕이 모자라 지혜가 이르지 못하기 때문입니다.

이 문 중에서는 전도된 여러 어지러운 마음을 무심지라 하니, 마음이 어지
럽지 않다면 유심지라 한다〔於此門中, 諸倒亂心, 名無心地. 若不亂心, 名有心地〕.

무심지의 반대 측면이 유심지입니다. 불법으로 말하면 도를 이루기 이
전에 번뇌와 혼란으로 가득 찬 범부의 마음이 바로 무심지로, 본성을 증득
하지 못한 상태입니다. 진정으로 불법을 수증하여 정(定)과 혜(慧)를 얻어
야만 유심지라 합니다. 이것이 제이문(第二門)에 대한 해석입니다.

마음이 생기거나 생겨나지 않는 인연

생불생건립이란 여덟 인연 때문이다. 그 마음이 혹 생겨나기도 하고 혹
다시 생겨나지 않기도 하니 근이 손상되었기 때문이다〔生不生建立者, 八因緣
故. 其心或生, 或復不生, 謂根破壞故〕.

제삼문(第三門)은 바로 '생(生)'과 '불생(不生)'으로 '유심'과 '무심'을 구별하는 것입니다. 예를 들면 불법을 배우면서 제일 어려운 일이 자비심을 일으키는 것인데, 이는 진정으로 행원의 마음을 일으키기가 무척이나 어렵다는 것을 말합니다. 우리는 입만 열면 다른 사람을 도와야 하고 자비를 베풀어야 하며 제도해야 한다고 하는데, 입으로야 이렇게 말하지만 실제로 행하기는 쉽지 않습니다. 우리의 수행에서 공덕의 마음 하나만을 말하더라도 행원상에서 그것을 세우기는 무척 어렵습니다. 근본적으로 세운 적이 없다고 해도 됩니다. 행문(行門)은 말하기가 정말 어렵습니다. 역대 조사들도 단지 견지에 대해서만 말했지 행문에 대해서는 감히 많은 말을 하지 않았습니다. 그들이 진정한 행문에 대해 말한다면 요구가 너무 엄격해지기 때문에 제자들은 다 도망가 버리고 말 것입니다. 교리는 엄격하지 않은데 스승이 과도하게 엄격함을 요구하면 문 앞에 풀이 세 척(尺)은 자랄 것입니다. 어찌 세 척뿐이겠습니까? 아무도 가능하지 않으니 열 길 정도라 해도 됩니다. 행문은 이처럼 어렵습니다. 정말 어렵습니다.

"마음이 생겨나지 않는 것〔心不生〕" 중 일부는 근(根) 때문인데 생리 기능이 망가져서입니다. 예를 들어 뇌신경이 손상되면 이런 심리는 일어날 수 없습니다. 불법에서는 비록 사대가 모두 공이라 말하지만 사대는 여전히 중요합니다. 부처님은 한가한 몸을 얻기가 무척 어렵다고 했습니다. 사람으로 태어나서 한가한 시간을 갖기는 대단히 어렵습니다. 사지가 건강하고 오근이 모두 온전하기도 역시 어렵습니다. 특히 이렇게 바삐 돌아가는 산업 사회에서 한가한 시간을 말하기가 어찌 쉽겠습니까? 여기에 한가히 앉아 이렇게 고담준론을 하고 수도에 대한 망언을 할 수 있는 것도 크나큰 복보입니다.

"경계가 눈앞에 나타나지 않기 때문에〔境不現前故〕." 어떤 때에는 아무리 노력해도 경계가 나타나지 않습니다. 종전에 어떤 수도자 한 분은 꽤나 공력(功力)이 있어서 먹지도 않고 자지도 않았습니다. 그런데 밤 열두 시가 되어 말을 걸었더니 그는 전혀 대꾸도 않고 의자에 기대어 삼십 분 정도 눈을 감고 있었습니다. 그런 뒤 눈을 뜨고 다시 대화하기 시작했는데 다음 날 밤 열두 시까지 대화를 나눌 수 있었습니다. 밤 열두 시가 되니까 그는 다시 아무 말도 않고 눈을 감고 휴식을 취했습니다. 왜 그러냐고 물어봤습니다. 그는 공부가 와서 자기를 찾는다고 대답했습니다. 이것이 바로 경계가 눈앞에 나타나는 것입니다. 맹자는 「진심(盡心)」 하편에서 말합니다. "자기에게 있는 것을 신이라 한다〔有諸己之謂信〕." 소식이 오면 바로 정(定)에 들어가야 합니다. 이것이 바로 경계가 눈앞에 나타나는 것입니다. 어떤 사람은 한참을 공부해도 경계가 눈앞에 나타나지 않는데 그렇다면 한번 엄격히 스스로를 살펴보아야 합니다. 심리적으로나 생리적으로 장애가 있지는 않은지 확인해 보아야 합니다. 또 다른 방법이 없느냐고요? 그렇게 묻는 것은 애욕(愛欲)이나 탐내는 마음과 같은 결사(結使)가 작용한 것입니다. 이런 것조차 스스로 찾아낼 수 없다면 어떻게 보리를 닦아 얻을 수 있겠습니까?

"작의가 결여되었기 때문에〔闕作意故〕." 작의(作意)가 만들어지지 않아서입니다. 근기에 따라 작의는 달라져야 하는데 이런 문제와도 밀접한 관계가 있습니다.

얻지 못했기 때문에, 서로 어긋났기 때문에, 이미 끊어졌기 때문에, 이미 사라졌기 때문에, 이미 생겨났기 때문에 마음은 생겨날 수 없다〔未得故, 相違故, 已斷故, 已滅故, 已生故, 心不得生〕.

이런 여러 까닭으로 인해 마음이 생겨나지 못합니다. 밀종의 수행법인 생기차제(生起次第)도 바로 여기에서 유래한 것입니다. 밀종의 모든 이론은 하나같이 유식 법상의 기본 이론입니다. 이 때문에 수행법도 수행을 해서 생기차제에 이르러야 합니다. 없는 것은 세워야 하니, 마치 평지 위에 12층 높이의 건물을 지어 올리는 것과 같습니다. 그러므로 밀종에서는 무(無) 속에서 그것이 생겨나게 하며, 나온 뒤에는 다시 그것을 공(空)으로 만들어 청정한 광명으로 되돌립니다. 세워 놓은 것을 공으로 만드는 것, 바로 이것을 원만차제(圓滿次第)라 합니다.

서로 어긋난 여러 인연으로 말미암아 심이 생겨난다[由此相違諸因緣故, 心乃得生].

위에서 말한 여덟 가지 현상에 제한을 받지 않아야만 비로소 도심(道心)이 생겨날 수 있습니다.

이 중 만약 인연이 두루 갖추어져 심이 생겨난 것이라면 이를 유심지라 한다. 만약 심이 생겨나지 않는 인연을 만나 심이 생겨나지 않는다면 이를 무심지라 한다[此中若具生因緣故, 心便得生, 名有心地. 若遇不生心因緣故, 心則不生, 名無心地].

생겨날 인연을 두루 갖추어 심이 생겨나면 이것은 유심지(有心地)이고, 반대의 인연을 만나 심이 생겨나지 않으면 이를 무심지(無心地)라 합니다.

무심지에 속하는 여섯 과위

제사문(第四門)은 이렇습니다. "분위건립은 육위를 제외한 마땅히 알아야 할 나머지 것으로, 이를 유심지라 한다[分位建立者, 謂除六位, 當知所餘, 名有心地]." 무엇이 분위건립(分位建立)일까요? 육위(六位)를 제외한 모든 것이 유심지입니다.

무엇을 여섯이라 하는가? 무심수면위, 무심민절위, 무상정위, 무상생위, 멸진정위, 무여의열반계위, 이렇게 육위가 되며 이를 무심지라 한다[何等爲六. 謂無心睡眠位, 無心悶絶位, 無想定位, 無想生位, 滅盡定位, 及無餘依涅槃界位, 如是六位, 名無心地].

이 여섯 부분 중 어떤 것은 범부의 과위이며, 어떤 것은 대승의 극과(極果)입니다. 이런 분위건립은 모두 동일하게 무심지에 이르는데, 그 정도에는 여전히 차이가 있습니다. 『금강경』에서는 말합니다. "일체의 성현은 모두 무위로 법을 삼으나 차별이 있다[一切賢聖, 皆以無爲法, 而有差別]." 얻은 바 도는 훌륭하지만 그 정도나 조예, 층차에는 차이가 있습니다. 육위 중에서도 '무심수면위(無心睡眠位)'는 범부의 무심으로서 잠을 자면서 아무 것도 모르는 것입니다. 이것 역시 일종의 무심입니다. 공부가 부족한 것은 대혼침이므로 수도자는 이런 잘못을 저질러서는 안 되고 스스로에게 너그러워서도 안 됩니다.

'무심민절위(無心悶絶位)'는 마치 혼수 상태와 비슷합니다. 발이 걸려 넘어지거나 상처를 입거나 혹은 뇌진탕으로 인해 기억을 상실하게 되는데, 이들은 모두 민절위(悶絶位)에 속하며 병적인 것입니다. 불법의 관점에서 말해 봅시다. 어떤 사람이 뇌진탕을 일으켜 과거의 기억을 모두 잃어버렸다면, 그래서 잘 아는 사람조차도 몰라본다면 이때 그의 본성은 어디에 있을까요? 치료가 잘되면 다시 돌아올 수 있을까요? 치료가 될 수 없다면 그의 본성은 어떻게 회복될 수 있을까요? 이런 것들은 과학적인 문제이기도 합니다. 불법을 배우는 사람은 이런 데에도 신경을 써야 합니다. 불법은 반드시 과학적이어야 합니다. 그러니 결코 간단하지가 않습니다. 무턱대고 믿어서는 안 됩니다. 경솔하게 믿는 데에는 엄격히 말해 많은 문제가 있습니다.

'무상정위(無想定位)' 역시 무심지에 속하지만 무상정위는 도를 증득한 것이 아닙니다. 석가모니부처님은 무상정을 삼 년 동안 배우고 나서 그것이 도가 아님을 알고서 곧 버리고는 신경을 쓰지 않았습니다. 무상정은 외도위(外道位)입니다. 그렇지만 무상정은 무상천에 속해 있어서 비록 외도위에 속한다 하더라도 우리와 비교하면 높아도 한참 높습니다. 비록 색계속에 있어도 욕계천을 넘어서 있습니다. 사람이 무상에 이를 수 있다면 비록 선을 행하지는 않더라도 절대로 악한 일은 하지 않습니다. 이미 악한일을 행하지 않는다면 선과(善果)로 인해 천(天)에 태어날 수 있습니다. 더욱이 무상은 일종의 정(定)의 경계로 이것을 얕봐서는 안 됩니다. 아직 여기에 이르지도 못하지 않았습니까?

어떤 사람은 타좌를 하면서 완공(頑空)에 떨어지는 것을 두려워합니다만, 정말로 완공에 떨어질 수 있다면 그건 축하할 만한 일입니다. 두려워할 것은 공을 가지고 노는 것이지 완공에는 이르고 싶어도 이르기 어렵습니다. '무상생위(無想生位)'에 도달하면 무상천에 태어나지만 '멸진정위(滅盡定位)'는 다릅니다. 이는 나한과위로서 사선팔정을 초월합니다. 구차제정의 멸진정은 심신이 모두 사라져 윤회에 관한 한 장기 휴가를 신청한 것이나 다를 바 없습니다. 그렇긴 해도 마지막에는 다시 돌아와야 합니다. 마음을 돌이켜 사대를 향하지 않고는 안 됩니다. 멸진정은 편공(偏空)의 경계 속에 머물 수 있고, 공의 기능은 심신의 작용을 없앨 수 있습니다. '무여의열반위(無餘依涅槃位)'는 대보살위(大菩薩位), 독각보살위(獨覺菩薩位)입니다. 이 육위를 일러 무심지라 합니다.

유여의열반과 무여의열반

제오문(第五門)은 마지막 구분법입니다.

제일의건립이란 오로지 무여의열반 속에 있는 것으로 무심지이다〔第一義
建立者, 謂唯無餘依涅槃界中, 是無心地〕.

선종에서 말하는 명심견성은 뇌관(牢關)을 곧바로 꿰뚫는 것으로, 삼관
(三關)을 타파한 뒤 유여의(有餘依)를 타파하여 무여의열반(無餘依涅槃)을
증득하고자 합니다. 무엇이 유여의일까요? 바로 대아라한과 독각불이 열
반의 과위에 도달한 것입니다. 그렇지만 번뇌의 뿌리는 아직 끊어지지 않
았습니다. 『유마경』에서 묘사하고 있는바 "습기가 완전히 끊어지지 않은
〔餘習未斷〕" 상태입니다. 대보살과 대아라한들이 모두 유마거사의 방장(方
丈) 안으로 들어갔습니다.(절에서 '방장'이라 말하는 것도 바로 『유마경』에서 유래
했습니다. 유마의 방은 '사방 1장〔方丈〕' 정도였으나 백만의 천룡天龍과 천인天人이 모
두 들어와서 자리를 잡고 앉았습니다.) 그러고는 천녀(天女)가 꽃을 뿌릴 때 나
한들은 눈을 감고서 부동심에 이르고자 했으나 천화(天花)는 아라한의 몸
에 달라붙어 떨어지지 않았습니다. 하지만 보살의 몸에는 하나도 붙지 않
고 모두 떨어졌습니다. 나한은 아직 습기가 완전히 끊어지지 않아 천화가
몸에 달라붙은 것입니다. 나한은 소리나 물질을 이미 떠나 있지만 어떤 때
에는 이를 주시하기도 합니다. 주시한다고 해서 마음이 움직이는 것은 아
니지만, 그런데도 천화는 몸에 붙어 떨어지지 않습니다. 바로 습기가 완전
히 끊어지지 않았기 때문입니다. 그들도 열반을 얻었지만 그것은 유여의
열반(有餘依涅槃)으로 뿌리를 한번 들추면 다시 일어납니다.

'무여의열반'에 이르러야 비로소 부처의 경계입니다. 진정한 제일의(第

一義)의 심으로서, 선종의 낙포선사가 말한 다음의 구절입니다.

마지막 한 구절 비로소 뇌관에 이르러 쇠사슬 자르고 건너가려 하니 범부와 성인이 갈라진다〔末後一句, 始到牢關, 鎖斷要津, 不通凡聖〕.

이것이 바로 제일의입니다.

왜 그런가? 이 경계 중에 아뢰야식 역시 영원히 사라지기 때문이다〔何以故? 於此界中, 阿賴耶識亦永滅故〕.

마지막 뇌관을 뚫고서 제일의를 얻으니 비로소 아뢰야식이 대원경지(大圓鏡智)로 전화되어 영원히 사라집니다. 이때에야 비로소 무여의열반에 도달하여 자성의 청정함에 이릅니다.

나머지 제위에서도 식이 전화되어 사라지므로 무심지라 한다〔所餘諸位, 轉識滅故, 名無心地〕.

전오식은 전화되어 성소작지(成所作智)가 되며, 제육식은 전화되어 묘관찰지(妙觀察智)가 되고, 제칠식은 평등성지(平等性智), 제팔식은 대원경지(大圓鏡智)가 됩니다. 팔식은 전화되어 사지(四智)가 되고, 법신·보신·화신의 삼신을 성취하며, 삼신과 사지가 평등하게 됩니다. 사지는 원만하고 깨끗하며 집착하지도 머물지도 않고 여섯 묘용(妙用)에 통함으로써 무여의열반에 도달합니다. 이때에야 비로소 진정한 무심지에 이르니 바로 부처의 경계입니다.

아뢰야식이 영원히 사라지지 않으면 제일의의 무심지가 아니다〔阿賴耶識未永滅盡, 於第一義非無心地〕.

제팔식은 장식(藏識)으로도 번역되며 아뢰야식은 음역입니다. 만약 장(藏) 자 하나만으로 번역해 놓는다면 그 내용을 체계적으로 표현하기 어렵습니다. 장(藏) 자는 능장(能藏)과 소장(所藏), 집장(執藏)의 작용을 포괄하고 있기 때문입니다. 아뢰야식은 과거와 현재 및 미래의 일체 종자를 능히 저장할 수 있으며 또 저장한 것을 단단히 붙들고 있기 때문에 그것이 일으키는 작용은 각종 인연에 따라, 혹은 각 시간이나 지역에 따라 다르게 무르익습니다. 이는 윤회의 과보를 가리키는 것으로, 이렇게 무르익는 장부는 컴퓨터로도 제대로 파악할 수 없도록 정말 복잡하게 뒤얽혀 있습니다.

제21강

불법은 세간에 있다

"불법은 세간에 있으니 세간의 깨달음을 떠나지 않는다. 세간을 떠나서 보리를 구하는 것은 마치 토끼의 뿔을 구하는 것과 같다[佛法在世間, 不離世間覺. 離世覓菩提, 恰如求兎角]." 육조(六祖)가 말한 이 구절은 '행(行)', 즉 행위의 부분을 가리킵니다. 불법은 바로 세간에 있습니다. 부처님 또한 그렇게 말했습니다. 경전 속에서 어떤 사람이 부처님에게 물었습니다. "세존께서는 왜 사바세계의 이 더러운 곳에서 성불하셨습니까?" 부처님이 대답했습니다. "그대는 사바세계를 더럽다고 보는데 그건 한 면일 뿐이야. 서방 극락세계나 일체의 정토(淨土)와 같은 밝고 청정한 또 다른 면이 있지." 부처님은 곧 신통력을 드러내어 발가락으로 땅을 누르니 이 세계의 빛나는 면이 나타납니다. 이 속에 화두가 있습니다. 이 세계에는 청정하고 빛나는 면이 있으니 극락세계처럼 그리고 다른 불세계(佛世界)처럼 청정하고 빛난다는 것입니다.

다음으로, 부처님은 모든 부처는 성불하기 전에 반드시 이 세계로 와야 한다고 말합니다. 다른 세계에서는 성불하기가 어렵다는 것입니다. 예를 들어 천인(天人)은 성불하기가 어렵습니다. 북구로주(北俱盧洲)의 인(人)들은 성불하기가 정말 어렵습니다. 복보가 너무 많아 즐거움만 있을 뿐 고통이 없기 때문입니다. 고통의 자극이 없으니 그곳에 사는 인(人)들은 싫어하는 마음이 일어나지 않습니다. 그러므로 일체 중생은 성불하고자 한다면 반드시 이 세계로 와야 됩니다. 이 사바세계는 선과 악이 반반쯤 뒤섞여 있고 고통과 쾌락 그리고 그 밖의 모든 것이 고루 뒤섞여 있어서 괴로운 일이 무척 많습니다. 그러나 고통스럽기 때문에 수도하기가 쉽습니다. 중생이 없는데 성불할 필요가 있을까요? 중생이 없으면 부처가 있어야 할 필요가 없습니다. 모두가 부처인데 무엇하러 다시 부처가 와야 하겠습니까? 중생이 있기 때문에 고뇌가 있고 보리와 성불도 있을 수 있습니다.

"불법은 세간에 있다[佛法在世間]"라는 것은 견지이자 행원이기도 합니다. 세간은 오탁악세(五濁惡世)이기 때문에 보시가 필요하며, 계율을 지키는 것도 필요합니다. 세간이 너무 고통스럽고 악하기에 바로 이곳에서 스스로를 제도하고 다른 사람을 제도해야 합니다. 그래야만 공덕이 원만할 수 있습니다. 이것은 제이의(第二義)[139]로써 말한 것입니다. 형이상의 도(道)로 말하자면 세간이니 세간이 아니니 하는 구별은 있을 수 없습니다.

『육조단경』에서는 말합니다. "불법은 세간에 있으니 세간의 깨달음을 떠나지 않는다[佛法在世間, 不離世間覺]." 세간을 떠나서는 깨달음을 구할 방법이 없습니다. 고통이 없다면 쾌락이 얼마나 좋은 것인지 알지 못하며, 번뇌가 없다면 청정함이 얼마나 편안하고 상서로운 것인지 알 수 없습니다. 이 때문에 번뇌가 곧 보리라고 말하는 것입니다. 정말로 이 세계, 즉 삼계를 벗어나 버린다면 자신이 바로 부처이며 이미 보리 속에 있으므로

---

[139] 근본이 되는 두 번째 의의를 말한다.

다시 보리를 구하거나 성불을 구할 필요가 없습니다. 그러므로 대승불법에서는 불법이 세간 속에 있다고 합니다. 이것은 '행문(行門)'을 가리켜 말한 것입니다.

타좌하여 도를 닦는 것은 행문의 만 분의 일에도 미치지 못하는 것입니다. 그 밖에 사람 됨됨이나 일을 처리하는 것 모두가 불법의 행문입니다. 불법을 말하면서 세간을 떠나지 않는다고 하는 것도 바로 이 이치 때문입니다. 그렇지만 불법이 세간을 떠나지 않는다고 해서 수도를 하면서 한편으로 부귀공명과 주색(酒色)을 모두 바라서는 안 됩니다. 이렇게 생각한다면 잘못 받아들인 것입니다.

『유마경』에서 말합니다. 연꽃은 깨끗한 진흙이나 산꼭대기의 청정한 곳에서는 자라지 못한다고요. 가장 더럽고 가장 탁하고 가장 낮은 곳에서야 연꽃은 더욱 무성하고 더욱더 향기롭고 더욱 깨끗하게 자랄 수 있으며, 꽃망울 또한 더 커집니다. 연꽃은 바로 불법을 배우는 정신이어서 연꽃으로 불교를 대표합니다. 오탁악세 중 가장 더럽고 가장 어려운 곳에 있어야 성취를 이룰 수 있습니다. 불법이 세간에 있다는 것은 바로 이런 이치입니다. 불법이 이미 세간에 있으니 세속을 떠날 필요가 없다고 생각해서는 안 됩니다. 그런 일은 없으며 그렇기에 더더욱 세속을 떠나야 합니다. 출세(出世)와 출가(出家)는 다릅니다. 세속에서의 출가는 단지 이 집을 떠나서 저 집으로 가는 것이지만, 출세는 이 세계를 떠나서 다른 세계에 도달하는 것입니다. 삼계 밖으로 벗어나지 않고서는 여전히 이 세간 속에 있는 것입니다. 삼계를 벗어나서 오행(五行) 속에 머물지 않을 때에야 비로소 진정한 출세라 할 수 있습니다. 이 기본적인 이치에 대해서는 꼭 알아 두어야 합니다.

『선종직지』의 대사인연

『선종직지(禪宗直旨)』이란 책이 있습니다. 작자는 석성금(石成金)이라는 사람으로 청조(清朝) 때 진사(進士)로 관직에 오르기도 했으나 만년에 이르러 불법을 배웠던 인물입니다. 이 책의 앞부분에는 그가 불법을 배우면서 마음으로 얻은 바와 견지에 대한 내용이 실려 있는데, 바로 이학가가 선(禪)을 배워 가는 방법으로서 꽤나 괜찮습니다. 여기에 따라 수행하더라도 인천(人天)의 과위에 이르는 것은 무난할 듯합니다. 이 책의 뒷부분은 '대사인연(大事因緣)'에 관한 것으로 내용이 아주 뛰어납니다. 이문(李文) 군이 말하기를 구미 학자는 중국의 선종이 근본적으로 불학에 반대하는 것으로 알고 있다고 했는데 이런 생각은 틀려도 한참 틀렸습니다. 현재 구미의 선종에 대한 연구는 계속 이 노선을 걷고 있습니다만 사실을 말하자면 이와 정반대입니다. 선종은 도처에서 불법을 말합니다. 선종은 원대(元代)에 이르러 쇠락하기 시작했지만 이 책에 실려 있는 공안에 관한 자료는 대단히 훌륭합니다. 다른 책에서는 이렇듯 완전한 자료를 찾아볼 수 없습니다. 이 '대사인연' 속에는 원오근, 대혜고, 고봉묘, 설암흠 등의 공안이 실려 있는데 모두 훌륭합니다. 이 책과 관련해서 다음의 몇 가지 점을 알아 두어야 합니다.

1. 중국 대륙의 진정한 선당은 바로 이 책에 나오는 모습 그대로입니다.
2. 이들이 어떻게 수행에 힘썼는지 살펴봄으로써 바로 선당의 진정한 모범을 보게 됩니다.
3. 선종의 쇠락에 대해서도 알 수 있습니다.
4. 우리도 이 책을 참고하여 수행할 수 있습니다.

5. 많은 사람들이 눕지 않고 잠을 자지 않는 것을 선을 배우는 것으로 생각
   하는데, 이 책을 보면 스스로 명백해질 것입니다.

설암흠선사의 공안

이제 먼저 설암흠선사(雪巖欽禪師)의 공안에 대해 연구해 봅시다.

설암흠의 이름은 『속지월록(續指月錄)』에는 앙산흠(仰山欽)으로 되어 있
는데, 설암이나 앙산은 모두 절 이름입니다.

이 부분의 문장은 아주 평이합니다. 어떤 사람은 평이한 문장이 좋다고
하고, 어떤 사람은 깊은 문장이 좋다고 합니다. 각자 정도의 차이가 있기
때문에 일반적으로 말할 때에는 어떤 특정인만을 위해 말할 수는 없습니
다. 이미 이해한 사람이라면 이럴 때 인내심을 배우는 것도 좋으리라 생각
합니다. 그것 역시 행문(行門)의 하나입니다. 고명하면서도 낮출 수 있는
것이 공덕으로, 고명한 사람이라도 평이함을 떠날 수는 없습니다. 자기가
고명하다고 생각해서는 절대 안 됩니다. 이런 생각을 깨끗이 버릴 때에야
도를 이룰 수 있습니다.(이 책의 내용 중【 】부분은 석성금의 주해입니다.)

"선사께서 말했다. 산승(山僧)은 5세에 출가하여 상인(上人)을 모셨는데
【상인은 사부(師父)를 가리킴】, 손님과 주고받는 이야기를 듣고서 이 일에
관한 것을 알았으며 이윽고 믿음이 생겼다."

"그래서 좌선을 배웠다. 자질이 우둔하여 무던히도 고생하다가 16세에
승려가 되었다." 수계(受戒) 이후에야 비로소 정식 승려가 될 수 있습니다.
수계란 바로 비구계(比丘戒)를 가리킵니다.

"18세에 여기저기를 떠돌아다니며 이 일을 구명(究明)해 보겠다는 뜻을

세웠다. 쌍림(雙林)의 철궐원(鐵橛遠)스님 밑에서 타십방(打十方)을 했는데 【엄격히 말하면 타칠(打七)임】, 아침부터 저녁까지 오로지 승당에서만 있었고【밤늦게까지 오직 타좌와 행향(行香)만 했음】, 마당을 벗어나지 않았으며, 공동 숙소나 후가(後架)【화장실】에 들어갈 때에도 두 손을 가슴에 합장하여 천천히 왕래했고, 좌우를 쳐다보지도 않았다.【언제나 늘 계율을 지켰음.】 눈앞을 볼 때에도 세 척(尺)을 넘지 않았으며, 동하존숙(洞下尊宿)【조동종 산하의 노선배들】은 교인(敎人)들에게 '개에게는 불성(佛性)이 없다'는 화두를 지키게 했다.【원조(元朝) 당시의 조동종임.】 잡식(雜識)과 잡념이 일어날 때에는 코끝에다 가볍게 무(無) 자를 하나 들고 염식(念息)을 했고, 또 일시에 놓아 버리고 묵묵히 앉아 그것이 무르익기를 오랫동안 기다려 저절로 통하도록 했다." 조동종은 원조(元朝)에 이르러 이 화두 참구를 법문으로 삼았습니다. 이미 칠팔십 년 전에 대혜고선사가 이것을 "묵조사선(默照邪禪)"이라고 비난했음에도 후세에 이런 잘못된 방법을 따르는 사람이 아주 많습니다.

"조동종 문하에서는 공부가 빈틈이 없어 사람들을 피곤하게 했지만 그렇게 십 년, 이십 년을 행해도 효과가 없어 계속 이어지기가 어려웠다." 조동종은 바로 이랬습니다. 문하에 대한 공부는 아주 면밀하여 망념이 일기만 하면 화두를 사용하여 휘감아 들어간 다음 화두가 사라지면 단번에 놓아 버려 공의 경계에 들게 합니다. 이렇게 한번 정(定)에 들면 오랫동안 이 정에 머물러 있습니다. 조동종을 배우는 사람들은 십 년, 이십 년을 노력해도 그림자조차 붙들지 못했습니다. 공부만 할 뿐 깨달음에 이르지는 못했던 것입니다. 진정으로 조동종의 수행법을 이해한 사람은 아주 적었으니 이 때문에 후에 조동종의 법문은 끊어져 버리고 말았습니다.

"나는 당시 홀연 염두(念頭)가 일어날 때에는 반관(返觀)을 행했는데, 반관을 하면 그 생각이 가려지고 당장 얼음처럼 차가워지면서 곧바로 담담해져 동요가 없었다." 설암흠이 당시 행했던 방법은 생각이 일어나면 곧바로 돌이켜 그 생각을 찾아내는 것인데, 이렇게 하면 생각이 그 자리에서 공(空)이 되어 버려 심경이 한 점의 잡념도 없이 깨끗해졌다는 것입니다.

"하루 종일 앉아 있는 것이 손가락 한 번 튕기는 듯했고, 시간을 알리는 종소리를 전혀 듣지 못했으며, 점심 시간이 되어 쉬어야 할 때에도 전혀 알지 못했다." 이전 사람들은 모두 이처럼 했지만 지금이라면 어려울 것입니다.

"장로(長老)께서 내가 타좌를 잘하고 있다는 말을 듣고 승당에 내려와서 보았으며 설법 시에 칭찬을 한 적이 있었다." 이때가 설암흠의 나이 겨우 열여덟 살 무렵입니다. "19세 때 영은사(靈隱寺)로 가서 묵었다." 항주(杭州)에 이르러 영은사로 가서 머물렀습니다. "묘봉선사를 자주 만났는데, 묘봉이 죽자 석전선사가 그 자리를 이었다." 석전선사(石田禪師)가 자리를 이어서 방장이 되었습니다. "영동수가 객사(客司)로 있었다." 선종의 아주 유명한 영동수(潁東叟)스님이 당시 그곳의 지객(知客)[140] 스님으로 있었습니다. "나는 지객의 방에서 처주에서 온 서기를 만났다." 처주(處州)에서 온 어떤 스님이 서기(書記)를 맡았는데, 서기는 지금으로 치면 비서실장에 해당하는 자리입니다. 그런데 그 스님이 말하기를, "도흠 형! 지금 하고 있는 공부는 죽은 물 같아서 아무 일도 제도할 수 없습니다. 동정이 아직도 두 개 말뚝처럼 박혀 있습니다"라고 하는 것이었습니다. 다리를 틀고 앉아 타좌하는 것만을 선(禪)이라 하니 움직이면 아무것도 할 수 없습니다. 동정(動靜)이 마치 두 개의 말뚝처럼 그렇게 나누어져 있는 것입니다.

옛사람들은 같이 수행하는 도우(道友)로부터 이런 말을 들으면 온몸에 진땀을 흘렸습니다. 제가 이전에 참선할 때에도 스스로 썩 괜찮다고 생각

---

140 절에서 오고 가는 손님을 접대하고 안내하는 일을 맡은 스님을 이른다.

하고 있었는데 한번은 도우가 이렇게 물었습니다. "사람들이 모두 말하기를 자네가 깨달았다고 하는데, 자네는 꿈과 생시가 완전히 같은 상태에 이를 수 있는가?" 저는 말문이 막혔습니다. 스스로 생각해 봐도 같지 않았습니다. 그래서 다시 노력하여 생시와 꿈이 같아지도록 기다렸는데, 다시 어떤 젊은 스님이 이렇게 묻는 것입니다. "꿈도 꾸지 않고 생각도 하지 않을 때 주인공은 어디에 있나요? 혹시 아세요?" 또 말문이 막혀 새롭게 노력해야 했습니다. 양마(良馬)는 채찍 그림자만 봐도 달립니다. 설암흠이 누구입니까? 그는 선지식으로부터 한 방 얻어맞고는 그 말이 대단히 엄중하다는 것을 알았습니다.

"그의 말을 듣고 보니 정말로 앉아 있을 때에는 경계가 앞에 나타나지만 걷고 있을 때나 숟가락을 들고 젓가락을 놓고 할 때에는 도무지 보이지 않는다는 것을 알았다." 그가 말한 것이 맞는구나! 내가 타좌를 할 때에는 아주 청정해서 비로소 경계가 나타나지만 두 다리를 풀고 숟가락으로 국을 떠먹을 때나 젓가락으로 음식을 집을 때에는 경계가 사라져 버리지 않는가. 이래서는 안 되지! 처주의 젊은 스님은 설암흠보다 훨씬 고명했습니다. 그는 이어서 이렇게 말했습니다.

"'참선이란 반드시 의심하는 마음을 일으켜야 합니다. 크게 의심하면 크게 깨치고, 작게 의심하면 작게 깨치며, 의심하지 않으면 깨치지 못합니다. 모름지기 공안을 의심하는 데에서부터 시작해야 합니다.' 비록 그가 공부를 열심히 하는 편은 아니었지만 송원(松源)의 후손인 불암(不庵)스님을 모시고 있다가 왔으며【불암은 선종에서 아주 유명한 스님으로 임제종 송원 노스님의 자손임】, 말하는 것도 시종 단정했다." 그의 말은 반드시 바른 길일 것이니 틀릴 리가 없다고 설암흠은 믿었습니다. 요즘 사람이라면 분명 내가 타좌도 너보다 훨씬 나은데 네까짓 게 해 보지도 않고 웬 잘난 체냐고 생각했을 것입니다. "나는 곧장 화두를 '마른 똥 막대기'로 바꾸어 계속 이리 의심하고 저리 의심하며 눕혀 보고 세워 보기를 거듭했다. 화두를 바꾸고 나니 예전의 삶이 온통 뒤죽박죽이 되었다." 이들은 모두 원명(元明) 시대의 구어체요, 백화체입니다. "비록 잠자지 않고 기대지도 않으면서 아침부터 저녁까지 계속했지만 앉으나 서나 온통 혼침에 떨어지지 않으면 산란하기만 할 뿐 어느 한순간도 청정을 얻지 못했다."

어떤 사람들은 드러눕지 않는 것을 도(道)라 여깁니다. 타좌만 하면서 잠을 전혀 자지 않는 것이 곧 도라는 것입니다. 원명(元明) 시대부터 이런 괴상한 생각이 무성해지기 시작하여 저녁 늦게까지 온종일 타좌하고 화두를 참구하며 공부만 했습니다. 그렇지만 머리는 온통 어리벙벙하거나 그렇지 않으면 혼란스러워 온갖 번뇌가 들끓곤 했습니다.

"듣기엔 천목스님이 송원스님을 오래 모셨고 또 송원스님의 적자라 하니 반드시 송원스님의 말씀을 얻었을 것이다. 그래서 정자사(淨慈寺)로 옮겨 가 거기서 묵었다." 천목(天目)스님은 유명한 대선사로서 바로 정자사의 주지였습니다. 설암흠은 정자사로 달려가 거기서 묵으려 했습니다. "향을 품고서 방장을 찾아뵙고 가르침을 청했다." 선종의 법도에는 향을 세 자루 들고 시자(侍子)를 시켜 노스님께 통보하도록 되어 있습니다. "대전(大殿)에서 구배(九拜)를 했다." 여기에도 법도가 있습니다. 말을 듣고서 옳다고 생각되면 향 세 자루를 피우고 절을 합니다. 듣고서 만족스럽지 않으면 향을 피우지 않고 절도 하지 않습니다. 동의할 수 없음을 표하는 것입니다. "그가 나에게 물었다. '그래, 공부하기가 어떤가?' 그래서 절을 마치고는 지금까지의 경과를 한 차례 죽 이야기했다. 그가 말했다. '그대는 임제가 황벽(黃檗)에게 불법의 대의(大義)에 대해 물었던 것을 듣지 못했는가? 세 번이나 물었지만 그때마다 몽둥이로 얻어맞았지. 마지막엔 대우(大愚)의 옆구리를 세 번이나 쥐어박더니 '원래 황벽의 불법도 별것 아니었구나'라고 했네.[141] 그대는 단지 그렇게만 보게.'" 설암흠은 천목 노스님에게 자기가 공부해 왔던 경과를 보고했습니다. 그러자 노스님은 임제가 도를 구하여 깨친 과정을 이야기했습니다. 또 말했습니다. "혼원(混源)스님께서 여기에 머물 때였지. 내가 절에 막 도착해서 방으로 들어가려 할 때 그가 이렇게 말하는 것을 들었어. '공안을 현성(現成)했으나 문을 들어서지 못했네. 서른 대는 맞아야지.' 단지 그렇게만 보게." 천목스님은 이렇게 말한 것입니다. 혼원 노스님이 일찍이 여기서 주지를 맡고 있을 때였는데, 내가 막 도착하자 어떤 사람이 그의 방으로 들어가서 불법을 물어보려 했지. 그 때 혼원스님은, 공안을 현성하고서 또 무얼 물으려고 왔는가, 아직 문에 들어서지 못했으니 서른 대는 맞아야지 하고 말했어. 그대는 바로 이런 면을 보아야 한다는 뜻입니다.

"천목스님의 이 말은 스스로를 추슬러 지키는 것이다." 이것은 제일 좋은 방법입니다. "나의 병폐는 혼침에 빠지고 산란해지는 것이었는데 그가 여기에 대한 처방을 내리지 않아 기쁘지 않았다." 천목스님이 말한 것은 제일 좋은 방법입니다. 그렇지만 자신의 폐단은 타좌를 시작하면 혼침에 빠져 버리거나 그렇지 않으면 산란한 것입니다. "마음속으로 이렇게 말했다. 공부도 해 보지 않고서 말로만 지껄이는구나." 그가 마음속으로 생각

---

141 이 내용은 '대우삼권(大愚三拳)'이라고 하는 선종의 공안인데, 『지월록』에는 이렇게 기록되어 있다. 임제가 황벽선사에게 불법의 대의를 묻자 황벽은 대답은 없이 몽둥이로 후려쳤다. 다시 묻자 또 때렸다. 이렇게 세 번을 물었는데 세 번 모두 얻어맞자 임제는 풀이 죽어 황벽을 떠나려 하니 황벽이 대우선사(大愚禪師)를 찾아보라고 했다. 임제가 대우가 있는 곳으로 가서 찾아온 뜻을 밝혔다. 대우가 임제에게 물었다. "황벽이 자네에게 뭐라 말하던가?" 임제가 대답했다. "제가 그분에게 불법에 대해 세 차례를 물었는데도 세 차례 모두 얻어맞기만 했으니 제가 어디가 틀렸는지 모르겠습니다." 대우가 말했다. "황벽의 그렇게 간절한 노파심은 모두 자네 막힌 데를 풀어 주려는 것이었네. 그런데도 자네는 여기 와서 잘못된 데가 어디냐고 묻는가?" 임제가 듣고는 곧 깨닫고서 말했다. "원래 황벽의 불법도 별것 아니었군!" 그러자 대우가 당장 임제의 멱살을 잡고 말했다. "이런 오줌통 같은 놈! 방금 자기 입으로 어디가 잘못됐는지 모른다고 해 놓고서 이제 황벽의 불법이 별게 아니라고? 무슨 뜻인지 어디 한번 말해 봐!" 임제는 그저 대우의 옆구리를 향해 주먹을 세 번 내지르고는 황벽이 있는 곳으로 돌아왔다.

했던 것은 우리가 선지식을 만나러 갈 때와 다를 바 없습니다. 그 사람의 말이 우리 구미에 맞지 않으면 '저 양반, 공부 제대로 안 했구먼. 무슨 도가 있겠어?' 하고 생각하지요. 만약 우리 구미에 모두 맞아야 한다면 그것은 도라 할 수 없습니다. "항상 찾아뵙고 가르침을 청하겠다 하고는 마지막엔 향을 하나 피우고 삼배를 하며 감사를 표했다. 나는 그 향 하나에 불을 붙이지 않았다." 선당의 법도는 이렇습니다. 일반적으로 가르침을 청할 때에는 수중에 향 세 자루를 들고 들어갑니다. 만약 맞으면 향 세 자루를 태우고 무릎을 꿇어 삼배를 하며 맞아 준 것에 감사를 표합니다. 이것이 출가인의 법도입니다. 설암흠은 향을 들고 들어갔다가 그냥 갖고 나왔습니다. "이전처럼 스스로에 의지하며 나는 좌선을 계속했다." 그는 이전처럼 계속 타좌하여 참선했습니다. 잠을 자지 않았고 옆으로 기대지도 않았습니다. "이때 장주(漳州)와 천주(泉州)로부터 온 일곱 명의 형제가 있었는데, 2년 동안 정자사에 있으면서 이불을 펴지 않고 기대지도 않으면서 좌선을 하기로 했다." 이 일곱 사람은 모두 잠을 자지 않기로 맹세했습니다. 이렇게 서로를 감시하니 모두 감히 자리에 누울 수가 없었습니다.

"이 밖에 성이 수(脩) 씨인 상좌(上座)가 있었는데 역시 장주 사람이었으나 이 일곱 무리와는 어울리지 않았다. 그는 혼자서 수행하고 참선했는데 매일 방석 위에 마치 쇠말뚝처럼 앉아 있었다. 그는 걸음을 걸을 때에도 허리를 꼿꼿이 세웠으며 두 팔을 축 늘어뜨리고 두 눈을 뜬 것이 역시 쇠말뚝 같았다. 아침에도 그랬고 하루 내내 그랬다. 나는 매일 그에게 다가가 이야기를 좀 나눠 보려고 했는데 내가 동쪽으로 가면 서쪽으로 가고 내가 서쪽으로 가면 동쪽으로 가 버리곤 했다. 이렇게 2년 동안이나 그와 친해지려고 했으나 도무지 기회를 얻을 수 없었다. 나는 2년이나 잠을 자지 못했기에 몽롱하고 피곤했다. 낮이 밤 같고 밤이 낮 같았으며 걸어 다닐 때에도 앉아 있는 것 같고 앉아 있을 때에도 걸어 다니는 것 같았다. 마치 혼침과 산란으로 뒤엉킨 썩은 진흙 덩어리 같아 어느 한순간도 청정을 얻지 못했다." 참으로 가련한 일입니다. 고혈압이 오지 않으면 그나마 다행입니다. 하루 종일 온통 흐리멍덩하기만 하니 조금이라도 청정한 경계를 얻어 보려 하나 얻어지지가 않습니다. 겉으로만 본다면 사람들이 얼마나 공경하겠습니까만 스스로는 알고 있습니다. 마치 썩은 진흙 덩이 같다는 것을요. "하루는 스스로 생각해 보니 도를 닦는다고 하면서도 제대로 길도 못 잡고【수도에 아무런 성과가 없음】입고 있는 옷도 남루하기 그지없으며【선당에서 공부만 하느라고 공양을 받지 않았음】몰골도 말이 아닌지라 나도 모르게 눈물이 나며 갑자기 고향 생각이 났다. 그래서 휴가를 청해 고향으로 내려갔는데, 이렇게 한번 긴장을 늦추고 보니 모든 것이 다 풀어져 버렸다.【집으로 돌아가니 너무 편안해서 공부도 모두 내던지게 되었음.】두 달 후 다시 참가(參假)[142]【후세에는 이를 소가(銷假)라 부름】를 내었더니 도리어 새롭게 정돈이 되었고, 이렇게 긴장을 풀자 정신이 비할 바 없이 맑아졌다."

이것이 바로 관건입니다. 집으로 돌아가서 어머니가 해 주는 맛있는 음식을 먹었습니다. 이렇게 있다가 돌아와서 타좌를 하니 정신이 백 배나 왕성해지고 또 편안했습니다. 그러므로 영양에 주의해야 합니다. "원래 이 일을 구명하고자 한다면 잠을 자지 않아서는 안 되니, 반드시 밤에 잠을 푹 자고 난 뒤에야 정신이 맑아진다." 도를 배우려면 영양 상태가 좋아야 하며 충분한 휴식을 취해야 합니다. 그래야만 비로소 공부를 할 수 있습니다. 사람들이 저에게 묻곤 합니다. 폐관(閉關)을 하면 무얼 하느냐고요. 저는 잠만 잡니다. 먼저 방에 들어가서 칠팔 일 정도 실컷 잠을 자고 난 뒤 더 이상 졸리지 않으면 그때서야 앉아서 공부를 시작합니다. 특히 밤 열한 시 이후에

---

142 선원(禪院)에서 볼일이 있어 보름 정도의 여가를 청하는 것을 뜻한다.

는 반드시 수면을 취합니다. 푹 자고 난 뒤에야 비로소 정신이 납니다.

"하루는 내가 행랑에서 왔다 갔다 하고 있다가 갑자기 수(脩) 형을 만났다. 멀리서 보니 그는 한가하고 여유로워 뭔가 얻은 듯했다. 내가 앞으로 다가갔는데도 도리어 나에게 말을 건네는 것을 보고 그가 얻은 바가 있음을 알았다. 나는 그에게 지난해에는 그렇게 말을 붙이려 해도 왜 피하기만 했느냐고 물었다. 그가 말했다. '흠(欽) 형, 진정으로 도를 닦는 사람이라면 손톱 깎을 시간도 없는데 어찌 이야기할 시간이 있겠소?'【제대로 수행하자면 손톱 깎을 시간도 낭비하기가 아까운데 시간이 어디 있어 흠 형과 이야기를 나누겠소. 그래서 흠 형이 찾을 때 내가 사라진 것이오.】그는 이윽고 나에게 지금 하고 있는 것이 어떠냐고 물었다. 나는 그에게 처음부터 지금까지 상황을 죽 말한 후 마지막으로 지금은 혼침과 산란에 빠져 도무지 벗어날 수 없다고 말했다.【그에게 괴로움을 하소연했다.】그가 말했다. '그게 뭐 어려울 게 있겠소! 맹렬히 하지 않았기 때문이오. 방석을 좀 더 두껍게 깔고 허리를 곧추세워 등뼈 마디마디가 똑바로 이어지도록 하며 삼백육십 골절과 팔만사천 모공이 온통 하나의 무(無) 자가 되게 해 보시오. 이렇게만 한다면 혼침이니 산란이니 하는 것이 어찌 나타날 수 있겠소?'" 그는 한차례 설암흠을 나무랐습니다. 굳게 마음을 먹지 않았다는 것입니다. 마음을 단단히 먹고 방석을 잘 깔고는 등뼈를 곧추세워 삼백육십 골절 혼신의 힘을 다하라는 것이었습니다. '이렇게 해서 죽은들 어떤가. 이 몸을 바쳐 도를 구하겠다!' 하는 마음으로 온갖 것을 놓아 버리고 단지 무(無) 자 하나만 들고 계속해 나아가라는 것입니다. 혼침이니 산란이니 하는 것은 모두 돌아보지도 말고 오직 이렇게만 계속하라는 말입니다.

"나는 그의 말을 좇아 좀 더 두꺼운 방석을 찾아 깔고 허리를 곧추세워 마디 하나하나가 바르게 이어지도록 했으며 머리끝에서 발끝까지 삼백육십 골절을 모두 들어 마치 혼자서 만 명의 적을 상대하듯 온 힘을 다했으며, 힘이 흩어지면 다시 혼신의 힘을 다 끌어모았다. 이러는 사이 홀연 심신을 모두 잊어버렸는데【심신을 모두 알지 못하는 상태에 이르렀는데】, 눈앞에는 단지 은(銀)으로 된 산과 철벽 같은 것이 펼쳐질 뿐이었다.【눈앞에 한 조각 공이 열리니 바로 달마조사가 '마음이 벽과 같다'라고 말한 그것이다. 온통 텅 빈 듯한 하얀 모습이다.】 이 상태는 걸어 다닐 때나 앉아 있을 때에도 계속되었고, 이렇게 사흘 밤낮을 계속하여 눈을 붙일 수도 없었다.【사흘 동안 전혀 잠을 자지 못했다.】 사흘째 되던 날 오후, 절 문 근처에 앉아 있었는데 거기서 다시 수(脩) 형을 만났다. 그가 물었다. '여기서 뭐 해요?' 내가 말했다. '도 닦고 있지요.' 그가 말했다. '흠(欽) 형이 도라 하는 것은 어떤 것이오?' 나는 끝내 대답하지 못하고【이 물음에 대해 대답할 수 없었음】 마음이 혼란스러워져 선당에 돌아가서 좌선하려 했다. 후문에 이르자 다시 자신도 모르게 숙소로 들어서고 있었다.【같은 복건(福建) 출신인 이 친구의 한 방에 아주 비참하게 나가떨어져 버렸다.】 다른 수좌(首座)가 물었다. '흠 형, 도를 닦는 일은 어떻소?' 내가 대답했다. '들은 그대로 해도 제대로 되지가 않네요. 도무지 얻을 수가 없습니다.'【내가 많이 들으면 들을수록 공부는 제 길을 찾지 못하니 아는 것이 너무 많은가 봅니다.】 그가 다시 말했다. '단지 눈만 크게 뜨고 무슨 이치인지 살펴보시구려.'【여기서 말하는 눈이란 당연히 두 눈을 가리키는 것이 아님. 그의 눈은 이미 사흘 밤낮이나 감지 않았음.】 나는 이 한마디를 듣고 다시 몸을 추슬러 선당으로 좌선을 하러 갔다. 그런데 자리에 앉자마자 눈앞이 확 열리더니 마치 땅이 꺼지기라도 하는 듯했다. 그 광경은 세상에 있는 어떤 것으로도 비유할 수 없는, 이해할 수도 표현할 수도 없는 그런 것이었다." 이렇게 동에서도 한 방, 서에서도 한 방 얻어맞아 분발한 상태에서 선당으로 달려가 두 다리를 틀고 앉으니 한순간에 모든 것이 공이 되어 버렸습니다. 눈앞에 마치 대지가 가라앉아 버린 듯 대지도 하늘도 모두 사라져 버렸습니다. 이 경계는 세간의 어떤 현상으로도 비유할 수 없는 것입니다.

"나는 당시 기쁨에만 젖어 있지 않고 자리에서 곧 내려와 수(脩) 형을 만나러 갔다. 그는 경안(經案)에 있었다.【타좌를 하지 않고 경전을 읽고 있었다.】 그는 나를 보자마자 합장하며 말했다. '축하합니다. 축하합니다.'【전문가들은 경계에 도달하면 곧 알아본다. 도달하지 못하면 자연 말이 사람을 압도하지 못하고 외모에도 위엄이 없다. 일단 도달하면 기상(氣象)이 완전히 변한다.】 나는 그의 손을 꼭 쥐고 문 앞에 있는 버드나무 제방을 한바퀴 돌았다. 하늘을 쳐다보고 땅을 내려다보니 눈에 보이고 귀에 들리는 삼라만상이 지금까지는 싫어하고 버리고 싶었던 무명이니 번뇌니 혼침이니 산란이니 하는 것들이 원래 모두 묘하고 밝은 본래의 성품에서 우러나온 것임을 알았다."

이때서야 『능엄경』에서 말한, "색신과 밖으로는 산하와 허공, 대지가 모두 묘명 진심 가운데 있음을 모른다〔不知色身, 外洎山河虛空大地, 咸是妙明眞心中物〕"라는 말을 알았습니다. 일체는 현묘하고 밝은 진심(眞心)에서 자연스럽게 우러나온 것입니다. 보리와 번뇌는 모두 평등하지만 반드시 여기에 이르러서야 비로소 '보리가 곧 번뇌'임을 말할 수 있습니다. 보통 때라면 번뇌는 번뇌일 뿐입니다. 번뇌를 보리라고 한다면 사람을 속이는 것입니다.

지금까지 언급한 내용은 설암흠선사 자신이 제자에게 한 말로 당시의 수행 과정에 대해 이야기하고 있습니다. 이 부분은 있는 그대로 표현하고 있어서 아주 좋습니다. 그래서 서둘러 인쇄하여 대중들에게 법으로써 공양한 것입니다. 이것이 바로 행원입니다. 여러분은 이것을 귀하게 여기고 아껴야 합니다.

"이로부터 눈앞의 모든 것이 낱낱이 드러나 고요해졌으며, 대략 보름 동안이나 전혀 움직이는 형상이 없었다." 보름 정도를 온통 이 경계 속에서 움직이지 않고 있었던 것입니다. 이것은 명대(明代) 감산대사가 『조론(肇論)』의 「물불천론(物不遷論)」에서 말한 "태풍이 산악을 쓰러뜨린다(旋嵐偃岳)"라는 구절을 생각하다가 깨달음을 얻은 것과 같습니다. 어느 날 한밤중에 감산은 오줌이 몹시 마려워서 바깥에 나가 오줌을 누는데, '쏴!' 하는 오줌 소리를 듣고 그 자리에서 깨달았습니다. 어떤 깨달음에 이르렀을까요? 『조론』에서 승조법사(僧肇法師)가 말합니다. "태풍이 산악을 쓰러뜨려 항상 고요하고, 강물은 온통 다 쏟아져 흐르지 않는다(旋嵐偃岳而常靜, 江河競注而不流)." 선람(旋嵐)이란 태풍을 말합니다. 이 이치는 이미 움직임이 일어나지 않는 경계에 도달했다는 말과 같습니다. 여기서 조심할 것은 움직임이 일어나지 않는다는 대목입니다. 이것은 고요한 상태를 말하는 것일까요? 여기에도 문제가 있습니다.

　"애석한 일은 나를 깨우쳐 줄 높은 안목과 능력을 지닌 사람을 만나지 못했다는 것이다.【정말 애석하게도 당시에 고명한 선지식을 만나지 못했다. 선지식을 만났더라면 이 경계에 이르러 '할!' 하는 한 소리에 크게 깨칠 수 있었을 터인데, 자신이 운이 없다고 말할 수밖에 없다.】 이 속에 그냥 앉아 있어서는 안 되니【이 경계에서는 한번 정에 들어 계속 이를 유지해서는 안 된다】, 이것을 일러 견지를 벗어나지 못했다고 한다.【여기에 이르면 확실히 약간의 소식(消息)을 얻게 되어 선지식이 조금만 도와주어도 투철히 깨닫게 된다. 그러나 누가 그더러 선지식을 피하라고 했던가? 선지식인들 또 그를 어떻게 할 수 있겠나? 스스로 그것이 도라 생각하는데, 죽은 쥐를 보배라 생각하는데 무슨 방법이 있겠나! 스스로 자신을 해치면서 계속 앉아만 있으니 견지를 벗어나지 못한 것이다.】 바른 지견(知見)에 장애가 생긴 것이다.【이 부분을 주의해야 한다. 이후 선지식이 주변에 없다면 이 책을 바로 선지식으로 삼아야 한다. 이때에는 단지 그냥 고요함을 지키기만 하면 된다. 바로 『법화경』에서 말한, '대통지승불은 십겁록을 도량에 앉아 있었지만 불법이 드러나지 않아 성불할 수 없었다〔大通智勝佛, 十劫坐道場, 佛法不現前, 不能成佛道〕'라는 것과 같다. 바로 이런 이치이다. 밀종이나 도가, 또는 선을 배우는 많은 사람들이 이 경계에 이르러서는 산 채로 파묻히고 만다. 하물며 우리같이 아직 이 경계에도 이르지 못한 사람은 어떻겠나? 설암흠선사는 여기에 이르러서야 비로소 후회가 되었다. 그렇지만 그가 누구인가? 일세를 풍미했던 뛰어난 대사가 아닌가? 매일 밤 잠을 잘 때에는 꿈도 꾸지 않고 생각도 하지 않으며 보이지도 들리지도 않으니 이 역시 두 개의 말뚝을 박아 놓은 것이다. 이 경계는 좋은 것이지만 잠이 들면 사라지고 깨어나서 노력하면 다시 나타나니 어찌 두 개의 말뚝이 아니겠나? 꿈도 꾸지 않고 생각도 하지 않을 때 주인공은 어디에 있을까? 이 경계는 왜 사라져 버릴까?〕옛사람들은 '꿈과 생시가 하나같다〔寤寐一如〕'라고 했는데 이 말조차 꿰뚫어 보지 못했다.【옛사람들은 꿈과 생시가 모두 같은 것이라 했으나 자신은 여기에 이르지 못해 꿈은 꿈일 뿐 깨어나서야 비로소 이 경계가 나타난다.】'눈이 만약 잠들지 않으면 온갖 꿈은 절로 사라지고, 마음이 만약 다르지 않다면 만법은 하나이다〔眼若不睡, 諸夢自除, 心若不異, 萬法一如〕'【이것은 선종 삼조(三祖)의 『신심명(信心銘)』에 있는 네 구절임】라는 설도 제대로 이해하지 못했다.【그는 말한다. 나는 이 네 구절의 이치에 따라 잠도 자지 않고 억지로 공부해 왔으니 옛 조사의 말을 잘못 해석한 것이다.】무릇 옛사람의 공안 중 뜻을 되짚어 볼 수 있는 것이라면 모두 이해할 수 있으나【옛사람의 공안 중 이치로써 해석할 수 있는 것은 내가 하나도 남김 없이 다 이해했으나】뜻을 따라갈 수 없는 것, 예를 들면 '은산철벽(銀山鐵壁)' 같은 것은 도무지 알 수 없었다.【『지월록』이나 『경덕전등록(景德傳燈錄)』 등의 책을 펴 보면 뜻이 통하지 않는 공안들은 도무지 알 수 없으니 이러고도 어떻게 깨달았다 하겠는가! 그는 대지혜를 지녔기에 이처럼 스스로 경각심을 가지게 된 것이다. 그는 말한다. 도를 깨달았다면 통하지 못하는 것이 없어야 하는데 어찌 이런 것들도 이해할 수 없는가!】비록 무준선사(無準禪師) 밑에서 오래 있었으나 매번 주인공을 들어 가르칠 때면 도약하는 듯했어도 가르치지도 않고 코를 비틀어 대는 것이나 불조(佛祖)의 핵심적인 것에 대해서는 알아들을 수가 없었다. 어떤 때에는 법좌(法座)에서 이것저것 말하기도 했지만 한마디도 마음에 와 닿지를 않았다."

그는 말합니다. 나는 당시 무준스님 밑에서 오랫동안 참선을 배웠는데, 그가 매번 주인공 공안을 들 때마다 나는 알아들은 듯했다. 노스님은 이렇게 말했다. '자네가 이것을 이해한다면 한 걸음 더 나아갈 거야. 도약할 거야. 그러나 자네가 비록 이 이치를 이해했다 해도 조사들이나 불조의 진정으로 뛰어난 부분은 아직 이해하지 못해. 깨닫지 못해.' 어떤 때에 노스님은 법좌에서 이것저것을 말하곤 했지만 한마디도 내 마음에 와 닿지 않았다는 말입니다.

"다시 불경과 고어(古語)를 처음에서부터 찾기 시작했는데【다른 방법이 없어서 법본(法本)인 불경에서 찾을 수밖에 없었는데】, 나를 이 병으로부터 구해 줄 만한 것은 어느 한 구절도 없었다." 어느 것도 자신의 문제, 즉 '꿈도 꾸지 않고 생각도 하지 않을 때 주인공은 어디에 있는가?'라는 문제를 풀어 줄 수 없었습니다. 요즘 사람이라면 이렇게 말할지도 모르겠습니다. 꿈도 꾸지 않고 생각도 하지 않을 때라면 꿈도 꾸지 않고 생각도 하지 않는 바로 그 속에 있다고요. 그렇지만 어찌 그리 간단하겠습니까? 이럴 때에 주인공을 찾을 수 없다면 안 됩니다. 이는 깨달았다고 할 수 없습니다.

"이렇게 가슴속에 근 십 년이나 쌓아 두고 있었다." 이 한 가지 문제를 마음으로 참구했으나 해결하지 못했습니다. 그렇지만 여전히 수행에 전념하여 바로 그 문제에 오로지 마음을 쏟았습니다. 그러고는 십여 년이 지났는데도 아직도 마음속에 뿌리 깊게 남아 있었습니다.

"후에 충석량(忠石梁)과 함께 절강(浙江)을 건너 동쪽으로 가서 천목산(天目山)에 머물게 되었다. 하루는 불전(佛殿) 앞에서 한가로이 거닐며 이것저것을 생각하고 있는데 홀연 눈을 들어 보니 오래된 잣나무 한 그루가 눈에 들어왔다. 그러면서 지금까지 얻었던 경계가 일시에 사라지며 마음속에 엉겨 있던 것도 눈 녹듯 사라져 버렸다. 마치 암실에서 나와서 밝은 태양 아래를 한 바퀴 걷고 있는 듯했다." 이렇게 해서 그는 깨달았습니다. 이 문제를 가지고 십여 년이나 끙끙대다가 한 도우(道友)와 함께 천목산에 머물게 되었는데, 하루는 불전 앞을 걸어가다가 홀연 눈을 들어 한 그루 잣나무를 쳐다보고서 그 자리에서 깨달았습니다. 이전에는 마음속에서 그렇게 해결되지 않던 것이 일시에 풀리면서 답답하던 가슴이 확 트였습니다. 마치 캄캄한 방 안에서 십 년이나 고민하다가 돌연 문을 열어젖히고 하늘을 바라보는 듯했습니다. 이것이 바로 그의 경계였습니다.

"이로부터 삶을 의심하지 않았고, 죽음을 의심하지 않았으며, 부처를 의심하지 않았고, 조사들을 의심하지 않았다. 그리고 경산(徑山)의 노인네가 서 있던 곳을 비로소 볼 수 있게 되었다.【그때서야 항주 경산의 그 사부가 진정으로 도를 깨쳤음을 알게 되었다.】 장장 삼십 년이나 걸렸으니 큰 역량과 근기를 지닌 사람이었다면 어떻게 그리도 많은 곡절을 겪었겠는가?【그는 말한다. 자신이 너무 어리석었기에 삼십 년이나 지나서야 비로소 깨칠 수 있었으니, 근기가 좋은 사람이었다면 어찌 이렇게 고초를 겪었겠는가?】 덕산(德山)은 용담(龍潭)이 촛불을 불어 끄는 것을 보고는【덕산스님이 용담을 만났는데, 용담스님이 저녁에 양초 한 자루를 가져오더니 혹 불어 불을 끄자 덕산이 바로 깨달았다. 얼마나 빠른가!】 말했다. '온갖 현묘한 변론들은 마치 우주 가운데 던져진 한 오라기 털과 같고, 세상의 온갖 핵심 지위들은 거대한 폭포에 던져진 한 방울의 물과 같도다(窮諸玄辯,

若一毫置于太虛, 竭世樞机, 似一滴投于巨壑〕.【덕산스님이 도를 깨친 후 한 말임.】이때부터 막대기 하나를 들고는 대단한 기세로 '어떻게 네가 근방에라도 갔겠어!' 하며 몰아세웠다.【덕산스님은 깨달은 후 막대기를 들고 사람을 때리면서 '어떻게 네 근처에 있겠어?' 하며 몰아세웠다.】수료(水潦)스님은 마조(馬祖)에게 발을 밟히고는 이렇게 말했다. '온갖 법문과 헤아릴 수 없이 많은 묘의는 모두 한 오라기 털끝이 그 근원이다〔百千法門, 無量妙義, 盡向一毛頭上識得根源〕.' 고정(高亭)은 덕산이 손을 흔드는 것을 보고는 이내 달려가 버렸으니, 그대 후배들이 이 일에 참여하여 좇아가고자 하거든 모름지기 이런 품격과 기개를 지녀야만 한다."

이들은 모두 옛사람의 공안입니다. 고정스님이 덕산스님에게 도를 물으러 갔는데 덕산이 마침 문 앞에 서 있었습니다. 덕산이 보니 날이 막 어두워지려 하는데 멀리서 스님 한 명이 걸어오고 있었습니다. 그래서 손을 한번 흔들었더니 고정스님이 머리를 돌려 달아나 버렸습니다. 덕산이 손을 한번 흔드는 사이에 고정이 깨닫고는 가 버린 것입니다. 옛사람들은 이처럼 영리했습니다. 여러분 젊은 후배들은 도를 배우고자 한다면 옛사람들의 이런 기백과 근기가 있어야 비로소 가능합니다.

"내가 말한 것을 그대로 고지식하게 기억하려 하면 평생을 그르치게 된다.【내가 한 말을 듣고서 다시 이를 기억하려 한다면 거기에 중독되어 평생을 그르칠 수 있다. 그렇긴 해도 나는 내가 출가해서 수도한 과정을 모두 너희들에게 들려주려 한다.】이 때문에 대선사들은 그들이 행한 바나 깨달은 견지를 잘 말하려 하지 않았다. 사실 그대로 말한다면 사람과 상황이 달라 소화할 수가 없다.【왜 옛 성현들이 자신의 수행 과정을 말하려 하지 않았겠는가? 내가 오늘 그대들에게 말한 것처럼 이후 그대들이 모두 내가 했던 방법을 따라 수행해서는 안 된다고 생각하기 때문이다. 나는 단지 내가 걸어왔던 우직한 길을 그대들에게 들려주고 싶을 뿐이다. 그러니 이걸 따라 수행할 생각은 마라.】옳은 것은 확실히 옳은 것이나 큰 역량을 지닌 자도 있고 그 뿌리가 오래된 자도 있으니, 이들은 기존의 길을 따르지 않아 그 길을 말할 수 없다. 또 일찍이 전혀 공부를 하지 않아서 말을 해도 알아듣지 못하는 자도 있으, 또 어리석은 자도 있어 말을 해 놓아도 스스로 믿지를 못한다.【사람의 근기는 같지 않다. 어떤 사람은 최상의 근기를 지녀서 평상시에 불법을 배우지 않아도 한번 듣고는 곧 깨치며, 어떤 사람은 전혀 공부를 하지 않아서 알아듣기는 해도 이를 확대시키지 못하며, 또 어떤 사람은 얼치기 같아서 말을 해 놓아도 스스로 믿지 못한다.】유사한 부분도 있고 차이가 나는 것도 있지만 실천의 영역으로 말하자면 마치 사람이 길을 가는 것과도 같다. 1리, 2리를 간 사람은 단지 1리, 2리의 이야기를 하고 천 리, 만 리를 간 사람은 천 리, 만 리의 이야기를 할 수 있다. 그대들은 모름지기 각자의 밝은 눈을 갖추어 근기에 맞게 시작하라. 이렇게 하지 않는다면 불조(佛祖)의 배 속에서 나왔다고 하더라도 역시 아무 이익이 없을 것이다."

이 구절에서 우리는 원명(元明) 이후 선종에서 공부했던 공안에 대해 알 수 있습니다. 석성금이 골라 놓은 공안은 꽤 볼 만한 것으로서, 그렇게 고명하지는 못해도 대단히 평이하고 소박합니다.

고봉묘선사의 공안

다음으로는 고봉묘선사의 공안입니다. 시기적으로는 라마교가 중국에 들어오면서 선종이 사라져 가던 원조(元朝)입니다. 고봉묘는 원의 황제가 자신을 부르리라는 것을 알고 일찌감치 몸을 피해 항주의 천목산에 이르러 '폐사관(閉死關)'을 선포했습니다. 살아서는 산을 내려가지 않겠다는 뜻입니다. 그 역시 잠을 자지 않고 수행했습니다. 그러나 그렇게 수행했어도 마지막 숨을 거둘 때에는 위장에 문제가 생겨서 죽었습니다. 선종에서 최고로 치는 것은 법신을 인식하는 것이지만 보신과 화신의 성취 여부에 있어서는 커다란 문제가 있습니다. 그렇지만 법신의 성취 과정을 거치지 않으면 견지가 뚜렷하지 못하여 역시 수행을 말할 수 없습니다. 이 때문에 오조가 육조에게 말했습니다. "본성을 보지 못하면 수행해 봐야 무익하다〔不見本性, 修法無益〕." 그들은 모두 본성을 보았습니다. 설암흠이 말한 것은 법신을 보는 이치로, 공부를 시작해서 열심히 노력해 가는 이치에 대해 아주 철저히 빠짐없이 설명하고 있습니다. 그렇지만 보신과 화신에 대한 것은 그 속에 포함되어 있지 않습니다.

다음은 고봉묘선사의 공안입니다.

"선사는 20세 때 정자사에서 출가하여 3년간 죽기로 선을 배웠는데, 하루는 아버지와 형이 찾아왔는데도 전혀 본 체도 하지 않았다.【20세에 출가하여 열심히 선을 배웠으며 아버지와 형이 찾아와도 돌아보지 않았다.】22세 때는 단교륜(斷橋倫)에게 가르침을 청했는데, 단교륜은 그에게 '삶은 어디에서 오며 죽음은 어디로 가는가〔生從何來, 死從何去〕'라는 화두를 내렸다. 이로부터 자리에 기대지도 않았고 말도 몸도 모두 잊어버렸다. 화장실에서 바지를 올리지 않고 나오기도 했으며 궤짝을 열고는 닫는 것을 잊어버리기도 했다.【22세에 단교륜선사를 찾아뵈었는데, 선사는 그에게 밤낮을 가리지 않고 자지도 쉬지도 말고 화두를 들고 있으라고 했다.】당시 같이 수행하던 승려들이 탄식하며 말하기를, '나는 이미 틀렸으니 차라리 아침저녁으로 저 친구나 열심히 도와서 성불하게 하는 것이 낫겠다'고 했다.【당시 같이 수행하던 동료들이 그의 용맹 정진에 감동하여 그를 돌보기를 자원했다.】당시 설암흠선사가 북간탑(北磵塔)에 머물고 있어 흔쾌히 향을 품고는 방문을 두드렸다. 문이 열리자마자 황급히 서둘다가 퇴짜를 맞고, 다음에 찾아가서야 가까워지기 시작했다. 설암흠선사는 그에게 '무(無)' 자 화두를 들게 했는데, 이로부터 무 자를 들고 나날을 보냈다.【설암흠을 찾아가서 입을 열자마자 바로 쫓겨났는데, 그렇게 몇 차례 찾아간 후 비로소 그에게 무 자 화두를 들게 했다.】설암흠선사가 하루는 돌연 '너에게 죽은 시체를 끌어다 준 자가 누구냐?' 하고 물었다. 대답도 떨어지기 전에 막대기로 내리쳤다. 틈만 나면 이랬지만 선사는 더욱 경건히 대했다.【설암흠선사는 갑자기 그에게 죽은 시체를 끌고 온 자가 누구냐고 물었다. 대답을 못 하고 머뭇거리자 곧 그를 내리쳤으며 매번 이런 식이었다. 그렇지만 그는 도리어 더욱 열심이었다.】설암흠선사가 남명(南明)으로 가서 머무는 사이 고봉묘선사는 선당에서 보름 정도 좌선을 했다. 그런데 우연히 꿈속에서 단교륜선사가 제시했던 '만법이 하나로 돌아가니 하나로 돌아가는 곳이 어디냐?'라는 화두가 떠올랐다. 갑자기 의혹이 생겨 사흘 동안이나 눈을 감지 못했다. 하루는 소림(少林)의 기일(忌日)【달마조사의 탄신일】이었다. 스님들과 함께 세 탑에 예배드리고 독경을 하는데 머리를 들어 보니 홀연 오조연스님이 분명한 목소리로 이렇게 칭찬하는 것이었다. '백 년 삼만육천 아침을 반복하는 자가 원래 이자였구나.'【반복을 거듭한 것이 원래 이자였구나.】그러고는 죽은 시체를 끌어오는 자에 대한 화두가 풀렸다.【깨달았다!】그때 그의 나이 24세였다! 하안거가 끝나고 나서 남명으로 찾아뵈었는데【설암흠스님을 만나뵈러 갔는데】선사는 만나자마자 대뜸 물었다. '당신하고 죽은 시체를 여기까지 끌고 온 자가 누구입니까?' 고봉묘가 크게 소리치니 선사가 막대기를 집어들었다.【노스님은 고봉묘가 소리를 지르는 것을 보고는 손에 막대기를 들고서 내리치려 했다.】고봉묘가 가로막으며 말했다. '오늘은 저를 때려서는 안 됩니다.'【오늘은 저를 때릴 수 없습니다. 사람을 잘못 때리는 것입니다!】선사가 말했다. '왜 때릴 수 없다는 건가? 고봉묘는 소매를 떨치며 나가 버렸다.【바로 이렇게 설암흠에게 대답했다. 달리 말해 그가 깨달았음을 표시한 것이다.】 다음 날 선사가 물었다. '만법이 하나로 돌아가니 하나로 돌아가는 곳이 어디냐?' 고봉묘가 대답했다. '개가 뜨거운 솥을 핥습니다.'【이 문제는 개가 뜨거운 솥을 핥는 것과도 같다. 혀를 쭉 뽑아 내고서 침을 흘리며 솥 안의 기름진 음식을 핥아 보려 하지만 너무 뜨거워서 핥을 수가 없고 너무 향기로워서 그냥 갈 수도 없다는 것이다.】 선사가 말했다. '너 어디서 그런 거짓말을 배워 왔느냐?' 고봉묘가 말했다. '바로 스님이 의심을 일으키게 하려고요.'【사부를 나무라면서 말하기를 바로 스님이 저에 대해 의심을 품게 하려고요.】 선사는 휴식을 취하러 갔다.【노스님은 그의 말에 개의치 않았다.】 이로부터 예봉(銳鋒)을 허락하지 않았다."

　　"다음 해 강심(江心)에서 여름을 지냈는데【강심사(江心寺)에 도착함】, 하루는 선사가 물었다. '낮에 훤히 밝을 때 주인이 될 수 있는가?' 고봉묘가 말했다. '주인이 될 수 있습니다.' 또 물었다. '꿈속에서도 주인이 될 수 있는가?' 고봉묘가 말했다. '주인이 될 수 있습니다.' 또 물었다. '잠을 자면서 꿈도 꾸지 않고 생각도 하지 않으며 보이지도 들리지도 않을 때 주인은 어디에 있는가?' 고봉묘가 대답하지 못했다.【대화가 끝나자 번민에 휩싸였다. 주인이 될 수 없었던 것이다. 낮에 깨어 있을 때에는 마음이 움직이는 곳을 알 수 있었다. 화가 치밀어 오를 때면 '어, 안 되지. 진심(瞋心)이 아닌가!' 하며 떨쳐 버릴 수 있었다. 비록 몹시 고통스럽다 해도 끝내 주인일 수 있었다. 꿈을 꿀 때에도 역시 주인이 될 수 있었으니 훌륭했다. 그렇지만 꿈도 꾸지 않고 생각도 하지 않을 때에는 어떤가 하는 사부의 이 물음에 말문이 막혀 버렸다. 고봉묘는 스스로 깨달았다고 생각했다. 그래서 사부가 막대기를 들고 때리려 하자 그는 사부의 막대기를 붙들며 머리를 꼿꼿이 세우고 저항했다. 그만큼 자신이 있었던 것이다. 그러나 지금은 아무 말도 할 수가 없었다.】 설암흠이 당부하여 말했다. '오늘부터는 불법을 배울 필요도 없고 고금을 살펴볼 필요도 없다. 단지 배고프거든 밥 먹고 피곤하거든 잠자며 잠에서 깨어나 정신이 맑아지거든 주인공이 어디에서 안신입명(安身立命)하는지 깨달아 보아라.'【노스님은 자비롭게도 이전에 그에게 했던 방법이 더 이상 필요 없음을 알고는 이제 가볍고 구체적인 말로 그에게 말했다.】 병인년 겨울, 마침내 뜻을 세워 용수(龍鬚)에서 입정에 들면서 스스로 맹세했다. '일생을 바보같이 살지 않겠다. 결단코 이것을 밝혀 내고야 말겠다.'"

이 부분을 깨닫지 못했다고요? 좋습니다. 이제 병원으로 가서 산소호흡기를 떼어 내고 마지막 숨을 몰아쉴 때 여러분은 어디에서 안신입명하고 있을까요? 그래도 모르겠다고요? 이 부분을 깨닫지 못한다면 헛 배운 것입니다! 낮에 아미타불을 외다가 다른 사람과 부딪쳐도 '아미타불!'이라고 합니다. 얼마나 좋습니까? 다른 사람이 밀어도 역시 '아미타불!' 하며 화를 내지 않습니다. 그러나 밤에 꿈을 꿀 때에는 '아미타불!' 하지 않고 '제기랄!' 하며 투덜댑니다. 꿈에 이렇게 화를 내면 탐진치가 모두 이어서 나옵니다. 꿈속에서는 주인이 될 수 있다 하더라도 꿈도 꾸지 않고 생각도 하지 않을 때에는 여러분은 어디에 있을까요? 주인이 될 수 없다면 불법을 헛 배운 것입니다. 노스님의 이 말은 조용하고도 부드럽습니다. 어쩌면 이렇게 자비로울까요? 그 자신도 이런 과정을 거친 사람입니다. '우리가 어떻게 잠이 들고 어떻게 깨어나는가?' 하는 것을 연구해 보아야 합니다. 자신이 어떻게 잠이 드는지 안다고 한다면 그때 여러분은 분명히 잠을 자지 않은 것입니다. 자신이 어떻게 깨어나는지 안다고 한다면 그때 여러분은 분명히 벌써 깨어나 있는 것입니다. 이것은 과학의 문제이기도 합니다. 이 부분을 뚜렷이 알아야만 비로소 '삶은 어디에서 오며 죽음은 어디로 가는가'에 대해 알 수 있고, 그런 뒤에야 육도윤회를 자신의 뜻에 따라 자유

롭게 할 수 있습니다. 삼계 육도를 임의로 출입하며 능력만 있다면 지옥에
놀러 가도 상관없습니다. 이 때문에 고봉묘는 뜻을 세우고 마음을 다잡아
가며 이것을 분명히 하겠다고 결정한 것입니다.

"같이 자던 친구가 베개를 바닥에 떨어뜨려 소리가 나자 활연대오했다."
베개가 바닥으로 떨어져 '퍽!' 하며 소리가 나자 그는 대철대오하여 비로
소 꿈도 꾸지 않고 생각도 하지 않을 때에는 주인공이 어디에 있는지 알게
되었습니다. 주인공이 베개 속에 있었을까요? 여러분도 돌아가거든 한번
해 보십시오.

"스스로 이르기를, 마치 사주(泗州)에서 위대한 성인을 만나고 고향으로
돌아간 나그네와 같다고 했다. 원래는 이전의 그 사람이나 행하는 것은 이
전의 그 사람이 아니었다.【나는 여전히 나이지만 예전의 내가 아니다. 완
전히 다르니 생각하는 것이나 행동하는 것이 모두 같지 않다.】용수에 구
년간 머물면서 나뭇가지를 얽어 집을 만들었으니 바람도 들고 햇살도 뜨
거웠다. 겨울이든 여름이든 오직 옷 한 벌로 버텼으며 난로도 부채도 없었
다. 날마다 소나무 잎을 찧어 죽을 쑤어서 목숨을 이어 가고 있었다. 폭설
이 내려 오두막을 덮어 버리고 그렇게 십여 일간이나 길이 막혔을 때 모두
들 그가 죽었다고 말했다. 이윽고 길이 뚫려 가서 보니 단정히 앉아 입정
에 들어 있었다."

이것이 고봉묘선사의 공안입니다. 선(禪)을 공부하는 사람은 앞에서 제
시했던 다섯 가지 중점에 유의해야 합니다. 이들은 모두 선 공부와 관계가
있으며 또 아주 중요합니다. 요즘은 많은 사람들이 선을 말하기를 좋아합
니다. 그러나 선종은 말로 하는 것이 아니라 수행으로 하는 것입니다. 모
두 여기에서부터 시작해야 합니다. 마조(馬祖)가 한마디 말에 돈오한 것은
확실하지만 이는 그가 남악(南岳) 형산(衡山)에서 몇 년간 타좌를 했던 기

초 위에서 나온 것입니다. 요즘 사람들은 두 다리조차도 항복시키지 못하니 어떻게 그 마음을 항복시킬 수 있겠습니까? 고봉묘선사의 공안은 바로 참선을 말한 것으로 공부해서 정(定)을 닦는 진정한 모범입니다. 그러나 제가 솔직히 결론을 내리자면 법신에 대해서는 마무리를 지었다고 할 수 있으나 보신과 화신에 있어서는 아직 문제가 있습니다. 이런 까닭에 중국의 어떤 학자는 선종이 소승의 길을 따라가기 쉽다고 말합니다. 이때의 소승은 결코 '행(行)' 상의 소승이 아니라 견지와 수증, 행문을 포괄하는 뜻으로, 이들 모두가 소승의 길로 가기 쉽다는 것입니다. 보신과 화신을 원만히 성취하기는 쉽지 않습니다. 고봉묘선사의 이런 고행과 굳은 의지는 당시의 많은 고승들과 마찬가지로 나라가 망한 뒤에 행해진 것이라는 점에서 더욱 돋보입니다. 그는 자신의 이름이 알려지자 원조(元朝)에서 반드시 자신을 초청하리라는 것을 알고 재빨리 몸을 숨겼습니다. 그의 제자 중 아주 유명한 중봉선사(中峰禪師) 역시 그의 명을 받아들여 원의 국사(國師)가 되지 않았습니다. 황제가 청했지만 끝내 가지 않고 역시 몸을 숨겨 버렸습니다. 명조(明朝) 이후에야 이 계열의 대사들이 비로소 세상에 나왔으니 이것 역시 역사적으로, 문화적으로, 그리고 불교의 역사에 있어서 또 다른 하나의 공안입니다. 단지 그 정신과 품격만을 보더라도 한결같이 뛰어난 인물들로서 우리가 미칠 바가 아닙니다. 그들은 나뭇가지로 얼기설기 엮은 집에서 살면서 평소에는 솔잎 가루만 먹었습니다. 죽지 않은 것만 해도 대단한 일입니다. 폭설이 쏟아져 오두막을 덮어 버리자 십여 일간 도로가 막히고 먹을 수도 없었습니다. 사람들은 그가 죽었다고 생각했습니다. 그러나 십여 일이 지난 뒤 눈이 그쳤을 때 달려가서 보니 그는 여전히 입정에 들어 있었습니다. 얼마나 대단합니까! 그래서 한마디에 돈오했다고 말하는 것입니다. 돈오할 수 있는 것은 옛사람이지 우리가 아닙니다.

정의 경계에 드는 대치법문

이제 계속해서 『유가사지론』권 13 「본지분중삼마희다지(本地分中三摩呬多地)」제6의 3을 살펴보도록 합시다.

여기서는 정(定)을 닦는 것에 대해 이렇게 말합니다.

다음으로, 세존께서 말씀하셨듯이 정려를 닦는 것은 등지선교도 있고 혹은 비등지선교도 있다(復次, 如世尊言, 修靜慮者, 或有等持善巧, 非等持善巧).

이것은 미륵보살이 한 말로서 이를 기록한 것은 당연히 무착보살입니다.

정려(靜慮)를 닦는 사람은 정(定)과 혜(慧)를 같이 닦아야 하는데, 현대의 수행법으로 말하자면 선종과 밀종, 혹은 선종과 정토종, 혹은 지관과 염불을 동시에 닦아야 한다는 뜻입니다. 이것이 바로 여러 종파를 동시에 닦는 '등지선교(等持善巧)'이고, '비등지선교(非等持善巧)'는 전문적으로 하나의 길로 나아가는 것입니다.

자세한 설명은 경전의 올타남송과 같다. 무엇을 등지선교라 하는가? 말하자면 공 등 세 삼마지에서 선교를 얻기 때문이다(廣說如經, 嗢柁南頌. 云何等持善巧? 謂於空等三三摩地, 得善巧故).

이른바 등지(等持)란 진정으로 공을 증득하는 것으로서, 진정한 성공(性空)의 경계를 증득하는 것을 말합니다. 어떤 것은 진정한 공이지만 어떤 것은 진정한 공이 아닙니다. 설암흠선사가 말한 것처럼 생각을 억누른 것은 보기에는 공인 듯하지만 진정한 공이 아닙니다. 제육식을 억누른 것은 진정한 공이 아닙니다.

무엇을 비등지선교라 하는가? 말하자면 승처와 변처, 멸진 등지에 선교하지 않기 때문이다〔云何非等持善巧? 謂於勝處, 遍處, 滅盡等至不善巧故〕.

승처(勝處)란 가장 좋은 경계를 가리키며, 변처(遍處)는 공의 경계에 치우쳐 원만하지 못한 것입니다. 선교(善巧)란 방편이라는 뜻입니다. 여기서는 그 경계에 진입하고자 하면 바로 그 순간에 들어가야 한다는 말로, 눈먼 고양이 죽은 쥐 잡듯 하는 것이 아니라는 뜻입니다.

무엇을 등지선교라 하는가? 무엇을 비등지선교라 하는가? 십 종의 변처 등지와 무상등지에서 이른다〔云何等持善巧? 非等持善巧? 謂於十種遍處等至, 及無想等至〕.

무엇이 머무는 것인가? 말하자면 모든 삼마지에 능히 들어가서 여러 행과 상의 모습을 잘 취하고, 그것을 잘 취하기 때문에 그 바라는 바에 따라서 능히 정에 머물고 삼마지에서 다시 물러남이 없으니, 이와 같이 정에 머물러 있는 것과 물러남이 없는 것, 이 둘을 모두 머무른다고 한다〔云何爲住? 謂善取能入諸三摩地, 諸行狀相, 善取彼故, 隨其所欲, 能住於定. 於三摩地無復退失, 如是若住於定, 若不退失, 二俱名住〕.

무엇을 머무름의 경계라 할까요? 무엇을 입정(入定)이라 하며 주정(住定)과 출정(出定)이란 무엇일까요? 앞 단락에서 어떻게 정의 경계에 들어가는지에 대해 말했는데, 정의 경계에 진입한 후에는 어떻게 하면 그 경계에 머무를 수 있을까요? 지식(知識)의 이론적인 측면에 대해서도 뚜렷이 해야만 합니다. 그래야만 정의 심리 행위인 행(行)과 현상으로 드러난 정의 경계인 상(狀)에 들어설 수 있습니다.

"그것을 잘 취하기 때문에〔善取彼故〕." 정에 들거나 정에 머무는 것도 상(相)에 집착한 것임은 틀림없습니다. 그러나 이것은 범부가 집착하는 상이 아니라 정의 경계상에서 머무는 그런 착상(著相)입니다. 여러분이 일단 정에 들면 당연히 상에 머물게 되는데, 이는 그것을 잘 취하기 때문에 원하는 바에 따라 정에 머무는 것입니다. 여러분이 어떤 정의 경계를 더 좋아하는지를 보아서 바로 그 경계에 머물게 되는데, 여기서 좋아한다는 것은 번뇌나 망상에 속하는 것이 아니라 현재 우리가 무엇을 필요로 하는지를 살핀다는 뜻입니다.

예를 들어 오늘은 유달리 망상과 잡념이 많다고 합시다. 설암흠선사가 말했듯 산란하기도 하고 혼침에 빠져들기도 합니다. 이럴 때 어떤 선교(善巧), 즉 어떤 방법을 사용해야 산란과 혼침을 떨쳐 낼 수 있는지에 대해 알고 있어야 합니다. 여기에는 말하자면 정기신(精氣神)의 세 가지 유형이 있는데, 이 세 가지는 각기 다른 것으로 그중 과연 어떤 유형인지를 찾아내어야 합니다. 오늘 유난히도 산란하고 번뇌가 뒤끓는다면 혹 이것이 생리적인 원인에서 온 것이 아닌지 살펴야 합니다. 예를 들면 여성은 모두 주기적인 현상을 겪는데 어떤 방법을 사용해야 번뇌를 없애고 편안한 경계에 들 수 있는지를 알고 있어야 합니다. 사실 남성 역시 이런 주기가 있으나 알기 쉽지 않을 뿐입니다.

또 예를 들면 무엇을 잘못 먹거나 혹은 기맥이 잘 통하지 않으면 짜증이 나거나 몹시도 화가 치밀어서 스스로 죽어 버리지 못하는 것이 한스러워지기도 합니다. 이런 까닭에 어떤 사람은 타좌를 하다가 주화입마에 들기도 하는 것입니다. 주화입마란 바로 이와 유사한 상황입니다.

어떤 종류의 방법이나 선교로써 조치를 취하여 정의 경계에 들어 머물 수 있게 했다면 그것을 대치법문(對治法門)이라 합니다. 그러므로 수행에는 팔괘단(八卦丹)이니 만금유(萬金油)니 하는 아무 데다 다 듣는 만병통치

약은 없습니다. 어떤 때에는 '정(精)'의 문제로서 생리상의 영양 과잉이나 부족에서 기인한 폐단을 포괄합니다. 어떤 때에는 '기(氣)'의 문제로서 이른바 기맥이 제대로 조절되었는지 아닌지 하는 것 등입니다. 중행기(中行氣), 상행기(上行氣), 하행기(下行氣), 좌우행기(左右行氣) 등의 조절이 제대로 되지 못하면 그 영향이 심장, 간장, 비장, 폐장, 신장에 미쳐 문제가 생깁니다. 어떤 때에는 심리적인 문제로서 바로 '신(神)'입니다. 심리적인 타격을 받으면 심경이 몹시 침체되는데, 침체는 바로 큰 번뇌입니다. 이들을 모두 잘 조절할 수 있어야 합니다. 만약 조절을 잘하지 못한다면 날마다 공부해도 한 걸음 한 걸음이 모두 가시밭길이요 아무 소용이 없습니다. 모두가 뒤집힌 차를 모는 것입니다.

제22강

삼신의 성취

질문에 대한 대답은 이렇습니다.

명심견성은 법신(法身)을 보는 것이요, 수행이 육통구족(六通具足)·삼신사지(三身四智)·삼십이상(三十二相)·팔십종호(八十種好)에 이른 것은 보신(報身)의 원만함이며, 천백만억의 화신(化身)에 이른 것이 바로 화신의 성취입니다.

선종의 많은 스승들은 법신을 보았지만 보신의 성취는 얻지 못했습니다. 인도의 과거 스물여덟 명의 조사들과 중국의 오조와 육조 이전에는 삼신(三身)을 성취한 사람이 있었으나 육조 이후에는 대단히 적습니다. 앞에서 규기대사의 전생에 대해 언급했는데, 그것은 법신이나 보신 또는 화신과는 아무런 관계가 없습니다. 보통 정(定)을 얻은 사람이라면 모두 음신(陰神)을 드러낼 수 있습니다만 음신은 법신이 아닙니다. 음신은 아직까지는 망념과 업력의 경계 속에 머뭅니다. 사선도 음신을 드러낼 수 있지만 초선 또한 음신을 드러낼 수 있습니다.

아라한은 열쇠 구멍으로도 출입할 수 있지만 이것은 신통으로서 법신이나 보신 또는 화신과는 관계가 없습니다. 밀륵일파존자(密勒日巴尊者)[143]는 삼신을 성취했을까요? 선사께서는 대답하지 않았습니다. 이런 활불도 여전히 대아라한의 경계에 머물러 있으며, 독각승일 뿐 대보살의 경계에 이르지는 못했습니다.

명심견성하여 도를 깨친 사람이 얻는 것은 근본지(根本智)이지만 차별지(差別智)[144]일 수도 있습니다. 자성을 볼 수 있다면 자성을 활용하여 일체의 공덕을 원만히 성취할 수 있으나 이것은 결코 간단한 일이 아닙니다.

여순양의 백자명

건강하고 장수하려면 여순양의 「백자명」을 유의해서 보아야 합니다.

여순양은 선종을 통해 개오(開悟)한 후 황룡남조사(黃龍南祖師)의 명을 받들어 세세생생 영원히 불교의 수호자가 되었습니다. 여순양은 원래 공명(功名)을 거들떠보지 않았으며 후에 황량몽(黃粱夢)[145]에서 깨어난 뒤 곧 출가했습니다. 여순양이 닦은 것은 도가였는데, 그는 당말(唐末)에서 오대(五

---

143 1038~1122. 티베트 이름은 밀라래파(Milaraspa). 티베트의 고승으로 가이거파(迦爾居派)의 창시자인 이파(爾巴, Marpa)의 적전(嫡傳)을 이었다. 7세 때 아버지를 잃었으며, 이후 주술로 사람을 죽이는 법을 닦아 악업을 계속 쌓다가 뉘우치는 마음이 들어 정법(正法)을 배우기 시작했다. 스승인 이파는 그의 업을 씻기 위해 무수한 고행을 시켰고 마침내 죄업을 깨끗이 한 뒤 관정(灌頂)과 수지(受持)의 구결을 주었다. 밀륵일파는 고행으로 이름이 났으며 영가(詠歌)를 잘하여 『십만가집(十萬歌集)』이란 책을 남기기도 했다. 그는 중생을 위해 각지를 돌아다니며 교화를 행했으며 이로 인해 밀륵존자(密勒尊者)라 불렸다. 그의 가르침은 신비주의적 색채가 농후하고 제자가 무척 많았는데, 전하는 바에 따르면 크게 성취를 이룬 자만 해도 25명이나 되었다고 한다.

144 현상계의 여러 가지 차별상(差別相)의 이치를 환히 아는 부처와 보살의 지혜를 말한다.

145 인생이 덧없고 영화(榮華)도 부질없음을 비유적으로 이르는 말로서, 이에 관한 고사의 내용

代) 사이에 아주 유명한 인물로 대단히 높은 수준의 기공을 연마하여 공중으로 날아다닐 수 있었습니다. 그는 다음과 같은 두 구절의 유명한 시를 남겼습니다.

단전에 보물 있어 도 찾기를 그치며　　　　丹田有寶休尋道

경계에 무심하여 선을 묻지 않는다　　　　　對境無心莫問禪

일반인이 이런 경지에 이를 수 있다면 건강과 장수는 말할 필요도 없고 장생불로 역시 가능합니다. 이 두 구절에서 말한 수행 방법은 당연히 매우 큰 의미가 있습니다.

한번은 여순양이 보검을 들고서 공중을 날았는데 강서(江西)의 여산(廬山)을 지나게 되었습니다. 여산 부근에는 큰 절이 있었는데 그것이 바로 선종의 황룡사(黃龍寺)였습니다. 여순양이 하늘 높이 날아가면서 내려다보니 산의 기상이 특이하여 반드시 고인(高人)이 있을 것 같았습니다. 내려가서

은 다음과 같다. 도사 여옹(呂翁)이 한단(邯鄲: 하북성 소재)의 한 주막에서 쉬고 있는데 행색이 초라한 젊은이가 옆에 와서 앉더니 산동(山東)에 사는 노생(盧生)이라며 신세 한탄을 하고는 졸기 시작했다. 여옹이 보따리 속에서 양쪽에 구멍이 뚫린 도자기 베개를 꺼내자 노생은 그것을 베고서 잠이 들었다. 노생이 꿈속에서 점점 커지는 그 베개의 구멍 안으로 들어가 보니 고래등 같은 기와집이 있었다. 노생은 성이 최(崔)씨로서 명문인 그 집 딸과 결혼하고 과거에 급제한 뒤 벼슬길에 나아가 순조롭게 승진했다. 경조윤(京兆尹)을 거쳐 어사대부(御史大夫) 겸 이부시랑(吏部侍郎)에 올랐으나 재상이 투기하는 바람에 단주자사(端州刺史)로 좌천되었다. 3년 후 호부상서(戶部尙書)로 조정에 복귀한 지 얼마 안 되어 마침내 재상이 되었다. 그 후 10년간 노생은 황제를 잘 보필하여 태평성대를 이룩한 명재상으로 이름이 높았으나 어느 날 갑자기 역적으로 몰렸다. 변방의 장군과 결탁하여 모반을 꾀했다는 것이다. 노생과 함께 잡힌 사람들은 모두 처형당했으나 그는 환관(宦官)이 힘써 준 덕분에 사형을 면하고 변방으로 유배되었다. 수년 후 원죄(寃罪)임이 밝혀지자 황제는 노생을 소환하여 중서령(中書令)으로 제수한 뒤 연국공(燕國公)에 책봉하고 많은 은총을 내렸다. 이후 노생은 권문세가와 혼인하고 고관이 된 다섯 아들과 열 명의 손자를 거느리고 행복한 만년을 보내다가 황제의 어의(御醫)가 지켜보는 가운데 80년의 생애를 마쳤다. 노생이 깨어나서 보니 모든 것이 꿈이었다. 옆에는 여전히 여옹이 앉아 있고 주막집 주인이 짓고 있던 기장밥도 아직 다 되지 않았다. 노생을 바라보고 있던 여옹이 웃으며 말했다. "인생이란 다 그런 것이네." 노생은 여옹에게 공손히 작별 인사를 하고 한단을 떠났다.

살펴보니 마침 황룡사에서 어떤 사람이 경전을 강연하고 있었는데 바로 임제종의 대덕인 황룡남선사였습니다. 여순양은 선사 근처에 서서 한참을 지켜보았는데 정말 이상한 일이었습니다. 선사는 빛을 뿜어 내지도 않고 땅을 진동시키지도 않으며 더욱이 그런 능력도 갖추지 못한 그냥 보통의 승려였습니다. 그런데 어찌하여 이렇게 많은 사람들이 그의 말에 귀를 기울이고 있는 것인지 볼수록 신기하여 옆에서 계속 듣고 있었습니다. 그러자 황룡남선사가 설법을 중단하더니 말했습니다. "좌중에 설법을 훔치는 사람이 있구려." 어떤 사람이 설법을 몰래 듣고 있다는 것입니다. 여순양은 그 말을 듣고 자리에서 일어섰습니다. 황룡남선사는 누구냐고 물었고, 여순양은 자기 이름을 밝혔습니다. 황룡남선사가 말했습니다. "허! 알고 보니 당신이었구먼. 나는 당신이 무척 훌륭하리라 생각했는데 이제 보니 시귀(尸鬼)나 지키는 사람이었구려!"(신체가 장생불로한다고 여겨 그것을 악착같이 지키는 사람이라는 뜻이다.) 여순양이 듣고서 화가 치밀었습니다. "진인(眞人)은 장생불로의 약을 지닐 수 있는데, 당신 같은 범부의 몸으로 뭐 그리 뽐낼 게 있겠소!" 황룡남선사가 말했습니다. "그렇게 팔만 겁을 더 살아 봐야 끝내 공망에 떨어지고 말 것이오〔饒君八萬劫, 終是落空亡〕." 여순양이 벌컥 화를 내며 소매를 펄럭이자 보검이 날아갔습니다. 일부러 노스님을 한번 놀래 주려 한 것입니다. 그런데 어찌 알았겠습니까? 보검이 날아가다가 노스님의 앞에서 멈추더니 도리어 방향을 바꿔 자기 쪽으로 날아오는 것이 아닙니까! 참으로 이상한 일이었습니다. 여순양이 생각했습니다. '저 노스님은 보통 사람으로 공부도 하지 않았는데 어째서 내 검이 말을 듣지 않는 걸까?' 후에 이 화두를 전문적으로 참구한 사람도 생겼습니다. 또 생각했습니다. '베다(Veda)가 법을 보호하는 것일까? 아니면 황룡남선사가 지닌 반야의 힘일까? 아니면 혹 다른 원인 때문일까? 도대체 무슨 이치일까?' 황룡남선사가 웃으며 말했습니다. "당신은 그런 것을 꺼내놓을 필요가 없소. 방금 당신이 말하지 않았소. 당신 능력이 대단하다고 말이오. 내 물어볼 게 있는데, 당신은 무슨 이치를 봤소?"

여순양이 대답했습니다. "한 톨의 조 속에 세계가 들어 있고 솥단지 반으로 산천을 삶습니다〔一粒粟中藏世界, 半鐺鍋內煮山川〕."

이것은 도를 논한 대화로서 자신이 본 도의 이치를 말한 것입니다. 황룡 남선사가 말했습니다. "나는 당신이 어떻게 산천을 삶는지 묻지 않겠소만 한 톨의 조 속에 어떻게 세계가 들어 있다는 것이오?" 이런 식으로 이리 찔러 보고 저리 찔러 보기를 계속하자 드디어 여순양이 개오하여 한 수의 시를 지었습니다.

표주박 버리고 거문고 부숴 버리니	棄卻瓢囊摵碎琴
이제 홍 속의 금 그리워하지 않고	如今不戀汞中金
황룡을 한번 만난 후부터	自從一見黃龍後
이전의 마음 씀이 잘못임을 알았네	始覺從前錯用心

당시 도가는 여순양으로부터 나왔으니 마치 선종이 육조로부터 나온 것이나 같습니다. 수행을 통해 건강과 장수를 얻고자 한다면 여순양의 「백자명」을 참고할 필요가 있습니다. 이것은 유불도 삼가(三家) 중에서도 가장 바람직한 것이며, 불법을 배우는 데에도 나무랄 바 없이 좋습니다.

「백자명」의 원문은 다음과 같습니다.

養氣忘言守 降心爲不爲 / 動靜知宗祖 無事更尋誰
眞常須應物 應物要不迷 / 不迷性自住 性住氣自回
氣回丹自結 壺中配坎離 / 陰陽生反復 普化一聲雷
白雲朝頂上 甘露灑須彌 / 自飮長生酒 逍遙誰得知

"양기(養氣)" 역시 십념법(十念法)에 속하는 것으로 출식(出息)과 입식(入息)을 닦는 진정한 공부입니다. "항심(降心)"은 『금강경』의 "그 마음을 항복시키다(降伏其心)"라는 말에서 나온 것입니다. "위불위(爲不爲)", 즉 의식적으로 마음을 항복시키는 것은 바로 상(相)에 집착하는 것입니다. 자성은 원래 공이므로 위이불위(爲而不爲)입니다. 여기서는 우리에게 견지와 공부 모두를 말해 주고 있습니다. "동정지종조, 무사갱심수(動靜知宗祖, 無事更尋誰)"의 두 구절은 관세음보살의 원통법문인 "움직임과 고요함의 두 상이 전혀 생겨나지 않는다(動靜二相, 了然不生)"라는 말을 끌어들여서 혼침에 빠지지도 않고 산란하지도 않으니 스스로 주인이 될 수 있음을 말하고 있습니다. 공이 되었으니 또 다른 방법을 찾을 필요가 없다는 것입니다. 대인 관계나 일을 처리하는 데 있어 스스로 본성에 어긋나지 않을 수 있어야 한다는 뜻으로, 여기서는 모두 공부에 대해 말하고 있습니다. 마음과 기(氣)가 하나로 되고 마음과 외부 사물이 따로 놀지 않으니 무슨 공부를 하는 것도 따로 필요하지 않습니다. 생각이 진정으로 공이 되면 기자회(氣自回), 즉 자연히 기가 머물고 맥이 정지되어 이선(二禪)과 삼선(三禪)에 도달합니다.

여기서 말하는 단(丹)은 결코 배 속에 진짜로 뭔가 들어 있는 것이 아닙니다. 고대의 도가에서는 단을 묘사하면서 마치 달처럼 동그라미 가운데에 점을 하나 찍어서 표현했는데, 원만하고 영명(靈明)한 한 점의 각성을 나타내고자 한 것입니다. "호(壺)"는 신체를 대표합니다. 자신의 기맥이 변화하기 시작한 것으로, 기가 머물고 맥이 정지하는 단계에 이르기만 하면 신체는 자연 변합니다. 이 자연스러운 정(定)이 오래 지속되면 "보화일성뢰(普化一聲雷)", 즉 '콰르릉!' 하면서 신체의 모든 기맥이 남김없이 열립니다. 바로 장자가 말한 "천지의 정신과 서로 왕래하는〔與天地精神相往來〕" 때로, 이때가 되어야 진정으로 중맥(中脈)이 통하게 됩니다. "백운조정상(白雲朝頂上)", 이때에야 비로소 밀종에서 말하는 진정한 관정(灌頂)입니다. 여러 불보살들의 지혜와 광명의 관정입니다. "수미(須彌)"는 머리를 말하는데, 머리의 대락륜이 진동하면서 열립니다. 여기에 이르면 반드시 장생불로가 가능하며 이것이 바로 세제일법입니다. "무현곡(無弦曲)"이란 바로 관세음보살의, "듣고 생각하고 닦아서 삼매에 든다〔以聞思修入三摩地〕"라는 것입니다.

이 스무 구절은 한 구절이 다섯 글자로서 모두 백 글자입니다. 그래서 이름을 '백자명(百字銘)'이라 했습니다. 이 스무 구절에는 보통 사람으로부터 시작하여 장생불로에 이를 때까지, 또는 초범입성(超凡入聖)에 이를 때까지가 모두 설명되어 있습니다. 한 구절 한 구절마다 모두 공부요, 모두 견지입니다.

예를 들어 여러분은 시작하면서 모두 정(定)을 얻으려 하지만 왜 도달하지 못할까요? 바로 첫 구절을 제대로 해낼 수 없기 때문입니다. "양기망언수(養氣忘言守)", 양기(養氣) 공부를 하면서 한 점의 망념도 없는 상태에 과연 누가 도달할 수 있을까요? 생각이 많고도 많으니 지키려고 해도 지킬도리가 없습니다. "항심위불위(降心爲不爲)", 이 단계에 도달하기는 더욱 어렵습니다. 그러나 여기에 이르지 못하면 그다음에 나오는 이야기는 더더욱 거론조차 할 수 없습니다. 고요하게 타좌할 때에는 뭔가 그림자가 잡히는 듯하지만 자리에서 일어나면 아무것도 남아 있지 않으니 근본적으로 그 종조(宗祖)를 알 수가 없습니다. 동정(動靜)에서 종조를 아는 것은 아주 중요합니다. 마음속이 하루 종일 고요함 속에 있을 뿐 아무 일도 없는 것이 과연 가능하겠습니까? 늘 영명한 각성 상태에 있으면 기(氣)는 자연 돌아옵니다. 결코 우리더러 공부를 해야 한다고 말하는 것이 아니라 단(丹)

은 '저절로' 응결됩니다. 이는 우리 생명 속에 본래 있는 것이므로 자연스러운 일입니다.

여러분은 종교적인 편견을 가지고 이「백자명」을 보아서는 안 됩니다. 여순양 역시 원래는 선종의 대호법으로서 황룡남선사의 진정한 법을 이어받은 제자 중 하나입니다. 건강과 장수를 생각한다면 그의 말을 따라 실천하는 것으로 충분합니다.

무엇이 정에 들어서고 머물고 사라지는 것인가

이제 계속해서 『유가사지론』의 수정(修定)에 관한 부분을 살펴보겠습니다. 앞에서 다음 문장까지 언급했습니다.

무엇이 머무는 것인가? 온갖 삼마지에 들 수 있는 여러 행과 상의 모습을 잘 취하는 것으로, 그것을 잘 취하기 때문에 원하는 바에 따라 정에 머물 수 있다. 삼마지에서 다시 물러서지 않아 마치 정에 머물고 있는 것 같으니, 이렇게 정에 머물러 있는 듯하면서 동시에 물러서지 않은 듯한 것을 일러 머문다고 한다〔云何爲住? 謂善取能入諸三摩地, 諸行狀相, 善取彼故, 隨其所欲, 能住於定. 於三摩地 無復退失, 如是若住於定, 若不退失, 二俱名住〕.

무엇을 머무름〔住〕이라 할까요? 먼저 하나의 방법을 선택해야 하는데, 이 방법은 자신의 근기에 맞는 것이어야 합니다. 같은 방법이라 하더라도 근기나 업력의 차이에 따라 다르고 그 적응력도 달라집니다. 달리 말하면 자기 심신에 적합한 방법을 선택해야 쉽게 정(定)의 경계에 들어설 수 있습니다. "선취피고, 수기소욕(善取彼故, 隨其所欲)", 하나의 방법을 잘 취하고 있기 때문에 자신이 어떤 종류의 경계에 들어가고 싶다고 생각하면 바로 그 경계로 들어갈 수 있습니다. 그뿐 아니라 경계를 유지하면서 사라지지 않게 할 수 있으니 그래야만 비로소 입정(入定)이라 말할 수 있습니다. 정의 경계에 들어 그 경계가 사라지지 않게 할 수 있을 때, 이것을 '주정(住定)'이라 합니다.

무엇을 나간다고 하는가? 입정에 들 수 있는 여러 행과 상의 모습처럼 그렇게 사유하지 않는 것을 말한다. 정을 벗어나서 체와 상을 분별하고, 정의 상태와는 다른 방식으로 작의하여 삼마지를 벗어나는 것을 말한다. 혹 수소작의 인 때문에, 혹 정소작의 인 때문에, 혹 기소작의 인 때문에 정으로부터 벗어나게 된다. 수소작은 의발을 간수하는 것 등의 여러 일을 말하며, 정소작은 먹고 마시는 일이나 스승과 어른을 모시는 것 등의 일을 말하며, 기소작은 먼저 바라는 것을 정해 두거나 혹 다른 사람이 어떻게 되었으면 좋겠다거나 혹 다시 다른 정으로 바꾸어 들어가고자 원하는 것을 말한다. 이런 인연으로 이내 삼마지를 벗어나게 된다(云何爲出? 謂如有一於能入定諸行狀相, 不復思惟. 於不定地分別體相, 所攝定地不同類法, 作意思惟, 出三摩地. 或隨所作因故, 或定所作因故, 或期所作因故, 而出於定. 隨所作者, 謂修治衣鉢等諸所作業. 定所作者, 謂飲食便利, 承事師長等諸所作業. 期所作者, 謂如有一先立期契, 或許爲他當有所作, 或復爲欲轉入餘定. 由此因緣, 出三摩地).

무엇을 출정(出定)이라 할까요? 주정(住定)의 상황에 이르면 어떤 분별의 식도 생기지 않지만 홀연 일념이 일어납니다. 이 일념은 어디에서 온 것일까요? 스스로도 도무지 그 근원을 찾을 수 없는 일념이 불현듯 생겨나서 정의 경계를 어지럽히고 이것 때문에 정은 무너지고 맙니다. 이 일념을 '작의사유(作意思惟)'라고 하며 이것의 힘은 대단합니다. 오변행(五遍行)에서는 이를 작의(作意)라고 부르는데, 바로 우리의 사상(思想)을 일으키게 하는 것입니다.

왜 생각이 일어나게 될까요? 여기에는 몇 가지 원인이 있습니다. 먼저 "혹은 수소작의 인 때문[或隨所作因故]"입니다. 진정한 수행은 행문(行門)을 중시하는데, 이 점을 주의해야 합니다. 행문은 바로 심리적 행위로서 평상시의 대인 관계나 일 처리 또는 말하는 것 같은 각종 행위입니다. 종자의 인(因)이 다르기 때문에 반드시 정(定)의 열매를 얻는다고 할 수 없으니 종자의 인이 다르면 정에 머물러 있을 수 없습니다. 어떤 때에는 우리의 심신에 번뇌가 있어서 정에 머물러 있을 수 없습니다. 업력을 없애지 않고서는 정을 얻을 수 없다는 말입니다. 수소작(隨所作), 즉 해놓은 바에 따르기 때문이라고 한 것은 바로 이를 말합니다.

"혹은 정소작의 인 때문[或定所作因故]"입니다. 즉 정(定)의 방법과 목적이 옳지 않기 때문입니다. 예를 들어 오늘 감기가 들었는데 자리에 앉으면서 감기를 쫓아 버리려고 생각했다면 이 동기가 바로 정의 이유입니다. 비록 이처럼 미세한 차이라 할지라도 그 효과는 엄청나게 달라집니다.

"혹은 기소작의 인 때문[或期所作因故]"입니다. 기(期)란 곧 바라는 것입니다. 예를 들어 우리는 타좌를 하면서 무의식중에 뭔가를 바랍니다. 어떤 사람은 내가 타좌를 시작하기만 한다면 신체는 곧 건강해질 것이라고 생각합니다. 어떤 사람은 안통(眼通)을 바라기도 하고, 어떤 사람은 타좌하는 외관만 갖추고는 그 환상 속에서 편안해지고자 합니다. 이 때문에 원인이 다르면 그 결과가 다르게 마련입니다.

"정으로부터 벗어나게 된다[而出於定]." 이들 중 어떤 요소 하나라도 모두 여러분을 출정(出定)케 할 수 있습니다.

"의발을 간수하는 것 등의 여러 일[修治衣鉢等諸所作業]." 바로 미륵보살이 예로 든 것입니다. 어떤 사람은 입정에 잘 들어 있다가 홀연 일념이 일어납니다. '참, 옷에 구멍이 났지. 이따가 좀 기워야겠구나.' 혹은 잊고 있던 일이 갑자기 생각나기도 합니다. 그런 뒤 '아차! 잘못됐구나' 하고 후회합니다. 이처럼 앉아 있으면 온갖 생각이 어지럽게 일어나는데, 이것이 정을 벗어난 출정의 모습입니다. 이렇게 되면 정의 경계가 무너지고 맙니다. 의발을 간수하는 것 등의 여러 일이라는 미륵보살의 이 구절은 일체의 것을 포괄합니다. 그다음에 이어지는 "먹고 마시는 일〔飮食便利〕"이나 "스승과 어른을 모시는 것 등의 일〔承事師長等〕" 역시 정을 얻지 못하게 하는, 혹은 정을 벗어나게 하는 원인이 됩니다.

"먼저 바라는 것을 정해 둔다〔先立期契〕"라는 것은 마치 잠을 자면서도 자명종이 필요하지 않은 경우와 같습니다. 내일 어떤 일이 있으면 몇 시에 저절로 일어납니다. 바로 심념(心念)이 지닌 업력입니다.

"행이란 어떤 것인가? 소연과 같이 각종 행위를 통해 정에 들어가는 것이다〔何等爲行? 謂如所緣, 作種種行, 而入於定〕." 소연(所緣)[146]이란 염불이나 도가의 수규, 밀종의 관상 등과 같은 것입니다. 유식의 관점으로 말하자면 소연은 바로 작의로서 의식적으로 일부러 만드는 것입니다. 사람마다 소연의 방법을 달리하여 입정(入定)하게 됩니다.

'추행(麤行)'은 세상의 부담이 너무 무거워서 이 짐을 짊어지지 못하고 빨리 떠나고 싶어 하는 것이며, '정행(靜行)'은 특히 산업 사회에서처럼 생활이 온종일 바빠서 조용히 쉬고 싶어 하는 것입니다. '병행(病行)'은 생로병사와 같은 것이요, '옹행(癰行)'은 세상 일체의 것이 마치 독창에 걸린 듯 더러운 것이며, '전행(箭行)'은 독화살처럼 무정한 것입니다. '무상행(無常行)'은 일체가 무상한 것입니다.

이런 생각들 때문에 우리는 더 노력해서 수도해야 합니다.

---

146 마음으로 인식하는 구체적 대상을 말한다.

이들 삼마지 중 모든 행의 현상은 어떠한가? 여러 정에 막 들어가려 할 때면 그 정의 현상이 먼저 생겨나니, 이런 현상으로 인해 내가 이러이러한 정에 있다는 것을 절로 알아 곧이어 그 속으로 들어가거나, 혹 다시 바른 것을 택하여 들어간다〔若於彼彼三摩地中所有諸行, 何等爲狀. 謂於諸定臨欲入時, 便有此定相狀先起. 由此狀故, 彼自了知, 我於如是如是相定, 不久當入, 或復正入〕.

우리는 앞에서 말한 갖가지 심리적 동요 때문에 정(定)을 닦게 됩니다. "이들 삼마지〔彼彼三摩地〕." 모든 정의 경계는 다 다릅니다. 이런 정의 상황이 어떠한지에 대해서는 뚜렷이 알고 있어야 합니다.

이것이 이른바 말하는 교리입니다. 교(敎)로 시작하는 것과 종(宗)으로 시작하는 것은 다릅니다. 종(宗)은 하나의 법을 취해 거기에 깊이 들어가는 것으로, 이렇게 깊이 들어간 뒤에 다시 생각합니다. 교(敎)는 마치 초등학교나 중고등학교, 대학교에서 과학을 배우는 것과 같습니다. 먼저 이론부터 뚜렷이 알고 난 후에 다시 실험실로 가서 실험을 합니다. "이들 삼마지 중 모든 행의 현상은 어떠한가?〔於彼彼三摩地中所有諸行, 何等爲狀〕" 이론에 먼저 통해야 합니다. 무엇을 현상(現狀)이라 할까요? 이론을 뚜렷이 알고 난 뒤에 모두 놓아 버리고 수행과 공부를 해 나간다면 자신이 현재 이러이러한 상황에서 삼매에 들 수 있다는 것을 너무도 명료히 알게 됩니다. 어떤 때에는 오늘은 심신의 상태가 염불법문과 맞지 않는다고 느끼기도 하는데 이때에는 시(時)를 알고 현상을 알아야 하며, 혹은 관상(觀想) 등을 해야 합니다. 그러니 불법을 배우기 위해서는 팔만사천의 법문을 배워야 합니다. 어떤 때에는 심신이 정상이 아니라고 느끼기도 하는데, 이때에는 십념법 중 염식(念息)을 해야 합니다. 제가 평소에 사람들에게 많은 법문을 가르치는 것은 적절한 때에 사용할 수 있도록 하기 위해서입니다. 이론을 투철히 연구하여 스스로 어떤 때에 어떤 정의 경계로 들어갈 수 있는지를 파악하여 자신이 알고 있는 방법을 사용할 수 있어야 합니다. "절로 알아〔彼自了知〕." 교리를 철저히 연구한 사람이라면 자세를 취해 앉거나 혹은 서 있기만 해도 자신이 지금 어떤 정의 경계로 들어설 수 있는지를 알게 됩니다.

그러므로 오로지 수행만 해야 한다고 말하는 것은 옳지 않습니다. 수행만 하다 보면 맹목적인 수련이 되기 쉽습니다. 자신이 지금 어떤 정(定)의 경계에 이르렀는지도 모르고 있다면 그걸 무슨 성과라 할 수 있겠습니까? 어떤 사람은 단지 불학 연구만 하는데 이것 역시 잘못된 것입니다. 수행과 결합되지 않으면 그저 학술에 불과할 것이니 그게 무슨 소용이 있겠습니까?

저 가르치는 스승도 이 현상으로 말미암아 그가 곧 이러이러한 정에 들어갈 것임을 안다〔彼敎授師, 由此狀故, 亦了知彼不久當入如是如是相定〕.

밝은 스승의 지도 아래 있다면 어떤 때에는 여러분의 상태를 한번 보기만 해도 곧 어떤 정(定)의 경계에 들어설 것인지를 알아서 여러분에게 어떤 법문을 닦게 하여 곧바로 진입할 수 있도록 합니다. 그러므로 스승으로서 사람을 받아들일 때에는 타심통(他心通)을 갖추는 것은 기본이고, 다른 사람의 근기를 살필 수 있어야 하며, 여기에다 그 사람의 심신 상태까지도 간파하여 그에게 가장 적합한 방법을 가르칠 수 있어야 합니다.

이 단락에서는 미륵보살이 우리에게 어떻게 입정(入定)하고 주정(住定)하며 출정(出定)하는지에 대해 말해 주고 있습니다.

자량의 중요성

"무엇을 상이라 하는가?(何等爲相)" 무엇을 상(相)이라 부를까요? 현대어로 말하면 현상이나 상황이라 할 수도 있고 경계라고도 할 수 있습니다.

"두 종류의 상을 말하는데, 하나는 소연상이며 다른 하나는 인연상이다(謂二種相, 一所緣相, 二因緣相)." 예를 들어 염불이나 지관, 관상, 수기, 수맥 등이 소연상입니다. 인연상은 예를 들면 설암흠선사가 그렇게 노력해도 개오하지 못하고 있었는데 홀연 잣나무 한 그루를 쳐다보고서 깨달았다는 일화 같은 것을 말합니다. 그런 것이 바로 인연상입니다.

"소연상은 본체를 분별함을 말하는데, 이것으로 말미암아 여러 정에 들 수 있다(所緣相者, 謂分別體, 由緣此故, 能入諸定)." 법을 닦기 시작할 때에는 분별심을 사용해야 합니다. 모두 의식을 사용하는 것으로 의식을 사용하지 않고서 어떻게 닦을 수 있겠습니까? 혹 나는 어떤 생각도 필요하지 않다, 무념(無念)을 닦을 뿐이라고 말할지도 모르겠습니다. 그러나 그것 역시 무념이라는 의식입니다. 그러므로 여순양은 "항심위불위(降心爲不爲)"라고 말했습니다. 유위(有爲)로부터 시작하여 무위(無爲)에 이르는 것이 바로 이 이치입니다.

"인연상은 정의 자량을 말하는데, 이 인연으로 인해 여러 정에 들 수 있다(因緣相者, 謂定資糧, 由此因緣, 能入諸定)." 정을 닦기 위해서는 자본이 필요한데, 불법에서는 이를 자량(資糧)이라 합니다. 불법을 배우기 위해서는 두 가지 자량이 필요합니다. 바로 지혜자량과 복덕자량입니다. 특히 밀종을 배우고자 한다면 자량은 특별히 중요합니다. 보살 오십오위(五十五位), 십신(十信), 십주(十住), 십회향(十廻向) 등이 모두 자량에 속합니다. 자본과 양식을 갖추지 않고서 무엇으로 수행을 할 수 있겠습니까?

지혜가 없으면 교리에 통할 수 없습니다. 지혜자량이 부족한 것입니다. 복덕자량이란 바로 복보인데, 예를 들어 복보가 부족하면 이제 막 타좌를 시작하려 하는데 전화가 와서 집안에 누가 아프다고 합니다. 타좌를 하여 휴식을 취할 만한 복보도 없는 것입니다. 이제 막 궤도에 오르고자 하여 없는 시간을 짜 내어 힘을 써 보지만 이곳저곳에서 계속 일이 터집니다. 공부를 하지 않을 때에는 아무 일도 없다가 일단 공부를 시작하면 온갖 일이 다 일어납니다. 그러니 수행을 하려면 큰 복보가 필요합니다.

세간의 부귀와 공명은 얻기 어려운 것입니다. 그렇지만 이보다 더 구하기 어려운 것이 있으니 바로 청복(淸福)입니다. 여러 생애 동안 오랜 겁(劫)에 걸쳐 수행해 오지 않았다면 얻기 어려운 것입니다. 저는 하루에 일 초만이라도 청복을 누리게 되면 마음속으로 무한한 공경심이 일어나며 한편으로는 한없이 두렵기도 합니다. 이런 것들이 모두 여러 불보살들의 도움이기 때문입니다.

정을 닦기 위해서는 먼저 자량을 얻어야 합니다. 이 자리에도 그런 분이 몇몇 계시겠지만 불법을 배우고 도를 닦기 시작한 지는 오래되어 이론으로 말하자면 모두 최고입니다. 그러나 공부로 말하자면 그저 그렇습니다. 복덕자량으로 말하자면 어떨까요? 눈꼽만큼도 없습니다. 타좌할 시간이 없습니다. 스스로 한번 살펴보십시오. 복덕자량이 충분합니까?

정의 가르침과 계의 가르침을 따라 여러 정에서 행한 자량을 모으고, 행하려는 마음과 싫어하는 마음을 모두 닦아 혼란스러움 속에서도 깊이 살펴아는 것을 말한다〔謂隨順定敎誡敎授, 積集諸定所行資糧, 修俱行欲厭患有心, 於亂不亂審諦了知〕.

미륵보살은 정(定)의 자량인 복덕과 지혜를 말합니다. 불법을 배우는 첫

걸음으로서 먼저 자량이 원만해야 합니다. 자량이 구비되지 않았다면 도를 닦아 성공하겠다는 생각을 말아야 합니다. 타좌조차 할 자격이 없습니다. 왜 자격이 없다고 할까요? 어지럽든 어지럽지 않든 청정함을 닦으려 한다면 스스로야 아주 뚜렷합니다. 그러나 복보가 부족하면 당신이 혼란스럽지 않아도 다른 사람이 와서 수행을 방해합니다.

"다른 사람을 핍박하지 않아도〔及不爲他之所逼惱〕." 여러분의 공덕이 부족하면 다른 사람이 와서 어지럽게 합니다. "혹 인이 만들기도 하고, 혹 비인이 만들기도 하며, 혹 음성이 만들기도 하고, 혹 작용이 만들기도 한다〔或人所作, 或非人所作, 或音聲所作, 或功用所作〕." 사실 외부의 마든 내부의 마든 모두 마음이 만들어 낸 것으로 공부를 너무 절실히 구하다 보면 스스로 마경을 만들게 됩니다. 이것은 노력이 만들어 낸 것입니다. 달리 말하면 마란 존재하지 않습니다. 모두 자신의 심마(心魔)에서 비롯된 것입니다.

무엇이 조화된 선인가? 만약 삼마지가 아직 행함에 있어 구집되는 바가 물이 그릇에 담기듯 하거나 혹은 법성에 구집되는 바가 고요하지도 훌륭하지도 않으며 도에 편안하지도 않다면 역시 마음의 전일함을 증득하지 못한 것으로, 이런 삼마지는 조화된 선이라 부르지 않는다〔云何調善? 謂若三摩地, 猶爲有行之所拘執, 如水被持, 或爲法性之所拘執, 不靜不妙, 非安隱道, 亦非證得心一趣性, 此三摩地, 不名調善〕.

이 부분을 주의해야 합니다. 무엇을 선(善)이라 할까요? 증자는 『대학』에서 이렇게 말했습니다. "대학의 도는 명덕을 밝히는 데 있고, 백성들과 친하게 함에 있으며, 지극한 선에 머무르게 하는 데 있다〔大學之道, 在明明德, 在親民, 在止於至善〕." 이 말은 선에 대한 가장 좋은 주해일 것입니다. 정(定)의 경계 속에 있어도 마음속에 아직도 구애를 받는 데가 있습니다. 예를 들면 마음속에는 아직도 도를 닦는다는 생각이 남아 있어 이 마음이 이미 여러분의 심리를 붙들어 매고 있습니다. 심리 상태가 이미 어떤 하나의 경계에 고착되어 있고 이미 집착하고 있으니 이 생각에 의해 구속당하게 됩니다. 마치 물이 찻잔에 담기면 그 범위와 경계는 단지 찻잔의 크기만큼 한정된다는 "여수피지(如水被持)"와 같습니다. 가령 우리가 찻잔의 물을 대해(大海)에 쏟아 붓는다면 그 수성(水性)의 경계는 얼마나 커지겠습니까!

"법성지소구집(法性之所拘執)"이란 무얼 말하는 것일까요? 선종이나 밀종 등 불학에 관한 서적을 많이 읽다 보면 그 이론이 여러분을 옭아매게 됩니다. 머릿속은 불학으로 가득 차서 입만 열면 불법에 관한 이야기요, 온몸에 부처 냄새를 풍겨 댑니다. 미륵보살이 말한 법성지소구집이 바로 이 불마(佛魔)를 일컫는 것으로 법성에 얽매여 집착하는 것을 말합니다. 그러니 결국 마음이 하나에 집중되지 못하고 고요해지지 못하여 근본적으로 어떤 경계에도 이를 수 없습니다. 이들은 선(善)에 속하지 않으며 마음의 경계를 조화시키지도 못합니다. 이런 유형에 대해서는 반드시 스스로 연구해 볼 필요가 있습니다.

이렇게 많은 이야기를 하면서 왜 동에서 불쑥 서에서 불쑥 풀이하곤 할까요? 여러분들이 기대려는 마음을 갖지 않도록 하기 위함입니다. 오직 중요한 점만을 말할 수 있을 뿐이니 나머지는 스스로 보아 가며 계속 연구해야 할 것입니다.

정의 경계에서 물러섬

다음으로는 『분별정려경』에서 말하듯 정려가 있는 자는 일어나고 있는데도 쇠퇴한다고 하니, 넓게 말해 이 속에 네 번의 전화가 있으며 두 번의 전

도가 있음을 마땅히 알아야 한다〔復次, 如分別靜慮經言, 有靜慮者, 卽於興等謂之
爲衰, 乃至廣說, 此中四轉, 當知二時顚倒〕.

초선에서 사선의 경계에 이르기까지 두 차례 전도(顚倒)가 일어날 수 있
습니다. 부처님 역시 이런 비유를 들었습니다. 어떤 사람이 물었습니다.
"왜 처음 배울 때에는 효과가 있는 듯하더니 뒤로 가면 갈수록 어려워지는
것입니까?" 부처님이 대답했습니다. "그대는 우물 파는 것을 보지 못했던
가? 처음 팔 때에는 아주 쉽게 성과를 얻을 수 있지. 흙을 파면 바로 지고
나오니 얼마나 빠른가? 그러나 열 길 정도 깊이 파 내려갔을 때에는 이삼
일을 파 봐야 한 광주리만큼의 흙도 제대로 못 파 내지 않던가? 아주 느리
게 보이지만 실제로 효과는 같다네. 단지 깊을 뿐이지." 많은 사람들이 공
부를 하면서 바로 이런 느낌을 갖습니다. 나중에는 도리어 진척이 없는 것
처럼 느껴지기도 합니다. 이것은 자신에게 지혜가 없음을 말할 뿐입니다.
지혜가 없어 뚜렷이 관찰하지 못하며 교리도 명확히 이해하지 못하고 있
는 것입니다. 사실 여전히 나아가고 있습니다. 진보가 또 다른 상태로 전
화되고 있는데도 스스로 관찰하지 못하는 것입니다. 그러므로 불법을 배
우고 수도를 하는 데에는 도처에서 지혜가 필요합니다.
　불법을 배우고 도를 닦는다는 것은 무얼 말하는 것일까요? 한평생 자신
을 연구하고 세밀하게 관찰하는 것입니다. 이렇게 간단한 것입니다. 영웅
은 천하를 정복할 수 있으나 자신을 정복하지는 못합니다. 성인(聖人)은 단
지 자신을 정복하려 할 뿐 천하를 정복하려 하지 않습니다. 천하를 정복하
는 것은 쉽지만 자신을 정복하는 것은 어렵습니다. 이 때문에 성인을 배우
기가 어렵다고 말하는 것입니다. 성인은 한평생 자신을 관찰하는 사람입
니다. 자신을 반성하고 자신을 연구하는 사람입니다. 성인을 배우고자 하
는 사람이 하루 종일 다른 사람만 연구하고 관찰한다면 이미 배우기는 틀

렸습니다. 바로 잉인(剩人)[147]입니다. 수행은 바로 모든 곳에서 스스로를 살펴보는 것입니다.

초선에서 이선 사이에는 비록 진보가 있다 해도 이 진보에는 일종의 퇴화 현상이 나타나기도 합니다. 마치 날이 밝기 전에 더욱 어두워지는 때가 있는 것과 같습니다. 마찬가지로 청명하게 바뀌려 할 때 약간의 혼침이 뒤따를 수도 있습니다. 아니, 반드시 뒤따릅니다. 이 혼침 단계를 지나면 당연히 청명한 상태가 나타납니다. 이론상으로 말하면 청명도 그것이요, 혼침도 그것입니다. 이치를 뚜렷이 알지 못하기 때문에 단지 청명만을 취하고 혼침을 취하려 하지 않는 것입니다. 그러다 보니 스스로 퇴보하여 마경에 빠졌다고 생각합니다. 스스로 마경에 빠졌다고 생각하면 마(魔)가 곧 나타납니다.

지금 논하고자 하는 부분은 정경(定境) 중의 퇴위(退位)입니다. 보통은 공부가 퇴보했다고 말하지만 실제로 이것은 퇴보라 할 만한 것이 아닙니다. 『역경』을 배운 사람이라면 이 이치를 이해할 수 있을 것입니다. 퇴보라고 느끼는 것은 단지 효(爻)의 변화일 뿐입니다. 천하의 일이란 변화하지 않는 것이 없으며 반드시 변합니다. 사람이나 일, 우주 만물, 물리와 심리가 모두 수시로 변하고 있으니 변화하지 않는 것은 우주 현상이라 할 수 없습니다. 그러므로 어떤 경계든 영원히 변하지 않는 것은 없습니다. 일반인은 이 이치를 명확히 알지 못하여 하나의 경계를 변함없이 지키고자 하는데, 이는 어리석은 짓입니다. 『역경』에서는 이런 이치를 '변(變)'이라 하고 불법에서는 '무상(無常)'이라 하는데 뜻은 매한가지입니다. 무상은 변화의 결론적인 현상을 말한 것으로, 세계 속 일체의 현상은 영원히 존재하는 것이 없습니다. 그래서 무상이라 합니다. 『역경』은 이 원칙을 따르지 않고

---

147 젊은 층에서 잘 쓰는 속어로서 시간은 많으나 할 일이 없는 사람을 말한다.

그것을 변이라 했는데, 결국 변이란 현상을 이르는 것이 아니라 원칙을 말한 것입니다. 천하의 일에는 원칙이 있는데, 바로 변하지 않는 것이 없다는 것입니다. 이 이치를 이해하는 가장 우수한 사람은 변화를 앞서서 이끌어 나가며, 앞으로 어떻게 변화할 것인지를 미리 압니다. 천하의 일이란 반드시 변화하는 이치 속에 있기 때문입니다. 수행 공부에서도 역시 이 이치를 분명히 알고 있어야 합니다. 달리 말하면 수행 공부를 하는 사람이라면 그 경계가 변할 수밖에 없음을 알아야 합니다. 반야의 지혜를 지닌 고명한 사람이라면 앞으로 어떻게 변화할지 미리 알 수 있습니다.

현관과 성교량

『유가사지론』의 대강의 요점 정리는 이것으로 끝내겠습니다. 이제 『현관장엄론』을 살펴보기로 합시다.

『현관장엄론』 역시 미륵보살 계통에 속하는 것으로, 미륵보살의 오대(五大) 논서 중 하나입니다. 법상과 유식을 배우는 사람, 특히 밀종이나 선종을 배우는 사람은 『현관장엄론』을 연구하지 않으면 안 됩니다. 『현관장엄론』은 현장법사가 인도에서 경전을 가져올 때 이 경전의 산스크리트어 본을 들여왔으나 미처 번역하지 못한 채 원적(圓寂)하고 말았기 때문에 초기에 번역되지 못했습니다. 산스크리트 어 본 또한 사라져 버렸는데, 지금은 티베트에만 남아 있습니다. 이 경전은 민국(民國) 초년에야 법존법사(法尊法師)에 의해 중국어로 옮겨졌습니다.

공부 방면으로 말하자면 '현관(現觀)'은 바로 현량경(現量境)의 지관법문입니다. 현량경은 유식학 용어로서 유식에서는 현량(現量), 비량(比量), 비량(非量)으로 나눕니다. 현(現)이란 바깥으로 드러나는 것이며, 양(量)은 경계요 현상입니다. 이 양(量) 자는 참으로 고명한 번역입니다. 우리의 전 우주와 산하, 대지는 모두 아뢰야식의 현량(現量)입니다. 현량이란 바깥으로 드러난 것으로 중간에 분별 작용이 가해지지 않고 직접 드러난 것입니다. 예를 들면 우리 의식의 현량은 바로 선종의 육조가 늘 말하던 '무념(無念)'의 경계로서, 제육식 현량의 가장 중요한 초보적 현상 중의 하나입니다. 그러므로 삼제탁공이란 의식 현량의 청명한 일념으로 잡념도 없고 망상도 없는 것입니다. 예를 들면 새벽에 잠에서 깨어나면서 눈은 아직 감고 있는 것과 같습니다. 마음속에도 아무 생각이 없어서 활력도 없고 기쁨도 없습니다. 이제 막 깨어났을 그 찰나, 이것이 바로 의식의 현량입니다. 이윽고 정신이 들어, '지금 몇 시지? 출근해야 하는데' 하는 등의 분별의식이 생겨납니다. 이 분별의식을 비량(比量)이라 합니다. 무릇 망상이나 생각이나 분별은 모두 비량입니다. 비량(非量)은 환상의 경계로서 정신 상태의 경계입니다.

이 외에도 성교량(聖敎量)이 있습니다. 바로 여러분이 불법을 배우고 수도를 하면서 머릿속으로 생각하는 것입니다. 예를 들면 '어떻게 해야 삼매에 도달할 수 있을까' '어떻게 해야 깨달음에 이를 수 있을까' '어떻게 해야 명심견성이나 반야에 도달할 수 있을까' 하는 것들입니다. 이들은 모두 성교량입니다. 성인이 교화해 온 것을 여러분이 받아들여 이런 생각을 갖게 된 것입니다. 그러므로 여러분이 불학을 이해하여 이론을 아무리 잘 말한다 하더라도 역시 성교량에 불과합니다. 그 이치는 부처님의 이치이지 여러분의 이치가 아닙니다. 여러분은 부처님이 아닙니다.

현관(現觀)이란 무엇일까요? 선종에서는 이렇게 말합니다. "앞의 생각이 이어지지 않고 뒤의 생각이 일어나지 않아 생각이 공이 된 것을 현관이라 한다(前念不生, 後念不起, 當念卽空, 這是現觀)." 현관반야니 현관청정이니 할 때의 현관은 공(空)의 일면만을 본 것입니다. 진공에서 묘유가 생겨나는 것에 대해서는 당연히 따로 논해야 합니다. 진공묘유의 이치에 대해서는 『현관장엄론』의 수행법 중에서 모두 포괄하여 말하고 있으며, 그 중에서는 사가행(四加行)을 특별히 중시합니다.

제23강

환상과 안통

어떤 학생이 고기를 먹는 것에 관해 물었습니다. 늘 경건하게 신앙심을 가지고 간절히 노력하면 자연스럽게 육식을 할 때 견디기 어려운 순간이 옵니다. 어떤 사람은 고기 냄새만 맡아도 혹은 고기를 보기만 해도 힘들어하는데, 불교의 이치에 따르면 이것은 선근이 드러난 것이요, 공덕이 성취된 것입니다. 그러나 오랜 시간이 지나 수행이 느슨해지면 다시 육식을 하고 싶으니, 이것은 마음이 약하여 계속 노력하지 못하기 때문입니다.

의란산(宜蘭山)에는 「신선(神仙)」이라는 제목의 다음과 같은 시가 새겨져 있습니다.

삼십삼천 첩첩이 쌓인 하늘	三十三天天重天
흰 구름 속에 신선이 있도다	白雲裏面有神仙
신선도 원래는 범인인 것을	神仙本是凡人做
범인의 마음 굳지 못함이 그저 부끄러울 뿐이다	只怕凡人心不堅

신선을 연구하든 도를 닦든 그 성공 여부는 마음가짐이 얼마나 견고한가에 달려 있습니다. 이것은 아주 기본적인 문제입니다. 또 어떤 사람은 묻습니다. "눈을 감기만 하면 눈앞에 수많은 환상이 보이는데, 시간이 지나도 달라지지 않으니 어떻게 하면 해결할 수 있습니까?"

　기맥이 이제 막 후뇌의 옥침(玉枕)을 통과하려 할 때 어떤 사람은 영양이 부족해서 여러 문제가 발생하기도 합니다. 어떤 사람은 눈이 빨개지기도 하고, 어떤 사람은 백내장과 유사한 증세를 보이기도 합니다. 단지 신심(信心)만 있다면 한번 통과하고 난 뒤 곧 좋아집니다. 그뿐 아니라 이전보다 눈 상태가 훨씬 더 좋아집니다. 이처럼 기맥이 옥침관(玉枕關)에 이르러 이제 막 통과하려고 할 때에는 많은 현상이 생깁니다. 그렇더라도 이 현상이 그저 별것이 아니라고 여기면 됩니다. 어떤 사람은 벽 너머에 있는 것까지 보기도 하는데, 이것을 천안통(天眼通)이 나타난 것이라 생각하기도 합니다. 이런 상황에서 신통력은 자칫 정신병으로 이어질 수도 있습니다. 온갖 환상 경계가 나타날 때 그것을 없애지 못해서 그런 것이 아니라 도리어 그것에 빠져 나오지 못합니다. 그러면서도 스스로 그것을 모르고 있습니다. 만약 이런 마음을 떨쳐 버리겠다고 강하게 마음먹는다면 역시 그런 현상에 말려들고 맙니다. 집착입니다! 단지 일체의 것을 내버려 두면 됩니다. 서서히 자기 머리까지 잊어버릴 정도라면 꽤 괜찮은 것입니다. 그런 뒤에 다시 새로운 경계로 들어갑니다. 이 경계에서는 더 이상 환상은 볼 수 없고 대신 신체 내부와 외부에서 한 덩어리 밝은 빛을 보게 됩니다. 시간이 지나면 자기 심장에서 혈액이 흐는 것까지도 뚜렷이 보입니다. 엑스레이도 필요 없습니다. 그렇지만 이것을 안통(眼通)이라 생각해서는 안 됩니다. 안통이라 생각하면 마경에 빠지는 것이요, 안통이라 여기지 않으면 아마도 곧 안통이 열릴 것입니다. 그러므로 무슨 방법을 써서 그것을 없애야겠다고 생각해서는 안 됩니다. 이치에 밝지 못해 이 경계에 집착한다면 환상은 갈수록 더 많아지는데, 그 주요 원인은 눈의 기능이 쇠퇴했거나 혹 피로해서 그런 것입니다. 따라서 이럴 때에는 눈에 좋은 영양제를 먹는 것도 한 방법입니다.

사가행의 수행법

이제 앞에서 강의했던 내용을 계속 이어서 살펴보겠습니다.

『유가사지론』과 밀접한 관계가 있는 『현관장엄론』은 특히 수행과 사가행 방면에 편중되어 있습니다. 밀종 황교의 종객파대사가 쓴 『보리도차제광론』이나 『보리도차제약론(菩提道次第略論)』 역시 이 계통의 수행법을 근거로 한 것입니다. 그러므로 밀종의 황교나 더 나아가 밀종의 각 교파를 배워서 닦아 나가는 데 있어 기본적인 이치나 수증은 모두 이런 논서에 의존합니다. 사실 이 몇 편의 논서는 현교와 밀교 각 파의 수증을 위한 보배 같은 경전이기에 이것을 통하지 않고서는 아무것도 얻을 수 없습니다.

『현관장엄론』 권 1 「일체상지품(一切相智品)」 제2(사가행의 방법에 대한 해석)에는 다음과 같이 나와 있습니다.

이처럼 사가행도 중 견도로 말미암아 지혜의 불이 나타나기 전의 모습이므로 난이라 한다(如是四加行道中, 由是見道智火之前相, 故名曰煖).

사가행의 수행법에서는 먼저 견도(見道)가 필요한데, 바로 선종에서 말하는 견지로서 진정으로 본성이 공임을 보는 것입니다. 그렇지만 여기서 '본다'는 것은 눈으로 보는 것이 아닙니다. "본다고 할 때 보는 것은 보는 것이 아니니, 보는 것은 보는 것을 떠나 있는 듯해 보는 것으로 미칠 수 있는 것이 아니다[見見之時, 見非是見, 見猶離見, 見不能及]." 바로 그렇습니다. 『능엄경』에서는 '능견(能見)'으로 '소견(所見)'을 볼 때 견도의 바로 그 견 (見)은 눈으로 보는 견이 아니라 능견과 소견을 모두 떠난 것입니다. 지금 우리가 상상하듯 눈으로 도를 보거나 혹은 이치상으로만 이해하는 그런 상황이 아닙니다.

"견도로 말미암아 지혜의 불이 나타나기 전의 모습[由是見道智火之前相]." 바로 이제 막 도를 보려고 하는 때에, 즉 견도의 그 찰나에 난지(煖地)가 생겨납니다. 이것 역시 학술적이고 교리적인 해석입니다. 달리 표현하면 진정으로 도를 보려고 할 때에는 마치 선종의 대덕들이 술회하고 있듯이 바로 그 찰나에 '콰르릉!' 하며 깨닫고는 온몸이 땀으로 흠뻑 젖습니다. 이것이 바로 사가행의 초보인 난상(煖相)입니다.

여러 선근으로 말미암아 사견에 동요되지 않으므로 정이라 한다[由諸善根 不被邪見所動, 故曰頂].

여기에서 한 걸음 더 나아가면 행(行)과 결합됩니다. 선종의 백장선사는 도를 본 사람을 일러, "이전과 다른 사람이 아니라 단지 이전과 달리 처신하는[不異舊時人, 只異舊時行履處]" 사람이라고 했습니다. 표면적으로 볼 때에는 깨달은 사람이라도 여전히 이전의 그 사람입니다. 그러나 그의 심리적인 측면, 즉 대인 관계나 일을 처리하는 도덕적 표준에 있어서는 과거와 완전히 다릅니다. 그들은 애써 선(善)을 추구하지 않아도 저절로 선과 부합합니다. 선을 구하기 위해 선을 행하는 것은 고통스러운 일로, 이것은 '계행(戒行)'입니다. 행하기 어려운 것임에도 애써 노력하여 그것을 행한다는 뜻입니다. 그러므로 계율을 지키는 것은 공덕입니다. 찬탄할 만한 것입니다! 도를 본 사람은 계율을 말하지 않지만 일체 행위가 저절로 계율

속에 있습니다. 여러 선근(善根)이 사사로움에 의해 가려지지 않는 것입니다. 이것이 바로 정상(頂相)입니다.

악업에 감응되어 생기는 악취가 사라지고, 진공성에서도 공포로부터 멀어지기에 인이라 한다[由減惡業所感生之惡趣, 及於眞空性遠離怖畏, 故曰忍].

일체의 악업에 반응하여 생겨난 악취(惡趣)가 자연히 소멸됩니다. 이 구절에는 대단히 엄격한 문제가 내포되어 있습니다. 다시 말해 과거의 악업과 그에 대한 감응이 이 생애에서 악취로 나타난다는 것입니다. 여기서 말하는 취(趣)는 바로 육도윤회를 향한 취향(趣向)입니다. 자세히 관찰해 보면 알 수 있지만 많은 사람들은 악업에 반응하여 그의 현생에서, 혹은 늙었을 때나 죽음에 임박해서 장차 어디로 갈지 드러내 보입니다. 또 어떤 사람의 악취향(惡趣向)은 꿈속에서 나타나기도 합니다. 이들 악취향은 사람에 따라 무척 다양하지만 불경 속에서는 모두 다 말하고 있습니다.

견도가 난지(煖地)와 정지(頂地)에 도달한 사람이라도 아직 정력(定力)은 부족합니다. 그렇기 때문에 어떤 때에는 정(定) 중에도 악취가 나타나서 공포에 떨기도 합니다. 예를 들어 큰 마경이 나타나면 평상시에 겁이 없던 사람이라도 두려움에 떨게 됩니다. '인(忍)'이란 정력이 아주 견고하다는 뜻입니다. 두 번째 구절은 진공성(眞空性)의 공포에 대해 말하고 있습니다. 우리가 도를 배우는 것은 바로 공을 보고자 함인데도 왜 공을 보고서 공포를 느낄까요? 많은 사람들이 이와 같이 공포를 느끼기에 『금강경』에서는 복덕이 충분해야 한다고 가르치고 있는 것입니다. 복덕이 모자라면 자신의 공성(空性)을 보고서 두려움을 느낍니다. 우리는 날마다 수도를 생각하지만 수도자라면 먼저 적막감을 지키고 그 상태에 머물 수 있어야 합니다. 인생의 최고 수양은 적막함에 머물며 처량함을 즐길 수 있는 경지입니다.

수도자라면 처량함 속에서 편안함을 느낄 수 있어야 합니다. 적막감을 견디지 못하고 처량함을 즐기지 못한다면 어떤 일도 해낼 수 없습니다. 더욱이 수도란 근본적으로 적멸(寂滅)을 닦는 것입니다. 적멸이 다가오는데도 지켜 낼 수 없다면 그건 도에 배치되는 것이 아니겠습니까? 이런 상황에서는 반드시 '인(忍)'으로써 공(空)의 공포를 몰아내지 않으면 안 됩니다. 이것이 바로 진정한 인입니다.

이런 견도의 친인으로 해서 일체의 세간법 중에서도 으뜸이 되므로 세제일법이라 한다〔由是見道之親因, 一切世間法中最爲第一, 故名世第一法也〕.

이렇게 될 때 비로소 진정한 견도라 할 수 있는데, 미륵보살은 우리에게 문자를 사용해 가며 학술적 관점에서 말하고 있습니다. 사실 난(煖)은 정말로 따뜻할 뿐만 아니라 이것은 수(壽)와 식(識)과 함께 삼위일체를 이룹니다. 그러므로 식(識)이 변하여 지(智)가 될 때 만약 의식이 진정으로 변화하여 묘관찰지(妙觀察智)가 되면 따뜻해지지 않는 것이 없습니다. 밀종의 수기나 수맥, 수명점, 수졸화는 난상(煖相)의 초보적인 것으로 뭐 그리 대단할 것도 없습니다. 그렇지만 생각이나 망념 또는 의식이 전화되지 않고서는 난상이 나타날 수 없으며, 일단 난상이 나타나면 삼매의 진화(眞火)를 얻게 됩니다. 이때가 되면 도가에서 말하는 "병을 없애 생명을 연장하는〔祛病延年〕" 정도는 반드시 얻을 수 있으니 난(煖), 수(壽), 식(識)은 서로 이어져 있기 때문입니다. 물리세계 역시 마찬가지입니다. 이 욕계의 물리세계에서는 무릇 죽은 것은 반드시 차가우며 살아 있는 것은 반드시 따뜻합니다. 이른바 난(煖), 정(頂), 인(忍)은 단지 이론에 그치는 것이 아니라 실제로 나타나는 현상입니다.

이곳에서 삼보 중 승보에 대하여 따로 말하니, 제2품에서 말한 바와 같이 도상지가 통섭하는 대승 견도의 16찰나 속에 있다〔此處別說三寶教授中之僧寶, 謂如第二品所說, 道相智所攝大乘見道十六刹那中〕.

『현관장엄론』의 제2품에서 도상지(道相智)에 대해 소개한 바 있습니다. 무엇을 견도라 할까요? 미륵보살은 우리에게 모두 말했습니다. 하지만 견도의 도상(道相) 중간에는 16찰나의 변화가 나타나며, 이때 "팔인의 성위 보살에 편안히 머물며〔安住八忍之聖位菩薩〕"보살의 경계로 진입합니다. 성위보살(聖位菩薩)은 예류향(預流向)이라고도 하는데, 이는 소승의 과위와 같으며 보살의 예비 후보입니다. 하지만 여기서 "근기가 둔한 사람은 믿음을 따라 행하고, 근기가 예리한 사람은 법을 따라 행한다〔鈍根隨信行, 利根隨法行之二〕"라는 두 가지 길이 있습니다.

근기가 둔한 사람은 오직 신앙만 붙잡고서 그것에 의지하여 천천히 공부와 견지를 배양해 나가고, 근기가 예리한 사람은 믿음으로 진입하여 증득하고는 곧바로 작용을 일으킵니다. 이 두 종류의 길은 같지 않으니 그 때문에 사가행법(四加行法)에도 두 종류가 있다고 말하는 것입니다. 이들은 수행의 경계나 경과, 성취도 각각 다릅니다.

근기가 둔한 것을 신해라 하고 근기가 예리한 것을 견지라 한다〔鈍根者名信解, 利根者名見至〕.

근기가 둔한 사람은 학문상의 이치는 믿지만 견지상의 개발이 부족합니다. 근기가 예리한 사람은 이치를 이해하면 공부와 행원이 모두 따라와서 온통 떨쳐 일어납니다.

성문승의 사가행

『현관장엄론약석(現観莊嚴論略釋)』권 2 「도상지품(道相智品)」제3에는 이렇게 설명되어 있습니다.

성스러운 성문도의 도상지인을 분명히 알아 네 가지 순결택분이 있어 색 등승의공이라 하니, 공성과 색등무분별혜에 통달하면 그것이 섭지하는 가행도가 곧 난위이다〔了知聖聲聞道之道相因, 有四順決擇分, 謂色等勝義空故, 通達空性與色等無分別慧, 所攝持之加行道卽煖位〕.

이것은 공부와 사실〔事〕을 모두 그 속에 포함하고 있는 사가행도(四加行道)로서, 여기서 말하는 것은 성문의 사가행도입니다. 대승이나 소승, 나한이나 보살에게는 각기 다른 사가행이 있을 뿐 아니라 외도의 정(定)을 닦는 공부에도 사가행이 있습니다. 물론 그 성취에는 얕고 깊음의 차이가 있습니다.

지금 말하고 있는 것은 성문승의 가행(加行) 과정입니다. 이 구절에서는 성과(聖果)를 증득한 성문승의 도상지(道相智)는 견도(見道) 이후의 지혜 경계를 말하는 것으로, 여기에는 네 가지 조건이 있으니 실제로 관찰해 볼 수 있다고 합니다.

먼저 도를 깨달은 사람은 반드시 '색즉시공(色卽是空)'을 증득합니다. 이것은 바로 '색등승의공(色等勝義空)'의 경계에 도달하는 것으로, 이론으로 아는 것이 아닙니다. 색등승의공은 색의 제일의(第一義)인 공으로, 색의 현상이 아니라 성문승의 경계입니다.

산하대지에서 공을 보며 일체의 색이 의식에 따라 전화된다고 한다면 이것은 보살의 경계입니다. 유식을 배웠다면 알겠지만 보살 경계에서는 전오식 역시 전화되어 오팔과(五八果)상에서 원만해집니다. 진정으로 전오식이 전화된 사람은 젊게 보이고자 하면 젊어지고 몸이 좋지 않은 곳은 좋아집니다. 전오식도 전화되지 않고서야 무얼 본다고 할 수 있겠습니까?

여기서 우리에게 말하고 있는 것은 '승의공(勝義空)'입니다. 이는 색즉시공(色卽是空)을 철저히 증득한 형이상의 것으로 한 걸음 더 천천히 나아가서 지혜에 도달하면 '공즉시색(空卽是色)'을 깨닫게 됩니다. 색과 공이 구별되는 것이 아님을 통달하고서야 비로소 성문과(聲聞果)의 난위(煖位)에 이르렀다고 할 수 있습니다.

색등승의의 아무것도 얻을 바가 없는 지혜에 통달하니 그것이 섭지하는 가행도가 곧 정위이다[通達色等勝義無所得慧, 所攝持之加行道卽頂位].

여기서 한 걸음 더 나아가서 색법, 즉 물질세계의 사대는 본래가 공으로서 끝내는 아무것도 얻을 바가 없다는 사실을 알게 되면 바로 '색불이공(色不異空)'이 됩니다. 이런 지혜와 여기에 포함된 경계를 모두 얻고 나서야 비로소 성문승의 정위(頂位)라고 할 수 있습니다. 정위에 도달하여 한번 정(定)에 들면 삼맥칠륜이 남김없이 열리니 정상(頂相)에 이르러서야 비로소 우주와 하나가 될 수 있습니다.

색 등이 승의 중에서 통달하고, 타파하고 제거하여 상·무상 등의 이치에 안주하니, 이 지혜가 섭지하는 가행도가 곧 인위이다[通達色等於勝義中, 破除安住常無常等理, 此慧所攝持之加行道卽忍位].

다시 한 걸음 더 나아가면 견지상에서 색(色) 등 사대가 두루 통하여 제일의상에서 이미 이들을 타파하여 제거한 경계에 이릅니다. 이것은 어떤 경계일까요? 바로 일체는 변하지 않는 것이 없다거나 혹은 일체는 불변한다고 하는 등의 이치에 안주하는(흐름에 맡겨 그 상태를 유지하는) 것입니다.

불학은 사람들로 하여금 제행무상(諸行無常), 일체개공(一切皆空)의 이치를 알게 하려고 합니다. 그러나 대승불학 중 『열반경』에서 부처님은 무상을 말하지 않고 공도 말하지 않습니다. 말하고 있는 것은 상락아정(常樂我淨)으로서 부처님의 원래 설법과는 상반되는 듯 보입니다. 부처님은 열반에 들면서 우리에게 무상(無常), 고(苦), 공(空), 무아(無我)는 방편이요 진정한 것은 상락아정이라고 말합니다. 무상, 고, 공, 무아든 혹은 상락아정이든 이들은 모두 상대되는 두 개념입니다. 중도(中道)는 제일의의 진리로서 양 끝에 집착하지 않습니다. 공(空)과 유(有)는 양 끝에 있으며 상대적인 개념입니다. 수(修)와 불수(不修), 타좌(打坐)와 불타좌(不打坐) 등은 모두 상대적인 것으로서 집착할 만한 것이 못 됩니다.

이 부분은 아주 중요합니다. 색법, 즉 물질세계는 모두 변하지 않는 것이 없습니다. 그렇긴 해도 생겨나고 머물고 부서지고 공이 되는 과정을 줄곧 다시 반복하는 것을 보면 변하지 않는 바가 있음을 알 수 있습니다. 그렇지만 이것은 유물론자들이 말하는 '상견(常見)'은 결코 아닙니다. 이것을 통달하면 비로소 성문지(聲聞地)의 인지(忍地)를 성취합니다.

우리는 하나하나의 경계가 모두 다름을 알았습니다. 밀종이든 천태종이든 선종이든 정토종이든 도가든 어느 것을 닦든 마찬가지입니다. 이런 것들의 이치에 통달하지 않고서는 모든 것은 헛공부가 되고 맙니다. 스스로 괴롭힘을 당하면서도 자신이 얼마나 오랫동안 고통을 당해 왔는지조차 알지 못합니다. 이런 경계를 타파하지 않으면 다시 위로 올라갈 방법이 없습니다.

예를 들어 봅시다. 현대인은 기맥에 대해 말하기를 대단히 좋아합니다. 그러나 기맥을 닦아 몸과 마음 안팎이 온통 빛으로 가득 찬 뒤 그다음은 어떻게 해야 할까요? 모른다고요? 그럼 천 번의 생애, 만 번의 겁 동안 천천히 한번 뒹굴어 보십시오! 저는 자주 사람들에게 묻습니다. 당신은 하거(河車)를 돌린다고 하는데 언제쯤 그만두어야 하냐고요. 이 말은 농담이 아닌데도 대답을 하는 사람이 하나도 없습니다. 다음 단계에서 어떻게 해야 하느냐는 교리로서, 이것을 통하지 않고서는 안 됩니다. 사실 부처님은 삼장십이부의 현교 속에서 남김없이 모두 말하고 있습니다. 그러나 불경이 워낙 읽기 어렵고 또 문제가 여기저기에 흩어져 있으니 주의를 기울이지 않으면 그냥 지나쳐 버리기 십상입니다.

십지에 기대는 자가 극희지의 머무를 바 없는 승의에 통달하니, 경전에서 널리 말하듯 이 지혜가 섭지하는 가행도가 곧 세제일법이다〔依於十地者, 謂通達極喜地等勝義無所住, 如經廣說, 此慧所攝持之加行道卽世第一法〕.

다시 한 걸음 더 나아가서 보살의 초지(初地)인 환희지(歡喜地)에 이르면 머무를 바 없는 승의(勝義), 즉 형이상인 도의 경계에 도달합니다. 이 경계는 반야지(般若智)가 모든 것을 섭지(攝持)하는, 즉 포섭하여 유지하는 단계이므로 여기에 이르러서야 비로소 세제일법이라 할 수 있습니다. 그렇지만 이것은 보살의 초지 경계일 뿐입니다.

독각승의 사가행

스스로 깨닫는다 말하는 것은 독각 아라한을 가리키는 것으로, 이 아라한은 최후에 다른 스승의 가르침에 의존하지 않고 스스로 보리를 증득하며, 이 아라한은 다른 사람에게 표현할 때에도 역시 언어를 사용하지 않고 법을 설한다[言自覺者, 指獨覺阿羅漢, 此於最後有時, 不須依仗他師教授, 自能證得菩提, 其亦字者表於彼時, 自亦不用言語爲他說法].

가끔 진정으로 도를 증득하고 수양을 통해 자신을 확립한 밝은 스승을 찾지 못하면 스스로 자신에게서 구하여 도를 깨칠 수도 있습니다. 부처님 역시 우리에게 불법승(佛法僧) 삼보(三寶)에 귀의하라고 말합니다. 불법승 삼보는 여전히 그대로 있고 대장경도 모두 그대로 있습니다. 여러분이 단지 불경을 뒤적이는 것만으로도 부처님은 바로 거기에 있다는 뜻입니다. 이렇게 노력하면 역시 자각의 열매를 얻을 수 있습니다. 여기서 자각이라 말하는 것은 바로 독각, 성문, 연각을 가리킵니다. 중승도(中乘道)인 독각 아라한이 최후로 깨달음을 얻을 그 찰나에 반드시 선지식에 의존하는 것은 아닙니다. 그는 스스로 보리를 증득할 수 있어서 독각불(獨覺佛) 또는 벽지불(辟支佛)이라 합니다. 이 단락은 무척 중요합니다.

방금 말한 성문도(聲聞道) 중 『현관장엄론』에서는 온통 색과 공의 두 개념으로만 설명하고 있는데, 이 점을 주의해야 합니다. 색이란 지수화풍의 사대로서, 신체와 물질세계는 모두 색에 속합니다. 깨달음을 증득한다는 것은 바로 공성(空性)을 본다는 말이고, 공성을 보고 나면 모든 것이 남김없이 전화됩니다. 이 때문에 돈오라 하는 것입니다. 다시 말하면 색법 또한 이것을 따라 갑자기 전화되는데, 이런 현상은 반드시 일어납니다. 마치 수행 과정을 논하면서 난, 정, 인, 세제일법을 말하는 사가행처럼 어느 단계에 이르면 반드시 그 단계의 경계가 나타납니다. 이것은 종교적 규정이 아니라 심신을 닦아 나가면서 필연적으로 겪게 되는 변화로, 공부가 어느 단계에 이르면 그 단계에 해당하는 현상이 나타나게 마련입니다. 만약 그런 현상이 나타나지 않으면 그 경계가 아니며, 공부가 아직 그 단계에 이르지 못한 것입니다.

인유도가 삼법의 차별에서 유래함을 마땅히 알아야 하니, 색 등 외부 경계로부터의 분별은 멀리 떠났으나 아직 내식의 실집 분별을 떠나지 못하여 차별로 나아가는 것은 독각승의 법성이 의존하고 있는 종성이 그러하기 때문이다〔當知麟喩道, 由三法差別所攝, 謂遠離色等外境所取分別, 未能遠離內識能取實執分別, 就所依差別, 是依獨覺乘所攝法之法性爲所依種性故〕.

여기서 일부러 드러내어 말합니다. 수행을 오래 한 사람 중 간혹 이 경계에 들어선 사람이 있겠지만 이는 눈먼 고양이 죽은 쥐 잡듯 한 것으로 인유도(麟喩道)의 경계와 우연히 맞닥뜨린 것일 뿐입니다.(인유도를 독각승에 비유하고 있다.) 연각승(緣覺乘)이 스스로 깨치고 스스로 긍정하는 경계는 대략 다음 세 가지 상황입니다. 세상 일체의 것에 담담해지고, 외부의 상황에 그렇게 좋아하지도 않으며, 분별심 역시 비교적 약해집니다. 여기에 이를 수 있다면, 이 정도의 수양이 있다면 왜 이것을 영원히 유지할 수 없을까요? 그것은 아직 내면의 실집 분별(實執分別)을 떠나지 못했기 때문입니다. 바꾸어 말하면 마음속의 아뢰야식이 망가뜨려 놓은 종성(種性)의 뿌리가 아직 채 뽑히지 않고 그대로 남아 있기 때문입니다. "불기운이 다 사그라지지 않아 봄바람이 불면 다시 살아난다〔野火燒不盡, 春風吹又生〕"라는 시 구절과 같은 것으로 우리의 망상과 습기가 바로 이러합니다. 여러분은 스스로 집착이 없다고 느끼지만 사실 무의식중에 이미 집착하고 있습니다. 단지 스스로 모르고 있을 뿐입니다. 이런 습기를 깨닫기만 한다면 곧 해탈할 수 있습니다.

여기서 말하는 '분별(分別)'이라는 글자를 오해해서는 안 됩니다. 분별이라고 하면 눈으로 보아 식별해 낼 수 있는 것으로 생각하지만, 사실 어떤 때에는 자신의 분별심을 스스로도 알지 못합니다. 예를 들어 방금 어떤 학생이 며칠 동안 부지런히 수행했더니 육식을 하고 싶은 생각이 없어졌다고 했습니다. 이럴 때 여러분은 이제 기름진 것을 먹어야 한다는 분별심으로부터 막 벗어나려 하고 있다고 생각하지만 실제로는 그렇지 않습니다! 아마 꿈속에서 고기 요리를 보면 여전히 향기롭게 느껴질 것입니다. 이전에 제가 아미산에서 폐관을 하다가 하산한 적이 있는데, 출가한 친구 한 명과 같이 산을 내려오고 있었습니다. 그런데 막 겨우 오륙 리쯤 떨어진 성도(成都) 가까이에 이르자 한 줄기 사람 냄새가 코를 찔렀습니다. 그때서야 비로소 『서유기』에서 요괴가 사람고기 찾기가 너무 쉽다고 한 말을 믿게 되었습니다. 한번 맡아보면 어디서 사람 냄새가 많이 나는지 알고 요괴는 바로 달려갔을 것입니다. 성문을 들어서면서 같이 있던 친구가 사천(四川)의 고기 요리 냄새를 맡고는 너무도 향기로웠던 모양입니다. 얼른 저를 재촉해서 그곳을 떠나려 했습니다. 이것이 바로 아뢰야식 속에 있어서 우리 자신도 제대로 모르는 실집 분별입니다. 이것을 찾아낼 수 있다면 거의 다 된 셈입니다.

그러므로 가끔 요 며칠 사이 수행이 잘되어 심지(心地)가 그렇게 깨끗할 수가 없다고 느끼지만 도리어 실집 분별에 스스로 걸려들고 만 것을 알지 못합니다. 도를 닦고 불법을 배워서 마음이 청정해지면 분별력이 생겨나는데, 이건 아주 두려워해야 할 일입니다. 다른 사람이 잘못 말하거나 잘못 행동하는 것을 약간이라도 보면, 혹은 법도에 맞지 않는 것을 보면 그냥 미워집니다. 이것이 바로 진심(瞋心)으로서 실집 분별입니다. 여러분은 실집 분별이 그리 쉽게 제거될 수 있다고 생각하십니까? 그렇게 쉽게 제거할 수 있다면 이미 도를 이룬 것입니다.

앞에서 수행을 통해 건강을 얻을 수 있다는 것과, 그렇게 해서 공부가 정(定)의 경계에 들어설 수 있음을 살펴보았습니다. 그런데 『증일아함경』의 수식법(修息法)을 따르다 보면 많은 사람들이 이 이치를 잘못 이해하여 대단히 엄중한 문제가 생깁니다. 이 문제는 여성의 경우 더욱 심각합니다.

어떤 수행법이든 하단전에 의식을 집중하면 문제가 생기는데, 여성은 조식(調息)을 하면서 아랫배에 주의를 집중해서는 안 됩니다. 무릇 단전에 의식을 집중하다 보면 문제가 생기지 않는 경우가 없으니 이는 남성 또한 마찬가지입니다. 하단전에 집중하다 보면 배가 나오고 창자에 지방이 차며 위가 아래로 처집니다. 이게 무슨 공부이겠습니까? 수당(隋唐) 이후에 만든 불상을 보면 모두 배가 불룩 튀어나왔는데 이렇게 만든 것은 완전히 잘못되었습니다. 이런 모습으로 불상을 만드는 것은 사람들에게 아주 해로우며 실제로 이렇게 배가 나오는 것은 바람직하지 않습니다.

조식을 하여 연기(煉氣)한다고 할 때의 기(氣)는 콧구멍을 통해 드나드는 기가 아닙니다. 콧구멍을 드나드는 기는 연기를 위해 빌리는 임시 도구에 불과해서 마치 성냥처럼 불을 붙이고 나면 불필요한 것입니다. 생명이 있는 신체가 따뜻한 것은 신체 자체에 본래 기가 있기 때문입니다. 이것을 직접 느껴 알게 된 뒤에야 비로소 안반(安般)을 행할 수 있습니다. 진정으로 기의 이치를 느껴 알게 된다면 일주일 안에 반드시 과위를 증득할 수 있습니다. 이 말은 농담이 아닙니다. 불법은 사람을 기만하지 않습니다.

여러분은 수기(修氣)나 수맥(修脈)을 하면서도 무엇이 기이고 무엇이 맥인지조차 모른 채 호흡에만 몰두합니다. 이전에 말한 적이 있지만 호흡이나 소리는 모두 생멸법인데, 생멸법으로 불생불멸의 과위를 얻고자 하니 어찌 모순이 아니겠습니까? 당연히 잘못된 것입니다. 연기(煉氣)만 해도 그렇습니다. 우리의 신체 내부에는 본래 기가 있는데 그것을 끌어내기만 하면 됩니다. 정말로 이렇게 할 수만 있다면 신체 내부에서 반드시 변화가 일어납니다. 그리 어려울 것도 없습니다!

예를 들어 여러분이 피곤해서 졸릴 때면 한 모금만 들이쉬어도 호흡이 멈추고 기가 머물게 됩니다. 신체 내부에 있는 원기(元氣)의 작용이 나타난 것입니다. 이는 마치 건전지를 다 사용하고 나서 땅 위에 놓아 두면 전기력을 흡수하여 다시 사용할 수 있는 것과도 같습니다. 불법 수행의 이치는 물리적인 이치와 다를 바 없습니다. 실제로 여러분이 이 이치를 이해한다면 신체 내부에 있는 본래의 기를 체험할 수 있습니다. 그렇게 해서 신체에 있는 기를 운용한다면 병을 없애고 수명을 연장하는 것이나 젊음을 되찾는 것도 아주 쉽게, 마치 손바닥 뒤집듯 할 수 있습니다. 단지 견지가 이르지 못하기 때문에 뚜렷이 알지 못할 뿐입니다.

하지만 기(氣)를 감지해 낸다는 것이 그리 쉬운 일은 아닙니다. 기를 감지해 내었다면 이를 연마하여 "정이 가득하면 음욕이 일지 않고, 기가 가득하면 식욕이 일지 않으며, 신이 가득하면 졸리지 않는다(精滿不思淫, 氣滿不思食, 神滿不思睡)"라고 하는 단계에 이르러야 하며, 여기에 이르면 길어야 사흘 안에 정(定)에 도달할 수 있습니다. 타좌를 해서 정에 들고 싶다면 며칠만 해도 가능할 것이며, 신체를 민첩하고 날렵하게 만들고 싶다면 곧 그렇게 될 것입니다. 그러므로 부처님은 자신의 아들에게 이 방법으로 닦으면 아주 빨리 성취를 얻을 것이라 했습니다.

라훌라는 어떻게 이 방법을 그렇게 쉽게 닦을 수 있었을까요? 동진(童眞)의 몸으로 시작하면 이 방법으로 닦은 지 며칠 이내에 과위를 증득할 수 있습니다. 여자아이라면 첫 월경 이전으로 아직 성에 눈뜨기 전이고, 남자아이라면 성에 대해 아무것도 모를 때가 바로 동진입니다. 남녀노소를 막론하고 나이가 아무리 많더라도 수행을 통해 동진에 이르러야 합니다. 그래야만 증득이 가능합니다. 어떻게 수행을 해야 동진에 이를 수 있을까요? 마음에 분별심이 없고 생리나 색법이 모두 전화되어 육근에서 새어나가는 것이 없을 때가 되어야 비로소 동진의 몸으로 변화됨으로써 곧 도에 들 수 있습니다. 이것은 절대로 거짓이 아닙니다. 불법은 사람을 속이지 않습니다.

독각도의 도상지인을 분명히 알면 순결택분이 넷 있는데, 색등승의 중에 열어서 넓히며 무를 말하면서도 가유가 있어 법성에 위배되지 않으니 이것이 난위이다〔了知獨覺道之道相智因, 順決擇分有四, 謂開闡色等勝義中, 無名言中假有, 不違法性, 是爲煖位〕.

독각도(獨覺道)는 성문과(聲聞果)와는 달리 불법의 중승도(中乘道)와 같습니다. 무(無)를 말하면서도 가유(假有)가 있어 진공은 묘유의 작용을 일으키지만 아무리 유에 집착해도 결코 공의 법성에 위배되지 않습니다. 바꿔 말하면 공이 되어 유의 작용을 일으킬 수 있을 때에야 비로소 독각도의 난위(煖位)가 됩니다.

정위는 색등승의에 통달함으로써 줄어듦이 없는 것이다〔頂位是由通達色等勝義無減等所顯〕.

무엇이 독각도의 정위(頂位)일까요? 물질세계의 색법을 철저히 알아 제일의(第一義) 속에서 감소됨이 없는 것입니다. 담배 한 개비를 예로 들어 봅시다. 담배 한 개비를 태우고 난 뒤 온갖 과학적 방법을 다 동원하여 부산물을 다시 모은다면 그 분량은 조금도 감소되지 않을 것입니다. 공의 경계에 진입하여 묘유의 작용을 일으키는 것도 이처럼 감소되는 것이 없습니다. 수행에 성공한 사람은 다시 육도윤회의 과정 속에서 투태할 필요가 없는데, 의생신(意生身)이 가능하여 한번 생각하기만 해도 다른 신체를 만들어 낼 수 있습니다.

심법은 대단한 것이지만 색법 또한 불가사의합니다. 불법은 심법 방면에 편중되어 전개됩니다. 마음을 다 장악하고 난 뒤에야 비로소 물질인 색을 장악할 수 있다는 것입니다. 불법은 물질의 방면에서 전개되지 않지만 실제로 마음과 물질은 하나의 것으로 물질 또한 마찬가지로 불가사의합니다. 도가는 색법을 향하여 갑니다. 먼저 몸을 닦아 성공하면 곧 그것을 초월할 수 있다는 것입니다. 후세의 밀종 역시 이 방법을 따르며, 과학도 지금은 연구 단계에 있지만 역시 이 방법을 따라가고 있습니다.

불법을 배우는 우리는 현대 과학을 경시해서는 안 됩니다. 수시로 왕래를 하며 현대 과학의 자료를 참고해야 합니다. 왜 미국인들은 인공위성이나 우주선을 계속 우주로 쏘아 대고 있을까요? 그들은 우주의 신비를 탐구하고 있는 것입니다. 하지만 그들 역시 그저 생명의 최후 측면만을 더듬고 있으니 무척 불쌍하기도 합니다. 오로지 외부로만 향하여 그렇게 노력하면 찾아낼 수 있을 것이라 생각하지만 그렇게 찾아내더라도 볼 수가 없습니다. 불법을 배우는 사람은 돌이켜 자신 속에서 '이것'을 찾아내어야 합니다. '이것'을 찾아내면 '그것'은 쉽게 찾을 수 있으니 스스로 증득을 구해야 합니다.

불법을 배우는 사람은 대단히 이기적입니다. 왜 그럴까요? 수시로 자신을 돌보려 하고 수시로 자신의 문제를 해결하려 하기 때문입니다. 해결하지 못한 것이 있는데도 스스로 옳다고 생각한다면 그건 자신을 속이는 것일 뿐입니다. 생로병사를 모두 해결해야 합니다. 불법을 배운다는 것은 이런 기본적인 문제를 해결하는 것입니다. 불법을 배우는 사람은 어떤 사람일까요? 한평생 자신을 검사하고 반성하여 언제 어디서나 스스로를 살필 수 있는 사람입니다. 이런 사람이 바로 수행자입니다. 이른바 자각(自覺)이라고 하는 것은 수시로 자신의 잘못된 곳을 찾아내어 스스로의 문제를 해결하는 것입니다.

독각도의 인위(忍位)는 어떤 것일까요? "인위는 내적인 공에 통달하므로 색등승의에 집착해서는 안 됨을 뚜렷이 아는 것이다〔忍位由通達內空等故, 了知色等勝義不可執〕." 독각승은 내면으로 공의 경계를 증득했기에 물질세계에 집착하지 않지만 이것은 아직 중승도이지 보살도가 아닙니다. 달리 말하면 불법을 공부하는 사람들은 공을 말하지만 그건 어디까지나 자신의 이야기이지 물질세계는 여전히 그대로 있습니다. 설사 한번 타좌에 들어 만 년이나 지속한다 하더라도 지구는 여전히 그대로 돌고 있습니다. 독각 승은 바로 이렇습니다. 여전히 사대인 지구는 자신에 의해 공이 되지 못했습니다. 그러면 색(色)과 심(心) 이 둘은 반드시 분리되어야 할까요? 만약 그렇다면 여래의 경계가 아닙니다. 『능엄경』에서는 말합니다. "마음이 능히 물질로 전화될 수 있다면 바로 여래와 같은 것이다[心能轉物, 卽同如來]." 마음과 물질은 하나입니다. 이 원리를 확실히 파악하고 있어야만 진정한 성취가 가능합니다. 마음과 물질이 하나가 되지 않고서는 안 되며, 단지 한 면으로만 편향되어서도 안 됩니다.

그러므로 연각(緣覺)의 세제일법은 색등승의(色等勝義)는 생겨나는 것이 아님을 뚜렷이 아는 것입니다. 생겨나면서도 생겨나지 않음을 알고 있어야 합니다. 이 경전에서는 도처에서 색을 말하는데, 색법은 지수화풍을 가리킵니다. 유식에서는 색법을 극미색(極微色), 극형색(極逈色), 법처소섭색(法處所攝色)의 세 가지로 나눕니다. 법처소섭색에서 '법처(法處)'란 바로 의식 경계를 말하는 것으로 스스로 지수화풍을 생겨나게 할 수 있습니다. 물론 여기에는 물질을 변화시키는 작용도 포함됩니다. 이들에 대해 우리는 모두 알고 있어야 합니다.

공성을 드러내고 증득한 지혜가 섭지하는 바 대승의 현관에 대한 살핌은 바로 대승 견도의 모습으로, 경계는 오직 대승의 견도에 있다[現證空性慧所攝持之大乘諦現觀, 卽是大乘見道之相, 界限唯在大乘見道].

공성을 증득한다는 것은 선종에서 말하는 돈오입니다. '펑!' 하면서 나타나는 것이 교리상으로는 공성을 증득하는 것입니다. 이는 성공(性空)의 경계가 바로 드러나는 것으로, 이때 지혜가 열리고 반야가 완성되며 공성을 증득하는 데 포함된 대승도(大乘道)의 모든 현관장엄(現觀莊嚴)이 빠짐없이 드러납니다. 그러므로 정토의 경계가 바로 눈앞에 드러나 그 자리에서 성불합니다. 이것이 바로 대승 견도의 경계이니 견도 이후에야 비로소 수도할 수 있습니다. 마치 쌀을 발견하고서 밥을 짓듯이 견도는 쌀을 발견한 것과 같으며, 수도는 쌀을 솥 안에 넣는 것과 같습니다. 대승 견도의 이 경계에 대해 지금은 선종의 돈오로 설명하지 않고 단지 공부와 견지의 이치로 말하고 있습니다. 교종과 선종은 다릅니다. 정토종을 예로 들어 봅시다. 정토종에서는 나무아미타불만 외우면 깨달음에 이를 수 있다고 합니다. 교리상으로 말하면 왜 나무아미타불을 외워야 하는지, 이것을 외는 것은 무슨 이치인지, 나무아미타불은 또 어떻게 외워야 하는지 등의 문제가 제기되는데 이런 것들이 바로 교리입니다. 따라서 선종과 교종은 차이가 있습니다. 그러나 선종에 통한 사람은 교종에 모조리 다 통하지만 교종에 통한 사람이 반드시 선종에 다 통하지 않는 것은 공부가 부족하기 때문입니다. 오로지 공부를 통해 증득을 구해야 합니다. 그래서 여기서는 경계는 오직 대승의 견도에 있다고 말하며 교리로는 이렇게 설명합니다.

이것은 대승의 견도에 이른 사람의 몸속에는 대공덕이 갖추어져 있어 견도에 승리함을 말한다〔此說, 大乘見道人身中, 具大功德勝利之見道〕.

미륵보살은, 내가 이 『현관장엄론』에서 말하는 바는 신체 내의 공덕을 성취하고 나서야 비로소 견도를 이야기할 수 있다는 것이다. 견도는 여전히 이 육신에 의지해야 한다고 말합니다.

도상지가 섭지하는 견도 중에는 16찰나가 있다〔道相智所攝之見道中, 有十六
刹那〕.

찰나간에 견도합니다. 이것이 미륵보살이 우리에게 알려 준 것입니다.

팔만사천의 대치

부처님의 청정이 제일 청정한 것은 능치와 소치의 허물을 차례로 끊어 내
는 과정에서 대승 수도의 능량지지와 소량실공이 평등하게 됨으로써 삼계
의 여러 장애를 청정하게 할 수 있는 진정한 대치가 가능하기 때문이다〔佛淸
淨爲最淸淨者, 由於能治所治次第斷過門中, 許大乘修道由能量之智與所量實空平等性故,
是能盡淸淨三界諸障之眞對治故〕.

대치법문에 대해 말하자면 불법을 배우고 도를 닦는다는 것은 한 가지
약방문으로 만 가지 병을 고치는 것이 아닙니다. 팔만사천 법문에는 모두
대치법이 있습니다. 여러분이 수행을 할 때 홀연 한 차례 공이 되더라도
그것이 오래되면 혼침에 빠지고 졸음이 옵니다. 바로 대치(對治)가 필요할
때인데, 이때는 공을 내버려 두고 '유(有)'를 일으켜야 합니다. 그러나 유가
오래되면 다시 산란해지므로 타좌 공부를 할 때에는 대치법문을 잘 알고
있어야 합니다.

어떤 사람이 물었습니다. "어떤 때에는 염불을 하거나 주문을 외거나 혹
관상을 하면 아주 잘되는데, 오래 지나지 않아 산란해지는 것은 왜 그런가
요?" 여러분이 마음속으로 '이번엔 정말 제대로 되는구나. 정(定)이 바로
이런 것이지' 하고 생각하지만 사실 그것은 이미 산란해진 상태입니다. 하

면 할수록 더 산란해지고 나빠지는 것은 대치 방법을 알지 못하고 있기 때문입니다. 수행자는 외도(外道)든 내도(內道)든 불문하고 각종 대치 방법에 대해 모두 알고 있어야 합니다. 어느 경계에서는 재빨리 어떤 법문을 닦아야 하며, 원래의 방법을 다시 사용해서는 안 됩니다. 다시 사용하면 문제가 생깁니다. 특히 우리의 심리에는 많은 업장(業障)이 있어서 그것을 조절하기가 무척 어렵기 때문에 팔만사천의 다양한 대치법문이 있는 것입니다. 이른바 "법문무량서원학(法門無量誓願學)"은 단지 하나의 문(門)에 한정되지 않습니다. 자신의 것만이 옳고 다른 것은 전부 틀렸다고 생각하는 것은 문제가 있습니다.

습기를 차례로 끊다

지금 미륵보살은 일체 청정 대치법의 중요성을 말합니다. 오직 부처님의 청정 경계만이 총체적인 대치법으로, 대치의 상태와 대치의 방법은 적합해야만 합니다. 예를 들어 우리가 산란하면 지(止)를 닦아야 하고 혼침이 오면 관(觀)을 닦아야 하며 혼침에 떨어져 버리면 연기(煉氣)를 해야 합니다. 하지만 연기를 오래해도 역시 폐단이 생기므로 알맞은 곳에 이를 수 있어야 합니다. 그러므로 능치(能治)와 소치(所治)의 각종 법문을 모두 배워야만 합니다.

대치법문을 배워서 무얼 하느냐고요? 허물을 차례로 끊어 내어야 하고 우리의 습기를 점차 변화시켜야 합니다. 이번 과정에서는 견지와 수증, 행원에 대해 강의하고 있지만 행원은 도달하기가 너무 어렵기 때문에 아직 말하지도 못했습니다. 습기가 지나치게 많으면 그것을 끊어 내기가 거의 불가능하지만 심리 행위나 습기를 끊어 내지 않고서는 신체 내의 공덕을 성취할 수 없으므로 공부 또한 진전이 없습니다. 신체 내부의 공덕을 성취하고 나면 신체가 서서히 변화되어 승의(勝義)의 방향으로 전화됩니다. 이런 이치는 정해진 것으로, 이 경전에서는 그 경계를 아주 분명히 설명하고 있습니다.

그러나 여기서 말하고 있는 것은, 습기는 차례대로 서서히 끊어 내어야 한다는 사실입니다. 조금 전에 이야기한 내용을 예로 들어 봅시다. 정(定)을 얻어 마음이 청정한 때에는 다른 사람의 잘못을 보면 작은 잘못이라도 견디지 못합니다. 왜 그럴까요? 이는 마치 거울을 너무도 깨끗이 닦아 놓아 먼지 한 톨만 떨어져도 눈에 확 띄는 것과 같습니다. 먼지가 앉은 것을 보면 짜증이 납니다. 털끝 하나도 용납하지 못하여 진심(瞋心)이 일어나는 것입니다. 오직 청정한 것만 좋아하고 더러운 것을 싫어함은 공덕이 원만하지 못한 것으로, 역시 잘못입니다. 잘못된 것은 서둘러 끊어 내어야 합니다. 끊어 내지 않고는 안 됩니다. 이런 것들을 불경에서는 모두 언급하고 있습니다. 수행은 그렇게 간단한 것이 아닙니다.

능치(能治)와 소치(所治)의 허물을 차례로 끊어 내어야 하기 때문에 이 법문 중에서도 이것은 대승의 수도(修道)에 해당합니다. "능량지지와 소량실공이 평등하게 됨으로써[由能量之智與所量實空平等性故]." 대승의 수도 경계는 망념이 공이 되면 청정한 본성이 드러나는 것입니다. 이는 자성 청정의 '능(能)'으로, 단지 능만을 얻고 망념이 제거된 '소(所)'가 없으면 안 됩니다. "능과 소가 모두 없어진[能所雙亡]" 것 역시 안 되며, "능과 소가 서로 융화되어야[能所雙融]" 합니다. 그러므로 능량지지와 소량실공의 구분이 사라져서 평등할 때에야 비로소 대무분별심(大無分別心)이라 할 수 있으며, 이렇게 되어야만 비로소 일체의 장애를 청정하게 할 수 있습니다. 이것이 바로 일체의 장애에 대한 진정한 대치로서, 공(空)에 떨어지지도 않고 유(有)에 집착하지도 않게 됩니다.

대반야는 큰 횃불과 같다

이들은 모두 이론을 말한 것입니다. 만약 이해가 된다면 공에 떨어져서도, 또 유에 집착해서도 안 됨을 알 것입니다. 평상시에 배운 바로는 외도역시 괜찮다고 하는데, 이렇게 유(有)에 집착하는 것도 괜찮다고 하는 이유가 무엇일까요? 바로 대치(對治)의 시기에, 조심(彫心)의 시기에 필요하기 때문입니다. 그러므로 지식이 많으면 나중에 큰 장애가 되지만 도를 이룬 후에는 도리어 아는 것이 적으면 두려워하게 됩니다. 아는 것이 많을수록 사람을 가르치고 제도하는 방편 역시 많아지는 까닭입니다. 그래서 『대반야경』에서는, "대반야는 큰 횃불과 같다(大般若如大火炬)"라고 했습니다. 반야는 어떤 것이 들어와도 두려워하지 않습니다. 좋은 것이든 나쁜 것이든 많이 들어올수록 지혜의 빛은 더욱 커집니다. 대반야의 지혜를 갖춘 사람은 여러분이 외도든 아니든, 혹 어디에 오염되었더라도 두려워하지 않습니다. 많이 들어오면 들어올수록 그의 반야의 불꽃은 더욱 커집니다.

또 다른 비유로서 대반야를 공작(孔雀)과 같다고 합니다. 그래서 밀종에서는 어떤 수행법을 가리켜 '공작명왕(孔雀明王)'이라 부르기도 합니다. 왜 공작과 같다고 할까요? 공작은 오로지 독이 있는 것만 먹습니다. 지네나 전갈처럼 독이 많은 것일수록 공작에게는 좋습니다. 독을 많이 먹으면 털빛이 더욱 아름다워지지만 독을 먹지 못하면 영양 상태가 부실해집니다. 이 때문에 대보살은 지옥에도 가며 육도 중에서 중생을 제도하기도 하는 것입니다. 독을 먹으면 깃털이 더욱 광채를 발하듯 지혜도 더욱 밝아지게 되는 바로 이런 이치입니다. 그러므로 일체가 모두 대치법문이라 하는 것입니다.

이곳의 다툼은 하하등의 9종 수도로서, 상상등 9종의 실집을 끊어 내는 것과는 무관한 이치이다〔此處之諍者, 謂下下等九種修道, 斷除上上等九種實執不應道理〕.

고대의 대조사들 사이에서 이미 쟁론이 벌어졌는데, 외도의 법문으로 무상(無上)의 도법(道法)을 닦아서는 이룰 수 없다는 것입니다. 여기서의 쟁점은 이렇습니다. 낮고도 낮은 아홉 종류의 수행법으로는 높고도 높은 아홉 종류의 실집(實執)을 끊어 낼 수 없다는 것입니다. 이런 이치는 없으며 논리적으로도 맞지 않다는 말입니다.

비유컨대 힘없는 사부가 강력한 원적을 꺾지 못하며, 힘없는 원적에겐 강력한 사부가 필요하지 않은 것과 같다〔譬如羸劣士夫不能摧伏强力怨敵, 於劣怨敵不須强力士夫〕.

신체가 허약한 사람이 어떻게 강한 적을 꺾어 누를 수 있겠습니까?

이처럼 하품의 수도로는 상품의 실집을 끊어 낼 수 없으며, 하품의 실집을 끊어 내는 데에는 상품의 수도가 필요하지 않다〔如是下品修道不能斷除上品實執, 斷下品實執不須上品修道故〕.

하품(下品)의 수행법을 따르는 사람은 만약 길을 잘못 들어선다면 결코 상품(上品)의 불도(佛道)를 성취할 수 없을 것이며, 그리고 깊숙이 물들어 있는 하품의 습기를 끊어 내기 위해서는 반야와 같이 그렇게 높은 수행법이 필요하지 않다는 말입니다.

대답하기를 허물이 없다고 했다. 마치 옷을 빠는 것처럼 때가 적으면 힘을 들이지 않아도 되지만 때가 많으면 힘을 들여야 하는 것과 같으니, 능치와 소치의 이치 역시 마땅히 그러하기 때문이다[答云無過. 譬如浣衣, 洗除粗垢 不待勤勞, 洗除細垢, 須大劬勞, 如是能治所治亦應理故].

미륵보살은 그건 문제가 되지 않는다고 말합니다. 마치 우리가 옷을 빨 때처럼 옷이 아주 더러우면 힘을 좀 써야 하지만 옷이 그리 더럽지 않으면 가볍게 빨아도 괜찮다는 것입니다. 하품 수도자의 병폐가 크면 공부를 좀 더 열심히 할 것이고 공부의 문제가 크지 않으면 적게 닦을 것이니, 이는 결코 문제가 되지 않는다는 뜻입니다.

대승의 삼유와 열반

『현관장엄론』「일체지품(一切智品)」 제4에서는 이렇게 말합니다.

차안도 피안도 아니며 그 중간에도 머물지 않으니 삼세의 평등을 알기에 반야의 제도라 한다[非此岸彼岸, 不住其中間, 知三世平等, 故名般若度].

대승의 수도는 반야의 성취를 위한 것으로, 선종에서 말하는 돈오의 법문입니다.

무아를 드러내고 증득한 지혜가 섭지하는 바 소승의 현관 종류로서 곧 일체지상인데, 세상의 일체 성자에게 모두 있는 것이다. 세속사를 관대하는 것은 유의 변을 타파하는 것으로서 현관 종류의 대승 성지인데, 이는 지혜가 삼유에 머물지 않는 도상지상이다. 경계는 대승의 견도 내지는 불지를 따른다. 세속사를 관대하는 것은 적멸의 변을 타파하는 것으로서 현관 종류의 대승 성지인데, 이는 자비가 적멸에 머물지 않는 도상지상이다. 경계는 대승의 견도 내지는 불지를 따른다[現證無我慧所攝持, 復是小乘現觀種類, 卽一切智相. 界遍一切聖者皆有. 觀待世俗事是破有邊, 現觀種類大乘聖智, 卽智不住三有之道相智相. 界從大乘見道乃至佛地. 觀待世俗事是破寂滅邊, 現觀種類大乘聖智, 卽悲不住寂滅之道相智相. 界從大乘見道乃至佛地].

지금 논하고 있는 대승은 바로 선종에서 말하는 입지돈오(立志頓悟)입니다. 여러분은 날마다 깨닫기를 구하지만 깨달아서 무엇을 할 건가요? 깨닫지 못해도 얼마나 좋습니까? 깨닫지 못하니 이 세상은 정말 놀기 좋지 않습니까? 깨닫고 나면 이 세계가 꿈과 같을 것이니 놀 만한 것이 어디에 있겠습니까? 놀기에 좋지도 않은데 왜 하필 배워야 할까요? 불법을 배우고 수도를 하는 데에는 두 가지 목표가 있습니다. 바로, "지혜는 삼유에 머물지 않고, 자비는 열반에 들지 않는다[智不住三有, 悲不入涅槃]"라는 것입니다. 이것은 입세(入世)의 것이지 출세(出世)의 것이 아닙니다. 대승 불보살의 경계는 지혜가 세간에 머물지 않으며 자비가 열반에 들지 않는 것입니다. 한마디로 줄이면 자비와 지혜를 겸비한 것이 바로 보살도라는 말입니다. 보살도는 지혜와 자비를 동시에 닦는 것입니다. 지혜가 원만해지고 복덕이 원만해지면 곧 부처의 과위에 이르게 됩니다. 지혜와 자비를 동시에 갖춘다는 것 역시 이런 이치입니다.

수도하는 사람이 먼저 증득해야 하는 것은 '무아(無我)'입니다. 이 지혜의 경계에는 소승의 현관(現觀), 즉 일체의 것이 모두 공임을 보는 경계도 포함되어 있습니다. 이 경계는 세상의 일체 성자(聖者)에게 모두 있는 것으로, 무릇 성인이라면 모두 공의 일면을 보게 됩니다. 이 구절은 참으로 통쾌하고도 위대합니다. 무릇 성인이라면 유가든 도가든 다른 어떤 종교든 반드시 공의 일면을 보니, 그래야만 성인이라 할 수 있습니다.

"세속사를 관대하는 것은 유의 변을 타파하는 것으로서 현관 종류의 대승 성지이다〔觀待世俗事是破有邊, 現觀種類大乘聖智〕." 세속을 보니 너무 싫어서 세속을 떠나고자 하는 것을 '관대(觀待)'라 합니다. 대(待)란 상대(相對) 또는 대대(對待)의 뜻입니다. 세속의 일을 공으로 타파하는 것이 유의 변(邊)입니다.

"현관 종류의 대승 성지는 지혜가 삼유에 머물지 않는 도상지상이다〔現觀種類大乘聖智, 卽智不住三有之道相智相〕." 이론적으로는 지혜가 삼유(三有)에 머물지 않는 단계에 도달한 것은 견지상에서 공을 보아 낸 것이나 공으로만 떨어진 것은 역시 소승입니다. 더구나 그 공조차도 궁극의 것이 아닙니다. 공을 본 사람을 일컬어 감산대사는, "가시덤불 속에서 발을 옮기기는 쉬워도 달 밝은 주렴 밑에서 몸을 돌리기는 어렵다〔荊棘叢中下足易, 月明簾下轉身難〕"라고 말합니다. 대승에서 공을 본 사람은 바로 관자재보살이 말한 것처럼 색즉시공 공즉시색(色卽是空, 空卽是色)이요, 색불이공 공불이색(色不異空, 空不異色)입니다. 색과 공이 둘이 아니니 이것이 바로 지혜가 삼유에 머물지 않는 도상지의 상(相)입니다. 이 경계는 대승의 견도로부터 부처의 과위에까지 이릅니다. 자비가 열반에 들지 않는 이치도 마찬가지입니다.

보살의 일체지도인 반야바라밀다는, 지혜가 있어 생사의 차안에 머물지 않고, 자비가 있어 열반의 피안에 머물지 않으며, 차안과 피안의 중간에도 승의가 머물지 않아 두 변을 모두 타파하므로 공성의 지혜가 섭지하는 바 현관을 드러내고 증득한다〔菩薩一切智道般若波羅蜜多, 由慧故不住生死此岸, 由悲故不住涅槃彼岸, 於彼二岸中間亦勝義不住, 以是雙破二邊, 現證空性智所攝持之現觀故〕.

도를 증득한 사람이 바로 선종에서 말하는 도를 깨달은 사람인데, 무엇을 깨달았다는 것일까요? 바로 반야바라밀다(般若波羅蜜多)입니다. 도를 깨친 이후에는 지혜가 생사에 머물지 않고 자비가 열반에 들지 않습니다. 바로, "열반과 생사가 공화와 같도다〔涅槃生死等空華〕"라는 말입니다. 선자 덕성이 협산을 인도하며 말하기를, "몸을 숨기되 종적이 없게 하고 종적이 사라지면 몸을 숨기지 마라〔藏身處沒蹤跡, 沒蹤跡處莫藏身〕"라고 한 것도 바로 지혜는 삼유에 머물지 않고 자비는 열반에 들지 않는다는 것입니다.

선종에서 진정으로 도를 증득하거나 견도한 사람은 단지 조그만 청정이나 혹은 공의 경계에 치우친 사소한 생각이 아닙니다. 그러므로 우리는 임제종이나 조동종 등 한 종파를 창시한 사람들의 수행과 견지를 주의 깊게 살펴보아야 합니다. 또 석성금이 기록한 『선종직지』의 '대사인연' 역시 자세히 살펴보아야 합니다. 그가 적어 놓은 예는 모두 현실에서 닦아 이루어서 실제로 증득한 대단히 훌륭한 것으로 경전과도 부합하는 경계입니다. 이 정도가 되어야 비로소 개오(開悟), 증도(證道)라 할 수 있을 것입니다. 이는 짧은 인연이나 좁은 경계, 약간의 청정, 혹은 사소한 공을 가지고 스스로 깨달았다고 생각하는 그런 것이 아닙니다.

오온에서 벗어나기 어려움

색온은 공성이나 삼세를 묶어 두는 법이며, 보시는 보리분으로 행온과 상온의 대치법문이다〔色蘊等空性, 三世所繫法, 施等菩提分, 行想所治品〕.

여러분은 비록 수행을 하고 있지만 아직 색법에 대해서 뚜렷이 알지 못합니다. 사대로 구성된 물질세계를 타파해 내지 못하면서 도를 이루겠다고 말하는 것은 스스로를 기만하는 데에 불과합니다. 물질세계를 어떻게 하면 공이 되게 할 수 있을까요? 밥을 먹는 것 역시 색법입니다. 이것은 팽개칠 수 없으니 그러면 곧 목숨이 끊어지기 때문입니다. 이처럼 엄중한 것입니다. 이것을 어떻게 공으로 만들 수 있을까요? 색수상행식(色受想行識)의 오온(五蘊) 중 왜 색법을 제일 먼저 열거했을까요? 색온(色蘊)은 타파하기가 무척 어려운 것이기 때문입니다. 온(蘊)이란 잠재되어 있고 견고한 것입니다. 또 온(蘊)을 음(陰)으로 해석하여 보이지 않는 것으로 풀이하기도 하는데, 아주 재미있는 관점입니다.

"색온은 공성이나〔色蘊等空性〕." 우리는 불법을 배우면서 우연히 제육식이 한 차례 청정해진 것을 공이라 하지만, 색법이 공이 되지 않고서 어떻게 제육식을 공으로 만들 수 있겠습니까? 수증이 없으면 불가능합니다.

"삼세를 묶어 두는 법이며〔三世所繫法〕." 과거·현재·미래 삼세(三世)의 일체 중생에서 이 삼세는 정말 우리를 곤란하게 합니다. 색온(色蘊), 즉 물질의 작용은 우리를 온통 그 속에 묶어 놓습니다. 비단 금생뿐 아니라 과거와 미래까지도 모두 우리를 그 속에 묶어 놓습니다. 자기가 신통력이 있다고 말하는 사람이 있다면 단지 한마디만 물어보십시오. 이 세계에서 없는 것이 무엇이냐고요. 틀림없이 대답하지 못할 것입니다. 꿈속이든 신통이든 정신 질환이든 그가 말하는 것은 모두 사람이 생각해 낼 수 있는 것입니다. 생각해 낼 수 없는 것은 바로 본 적이 없는 것입니다. 여러 종교의 관점에서 생각해도 예상할 수 있습니다. 외국의 신(神)과 천당은 모두 외국 양식이며, 중국의 신은 중국 양식입니다. 지역마다 문화와 사상이 다르며 천당 또한 이를 따라 변화합니다. 이런 쪽으로 연구를 해 보면 정말 재미있습니다. 옥황상제는 바로 우리의 인격화된 신으로서 지하까지도 지휘할 수 있습니다. 이 밖에도 성황(城隍)이 있는데 우리의 행정 조직과 같습니다. 서양의 하나님은 서양인의 인격화이며, 천당은 서양의 조직과 동일합니다. 결국 책 속의 게송인 "색온은 공성이나 삼세를 묶어 두는 법이다〔色蘊等空性, 三世所繫法〕"로 귀결됩니다.

우리의 사상과 학문은 모두 물리세계의 범위를 벗어날 수 없습니다. 그러니 어떻게 해야 삼계 바깥으로 벗어날 수 있을까요?

"보시는 보리분으로 행온과 상온의 대치법문이다〔施等菩提分, 行想所治品〕." 보시, 지계, 인욕, 정진, 선정, 반야의 육도(六度) 수행법이나 삼십칠도품(三十七道品), 칠각지(七覺支) 등의 보리분(菩提分)은 모두 행온(行蘊)과 상온(想蘊)의 대치법문입니다.

우리가 사(思)와 상(想)으로부터 벗어나기는 무척이나 어렵습니다. 그러나 이보다 더 어려운 일은 행온(行蘊), 즉 생명 작용으로부터 벗어나는 것입니다. 예를 들어 우리가 잠을 잘 때 사상(思想)은 없을 수 있지만 혈액 순환이 중단된다는 것은 생각하기 어렵습니다. 우리가 살아 있는 한 혈액은 순환하며 세포도 모두 신진대사를 계속합니다. 이것이 바로 행온으로, 제칠식과 제팔식 사이의 것입니다. 여러분은 혹 공을 말할 때가 있지만 무엇을 공으로 만든다는 것일까요? 행온은 절대 공이 될 수 없습니다. 설사 여러분의 호흡이 정지된다고 해도 아직 부족합니다. 신체 내부에서도 기주맥정에 이르러야 합니다. 그러므로 여러분의 수행이 심장과 맥박을 멈추게 하고 싶으면 멈추고, 다시 움직이게 하고 싶으면 움직일 수 있는 정도에 이르러서야 비로소 행온이 파악됩니다. 행온이 파악되어야 겨우 업력을 쫓아갈 수 있으며, 이쯤 되어야만 수행이라고 할 수 있습니다.

여기에 이르지 못했다면 공부에 대해서는 말하지 않는 것이 좋습니다. 단전에서 뜨거운 것이 움직인다거나 혹은 코에서 하얀 김이 뿜어져 나온다고 하지만 이들은 모두 상온(想蘊)상에서 가능한 것으로 연습만 많이 하면 도달하여 얻을 수 있습니다. 이런 것들은 망념에 불과한 것으로 여기서 말하는 공부가 아닙니다.

제24강

도솔천에 왕생하다

어떤 학생이 필기한 내용 중에 아주 좋은 문제 제기가 있었습니다. 그 학생은 강의를 듣고 난 후 불법을 배운다는 것이 참으로 어려운 일임을 느꼈다고 합니다. 그는 불경을 많이 보았기 때문에 방법을 하나 알게 되었는데, 자기는 그것을 '투나법(偸懶法)'이라고 부른다고 했습니다. 왜 투나(偸懶)일까요? 그는 길이 너무 멀어서 서방에 왕생할 생각은 없다고 합니다. 그렇다고 동방의 약사여래세계에 왕생하고 싶은 생각도 없는데, 그것 역시 쉬운 일이 아니기 때문입니다. 그는 차라리 도솔천에 태어나서 미륵보살의 국토로 가고 싶다고 합니다. 도솔천은 욕계천의 중심입니다. 일체의 준불(準佛)들이 인간 세상에 태어나서 성불하기 이전, 즉 십지보살(十地菩薩)이나 등각(等覺)과 묘각(妙覺)의 최후신들이 모두 도솔천의 천주(天主)였습니다. 도솔천은 욕계에 속한 곳으로, 음식과 남녀 간의 욕구가 있다는 점에서 인간 세상과 같으나 단지 경계가 다를 뿐입니다.

그러나 도솔천에는 미륵내원(彌勒內院)이 있습니다. 미륵내원은 절대 청정한 곳으로, 우리가 지금까지 다룬 『유가사지론』은 바로 미륵보살이 미륵 내원에서 강연한 경전입니다. 전하는 바에 따르면 무착보살이 정력(定力)으로써 그곳에까지 올라가서 밤이면 강의를 듣고 낮이면 다시 내려와서 기록을 하여 이 경전이 완성되었다고 합니다. 현대의 일반 학자들, 특히 구미의 학자들은 이런 이야기를 터무니없다고 여겨 이 책을 무착보살의 저술이라고 보지만 여기에 대해서는 더 이상 말하지 않겠습니다.

많은 대보살들이 모두 미륵보살의 도솔천에 왕생하기를 발원합니다. 그리고 다음 겁(劫)이 시작되기를 기다렸다가 다시 미륵보살과 함께 이 세상에 태어나서 사람들을 제도하고자 합니다.

이 학생은 이런 경론(經論)을 보았던 것입니다. 훌륭합니다. 분명 이렇게 질러가는 길이 있습니다. 서방 정토에 왕생하려면 마음에 조금도 흐트러짐이 없이 염불할 수 있어야 합니다. 그러나 도솔천에 왕생하려면 그저 믿음만 굳건하면 됩니다. 착한 일을 하고 그곳에 왕생하기를 발원하기만 하면 된다는 말입니다. 왕생을 발원하여 장래 미륵보살과 함께 다시 이 세상에 태어나는 것은 마치 아난과 사리불이 석가모니부처님을 따라온 것과 같습니다. 고대의 무착보살과 같고 근대의 태허법사(太虛法師)와 같습니다. 그리고 몇 년 전 대만의 시즈(汐止)에서 육신이 썩지 않았던 자항법사(慈航法師) 역시 그랬습니다. 그뿐 아니라 과거 대륙의 수많은 재가인과 출가인들 모두가 도솔천에 왕생하기를 발원했습니다. 미륵보살과 함께 다시 태어나서 그의 강연을 듣고 도를 배우기 위해서입니다.

이 방법은 아주 그럴듯합니다. 그리고 이 학생은 『대정장(大政藏)』 속에서 부처님이 말한 『관미륵보살상생도솔천경(觀彌勒菩薩上生兜率天經)』을 발견했던 것인데, 이를 보면 그가 얼마나 많은 노력을 했는지 알 수 있습니다. 선종의 조사가 말하기를, "거머리가 학의 발에 붙으니 학이 하늘로 오르면 거머리도 따라 오른다〔螞蟥叮上鷺鷥脚, 爾上天來我上天〕"라고 했습니다.

미륵보살이 내려와서 사람들을 제도할 때에 그와 함께 와서 제자가 된다는 것입니다. 이것은 정말 좋은 방법입니다.

제일의제

이제 계속해서 『현관장엄론』을 살펴보도록 하겠습니다. 「일체지품」 제4입니다.

부처의 경계에 미세한 실집이 생겨나 그에 사로잡히니, 예배는 비록 복덕자량의 인으로 불신을 대치할 수 있으나 이는 보살도의 대치법문으로서 자칫 잘못된 곳으로 빠져들게도 한다〔於佛等境起微細實執繫縛, 修禮拜等, 雖是福德資糧之因, 而能對治不信等, 然是菩薩道之所治品, 以是彼岐誤處故〕.

우리 수행자는 부처의 경계에 대해 집착을 일으켜서는 안 된다는 것입니다. 약간의 미세한 집착을 일으켜도 도가 가로막힐 수 있습니다.

부처님께 예배하는 것은 아주 중요합니다. 특히 밀종을 배운다면 제일 첫 번째 조건이 바로 배불(拜佛)입니다. 먼저 십만 배 정도는 하고 나서 시작해야 합니다. 제가 이전에 불법을 배울 때에는 믿으라고 하면 믿었고 절하라고 하면 절했습니다. 바닥에 아무것도 깔지 않고 아침저녁으로 반드시 백 배를 했는데, 한 치의 흐트러짐도 없이 "신께 제사 지낼 때에는 신이 있는 것처럼 한다〔祭神如神在〕"라는 공자의 말과 같이 그렇게 했습니다. 절을 할 때에는 부처님이 바로 앞에 있는 듯 느껴졌습니다. 이런 마음이 일어나지 않는다면, 절을 하면서도 회의가 생긴다면 여러분의 죄업이 깊고 무거워 오만해진 것입니다. 불법을 배우는 사람은 부처님께 예배하지 않으면 안 됩니다. 유가에서도, "군자는 세 가지 두려워하는 것이 있다. 대인을 두려워하고 천명을 두려워하며 성현의 말을 두려워한다〔君子有三畏, 畏大人, 畏天命, 畏聖人之言〕"라고 합니다. 사람은 두려운 것이 있어야 합니다. 아무것에도 공경심이 일어나지 않는다면 여러분의 마음도 당연히 하나로 모아질 수 없습니다.

더욱이 불법을 배우고 도를 배운다면 스스로를 살펴보아야 합니다. 만약 공경심이 일어나지 않는다면 제 길에 오르기 어려우므로 대승불법을 배우는 사람은 먼저 보현보살의 행원품(行願品)을 배워 십대원(十大願)을 하나하나 행해야만 합니다. '그'를 공경하는 것은 곧 자신을 공경하는 것입니다. 그 이유는 아주 심오합니다. 그렇지만 수행의 마지막에 이르러서는 일체를 놓아 버려야 합니다. 부처의 경계에도 역시 집착해서는 안 됩니다.

승의제를 통달하기 어렵다고 하는 것은 오직 이 구경의 내면적 지혜로만 증험할 수 있는 것으로, 견색 등의 명언[148]과 양[149]으로는 알 수 없는 것이기 때문이다. 또 승의제를 불가사의하다고 하는 것은 명언과 양으로서도, 색 등으로서도 헤아릴 수 없는 부처의 불공법, 즉 세속의 법성으로서 그 구경의 본체는 오직 성스러운 근본지로만 볼 수 있기 때문이다〔說勝義諦難通達者, 以唯是究竟內智所證, 遮遣見色等之名言量所能知故. 又勝義諦說爲不可思議, 以名言量不能了知從色等, 乃至佛不共法, 是世俗法性, 其究竟實性唯是聖根本智所見故〕.

---

148 이름이나 명목(名目), 어구(語句), 언설(言說) 등을 가리킨다.

149 산스크리트 어를 의역한 것으로 광의와 협의의 두 가지 뜻이 있다. 협의로는 사물의 표준이나 근거를 인식한다는 뜻이요, 광의로는 작용의 형식과 과정 및 결과를 인식하고 어떤 지식에 대해 그 진위를 판단하는 것을 가리킨다. 인도에서는 예로부터 양지(量知)와 그 대상으로써 인식을 논증했는데, 이 양자를 통틀어 양(量)이라 했다. 이런 양지의 주체를 능량(能量)이라 하고, 양지의 대상이 되는 사물을 소량(所量)이라 하며, 양지의 결과를 양과(量果)라 한다. 이 세 가지를 삼량(三量)이라 하는데, 그 구체적 명칭은 소승이나 대승 등에서 약간의 차이가 있다. 자세한 내용은 다음의 표와 같다.

승의제(勝義諦)란 바로 제일의제(第一義諦)로서 형이상의 본체이기도 합니다. 이 도는 파악하기가 아주 어렵습니다. 언어나 문자로 표현될 수 있는 것이 아니며, 단지 "사람이 물을 마시는 것과 같아 차고 따뜻한 것을 스스로 아는[如人飮水, 冷煖自知]" 것이라 말할 수 있을 뿐입니다. 내부의 지혜가 물리세계를 떠나고 이론적인 범위를 벗어나서 이들을 모두 타파한 후에야 비로소 제일의제가 됩니다. 선종에서 불립문자(不立文字)라고 하는 것도 바로 이 이치입니다.

왜 부처님은 불가사의라 했을까요? 이 구절은 견도의 본체에 대해 말한 것입니다. 그 자체가 언어나 문자로 표현될 수 있는 것이 아니며, 물질세계의 지식으로도 파악될 수 없는 것이기 때문입니다. 이것이 부처님이 말한 불공법(不共法)[150]으로서 일체 사실의 법성을 초월하는 것입니다. 만약 이 본체 실성(實性)을 보아 낸다면 여러분이 바로 성인으로서 성인의 근본지(根本智)를 성취한 것입니다. 그렇지만 범부의 입장에서 본다면 이것은 불가사의한 것입니다. 형이하의 것은 불가사의하지 않습니다.

여러 유루의 연기는 모두 실유가 아니라 습기가 변화되어 나오는 것에 집착한 것이니, 비유하자면 꿈속의 일과 같다[謂諸有漏緣起, 皆非實有, 唯由執著習氣所變現故, 譬如夢事].

삼량(三量)	소량(所量)	능량(能量)	양과(量果)
비유(譬喩)	견포(絹布)	척(尺)	기수지지(記數之知)
외도(外道)	경(境)	식(識)	신아(神我)
소승(小乘)	경(境)	근(根)	식(識)
대승(大乘)	경(境)	지인(智因)	지과(智果)
유식(唯識)	상분(相分)	견분(見分)	자증분(自證分)

150 불공불법(不共佛法)이라고도 하며, 각각의 사람이 따로 받는 공덕법(功德法)을 가리킨다. 부처나 보살이 두루 갖춘 것으로 범부나 이승(二乘)에게는 없는 특질이다.

세간의 일체 일은 모두 유루(有漏)의 인연에 의해 만들어진 것입니다. 유루의 연기법(緣起法)은 모두 진실한 것이 아니며 꿈과 같고 환상과 같으니 모두 아뢰야식의 습기에서 변화되어 나온 것입니다. 예를 들어 여러분이 타좌를 할 때 나타나는 모든 경계, 즉 공이나 빛 혹은 청정같이 수도 없이 일어나는 온갖 괴이한 현상들은 모두 아뢰야식의 종자로부터 생겨난 것입니다. 『금강경』에서는 말합니다. "무릇 모든 상은 다 허망하니 만약 모든 상이 상이 아님을 본다면 여래를 보리라[凡所有相, 皆是虛妄, 若見諸相非相, 卽見如來]." 일체의 상은 모두 공이 되어야 합니다. 왜 그럴까요? 어떤 현상이든 모두 아뢰야식의 습기에서 변화되어 나온 것으로 가상(假相)이며 진실한 것이 아니기 때문입니다.

많은 사람들이 타좌 시 나타나는 각종 현상에 대해 묻곤 합니다만 실제로 이런 현상들은 부수적인 것입니다. 교리를 제대로 연구한다면 이들이 모두 과정일 뿐임을 알게 될 것입니다. 대아라한이 되는 데 두려울 게 뭐가 있겠습니까? 육신통(六神通)이 모두 나타난다고 해도 아뢰야식의 종자가 드러난 것일 뿐 궁극적인 것이 아니요, 도 역시 아닙니다. 이 이치를 잘 알아야 합니다. 이것을 잘 알고 있다면 많은 경계나 과정에 대해 회의하지 않을 것이며, 그다음 단계를 알아 다시 변화하려 할 것입니다. 모든 것은 이렇게 해서 변화되어 나아갑니다.

이전에 어떤 학생이 물었습니다. 타좌 시 눈을 감기만 하면 눈앞에 수많은 환상이 어른거린다고요. 이런 환상은 어디에서 왔을까요? 바로 아뢰야식의 종자로부터 생겨난 것입니다. 본래 시신경의 피로로 해서 나타난 것이 다시 무의식과 결합됨으로써 귀신이나 마(魔)로 생각하게 된 것입니다. 사실 마가 어디 있겠습니까? 마 역시 스스로가 만든 것으로, 모두 자신의 습기에서 변화되어 나온 것입니다. 우리는 이런 이치를 뚜렷이 알아야 합니다.

사정단

『현관장엄론약석』「원만일체상현관품(圓滿一切相現觀品)」제5의 1입니다.

이 속에는 세 가지가 있으니 성문의 제자에게 있는 일체지상, 보살에게 있는 도상지상, 일체상지의 불공상이 있다. 처음엔 지혜로써 유루를 관찰하면 몸은 부정하며 감각은 고통스럽고 마음은 무상하며 법은 무아라고 하는 별상[151]을 말하지만, 무상·고·공·무아가 모두 진실공의 공상[152]임을 관찰하고는 정념에 편안히 머무니 바로 사염주이다. 그 자성을 신수심법의 네 가지와 묶어서 말한 것으로 각기 별상과 공상을 닦는다. 염혜는 하나를 좇아 도에 들며 사제를 취사하여 닦는다. 불선한 것이 이미 생겼으면 끊어 내고, 아직 생기지 않았으면 생겨나지 않게 하며, 선이 이미 생겼으면 자라나게 하고, 아직 생기지 않았으면 생겨나게 하니 바로 사정단[153]이다〔此中分三, 順聲聞弟子所有一切智相, 隨順菩薩所有道相智相, 一切相智不共相. 初者謂以慧觀察有漏身不淨, 受是苦, 心無常, 法無我之別相, 及觀察無常苦空無我皆眞實空之共相, 安住正念, 卽四念住, 其自性謂緣身受心法四事, 各修別共二相. 念慧隨一之入道現觀, 爲入四諦之取捨而修也. 不善已生令斷, 未生令不生, 善已生令增長, 未生令生之四正斷〕.

이 단락에서는 수행의 첫 단계에서 먼저 공을 보아야 한다고 말합니다. 무상(無常), 고(苦), 공(空), 무아(無我)를 보아야 한다는 것입니다. 먼저 소

---

151 총상(總相) 속에 있는 각 부분의 모양을 말한다. 하나의 집이 총상이라면 그 집을 이루는 기둥이나 돌, 기와 따위는 각각 별상(別相)에 해당한다.

152 여러 가지 사물에 공통되는 모양〔共相〕이다.

153 네 가지의 올바른 노력을 말한다. 아직 생기지 않은 악은 생겨나지 않도록 하는 율의단(律儀斷), 이미 생긴 악은 끊기 위해 힘쓰는 단단(斷斷), 아직 생기지 않은 선은 생겨나도록 하는 수호단(隨護斷), 이미 생긴 선은 더욱 자라도록 애쓰는 수단(修斷)을 이른다.

승의 사제(四諦)를 닦아야 하지만 어떤 수행이라 하더라도 모두 사염주(四念住)를 떠날 수는 없습니다(삼십칠도품을 참조).

여기서 가장 중요한 것은 마지막의, 즉 "불선한 것이 이미 생겼으면 끊어 내고, 아직 생기지 않았으면 생겨나지 않게 한다〔不善已生令斷, 未生令不生〕"라는 구절입니다. 불선(不善)이란 바로 악업을 말합니다. 우리는 스스로를 자세히 관찰해야 합니다. 예를 들어 평상시에 생각의 습기 속에 나쁜 것이 들어 있다면 반드시 그것을 스스로 끊어 내어야 합니다. 이것이 수행의 첫걸음으로서, 이 역시 행원입니다. 나쁜 생각이 아직 일어나지 않았다면 그것이 드러나는 것을 막아야 합니다. 이 구절을 주의해야 합니다. 진정한 수행자라면 이 구절을 보고 몸이 떨릴 것입니다. 왜 그럴까요? 여러분이 평상시에 나쁜 마음을 갖지 않았다고 느낀다면 그것은 나쁜 마음이 아직 드러나지 않았기 때문입니다. 설사 가장 선하고 훌륭한 사람이라 하더라도 가장 훌륭한 그 시점에서 나쁜 마음이 일어날 수 있습니다. 그러면서도 스스로는 알지 못합니다. 이는 대단히 엄중한 문제입니다. 과거 송명이학가들의 자료를 보면 선한 일을 하면서도 동시에 나쁜 일을 하곤 하지만 스스로는 자신이 한 일을 모릅니다. 선을 행하여 공덕을 쌓는 것은 최고의 반야지혜가 필요한 일로 그렇게 간단하지가 않습니다. 어떤 때에는 자신이 아주 엄숙하고 단정하다고 느끼지만 실제로는 매일 나쁜 일만 하고 있는 경우도 있습니다. 행원이란 이처럼 어려운 것입니다! 주관적인 지식이나 약간의 학문을 가지고 스스로 옳다고 생각하지만 근본지에 비추어 보면 극도로 나쁜 생각일 수 있습니다. 그러므로 불선한 것이 이미 생겼으면 끊어 내고, 아직 생기지 않았으면 생겨나지 않게 한다는 것은 무척이나 어려운 일입니다.

"선이 이미 생겼으면 자라나게 하고, 아직 생기지 않았으면 생겨나게 한다〔善已生令增長, 未生令生〕." 심리학적 관점에서 스스로를 관찰해 봅시다.

하루 스물네 시간 중 자신의 마음속에서 어떤 생각이 진정으로 선한 것일까요? 엄격하게 자신의 심성을 살펴본 수행자라면 발견할 수 있겠지만 하루 종일 진정으로 선한 생각은 없으며 대부분 흐리멍덩하게 세월만 보냅니다. 행위에 선한 것이 있다고요? 지극히 선한 마음은 일어난 적이 없습니다. 염불을 하고 있어서 아무 생각이 없다고요? 한편으로 염불을 하면서도 다른 한편으로 육근(六根)은 도처에서 난동을 일으키고 있습니다. 설사 여러분의 염불이 전일하게 될지라도 그것은 단지 수행법문일 뿐이지 결코 진정으로 선의 복덕자량을 높여 주지는 않습니다. 이처럼 엄격합니다. 그러므로 여러분이 선종이니 무슨 종이니 내세우며 공덕이라고는 조금도 쌓지 않고서 나아가려 한다면 그건 불가능합니다. 마음을 바꿔 선의 경계를 조금이라도 높인다면 지혜는 그만큼 진보합니다. 여기에는 이론(異論)의 여지가 없습니다. 이런 까닭에 연세 지긋한 분들이 그렇게 오랫동안 노력하고서도 결코 제 길로 들어서지 못하는 것입니다. 여러분은 그저 타좌하여 정(定)만 닦아도 진보할 수 있다고 생각하는데 그렇지 않습니다. 선근(善根)이 일어나지 않고서, 선의 공덕을 쌓지 않고서 어떻게 진보할 수 있겠습니까? 따라서 선이 이미 생겼으면 자라나게 해야 합니다. 자신에게 어떤 선업(善業)이 있다면 스스로 찾아내어야 합니다. 이미 뿌리가 생기고 싹이 텄다면 그것을 길러 내어야 합니다. 아직 생기지 않았으면 생겨나게 해야 합니다. 이런 것이 바로 사정단(四正斷)입니다. 삼십칠도품 중에서는 사정근(四正勤)이라 부르기도 하는데, 우리가 반드시 노력해서 닦아야 할 행위입니다.

이 단락은 모두 삼십칠도품에 대해 말하고 있지만 많은 이야기를 할 수 없으니 여러분 스스로 자세히 연구해 보시기 바랍니다.

대승보살의 가행

먼저 자량을 모아야 하며 다음으로 난 등 사가행을 세워야 하니, 성도의 지엽이 확립되면 도를 보고 보리를 세워 수도한다[初聚立於資糧道, 次四聚立於 煖等四加行位, 聖道支立爲見道, 菩提分立爲修道].

미륵보살은 수행하고자 한다면 현교에서 말하는 삼십칠보리도품(三十七 菩提道品) 중 하나라도 빠져서는 안 된다고 말합니다. 이것이 바로 행문입 니다. 수시로 자신을 엄격히 살펴보고 반성해야 합니다. 이런 것이 구비될 때에야 비로소 불법을 배우는 기본이 갖추어집니다. 자신의 생각이나 행 위에 대해 대충대충 넘어간다면, 그래서 자신의 진정한 선행과 결합되지 않는다면 자량이 충분하지 못하게 됩니다. 달리 말하면 수행하여 도를 증 득하고자 해도 자본이 없는 것입니다. 이것은 비즈니스와 마찬가지입니 다. 자본도 없이 무얼 할 수 있겠습니까. 다시 말하면 수행은 선행이라는 자량과 분리될 수 없습니다. 자량을 확립한 뒤에야 비로소 공부를 말할 수 있습니다. 타좌하여 수증하는 것은 물론 사가행(四加行)입니다. 타좌를 통 해 사가행을 수행하다가 한 걸음 더 나아가면 오도(悟道), 곧 도의 근본인 성(性)을 봅니다. 이른바 명심견성이란 견도(見道)를 말합니다. 견도 이후 에는 수도하여 마지막으로 대철대오합니다. 이것이 미륵보살이 말한 과정 입니다.

우리는 수행의 심행조차 갖추지 못하고서 곧바로 높은 길로만 달려가고 자 합니다. 자신이 이미 도를 깨쳤다고 여겨 더 이상의 참선 타좌가 필요 없다고 생각합니다. 이렇게 잘못된 생각을 하여 평생을 허비하는 사람이 너무나 많은데, 이는 스스로를 살펴보지 못한 것입니다. 과연 자신이 선한 마음을 일으킨 적이 있는지, 자량은 충분한지 하는 것을 결코 돌아보지 못한 것입니다.

대승도를 배우는 사람은 조심해야 합니다. 대승도는 보살도의 사가행, 즉 난(煖)·정(頂)·인(忍)·세제일법(世第一法)을 말한 것으로 타좌 공부와 함께 해야 합니다.

『현관장엄론약석』 권 3 「원만일체상현관품」 제5의 2에서 말합니다.

대승 가행도의 근본지가 소연경에서 실집을 깨뜨려 없애는 것을 승의부주 색등이라 하고, 능연심에서 실집을 타파하는 것을 색등승의불가행, 그리고 색등진실의가행이라 한다. 색 등 실공의 진여는 무척이나 깊고, 여러 도의 법성은 헤아리기 어려우며, 여러 행상의 법성은 무한히 많다. 이 다섯 가행 에 통달하는 것은 가행 자체에 의거한다[大乘加行道根本智, 於所緣境破除實執, 名於勝義不住色等, 於能緣心破實執, 名於色等勝義不加行而於眞實義加行. 色等實空之 眞如甚深, 諸道之法性難測度, 諸行相之法性無量. 通達此五之加行是就加行自體而分].

대승도의 사가행을 배우면서 공부와 견지를 아우른다는 것은 더욱 어렵 습니다. 미륵보살은 어떻게 말하고 있을까요? 대승도의 근본지(根本智)는 명심견성으로, 공성(空性)을 보아 내는 것이 바로 근본지입니다. 소승의 근 본지는 공에 치우쳐 있으며, 중승도의 근본지는 공에 치우친 데에서 약간 의 환상적인 유(有)가 생겨나며, 대승의 근본지는 공이면서 유입니다. 이 때문에 『심경』에서는 네 구절로 말합니다. 그 중 "색즉시공(色卽是空)"은 소승 나한의 법문이고, "공즉시색(空卽是色)"은 연각의 법문이며, "색불이 공 공불이색(色不異空, 空不異色)"은 보살의 법문입니다. 그러므로 수행에서 는 공부의 정도가 달라지면 그 도달하는 순서도 달라집니다. 시간 관계상 여기에 대해서는 개략적인 것만 언급하고 지나가고자 합니다.

이제 대승의 근본지에 대해 말하고자 합니다. "소연경에서 실집을 깨뜨

려 없애는 것[於所緣境破除實執]." 이 물질세계가 바로 우리의 소연(所緣) 경
계입니다. 그리고 타좌를 하면서 보살이 출현하는 것을 관상하거나 혹은
광명이 나타나거나 삼맥칠륜이 통하거나 하는 것 등이 모두 소연 경계입
니다. 실집을 깨뜨려 없애려면 색법의 경계에 머물러서는 안 됩니다. 물리
세계를 떠나 심리적 경계에 이르러서도 일체의 것이 모두 공이 되어야 합
니다.

인용한 단락의 중간에 있는 한 구절인, "색 등 실공의 진여는 무척이나
깊고, 여러 도의 법성은 헤아리기 어려우며, 여러 행상의 법성은 무한히
많다[色等實空之眞如甚深, 諸道之法性難測度, 諸行相之法性無量]"라는 부분을
특히 주의해야 합니다.

색법은 바로 지수화풍으로서 물리세계의 일체를 포괄합니다. 물리세계
는 본래 공이지만 이 공은 동시에 유이기도 합니다. 그러므로 색 등 실공
(實空)의 진여인 심물일원의 이 본체는 그 이치가 대단히 깊습니다. 공성을
증득하여 도를 깨쳤다 하더라도 반드시 물(物)을 전화시킬 수 있는 것은
아닙니다. 마음으로 물(物)을 전화시킨다는 것은 말이 쉽지 공부를 통해
진정으로 증득하기란 참으로 어렵습니다. 이른바 "여러 도의 법성은 헤아
리기 어렵다[諸道之法性難測度]"라는 것은, 일체의 자성 본체는 불가사의한
것으로 우리의 생각으로써 추단할 수 없다는 말입니다.

"여러 행상의 법성은 무한히 많다[諸行相之法性無量]"라는 부분을 주의해
야 합니다. 일체의 보살행, 즉 마음속으로 일어나는 자비의 행상(行相)은
그 법성이 무량무변하며 각종 법문이 있습니다. 공맹의 도 역시 그렇습니
다. 모두가 사람을 대할 때 공경하라고 합니다. 그러므로 어떤 사람을 대
할 때에도 단정적으로 경솔히 말해서는 안 됩니다. 많은 보살의 화신들이
'비밀행(祕密行)'을 하고 있습니다. 표면적으로 보이는 것과 그 내심은 다
릅니다. 이것을 뚜렷이 알지 못하고 함부로 단정적인 말을 내뱉으면 구과

(口過)를 저지르게 되는데 이 구과는 아주 엄중합니다! 어떤 경우에는 지옥의 과보를 받아야 하기도 합니다. 스스로 뚜렷이 알았다고 생각해서는 안 됩니다. 말이야 얼마나 쉽습니까. 조그만 잘못이라도 반드시 인과가 있는 법입니다.

"이 다섯 가행에 통달하는 것은 가행 자체에 의거한다〔通達此五之加行是就加行自體而分〕." 앞에서 말한 다섯 종류의 가행에 통달하는 것은 여전히 가행에 의지하여 본체를 공부해 나아가는 데 달려 있습니다.

또 자량도의 둔근 보살지는 진공성이 나타나면 두려워한다〔又資糧道鈍根菩薩智, 於眞空性多起驚恐〕.

어떤 사람은 날마다 타좌하여 공을 구하려고 하지만 진정한 공의 경계가 나타나면 반대로 두려워합니다. 바로 근기가 둔한 인위(因位)상의 보살로 아직 과위를 증득하지 못한 보살입니다. 진정한 수행 경험이 없는 사람이라면 알지 못하겠지만 힘써 공부하여 진정으로 공의 경계에 도달하게 되면 정말로 두려울 수 있습니다. 이는 무협소설 같은 데에서 말하는 이른바 주화입마인데, 근기가 둔한 보살에게 나타나는 현상입니다.

이런 초업 보살의 가행은 모름지기 크게 노력하여 오랜 시간이 지나야 성불할 수 있으니, 이를 구로장구지가행이라 한다〔由是初業菩薩之加行故, 須大劬勞, 要經長時乃能成佛, 名劬勞長久之加行〕.

이런 종류의 근기가 둔한 보살이라면 돈오의 길을 따를 수 없으니 반드시 점수(漸修)의 방법을 따라 천천히 나아가야 합니다. 근기가 둔한 사람이 갑자기 공에 이른다면 두려워하며, 만약 복덕자량까지도 충분하지 못하다면 정신 질환에 이를 수도 있습니다. 그렇게 되면 곧바로 아수라도나 귀도 (鬼道)로 치닫고 말 것입니다. 장래 이 자리에 있는 보살들께서 사람을 인도할 때에도 비록 사람들에게 공성(空性)을 증득시키는 능력이 있다 하더라도 마음대로 그렇게 하지 못할 것입니다. 사람을 이끈다는 것은 아주 어렵습니다. 그의 복덕자량과 전생의 업보, 공덕을 잘 살펴서 적절한 정도로 망념을 한번 깨끗이 해 주기만 하면 됩니다. 너무 빨리 공성을 보게 한다면 곧바로 문제가 생길 수 있습니다. 가난한 아이를 하루아침에 부자가 되게 할 수 없는 것과 같습니다. 가난한 아이에게 갑자기 돈이 생기면 번뇌와 고통도 뒤따르게 되므로 사람을 인도할 때에는 그의 근기를 잘 살펴야 합니다. 이런 종류의 초급 보살은 장시간에 걸쳐 노력해야 비로소 성취를 이룰 수 있습니다. 이런 보살의 가행(加行)을 '구로장구지가행(劬勞長久之加行)'이라 합니다.

대승 가행도의 난위는 공성을 성취하여 두려움이 없으니, 이를 수기지가행을 얻었다고 한다[大乘加行道煖位, 由於空性成就無畏, 名得授記之加行].

대승보살의 난위(煖位)에 이르면 무슨 기맥이니 명점이니 하는 것들은 더이상 말할 필요가 없습니다. 보살도의 난위는 이미 이런 것들을 초월해 있으며, 이때가 되면 공성을 성취하여 두려움이 없는 지혜를 얻습니다. 그러므로 이 단계를 '수기지가행(授記之加行)'이라 합니다.

대승 가행도의 정위는 난위를 초월하는 것으로서 반야를 듣고 수지하므로 불퇴전가행이라 한다[大乘加行道頂位, 勝出於煖, 聽聞受持般若等, 故名不退轉加行].

반야로써 공성을 증득하는데, 반야는 다섯 가지 범위를 포괄합니다. 첫 번째는 실상반야(實相般若)입니다. 실상(實相)이란 바로 본체, 진여, 견도를 말합니다. 두 번째는 경계반야(境界般若)입니다. 반야에는 반야의 경계가 있는데, 반야지(般若智)를 얻은 사람은 도를 깨쳐 일체의 경계에 통달합니다. 세 번째는 문자반야(文字般若)입니다. 문자에 자연 통달하여 고명하게 됩니다. 네 번째는 권속반야(眷屬般若)입니다. 진정한 대지혜를 성취한 사람은 보시, 지계, 인욕, 정진, 선정 등 모든 선행을 일으킬 수 있습니다. 다섯 번째는 방편반야(方便般若)입니다. 일체의 교화 방법을 모두 알게 되며, 자리(自利)와 이타(利他)가 모두 그의 방편이 됩니다. 이것을 반야라 합니다. 『심경』과 『금강경』의 중점은 실상반야를 설하기 위한 것이며, 미륵보살이 말하는 도상지(道相智)와 근본지(根本智)도 모두 실상반야 속에 포함됩니다.

대승보살의 정위(頂位)는 난위를 초월하는 것으로서 이미 반야의 성취를 얻은 것입니다. 그래서 이를 '불퇴전가행(不退轉加行)'이라 합니다.

대승 가행도의 인위는 이승[154]의 작의 등 장애법을 멀리 벗어나므로 출리가행이라 한다〔大乘加行道忍位, 由遠離二乘作意等障礙法, 故名出離加行〕.

대승도가 인위(忍位)에 이르면 이미 소승의 성문, 연각의 경계를 뛰어넘습니다. 그러므로 이 단계를 세속과 관계를 끊은 '출리가행(出離加行)'이라 합니다.

대승 가행도의 세제일법은 견도의 정인으로서 부단히 닦아 가는 수행법이므로 무간가행이라 한다〔大乘加行道世第一法, 爲見道正因常修法, 故名無間加行〕.

대승도의 세제일법은 진정한 성불의 견도요 정인(正因)으로서, 늘 이 법을 닦으므로 '무간가행(無間加行)'이라 합니다. 부단히 노력하여 진실로 날마다 새롭게 하고, 날마다 날마다 새롭게 하고, 또 날마다 새롭게 하니 불퇴전(不退轉)의 경지를 초월합니다.

대승의 견도는 대승도의 무루법에 의지하므로 근대보리가행이라 한다. 이지로부터 칠지의 지혜에 이르기까지 속히 법신의 과위를 이룰 수 있으므로 속질증대보리가행이라 한다. 제팔지의 지혜는 세 종류의 종성에 두루 갖추어져 있는 전법륜[155]의 정지의 지혜이므로 이타가행이라 한다[大乘見道, 是大乘道無漏法所依, 故名近大菩提加行. 從二地至七地智, 速能成辦法身果, 故名速疾證大菩提加行. 第八地智, 是普於三種種性轉法輪之淨地智, 故名利他加行].

『현관장엄론』의 사십육 종 마경

수정(修定)과 관련하여 『능엄경』에서는 오십 종 마경을 언급하고, 『현관장엄론』에서는 사십육 종 마경을 말하고 있습니다.

여러 과실에 사십육 종이 있다는 것을 마땅히 알아야 한다. 만약 가행상에 원만히 머물기 어렵게 하는 마사가 생기면 이것은 가행의 과실 경계로서, 이로 인해 도에 들지 못하며 칠지에도 들지 못한다. 가행을 수행하는 데

---

154 대승과 소승, 성문승과 연각승, 또는 성문승과 보살승을 통틀어 이르는 말로, 여기서는 성문승과 연각승을 가리킨다.
155 석가모니부처님께서 성불한 뒤 사제(四諦)와 팔정도(八正道) 등을 설법하여 중생을 널리 제도한 것을 말한다.

있어 과실로서 사십육 종의 마사가 있으니, 스스로 연에 위배되어 생긴 것이 스무 종이다〔當知諸過失, 有四十六種. 若於加行生住圓滿隨一留難之魔事, 是加行過失相界, 從未入道乃至七地. 修加行之過失有四十六種魔事, 依自違緣有二十種〕.

수행은 어떤 때 장애에 부딪히는데, 이런 장애를 마경이라 합니다. 예를 들면 타좌가 잘되고 있을 때 갑자기 집안에 일이 생기거나 혹은 감기나 병에 걸리는 경우입니다. 이런 장애는 무척 많습니다. 수행을 하지 않을 때에는 아무 일이 없다가도 수행을 할수록 일이 많이 생깁니다. 복덕자량이 원만하지 못하므로 첩첩이 장애가 생기는 것입니다. 사십육 종의 마경 중 스무 종이 스스로 연(緣)에 위배되어 생겨나니 특별한 주의와 점검이 필요합니다.

그러므로 불법은 우리가 스스로를 살펴보도록 합니다. 수시로 경각심을 높여 나아가야 하며 조금이라도 차질이 생겨서는 안 됩니다. 이른바 정(正)과 사(邪), 불(佛)과 마(魔)는 어떤 때에는 거의 차이가 없습니다. 미륵보살은 여기서 아주 뚜렷이 분석하고 있습니다.

이 사십육 종 마도(魔道)의 경계는 주로 견해와 관련한 것으로, 마가 있다느니 귀가 있다느니 하며 일반적으로 말하는 그런 것이 아닙니다.

육도 보살행

색 등을 전화시켰기에 의혹이 다하여 빈틈이 없다. 스스로 선법에 안주하며 다른 사람도 안주케 한다〔由於色等轉, 盡疑惑無暇, 自安住善法, 亦令他安住〕.

이 게송은 아주 중요합니다. 불법을 배우는 사람에게는 중대한 실험 하나가 있는데, 우리의 이 색신이 얼마나 변할 수 있는지를 가늠해 보는 것입니다. 색신의 업력이 여전히 거칠고 무겁기만 하여 경안(輕安)이 생겨나지 않는다면 설사 여러분의 경계가 아무리 좋고 견지가 아무리 높더라도 소용이 없습니다. 무슨 무념청정이니 공을 보았다느니 하는 것들은 모두 참된 것이 아니며 의지할 만한 것도 아닙니다. 그뿐 아니라 여러분의 공부는 대부분 눈먼 고양이 죽은 쥐 잡듯 하는 것으로 마치 하루 건너 한기가 찾아드는 열병과도 같습니다. 오늘은 한기가 들었다가 내일은 열이 납니다. 오늘은 조금 좋아졌다가 내일이면 다시 악화됩니다. 다시 그다음 날에는 조금 나아졌다가 또 갑자기 나빠집니다. 마치 그네를 타듯 한 번은 추웠다가 한 번은 더웠다가 하니 도무지 의지할 만한 것이 못 됩니다. 그러니 색신의 업력이 전화되지 않습니다. 그렇지만 색신이 전화되어 의혹이 없어지면 선법에 안주하게 되니, 이때에야 비로소 자리(自利)와 이타(利他)를 얻어 사람들의 스승이 될 수 있습니다.

남에게 보시를 행하고 깊은 뜻에 망설임이 없고 몸으로 자비행을 닦고 오개와 함께 머물지 않는다〔於他行施等, 深義無猶豫, 身等修慈行, 不共五蓋住〕.

수행자는 스스로 자리와 이타를 시험해 보아야 합니다. 일체의 선행은 모두 보시, 지계, 인욕, 정진, 선정, 반야 등 육도만행(六度滿行)에서 생겨나는 것으로, 사실 이 중 어느 하나도 어렵지 않은 것이 없습니다. 결코 그렇게 간단한 일이 아닙니다. 만 원이 있을 때 이천 원을 보시하기는 쉽지만 단돈 천 원밖에 없을 때에는 천오백 원을 보시하기는 어렵습니다. 불경에서는 말합니다. "부유하고 귀한 자는 발심이 어렵고, 가난하고 궁색한 자는 보시가 어렵다〔富貴發心難, 貧窮布施難〕"라고요. 그렇긴 해도 진정으로 보시하는 이는 대부분 가난한 사람입니다. 가난한 사람만이 가난한 사람을 동정할 수 있기 때문입니다. 자신이 가난하지 않으면 가난한 사람의 고통을 알 수 없습니다. 그러므로 진정한 보살의 마음은 바로 이런 데에 있습니다.

행(行)이나 시(施) 등은 대단히 어려우며 그 이치는 아주 깊어서 아무렇게나 말할 수 있는 것이 아닙니다. 옳은 것을 보면 용감하게 행해야 하고 조금의 망설임도 없이 가장 자비로운 행위를 닦아야 합니다. 불법을 배운다는 것은 기본적으로 자비를 배우는 것입니다. 그렇지만 진정으로 자비행을 일으키는 사람은 없습니다. 자비로운 행위는 그만두더라도 자비로운 마음을 갖기도 무척이나 어렵습니다. 그러나 이 공덕이 원만하지 못하면 공성(空性)을 투철히 볼 수 없습니다. 이것 역시 어김없는 이치입니다.

"오개와 함께 머물지 않는다[不共五蓋住]"에서 오개(五蓋)는 탐진치만의(貪瞋癡慢疑)입니다. 진정한 수행자는 결코 오개와 함께하지 않습니다. 부처라면 마(魔)가 아니며 마라면 부처가 아닙니다. 이 둘은 융화될 수 없습니다.

수면을 꺾어 누르면 정념과 정지를 갖추게 되며, 옷을 항상 청결히 하면 몸에 벌레가 생기지 않는다[摧伏諸隨眠, 具正念正知, 衣等恒潔淨, 身不生諸蟲].

졸음과 번뇌가 따라다니며 여러분을 옭아맵니다. 온종일 마치 잠을 자고 있는 것처럼 몽롱합니다. 이런 일체의 심리적인 번뇌를 꺾어 눌러야 합니다. 오십일위(五十一位)의 마음에서 나오는 작용은 많고도 많으니 모두 하나씩 꺾어 눌러야 합니다.

의식주행(衣食住行) 등 일상생활에서 위생에 주의해야 하고 보살들처럼 아름답게 단장해야 합니다. 두타(頭陀) 이외에 재가보살이라면 모두 그 몸을 장엄하게 해야 합니다.

마음에 비뚤어짐이 없이 두타를 행하며 아끼거나 인색함 등이 없어 법성의 행을 성취하니 남을 이롭게 하고 지옥에서 구해 낸다〔心無曲杜多, 及無慳吝等, 成就法性行, 利他救地獄〕.

마음에 비뚤어짐이 없이 두타행을 행할 수 있어야 하며 이타심이 있어야 합니다. 지장보살처럼 자신을 희생하여 오로지 다른 사람의 이익을 돌볼 수 있어야 하는 것입니다. 지옥으로 가서 중생을 구제할 수 있어야 하며, 지옥의 중생을 모두 구제하지 못하면 성불하지 않겠다고 할 수 있어야 합니다. 이런 정신이 있어야만 비로소 불법을 배울 수 있습니다.

마가 우리를 끌어갈 수는 없으니 마는 도처럼 나타나나 그것이 마임을 아는 것이 제불의 환희행이다〔非他能牽引, 魔開顯似道, 了知彼是魔, 諸佛歡喜行〕.

『유가사지론』은 사십육 종의 마경을 말합니다. 실제로는 마(魔)가 우리를 어찌 하는 것이 아니라 스스로가 마를 가지고 자신을 기만하고 있습니다. 최근에 저는 다음과 같은 시 한 수를 지었습니다.

좁은 방에 등불 켜니 마음은 처음 같은데	一燈丈室念初平
꿈속에 본 강산은 왜 그리도 정이 많은지	夢裏江山倍有情
팔만의 용천이 하나같이 묻고	八萬龍天齊問訊
대천세계에 빈 소리가 활보하네	大千世界步虛聲
도력을 견고히 하려면 마력에 의지해야 하니	欲堅道力憑魔力
이름을 피하려다 도리어 이름을 내니 절로 웃음 난다	自笑逃名飜近名
떠나고 머무름이 유래가 없어 돌아가지 못하니	去住無由歸不得
고개 들어 달을 보니 다시 삼경이로다	擧頭朗月又三更

진정으로 자신의 도력(道力)을 시험해 보려 한다면 마력에 의존해야 합니다. 그러므로 미륵보살은, "마는 도처럼 나타난다(魔開顯似道)"라고 말합니다. 진정한 마도(魔道)는 정말 대단하여 불법의 정도(正道)와 거의 완벽할 만큼 비슷합니다. 어떤 때에는 진짜보다 더 진짜 같습니다. 이 때문에 종종 마도와 불도를 구별하는 것이 아주 어려울 때가 있습니다. 바로 지혜가 필요한 때입니다.

이 이십상으로부터 난, 정, 인이 머물고 세제일법의 무리가 머무니 불퇴전의 대보리로다(由此二十相, 諸住煖頂忍, 世第一法衆, 不退大菩提).

이 스무 종의 다양한 방법을 뚜렷이 파악한 뒤에야 비로소 타좌 수행을 시작할 수 있으며 난·정·인·세제일법에 안주할 수 있습니다. 다시 한 걸음 더 나아가서 사가행을 닦아 완성해야 비로소 불퇴전(不退轉)의 대철대오의 경계에 이르러 대보리를 증득할 수 있습니다.

네 종류의 마경

다음의 구절은 가능한 간단히 마경을 알아보는 방법으로, 마지(魔智)와 도지(道智)의 구별에 관한 것입니다.

여기 네 가지 마의 본성은 오온마를 오취온이라 하며, 번뇌마를 삼계일체 번뇌라 하며, 사마를 부자재이명단이라 하며, 천마를 장애수선지타화자재 천중이라 한다(此處之四魔體性, 五蘊魔謂五取蘊, 煩惱魔謂三界一切煩惱, 死魔謂不自在而命斷, 天魔謂障礙修善之他化自在天衆).

마경의 성질에는 네 가지가 있습니다.

첫 번째는 가장 강력한 자기 자신의 마(魔)로서 바로 우리 생명에 수반된 오온마(五蘊魔), 즉 색수상행식입니다. 오늘 감기에 걸려서 내일 열이 나거나 혹은 여기가 아프고 저기가 가렵고 하는 것들이 바로 색온마(色蘊魔)로서 수시로 방해합니다. 색온이 전화되지 않으면 감각상으로도 편안하지 못한데, 이것도 모두 마경입니다. 이 오온마는 곧 오취온(五取蘊)입니다. 무엇이 오취(五取)일까요? 바로 십이인연 중의 취(取)로서 자기 자신에게 집착하는 것입니다. 우리에게는 생명이 있어서 신체에 대한 집착이 대단합니다. 그 원인은 아견(我見)과 신견(身見)에 있습니다. 모두 오래 살고자 하는 것으로 오취온은 바로 마입니다.

두 번째는 일체의 심리 상태인 번뇌마(煩惱魔)로서 심리나 생각은 모두 마입니다.

세 번째는 제일 두려우면서 수시로 우리를 위협하는 사마(死魔)입니다. 그가 우리의 생명을 요구하면 우리는 바로 죽습니다. 불법을 배우는 사람 중 능히 생로병사를 초월할 수 있는 사람이 과연 몇이나 되겠습니까? 생사를 초탈하여 자유자재로 오고 갈 수 있다면 스스로 절대적인 주인이 될 수 있으니 공부를 해서 도를 얻은 사람만이 도달할 수 있습니다. 예를 들어 조산조사는 제자들이 며칠 더 머물러 달라고 하자 그렇게 했습니다. 유학자인 나근계(羅近溪) 역시 그랬는데, 모두 사마의 힘을 타파한 경우입니다. 그러므로 사마를 '부자재이명단(不自在而命斷)'이라 합니다. 스스로 주인이 되지 못하니 그가 몇 시에 오라고 하면 그때는 꼼짝없이 가야 합니다. 만약 스스로 주인이 될 수 있다면 자신의 명이 하늘로부터 오지 않음을 비로소 알게 됩니다. 허풍이 아닙니다. 정력(定力)이 있고 공부가 되었다면 가능합니다. 이렇게 해야 비로소 자신의 생명을 사마의 지배로부터 벗어나게 할 수 있습니다.

네 번째는 천마(天魔)로서 이것은 외부로부터 와서 자신이 선행을 닦는 것을 방해합니다. 오늘의 이 세계는 모두 마경의 세계입니다. 달리 말하면 물질문명에 미혹되는 것 역시 마경으로서, 이들은 모두 육욕천의 여섯 번째인 타화자재천(他化自在天)의 천마가 변한 것입니다.

이런 마경은 다음과 같이 선종의 한마디로 표현하면 더욱 명료합니다. "마음을 일으키는 것은 천마요, 마음을 일으키지 않는 것은 음마이며, 마음을 번갈아 일으켰다 일으키지 않았다 하는 것은 번뇌마이다〔起心動念是天魔, 不起心動念是陰魔, 倒起不起是煩惱魔〕." 어느 한 생각에도 스스로 주인이 될 수 없는 것이 천마(天魔)요, 머리가 온통 흐리멍덩한 것이 음마(陰魔)입니다.

이들은 불사의 열반을 방해할 수 있으므로 이를 마라 한다〔由彼等能障不死涅槃, 故名曰魔〕.

불법에서 말하는 마(魔)는 열반의 경계를 증득하는 데에 방해가 될 수 있는 모든 것을 말합니다.

소승의 수증 순서

소승의 견도위를 증득하면 삼보에 대한 믿음을 얻고 증득한 바 조잡한 천마를 항복시킬 수 있다〔小乘證見道位, 於三寶所獲得證信, 即降伏粗分天魔〕.

주의해야 합니다. 사가행 공부를 하면서 소승과(小乘果)의 견도위(見道位)─생각이 진정으로 공에 이른 것─를 증득하기만 해도 삼보(三寶)에 대한 믿음을 얻을 수 있고 확실히 진공(眞空)을 볼 수 있습니다. 공에 치우친 소승의 과위를 얻고서도 조잡한 천마는 항복시킬 수 있으니 반드시 나한의 경계를 증득해야만 하는 것은 아닙니다. 그저 생각이 공이 되어 정(定)에 들기만 해도 가능합니다.

유여의열반을 얻으면 일체의 번뇌를 영원히 끊을 수 있으므로 항복번뇌마라 한다〔得有餘依涅槃時, 永斷一切煩惱, 故降伏煩惱魔〕.

유여의열반에 이르면 몸과 마음이 모두 공(空)이 되어 완전히 청정해집니다. 비록 유여의열반이라 아뢰야식의 근본이 끊어지지는 않았어도 이미 일체의 번뇌마를 항복시킬 수는 있습니다. 일체의 망념이 작용을 일으키지 않으니 바로 번뇌마가 끊어진 것입니다.

만약 구해탈[156]의 아라한을 증득한다면 수명을 더 유지할 수 있어 자재를 얻으므로 항복사마라 한다〔若證具解脫阿羅漢, 能加持壽行, 得自在故降伏死魔〕.

도가에서는 늘 장생불로를 말합니다. 그런 일이 과연 가능할까요? 불법을 배우는 사람은 이런 말을 듣기만 해도 곧 외도라 배척합니다. 그러나 함부로 비판해서는 안 됩니다! 불경에서도 이런 일을 말하고 있습니다. 대아라한과를 증득하고 나면 수명을 자기 마음대로 할 수 있습니다. 예를 들면 불경에는 "형체를 남겨 세상에 머문다〔留形住世〕"라는 말이 있습니다. 부처님은 사대 제자인 가섭존자, 라훌라존자, 빈두로존자, 군도발탄존자

---

156 아라한은 혜력(慧力)으로써 번뇌장(煩惱障)으로부터 벗어나 혜해탈(慧解脫)을 얻으며, 다시 멸진정(滅盡定)을 얻어 해탈장(解脫障)으로부터 벗어난다. 즉 정(定)과 혜(慧)의 힘으로 번뇌와 해탈의 두 장애를 모두 벗어나므로 구해탈(具解脫)이라 한다.

등에게 분부하여 형체를 남겨 세상에 머물라고 합니다. 다음 겁에 미륵보살이 올 때까지 기다리라는 것입니다.

빈두로존자를 오게 하는 한 가지 방법이 있습니다. 예전에 보타산, 구화산, 아미산의 총림에서 자주 이런 일이 있었습니다. 돈 많은 시주들이 와서 천승재(千僧齋), 즉 천 명의 승려에게 밥을 먹이고 돈을 나누어 주는 행사를 열었습니다. 승려들은 천승재가 열린다는 소식을 듣기만 하면 멀리서도 달려와 한 끼 잘 먹고 노자까지 챙겼습니다. 이때 우리의 대사형인 빈두로존자도 오는데, 그가 올 때에는 아무도 알지 못하지만 가고 난 뒤에는 사람들이 알게 됩니다. 비록 가고 난 뒤에나 알게 되긴 해도 이는 불법이 진실임을 증명해 주는 것입니다.

그저 수행만 제대로 해도 아라한과인 해탈을 증득할 수 있습니다. 그렇게 되면 자신의 수명을 자유자재로 할 수 있어서 가고 싶으면 가고 가기 싫으면 머물러 있으면서 사마(死魔)를 항복시킬 수 있습니다. 이 마(魔)는 제일 항복시키기 어려운 것으로 정말 쉽지 않습니다. 아라한과를 얻어야만 비로소 가능합니다.

여러분은 어떻게 되어야 보신(報身)을 성취했다고 할 수 있느냐고 물었습니다. 사마를 항복시킬 수 있다면 당연히 보신은 성취된 것입니다. 여기에 이르러야 비로소 병을 없애고 생명을 연장하는 것이 가능하며, 어떤 질병이든 모두 제거할 수 있습니다.

> 무여의열반을 증득하면 혹업에 감응하는 바 유루취온이 모두 없어지며, 조잡한 오온마는 항복한다[證得無餘依涅槃時, 盡滅惑業所感有漏取蘊, 降伏粗分五蘊魔].

무여의열반에 도달한 때에는 조잡한 오온마(五蘊魔)는 항복하게 됩니다.

방금 소개한 것은 소승의 수증 순서였습니다. 이제 대승의 상황을 살펴보겠습니다.

대승의 수증 방법

대승의 불퇴전상을 증득하면 삼보에 대한 믿음을 얻어 증득한 바 조잡한 천마를 항복시킬 수 있다〔大乘證得不退轉相, 於三寶所獲得證信, 即降伏粗分天魔〕.

불퇴전지(不退轉地)에 이르면 곧 진공에서 묘유가 생겨나는 불퇴전지(不退轉智)를 얻게 되며, 이때 조잡한 천마는 항복하게 됩니다.

제팔지를 증득하면 이미 무분별지에서 자재를 얻으므로 조잡한 삼마를 항복시켜 제거할 수 있다〔得八地, 已於無分別智得自在故, 降除粗分三魔〕.

수행이 제팔지(第八地)에 이르러 무분별지(無分別智)를 얻어야만 비로소 조잡한 다른 세 종류의 마경을 항복시킬 수 있습니다.

미세한 사마란 무명의 습기나 무루의 업에 의해 일어난 의생신을 말하는 것으로, 곧 미세온마이다〔微細四魔者, 謂依無明習氣地及無漏業所起之意生身, 即微細蘊魔〕.

대승의 경계에 이르면 조잡한 네 종류 마경을 항복시키는 것 외에도 조심해서 살펴보면 미세한 마경을 항복시킬 수 있습니다.

무엇이 미세한 마경일까요? 무시(無始) 이래로 우리의 생명이나 생각의 뿌리인 무명의 습기는 도를 얻은 후에는 의생신과 결합됨으로써 음신과 양신으로 나타날 수 있습니다. 이 음신과 양신이 대철대오한 뒤에 생겨난 것이 아니라면 일종의 욕망을 수반한 것입니다. 이런 의생신을 '미세온마(微細蘊魔)'라 합니다.

대승보살도의 마경은 미세하여 분별하기가 어렵습니다. 당연히 여러분의 수행은 아직 여기에 이르지 않았으니 진정한 의생신을 알지 못할 것입니다. 이것은 보살의 성과로서 법신, 보신, 화신 삼신(三身)의 성취입니다. 중점은 무명의 습기나 무루의 업에 의해 일어난 의생신에 있습니다. 이 의생신이 바로 미세온마로서, 달리 말하면 아견(我見)이나 아집(我執)에서 나온 것입니다. 자기를 버리지 못하고 공이 되지 못하면 결국엔 환상의 몸뚱이를 붙들고 있을 수밖에 없습니다.

무명의 습기가 곧 미세번뇌마이다[無明習氣地, 卽微細煩惱魔].

사람의 근본인 무명은 자기 자신조차도 알지 못하여 최후의 일품(一品)인 무명의 습기는 여전히 남아 있을 수밖에 없는데, 이것이 바로 '미세번뇌(微細煩惱)'입니다. 마음대로 돈오를 말하면서 산을 보아도 산이 아니요 물을 보아도 물이 아니라고 하는 것은 교리로 말한다면 바로 무명의 습기인 번뇌마(煩惱魔)입니다. 그러므로 말하기를, "종[157]에 통하나 교에 통하지 못하니 입만 열면 도를 어지럽힌다[通宗不通教, 開口便亂道]"라고 하는 것입니다. 산을 보아도 산이 아니요 물을 보아도 물이 아닌 그런 경지에 도달하지 못해서라고 말하지 마십시오. 설사 이 단계에 이르렀다 해도 과연 뭔가가 보일까요? 안 보인다고요? 그러면 아직도 혼침 속에 있는 것입니

---

157 경(經)이나 논(論) 따위의 교설 가운데 중심이 되는 교의(教義)를 말한다.

다. 바로 번뇌마입니다. 보인다고요? 그러면 이미 어떤 것을 본 것입니다. 둘 다 아니라고요? 그럼 그게 무엇일까요? 한 단계 올라서려면 어떻게 해야 하는지 말해 보라고 하고는 말하기도 전에 물속에 밀어 넣어 버리는 것, 이것이 선자덕성선사의 교육법이었습니다.

그러므로 고대의 대선사들은 종(宗)에 통하면 반드시 교리에도 통했습니다. 스스로 살펴서 대단히 깊은 곳까지 들어갔습니다. 이미 종에 통했다면, 깨달았다면 스스로 바로 알게 됩니다. 부처의 경계에는 모르는 것이 없습니다. 아직 모르는 것이 있다면 깨달았다고 할 수 없습니다. 유가에서도 말합니다. "하나라도 모르는 것은 유자의 수치이다〔一事不知, 儒者之恥〕"라고요. 하물며 출세법(出世法)인 불법을 배우는 데에야 오죽하겠습니까?

불가사의한 생사의 변화가 곧 미세사마이다〔不可思議變化生死, 卽微細死魔〕.

방금 대아라한만이 생사를 벗어나 사마(死魔)를 타파할 수 있다고 말했습니다. 무엇이 사마일까요? 설사 오백 년이나 천 년을 산다고 해도 사마를 타파하지 못하면 여전히 변역생사 중에 있게 됩니다. 단지 분단생사를 늘려 놓은 것에 지나지 않아 변역생사에 의해 좌우되는데, 이런 것이 미세사마(微細死魔)에 속합니다.

'미세(微細)'라는 두 글자를 주의해야 합니다. 스스로 모두 알지 못하고 모두 살피지 못하는 것으로, 이를 살필 수 있다면 자신의 반야지는 이미 성취된 것입니다. 부처는 깨달은 자로서 자신을 깨달을 수 있고, 다른 사람을 깨닫게 할 수 있으며, 각행(覺行)이 원만해야 합니다. 자신을 깨닫는 것은 쉬운 일이 아닙니다. 자신의 심리와 번뇌 등을 낱낱이 알 수 있어야 합니다.

저 삼마를 벗어나려 하나 그것을 방해하는 법을 만들어 낼 수 있는 것이 바로 미세천마이다[欲超彼三魔凡能作障之法, 卽微細天魔].

수행 과정에서 우리로 하여금 앞에서 말한 세 종류의 마(魔), 즉 오온마·번뇌마·사마의 모든 장애를 벗어나지 못하게 하는 것이 바로 미세천마(微細天魔)입니다. 예를 들어 시대의 변화가 자신을 방해하여 수행을 하지 못하게 한다면 이것은 천마(天魔)로부터 기인한 것입니다. 또는 자신이 만들어 놓은 환경으로 인해 수도에 방해를 받는다면 이것 역시 천마와 관계가 있습니다. 이런 상황들은 부지불식 중에 자신을 다른 쪽으로 끌어갑니다.

미세한 사마를 항복시키는 것은 법신의 공덕이다. 그러므로 미세한 사마를 항복시키는 것은 바로 성불과 동시에 이루어진다[降伏微細四魔, 是法身功德. 故降伏微細四魔與成佛同時也].

여기서 특히 주의해야 합니다. 자신의 내부에 있는 대단히 미세한 네 종류의 마(魔)를 항복시키기 위해서는 법신의 공덕에 의지해야 합니다. 그러므로 성불을 해야만 비로소 미세한 네 종류의 마를 철저히 항복시킬 수 있습니다. 이야기가 여기에 이르니 여러분에게 한마디 물어보고 싶습니다. 선종에서 삼관(三關)을 타파하여 대철대오한다는 것이 도대체 어떤 것일까요? 이들 경전을 연구하지 않고서 아무렇게나 말해서는 안 됩니다. 진정한 깨달음은 여기서 말하는 상황과 같습니다.

『현관장엄론약석』권 4「정현관품(頂現觀品)」제6의 2에서 이렇게 말합니다.

이는 종자의 처치할 수 있는 종류를 끊어 내는 대승의 현관으로서 바로 수도의 정가행상인데, 경계는 오로지 수도에 있다. 이는 수도하는 보살이 가행과 근본이라는 두 종류의 문을 통해 초월등지에 들어서는 것으로, 멸진정 등 차제정을 갖춘 것을 말한다〔是對治修所斷種子之能治種類大乘隨現觀, 卽修道頂加行相, 界唯在修道. 此說修道菩薩, 由加行與根本二門入超越等持, 謂俱滅盡定等次第定〕.

대승의 수정(修定) 방법은 이렇습니다. "먼저 위로의 순행과 아래로의 역행을 닦아 두 상의 사자분신삼마지가 가행이 된다〔先修往上順行與下還逆行二相之獅奮迅三摩地爲加行〕." 순행(順行)이란 범부로부터 성문과 연각에 이르는 것입니다. 인도(人道)로부터 시작하여 천도(天道)를 닦으며, 천도를 닦아 성문도를 닦으며, 성문도로부터 연각도와 보살도를 닦아 하나씩 위로 올라갑니다.

왜 사자분신삼매(獅子奮迅三昧)라 했을까요? 사자가 동물을 잡아먹으려 할 때면 두 다리를 박차며 혼신의 힘을 다하여 가장 빠른 동작으로 덤벼드는데, 이것으로 돈오를 표현한 것입니다. 사자분신삼매는 대승 돈오의 방법입니다.

다음으로 초월등지의 근본을 닦아 들어간다〔次乃進修超越等持之根本故〕.

돈오, 즉 견도 이후에야 비로소 수도를 시작합니다. 수도는 등지(等持)의 정혜(定慧)의 역량을 초월합니다.

근본을 닦을 때에는 먼저 초정려로부터 곧바로 멸진정에 이른다〔其修根本時, 先從初靜慮直往滅盡定〕.

근본을 닦을 때에는 먼저 초선에서부터 시작하여 사선팔정에 이르기까지 어느 것도 소홀히 할 수 없습니다. 이들을 빠짐없이 닦아 곧바로 멸진정(滅盡定)에 이르러야 합니다.

전적으로 초월함이 없이 하나하나 닦는다[全無超越修一返].

대승도를 닦는 사람이라면 초선에서부터 시작하여 사선팔정에 이르고 최후로 멸진정을 닦아야 합니다. 이치는 돈오이지만 공부는 점수(漸修)입니다. 등지(等持)를 초월하지 않고 한 걸음 한 걸음 성실하고 법도에 맞게 나아가야 합니다. 스스로 깨달았다고 말하지만 결과적으로 공부가 이르지 않았다면 누구를 속일 수 있겠습니까? 하늘을 속이겠다는 건가요?

다음으로 팔정 사이에 멸진정을 섞어 가며 하나하나 닦는다. 멸진정으로부터 초정려로 들어가며, 초정려로부터 멸진정에 들어간다[次於八定間雜滅盡定而修一返. 謂從滅定起入初靜慮, 從初靜慮起仍入滅定].

다음으로 수행에 성공한 사람들은 견도 이후에 수도합니다. 공부 역시 사선팔정에 도달하면 구차제정의 공부는 자유자재로 할 수 있습니다. 두 다리를 틀고 앉으면 곧바로 멸진정으로 들어가기도 하며, 그 경계에서 나와서는 다시 초선으로 진입할 수도 있습니다.

『능엄경』에서도 말합니다. 대승보살은 도를 깨치고 난 뒤에 수도하며, 도를 성취하고 난 뒤 십지보살은 때로 초지보살의 경계에 이르러 마음대로 놀곤 한다고요. 이로부터 우리는 한 가지를 분명히 알 수 있습니다. 경전에서 말하기를, 부처님은 입정에 들면 알지 못하는 것이 없다고 합니다. 삼천대천세계의 모든 시간이나 모든 색(色), 모든 소리를 마치 손바닥에 있는 열매 보듯 그렇게 뚜렷이 볼 수 있다고 합니다. 그렇지만 한번은 이런 때가 있었습니다. 부처님이 갠지스 강변에서 타좌를 하고 있는데 수많은 마차 행렬이 그 옆을 지나갔습니다. 그 소리가 하도 시끄러워서 제자들은 더 이상 앉아 있을 수 없을 지경이었는데, 부처님은 여전히 입정에 들어 있었습니다. 후에 입정에서 깨어나 눈을 떠 보고는 '어?' 하고 놀랐습니다. 옆으로 난 길은 온통 진흙투성이가 되었고 말발굽 자국이 즐비했던 것입니다. 부처님이 혼침정(昏沈定)에 들었던 것이 아닐까요? 초선정(初禪定)에만 들어도 개미가 떠드는 소리조차 들을 수 있는데 어떻게 부처님이 듣지 못했겠습니까? 이건 무얼 말하는 것일까요? 부처님에게는 혼침도 아니고 무명도 아니지만 범부에게는 반드시 혼침이며 반드시 무명입니다. 도를 깨친 사람은 초선에서부터 구차제정에 이르기까지 마음대로 선택할 수 있어 철저히 자재롭지만 견도하지 못하고 수도에 성취를 이루지 못한 사람은 비록 입정에 들더라도 절대 스스로 주인이 될 수 없어 온통 망상이요 업을 만들고 있을 뿐입니다.

제25강

이장자의 『합론』

현교와 밀교의 원통(圓通) 수증에 관한 내용은 앞 강의에서 마무리되었지만 우리는 여전히 그에 대한 자료를 찾아 가며 살펴보고 있으니 아직 검토가 완전히 끝나지는 않은 셈입니다. 매 부분의 자료 모두가 아주 중요한 것들입니다. 시간이 충분치 않아 상세히 설명하지는 못했지만 주요 내용은 당연히 세 가지 핵심인 견지, 수증, 행원입니다.

견지에 대해서는 이것저것 소개했고 수증 공부도 일부분이나마 검토했지만 행원은 아직까지 전혀 언급하지 못했습니다. 행원은 잠시 언급을 보류하기로 합시다.

여러분이 이들 참고 서적을 한 차례 연구해 볼 수 있다면 이 생애에서의 수행 공부는 그것으로 충분하며, 성불 역시 어렵지 않다고 할 수 있습니다. 범위를 더 축소시켜 이번에 강의한 자료만이라도 살펴본다면 비록 일부분이기는 해도 충분히 활용할 수 있을 것입니다.

먼저 우리가 검토한 견지에 대한 논의는 대단히 중요합니다.

불가나 도가, 현교나 밀종, 또는 요가나 기타 각양각색의 수행법을 배우는 사람은 수도 없이 많겠지만 이들의 목적은 한 가지입니다. 모두 이 현실세계를 초월한 형이상의 것, 즉 물질세계를 초월한 어떤 것을 성취하고자 합니다. 이런 목적을 위해 수많은 방법과 이론이 만들어졌습니다. 여러 방법과 이론 중 과연 어떤 것이 더 수준이 높은 것일까요? 어떤 것이 바른 것이고 어떤 것이 삿된 것일까요? 우리는 먼저 하나의 원칙을 이해해야만 합니다. 바로 여러 방법과 수증 공부에서 가장 중요한 것이 견지이며, 견지란 바로 지혜의 성취라는 점입니다.

현대의 문화로 말하자면 과학을 배우는 사람은 먼저 학술적으로 이론부터 철저히 이해해야 하는 것과 같습니다. 이것을 이해하지 못하면 그다음의 연구에 차질이 생깁니다.

견지란 중국의 불교에서는, 특히 선종에서는 '구견(具見)'이라는 구체적인 명칭으로 부르고 있는데, 바로 견해를 구비하고 있다는 뜻입니다. 사람의 구견은 높아야만 합니다. 이는 불법을 배우고 수도하는 데에만 해당되는 것이 아니라 세상의 삶에서도 마찬가지입니다. 우리는 사업을 하면서도 먼저 원대한 시각과 관점을 가져야 합니다. 견해가 높지 못하면 모든 것이 뒤떨어지게 됩니다. 수증 공부부터 시작하는 것은 견해가 높을 수가 없기에 견지는 아주 중요합니다.

유가에서는 견지를 '기식(器識)'이라 부르는데, 군자는 기식을 중히 여깁니다. 도량과 식견이 없으면 견지가 없는 것입니다. 아무리 노력해도 견지가 없다면 성취가 높을 수 없습니다. 불법을 배우는 데 있어서는 더욱 그러합니다.

세상 사람들은 정말 웃기는 데가 있습니다. 다들 무슨 방법을 배워서 현실을 초월한 성취를 얻고자 합니다. 결과는 어떨까요? 우리 인류의 심리를 자세히 연구해 보면 사람들은 하나같이 견지를 갈고닦는 것을 좋아하지 않는다는 사실을 알아차리게 됩니다. 달리 말하면 이쪽으로 가서 스승을 찾고 저쪽으로 가서 스승을 찾아 절하고는 비결을 구하여 공부하고자 합니다. 마치 비결 하나를 얻기만 하면 곧바로 세속을 초월할 수 있으리라고 여기는 듯합니다. 그러나 그런 일은 없습니다. 절대로 불가능합니다. 더욱이 불법을 배우는 것은 대반야, 즉 대지혜의 성취를 배우는 것이지 기술을 배우는 것이 아닙니다. 다양한 방법으로 공부를 해서 약간의 성과가 있다손 치더라도 그것으로 세속을 초월할 수는 없습니다. 많은 사람들이 이런 방법을 배우지만 사실 이들은 도(道)에 반하는 것입니다. 이상은 결론을 짓기 전에 견지의 중요성을 다시 한 번 제기해 본 것입니다.

견지 방면은 『화엄경합론(華嚴經合論)』에 대한 강의 부분을 참고하면 됩니다. 왜 『화엄경』을 강의하면서 이장자(李長者)의 『화엄경합론』을 선택했을까요? 화엄종으로 말하자면 견지, 수증, 행원과 관련하여 모두 네 종류의 저작이 있습니다. 『화엄경』, 당대(唐代) 청량국사(清涼國師)의 『화엄소초(華嚴疏鈔)』, 그리고 후세 불과선사(佛果禪師)의 『화엄경오십삼참찬사(華嚴經五十三參贊詞)』, 여기에다 『화엄경합론』을 보태면 바로 화엄종의 가장 위대한 네 가지 저작이 됩니다.

이장자의 법명은 이통현(李通玄)이며 본명은 알 수 없습니다. 아마도 당대 말엽 어느 황제의 세자였기에 본명을 거론하지 않은 듯합니다. 그는 대단히 부귀한 집안에서 태어나 최고의 교육을 받고는 마침내 도를 닦기로 결심했습니다. 그가 깊은 산속에 이르자 호랑이 한 마리가 나타났습니다. 우리 같으면 놀라서 혼이 빠졌겠지만 그는 두려워하지 않고 말했습니다. "네가 나를 맞으러 온 거지? 그럼 와서 엎드려 봐. 좀 올라타게." 그러자 호랑이가 정말로 휘적휘적 걸어와서는 그의 옆에 엎드리더니 그가 올라타자 깊은 산속의 한 동굴로 데려다 주었습니다. 그는 동굴에 묵으면서 『화엄경합론』을 썼습니다. 저녁이 되면 천녀(天女)가 음식을 가지고 와서 등

불을 켜 주었습니다. 그는 밤낮으로 이 책을 썼습니다. 책을 다 쓰자 천녀
도 다시 오지 않았고 그도 산을 내려왔습니다. 이것이 바로 『화엄경합론』
의 내력입니다.

이후 각종 각파의 견지에 관한 다양한 이론에서 모두 『화엄경합론』의 이
야기를 인용하고 있습니다. 이장자는 『화엄경』을 위주로 했으나 그 외에도
『대반야경』, 『법화경』, 『유마경』, 『능가경』, 『열반경』 및 소승의 계율 등을
소개하고 있는데 매 경전의 요점에 대해 빠짐없이 비판을 가하고 있습니
다. 과거의 중국 불교에서는 이것을 '분과판교(分科判敎)'라 불렀는데, 그
는 불교의 이론 전반에 대해 체계적인 비판을 가했습니다.

이런 비판은 이장자 이전에도 천태종 지자대사의 분과판교와 당대 징관
국사(澄觀國師)의 분과판교가 있었습니다. 이른바 '분과(分科)'란 과학적인
정리 작업을 말하는 것으로, 불법을 체계적으로 분류하는 것입니다. 그리
고 '판교(判敎)'란 객관적으로 선택해서 평론을 덧붙이는 것입니다. 요즈
음 일본의 많은 학자들이 말하는 불학의 관점은 전문가는 금방 알겠지만
천태종과 화엄종의 분과판교를 현대화하고 거기에다 약간의 고증을 보탠
것에 불과합니다. 지금의 이른바 학자라는 사람이 바로 이렇습니다.

불법이 중국에 들어와서 당나라 말엽에 이르도록 발전하여 마침내 이장
자와 같은 위대한 인물을 낳았습니다. 그는 부처님을 대단히 공경했지만
학문에서는 무척 객관적이어서 비판과 분류를 함에 있어 조금도 주저함이
없었습니다.

불법의 시간과 공간 관념

『화엄경합론』 중에 이런 말이 있습니다.

끝이 없는 찰경은 자타가 털끝만큼도 거리를 두지 않으니 십세 고금이 시종 이 생각으로부터 벗어나지 않는다[無邊刹境, 自他不隔於毫端, 十世古今, 始終 不移於當念].

이장자의 명언입니다. 그는 도를 증득한 사람에게는 공간의 장애가 없다고 말합니다. '찰(刹)'이란 찰토(刹土)입니다. 서방 극락세계는 바로 아미타불의 찰토이고, 우리 이 사바세계는 석가모니부처님의 찰토이며, 동방 유리세계는 약사여래의 찰토입니다. 찰은 때로는 부처의 경계를 나타내기도 하고 국토를 나타내기도 합니다. '자(自)'는 우리 자신이요, '타(他)'는 약사여래와 아미타불 및 시방삼세(十方三世)의 제불(諸佛) 등으로 이 모두가 타입니다. 이것 외에 또 다른 부처의 세계가 있을까요? 있습니다. 바로 여러분이 있는 그곳입니다. 자(自)와 타(他)가 떨어져 있지 않으며 둘 사이를 방해하는 것은 없습니다. 불학에 근거하여 그는 이렇게 말하고 있습니다. 공간은 상대적인 것이나 공간에는 장애가 없고 방위가 없으며 대소도 없고 오고 감도 없다고요. 이런 이치를 모두 견지라 합니다.

승조법사가 이런 말을 한 적이 있습니다. "지금 도달한 것은 이전에 도달한 것과 같다[今至越者, 猶昔至也]." 바로 시공(時空)에 장애가 없음을 말한 것입니다. 그렇지만 우리는 불법을 배우면서도 시간과 공간의 개념에 대해서는 제대로 알지 못합니다. 왜 우리의 타좌는 진보가 없을까요? 우리는 시간과 공간에 집착하기 때문입니다. 어떤 사람은 자시(子時)나 오시(午時) 혹은 묘시(卯時)나 유시(酉時)에 집착하기도 하며, 어떤 사람은 타좌를 하면서 반드시 동쪽을 향해야 한다고 고집하기도 합니다. 제가 듣기로도 어떤 사람은 미국에서 사람들을 가르치면서 새벽에 나무 위로 올라가 동쪽의 태양을 바라보며 타좌하도록 시킨다고 합니다. 이런 것들은 모두 견지가 통하지 못한 것입니다. 또 어떤 사람은 타좌할 때 불상을 향하지 않으면 안 된다고 하지만 이런 생각은 모두 집착으로서 떨쳐 버려야 합니다. 반드시 알아야 할 것은 끝이 없는 찰경은 자타가 털끝만큼도 거리를 두지 않는다는 사실입니다.

시간 역시 상대적인 것으로 절대적이지 않습니다. 십세(十世) 이전의 옛 날이라도 시종 지금의 생각과 떨어져 있지 않아 과거와 현재, 미래가 없습니다. 그래서 경전에는 모두 일시에 부처님께서 어디어디에 계셨다는 식으로 씌어 있습니다. 여기에는 두 가지 이치가 내재되어 있습니다. 하나는 인도인의 습관입니다. 인도인은 숫자나 시간관념을 좋아하지 않습니다. 그들은 숫자만 나오면 '팔만사천'입니다. 불경에도 이 숫자가 자주 등장하는데 '수가 많다'는 뜻입니다. 이것은 학리에 입각해서 불학을 본 것입니다.

수도의 관점에서 불경을 볼 때 가장 고명한 것이 바로 '일시(一時)'라는 말입니다. 만고의 시간은 단지 그냥 일시입니다. 십세(十世) 이전의 옛날이라고 해서 지금의 생각과 분리되지 않습니다. 억만 년 이전이 바로 지금입니다. 미래의 억만 년 후도 바로 지금입니다. 오직 이것만 있을 뿐 다른 것은 없습니다. 이 일시라는 말은 참으로 절묘하게 사용되었습니다.

그러므로 시간과 공간의 관념을 버리지 않고서는 수도를 논할 수 없고, 시간과 공간의 개념을 뚜렷이 알지 못해도 수도를 말할 수 없습니다.

불법을 공부하는 우리는 먼저 수십 년간 누적되어 온 시간과 공간에 대한 관념을 완전히 던져 버리고 갓난애 같은 상태로 돌아가야 합니다. 그러나 과연 그렇게 될 수 있을까요?

간단합니다! 불경에서 말하는 무념(無念)이나 무상(無常), 분별심이 없는 마음은 바로 노자가, "오로지 기운을 부드럽게 하여 갓난애처럼 될 수 있는가?[專氣致柔, 能嬰兒乎]"라고 한 말과 같습니다. 우리의 타좌 공부도 바로 이렇게 되어야 합니다.

깨달아 밝은 것이 허물이 된다

이런 것들은 사람의 내원(來源)이나 인생의 현상뿐 아니라 수많은 문제와 연계되어 있습니다. 어떻게 하면 해결할 수 있을까요? 부처님은 우리의 지금 이 생명이 원시 생명의 삼중 투영이라고 말합니다. 원시의 진정한 생명을 철학적 용어로는 진여(眞如)라 하며, 논리적이고 과학적인 용어로는 제일의제(第一義諦) 또는 승의제(勝義諦)라 하며, 종교적 용어로는 여래 또는 부처, 교육적인 사도(師道)의 측면에서는 세존이라 합니다. 이것이 후에 중국에서는 본성이라 빈역되었습니다. 이것은 본래 청정하고 밝은 것이며, 본래 불생불멸하는 것이며, 본래 번뇌도 없는 것입니다. 생겨났다가 머물고 파괴되어 공이 되는 순환도 원래 없으며, 생로병사도 원래 없습니다. 그렇지만 정말로 없는 것일까요? 정말 완전히 없는 것일까요? 그렇지 않습니다. 일체의 것이 그것으로부터 생겨날 수 있습니다. 이른바 '없다'는 것은 본래 청정한 것이기에 그렇게 말한 것입니다. 일체의 것이 그것으로부터 생겨날 수 있다는 것은 곧 그것이 '있다'는 말입니다.

『능엄경』 권4에서 부처님의 제자 부루나존자가 묻습니다. "우리 생명의 자성이 본래 청정하다면 왜 제일념인 무명이 일어날까요? 왜 이 세계가 생겨나야 할까요?〔旣然我們生命的自性本來淸淨, 爲甚麼要起第一念無明呢? 爲甚麼要生出這個世界來呢?〕"

사실 이 세상은 태생적으로 그리 오묘하지 못합니다. 이 세계를 창조해 놓고 나니까 하루 종일 서로 싸우고 욕하고 미워하며 온통 엉망진창입니다. 『능엄경』 권4의 요점은 바로 이것입니다. 부처님이 대답한 한마디는 바로 견지, 행원과도 모두 관련됩니다. 부처님은 이렇게 대답했습니다. "깨달아 밝은 것이 허물이 된다〔覺明爲咎〕." 이 구절은 세심한 주의가 필요합니다. 우리 불법을 배우는 사람은 오도(悟道)를 구하고 깨달음을 구하지만 이런 깨달음 역시 큰 폐단입니다.

우리가 타좌를 하는 것이 공을 구하기 위함이 아닌가요? 『능엄경』의 이 구절을 여러분은 주의해야 합니다. 여러분이 청정에 이르렀다면 청정이 병이 된다는 말입니다. 여러분은 이렇게 말할지 모르겠습니다. '내 타좌가 아주 청정했는데 왜 이렇게 되었을까? 왜 공이 되지 못할까?' 공 때문에 공이 되지 못한 것입니다! 이치는 아주 간단하며 또 이렇게 심오하기도 합니다. 모든 경전을 철저히 연구하고 나서 한번 보십시오. 원시의 생명이 어떻게 해서 지금 이 세계로 변화하게 되었는지, 어떻게 이 인생으로 변화하게 되었는지 한번 보십시오. 깨달아 밝은 것이 허물이 된다는 바로 이 구절밖에 없습니다. 이것이 가장 명백한 답입니다.

세상 일체의 종교나 일체의 철학은 인생에 대해 한 가지 큰 잘못을 저지르고 있습니다. 바로 인생을 비관적인 관점으로 바라보는 것입니다. 이 세계를 결함이 있고 원만하지 못한 것으로 바라보는데, 이 점은 불교 역시 마찬가지입니다. 그러나 다음 두 경전은 예외입니다. 하나는 『화엄경』으로, 여기에서는 이 세상이 지극히 참되고 선하고 아름다우며 결함이 없고 비애도 없다고 봅니다. 다른 하나는 『열반경』입니다. 여기에서는 이 세상을 결함이 없고 비애도 없는 상락아정(常樂我淨)의 영원한 존재로 봅니다.

이런 경전의 이치를 먼저 뚜렷이 이해하고 나서 다시 천천히 결론으로 향해 봅시다. 그리고 다시 수증 공부에 대해 말해 봅시다. 오늘 우리가 타좌하여 심성을 수양하면서 그저 갓난애 같은 상태에 도달하기만 해도 성공입니다. 갓난애가 아니더라도 대여섯 살 되는 어린애도 얼마나 귀엽습니까? 울고 싶으면 울고 떠들고 싶으면 떠듭니다. 울고 있다가도 옆에서 웃기면 곧바로 웃으며 그러다가 다시 웁니다. 정말 천진합니다. 우리는 이렇게 하지 못합니다. 우리에게는 가식이 많습니다. 증오하면서도 내색하지 않습니다. 겉으로는 웃지만 속으로는 웃지 않습니다. 얼마나 큰 죄악입니까! 이것은 행원과 관계가 있습니다. 불경에서는 말합니다. "진심이 바로 도량이다〔眞心是道場〕"라고요. 우리는 정직하지 못합니다. 얼마나 가식이 많습니까! 시시각각 가식이요, 내면의 생각이 모두 가식입니다. 모두 죄업을 짓고 있는 것입니다. 그러니 어찌 쉽게 행원을 말할 수 있겠습니까. 행원에는 도달할 수 없습니다. 행원에 도달할 수 있다면 바로 그 자리에서 성불할 수 있을 것입니다.

망념과 정, 성과 정

다음으로, 갓난애는 아무런 지식도 분별력도 없는데 바로 이 상태가 의식의 본래 모습입니다. 우리가 공을 구하고자 하는 것 역시 망념입니다. 그러므로 타좌하면서 망념을 제거하려 하는 것은 모두 잘못된 노력입니다. 기를 쓰고 온갖 생각을 몰아내어 공이 되고자 하는 것은, 생각이 완전히 정지되어야 망념이 없어진 것이라는 생각은 완전히 잘못되었습니다. 이런 까닭에 수십 년간 노력하고서도 모두 물거품이 되고 마는 것입니다. 진정한 망념의 뿌리가 아직 그대로 있기 때문입니다. 우리가 여기 앉아 스스로 공부가 꽤 청정하다고 느낀다면 그것이 바로 망념이며, 갓난애의 경계에 도달하고자 하는 것도 여전히 망념일 뿐입니다.

동양 문화에서는 이것을 정(情)이라 부릅니다. 공자는 『예기』에서 성(性)과 정(情)을 나누었는데, 『예기』 제1편의 첫머리부터 "공경하지 않음이 없으니 마치 무얼 생각하는 듯 엄숙하다〔毋不敬, 儼若思〕"라고 하여 수도에 관한 내용이 나옵니다. 이것이 동양 문화입니다. 정(定)과 혜(慧)가 그 속에 있으며 종교도 그 속에 있습니다. 수시로 삶을 근엄하게 하고 공경스럽게 행동함으로써 혼침에도 빠지지 않고 산란해지지도 않는 수양에 이르러야 합니다. 여기서 '사(思)'란 일반적 의미의 사상(思想)의 사가 아닙니다. 불교에서 말하는 산란하지도 않고 혼침에 떨어지지도 않은 맑고도 깨끗한 상태로, 이것이 바로 예(禮)의 근본입니다.

그래서 이렇게 말합니다. "동방에도 성인이 있고 서방에도 성인이 있으니 그 마음은 같고 그 이치도 같다[東方有聖人, 西方有聖人, 此心同, 此理同]." 이들은 모두 상고시대로부터 전해져 내려오는 것으로 그 근원은 동일합니다. '성(性)'이란 사람의 본성으로서 선천 후천의 구별이나 선악의 구별을 말하지는 않습니다. 예를 들어 어떤 사람은 말하기를 좋아하나 어떤 사람은 한마디도 말하지 않으려고 합니다. 이런 성은 어떻게 해서 생겨난 것일까요? 동양 문화에서는 "하늘이 명한 것이 성이다[天命之謂性]"라고 합니다. 그다음은 '정(情)'인데, 여기에는 문제가 있습니다. 『중용』에서는 왜 희로애락 네 가지만을 말할까요? 본래가 칠정육욕(七情六欲)인데 왜 단지 네 가지 정만을 말하고 있을까요? "희로애락이 일어나지 않은 상태를 중이라 하고, 일어나서 모두 절도에 맞는 것을 화라 한다[喜怒哀樂之未發謂之中, 發而皆中節謂之和]"라고 하며, 또 "중화에 이르면 천지가 제자리를 잡고 만물이 자라난다[致中和, 天地位焉, 萬物育焉]"라고 하는데, 왜 단지 네 가지 정만을 말하고 있는 것일까요? 희로애락은 정(情)이지 성(性)이 아닙니다. 정역시 아뢰야식의 종자로부터 나온 것이지만 어떤 사람은 천성적으로 잘 기뻐하고 어떤 사람은 천성적으로 잘 노하며 어떤 사람은 천성적으로 잘 슬퍼하거나 또는 즐거워합니다.

정은 어디에 근거해서 나오는 것일까요? 이것은 심리나 사대, 심장이나 간장·비장·폐장·신장 등 오행의 생리적인 천품과도 관계가 있습니다. 여러분은 타좌를 하면서도 그저 제육식인 생각을 공으로만 만들고자 하지만 그것은 망념이라 할 수도 없는 것으로 단지 망념의 표면에 떠 있는 거품에 지나지 않습니다. 그것은 쉽게 걷어 낼 수 있습니다. 생각을 공으로 만드는 것은 아주 쉽습니다. 내가 아직 여기 앉아 눈을 감고 있으며 또 내면이 아주 청정하게 느껴진다면 그것이 바로 『능엄경』에서 말하는, "안으로 그 윽이 고요함을 지키더라도 여전히 법진의 분별영사가 되고 만다[內守幽閑, 猶爲法塵分別影事]"라는 상황입니다. 여러분 중 타좌 공부를 하면서 안으로 고요함을 지키지 않는 사람이 있습니까? 만약 있다면 그것은 송대 대혜고 선사가 말한 "묵조는 삿된 선이다[默照邪禪]"라는 것으로, 바로 후세 조동 종의 참선에서 나타난 폐단입니다. 불법을 배우고 도를 배우는 사람 치고 이 속에서 오락가락하지 않은 사람이 누가 있겠습니까? 우리는 이런 정을 모두 떨쳐 버리지 못하고 도리어 희로애락에 충만해 있습니다. 부처님은, 정이란 업력의 일종으로 업의 뿌리라고 말합니다. 후에 이학(理學)에서는 기질을 말하는데, 기질을 변화시키지 않고서 어떻게 도를 이룰 수 있겠습 니까? 그러므로 먼저 이 점을 뚜렷이 알아야만 합니다. 다리를 틀고 앉아 거기서 무얼 하고 있는지를 관찰해야 합니다. 대부분은 심리적인 자기 유 희로서, 도를 닦는 것과는 아무 상관이 없습니다. 이렇게 수십 년간이나 유희에 빠져 있는 사람도 있으니 스스로를 살펴보아야 합니다. 스스로 좋 은 사람이 되고 좋은 일을 하며 덕성을 닦고 있다고 생각하지만 실제로는 모두 성정(性情) 속에서 유희를 즐기고 있는 것에 불과합니다.

그렇다면 우리는 어떻게 해야 할까요? 제일 먼저 무엇이 망념인지를 뚜 렷이 알아야 합니다.

『능엄경』 권 4에 나오는 "깨달아 밝은 것이 허물이 된다[覺明爲咎]"라는 구절이 바로 이 망념을 말한 것입니다. 하나의 망념은 오온(五蘊)과 팔식 (八識) 그리고 팔십팔결사(八十八結使)를 모두 포괄하고 있습니다. 그러므 로 타좌를 하면서 우연히 생각이 사라진 것을 망념이 없어졌다고 여겨서 는 절대 안 됩니다. 착각해도 한참을 착각한 것입니다. 이리저리 떠도는 생각이 사라져 스스로 청정하다고 느낀다면 바로 그것이 대망념의 뿌리입니다. 따라서 이런 생각들이 사라지지 않았다면 어떤 것도 말할 필요가 없습니다. 이 일념이 모두 공이 되었다면 심신이 타파된 후 진여(眞如)를 증득할 수 있으며, 이른바 명심견성에 도달하여 바로 돈오할 수 있습니다. 이 점을 유의해야 합니다.

제전스님과 임주선

다시 수행법에 대해 살펴봅시다. 『선종직지』의 대사인연에 나오는 송원시기의 고봉묘선사는 후세 선 수행의 진정한 본보기입니다. 그렇지만 솔직히 말하면 고봉묘선사는 스스로 훈련을 통해 의념이 풀리고 나서야 일종의 현실적 상황을 초월한 의식의 경계에 이르렀습니다. 여기서 한 가지 간과할 수 없는 것은 그럼에도 그의 건강은 여전히 좋지 못했다는 사실입니다. 색법은 심법의 일부이므로 신체 역시 전화되어야 마땅합니다. 왜 전화시키지 못했을까요? 이것은 아주 중대한 문제입니다. 색법은 전화될 수 없는 것이라 한다면 『화엄경』의, "법계의 본성을 보면 일체가 마음이 만드는 것이다[應觀法界性, 一切唯心造]"라는 불교의 기본 정률(定律)을 이미 팽개쳐 버린 것이 아닐까요? 이 이론이 맞다면 생로병사는 마땅히 없앨 수 있어야 하며, 오온과 사대는 마땅히 전화될 수 있어야 합니다. 이론과 사실이 이렇게 모순이 되어야만 할까요? 이 점을 특별히 주의해야 합니다. 우리 현대인은 수행에 대해 뚜렷이 알고 있어야 합니다. 사실 불경에서는 이미 여기에 대해 분명히 말하고 있습니다.

선종의 수행법은 대부분이 고봉묘선사의 방법을 따르고 있지만 소수의 고승, 예를 들어 제전스님 같은 몇몇은 예외입니다.

송대의 선종 대덕 중 몇 명은 깨달음을 얻은 후 제전스님처럼 미친 척했습니다. 예를 들어 임주선(林酒仙)은 도를 깨친 후 술만 퍼먹었는데, 그의 노래는 모두 술에 취해서 아무렇게나 읊조린 것들이기는 하나 제전과 마찬가지로 말하는 바가 아주 뚜렷하고 명백합니다.

송대 이후 이들은 왜 도를 깨친 후 미친 척했을까요? 여기에는 이유가 있습니다. 당대 사백 년을 거쳐 송대 이학(理學)에 이르는 오륙백 년간 중국의 문화계는 너무 엄숙했습니다. 유가든 도가든 불가든 어느 것 할 것 없이 모든 세포가 경직되어 있었고 특히 웃는 세포가 가장 경직되었습니다. 『포청천전』에서는 포청천은 여태 웃어 본 적이 없다고 말합니다. 청백리이니 엄숙해야겠지요! 그러나 친척도 친구도 왕래하지 않으니 이런 인생에 무슨 재미가 있을까요? 그럼에도 포청천 같은 얼굴은 많기도 많았으며 특히 종교 집단에서는 더욱 그랬으니 도를 깨친 고승들이 미친 척하며 일부러 이런 분위기를 누그려 뜨려 보고자 했던 것입니다. 도를 다 닦아 죽은 얼굴처럼 되고 만다면 그게 무슨 도이겠습니까? 이런 경직된 얼굴은 병에 걸린 얼굴이나 마찬가지입니다.

도란 이런 것이 아닙니다. 천기(天機)는 생기발랄한 것입니다. 그럼에도 공만을 지키고 마침내는 엄숙한 도인의 표정만 짓는다면 바로 선종에서 말하는 고목선(枯木禪)이 되고 맙니다. 고목에는 꽃이 필 수 없습니다. 결코 영산회상에서 꽃을 피워 부처님을 볼 수 없습니다. 보십시오. 석가모니 부처님의 경계는 얼마나 가볍고 편안합니까? 그에게는 엄숙한 도인의 표정이 없습니다. 먼저 이것부터 뚜렷이 알고 나서 다시 불경의 오온론(五蘊論)에 대해 살펴봅시다.

우리가 말하는 오온은 모두 망념으로 이제 오온과 견지에 대해 살펴보기로 합시다. 견지는 공부이며, 오온은 색수상행식입니다.

색온

'색(色)'은 지수화풍의 사대를 포괄하는 것으로 단지 신체에 그치지 않고 물리세계 전체를 포괄합니다. 예를 들어 우리가 눈을 비비면 별빛 같은 것이 어른거리는데, 이는 시신경이 마찰되어 빛이 생긴 것으로 실제 현상이 아닙니다. 불교에서는 이것을 공화(空華)라 합니다. 만약 이 빛을 도라한다면 정신 나간 사람이 아니고 무엇이겠습니까? 이 빛은 시신경의 변화로서 바보가 아닌 이상 어찌 모르겠습니까? 귀로 듣는 소리나 코로 맡는 냄새 역시 마찬가지입니다. 이들은 모두 색온(色蘊)에 속합니다. 『심경』에서는, "색즉시공 공즉시색(色卽是空, 空卽是色)"이라고 말합니다. 한번 물어봅시다. 여러분은 왜 공이 되지 못할까요? 타좌를 하고 있으면 다리가 몹시도 저립니다. 색법은 여전히 공이 되지 못한 것입니다! 왜 다리가 저려올까요? 신체 내부에 습기가 있어서 기맥이 통하지 않기 때문입니다. 머리는 왜 깨질 듯 아플까요? 몸속에 병이 있으면 바로 반응이 나타나는데, 이런 상태에서 어떻게 공이 될 수 있겠습니까! 이렇게 말할지도 모르겠습니다. 뭐 하러 꼭 도를 닦아야 하는가, 잠을 잘 때에도 역시 감각이 없으니 바로 색즉시공 공즉시색이 아닌가 하고요.

밀종의 기맥이나 도가의 기경팔맥에 관한 설은 모두 선정 공부에서 유래하였으며, 실제 경험에 근거한 것입니다. 옛사람은 단지 이런 경험을 기록해 놓았을 뿐인데 후세 사람이 이것을 보고 대주천(大周天)이니 소주천(小周天)이니 하며 마치 도(道)를 전하는 양 생각한 것입니다. 완전히 착각한 것입니다. 사실 기맥이니 주천이니 하며 온종일 닦아 봐야 모두가 가행(加行) 속의 공부일 뿐입니다. 가행의 목적은 먼저 색법을 공으로 만드는 데 있습니다. 진정으로 기맥이 타통하고 나서야 비로소 색신이 공이 될 수 있는데, 바로 색즉시공의 단계입니다. 그렇지만 아직 공즉시색의 단계에는 이르지 못했습니다.

먼저 생리적인 부분이 열려야 비로소 색즉시공이 가능하며, 여기서 다시 전화되어야 공즉시색에 이르게 됩니다. 이것은 진공(眞空)에서 묘유(妙有)가 일어나는 작용으로, 이때 신통력과 지혜가 함께 나타납니다. 색즉시공은 말하자면 산 하나를 혹은 건물 하나를 허물거나 부수어 평지로 만드는 것과 같으며, 공즉시색은 이 평지 위에 견고한 건물을 다시 세우는 것과 같습니다. 바로 불법에서 말하는 진공에서 묘유가 생겨나는 것으로, 여기에 이르러야 비로소 망념이 무엇인지를 알 수 있습니다. 이것이 첫 번째입니다.

두 번째는 "색즉시공 공즉시색 색불이공 공불이색(色卽是空, 空卽是色, 色不異空, 空不異色)"입니다. 이 네 구절은 대승과 소승의 몇 단계 공부를 포함하고 있습니다. 그리고 이어서 "수상행식역부여시(受想行識亦復如是)"라고 하는 간단한 여덟 글자가 나옵니다.

"색즉시공(色卽是空)." 여러분이 여기에 이르지 못하면 색불이공이나 공불이색은 더욱 어렵습니다. 대승의 경계인 견지, 수증, 행원에 모두 도달해야 합니다. 색법이 공과 다르지 않으니 색과 공에 차이가 없습니다.

"색불이공(色不異空)." 색법이 바로 공입니다. 문자상으로 한번 생각해봅시다. 색불이공과 색즉시공은 어떻게 다를까요? 논리상에서 큰 차이가 있으니, 이 때문에 한문이 어렵다고 하는 것입니다.

"공불이색(空不異色)." 진정으로 공에 이른 사람은 당연히 여기에 도달합니다. 이장자가 말한 바와 같이, "끝이 없는 찰경은 자타가 털끝만큼도 거리를 두지 않는다[無邊刹境, 自他不隔於毫端]"라는 것입니다. 불경에서 말하는 삼명육통(三明六通)[158]이나 제불(諸佛)의 신통력도 반드시 얻을 수 있는

---

[158] 아라한이 가지고 있는 세 가지 지혜인 숙명명(宿命明), 천안명(天眼明), 누진명(漏盡明)과 여섯 가지 신통인 천안통, 천이통, 타심통, 숙명통, 신족통, 누진통을 말한다.

데, 색과 공은 본래 일체이며 그 작용 역시 하나입니다. 마치 방 안에 콘센트가 있어 전등도 꽂고 녹음기도 꽂고 선풍기도 꽂을 수 있는 것과 같습니다. 모두 전기로서 본래 일체입니다.

색에 대해서는 아직 설명을 완전히 마치지는 않았지만 잠시 미루어 두기로 합시다.

수온, 상온, 행온

이제 두 번째인 '수(受)'에 이르렀는데, 수는 바로 감각으로서 이 감각은 대부분 생리적 반응입니다. 예를 들어 차갑고 뜨겁고, 들이쉬고 내쉬고, 배부르고 배고픈 것 등의 반응입니다. 이런 생리적 반응 외에도 정서상의 감각이 있습니다. 이 정서상의 수(受)는 유가의 정(情)에 속하며, 색법은 거꾸로 성(性)에 속합니다. 왜 색법이 반대로 성에 속할까요? 이것은 그렇게 간단한 문제가 아닙니다.

밀종이든 정토든 무얼 배우든 마찬가지입니다만 타좌를 한다고 해 봐야 모두 감각적 유희를 즐길 뿐입니다. 선생한테 묻는 질문이라고는 고작 여기가 아프고 저기가 아프다는 것입니다. 백이면 백 모두가 이런 무료한 질문만 해 댑니다. 정말 선생 노릇 하기 싫어질 정도로 묻습니다. 하루 종일 이런 환자들과 같이 있으니 미치지 않으면 거의 죽을 지경입니다. 실제로 우리는 불경도 제대로 읽어 보지 않고서 모두 감각적 유희를 즐기고 있습니다. 『심경』을 조금 더 읽어 보십시오. 색즉시공 공즉시색입니다. 다리가 저려 온다고요? 왜 공이 되지 못할까요? 다리조차 공으로 만들지 못하면서 무얼 공으로 만들 수 있겠습니까? 여러분은 이 '수(受)'를 공으로 만들 능력이 있습니다.

주의해야 합니다. 여러분은 이것도 전화시키고 저것도 전화시키고자 합니다. 그러나 솔직히 말하면 그런 것은 제육식의 망념으로, 이미 그 속에 갇혀 뱅글뱅글 맴돌고 있는 것입니다. 여러분은 하거(河車)나 기맥, 또는 삼맥칠륜은 많이 돌리면 돌릴수록 좋다고 생각하지만 그 윤회는 더욱 엄중해질 뿐입니다.

윤회를 말하지 않더라도 여러분이 타좌를 한다고 앉아서 생각하고 느끼는 것이 온통 그 속에서만 맴돌고 있다면, 아무 일도 하지 않고 다른 사람들이 분주하게 사는 것을 보면서 하루 종일 그렇게 여유롭게 하거를 즐기고 있다면 어떨까요? 이 때문에 도를 닦는 사람은 백에 하나도 쓸모가 없다고 하는 것입니다.

"수즉시공(受卽是空)." 왜 바로 여기에서 해탈을 구하지 않습니까? 불법을 배우는 것은 해탈을 구하기 위함인데, 결과적으로 우리는 해탈하지 못하고 모두 감각의 경계에서 헤매고 있습니다.

세 번째는 '상(想)'온입니다. 이것은 다루기가 더 좋습니다. 사람들은 이렇게 말합니다. 내 타좌는 다 좋은데 망념이 끊어지지 않는다고요. "상즉시공 공즉시상(想卽是空, 空卽是想)"입니다. 상(想)이 이미 공인데 왜 공을 구하려고 합니까? 본래가 공입니다. 우리가 그것을 공으로 만드는 것이 아닙니다. 달리 말하면 그것이 와서 우리를 공으로 만드는 것입니다. 여기서 '그것'이란 무엇일까요? 본심(本心)입니다. 바로 자타불이(自他不二)의 타(他)입니다. 그것이 와서 여러분을 공으로 만듭니다. 우리의 망념은 근본적으로 존재할 수 없습니다. 어떤 생각도 어떤 사상(思想)도 모두 이와 같이 지나가 버립니다. 그러므로 상즉시공 공즉시상입니다. 그렇지만 우리는 상즉시공에 이르지 못하고 도달하는 것이 기껏해야 정(定)을 얻고 과위를 얻는 것입니다.

"상불이공 공불이상(想不異空, 空不異想)"에 이르면 이는 진정한 공부입니다. 여기에 이를 수 있다면 바로 이장자가 말하는 '자타불이'입니다.

네 번째는 '행(行)'온으로 이것은 대단히 중요합니다. 행온은 바로 생명의 운동으로서 생명 자체가 지니고 있는 운동 기능입니다. 행온을 이해할 수 있다면 비로소 무엇이 명심이고 무엇이 망념인지를 알게 되고 견성(見性)은 말할 필요도 없이 당연히 알게 됩니다.

우리가 타좌를 잘하면 망상도 모두 사라져 버리는데 왜 또다시 그것이 나타날까요? 바로 행온이 온 것입니다. 행온은 우리 말을 듣지 않습니다. 행온이 공이 되지 못했다면 망념을 공으로 만들겠다는 생각은 접어 두십시오!

행온이 공이 된 다음에야 위에서 말한 색(色), 수(受), 상(想)도 비로소 공이 될 수 있습니다. 주의하십시오! 스스로 행온을 잘 관찰해 보십시오. 이것은 아주 중요합니다. 행온이 어떻게 해서 공이 되는지는 다음 강의에서 설명해 드리겠습니다.

제26강

감각의 경계에 갇히다

　이번 강의에서는 어떻게 소승과 대승의 과위를 증득하는지에 대해 살펴 보기로 합시다.

　견지가 가장 중요합니다. 이른바 진정한 견지는 흔히 말하는 '견해'가 절대 아니며 '도제(道諦)'를 보아 내는 것으로 '진제(眞諦)'라고도 합니다. 진정으로 도제를 보았다면 그다음의 수증과 행원은 성공할 수 있습니다. 이것이 바로 선종에서 제창한 돈오로서 학술적인 것이 아니며 보통의 견 해는 더더욱 아닙니다.

　우리에게는 견도(見道)의 방법이 없어서 수많은 수증, 즉 점수(漸修)의 방법이 생겨난 것입니다. 예를 들어 부처님은 십이 년간 수행하고 최후로 새벽 별을 쳐다보고는 도를 깨쳤는데, 이것 역시 '견(見)'입니다. 견의 방법 이 가장 중요한데, 그 방법이 바로 반야와 유식의 이치입니다. 견은 곧 '이 (理)'로서, 이 이치는 일체의 일과 일체의 수증 공부를 포괄합니다.

　앞에서 『심경』의 "색즉시공 공즉시색 색불이공 공불이색(色卽是空, 空卽

是色, 色不異空, 空不異色)"을 인용했는데, 이 이치는 수증 공부도 포괄하고 있습니다. 앞에서는 견지를 말하면서 공부와 연결했지만 여기서는 "수즉시공 공즉시수 수불이공 공불이수(受卽是空, 空卽是受, 受不異空, 空不異受)"에 대해 살펴보기로 하겠습니다. 수(受)란 곧 감각으로서 생리적 감각과 심리적 감각을 말합니다.

많은 사람들이 공부를 하지만 솔직히 말해서 도가나 밀종, 현교 등 어떤 것을 배우든 대부분 수음(受陰)의 경계에서 맴돌고 맙니다. 모든 사람이 여기에 갇혀 버리고 마는 것입니다. 이 때문에 공부 방면에 집착하는 사람은 갈수록 교만해집니다. 공부는 누적되는 것이기 때문입니다. 공부를 조금 하고 나면 확실히 느낌이 달라집니다. 공부는 하면 할수록 더 특별해지므로 교만심도 자연 더 커지게 됩니다. 공부란 우연히 얻는 것이 아니라 시간이 누적되어야 얻는 것이므로 공부는 얻는 바가 있는(有所得) 것입니다. 결코 얻는 바가 없는(無所得) 것이 아닙니다. 불법의 구경은 무위법(無爲法)임에도 사람들은 얻는 바가 있는 마음으로 얻는 바가 없는 열매를 구하려고 합니다. 결과는 당연히 도(道)와 배치되고 맙니다.

일반인들은 불법을 배우고 도를 배워서 공부와 견지를 얻습니다만 이렇게 얻은 견지 역시 수음의 범위를 맴도는 것입니다. 특히 유위법의 공부는 무슨 기맥이니 어떤 경계니 말하지만 스스로 견지가 부족하므로 반야를 성취하지 못하고 수음의 범위에 집착하고 맙니다. 달리 말하면 이른바 타좌 공부라는 것이 모두 신체의 감각을 뒤좇고 있다는 뜻입니다. 기(氣)가 등 뒤에 이르렀다거나 협척(夾脊)을 통과하지 못했다거나 무슨 맥륜(脈輪)을 통과하지 못했다거나 하고 있습니다. 이런 것에 관한 책을 많이 읽을수록, 이런 이치에 밝을수록 공부는 더욱 어려워집니다. 온통 수음 경계에 머물러 반야 방면으로 힘을 쏟지 못하게 됩니다. 바로 수즉시공 공즉시수 수불이공 공불이수입니다. 몸속의 기가 조금만 움직여도 마음이 따라서 움직이니 반야에 통하지 못한 채 감각의 경계는 갈수록 엄중해져 영원히 해탈에 이를 수 없는 것입니다. 설사 죽은 뒤 이런 기는 사라진다고 해도 중음신은 여전히 또 다른 감각의 경계 속에 붙들려 있습니다.

기맥이란 과연 존재하는 것일까요? 분명히 존재합니다. 이것은 자연스러운 현상으로 그리 특별할 것도 없습니다. 그렇지만 그것을 강하게 느낄수록 장애는 더욱더 커집니다. 그래서 일단 공부를 그만두면 못 견디는 것입니다. 예를 들어 요즈음 일반인들이 타좌를 할 때 공통적으로 나타나는 폐단은 일단 자리에 앉으면 청정해진다고 느끼는 것입니다. 이런 청정한 감각은 서서히 습관이 되어 버립니다. 사실 청정한 감각은 단지 심리적인 느낌일 뿐입니다. 여기에다 생리적인 얼얼한 감각이 덧붙어 일단 타좌에 들면 매우 편안하게 느껴지는 것입니다. 타좌 역시 휴식이 아닙니까? 편안했다가 다시 갑갑해지기 시작합니다. 그러면 공부란 나를 찾는 것이 아닌가 하는 생각에 눈을 감고 침잠합니다. 실제로 이런 침잠은 모두 어둡고 혼란한 상태로서 안으로 그윽이 고요함을 지키는 단계에도 아직 이르지 못한 것입니다. 이것을 공부라 여기고 도라 여기지만 사실 이들은 모두 수음구우(受陰區宇)로서 감각의 상태입니다. 이 속에 오래 머물러 있는 사람은 비록 무기(無記)나 무념(無念)보다는 나을지 몰라도 머리가 굳어지고 영원히 혼침에 들어 반야라고는 조금도 나타나지 않습니다.

이런 상태에서 해탈하기 위해서는 수즉시공 공즉시수 수불이공 공불이수를 깨쳐야 합니다. 감각 상태를 던져 버려야만 비로소 해탈을 말할 수 있고 초월을 말할 수 있음에도 일반인들은 현재의 경계에서 초월하지 못합니다. 감각이 사람을 옭아매는 것이 이처럼 심각합니다.

사와 상의 작용

앞에서 사(思)와 상(想) 문제에 대해 언급한 적이 있지만 우리의 이 상은 바로 의식적인 생각입니다. 만약 엄격하게 논의한다면 이 문제는 대단히 중요합니다. 불학에서는 사상을 나누어서 거칠고 뇌파가 빨리 뛰는 것을 상(想)이라 부르고, 마치 잠이 들 듯 말 듯한 상태처럼 상이 없는 것 같으면서도 사실은 아직 작용하고 있는 그런 미세한 상태를 사(思)라고 말합니다.

예를 들어 어떤 사람이 이야기를 할 때 우리는 들으면서 동시에 옳고 그름을 분별하거나 혹은 그 내용을 어느 정도 이해하곤 하는데, 이들은 모두 상(想)의 작용입니다. 사(思)에는 이런 망상이 없습니다. 어떤 선사는 이런 비유를 들었습니다. 돈을 빌려 쓰고 내일이 갚을 날인데 갚을 돈이 없습니다. 오늘 여기서 아무리 타좌를 하고 불법을 듣고 연구해도 돈을 갚아야 한다는 생각은 뇌리를 떠나지 않습니다. 이것이 바로 사(思)의 작용입니다. 한 줄기 힘이 늘 그곳에 머물러 있는 것입니다.

상(想)은 실제로 사(思)입니다. 하나는 미세하고 하나는 거칠 뿐입니다. 이것이 의식 경계의 분별심입니다. 우리같이 아직 도를 이루지 못한 중생은 사(思)와 상(想)의 분별심을 날 때부터 가지고 태어납니다. 갓난애에게는 제육식의 분별심이 없으나 그렇다고 사와 상이 없다고 말할 수는 없습니다. 분별심은 아니더라도 사와 상에는 여전히 어둡고 혼란한 상태가 존재합니다. 그러다가 나이가 많아질수록 분별심은 점차 자라납니다. 어린애들의 사와 상은 비교적 천진하고 순수합니다. 사람이란 참으로 불쌍한 존재여서 자라면 자랄수록 귀여운 구석은 사라지고 나이가 들수록 징그러워집니다. 제육식이 강해지면서 점점 오염되기 때문입니다. 이렇게 의식이 많아지면 마침내 생활습관이나 시비, 선악 등에서 자기가 옳다고 느끼게 됩니다.

이렇게 서서히 형성되어 습관이 된 것이 바로 사(思)입니다. 사는 업력이 되고 종자가 되어 내생으로 가지고 갑니다. 그러므로 선천적인 의식 습관은 대부분 전생에서 가지고 온 습기입니다. 이로 인해 사람마다 개성이 다른 것입니다. 어떤 사람은 웃기를 좋아하고 어떤 사람은 화를 잘 내곤 하는데, 모두 전생에서 가지고 온 것입니다.

그러니 우리더러 온갖 것을 놓아 버리고 일체를 공으로 만들라고 하지만 과연 이 사(思)까지도 모두 공으로 만들 수 있겠습니까? 예를 들어 이것도 공으로 만들지 못하고서 청정한 의식 경계를 공이라 여긴다면, 그건 스스로를 기만하는 것입니다. 마지막에 산소호흡기를 코에다 갖다 대면 우리의 공부도 불법도 아무 소용이 없습니다. 그러니 절대로 착각해서는 안 됩니다. 그런데도 힘써 공부하는 사람들이 모두 여기에서 맴돌고 있습니다. 그 이유는 반야지혜가 부족하고 견지지혜가 분명하지 못하며 행원이 모자라기 때문입니다. 진정한 선근(善根)이 일어나지 않으면 반야는 드러날 수 없습니다. 그러므로 『금강경』은 오직 두 가지만을 말합니다. 하나는 반야요, 다른 하나는 공덕입니다. 왜 그럴까요? 대공덕을 성취해야만 비로소 대지혜가 생겨나기 때문입니다. 단지 타좌만으로 지혜를 구하고자 하는 것은 소승법문으로, 계(戒)와 정(定)으로부터 혜(慧)가 생겨난다고 보는 것입니다. 대승법문에서는 이렇게 말하지 않습니다. 대승법문에서 말하는 바는 육도(六度)로서 보시, 지계, 인욕, 정진, 선정의 다섯 단계를 거친 뒤에야 비로소 반야가 있다는 것입니다.

일반인들이 공부하면서 가장 곤혹스러워하는 것이 망상입니다. 바로 이 망상이 끊어지지 않는 것입니다. 누가 망상을 끊으라고 했던가요? 망상은 원래 끊을 수 있는 것이 아니요, 늘 지속되는 것도 아닙니다. 망상이란 끊어 버릴 수 없는 것입니다.

칼 빼어 물 갈라도 물은 다시 흐르며   抽刀斷水水更流

타좌로 근심 풀어도 근심은 다시 온다   打坐解愁愁更愁

그러니 타좌를 할수록 미간은 더 찌푸려지는 것입니다.

망상은 원래가 공입니다! 애써 끊으려 할 필요가 없습니다. "상즉시공 공즉시상 상불이공 공불이상(想卽是空, 空卽是想, 想不異空, 空不異想)"입니다. 유식에는 작의(作意), 촉(觸), 수(受), 상(想), 사(思)의 '오변행(五遍行)'이 있는데, 팔식 속에는 어디에든 이것이 있어 자연스럽게 그 작용이 나타나게 됩니다.

우리 생명의 본능은 두 부분으로 나누어지는데, 하나는 감각 상태요 다른 하나는 지각 상태입니다. 감각 상태는 반은 물리적인 것이고 반은 심리적인 것입니다. 사(思)와 상(想)의 상태 역시 그러한데, 여기서는 심리적인 것이 중요하며 생리적인 것은 부차적입니다. 유식이 우리에게 말해 주는 것이 바로 오변행으로, 오변행은 팔식의 작용 속에 보편적으로 존재하는 것입니다. 그러니 어떻게 이들을 끊어 버릴 수 있겠습니까? 사와 상은 노력해서 끊을 수 있는 것이 아닙니다. 육조 또한 이렇게 말합니다. "혜능은 기량이 없어 온갖 사와 상을 끊어 내지 못한다. 경계를 대하면 숱하게 마음이 일어나니 보리는 이렇게도 기나긴 것이로다(惠能沒伎倆, 不斷百思想. 對境心數起, 菩提作麼長)." 본래가 공입니다! 어떻게 공을 끊어 내겠다는 것입니까? 스스로 사하고 상하고 있다는 것을 아는 그것은 여전히 존재하고 있지 않습니까? 그럼에도 타좌에 들기만 하면 수시로 사와 상을 억누릅니다. 이렇게 엉뚱하게 공부를 한다면 일만 년을 앉아 있어도 아무런 성과를 거둘 수 없습니다.

다시 한 걸음 더 나아가서 오변행을 전화시킬 수 있다면 바로 그 자리에서 성불할 수 있습니다. 그러나 이것은 반야지혜의 성취를 이루지 않고서는 불가능합니다. 그래서 유식에서는 결코 망상을 끊어 내면 성불한다고 말하지 않고 그 대신 식(識)을 전화시켜 지혜를 이루어야 한다고 말합니다. 이렇게 전화되기만 하면 곧 공을 완성합니다. 문제는 전화할 수 있는가 없는가 하는 것입니다. 이 '전(轉)'이라는 말은 참으로 절묘합니다. 우리 같은 범부가 성불하지 못하는 것은 심리적으로 전화할 수 없기 때문으로, 업력이 우리를 꼼짝 못하게 옭아매고 있습니다. 식이 전화되면 지혜가 이루어지고, 지혜가 이루어지면 곧 해탈합니다.

다시 행음을 말하다

그러므로 타좌는 간단합니다. 상즉시공 공즉시상 상불이공 공불이상입니다.

그렇지만 그다음 것이 어렵습니다. 바로 행음(行陰)입니다. 생겨나게 하고 사라지게 하는 한 줄기 힘입니다. 끊어 버리려 해도 도무지 끊어지지 않습니다. 왜 그럴까요? 행음은 우주의 운행과도 같은 것으로 영원히 움직이기 때문입니다. 『금강경』에서는 "오는 곳도 없고 가는 곳도 없다[無所從來, 亦無所去]"라고 했습니다. 올 때에도 어디서 오는지 모르고 갈 때에도 어디로 가는지 모릅니다. 과거, 현재, 미래가 영원히 이렇습니다. 이것이 바로 행음, 즉 움직임의 원천입니다. 늘 움직이고 있기에 가장 어렵습니다.

행음이 정지되지 않고서는, 다시 말해 고요한 상태를 얻기 전에는 앞에서 언급한 색(色)·수(受)·상(想)은 영원히 끊을 방법이 없어서 계속 이어집니다. 심리적인 부분도 마찬가지로 영원히 끊임없이 흘러갈 것입니다. 타좌를 해도 왜 감각이 공이 되지 않을까요? 행음이 공이 되지 않았기 때문입니다.

원칙적으로 말하자면 "행즉시공 공즉시행 행불이공 공불이행(行卽是空, 空卽是行, 行不異空, 空不異行)"에 이를 수만 있다면 수행은 성공합니다. 그렇지만 첫 구절 행즉시공(行卽是空)에 과연 우리가 도달했을까요? 행과 공이 둘이 아님이 행불이공(行不異空)인데 과연 여기에는 도달했을까요? 자리에 앉기만 하면 망념을 청정하게 하려 들지만 행음은 공이 되지 않습니다. 허공에도 행음이 있어 이 때문에 우주는 영원히 회전합니다. 회전하는 것이 바로 우주의 행음입니다.

보통 사람이 행음을 멈추게 하려면 도를 증득해야 하는데, 이렇게 되기 위해서는 사선팔정 공부에 의존하여 기주맥정(氣住脈停)에 이르러야 합니다. 기주(氣住)는 단지 호흡이 정지되는 데 그치지 않고 몸속에 있는 모든 생명의 기식(氣息)까지도 멈추는 상태입니다. 이때가 되어야 비로소 심신과 함께 유전하는 행음이 정지되었다고 할 수 있습니다.

행음이 정지되지 않기에 생리적 움직임도 멈추지 않으며 심리 역시 정지되지 않습니다. 그렇다면 어떻게 해야 본래의 자성으로 되돌아갈 수 있을까요? 가장 빠른 길은 지혜의 해탈, 반야, 돈오입니다. 돈오에 이르지 못한 일반인은 한 걸음 한 걸음 나아가는 점수(漸修)를 택할 수밖에 없습니다. 그러므로 『능엄경』에서 부처님은 오음해탈의 차례를 명확히 우리에게 말해 주고 있는 것입니다. 여기에 대해 특별히 유의해야 합니다.

우리가 진정한 성취를 이루지 못하는 것은 행음을 해탈하지 못하고, 상음을 해탈하지 못하며, 수음과 색음 또한 해탈하지 못하기 때문입니다. 약간의 청정한 경계가 있다 하더라도 그것은 단지 상상의 것으로, 제육식상의 상상일 뿐 결코 진공(眞空)을 증득한 것이 아닙니다. 진공의 증득에 대해서는 앞서 인용한 『능엄경』의 내용에서 상세히 언급하고 있습니다. 선종이든 천태종이든 혹은 밀종이든 정토종이든 어느 종파든 성취를 얻고자 한다면 모두 이 원칙을 벗어날 수 없습니다.

『백법명문론』과 심불상응행법

다시 한 걸음 더 나아가면 행음을 해탈한 뒤에야 비로소 식음(識陰)의 해탈을 말할 수 있습니다. 이 식(識)은 단지 제육식만이 아니라 유식에서 말하는 팔식을 모두 포괄하는 것으로, 바로 『능가경』에서 말하는 심의식(心意識)입니다.

우리가 알고 있는 정신 상태라는 것은 식(識)의 일종으로서 식이 모습을 바꾼 것에 불과합니다. 그러므로 정신으로써 이 식을 해석하려는 것은 본말이 전도된 것입니다. 엄격히 말하면 식은 팔식 모두의 체(體), 상(相), 용(用)을 포괄하는 것으로, 정신세계뿐 아니라 물리세계 전체의 작용을 포함합니다.

우리는 반드시 『백법명문론』을 연구해야 합니다. 이 책에서는 색법과 심법을 대립시키고 이십사 종의 심불상응행법을 따로 떼어 두고 있습니다. 그러나 주의해야 합니다. 정말 색법과 심법이 대립되는 것이라면 불법을 배울 필요도 없습니다. 마귀와 상제가 대립한다면 상제는 마귀에 대해 영원히 어떻게 할 방법이 없습니다. 사실 이렇게 나누어 분석하면 좀 더 이해하기 쉽기 때문에 사용하는 표현 방식일 뿐입니다. 실제로 색법과 심법은 하나입니다.

심불상응행법(心不相應行法)에서 말하는 심(心)이란 제육식에 좌우되지 않는, 즉 인간의 심리로는 어떻게 할 수 없는 우주에 존재하는 이십사 종의 것입니다. 첫째로 우주의 시간을 들 수 있는데 이것은 우리가 통제할 수 없습니다. 잠을 잘 때에는 시간이 공이 되지 않느냐고 말할지 모르지만 그때도 시간은 여전히 흘러가고 있어서 우리가 바꿀 수 있는 것이 아닙니다. 둘째는 세(勢)입니다. 예를 들면 물이 흘러내리는 힘은 대단한데, 설사 우리가 천상천하 유아독존이라 해도 그 속에 서 있으면 떠내려가고 맙니다. 이런 까닭에 대세지보살(大勢至菩薩)이 오면 관세음보살이 그 옆에 서 있을 수밖에 없습니다. 이 두 보살은 법(法)을 드러내고 있습니다. 대세(大勢)가 오면 관세음보살을 청해 길 안내자로 삼을 수 있는데, 이렇게 세(勢)가 올 때면 어떤 사람도 그것을 통제할 수 없습니다.

그러므로 공부가 아무리 훌륭해도 늙는 것은 어쩔 수 없습니다. 사대는 변화되고 시간은 흘러갑니다. 우리는 타좌를 하면서 삼십 분이나 한 시간 정도도 앉아 있지를 못합니다. 다리가 저려 와서 앉아 있고 싶어도 앉아 있지 못하는 것입니다. 행음의 세(勢)가 이르렀기 때문입니다. 그래서 이렇게 말하지도 모르겠습니다. 정(定)에 들어가고 싶지만 심불상응행법이라 심(心)을 전화시킬 수 없다고요. 그렇지만 이런 것도 전화시키지 못하면서 어떻게 식(識)을 전화시켜 지혜를 이루고 어떻게 업력을 전화시키며 어떻게 번뇌를 보리로 전화시킬 수 있겠습니까?

이 점에 대해 우리는 경각심을 가져야 합니다. 평상시에 이치를 말할 때에는 아주 훌륭하지만 구체적 상황에 부딪쳐서는 타개하지를 못합니다. 자신은 아직도 수도를 하고 있다고 말할지 모릅니다. 그러나 법을 말할 때에는 그럴듯하지만 왜 타좌 공부로 생사를 벗어나려 하면 앞길은 망망하고 뒷길은 어둡기만 할까요? 그래서 이 이치를 먼저 알아야 하는 것입니다.

오음해탈

'식(識)'은 가장 알기 어렵습니다. 그래서 『능엄경』에서는 제5단계의 해탈에서야 비로소 식음(識陰)을 말하고 있습니다.

어떤 사람이 『능엄경』을 연구하고 나서 이렇게 물었습니다. "왜 상음을 융통망상(融通妄想)이라 하고 식음을 전도망상(顚倒妄想)이라 하는지요? 상음을 전도망상이라 하고 식음을 융통망상이라 해야 하지 않을까요?"

상음의 경계에서는 열 종류의 마경이 생겨나지만 실제로는 열 종류에 그치지 않아서 변화를 일으키면 수백, 수천, 수만 종에도 이릅니다. 예를 들어 어떤 사람이 신통력이 있다거나 점을 치지 않고도 미리 안다거나 하는 것들은 모두 오온(五蘊) 중 사(思)와 상(想)의 작용입니다. 이런 작용을 요즘 사람은 육감이니 심령의 감응이니 초능력이니 하고 부르지만 이들은 모두 사와 상의 망상이 변화된 것들입니다. 바로 융통망상입니다. 망상의 작용을 변화시켜 마치 온갖 것에 대해 두루 알아 통달한 듯하니 이 때문에 융통망상이라 표현한 것입니다.

왜 식음 경계를 전도망상이라 했을까요? 그것을 마경이라 하지 않고 외도라 한 것은 그 안에 성문과 연각이 포함되어 있기 때문입니다. 사과나한이더라도 여전히 외도라 하는데 왜 그럴까요? 견지가 구경에 이르지 못했으므로 전도망상이라 합니다.

이 오음을 모두 망상이라 합니다. 선종을 배우는 사람은 자리에 앉기만 하면 망상을 없애고자 하며, 이렇게 하면 제육식이 제거되는 줄 압니다. 그러나 사실 이것은 제육식의 분별심 표면에 떠오른 몇 방울의 기름에 불과합니다. 진정한 망상은 바닥에서부터 표면에까지 모두 있습니다. 그러므로 망상을 제거하기 위해서는 오음 망상을 모두 없애야만 합니다. 그래야 비로소 공을 말할 수 있습니다. 여러분은 타좌에 들기만 하면 줄곧 공이 이어져 아주 편안하다고 느낄지 모르지만 그렇게 생각해서는 안 됩니다. 그것은 제육식인 상상의 경계일 뿐입니다. 우리가 두 눈으로 보는 허공은 그다지 크지 않습니다. 이 때문에 우리가 타좌하며 눈을 감고 상상하는 허공도 그다지 크지 않은 것입니다. 사람의 사와 상의 범위는 생명력이 발휘되는 범위를 벗어나지 못합니다. 그러니 우리의 사와 상이란 것이 얼마나 하찮은 것이겠습니까? 혼미한 경계 속에서 시비와 선악이 모두 전도되어 있으니 우리의 인식 범위 또한 얼마나 협소하겠습니까? 그러나 이런 의식과 사상 속에서도 도리어 스스로를 대단히 숭고하며 위대하다고 느끼니 모두가 스스로를 기만하는 것으로 진정한 공이 아닙니다.

이들은 모두 견지 방면에 속합니다.

오음해탈의 견지에 대해서는 특별한 주의가 필요합니다. 얻은 바가 있는 사람이든 아니면 이제 막 입문한 사람이든 절대로 잘못된 길로 들어서서는 안 됩니다.

다음으로 색수상행식(色受想行識) 중 우리 생명에 가장 중요한 것으로 첫째가 사상(思想), 즉 상음입니다. 이것을 달리 망상이라고도 합니다. 이 사상은 식음이 변한 것으로 식(識)은 곧 심(心)입니다. 바로 『유가사지론』에서 말하는 심의식으로서 심(心)의 본체가 아닙니다. 둘째는 수음입니다. 사람은 태어나면서부터 감각을 가지고 있는데, 이 감각은 수음으로부터 온 것입니다.

색(色)을 생리 부분으로 분류한다면 상(想)과 수(受)는 마땅히 정신적인 부분에 속해야 합니다. 이런 생리 부분과 정신 부분을 포괄하는 것이 행음과 식음입니다.

이런 내용을 듣고 우리는 사상(思想)이 바깥으로 향하려는 것에서 벗어서 자신의 내면으로 되돌려 그 안에서 찾아내어야 합니다. 진정한 불법은 우리더러 사와 상을 사용하지 못하도록 하는 것이 아닙니다. 선정을 교리상으로는 정사유(正思惟)라 하는데 후에 선종에서는 이를 참구(參究)라 했습니다. 선정은 신체의 전화를 따라가는 것을 일컫는 말이 아닙니다. 기맥이 움직이더라도 이 수음의 움직임에 개의치 말아야 합니다. 오직 정사유 상에서 찾아야 옳습니다. 한대(漢代) 이전의 중국 도가에서는 '정사(精思)'라 했는데, 이른바 '정사입신(精思入神)'이라는 것이 바로 선종에서 말하는 참구입니다. 타좌 시 대부분 생리적 감각 경계에 사로잡혀 진정한 정사유로 들어서지 못하는데, 이것은 진정한 선정이 아닙니다.

심행의 전화

불법의 중점은 견지에 있습니다. 방금 강의한 내용은 『마하반야바라밀다심경(摩訶般若波羅蜜多心經)』의 핵심인 오온개공(五蘊皆空)을 『능엄경』의 오온에 대한 해설과 연결한 것으로, 이것이 이번 강의의 중점입니다. 이런 것이 바로 견지입니다. 이런 이치에 통해야만 비로소 공부가 가능하며 진정으로 수행에 대해 말할 수 있습니다. 그렇지 않다면 공부가 아무리 좋아도 구체적인 상황에서 전혀 쓸모가 없습니다. 설사 몸에서 빛을 발하고 대지가 요동치더라도 아무 소용이 없습니다. 이런 까닭에 어떤 경전에서도 공부 방면의 내용을 찾기 힘든 것입니다. 불경에서는 단지 견지의 이치만을 말합니다. 진정한 견지에 도달하면 공부가 반드시 그 단계에 이르기 때문입니다. 달리 말하면 견지상으로 도달했는데 공부가 이르지 못했다면 그것은 진정한 견해가 아니라는 뜻입니다. 예를 들어 어떤 사람의 손에 보석이 박힌 귀한 잔이 있는데 갑자기 바닥에 떨어져서 산산조각이 나 버렸다고 합시다. 이럴 때 해탈한 사람이라면 깨진 줄 알면서도 개의치 않습니다. 그러나 해탈하지 못한 사람은 조각 난 잔을 바라보고 가슴을 칠 것입니다. 이미 깨진 줄 알면서도 조각을 붙들고 울먹이며 소리를 질러 댈 것입니다. 헛된 일인 줄 알면서도 조각을 붙들고 비통해합니다. 그런다고 무슨 소용이 있겠습니까?

이런 것을 사소한 일이라 말하지 마십시오. 도라고 하는 것도 그 이치는 마찬가지입니다. 선종의 조사들은 작은 것에서 한번 깨달아 전체를 뚜렷이 알았습니다. 바로 이런 이치입니다.

이것을 그저 한담이라 생각해서는 안 됩니다. 옛날 선종 대덕들의 희소노매(嬉笑怒罵), 즉 장난치고 웃고 노하고 욕하는 것들이 여러분은 낭비라고 생각할지도 모릅니다. 하지만 그들은 도처에서 우리에게 지적합니다. 정면으로 나무라는 것이 좋지 않을 때에는 유머로 대신합니다. 여러분이 동쪽을 물으면 그는 서쪽으로 대답합니다. 실제로는 때리고 있지만 때리는 것이 바로 사랑하고 보호하는 것입니다.

예를 들어 제일 먼저 여러분에게 강의 개설을 통지했을 때 여러분 모두에게 예외 없이 말했습니다. 대충대충 해서는 안 되니 제대로 규정을 지킬 수 있는 사람만 와서 수강 신청하라고요. 여러분 모두가 신청했지만 과연 제대로 지킨 사람이 몇이나 될까요? 필기도 훌륭하고 그 밖의 다른 것도 모두 훌륭히 해낸 사람은 아마도 없을 것입니다. 이것이 '행(行)' 문입니다. 대장부가 승낙했으니 하겠다고 했으면 해야 합니다. 기왕에 강의를 듣기로 했다면 마땅히 이런 규칙들을 지켜야 합니다. 그렇지 않습니까? 누가 그렇게 해냈습니까? 그렇다면 왜 그렇게 하라고 했을까요? 여러분들, 알겠습니까? 일부러 막대기를 들고 아무 데나 때린 것입니다. 얻어맞고 정신이 들었다면 여러분은 득을 본 것입니다. 정신이 들지 않았다면요? 그렇다면 더 이상 따지지 맙시다.

이것이 바로 행입니다. 저는 단지 필기 부분만을 말했지만 이 외에도 다른 부분이 얼마나 많습니까? 이것은 모두 심행과 관계가 있습니다. 이른바, "만 가지 행문 중 하나의 법도 버리지 않는다[萬行門中不捨一法]"라는 말입니다. 이런 불법의 수행을 어떻게 말로 할 수 있겠습니까? 아무리 친한 사이라 하더라도 진정한 행문은 말할 도리가 없습니다. 일단 말을 꺼내면 사람을 욕하지 않고서는 안 되니 그저 마음속으로 이렇게 말할 뿐입니다. '아, 여래가 말하는 참으로 불쌍한 자로다!'

행문과 견지는 분리될 수 없습니다. 견지가 한 단계 도달했으면 우리의 심행도 변화하지 않을 수 없습니다. 큰 선지식이나 대선사들은 한번 보기만 해도 그 사람이 진보했는지 아닌지 금방 압니다. 기색이 좋거나 기맥이 통한 것을 도라 생각해서는 안 됩니다. 그건 우리를 희롱하는 것입니다.

기맥이 통해도 상관하지 않습니다. 대지혜를 얻은 사람은 이런 속임수에 넘어가지 않습니다. 선종의 많은 조사와 선생들은 그들을 칭찬하면 귀를 막아 버리고 듣지 않습니다. 어찌 이런 아첨을 듣겠습니까? 당연히 듣지 않겠지요. 깨쳤든 깨치지 못했든 마찬가지입니다. 세상에서 가장 해로운 사람이 입에 발린 말을 하는 자로, 사람을 속여 죽이면서도 법을 범하지 않을 뿐 아니라 속아서 죽으면서도 도리어 감사하게 여기도록 합니다. 참말을 하면 아무도 듣지 않습니다. 그러니 방법이 없습니다.

견지가 도달한 사람은 그의 심행이 곧바로 전화됩니다. 스스로 생각한 것이 있으면 그 자리에서 전화됩니다. 선지식은 한번 보면 곧 그의 심행이 이미 전화되었음을 압니다.

행(行)은 많은 것을 포함합니다. 예를 들어 게으름 피우기 좋아하는 것도 역시 행이 잘못된 것입니다. 또 불법에서 제일 강조하는 것이 자비인데, 스스로 한번 생각해 보십시오. 얼마만큼이나 자비를 실천했습니까? 조금 베풀어 놓고는 다른 사람도 자기에게 자비를 베풀어 주기를 바랍니다. 중생을 제도한다고요? 어디서요? 반성해야 합니다! 가장 가까운 사람도 제도할 방법이 없는데 중생을 제도한다고요?

이런 아름다운 말 아래 얼마나 많은 죄악을 숨기고 있는지 모릅니다. 이들 모두를 수시로 반성해야 합니다. 아름다운 말일수록 더욱 자신의 잘못을 두껍게 덮습니다. 불법을 배우는 사람이 이 정도도 자신을 살피지 않는다면 더 말해 봐야 무엇하겠습니까! 아무도 이렇게 하지 않고 하지도 못하면서 모두 마치 상거래를 하듯 자비를 행합니다. 우리 시대에는 특히 그렇습니다.

이상에서 견지 부분에 대해 개략적으로 살펴보았습니다. 한마디로 말해 견지는 대단히 중요해서 이렇게 몇 마디 말로 할 수 있는 것이 아닙니다.

이장자의 『화엄경합론』은 꼭 읽어 보아야 합니다. 많은 사람들이 불법을 배우면서도 경전을 연구하지 않으나 모든 경전을 주의해서 살펴야 합니다. 당대(唐代)의 불교 제도에 따르면 출가하려는 사람은 시험을 봐야 했습니다. 경론(經論) 한 부(部)를 통과해야 비로소 승려 신분증을 발급해 주었습니다.

오늘날 많은 사람들이 불학을 연구하지만 엄격히 말하면 결코 불학을 연구하는 것이 아닙니다. 이것은 대단히 엄중한 문제입니다. 제가 감히 말하지 못하고 있을 뿐입니다. 말해 봐야 또 무슨 소용이 있겠습니까? 여러분은 말합니다. 그래도 말해야 하지 않느냐고요. 불법은 제 개인의 것이 아닙니다. 그런데도 왜 반드시 말을 해야 할까요? 이렇게도 말합니다. 저한테 책임이 있다고요. 사실 여러분 모두에게 책임이 있습니다. 이들 심행은 일단 입을 열어 한마디만 하면 곧 틀린 것이 되고 맙니다. 만약 심행이 바르다면 왜 발심을 하지 못하는 것일까요? 저는 부끄럽습니다. 스스로 노력해야 합니다. 중생을 제도하고자 한다면 노력해야 합니다. 수행을 계속하여 훌륭히 수증한 후 다시 다른 사람을 제도해야 합니다. 우리는 왜 수행하려 하지 않을까요? 그러니 불법을 배우기가 참으로 어렵습니다.

견지 방면에 대해서는 스스로 경론을 연구해야만 합니다.

타좌의 3단계

이제 방향을 돌려서 수증에 대해 살펴봅시다. 견지를 가지고 수증을 말하면 수증은 단지 부수적인 것이 되고 말아 말할 만한 것이 못 됩니다. 그렇지만 진정으로 수증에 대해 말하려면 결코 쉽지 않습니다. 수증이란 공부를 하는 것으로 종파와 방법을 나누지 않습니다. 염불을 하든 참선을 하든 연기(煉氣)를 하든 어떤 공부든 모두 수증법문입니다. 수증법문에는 오직 하나의 중요한 원칙이 있습니다. 바로 '지관(止觀)'을 닦는 것뿐입니다.

인위(因位)상으로는 지관이라 하지만 과위(果位)상으로는 정혜라 합니다. 지(止)는 곧 정(定)이요 관(觀)은 곧 혜(慧)입니다. 달리 말하면 지는 공부이며 관은 견지입니다. 그러니 지관을 닦지 않고서는 수증은 불가능합니다.

어떤 종파든 처음에는 정좌를 배워야 하며 절대 종파를 분별해서는 안 됩니다. 각 종파는 단지 방법에 차이가 있거나 혹은 방법에서 집중하는 것이 다를 뿐입니다. 스스로 방법을 하나 선택해서 닦아 나가면 됩니다. 당연한 말이지만 가장 좋은 방법은 선지식이 있어 지도하는 것인데, 선지식은 어떤 방법이 그 사람에게 적합한지 알 수 있습니다. 성취를 이룬 사람은 어떤 방법에도 자연 모두 통달할 수 있습니다.

가부좌를 하고 앉아 타좌하는 것만을 정(定)을 닦는 것이라 생각해서는 안 됩니다. 정을 닦는 자세는 정해진 것이 아니어서 앉거나 서서, 잠자거나 걸으면서, 또 먹으면서도 정이 가능합니다. 언제 어디서든 정이 가능하다는 뜻입니다. 그렇지만 초보적인 단계에서는 지(止)에 이를 수 없어 반드시 타좌를 해야 합니다. 타좌에는 수십 종의 자세가 있지만 생리나 심리에 가장 좋은 것은 다리를 틀고 앉는 것입니다. 다리를 트는 이 자세는 대단히 중요한 역할을 하며, 만약 이런 쪽으로만 글을 써도 꽤나 돈이 될 것입니다. 하지만 저에게는 한 가지 원칙이 있습니다. 한 편의 글이라도 세상에 도움이 되지 않는다면 절대 쓰지 않겠다는 것입니다. 이것이 저의 행문입니다.

다리를 틀고 앉아 타좌를 하면서 기의 움직임이 진정으로 통하면 어찌 몸과 마음이 즐거워지는 것에 그치겠습니까! 우리 후천의 신체가 지닌 불가사의한 기능들이 모두 드러납니다. 예를 들어 노인의 기맥이 모두 통하면 갓난애처럼 될 수 있습니다. 그렇긴 해도 두 다리의 기맥을 통한 사람이 과연 있을까요? 적어도 저는 본 적이 없습니다.

어떤 학생은 불경에서 말하는 양족존(兩足尊)에 주의하여 이것이 단지 이론에 그치는 것이 아니라 대단히 옳은 것이라고 주장합니다. 이론상 양족존이란 복덕과 지혜가 원만한 지존(至尊)을 가리키는 말로 이 둘을 모두 갖추었기에 양족존이라 합니다. 실제로 오신통(五神通)에는 신족통(神足通)이 있는데, 신기(神氣)가 충만하여 곧바로 두 다리에 이른 것입니다. 사람의 뿌리는 머리에 있습니다. 허공이 바로 토양이며 수족은 가지인데, 가지가 일단 기능이 떨어지면 이 '뿌리 없는 나무〔無根樹〕'는 곧 끝장나고 맙니다. 다리를 틀어야 하는 데에는 이처럼 많은 이유가 있습니다.

가부좌가 잘되면 진정으로 길을 찾는 사람은 철저한 방법으로 이치를 이해해야 수행이 빠르게 제 길로 들어설 수 있습니다.

과거 석가모니부처님께서 살아 계실 때에는 제자들이 닷새나 이레 만에 나한과를 증득했습니다. 거짓말이 아닙니다. 어떻게 그럴 수 있었을까요? 옛사람들은 물질적 욕망이 크지 않았고 사상(思想)이나 심경이 대단히 순박했기에 쉽게 과위를 증득할 수 있었습니다. 현대인은 학문이 높을수록 더욱 성공하기 어렵습니다. 마음이 너무도 복잡하기 때문입니다. 옛사람들은 한마디 말을 들으면 반드시 행했습니다. 불경에 늘 나오는 구절로 "신수봉행(信受奉行)"이라는 것이 있습니다. 어떤 경전이든지 언제나 마무리에서는 거의 이 구절을 사용합니다. 이것은 공식적인 수사가 아니라 진실로 그렇습니다. "나는 이렇게 들었다〔如是我聞〕"로 시작하여 마지막에는 "믿고 받아들이고 받들어 행하겠나이다〔信受奉行〕"로 끝납니다. 어떤 불경도 이 여덟 글자를 진정으로 행할 수 있으면 성공입니다. 옛사람들은 한번 믿으면 철저히 믿어서 선생을 믿고 부처님을 믿었습니다. 일단 믿으면 곧바로 느껴지는 게 있어 몸과 마음이 감응하여 곧 변화되었습니다. 대단히 공경하여 금과옥조처럼 받들어 행했기에 성공할 수 있었습니다.

현대인은 그렇지 못합니다. 보배를 가르쳐 주면 면전에서는 정말 감사하다고 말하지만 마음속으로는 이렇게 생각합니다. '속아 넘어가선 안 되겠지? 선생이 어느 정도에 도달했는지 모르지 않는가?' 그런 다음 돌아가서는 몇 사람을 찾아가서 그 선생에 대해 연구합니다. 현대인과 옛사람의 심리는 이 정도로 차이가 있습니다. 저는 수십 년 동안 이런 모습을 너무도 분명하게 보았습니다. 이 때문에 옛사람들은 며칠 만에 성공할 수 있었지만 현대인은 성공할 수 없습니다. 바로 자신의 심행과 도덕이 스스로를 가로막고 있는 것입니다. 그렇다고 해도 옛사람과 현대인의 생명 작용은 다를 바 없습니다.

비록 견지와 행원을 말했지만 행(行)에 대해서는 감히 상세히 말하지 못했습니다. 상세히 말한다면 어떤 사람을 논박하여 만신창이로 만들지도 모릅니다. 여시아문과 신수봉행에만 이를 수 있다면 성공할 수 있습니다. 그러나 여기에 이르는 사람이 없습니다.

그렇다면 우리는 타좌를 하면서 어떻게 해야 할까요? 그저 신(信), 수(受), 봉(奉), 행(行) 하면 됩니다. 스스로를 믿고 부처님이 말한 바 자성이 본래 공임을 믿습니다. 선종의 사조와 오조가 『금강경』을 중시한 것은 일리가 있습니다. 공만 알면 충분합니다. 그렇긴 해도 우리가 그것을 공으로 만드는 것이 아니라 그것 자체가 원래 공입니다. 우리가 다리를 틀고 앉으면 이미 공이 되어 버린 것입니다. 다른 데에서 공을 구할 필요가 없습니다. 이것이 지름길입니다.

먼저 다리를 틀고 앉아 공을 구하지도 유를 구하지도 않고 조용히 눈을 감습니다. 우리 시대는 눈과 귀를 너무 혹사시키고 있습니다. 그러니 눈을 감습니다. 눈을 떠도 좋고 감아도 좋습니다. 기억해야 할 것은 본래가 공이라는 사실입니다. 이때 눈을 감으면 몹시도 편안하다가 어느 찰나 자신의 사(思)와 상(想)이 너무 많아 혐오를 느낍니다. 혐오할 필요도 없습니다! 사상이 없다면 사람이라 하지 않습니다. 그저 사와 상을 개의치 않으면 됩니다. 이때 우리는 사와 상이 오락가락하는 것을 알고 있지 않습니까? 이렇게 사상이 오락가락하는 것을 알고 있는 그것은 사상으로 인해 어지럽게 되지 않습니다. 그것은 청정하며 사상이나 번뇌로 치닫지 않습니다. 다시 무얼 구하겠습니까? 부처란 깨달은 자입니다. 이미 자신에게 사와 상이 있다는 것을 알았다면 이것이 바로 깨달은 것이 아니겠습니까?

『능엄경』에서는 우리의 사상과 번뇌를 '객진번뇌(客塵煩惱)'라 합니다. 나그네가 지나가듯 왔다가는 그냥 가 버립니다. 주인장인 우리는 손님이 오고 가는 것을 압니다. 그렇지만 주인으로서 정성스럽게 초대하지도 않고 손님이 와도 환영하지 않으며 손님이 가도 전송하지 않습니다. 오고 싶으면 오고 가고 싶으면 가게 합니다. 이렇게 내버려 두면 사상은 서서히 피로해져 움직이기 싫어합니다. 우리 주인장의 그 정각(正覺)은 잠들어서는 안 됩니다. 그들을 지켜보고 있어야 합니다. 주인이 잠들어 버리면 손님이 집안을 온통 뒤집어 놓고 맙니다. 이것이 제2단계입니다.

제1단계에서 다리를 틀고 앉으면 아주 청정하며, 제2단계에서는 사와 상이 밀려오는 것을 알게 됩니다. 이제 우리에게 말합니다. 정각으로써 그들을 지켜보라고요.

제3단계에는 성가신 일이 생깁니다. 본래 우리가 그것을 보고 있는데 후에는 사상이 와서 우리를 소란스럽게 하여, 끊어 버리려 해도 끊어지지 않고 정리하려 해도 여전히 어지러운 상태가 됩니다. 이럴 때에는 끊어 버리려 할 필요도 없고 정리하려 할 필요도 없습니다. 그대로 두면 자연히 흩어집니다. 제3단계의 성가심은 감각에서 옵니다. 여기가 붓고 저기가 아픕니다. 시리거나 붓거나 저리거나 가렵거나 차갑거나 뜨거운 현상들이 모두 일어나게 됩니다. 우리가 조용히 있기만 하면 이런 현상들이 모두 나타납니다. 타좌를 하고서 이런 현상이 나타나면 바로 기맥이 움직이기 시작하는 것입니다. 달리 말하면 조용해지면 좋든 나쁘든 여러 감각이 느껴지기 시작하는데, 이것은 심리가 조용해지자 기기(氣機)가 반응을 드러냄으로써 나타난 현상입니다.

이 제3단계의 느낌이 나타날 때에는 어떻게 해야 할까요? 여전히 그것을 지켜보며 참아 내어야 합니다. 제가 젊어서 처음 타좌를 배울 때에는 다리를 틀고 앉는 것조차 참아 내지 못했습니다. 그때 원환선 선생님께서 말씀하셨습니다. "참아 보게. 많이 참고 많이 당하면 업력도 그만큼 줄어든다네!" 업이 소멸된다고 하길래 저는 억지로 참았습니다. 다리를 풀고 난 다음에 다시 다리를 틀고 앉으려니 도무지 참을 수 없을 정도였습니다. 그렇지만 오기가 생겨서 두려우면서도 계속 참아 내었습니다. 후에 두 다리를 항복시키기 위해 한 절에 머물렀는데, 장경각의 누각에서 문을 걸어 잠그고 혼자서 다리를 단련했습니다. 그건 마음을 훈련시키는 것이기도 했는데, 다리를 틀고 앉아 억지로 참으며 마음속으로는 보살이 와서 도와주기를 빌었습니다. 그렇게 대략 대엿새를 버텼는데 참으로 고통스러웠습니다! 두 다리조차 항복시키지 못하는데 하물며 마음은 어떻겠습니까? 며칠이 지난 후 그렇게 고통스럽던 몸이 온통 구부러지는 듯하면서 홀연 '뿌드득' 하는 소리가 나더니 다리가 유연해졌습니다. 두 다리를 포개고 있어도 편안하여 다리를 풀고 싶은 생각이 사라졌습니다. 너무 편안했습니다. 아래에 있던 승려가 생각컨대 누각 위에 있는 친구가 하루 종일 밥 가져오라고 종을 치지 않으니 무슨 일이라도 생겼나 했던 모양입니다. 아래에서 고함을 질러 댔지만 저는 너무도 편안해서 대답할 생각이 전혀 없었습니다. 그랬더니 그 친구가 놀라서 곧바로 사람을 올려 보냈습니다. 올라와서 보니 단정히 앉아서는 아무 대답도 없이 타좌를 하고 있었던 것입니다.

　이게 무얼 말하는 것일까요? 저리고 아프고 당기고 얼얼하고 차갑고 뜨거운 것 역시 생명의 본능이 발동한 것입니다. 반응이 나타나면 그림자도 생기기 마련입니다. 좋은 반응이든 나쁜 반응이든 우리의 그 정각(正覺)은 그것을 지켜보고 있어야 합니다. 절대로 여기에다 현재의 지식을 덧붙여서는 안 됩니다. 밀종이니 도가니, 기맥을 명근(命根) 쪽으로 이끌어야 한다느니 독맥이 통했다느니 해서는 안 됩니다. 일단 이렇게 이끌기만 하면 그것으로 끝입니다. 비단 기맥을 통하지 못할 뿐 아니라 심지어 각종 폐단이 드러나기도 합니다.(특히 여성이라면 절대로 위장 아랫부분에 집중해서는 안 됩니다.) 일단 한번 이끌리기 시작하면 도리어 성공할 수 없습니다.

　기맥이란 과연 존재할까요? 제대로만 한다면 일주일이면 타통할 수 있으니 기맥은 확실히 존재합니다. 하지만 기맥이나 사대에 대해 무심해야 합니다. 사대는 모두 공입니다. 이렇게 하면 기맥은 성공할 수 있습니다. 성공한 후라면 병을 없애고 수명을 늘리는 것은 어려운 일도 신기한 일도 아닙니다. 노인이 다시 젊어지는 것도 어쩌면 어렵지 않을 것입니다!

제27강

지와 색신

오늘은 자료를 뒤적이며 실제적인 결론을 내려 보고자 합니다.

앞에서 언급했듯 우리가 막 가부좌를 하고 앉았을 바로 그 단계에서는 특별히 애쓰지 않아도 비교적 청정한데, 이를 두 부분으로 나누어 살펴보도록 합시다. 하나는 지각의 부분이요, 다른 하나는 감각의 부분입니다.

지각 상태는 정신이나 사상에 편향된 것이며, 감각 상태는 신체에 편향된 것입니다.

앞에서 오온에 대해 개괄적인 설명을 한 적이 있는데, 그 후 어떤 학생이 이의를 제기하며 말했습니다. "선생님! 선생님은 평상시에 아는 것이 문제라고 하지 않으셨습니까? 바로 무명(無明)을 말한 것이 아닌가요? 지금 정(定) 중에 있으면서도 여전히 이 지(知)가 있다면 이것 역시 큰 문제가 아니겠습니까?"

앞에서 제가 이렇게 말했습니다. 스스로 산란함을 알며 혼침에 빠져 있음을 아는 이 지(知)는 산란에도 혼침에도 속하지 않는 것으로, 이 지를 지키고 있어야 한다고요. 그 학생의 문제 제기는 바로 여기에 대한 것입니다. 스스로 산란함을 알고 청정함을 아는 이 지는 마땅히 구경의 것이 아닙니다. 『심경』에서도 "지혜도 없고 얻음도 없다[無智亦無得]"라고 하지 않았습니까?

이 문제 제기는 아주 정확합니다. 분명 이 지(知)가 문제입니다. 현실적으로 한번 생각해 봅시다. 우리가 수행을 했든 하지 않았든 현재 이 지는 너무도 뚜렷합니다. 하지만 여기에는 선결 조건이 하나 있습니다. 바로 이 생명이 존재해야 하고, 육체가 아직 성해야 하며, 뇌신경이 아직 건강해야 합니다. 이럴 때에야 비로소 지가 뚜렷할 수 있습니다. 우리의 뇌신경이 손상되어도 이 지가 존재할 수 있을까요? 만약 우리가 죽는다면, 혹은 뇌신경이 손상된다면 이 지도 뇌신경이 죽음에 따라 사라질 것입니다. 이렇게 되면 우리가 평생에 걸쳐 말해 온 불법이란 것이 결국은 스스로를 속인 것이 되고 말지 않겠습니까? 그렇다면 이런 공부를 왜 해야 할까요? 일생 동안 시간과 정력을 모두 들여도 결국은 아무 소용이 없습니다.

우리의 뇌신경이나 신체가 소멸된 후에도 이 지(知)가 또 다른 초월의 경계에 존재한다면, 만약 그렇다면 이 문제를 토론해 볼 수 있습니다. 이것은 대단히 현실적인 문제로서 불학이나 선학의 이치로 해석할 필요는 없습니다. 이런 식의 해석은 실제적이지 못하고 너무 현학적이기 때문입니다. 죽은 후에 반드시 그곳으로 간다고요? 그렇게 말해 봐야 다른 사람이 그 말을 받아들이지 않습니다. 현재 살아서 그런 말을 하고 있기 때문입니다. 죽은 후에 도대체 어떻게 해탈한다는 것일까요? 때가 되면 우리에게 증명해 보이겠다고요? 그렇지만 증명해 봐야 우리에게는 보이지 않습니다. 이미 죽어 버려 그를 더 이상 찾을 방법이 없습니다. 그렇다면 그걸 어떻게 증명해야 할까요? 주의할 필요가 있습니다.

지와 사

우리에게는 지금 이 영명(靈明)하고 청정한 지(知)가 존재하고 있는데, 바로 우리의 이 색신과 사대 그리고 오온의 온전한 건강 속에서 이루어진 것입니다.

문제에 이르렀습니다. 예를 들어 도가의 기맥을 닦는 사람이나 밀종의 기맥 수행을 전문으로 하는 사람은 수행이 잘되면 지금 생명의 절대적 건강과 청정을 유지할 수 있으며, 심지어 보통의 건강과 청정을 넘어설 수도 있습니다. 이렇게 보면 청정한 경계라는 것도 색신에서 유래한 셈이니 이 경계는 생리적인 데에서 비롯되며 생명의 사대와 오온의 존재에 의지한다고 할 수 있습니다. 사대와 오온이 소멸된 후 이 청정하고 영명한 경계도 모두 사라져 버린다면 이것은 유심(唯心)이라 할 수 없습니다.

이 청정 영명한 경계가 생리적인 몸뚱이와 물리세계를 떠난 후에도 또다른 모습으로 존재한다고 말한다면 이 설법을 어떻게 증명할지는 중대한 문제로 남습니다.

지금 우리가 살아 있을 때에는 이 지(知)가 지속적으로 존재하고 있습니다. 물론 이 지는 제육식의 청정한 면이지만 그렇더라도 역시 제육식으로서 궁극적인 것이 아닙니다. 달리 말하면 이 지는 유식 중에서 '사(思)'에 속합니다. 우리가 고요한 정(定) 속에 있을 때에도 청정 영명한 이 지가 있어 혼침이 오면 혼침이 오는 것을 알고, 산란이 오면 산란이 오는 것을 알며, 번뇌가 오면 번뇌가 오는 것을 압니다. 이 지를 『능엄경』에서는 이렇게 말합니다. "지견으로 앎을 이룬 것이 무명의 뿌리요, 지견으로 견조차 없는 것이 열반으로서 무루의 진정한 청정이다[知見立知, 即無明本, 知見無見, 斯卽涅槃, 無漏眞淨]."

과거에 어떤 선사가 『능엄경』을 보고 도를 깨쳤는데, 그가 본 것이 바로 이 구절입니다. 그는 이 구절을 보자 갑자기 어떤 영감이 떠올라 쉼표를 다르게 찍어 "知見立, 知卽無明本, 知見無, 見斯卽涅槃"이라 했는데, 이렇게 쉼표의 위치를 바꾸면 뜻은 다음과 같습니다. "하나의 지견이 있어 하나의 청정한 경계가 존재하니, 이 하나의 지와 청정은 바로 무명의 망상이다. 지견이 없으면 이 앎의 경계가 모두 공이 되어 하나의 지조차도 공이 되는데, 이것을 보는 것을 도를 깨쳤다고 한다." 그는 이로써 깨달았는데, 이 때문에 후세 사람들이 그의 법호를 '파능엄(破楞嚴)'이라 불렀습니다.

수행의 첫걸음

이제 수증 공부에 대해 살펴보겠습니다. 앞서 말했듯 지각 부분과 감각 부분의 두 방면에서 접근해 보도록 하겠습니다.

이미 증득한 사람이나 어디에도 아직 입문하지 못한 사람, 혹은 정좌조차 경험해 보지 못한 사람이라면 어떤 방면에서 수행을 시작해야 할까요? 답은 지각 부분입니다. 도를 깨친 사람이라도 반드시 이 수행을 거쳐서 다시 증득을 구해야 하며, 도를 깨치지 못한 사람이라면 더욱 이 수행을 통해서 진정한 증험을 구할 필요가 있습니다.

문제는 어떻게 수증할 것인가 하는 점입니다. 먼저 제육식의 이 지(知)로써 스스로 하나의 소연(所緣) 경계를 가상적으로 만들어야 하는데, 이것은 능히 파악할 수 있고 장악할 수 있는 사물이나 경계여야 합니다. 가상적으로 만든다는 것은 무얼 말할까요? 유식에서는 이것을 작의(作意)라 합니다.(이렇게 이름을 바꾸니 듣기 좋습니다. 그러나 불법이나 도를 배우는 사람은 이름에 사로잡혀서는 안 됩니다.) 처음에는 작의를 해야 합니다. 염불을 예로 들면 그 한 구절의 불호(佛號)는 작의에서 나온 것입니다. 부처님이 우리에게 이 방법을 말했기에 우리가 듣고 받아들여 자신의 의식상에 불호를 세운 것입니다. 이것이 작의입니다. 밀종을 배우는 사람이라면 주문도 좋고 관상도 좋습니다. 모든 주문에는 대략 세 가지 기본음이 있는데 바로 옴〔唵〕[159]—아(阿)—홍〔吽〕[160]입니다. 옴은 지금 여러분이 모두 '안'이라 읽으며, 아(阿)는 모두 '어'라 읽습니다. 왜 이렇게 변했을까요? 원인이 있습니다만 여기서는 다루지 않겠습니다. 이들은 모두 작의로서 하나의 소연을 만드는 것입니다. 더 나아가 선을 배우는 사람에게는 화두를 참구하든, 심지어 완전히 삼제탁공의 경계에 이르렀든 모두가 제육식의 작의입니다. 제육식 속에서 스스로 이것은 청정이고 이것은 공이라 생각하는 것입니다. 천태종의 지관(止觀)이나 청식(聽息), 관음이근법문(觀音耳根法門) 등이 모두 유식 오변행의 작의입니다.

천태종에서 말하는 이른바 '가립(假立)'은 바로 공(空), 가(假), 중(中) 삼관(三觀)의 '가관(假觀)'입니다. '가관'이란 소연을 하나 만드는 것입니다. 본래 없는 것이지만 무(無)에서 유(有)가 생겨납니다. 의식 속에는 원래 없는 것이지만 가상적으로 어떤 하나를 세우는 것입니다. 이렇게 가상적으로 세우는 방법에서 부처님이 말한 팔만사천 법문이 생겨난 것입니다. 예를 들어 도가에서 상단전, 중단전, 하단전을 수련하거나(여자는 절대 하단전을 단련해서는 안 됩니다. 잠깐이라도 하단전에 의식을 집중하면 아주 심각한 문제가 생길 수 있습니다. 여자가 신체상에 작의를 하고자 할 때에는 중단전을 단련하는 것이 좋으며, 그 부위가 흉부 이상이어야 합니다) 규(竅)를 지키거나 빛을 보거나 연기(煉氣)를 하거나 존상(存想)을 하는 것은 모두가 작의로서 참으로 팔만사천의

---

159 '唵'의 한자 발음은 원래 '암'이지만 이는 'om'을 한자로 번역한 것이기에 원음을 살려서 '옴'이라 했다.

160 한자 발음으로는 '우'이지만 역시 산스크리트 어를 음역한 것이므로 원음에 가깝게 '홍'으로 번역했다.

법문입니다. 하지만 어떻게 하든 먼저 하나의 작의를 찾아야 합니다.

특히 이 자리에 계신 나이 든 분들은 얻는 것이 조금 있으면 도중에 그만두고 맙니다만 불법의 배움은 최초의 것이 최후의 것이요, 기본적인 것이 바로 제일 심오한 것입니다. 최초의 일념이 바로 최후의 일념이라는 말입니다. 우리는 이 점에 주의하지 않아 약간의 경계를 얻거나 이치를 체득하기만 하면 도리어 처음 것을 내버리고 맙니다. 마음을 돌려 기본적인 데에서부터 다시 착실히 해 나가지 못하는 것입니다. 그래서 불가에서는, "출가하여 마음이 처음과 같다면 부처가 되고 남음이 있다[出家如初, 成佛有餘]"라고 말합니다. 출가해야겠다는 처음 마음이 출가 후 수십 년이 지나서도 변함없이 간절히 지속된다면 일찌감치 성공할 것입니다. 수행의 이치도 그렇습니다. 기본은 작의에 있으니 먼저 소연(所緣)이 될 만한 작의를 찾아야 합니다.

저는 늘 여러분께 염불법문의 길을 좇아 십육관경(十六觀經)의 수행법을 닦으라고 권해 왔습니다. 선종이든 정토종이든 밀종이든 다른 어떤 종파든 모두 마찬가지로 오직 하나의 법문인 지관, 바로 정혜만이 있을 뿐입니다. 먼저 지(止)를 구하는데, 제육식을 하나의 소연상에 묶어 두어 지를 구합니다. 사람들은 자신이 이미 이 이치를 깨쳐 제대로 하고 있다고 생각합니다만 한번 살펴보십시오. 대부분은 자신의 사상(思想)이 아직 정지되지 않고 산란함 속에 있을 것입니다. 제육식의 이 지(知)를 반드시 자신이 가상으로 세운 의식 대상인 소연에 묶어 두어야 하는데, 이 상태에서 과연 일념이 만 년이요 만 년이 일념일 수 있는지 살펴보십시오.

예를 들어 여러분이 아미타불이나 관음보살 등 한 분을 택했는데도 관상이 잘되지 않으면 부처님의 인당(印堂) 전면에 있는 한 점의 밝은 빛이나, 혹은 머리 위의 원광(圓光)이나 가슴의 만(卍) 자 등 한 점을 관상할 수 있습니다. 이것이 바로 가립(假立)입니다.

수행은 어떻게 해야 할까요? 세 단계가 있습니다.

첫째, 정좌 자세로 신체를 바르게 하여 앉습니다.

둘째, 스스로 자신의 의식을 갈고닦아 모든 사(思)와 상(想)의 습관을 완전히 없앱니다.(이것은 말하기는 쉬워도 실제로 행하기는 아주 어렵습니다.)

셋째, 의식적으로 하나의 물체를 구상합니다. 가장 좋은 것은 당연히 불상이나 밝게 빛나는 점입니다. 이것이 눈앞에서 혹은 머리 위에서 영원히 움직이지 않는 장면을 상상합니다.

예를 들어 눈앞에 하나의 공(球)을 관상한다면 신체를 모두 잊고 의식에서는 오직 그것만이 있어야 합니다. 불상을 관상한다면 '어! 부처님께서 나를 보고 웃고 계시지 않나', 혹은 '부처님께서 내 머리를 쓰다듬고 계시는 것 같은데' 하고 생각하는 것은 또 다른 잡념입니다. 단지 하나의 부처, 혹은 하나의 태양, 혹은 하나의 별빛만을 관상해야 합니다. 오직 이 소연만이 존재하며, 이렇게 일념이 만 년이요 만 년이 일념이 된 상태가 되어야 비로소 지(止)를 얻고 정(定)을 얻었다고 할 수 있습니다. 이런 수행을 거치지 않는다면 아무리 부처님처럼 불법을 잘 말해도 별 소용이 없습니다. 생사를 초월할 수 없고 윤회를 벗어날 수 없으며 성인의 경지에 들 수 없습니다.

아래쪽을 관상하는 것 역시 그 나름의 이치가 있습니다. 아래쪽을 관상하는 것이 불경스러운 일이라 말할지 모르지만 시방 삼세가 모두 부처님으로 아래쪽에도 부처님이 계시니 어찌 불경스럽다고 말할 수 있겠습니까?

『소선록(笑禪綠)』에는 다음과 같은 우스갯소리가 실려 있습니다. 어린애가 소변이 급해 대전으로 뛰어 들어가 부처님 앞에서 바지를 내리고 오줌을 갈겼습니다. 그러자 스님들이 화가 나서 소리를 질러 댔더니 아이가 한 편의 불경처럼 말했습니다. "시방 삼세에 모두 부처님이 계신데 나더러 어딜 보고 오줌을 누란 말입니까?" 이 우스갯소리 속에 진리가 들어 있습니다. 우스갯소리가 아닌 것입니다.

제가 예전에 공부할 때 어떤 젊은 승려 친구가 외도의 방법인 완공(頑空) 수행법을 가르쳐 준 적이 있었습니다. 한편으로 불호(佛號)를 외면서 다른 한편으로 자신의 몸이 아래로 아래로 계속 가라앉는 광경을 관상하는 것입니다. 비록 외도의 방법이지만 고혈압이 있는 사람이나 혹은 신경이 날카로워 폭발할 것 같은 사람에게는 좋은 방법입니다. 타좌를 하는 사람은, 특히 중년이 넘은 사람은 혈압이 오르기 쉽습니다. 오직 향상하기만을 바라며 애써 노력하기 때문입니다. 이런 사람이라면 이 방법으로 대치(對治)할 수 있을 것입니다.

저는 예전에 뭐든지 모두 배워 보려고 했습니다. 도(道)가 있든 없든 한번 해 보지 않고서는 직성이 풀리지 않았습니다. 또 다른 방법이 하나 있는데 혈압이 높은 사람이나 나이가 많은 사람, 혹은 환자들이나 밤에 잠을 못 이루는 사람에게 모두 좋습니다. 자리에 앉아 마음속으로 단지 공이라는 글자 하나만을 생각합니다. 이렇게 하면서 온몸의 긴장을 풀고 뇌도 이완시킵니다. 이런 방법을 사용해서 자꾸만 긴장이 되는 좋지 못한 습관을 고친 사람도 있습니다.

유식의 작의, 천태종의 가관

한마디로 말하면 어떤 길을 따르든 먼저 소연을 세워야 합니다. 유식에서는 이를 작의(作意)라 하며, 천태종에서는 가관(假觀)이라 합니다. 달리 말하면 가관을 닦아 진정으로 성공하는 것은 『능엄경』에서 말하는 의생신과 관련이 있습니다. 선종을 배우는 사람이라면 도를 깨쳤더라도 의생신을 이해하지 못한다면 아무 소용이 없습니다. 공의 경계를 깨달았더라도 수행 공부를 몰라 의생신을 증득하지 못한다면 그 공성(空性)에 대한 깨달음은 아무짝에도 쓸모가 없습니다. 그러므로 반드시 소연을 찾아야만 합니다.

현재 선을 배우는 일반인은 다리를 틀고 앉으면 삼십 분이든 한 시간이든 모두 안으로 고요함을 지키고자 합니다. 바로 대혜고선사가 묵조는 삿된 선이라고 나무라던 것입니다. 그렇지 않으면 공심(空心)으로 정좌하곤 하는데 이는 완공(頑空)보다도 못한 것입니다. 수행은 반드시 성취가 있어야 하며, 그래서 반드시 소연이 있어야 합니다. 이렇게 소연이 있는 것은 지각 부분으로, 바로 제육식의 지각 부분을 한 점에다 묶어 두는 것입니다. 근기와 기백이 뛰어난 사람이라면 이렇게만 해 나가도 성공할 수 있습니다. 이 소연 속에는 삼지삼관(三止三觀)이 모두 포괄되어 있기 때문입니다.

먼저 이 일념이 본래 없는 것 가운데에서 생겨난 무엇을 관하는 것이 가관(假觀)으로, 바로 작의(作意)입니다. 관이 완성되어 몸과 마음을 모두 잊었을 때 다시 자신이 조작한 소연을 공으로 만드는데, 이것이 바로 '공관(空觀)'입니다. 이 공은 현재 우리가 상상하는 공이 아닙니다. 우리가 상상하는 공이란 심리적으로 조작한 공일 수밖에 없기 때문입니다. 공관이 드러나기에 이르면 온갖 공을 모두 놓아 버려야 합니다. 이렇게 할 때에야 진정한 공입니다. 그런 뒤에는 공이 되고 싶으면 공이 되고, 유가 되고 싶으면 유가 됩니다. 여기서 다시 한 번 전화하면 공과 유가 서로 융화됩니다. 이것을 학리상으로는 '중관(中觀)'이라 하고, 이치상으로는 진공(眞空)도 될 수 있고 묘유(妙有)도 될 수 있다고 하며, 수증상으로는 법신·보신·화신을 성취하여 변화가 한량없다고 합니다. 총괄적으로 말하면 이런 수행 과정을 거치지 않으면 안 됩니다.

이야기를 다시 앞으로 돌려 보면, 아까 그 학생은 초보적인 이 지(知)는 제육식이 만든 것으로 구경이 아니라고 했습니다. 이렇게도 바꾸어 말할 수 있습니다. 이 지를 알고서 그것에 집착하지 않으면 바로 구경이라고요. 이 지가 궁극적인 것이 못 된다고 함은 소승에 대해 하는 말이요, 이 지가 궁극적인 것이라고 함은 대승보살에 대해 하는 말입니다. 이 지를 무명(無明)이라고 말하는 것은 범부에 대해 하는 말이요, 이 지(知)와 부지(不知)가 모두 말할 만한 것이 못 된다고 함은 대각보살(大覺菩薩)이나 대정보살(大正菩薩)에 대한 말입니다. 이론은 여기에 이르러 끝납니다.

이제 다시 돌이켜 말해 봅시다. 우리가 지(止)를 닦는 데에는 반드시 소연을 세워야 하는데, 의식적으로 하나의 대상을 만들어 내는 것입니다. 예를 들어 의식을 호흡에 묶는다고 할 때 왜 심식상의(心息相依)가 되어야 할까요? 바로 호흡이 소연의 한 대상이 되기 때문입니다.

그렇지만 어디에다 묶든 곧바로 현실적인 문제에 맞닥뜨리게 되는데, 우리의 지각이 계속 하나의 대상에 이끌리는 것입니다. 바로 감각으로서 수음(受陰)에 의해 야기된 감각에 끌려드는 것입니다. 우리는 다리를 틀고 앉기만 하면 온통 신체의 감각만을 따집니다. 허리가 시리다거나 다리가 마비된다거나 혹은 이보다 조금 나은 경우라 하더라도 아주 청정하다고 느끼곤 합니다. 이런 청정 역시 감각에서 온 것입니다. 우리는 대부분 감각에 끌려다니며, 여기에다 다시 이전에 읽은 도서(道書)의 내용이나 예전에 배운 밀종의 지식이 덧붙여져 '아! 협척(夾脊)이 통하려 하는구나', 혹은 '음! 명문관(命門關)이 통했구나' 하고 생각합니다. 이들은 모두 제육식에 후천적인 지식이 보태진 것으로 제육식상에서 만들어진 경계입니다. 타좌를 하면서 몹시도 바쁩니다. 도가 연구회가 열리고, 밀종의 기맥 연구회가 열리며, 거기에다 자신의 주해(註解)와 환상까지 더해지고, 자신의 환상에 다시 주해가 가해진 것을 공부라 여깁니다. 진정으로 수행을 말하고

자 한다면 자신의 이런 마음을 엄격히 살펴야 합니다.

여러분은 반드시 소연을 굳게 지켜야 합니다. 기맥의 반응에 끌려다녀서는 안 됩니다. 몸에 나타나는 감각 반응은 어떤 것이든 모두 개의치 말아야 하며, 지혜에 의지하여 그것으로부터 벗어나야 합니다. 진정으로 감각에 끌려다니지 않을 때, 진정으로 이런 감각을 개의치 않을 때에야 비로소 진정한 기맥이 나타납니다. 도가에서 말하는 이른바 연정화기(煉精化氣), 연기화신(煉氣化神)의 이치는 미륵보살의 『현관장엄론』과 마찬가지입니다. 즉 범부에게는 범부의 사가행이 있고, 성문에게는 성문의 사가행이 있으며, 연각에게는 연각의 사가행이, 그리고 보살에게는 보살의 사가행이 있습니다.

도가에는 '구전환단(九轉還丹)'이란 용어가 있는데, 화학적 제련과 마찬가지로 아홉 차례의 제련 과정을 거치는 것입니다. '구(九)'란 융통성 없는 고지식한 숫자가 아닙니다. 『역경』의 관념에 따르면 구는 최고의 숫자로서 제련에 제련을 거치고 정련에 다시 정련을 거친다는 뜻입니다. 한 차례, 또 한 차례 거듭 반복하는 것으로 바로 재삼 정련한다는 이치를 설명한 것입니다. 우리 생리상의 감각 경계는 참된 것으로 가상이 아닙니다. 그럼에도 사람들은 이런 책을 많이 보고 이런 관념의 영향을 많이 받아 의식 경계인 소연경(所緣境)에 전일하게 마음을 집중하지 못합니다.

예를 들어 많은 사람들이 자리에 앉아 일념으로 공(空)을 구하는데, 고요히 정좌를 해 나가면 이 지(知)는 자신에게 망념이 생겼다는 것을 알고 자신이 산란하다는 것을 알며 자신이 혼침에 떨어졌다는 것을 압니다. 산란과 혼침이 오면 알아야 하지만 산란하지 않은 것과 혼침에 떨어지지 않은 것 역시 알아야 합니다. 이 상태를 변함없이 지켜 가는 것이 바로 소연 경계입니다. 그러나 우리는 이렇게 하지 못합니다.

마음을 비우고 정좌를 해 나가다 보면 자주 아는 것 같기도 하고 청정한 것 같기도 하며 혼침에 든 것 같기도 하여 머리가 멍하며 머릿속엔 망상이 일어나기도 합니다. 비록 대망상은 없지만 사소한 망상이 오락가락하며 줄곧 끊어지지 않습니다. 이런 상태로는 일만 년을 앉아 있어도 수행이나 수도라 할 수 없으며, 그저 범부들이 수양하는 정좌법의 일종일 뿐입니다. 이 점을 주의해야 합니다.

타좌에 성공하지 못하는 사람들에 대한 우리의 결론은 이렇습니다. 그들은 제육식 작의의 소연 경계에 시종 전일하지 못함으로써 초보적인 성공도 얻지 못하고 초선에도 이르지 못하는 것입니다.

몇 시간 정좌해서 기맥에 약간 반응이 생긴 것을 가지고 성공했다고 생각해서는 안 됩니다. 이건 아무 쓸모가 없으며 믿을 만한 것이 아니기에 생사의 고비에 이르러 반드시 후회하게 됩니다. 생리적인 데에 의존하는 것은 도(道)가 아닙니다. 이런 도라면 생리 기능이 일단 쇠퇴하기 시작하면 사라져 버리고 맙니다. 생리적인 데에 의지하여 생겨나는 도라면 그건 유물의 것입니다. 그렇지만 도는 분명 유심의 것입니다. 이 문제는 아주 엄중합니다.

가상이 만든 마경

앞에서도 말했지만 수행 공부를 할 때에는 반드시 소연 경계에 전일할 수 있어야 합니다. 우리의 심리 상황에 가상(假想)이 있어야 합니다. 하지만 이 가상은 아주 골치 아픕니다. 그러므로 저는 사람들에게 가상을 사용하지 말라고 권하곤 합니다. 그저 자리에 앉으면 자신의 영명(靈明)한 지각을 지키고 있으라고 합니다. 가상을 사용하다 보면 쉽게 문제가 생길 수 있기 때문입니다.(절대 하단전에 집중해서는 안 됩니다. 여성이 하단전에 집중하면 혈붕血崩이 생기기 쉬우며, 남성에게는 유정遺精이 생기기 쉽습니다.) 가상은 왕왕 생리상의 변화와 결합되면 수많은 환상으로 나타나기도 하는데, 환상은 곧 마경으로서 빛을 보거나 소리를 듣거나 냄새를 맡거나 하는 것들로 나타납니다. 이런 수많은 환상은 어디에서 오는 것일까요? 불법을 배우는 사람은 주의해야 합니다. 교리에 통하지 못하면 잘못된 길을 밟지 않을 수 없으니 교리는 연구해야 합니다. 실제로 어떤 환상이라도 우리의 아뢰야식인 무의식 속에 있는 관념이 만들어 낸 것이지만 이것을 자신은 결코 알지 못합니다. 환상의 경계는 사람마다 다른데, 각자가 지니고 있는 아뢰야식의 종자가 다르기 때문입니다.

어떤 사람은 마(魔)를 보고 어떤 사람은 귀(鬼)를 보며 또 어떤 사람은 소리로부터 환상이 나타나기도 하지만 실제로는 모두 우리의 무의식에서 생겨난 것으로 스스로 이것을 관찰해 내기는 무척 어렵습니다. 보통 심리학에서 말하는 무의식은 유식학에서 말하는 제육식의 일부분으로, 제칠식이나 제팔식은 무의식이 아닙니다. 진정으로 반야지혜를 지닌 사람이라면 환상이 생겨나면 살펴서 그것이 자신의 무의식에서 나왔다는 것을 바로 알아챕니다. 그러므로 용수보살의 『반야중론』을 보지 않을 수 없습니다. "모든 법은 스스로 생겨나지 않으며 다른 것을 좇아 생겨나지도 않는다. 함께 생겨나지도 않고 원인이 없지도 않으니 이것을 일러 무생이라 한다〔諸法不自生, 亦不從他生. 不共不無因, 是名爲無生〕." 예를 들어 우리가 하나의 환상을 보게 되었다면 이 환상의 경계는 본래 뿌리가 없어 스스로 생겨날 수 없습니다. 결코 귀(鬼)가 있거나 마(魔)가 있어서, 혹은 보살이 있어서 고의로 만들어 내는 것이 아닙니다. '불공생(不共生)', 즉 자신과 다른 것이 공동으로 만들어 내는 것이 아닙니다. 그리고 원인이 없이 생겨나는 것도 아닙니다.

'공생(共生)'이란 곧 인연을 뜻합니다. 불법은 도처에서 인연을 말하는

데, 『능엄경』에서는 "본래 인연이 있는 것도 아니요 자연적인 본성도 아니다[本非因緣, 非自然性]"라고 합니다. 제법(諸法)은 스스로 생겨나지 않습니다. 다시 말해 자연적인 역량에 의해 저절로 생겨나지 않습니다. 그렇다고 그 밖에 다른 주재자가 있는 것도 아닙니다. 불법의 최고 원리는 바로 주재자도 없고 자연적인 본성도 아니라는 것입니다. 이들은 모두 견지 방면에 속하는 것이지만 수행과도 관계가 있습니다.

영명과 청정을 지킴

일반인들이 배우는 도가나 밀종의 유위법에 대해 저는 전적으로 찬성하지는 않는데, 우리 시대는 이미 머리가 너무 복잡하기 때문입니다. 현대인의 뇌리는 고대의 태평성대 때와는 다릅니다. 오탁악세(五濁惡世)인 이 시대에 유위법은 흔히 생리적, 심리적으로 오탁(五濁)의 요소를 야기시켜 쉽게 마장(魔障)에 빠질 수 있습니다. 그러니 차라리 영명(靈明)과 청정을 지키는 것이 더 온당합니다.

영명하고 청정하기란 아주 쉽습니다. 처음 자리에 앉았을 때의 마음 상태를 그대로 유지하기만 하면 됩니다. 그러나 이것 역시 소연이므로 이 일념을 영원히 견지해야 하며 중간에 혼침이나 산란에 빠져서는 안 됩니다. 이 지(知)가 있어 생각이 온통 청정함을 알며 또 모든 생각에서 이 지를 그대로 유지하고자 하면 지는 망념이 되고 맙니다.

첫 찰나의 그 지(知), 그것이면 됩니다. 줄곧 그것을 생각하며 그대로 유지하겠다고 한다면 도가 지나친 것입니다. 그래서 말하기를, "지견이 생겨 알게 되는 것이 무명의 뿌리요, 지견이 없음을 보는 것이 열반이다[知見立知, 卽無明本, 知見無見, 斯卽涅槃]"라고 하는 것입니다. 이 지가 청정함을 알고 난 뒤부터는 개의치 말아야 합니다. 그냥 지나가 버려야 합니다. 그렇지 않습니까? 만약 여전히 청정한 이 지를 생각하고 있다면 옳지 않은 것입니다.

이런 견지를 지켜 나간다면 반드시 생리적 변화가 일어납니다. 사실 사선팔정의 한 단계 한 단계 공부가 모두 신체와 분리될 수 없습니다. 생리에 대해서는 앞에서 이미 말했습니다. 도가나 밀종을 배우면 어떤 폐단이 있는지, 또 선을 배우면 어떤 폐단이 있는지 말했으나 뒤집어 말하면 이들은 모두 폐단이 아닐 수 있습니다. 이치를 알고 난 후에는 반드시 기맥의 도가 나타나게 됩니다. 그러나 정(定)을 원한다면 제일 먼저 불루(不漏)에 이르러야 합니다.

육근의 누

불루(不漏)는 광의와 협의로 나누어집니다. 광의의 것으로 말하면 우리는 온종일 누(漏) 속에 있습니다. 눈으로 보고 귀로 듣는 등 육근이 모두 누 속에 있습니다. 오탁악세 중 현대인의 '명탁(命濁)'이 가장 조잡합니다. 노자는, "오음이 사람의 귀를 멀게 하고, 오색이 사람의 눈을 멀게 한다〔五音令人耳聾, 五色令人目盲〕"라고 했는데, 정말 일리가 있습니다. 이 성색(聲色)의 시대에 태어나니 음향은 빼어나고 네온의 색깔은 다채로우며 텔레비전은 너무도 화려합니다. 그 결과 귀가 먹고 눈은 근시가 되어 오히려 예전 호롱불 하나만 켜던 때보다 못합니다. 제가 아미산에서 삼 년간 폐관을 하고 있을 때 호롱불 세 개를 켜 놓고서 대장경을 읽었는데, 스님들은 저더러 낭비가 심하다고 했습니다. 이 시대는 물질 문명이 발전할수록 명탁은 더욱 심해지고 폐단은 더욱 커집니다.

우리의 육근은 모두 새고 있습니다. 이렇게 새어 나가는 것 중에서도 가장 중요한 것이 바로 누단(漏丹)입니다. 현대 서양의 성 개방 문제는 대단히 엄중하지만 여기서는 잠시 보류하겠습니다. 우리는 수도를 하면서도 왜 정(定)에 이르지 못할까요? 성(性) 문제를 넘어서지 못하니 정을 얻지 못하는 것입니다. 『능엄경』에서는 재삼 강조합니다. 음욕의 뿌리를 끊지 않고 정을 얻고자 하는 것은 마치 모래를 끓여 밥을 지으려는 것과 같다고 합니다. 그러니 어찌 성공할 수 있겠습니까?

어떤 사람이 물었습니다. "최근의 생리학에서는 남녀의 정(精)은 일정한 시간이 지나면 다른 세포처럼 신진대사를 해야 한다고 합니다. 그것을 배설하지 못하면 신체에 해가 된다고 하는데, 그렇지 않습니까?"

현대 의학에서는 그렇게 말합니다. 하지만 한 가지 명심해야 할 점은 과학이라고 해서 절대적으로 정설인 것은 아니라는 사실입니다. 많은 과학적 연구가 오늘은 진리로 생각되지만 내일은 뒤집어지고 있습니다. 그러므로 맹목적으로 과학을 믿어서는 안 됩니다.

『능엄경』 권 6에서 부처님은 아난에게 말합니다. "음욕을 끊지 않고 선정을 닦으려 하는 것은 마치 모래를 끓여 밥을 지으려는 것과 같으니, 수천 수백 겁을 끓여 봐야 뜨거운 모래일 뿐이다. 왜 그런가? 쌀이 아니라 모래이기 때문이다〔若不斷淫修禪定者, 如蒸砂石, 欲成其飯, 經百千劫祇名熱砂. 何以故, 此非飯本, 砂石成故〕." 음욕의 뿌리를 끊지 않고 수행하는 것은 모래를 끓여 밥을 지으려는 것과 같습니다. 여기서 말하는 뿌리란 어떤 뿌리일까요? 과거 항주에 유명한 법사 한 사람이 있었는데, 사람들은 그의 음근(陰根)이 끊어졌다고 말했습니다. 처녀들이나 여승들이 그와 같이 있어도 사람들은 아무렇지도 않게 생각했습니다. 그 법사는 수도를 위해 스스로 가위로 자신의 생식기를 잘라 버렸기 때문입니다. 이것을 과연 음근이 끊어진 것이라 말할 수 있을까요? 음근은 그런 것이 아닙니다. 음근은 심리적인 것입니다. 이 법사는 누구보다도 계율을 더 많이 범했습니다. 이 문제는 아주 엄중합니다. 그는 자신의 생리 부분을 절단함으로써 하루 온종일 음계를 범하고 있는데, 그것이 바로 의음(意淫)입니다. 이른바 음근의 근(根)이란 바로 의식을 가리키는 것입니다.

의식상에서 성에 대한 욕념이 일어난 후에는 각종 누단(漏丹)의 후과(後果)가 나타납니다. 일반적으로 이 누(漏)를 단지 신누(身漏)만을 가리키는 것으로 알고 있지만 실제로는 육근이 모두 새어 나가는 것입니다.

이 욕념을 완전히 정화시켜야만 비로소 정(定)을 얻을 수 있습니다. 욕념은 억제한다고 해서 끊어지는 것이 아닙니다. 마치 항주의 법사처럼 그 뿌리는 그대로 남아 있습니다. 진정으로 음근을 끊어 내고자 한다면 사선정에 이르러야만 비로소 가능합니다.

그러므로 여러분이 타좌 시 머리 꼭대기로부터 손가락 끝에까지 이르도록 모든 신경의 뿌리가 즐거움을 얻지 못하는 것은 정(精)이 가득 차 있지 않기 때문이며, 이는 모두 유루(有漏)와 관계가 있습니다. 다시 말해 우리가 타좌를 하면서 생리적으로 편안해지지 않고 심리적으로 청정해지지 않으며 생각이 전일해지지 않아 정(定)을 얻지 못하는 것은 모두 유루와 관계가 있습니다.

타좌 시 어떤 때에는 아주 청정해지는데, 이는 육근이 모두 수습되어 유루가 적어지기 때문입니다. 이런 상태가 지속되면 마침내 불루(不漏)에 이르며 생리에도 자연 변화가 일어납니다. 제가 『정좌수도와 장생불로』[161]에서 말한 기맥의 변화 과정을 반드시 거쳐야 합니다. 이 책에서는 단지 독맥만을 말했을 뿐 임맥에 대해서는 말하지 않았습니다. 임맥은 자율신경 부분으로 오장육부를 포괄하고 있는데, 임맥이 통한다면 중맥 또한 통하

---

161 이 책은 우리나라에서 『정좌수도강의』란 이름으로 출간되었다.

니 임맥이 독맥보다 통하기가 훨씬 어렵습니다.

임맥의 변화

진정으로 임맥에 변화가 나타나기 시작하면 마치 오장육부가 뒤집히는 듯합니다. 견지나 이치에 뚜렷하지 못하면 놀라서 까무러칠지도 모르는데, 이것 역시 유심(唯心)의 작용입니다. 불경에서는 "맥이 해체되고 심장이 열린다(脈解心開)"라고 묘사하고 있는데, 확실히 이런 일이 벌어집니다. 심맥(心脈)이 해체되고 열릴 때에는 견디기 무척 어렵습니다. 마치 심장을 칼로 도려내는 듯 아프다가 열리고 난 뒤에는 비할 바 없이 상쾌해집니다. 위기(胃氣)의 타통은 특히 견디기 어려운데, 마치 위뿐 아니라 위와 이어져 있는 폐나 간장까지도 모조리 뜯어내는 듯 고통스럽습니다. 이렇게 해서 통하고 나면 마치 오장육부를 모두 새것으로 갈아 치운 듯합니다. 다시 말하면 심장, 간장, 비장, 폐장, 신장의 작용이 서서히 망가져서 내부에서 하나씩 뜯어내어 새것으로 바꾼 듯하다는 것입니다.

임맥이 통한 후에도 소연의 관상은 당연히 정(定)의 경계 속에서 계속됩니다. 이 정의 경계에서의 지각은 우리 생리의 변화와는 관계가 없으며, 이때가 되어서야 비로소 해탈을 이해할 수 있습니다.

이때 나타나는 각종 생리의 변화로 인해 설사 당장 죽을 것 같다 해도 우리의 영명(靈明)한 지각은 자신이 변화되는 것을 가만히 지켜보고 있습니다. 바로 『심경』에서 말한, "오온이 모두 공임을 비추어 본다(照見五蘊皆空)"라는 것입니다. 죽어야 한다면 죽을 수도 있습니다. 뭐 그리 대단할 것도 없습니다. 그저 정의 경계를 유지하고만 있으면 됩니다. 임맥이 완전히 통한 뒤에야 비로소 진정으로 초선에 이를 수 있습니다.

임맥의 타통은 물론 간단하지 않습니다. 수행은 고행입니다. 도가에는 "불에 태워 닦는다[焚修]"라는 말이 있습니다. 수행자를 '연사(煉師)'라고도 하는데, 바로 불 속에서 단련한다는 뜻입니다.

임맥과 독맥의 타통은 밀종에서 말하는 삼맥칠륜과는 또 다른 데가 있지만 삼맥칠륜에 대해서는 따로 논하기로 하겠습니다.

여기 있는 우리의 이 신체는 본래의 것이 아닙니다. 실제로 우리의 진정한 생명은 이 우주의 법계(法界)와 하나로서 영원히 존재하는 것입니다. 이 신체는 단지 우리의 생명이 이 세계에 삼중으로 투영된 것에 지나지 않습니다.

이들은 감각 방면의 수행에 속하는 것으로, 생리와 사대의 변화는 한 단계 한 단계가 고정된 변화입니다. 유의해야 합니다! 이 소연 경계를 떠나지 않고 있는 지(知)가 시종 움직이지 않을 때에야 비로소 생리의 변화가 일어나기 시작합니다. 그렇지만 대부분은 수많은 관문을 통과하지 못합니다. 특히 현대인은 조금이라도 견디기 힘들면 두려워합니다. 예를 들어 위장이 마치 마대처럼 비틀려 쥐어짜는 듯할 때에는 정말 견디기 어렵습니다. 심리상의 텅 비고 영활한 정(定)의 경계에 변화가 없을 때에야 비로소 생리적인 변화가 일어납니다. 중점은 바로 여기에 있습니다. 만약 이때 정의 경계가 사라진다면 기맥도 통할 수 없고 병도 나을 수 없습니다. 이 둘이 분리될 때에야 비로소 해탈이 가능하며, 이들이 하나로 뒤섞여 있다면 생로병사를 제거하려 해도 영원히 불가능합니다. 주의해야 합니다! 정의 경계는 여전히 텅 비고 영활해야 하며 그것에 변화나 움직임이 있어서는 안 됩니다.

위장이 공이 되지 않으면 후륜(喉輪)이 통하지 않습니다. 목과 식도가 공이 되지 않으면 망념을 제거하고자 해도 제거할 수 없습니다. 그래서 밀종에서는 진정으로 후륜에서 심륜(心輪)까지 통한 사람은 망념이 일어나지 않기 때문에 망념이 없다고 말합니다. 생리와 심리는 이처럼 서로 인과가 됩니다.

도가나 음양가를 닦는 사람이라면 모두 이런 구절을 알고 있습니다. "사상 오행은 모두 토에 의지하고, 구궁 팔괘는 임을 떠나지 않는다〔四象五行皆藉土, 九宮八卦不離壬〕." 위장은 토(土)입니다. 그래서 제가 늘 위장을 잘 간수하라고 하는 것입니다. 이른바 임수(壬水)는 바로 정(精)을 단련하여 누단이 되지 않게 합니다. 그러므로 위장이 통하면 곧 중궁(中宮)의 기운이 통합니다. 이때가 되면 맹자의, "충실한 것을 아름답다고 한다〔充實之謂美〕"라는 말을 체험할 수 있습니다. 바로 『역경』 곤괘(坤卦)에서 말하는 "황중통리(黃中通理)"[162]입니다.(주리腠理는 바로 피부입니다.) 위장의 기운이 통하면 바른 자리에 몸을 두니 바로 맹자가 말한, "호연지기가 하늘과 땅에 가득 차 있다〔浩然之氣, 充塞於天地之間〕"라는 것으로 이들은 모두 실제 경계입니다.

요컨대 오장육부 부분은 임맥의 범위에 속하는 것으로 매 기능은 모두 임맥을 통해 바꾸어야 합니다. 이 때문에 도가에서는 '탈태환골(脫胎換骨)'을 말합니다. 이는 사람을 기만하는 말이 아닙니다.

이들 기맥이 모두 통하고 나서야 비로소 진정한 초선의 선정, 즉 대승도의 초선 경계에 들어설 수 있습니다. 여러분은 반드시 조심스럽게 잘 수행해야 합니다. 아무렇게나 해서는 안 됩니다.

기맥이나 공부에 대해서 모두 피상적인 것만 말할 뿐 전체 체계에 대해서는 잘 알지 못합니다. 행하기 어려운 것을 행해 본 적이 없고, 참기 어려운 것을 참아 내는 고행도 해 본 적이 없습니다. 고행을 해 보지 않고서는 진정한 공부라 할 수 없습니다. 그런 수행이라면 지리멸렬해 영원히 성공

---

162 곤괘 효사에 대한 독특한 해석으로, 위장의 기운이 죽 뻗어 나가 피부까지 이르는 것을 말한다.

할 수 없으며, 영원히 과위를 증득할 수 없습니다.

　시간 관계상 밀종과 요가의 삼맥칠륜에 대해서는 말하지 못했습니다. 앞으로 기회가 있으면 이자까지 합쳐서 모두 말씀드리겠습니다.

제28강

행원만이 있을 뿐

오늘이 마지막 강의입니다.

이번 강의는 원칙적으로 견지, 수증, 행원을 표방했지만 주로 수증 공부에 치중되었고 행원에 대해서는 단 몇 구절밖에 언급하지 못했습니다.

사실 우리는 불법을 배우고 수도를 하면서 모두 과위의 증득을 생각합니다만 배우는 사람이 그렇게 많은데도 진정으로 과위를 증득한 사람은 왜 그리 적을까요? 중요한 이유는 행원이 부족하기 때문이지 공부가 이르지 못해서가 아닙니다.

오늘은 행원의 관점에서 말해 보도록 하겠습니다. 행원이 없으면 견지가 철저해질 수 없으며, 진정한 행원이 없으면 수증 공부는 진보할 수 없습니다. 그럼에도 우리가 가장 소홀히 하는 것이 바로 행원입니다. 이 때문에 여러분이 노력을 해도 제 길에 오르지 못하는 듯 느끼는 것입니다.

이제 견지, 수증, 행원을 묶어 말하면서 먼저 우리에게 뚜렷이 나타나는 심리적 현상 하나를 예로 들어 볼까 합니다. 세상의 많은 사람들은 왜 불법을 배우고 도를 구하려고 할까요? 불법을 배우고 도를 구하지 않더라도 다른 종교적 신앙을 찾거나 혹은 다른 어떤 것을 찾아 의지하려 합니다. 기본적으로 무의식 속에는 모두 구하는 것이 있어 장사를 하듯 최소의 대가를 치르고 최대의 성과를 바랍니다. 몇 푼을 주고 바나나니 전병이니 향을 사서는 절에 가서 차려 놓고 향을 피우며 절을 해 대니 마치 보살의 도움을 바라는 사람과 같습니다. 그러고는 남편 잘되게 하고 아이 잘되게 하고 승진하고 돈 벌게 해 달라고 온갖 것을 다 빕니다. 이렇게 한참을 요구하고 나서는 다시 향을 피우고 마지막에는 바나나를 도로 가지고 나와서 먹습니다. 이렇게 기도하는 심리가 얼마나 얄팍합니까! 잘못을 저지르고 나서 한번 꿇어앉아 기도하고 나면 다 끝난다고 생각하는 것이나 다를 바 없습니다. 이것은 어떤 심리일까요? 스스로 한번 생각해 보아야 합니다.

우리 같은 수행자들은 마음속으로 자신에게는 절대 이런 심리가 없다고 생각할 것입니다. 그렇지만 제가 보기에는 모두 마찬가지로 단지 방식이 다를 뿐입니다. 설사 이런 심리는 없다 하더라도 타좌를 하면서 도를 이루기 바라는 것은 바나나를 놓고 빌지는 않아도 다리를 틀고 앉아 비는 것과 같습니다.

여러분은 타좌를 하면서 모두 명심견성이나 성불, 혹은 성도(成道)를 생각하지만 그 중에서도 가장 좋아하는 것은 공부요 경지입니다. 어떤 사람이 도가 있고 공부에 성취가 있다는 말만 들으면 어떻게든 찾아가서 구하려 합니다. 그렇지만 도나 공부가 무엇인지에 대해서는 제대로 알지 못하고 있으니 바로 견지가 뚜렷하지 못하기 때문입니다. 왜 견지가 뚜렷하지 못할까요? 엄격히 따지자면 행원이 바르지 못하기 때문입니다.

불학은 기본적으로 육도윤회와 삼세인과 위에 있습니다. 그러나 수십 년간 제가 경험한 바로는 불법을 배우고 도를 구하는 사람 중에 진정으로 육도윤회를 믿는 사람은 얼마 되지 않았습니다. 삼세인과를 믿는 사람은 이보다 더 적었고 그것도 확고하게 믿는 것이 아니었습니다. 육도윤회나 삼세인과는 결코 미신이 아닙니다. 그런데도 적어도 이론상으로도 뚜렷이 아는 사람이 없었고 실제로 증득한 사람은 더더욱 없었습니다. 모두 반성 해야 합니다.

육도윤회와 삼세인과를 믿지 않으니 선이나 밀종 또는 정토종에 대한 배움이 아무리 훌륭해도 근본적으로 기초가 잘못된 것입니다. 마치 모래 위에 건물을 지으려고 하는 것과 같으니 불가능한 일입니다. 그럼에도 우 리의 심행은 모두 이런 쪽으로만 치닫고 있습니다.

예를 들어 우리는 정좌를 배우면서도 앉기만 하면 온통 공을 생각하며, 그런 뒤 학리에 대해 공이니 유니 반야니 하며 고담준론을 합니다. 불법의 이치를 논하는 것은 이처럼 말마다 옳으나 심행에 대해서는 연구하지 않 습니다. 왜 공을 얻고자 할까요? 공 다음에 있는 것은 무엇일까요? 예를 들어 진정으로 공을 얻었다면 그것은 어떤 것일까요? 이런 것들은 교리에 서 모두 다 말하고 있지만 우리가 연구한 적은 없습니다.

이런 까닭에 어떤 사람이 공부도 훌륭하고 기맥도 잘 통하더라도 아무 소용이 없는 것입니다. 기경팔맥이 통했다거나 삼맥칠륜이 통했다고 하는 사람들이 더러 있습니다만 통하고 나면 뭐합니까? 기맥이 통하면 죽지 않 는다고요? 기맥이 통한 사람 중 죽지 않은 사람은 없습니다. 기맥이 통한 사람은 죽을 때 편안하게 죽는다고요? 기맥이 통하지 않고서도 편안히 죽 은 사람은 많습니다. 그렇다면 기맥을 통한다는 것이 결국은 무엇을 위한 것일까요? 이런 것은 생각해 보지도 않고서 그냥 다른 사람을 따라 별 생 각 없이 기맥이 통했다고 하는 것입니다.

신통(神通)도 마찬가지입니다. 신통하면 뭐합니까? 미리 알면 뭐합니 까? 자칭 신통하다고 말하는 사람이 고혈압이나 당뇨병으로 죽습니다.

자세히 생각해 본 적이 과연 있습니까? 불법을 배우고 수행한다는 것이 궁극적으로 무엇을 위한 것일까요? 모두 고담준론만 행할 뿐 실제적인 면이 부족합니다.

진정한 수행은 마지막으로 하나의 길, 즉 행원으로 통합니다.

무엇이 행원일까요? 바로 자신의 심리 행위를 바르게 닦아 나가는 것입니다.

우리의 사상(思想)은 마음이 움직이기 시작한 것으로 아직 표출되지 않은 행위입니다. 일체의 행동은 사상에서 나온 것입니다. 우리가 공(空)을 얻고자 하는 것은 하나의 형이상적 문제를 추구하는 것으로, 사상을 일으키는 근원을 찾는 것입니다. 행위에서나 사상에서 진정으로 공에 도달하기는 거의 불가능합니다. 예를 들어 어떤 사람의 사상이 완전히 공에 이르러 아무것도 모르게 되었다면 이런 수도를 왜 해야 할까요? 공의 이치란 이런 것이 아닙니다.

여러분은 앉기만 하면 기를 쓰고 공을 구하려 합니다. 하지만 그런 행위에는 근본적으로 큰 잘못이 있으니 공성(空性)의 이치를 알지 못하기 때문입니다. 앞에서 언급했듯 여러분은 『조론』을 읽어야 합니다. 이 책은 구마라집법사의 대제자인 승조법사가 쓴 것인데 읽기가 그리 쉽지 않습니다. 승조법사는 이 책에 불법과 노자, 장자, 공자, 맹자 사상의 정화를 담고자 했습니다. 예를 들어 그가 쓴 「반야무지론(般若無知論)」에서는 우리가 날마다 구하고자 하는 반야지혜의 성취에 대해 최고의 지혜는 앎이 없는 것이라고 말하고 있습니다. 바로 『심경』의, "지혜도 없고 얻음도 없다[無智亦無得]"라는 말과 같습니다. 그에 더해 「물불천론(物不遷論)」에서 말합니다. 사물에는 오고 감도 없고 움직임도 고요함도 없으며 과거도 미래도 없이 그저 눈앞에 있는 그대로일 뿐이라고 합니다. 또 「부진공론(不眞空論)」에서는 공은 곧 공이 아니라고 말합니다. 이들은 형이상의 공과 행위를 하나의 이치로 결합시키는 것으로 많은 연구가 필요한 부분입니다.

삼천의 선행, 수천의 공덕

우리의 공부와 타좌가 왜 나아가지 못할까요? 여러분은 방법이 잘못되어 그럴 것이라 생각하여 기를 쓰고 명사(明師)를 찾아다닐 것입니다. 하지만 절대 그렇지 않습니다! 스스로를 기만해서는 안 됩니다. 공부가 왜 나아가지 못할까요? 왜 정(定)을 얻지 못할까요? 심행이 전화되지 못했기 때문입니다. 심리 행위를 변화시키지 않고서는 공부가 진보할 수 없으며, 견지 또한 원만할 수 없습니다. 중국 문화에서 유가든 도가든 설법은 모두 똑같습니다. 모두가 동일한 논조입니다.

도가를 배우는 사람은 도를 닦아 선인(仙人)이 되는 데 다섯 가지 유형이 있다고 말합니다.(불교의 오승도五乘道와 유사하다.) 귀선(鬼仙), 인선(人仙), 지선(地仙), 천선(天仙), 신선(神仙, 대라금선大羅金仙이라고도 하는데 대아라한에 해당함)이 그것입니다. 도가에서는, "명만을 닦고 성을 닦지 않는 것이 수행의 가장 큰 병폐이다[只修命不修性, 此是修行第一病]"라고 합니다. 기맥을 닦는 등 신체상의 공부만을 도라 생각하는 것이 수행의 가장 큰 폐단이라는 것입니다. 또 말하기를, "성만을 닦고 단을 닦지 않으면 만겁을 노력해도 성인의 경지에 들 수 없다[只修祖性不修丹, 萬劫陰靈難入聖]"라고 합니다. 불법을 배우는 사람이 단지 이론만을 말할 뿐 생명의 근원을 장악하지 못한다면 만겁이 지나도 성인의 경계를 증득할 수 없습니다. 어떻게 말하든 기본 원칙이 하나 있는데, 바로 선인(仙人)이 되고자 한다면 무수한 공덕과 선행을 닦아야 한다는 것입니다.

무엇을 선행이라 할까요? 도가의 표준으로는 어떤 사람이 위급할 때에나 혹은 죽음의 경계에 다가섰을 때 그를 구출해 기사회생시키는 것입니다. 이것을 표준으로 삼아 삼천의 선행을 쌓고 수천의 공덕을 행해야만 비로소 천선(天仙)이 될 수 있다고 합니다. 유가나 불가 역시 마찬가지입니다. 불가에서는 마음을 일으키고 생각을 움직이는 내부의 사상(思想) 행위를 변화시켜야 한다고 요구합니다. 그렇지만 제가 아는 바로는 사람들의 심행은 조금도 바뀌지 않고 있는 듯합니다. 정말 무서운 일입니다. 왜 과위를 증득하지 못할까요? 자기 심리의 결사를 풀어 낼 수 없기 때문입니다. 팔십팔결사(八十八結使)의 결(結)은 뿌리가 깊고 줄기 또한 단단하기 때문입니다.

마음의 결사를 풀어 버리다

불법을 배우는 사람에게는 기본적으로 폐단이 하나 있는데, 우리는 이 점을 반성해야 합니다. 먼저 불법을 배우면서 이 인간 세상을 공(空)으로 보기 때문에 우선 이곳을 벗어나려 하고 그런 후에는 세상에 개의치 않으려 하는데, 그렇기 때문에 자비를 실천할 수 없습니다. 우리는 입만 열면 자비를 말합니다만 자신의 심리를 한번 잘 살펴보십시오. 자비를 얼마나 실천했습니까? 이는 참으로 중요한 문제입니다. 다음으로 탐진치만의를 우리가 얼마나 해소시켰습니까? 예를 하나 들면 우리는 수행이 잘 될수록 신경질도 더 심해지는데 왜 그럴까요? 편안히 타좌하고 있을 때 누가 와서 떠들어 대면 화가 나지 않습니까? 이런 심리 작용은 자비와는 상반되는 것이 아닌가요?

또 공부가 훌륭한 사람 중에는 정(靜)의 경계는 그렇게 좋아도 일단 다리를 풀고 일어서면 모든 행위가 정의 경계와 완전히 상반되는 경우도 있습니다. 이론을 말하는 것은 아주 그럴듯하지만 행동하는 것은 딴판인 셈입니다. 그러므로 불교에서는 우리더러 먼저 계율에서부터 시작하라고 합니다. 소승의 계율은 자신의 잘못된 행위를 막으려는 소극적인 것입니다. 이것이 소승 계율의 기본 원칙입니다. 대승의 보살은 선근(善根)을 적극적으로 키우려 하는데, 그렇게 하는 것이 대승보살계의 기본입니다. 그러나 우리는 소극적인 것조차도 지킬 수 없으니 적극적인 것이야 더 말할 필요도 없습니다.

여러분, 주의해야 합니다. 출가든 재가든 이후 불법을 배워 수행하려면 마땅히 『유가사지론』「성문지(聲聞地)」 중의 「유가지(瑜伽地)」를 주의해야 합니다. 이 속에는 밀종의 홍교, 백교, 화교, 황교 등의 기본적인 이론이 모두 포괄되어 있고, 기맥과 지관을 닦는 원칙까지도 말하고 있습니다. 여기에 대해서는 지나가는 길에 언급하도록 하겠습니다.

예를 들어 우리가 성문을 배워 이해하려면 팔관재계(八關齋戒)를 배워야 한다고 알고 있는데, 그 중 한 조문은 이렇습니다. "사미는 고광대상에 앉아서는 안 된다〔沙彌不准坐高廣大床〕." 왜 그럴까요? 고광대상(高廣大床)은 윗자리요 높은 자리입니다. 왜 사미는 앉을 수 없을까요? 먼저 겸허한 덕성부터 길러야 하기 때문입니다. 스스로 오만해져 자신의 사사로운 이익만을 내세워서는 안 됩니다. 위에 앉아서 그 모습이 대단히 비범해 보이는 것은 바로 겸허함을 배웠기 때문입니다. 우리는 이 계율을 보면서 재가든 출가든 먼저 자신을 돌아보아 겸허함에 이르도록 해야 합니다. 제가 아는 바로는 불법을 배우는 사람이나 다른 어떤 종교를 신봉하는 사람들은 세상의 그 누구보다도 더 오만합니다. 다른 사람이 믿지 않는 것을 보면 마귀라 생각하며 자기 스스로는 성인이라 여깁니다. 불법을 배우는 우리도 단지 표현만 다를 뿐 똑같이 이런 잘못을 저지르곤 합니다. '저런, 불쌍한 것. 지옥종자로다!' 하고 생각하지요. 똑같이 겸허하지 못합니다.

특히 공부라도 조금 한 사람은 한 사흘 타좌하고서는 천상천하 유아독존이라 하며 다른 사람의 공부는 모두 틀렸다고 합니다. 오로지 성인의 척도만을 가지고 사람들을 재려 합니다. 이 척도도 사실 자신이 정한 것입니다. 안목이 짧아도 한참 짧은 것으로 그의 척도로 보면 사람들은 당연히 아무도 성인이 될 수 없습니다. 그러나 그 자신은 자기가 얼마나 크고 얼마나 긴지 재어 본 적이 없습니다. 결코 자신을 돌아보려 하지 않습니다. 이것이 가장 심각합니다. 이 심행을 어떻게 해야 할까요? 왜 과위를 증득하지 못할까요? 왜 정(定)을 얻지 못할까요? 이 심행, 즉 탐진치만의는 조금도 전화되지 못하니 정말로 두려운 일입니다. 이는 엄중한 일로 하루 빨리 반성하지 않으면 안 됩니다.

재삼 강조합니다만 수도를 해도 과위를 증득하지 못하고 공을 증득하지 못하는 것은 심리 행위 자체가 전화되지 않았기 때문입니다. 그러니 앉아서 의식 경계가 조성한 약간의 공을 가지고 도라 여기는 것입니다.

오늘 어떤 학생이 이런 보고서를 제출했습니다. 어제 타좌를 잘하고 있다가 갑자기 정신을 차리고 보니 손으로 자기 얼굴을 박박 긁고 있더라는 것입니다. 그는 생각했습니다. '이상하기도 하지. 내 손으로 얼굴을 긁고 있으면서도 왜 몰랐을까? 타좌도 잘되고 있는데.' 당시 그는 조금 괴로워하며 자신이 깜빡했던 것을 참회했습니다. 깜빡하면 자기가 해 놓고도 알지 못합니다. 이것 역시 과보입니다. 아무 생각 없이 한 일이라고요? 장래 여러분이 얻는 것도 아무 생각 없이 한 일의 과보입니다. 예를 들어 우리는 어떤 때 이유 없이 다른 사람으로부터 공격을 받게 되는데, 이것 역시 무기(無記)의 과보입니다. 이 사람은 계속 타좌를 하다가 스스로 얼굴을 박박 긁고 있는 것을 발견했는데, 그 자신의 말로는 무명(無明)의 실념(失念)이라 했습니다.

하지만 이것 역시 하나만 알고 둘은 모르는 것입니다. 보통 공이라 말하는 이 일념은 시작에 불과한 것으로, 우리의 성취를 이끌기 위한 가장 초보적인 길일 뿐입니다. 그렇긴 해도 이 심념(心念)은 한 순간 한 찰나에도 많은 작용을 일으킬 수 있습니다. 이 때문에 우리가 진정으로 고요해질 때에는 육근이 동시에 사용되어 온갖 것이 몰려와도 하나도 빠짐없이 다 알게 됩니다. 바로 육조가 말한, "얼마나 되어야 자성이 능히 만법을 생겨나게 하는가?〔何期自性, 能生萬法〕"입니다. 단지 공만을 닦아서는 안 되면 모든 것을 다 알 수 있어야 합니다.

청정하게 전일할 때에도 손으로 가려운 데를 긁을 수 있고 입으로 씹을 수 있으며 동시에 다리로 바닥을 칠 수도 있는데, 이들은 모두 염(念)의 작용입니다. 내 심념은 이때 공이 되었으니 가려운 데를 긁는 것은 염에 속하는 것이 아니라고 말할지 모르겠습니다. 그러나 그렇지 않습니다. 분명히 알아야 할 것은 본능적인 반응도 곧 염으로서, 이것은 아뢰야식의 염이라는 사실입니다. 많은 사람들이 타좌하고 수도하면서 수많은 마경에 맞닥뜨리는데, 실제로 이 마는 모두 자신이 한평생 만든 것입니다. 그뿐 아니라 마경에 빠져 있는 많은 사람들은 무의식 속에서 그것을 즐기고 있습니다. 달리 말하면 그의 심행은 근본적으로 전화되지 않은 것입니다.

제가 자주 하는 말입니다만 『역경』 육십사괘 중 전부 다 좋은 괘도 없고 전부 다 나쁜 괘도 없습니다. 좋은 것 속에 나쁜 것이 있고 나쁜 것 속에 좋은 것이 있습니다. 그러나 이 중 단 하나의 괘만은 여섯 효가 비교적 다 길한데, 바로 겸괘(謙卦)입니다. 이 때문에 불가에서는 우리더러 공을 배우라고 하며 계율에서도 제일 먼저 겸허하라고 합니다. 한번 물어보겠습니다. 여기에 도달한 사람이 과연 몇 명이나 될까요? 누가 여기에 이르렀는지 스스로 한번 반성해 보십시오.

정의 자비와 지의 자비

진정으로 겸허함에 도달했을 때에야 비로소 보살의 자애(慈愛)에 이를 수 있습니다. 노자는 말합니다. "나에게 세 가지 보물이 있으니 자애와 검소와 천하에 앞장서지 않는 것이다[我有三寶, 曰慈, 曰儉, 曰不敢爲天下先]." 천하에 앞장서지 않는 것이 바로 겸허입니다. 불가에서도 마찬가지입니다. 불가의 겸허는 어느 정도에 이르러야 할까요? '무아(無我)'에 이르러야 합니다. 겸허가 극한에 도달한 것이 무아입니다.

우리는 단지 타좌만으로 공에 이르고자 하나 심행상에서 도달하지 못하면 공이 될 수 없습니다. 앉아서 공을 지키고 있지만 그건 '내'가 지키는 공일 뿐 무아의 공이 아닙니다. 만약 무아가 되었다면 무엇하러 공을 구하겠습니까? 무아라면 이미 공이 된 것입니다.

행원으로 말하자면 '행(行)'할 수 있어야 비로소 진정한 견지입니다. 행이 이르지 못하면 견지는 아무 소용이 없습니다. 바로 여기에 이르러야 비로소 진정한 자비를 말할 수 있습니다. 자비란 곧 무아이기 때문입니다. 사실 우리는 보통 자비를 '정(情)'에 속하는 것이지 '지(智)'에 속하는 것은 아니라고 생각합니다. 대승불교에서 말하는 자비는 지(智)로서 바로 반야의 자비입니다. 진정으로 무아가 되어야만 비로소 진정한 자비라 할 수 있습니다. 내가 그대에게 자비를 베풀겠다고 말하는 것은 이미 하승(下乘)으로 떨어진 셈입니다. 예를 들어 부모가 자식을 사랑하는 인자함은, 특히 모성애는 결코 대가를 구하는 것이 아닙니다. 그렇지만 이것은 아직 정(情)으로서 '자기' 사랑으로부터 나온 것입니다. 보살의 자비는 지(智)로서 '무아'의 사랑으로부터 나옵니다.

심행의 동요

이 때문에 행원을 말하는 것인데, 행문(行門)은 대단히 중요합니다. 우리는 수시로 고요한 정(定) 속에서 자신을 살펴야 합니다. 어떤 사람을 수행자라 할까요? 끊임없이 엄격하게 자신을 살피는 사람입니다. 바로 수시로 자신의 심행과 사상을 살펴보고, 수시로 자신의 행위를 점검하는 사람입니다. 이렇게 해야만 비로소 수행자라 할 수 있습니다. 무슨 방법이 있다느니 기공이니 삼맥칠륜이니 주문이니 하며 온종일 분주히 설쳐 봐야 아무 소용이 없습니다. 불법을 배우고 도를 구하는 사람 중 적지 않은 사람이 정신적으로 정상이 아닙니다. 왜 이렇게 되었을까요? 왜 이렇게 많은 사람들이 비정상적인 상태가 되었을까요? 철저히 수행하지 않았기 때문입니다. 달리 말하면 투철한 자기반성이 없었기 때문입니다.

탐진치 삼독(三毒)을 예로 들어 보면 우리가 '탐(貪)'하지 않는 것이 어디 있습니까? 조금도 탐하지 않는다고요? 여러분은 온종일 저하고 같이 있으면서도 조금 더 같이 있고 싶어 합니다. 이게 탐이 아니고 무엇이겠습니까? 저는 여러분에게 더 이상 줄 것이 없습니다. 여러분이 탐하기 때문입니다. 여러분은 선생에게 아마 더 얻어 낼 것이 있으리라 생각하고 원합니다. 이게 무슨 심리이겠습니까? 왜 스스로 노력하지 않을까요? 제가 이전에 원환선 선생님에게서 배울 때에는 제가 선생님에게 물은 것이 아니라 선생님이 온통 저에게 물었습니다.

한번은 선생님과 제가 성도(成都)에서 중경(重慶)까지 간 적이 있었습니다. 당시는 교통이 발달하지 않아 내강(內江)에 이르자 사람들로 몹시 붐볐습니다. 항일전쟁 때에는 기차를 타면 서 있을 수밖에 없어서 하루 내내 서서 갔습니다. 저녁에 내강에 있는 숙소로 들어갔는데 그때 원 선생님이 물었습니다. "피곤하지 않아?" "물론 피곤합니다." "지금 자네 심경은 어떤가?" 제가 대답했습니다. "산 위에서 폐관하고 있을 때와 같습니다." 정말 전혀 동요가 없이 그때와 같았습니다. 바로, "태풍이 산악을 쓰러뜨려도 항상 고요하고, 온 강물을 다 쏟아부어도 흐르지 않는다〔旋嵐偃嶽而常靜,

江河競注而不流]'라는 상태였습니다. 동요가 없었고 여행길의 고생도 느끼지 못했습니다. 그렇지만 약간의 피로감은 있었습니다. 아직 모자랐던 것입니다. 원 선생님이 말했습니다. "음, 그 정도도 쉬운 일은 아니지!" 제가 대답했습니다. "일 년쯤 더 지나면 이 문제도 해결할 수 있을 것 같습니다." 다음 날 아침 일찍 일어나서 제가 말했습니다. "선생님, 엊저녁엔 웬 코를 그리 골았습니까?" 원 선생님이 물었습니다. "내가 왜 코를 골았는지 자네는 아는가?" 저는 멍해졌습니다. 왜 그랬을까요? 중요한 문제입니다. 이어서 선생님이 다시 물었습니다. "자네가 알고 있는 것 중에 혹 코 골지 않는 것이 있는가?" 저는 그것에 대해 이론적으로만 알고 있다고 대답했습니다. "그런대로 괜찮네! 하지만 증득을 구해야 하네. 이치상으론 어떤 것이 코를 골고 어떤 것은 코를 골지 않는다고 알고 있지만 실제로 코 골고 있는 것을 직접 보아야 하네."

이 예에서 볼 수 있듯 여러분은 물음을 탐하고 있습니다. 작은 일이든 큰 일이든 모두 묻고자 합니다. 우리는 자신의 심리를 살펴야 합니다. 탐진치만의를 끊는다는 것이 어찌 그리 쉬운 일이겠습니까! 타좌를 하면 공이 될 수 있다고요? 소용없습니다. 구체적인 상황에 부딪히면 아무 소용이 없습니다. 누구보다도 더 동요가 클 것입니다.

'진(瞋)'이란 무엇일까요? 하늘을 원망하고 사람을 나무라는 것이 진입니다. 환경에 대해, 일체의 것에 대해 만족하지 못하고 계속 불만을 품고 있는 것이 바로 진의 시작이요 진의 뿌리입니다.

'치(癡)'에 대해서는 더더욱 말할 필요가 없습니다. 원 선생님의 시를 인용해 보겠습니다.

업식은 약속한 듯 달리니　　　　　　業識奔如許
고향엔 언제나 도달할꼬　　　　　　鄕關到幾時

오온은 분명 환상인데도	五蘊明明幻
도처에 어리석음뿐이로다	諸緣處處癡

    불법을 배우는 사람은 모두가 공을 말하지만 누구든 모두 심리나 감정상의 어리석음, 이해(利害)상의 어리석음, 생명상의 어리석음 등 어리석음이 아닌 곳이 없습니다. 바로 지혜가 없는 것입니다! 이런 뿌리는 어디에서 온 것일까요? 행위상으로는 드러나지 않아도 꿈속에서는 모두 드러납니다. 꿈속에서는 이런 행위가 나타날 수 있습니다. 자신이 영원히 탐진치 속에 있기 때문입니다. 행위가 전화되지 않고서는 기맥을 전화시키는 것은 불가능합니다. 그러나 기맥이 전화된 것을 가지고 도를 얻은 것이라 여긴다면 이것 역시 허황된 생각입니다. 기맥이 통했다고 하는 사람이 있었지만 지금은 모두 망망한 어둠 속으로 사라져 버렸습니다.

    그러므로 여러분의 심행이나 행원에 아무런 변화가 일어나지 않는다면 사선팔정은 말할 필요도 없고 과위를 증득한다는 것은 더더욱 생각할 수 없습니다.

    여러분이 진정으로 어떤 선행을 했다면 그날 타좌를 한번 해 보십시오. 금방 다르다는 것을 느끼게 됩니다. 기맥이 곧 변화하며 심경 또한 바로 확장됩니다. 절대로 스스로를 속일 수 없습니다. 진정으로 선한 행위이니 내면의 선심(善心)이니 하는 말을 할 필요도 없습니다. 오늘 탐진치만의의 폐단을 조금이라도 해결했다면 그만큼 경계는 달라집니다. 그러므로 앉아 있어도 심경이 공이 되지 않는다면 오늘 자신의 병근(病根)이 어디에 있는지를 살펴보아야 합니다. 왜 앉아 있어도 공이 되지 않을까요? 자신의 심념(心念)이 탐진치만의 속에 있기 때문입니다. 어떤 것이 그곳에 반드시 얽매여 있습니다. 이것은 아뢰야식의 문제로서 제육식으로 인해 그런 것이 아닙니다. 이것을 살펴보지 않고서 단지 타좌만으로 공을 구하려 한다면 역시 아무 소용이 없습니다. 그럴 바에는 차라리 도를 배우지 않는 것이 좋습니다. 스스로에게 해가 될 수 있기 때문입니다.

이런 까닭에 심행 방면을 특별히 주의해야 합니다. 이것 역시 아직은 행(行)만을 말한 것일 뿐 원(願)에 대해서는 아직 말하지 않았습니다. 사람을 구하고 세상을 구하겠다는 원을 일으켜 다른 삶을 위해 행동하고 도처에서 자신을 희생할 수 있는 그런 사람은 제가 볼 때에는 아무도 없습니다. 그러고서도 과위를 증득하고자 한다면 절대로 불가능합니다.

어떻게 기질을 변화시키는가

그동안 강의를 통해 팔십팔결사와 삼계의 관계에 대해 분명하게 살펴보았습니다. 결사 중 일부를 풀어 내면 그만큼의 과위를 얻으며, 이는 자신의 눈앞에서 확인할 수 있습니다. 다리를 틀고 앉아 한 시간 있으면 무슨 천(天)에 올라가며, 한 시간 반 있으면 무슨 천에 올라간다고 생각해서는 안 됩니다. 이런 일은 없습니다. 다리는 믿을 만한 것이 못 되므로 '행(行)'을 닦아야 합니다. 닦아야 할 것은 심리 행위이지 다리가 아닙니다.

불교에서는 번뇌를 제거하라고 합니다. '번뇌'라는 번역은 참으로 뛰어납니다. 일반 학문의 측면에서 말한다면 번뇌는 심리 행위의 기본적인 상태 중 하나입니다. '번(煩)'은 몹시 괴로운 것이고 '뇌(惱)'는 싫은 것으로, 이것이 번뇌입니다. 번뇌는 바로 자신의 마음을 오염시키는 죄악입니다. 형이상의 본체로 말하면 우리의 자성은 본래 청정한데 번뇌와 연루되어 일어나는 행위로 인해 후천의 죄악이 되고 마는 것입니다. 예를 들어 어떤 사람이 살인을 했다면 그것은 화(火)가 너무 컸기 때문으로 기본적으로는 한 점의 번뇌로부터 시작된 것입니다. 그것은 자신으로 말하자면 최대의 죄악이며, 외부 세계로 말하자면 사회를 해치고 국가를 해치며 또한 인류를 해치고 세계를 해치는 대죄악입니다. 그러므로 번뇌라는 두 글자는 쉽게 생각하거나 가볍게 보아서는 안 됩니다.

우리는 행원을 살펴보고 있는데, 여기서의 심리적 '행(行)'은 청정해야 하며 공에 이르러야 합니다. 정(定)이나 명심견성(明心見性)을 얻으려면 수시로 자신을 살펴야 합니다. 털끝만큼의 번뇌라도 남아 있지 않은지 돌아보아야 합니다. 만약 번뇌가 남아 있다면 아주 엄중합니다.

어떤 번뇌는 생리적인 데에서 오기도 합니다. 생리 작용이 균형을 잃음으로써 생겨난 것으로, 유가에서 말하는 이른바 '기질지성(氣質之性)'입니다. 그러므로 수도를 하여 기맥을 변화시켜야 합니다. 이는 바로 기질을 변화시키는 것으로 기질은 실제적인 문제로서 공허한 이론이 아닙니다.

수도를 하는 사람이 공부가 잘되면 기색도 좋아지고 기맥도 통하게 되는데 왜 그럴까요? 심리적인 영향으로 기질이 변화되어 모든 세포가 남김없이 바뀌기 때문입니다. 이런 말은 거짓이 아닙니다. 번뇌는 능히 보리(菩提)로, 깨달음으로 전화되어 수시로 청명할 수 있습니다.

우리 모두는, 특히 불법을 배우는 사람이라면 시시각각 번뇌 속에 있습니다. 한번 자신을 살펴보십시오. 하루 스물네 시간 중 몸과 마음이 모두 유쾌한 때가 몇 초간이나 됩니까? 물론 엄격히 말하면 후천의 유쾌함 역시 번뇌의 하나입니다. 『유마경』에서는, "번뇌가 곧 보리이다(煩惱卽菩提)"라고 말합니다. 번뇌를 전화시켜 낸다면 그것이 바로 보리라는 뜻입니다. 번뇌의 자극을 받아 각오(覺悟)가 생겨나며, 또 자신이 번뇌 속에 있다는 것을 알아 경각심을 갖게 됩니다. 이렇게 해서 전화되면 그것이 바로 보리입니다.

하지만 우리의 번뇌는 보리가 아닙니다. 우리는 자신도 모르는 사이에 번뇌를 따라 돌고 있기 때문입니다. 예를 들어 방금 어떤 사람이 말했듯 타좌를 하고 있으면 다리가 저리고 생리적으로도 좋지 않아 번뇌가 생깁니다. 이 번뇌의 가장 중요한 부분은 당연히 생리적 영향으로부터 온 것입니다. 그러므로 생리적 측면이 완전히 전화되어 절대적으로 청정한 상태가 되어야만 비로소 수도의 기초, 정(定)의 기초가 세워졌다고 할 수 있습니다. 기맥은 이런 면에서 아주 중요합니다.

기맥은 또 심리 행위와도 절대적으로 관계가 있습니다. 여러분이 선한 일을 하거나 또는 마음을 선하게 먹으면 비록 적극적으로 타인에게 이익을 주지는 못하더라도 자기 마음속 번뇌를 제거할 수 있습니다. 이처럼 본래의 선한 마음이 드러나게 되면 그에 따라 기맥도 전화되며, 자신의 정력(定力)도 증진됩니다. 우리가 타좌를 하면서도 고요함에 이르지 못하는 것은 따져 보면 바로 번뇌 때문입니다. 번뇌 속에는 수많은 죄악의 종자가 숨어 있는데, 이들 모두는 '번뇌'를 통해 드러나게 됩니다.

우리가 번뇌를 전화시켜 청정해질 수 있다면 그때는 심경도 비교적 맑아지며 그런 뒤에야 비로소 자신의 생각이 일어났다 사라지는 것을 살필 수 있습니다.

예를 들어 우리가 여기 앉아 심경이 아주 청정하다고 느낀다면 이것은 의식의 경계입니다. 그렇지만 여러분은 이 청정한 찰나에도 수많은 죄악과 번뇌가 숨어 있다는 사실을 알 것입니다. 이런 것들을 살펴 찾아낼 수 있겠습니까? 어떤 사람이 이 청정한 일념 속에 나에게는 한 점의 번뇌도 죄악도 없다고 장담한다면 이런 사람은 수행을 말할 필요가 없습니다. 근본적으로 견지가 없기 때문입니다. 이 청정함 속에도 번뇌와 죄악의 뿌리가 팔만사천 가지나 박혀 있습니다. 물론 정확한 숫자가 아니라 그렇게 많다는 뜻입니다. 부처님은 "일념 속에 팔만사천의 번뇌가 있다〔一念之間有八萬四千煩惱〕"라고 말합니다. 그러므로 이들 번뇌를 대치(對治)하는 방법도 팔만사천 가지입니다.

방금 어떤 학생이 물었습니다. "왜 공의 경계에 이르면, 혹은 텅 빈 듯한 신령스러운 경계가 오면 공포가 일어날까요? 너무 두렵고 너무 이상합니다." 이 문제에 대해서는 몇 가지로 나누어 말할 수 있습니다.

첫째, 부처님은, "타락한 지 오래된 사람은 공성을 보고는 박장대소를 하며 무한히 기뻐하지만, 가볍게 타락한 사람은 공성을 보면 공포를 느껴 울부짖는다[墮落久了的人, 見到空性, 哈哈大笑, 歡喜無比, 墮落輕的人, 見到了空性, 會恐怖, 大哭]"라고 말합니다.

둘째, 또 다른 설법으로서 공성(空性)을 보고도 공포심을 일으키지 않는 사람을 일컬어 『금강경』에서는 이렇게 말합니다. "이 사람은 한 부처, 두 부처, 세 부처, 네 부처, 다섯 부처에서 선의 뿌리를 심은 것이 아니라 이미 헤아릴 수 없이 많은 부처에서 선의 뿌리를 심은 사람임을 마땅히 알아야 한다[當知是人, 不於一佛二佛三四五佛而種善根, 已於無量千萬佛所, 種諸善根]." 불법을 배우는 사람은 날마다 공을 구하지만 선근이 얕은 사람은 정말로 공이 나타나면 두려워합니다. 공이 나타난 현실에 맞닥뜨려 공을 받아들이지 못하는 것입니다. 원인이 어디에 있을까요? 집착 때문입니다. 살아가면서 내내 어떤 것을 붙들고 있다가 갑자기 공의 경계에 이르니 두려움이 생기는 것입니다. 이것이 보통 사람의 심리로서 자연스러운 공포심입니다.

셋째, 공의 경계가 나타났을 때 갑자기 공포심이 생기는 것은 이미 마음 속에 공포심이 있어 결코 공이 되지 않았다는 사실을 말해 줍니다. 공포심이 자리 잡게 된 것은 우리가 습관적으로 집착하기를 좋아하기 때문입니다. 어떤 것을 꽉 붙들고 있듯 그렇게 공포를 붙들고 있기 때문입니다.

이 조그마한 것에 이렇게 복잡한 심리적 요소가 깔려 있습니다. 어떤가요? 여러분의 일념 속에도 수많은 번뇌와 죄악이 숨어 있지 않습니까? 자신을 돌이켜 살펴본 적이 있는가요? 이들은 언뜻 보기에는 알맹이 없는 이론들 같지만 수행의 과정에서는 대단히 실제적인 것들입니다. 특히 젊은 사람들은 눈을 감고 조금 청정한 느낌만 들면 그것이 바로 공이라 생각하는데, 그건 일종의 심리 상태로서 공이 아닙니다. 이렇게 말할 수 있습니다. 우리가 타좌를 하면서 눈을 감으면 뇌는 반 휴식 상태가 되는데, 이때 완전히 수면을 취하는 것이 아니어서 시신경 역시 완전한 휴식을 취하지 못하여 단지 무의식 속에서 습관적으로 공과 유사한 상황이 떠오르는 것일 뿐입니다. 이것은 온통 어둡고 망망했다가 뇌리 속에서 철학이니 화두니 하는 것이 떠오르고는 그런 뒤 모든 것을 깨쳤다는 느낌이 들면서 스스로 화살 하나로 삼관(三關)을 꿰뚫었다고 여기는 그런 모습입니다. 이것이 그 하나입니다.

다음으로 정신이 조금 배양되면 신경질도 늘어 갑니다. 특히 젊은 사람이라면 제1관인 욕정이 나타납니다. 바로 남녀 간의 애욕이 강해지는 것입니다. 여기에 대해서는 스스로를 기만해서는 안 됩니다. 공부가 시원찮으면 그만이지만 공부가 제대로 되었다면 남녀 간의 애욕이, 특히 생리적인 압박이 나타납니다. 원인이 무엇일까요? 탐진치 때문입니다. 탐욕의 제일의 근본인 무명(無明)이 곧바로 폭발한 것입니다. 이런 현상이 나타나지 않으면 기맥도 통할 수 없으며, 이 현상이 나타난 후에는 욕념이 다시 끌려 일어납니다. 이럴 때 행(行), 즉 심행이나 행문은 어떠해야 할까요? 어떤 방법으로 이 현상을 전화시킬 수 있을까요? 그것을 어떻게 처리하면 될까요? 어떻게 조절하면 될까요? 그 원리는 어디에 있을까요? 이 병의 뿌리는 궁극적으로 어디에서 오는 것일까요? 심리가 생리를 끌어당기는 것일까요? 아니면 생리가 심리를 끌어당기는 것일까요? 여기에 관건이 있습니다. 나이 든 사람은 늙었기 때문에 자신에게 이런 문제가 없을 것이라 생각합니다. 기울어 가는 해를 동쪽으로 다시 끌어 올릴 수만 있다면, 이런 일이 정말 가능하면 역시 첫 번째 관문은 이 문제가 됩니다. 이것이 근본 번뇌이기 때문입니다.

그러므로 여러분은 팔십팔결사와 유식 『백법명문론』의 오십일 종 심소에 대해 특별히 주의해야 합니다. 무엇이 근본 번뇌일까요? 무엇이 수번뇌(隨煩惱), 즉 수면번뇌(隨眠煩惱)일까요? 이 '수면(隨眠)'이라는 두 글자는 참으로 잘된 번역입니다. 자신을 얽어매어 그와 함께 한다는 것입니다. 자신을 수면과 같은 혼미한 상태에 몰아넣어 스스로 살피지 못하도록 한다는 것입니다. 사실 이것 역시 스스로가 조성한 마장(魔障)입니다.

한 층 한 층 살펴서 팔십팔결사 중 몇 층을 제거하면 선정 공부는 반드시 그만큼 도달합니다. 보통 생각이 머무는 것을 초선이라 하나 이는 흔히 말하는 설법일 뿐 진정한 초과위(初果位)는 아닙니다. 그러므로 설사 초선을 얻었다 하더라도 반드시 초과를 증득한 것은 아니며 과위의 표준은 팔십팔결사를 근거로 합니다. 무의식의 죄악과 번뇌의 뿌리인 탐진치만의가 몇 겹이나 제거되었는지로 과위를 확인해야 합니다. 우리는 교리에도 통하지 않으면 안 됩니다. 타좌만 하거나 화두 하나만 붙들고 있으면 된다고 생각해서는 곤란합니다. 그것은 아무 소용이 없는 일로 어찌 그리 간단한 것이겠습니까? 쉬운 일이 아닙니다. 설사 염주(念住)에 이르렀다 해도 어떤 염(念)에 머물고 있는지를 살펴야 합니다. 혼침 상태 역시 머무는 것이나 이런 것은 아무 소용이 없습니다. 기질이 전화되지 않고 심행을 전화시키지 못하면 의미가 없습니다.

다음으로 기주(氣住)에 이른 듯 호흡이 정지되었다 해도 기껏해야 이선(二禪)일 뿐 반드시 이과(二果)인 것은 아닙니다. 기주만으로는 과위를 증득한 것이 아닙니다. 기주는 의지로써 통제할 수도 있으므로 도(道)와는 상관이 없습니다. 기주 후라도 슬쩍 건드리기만 하면 누구보다도 더 성질을 부립니다. 수행이란 이런 것이 아닙니다. 착각해서는 안 됩니다. 기주가 된다고 해서 스스로 공부가 되었고 도가 있다고 생각해서는 안 됩니다.

그런 도라면 한 근에 몇 푼이나 하는 것이겠습니까? 아무 소용이 없습니다. 관건은 심리 행위에 있습니다.

이선의 기주 후 동시에 팔십팔결사를 살펴야 합니다. 심리적 번뇌와 죄악을 얼마나 털어 냈는지, 신(身)·구(口)·의(意) 삼업(三業)을 얼마나 털어 냈는지 살펴야 합니다. 많은 사람들이 모두 공부를 말하지만 아무리 이야기해 봐야 신, 구, 의 삼업은 조금도 전화시키지 못합니다. 스스로를 속여서는 안 됩니다.

맥정(脈停), 인도의 많은 요기들은 땅속에 묻혀서도 죽지 않는데, 이런 것은 훈련을 통해서도 가능합니다. 이것을 보면 우리의 생리 작용은 마음의 훈련을 통해서도 여러 상태로 변화된다는 사실을 알 수 있습니다. 바로 유심(唯心)으로 만들어 내는 것입니다. 그렇다면 이것이 과연 도과(道果)일까요? 아닙니다.

삼과(三果), 사과(四果)에 이르기까지 매 도과는 모두 팔십팔결사 중 어디에까지 도달했는지를 보여 줍니다. 날마다 자신을 살펴야 합니다. 자신의 심리 행위 중 번뇌와 죄악의 상태가 얼마나 해소되었는지, 오늘은 선행을 얼마나 했는지를 돌아보아야 합니다. 그래서 고대의 유가에서는 공과격(功過格)이 있었는데, 붉은 콩과 검은 콩으로 표시하여 자신의 심리 행위를 살폈습니다.

공부가 기주맥정(氣住脈停)에 이르러도 기껏해야 심성의 작용을 설명하고 유심이 만들어 내는 작용을 증명하는 정도인데, 이런 공부와 신통은 확실히 성취할 수 있는 것입니다. 그러나 기주맥정에 이르렀다 해도 증도(證道)나 공성(空性)을 반드시 증득할 수 있는 것은 아니며 법신, 보신, 화신의 삼신을 증득하는 것은 더욱 어렵습니다.

삼신의 성취란 바로 선종에서 말하는 삼관(三關)으로서, 진정으로 삼관에 도달한 뒤에야 비로소 삼신의 성취가 가능합니다. 선종의 조사나 그 외

많은 사람들이 비록 공(空)과 유(有)를 말하기는 해도, 예를 들어 앞서 언급한 설암흠선사 같은 사람만 해도 도가 높지 않다고는 말할 수 없으나 과연 삼신의 성취에까지 이르렀을까요? 알 수 없습니다.

삼신의 성취는 현생에서 도달할 수 있는 것으로, 먼저 기질을 변화시키고 선행을 쌓으며 사선팔정의 공부와 결합시켜 나아간다면 어느 정도 희망이 있습니다. 저는 수십 년 동안 여기에 몸을 바쳐 왔지만 역시 시험하고 증험을 구하는 단계입니다. 공부도 별로 되지 않았고 수양도 그렇습니다. 절대적 증험의 단계에 이르기 전에 자기 나름대로 범위를 정하거나 정의를 내려서는 안 됩니다.

이상은 '행(行)'의 부분이었습니다.

'원(願)'은요? 더욱 말하기 어렵습니다. 행원이 이르지 못하면 견지는 도달할 수 없습니다. 달리 말해 행원이 이르지 못하면 수증 공부 역시 도달할 수 없습니다. 그러니 백 날 앉아 있어 봐야 무슨 소용이 있겠습니까? 타좌에 들면 세 시간이나 앉아 있을 수 있고 마음도 그저 청정할 뿐이라고요? 그건 게으름을 훔치고 있는 것으로 그것도 도라면 일종의 도이겠지요. "도란 훔치는 것이다(道者盜也)"라고 하지 않습니까? 『음부경』에 나오는 이 구절은, 사람이 천지의 정화(精華)를 취하고 생명 본래의 작용을 빌려 도를 이룰 수 있다는 뜻입니다. 사람은 태어나서 천지 사이에서 먹을 것과 공기를 훔치고 또 타좌를 하면서도 자오묘유(子午卯酉)를 노려 천지의 바른 기운과 일월의 정화를 흡수하려 드니 도둑질도 얼마나 심한 도둑질입니까! 이렇게 『음부경』은 우리더러 도둑질을 하라고 부추기고 있는데 정말로 우주의 것을 훔칠 수 있다면 우리의 생명은 성공한 것으로, 우리 생명이 곧 우주가 됩니다. 그런 뒤에 다시 다른 사람이 빼앗아 갈 수 있습니다. 이것이 도가의 관점입니다.

묵자의 사상은 도가에서 나왔습니다. 묵자는 우리에게 이렇게 말합니

다. "정수리가 닳고 발뒤꿈치가 떨어지도록 천하를 이롭게 하라[摩頂放踵以
利天下]." 불교에서 말하는 대자대비의 정신과 같습니다. 자신을 희생하는
것, 이것이 묵가의 사상입니다. 묵자는 도가의 『신선전(神仙傳)』에도 등장
하는 인물인데, 이 책에 따르면 그는 한(漢)나라 무제(武帝) 때까지만 해도
이 세상에 살아 있었다고 합니다. 그렇지만 누가 그를 본 적이 있을까요?

양주(楊朱)는 사사로운 이익의 절대성을 주장했는데, 이런 자유주의적
사상도 역시 도가에서 나왔습니다.

사중의 은혜와 삼도의 고통

이제 다시 주제로 돌아가 봅시다. 우리가 불법을 배우고 타좌를 하는 것
은 모두 자리에 앉아서 도둑질을 하는 것입니다. 같은 시간에 사회의 다른
수많은 사람들은 우리를 위해서 애를 씁니다. 그러므로 불교에서 아침저
녁으로 외는, "위로 사중의 은혜에 보답하고 아래로 삼도의 고통을 구제해
야 한다[上報四重恩, 下濟三途苦]"라는 구절은 참으로 멋집니다. 이것이 바로
행원의 원(願)으로서, 날마다 우리에게 공덕을 쌓도록 일깨워 줍니다. 불
법을 배우는 사람은 수시로 자신을 살펴서 날마다 위로 사중(四重)의 은혜
에 보답해야 합니다. 이 네 가지 은혜는 모두 우리가 빚을 지고 있는 것으
로 부처님의 은혜, 부모님의 은혜, 국가의 은혜, 중생의 은혜입니다.

중생이 우리에게 무슨 은혜를 끼쳤을까요? 우리가 세상을 살아가는 데
에는 사회의 많은 사람들이 이룬 성과에 의지합니다. 그러므로 불법을 배
우는 사람은 위로 사중의 은혜에 보답해야 합니다. 우리는 살면서 날마다
우리 생명에 필요한 것을 제공해 주는 사람들에게 폐를 끼치고 있습니다.
사실이 그렇습니다.

그와 동시에 아래의 삼도(三途), 즉 축생·지옥·아귀의 고통에 생각이 미쳐야 합니다. 달리 말하면 수시로 우리보다 못한 사람의 고통을 생각하며 그들을 도와야 한다는 것입니다. 그러나 과연 우리가 이렇게 했습니까? 불법을 배우는 사람은 그저 자신을 위해서 법재려지(法財侶地)만을 구하려 합니다. 내가 도를 이루는 것을 다른 사람이 도와야 한다는 뜻입니다. 이렇게 생각하는 것이 바로 자사(自私)입니다. 왜 먼저 다른 사람의 성도(成道)를 돕지 않을까요? 이 때문에 앞에서 행(行)을 말하고 뒤에서 원(願)을 말했습니다. 원을 일으켰습니까? 스스로 한번 생각해 보십시오.

　"중생은 끝없이 많으니 제도되기를 바라며, 번뇌는 다함이 없으니 끊어지기를 바라며, 법문은 한량이 없으니 배우기를 바라며, 불도는 이보다 더 이상의 것이 없으니 이루어지기를 바란다〔衆生無邊誓願度, 煩惱無盡誓願斷, 法門無量誓願學, 佛道無上誓願成〕"라고 말한다면 이건 정말로 경전을 읊조리는 데 불과합니다. 읽고 지나가면 그뿐이며 마음속에는 근본적으로 아무것도 남아 있지 않습니다. 중생이 제도되기를 바란다고 하지만 나만 제도하면 그만입니다. 번뇌가 다함이 없어 끊어지기를 바란다고 하지만 가장 좋은 것은 네가 나를 도와서 끊어 주는 것입니다. 법문이 한량이 없어 배우기를 바란다고 하지만 나를 가르쳐 주기만 하면 좋습니다. 불도는 이보다 더 이상의 것이 없어 이루어지기를 바란다고 하지만 장래 어느 날 어쨌거나 이루게 되리라고 생각합니다. 이 네 구절을 우리는 왕왕 이렇게 해석하지만 한번 반성해 보면 문제는 아주 엄중해집니다. 그래서 행문이 그렇게 어렵다고 하는 것입니다.

　삼장십이부의 모든 불경이 우리에게 행원을 말하고 있으며 행(行), 삼십칠도품, 육도만행의 불법을 배우는 기본이 여기에 있습니다. 삼세인과와 육도윤회를 이해하고 심리 행위에서 자신을 서서히 바꾸어 나가면 공부와 견지도 자연히 진보하게 됩니다. 이는 말로만 가르치는 것이 아니라 제 경험을 말하는 것입니다. 공부를 하지 않고서는 문제를 풀어 낼 수 없으며 과위를 증득할 수 없습니다. 심행을 변화시키는 것은 타좌와 수증보다도 훨씬 더 중요합니다. 그리고 심행이 바르게 바뀌기만 해도 여러분의 정력 (定力)과 타좌도 그만큼 진보하게 됩니다.

왜 정(定)을 얻지 못할까요? 심지어 타좌조차도 왜 제대로 해내지 못할까요? 심행에서 추구해야지 공부에서 추구하려 해서는 안 됩니다. 공부에서 추구하는 것은 공으로서, 이것은 우연히 가능할지는 몰라도 며칠이 지나고 나면 사라져 버립니다. 다리를 틀고 앉아 타좌하는 것과 정과는 절대적인 관계가 있는 것이 아닙니다. 여기 앉아 있다고 여러분의 심신이 전화될 수 있겠습니까? 바로 이것이 문제입니다. 문제는 타좌 자세에 있는 것이 아니라 심행에 있습니다. 심행에서 자신을 살펴야만 비로소 구경이라 할 수 있으며, 비로소 정을 말할 수 있습니다.

행하고 행하며 다시 행하고 행하라

오늘 결론의 중점은 바로 여기에 있습니다. 이번 과정은 견지, 수증, 행원의 삼대 강요(綱要)였습니다. 마지막으로 한 가지만 강조하자면 행원이 가장 중요하다는 것입니다. 행(行)이 도달해야 견지가 비로소 원만해지며, 수증 공부도 비로소 과위를 증득하는 데 이를 수 있습니다. 옛사람들 중에서 과위를 증득한 사람이 많았던 것은 바로 그들에게는 행원이 있었기 때문입니다.

현재 목눌조사(木訥祖師, 밀륵일파)의 전기가 꽤나 유행하고 있는데, 모두들 그에게 대단한 존경심을 표합니다. 여러분은 목눌조사를 배울 수 있을까요? 배울 수 없습니다. 목눌조사의 스승은 일부러 그를 괴롭혔습니다.

네 채의 집을 짓게 한 뒤 다시 허물게 했습니다. 등이 온통 긁히고 찢어져 피고름이 흘렀지만 그는 원망하지 않았습니다. 여러분은 날마다 선생이 비법을 전해 주기만 바라며, 선생이 몇 마디 나무라기만 해도 곧바로 선생을 질책합니다. 이런 심행을 가지고서야 어떻게 가능하겠습니까! 모두가 스스로를 조사라 생각하고 육조라 생각합니다. 육조가 오조께 법을 구하니 오조는 삼 년간 쌀을 찧으라고 했습니다. 우리는 쌀을 찧는 것은 고사하고 반대로 선생이 우리에게 빚을 지고 있는 듯합니다. 예전 같았으면 몽둥이로 얻어맞았을 일입니다. 어찌 그리도 이해하지 못할까요? 자신이 무슨 생각하고 있는지 스스로 살펴보지 않고 그러면서도 다른 사람에게는 아주 엄격합니다. 선생에게 요구하는 것은 더 엄격합니다. 이렇게 해서는 안 됩니다. 수시로 심행에 주의를 기울여야 합니다.

견지가 도달하면 법신이요, 수증이 도달하면 보신이요, 행원이 도달하면 화신입니다. 삼신이 모두 일념 사이에 있으니 수증이 도달하지 못했다면 그만둡시다!

현대 사회에서 일반적으로 말하는 공부는 모두 문제가 있습니다. 전 세계가 모두 심리적으로 정상이 아닌 상황에 빠져 있어 진정으로 증득에 이른 사람은 거의 찾아볼 수 없게 되었습니다. 자신을 속이고 다른 사람을 속여서는 안 됩니다. 저는 여기 앉아 있는 여러분들이 바르고 참되게 불법을 배워 스스로를 속이고 다른 사람을 속이는 일을 하지 않기를 바랍니다.

팔십팔결사 부분은 중요하고도 중요합니다. 수시로 자신을 살펴서 팔십팔결사를 얼마나 없앴는지 확인해야 합니다. 우리는 『유가사지론』 중 「성문지(聲聞地)」와 「보살지(菩薩地)」의 공부 과정을 전부 살펴보았는데, 그 안에는 미륵보살께서 어떻게 수증했으며 어떻게 과위를 얻었는지에 대한 비밀을 모두 말하고 있습니다. 우리의 지혜로 마음을 다하여 살펴보면 찾아낼 수 있을 것입니다.

이번 강의에서 열거한 책들과 대소승을 포괄한 경론과 강의를 참고하여 심행으로부터 제대로 시작하면 반드시 좋은 결과가 있을 것이며, 반드시 과위를 증득할 수 있을 것입니다.

| 부록 | 도표 1 삼계천인표

주

1. 삼십삼천에 대해서는 여러 경전의 내용에 다소 차이가 있는데, 위 자료는 여러 경전의 내용을 두루 종합한 것이다.

2. 『구사론(俱舍論)』에서는 범부가 머무는 곳으로(외도를 포함하지 않음) 광과천(廣果天), 복생천(福生天), 무운천(無雲天)의 삼천을 말하고 있다.

3. 여기에 대해 상세히 연구하고자 한다면 노고문화공사(老古文化公司)에서 출간한 『삼계천인체계표(三界天人體系表)』를 참고하기 바란다.

삼계	견혹 팔십팔결사	사혹	구지
욕계	고제하(苦諦下) 십혹(十惑): 신(身), 변(邊), 사(邪), 계(戒), 취(取), 탐(貪), 진(瞋), 치(癡), 만(慢), 의(疑) 집제하(集諦下) 칠혹(七惑): 사(邪), 취(取), 탐(貪), 진(瞋), 치(癡), 만(慢), 의(疑) 멸제하(滅諦下) 칠혹(七惑): 사(邪), 취(取), 탐(貪), 진(瞋), 치(癡), 만(慢), 의(疑) 도제하(道諦下) 팔혹(八惑): 사(邪), 취(取), 계(戒), 탐(貪), 진(瞋), 치(癡), 만(慢), 의(疑)	탐(貪) 진(瞋) 치(癡) 만(慢)	오취잡거지 (五趣雜居地) 지옥(地獄), 아귀(餓鬼), 축생(畜生), 인(人), 천(天) 등 오취(五趣)
색계	고제하(苦諦下) 구혹(九惑): 신(身), 변(邊), 취(取), 사(邪), 계(戒), 탐(貪), 치(癡), 만(慢), 의(疑) 집제하(集諦下) 육혹(六惑): 사(邪), 취(取), 탐(貪), 치(癡), 만(慢), 의(疑) 멸제하(滅諦下) 육혹(六惑): 사(邪), 취(取), 탐(貪), 치(癡), 만(慢), 의(疑) 도제하(道諦下) 칠혹(七惑): 사(邪), 취(取), 계(戒), 탐(貪), 치(癡), 만(慢), 의(疑)	탐(貪) 의(癡) 만(慢)	이생희락지(離生喜樂地) 정생희락지(定生喜樂地) 이희묘락지(離喜妙樂地) 사념청정지(捨念淸淨地)
무색계	색계와 같음	색계와 같음	공무변처지(空無邊處地) 식무변처지(識無邊處地) 무소유처지(無所有處地) 비상비비상처지(非想非非想處地)
참고경론	『구사론(俱舍論)』 19 (세친보살世親菩薩 지음) 『대승의장(大乘義章)』 6, 16 (수정영사지혜원隋淨影寺之慧遠 지음) 『사교의집주중(四教儀集註中)』 (수나라 지의智顗 지음)		『구사론(俱舍論)』 28 『대비파사론주(大毘婆娑論州)』 1 (오백나한五百羅漢 지음)

| 부록 | 도표 2 견사혹과 삼계 구지, 단혹 증진의 관계

주

견혹: 욕계의 견혹은 모두 삼십이품이다. – 고제하 10혹, 집제하 7혹, 멸제하 7혹, 도제하 8혹
색계의 견혹은 모두 이십팔품이다. – 사제하에서 각기 진(瞋)혹 하나를 뺀 것
무색계의 견혹은 색계와 동일한 이십팔품이다. – 사제하에서 각기 진(瞋)혹 하나를 뺀 것
*삼계의 견혹은 모두 팔십팔품인데, 이를 팔십팔결사라고도 한다.

팔십일품 사혹	단혹 증진 – 사향, 사과
상상, 상중, 상하 중상, 중중	견혹을 끊은 성자가 예류과(預流果)이며, 달리 수다원과(須陀洹果)라고도 한다. 사혹을 끊은 초지의 일품에서 오품까지가 일래향(一來向)이며, 달리 사다함향(斯陀含向)이라고도 한다.
중하	육품만 끊은 것을 일래과(一來果)라 하며(아래의 삼품의 욕구를 끊지 못했기에 인천에 다시 한 번 왕래해야 함), 달리 사다함과(斯陀含果)라고도 한다.
하상, 하중, 하하	하 삼품의 혹을 끊은 것이 불환향(不還向)으로, 완전히 끊어진 것이 불환과(不還果)이다.(다시 욕계로 환생하지 않음.) 이를 달리 아나함과(阿那含果)라고도 한다.
상, 중, 하등구품 상, 중, 하등구품 상, 중, 하등구품 상, 중, 하등구품	이로부터 점차 색계와 무색계 등 팔지의 칠십이품 사혹과 끊어지게 된다. 이 단계의 수행 과정이 아라한향(阿羅漢向)이다. 칠십이품의 사혹이 완전히 끊어진 것이 아라한과(阿羅漢果)이다. '아라한'이란 불생(不生), 즉 태어나지 않는다는 뜻으로 팔십일품의 사혹을 모두 끊어 버려 다시 삼계에 윤회하지 않는다.
위와 같음. 매 지는 구품의 사혹으로 나누어짐.	
『구사론』 12	『구사론(俱舍論)』 12, 『증일아함경(增壹阿含經)』 20

구지: 달리 구유(九有)라고도 한다.(욕계가 일지가 되며, 색계와 무색계가 각각 사지로 나누어진다.)
색계의 사지는 색계의 사선과 상응하며(이생희락지와 초선이 상응하며, 그 아래 삼지도 각기 이선, 삼선, 사선과 상응한다), 무색계의 사지는 무색계의 네 종류의 정이 된다.(공무변처지가 제일정이 되며, 이하의 삼지가 차례로 제이, 제삼, 제사정이 된다).
팔십일품 사혹: 위의 구지는 매 지(地)가 구품으로 나누어져(상상, 상중, 상하, 중상, 중중, 중하, 하상, 하중, 하하) 모두 팔십일품이 된다.

찾아보기

변정천(遍淨天) 480

변제(邊際) 107-108, 107n

변처(遍處) 583

변행(遍行) 441, 528

변화륜(變化輪) 511

별상(別相) 653, 653n

병기(瓶氣) → 보병기

병재(病災) → 삼재

병행(病行) 599

보리(菩提) 46, 121, 152, 172, 185, 230, 234, 253, 395, 497, 556, 569, 763

보리도과(菩提道果) 86

『보리도차제광론(菩提道次第廣論)』 234, 253, 257, 301, 537, 615

『보리도차제약론(菩提道次第略論)』 615

보병기(寶甁氣) 195, 238, 259

보살도(菩薩道) 238, 413, 631, 639, 649, 657-662

보살승(菩薩乘) → 오승도

보살지(菩薩地) 659, 773

보시(布施) 184, 217, 376n, 643, 664

보신(報身) 52, 166, 174, 249, 302, 539, 671, 773

보신불(報身佛) 249

보특가라(補特伽羅) 85, 85n, 86

보현여래수법(普賢如來修法) 214

보화화상(普化和尙) 299

복가라(福伽羅) → 보특가라

복기(服氣) 397

복덕자량(福德資糧) 603, 659-660, 663

복보(福報) → 복덕자량

본각(本覺) 100

부근진(浮根塵) 82

부대사(傅大士) 79, 88

부루나존자(富樓那尊者) 102, 687

부산원선사(浮山遠禪師) 423, 424, 424n

부자재이명단(不自在而命斷) → 사마

부정관(不淨觀) 212-213, 212n, 268

부특가라(富特伽羅) → 보특가라

북구로주(北俱盧洲) → 사대주

분과(分科) → 분과판교

분과판교(分科判敎) 684

분단생사(分段生死) 56, 74, 132, 306

『분별정려경(分別靜慮經)』 605

분위건립(分位建立) 546-547

분위건립문(分位建立門) → 오문

불가라(佛伽羅) → 보특가라

불가사의(不可思議) 651

불공법(不共法) 651, 651n

불공생(不共生) 737

불과선사(佛果禪師) 683

불국토(佛國土) 143, 160

불도징(佛圖澄) 180, 180n

불루(不漏) 739, 741

불루단(不漏丹) 240, 481

불립문자(不立文字) 305, 428, 651

불마(佛魔) 605

불보살(佛菩薩) 639

불암(佛庵)스님 562

불요의(不了義) 163, 497

『불조역대통재(佛祖歷代通載)』 60

불종(佛種) 137

불지(佛地) 639

불퇴전(不退轉) 171, 662, 667

불퇴전가행(不退轉加行) 660-661

불퇴전상(不退轉相) 672

불퇴전지(不退轉地) 672

불퇴전지(不退轉智) 672

불학(佛學) 26, 104-105, 212, 215, 249, 275-277, 308, 414, 445, 451, 558, 605,